Rahel Frank

„Realer – Exakter – Präziser“?

Die DDR-Kirchenpolitik gegenüber der Evangelisch-Lutherischen Landeskirche Mecklenburgs von 1971 bis 1989

Rahel Frank

# „Realer – Exakter – Präziser“?

Die DDR-Kirchenpolitik gegenüber der
Evangelisch-Lutherischen Landeskirche Mecklenburgs
von 1971 bis 1989

Rahel Frank, „Realer – exakter – präziser“?
Die DDR-Kirchenpolitik gegenüber der Evangelisch-Lutherischen Landeskirche
Mecklenburgs von 1971 bis 1989

Herausgeber: Der Landesbeauftragte für Mecklenburg-
Vorpommern für die Unterlagen des Staatssicherheitsdienstes
der ehemaligen Deutschen Demokratischen Republik,
Jägerweg 2, 19053 Schwerin,
www.landesbeauftragter.de
post@lstu.mv-regierung.de
in Zusammenarbeit mit der Gesellschaft für Regional-
und Zeitgeschichte e.V., Schwerin
2. überarbeitete Auflage

Satz: Janner & Schöne Medien GmbH
Druck: Turo Print GmbH
Schwerin 2008
ISBN 978-3-933255-28-0

# Inhaltsverzeichnis

# Vorwort zur zweiten Auflage

Kaum ein Buch zur DDR- und Stasiaufarbeitung hat binnen kurzer Zeit bundesweit so große Resonanz gefunden wie die erste Auflage des Werkes „Realer, exakter, präziser" von Dr. Rahel Frank aus dem Jahre 1998. Da die Auflage sehr schnell vergriffen war, wuchs in der Dienststelle des Landesbeauftragten für Mecklenburg-Vorpommern für die Stasi-Unterlagen die Liste von Interessenten an einer Neuauflage. Diese kann nun vorgelegt werden.

Das vorliegende Buch unterscheidet sich nicht nur im farblichen Einband von seinem Vorgänger. Die Autorin hat den Text überarbeitet und durch neu aufgefundene Dokumente aktualisiert. Sie ist den zahlreichen Hinweisen und Anmerkungen nachgegangen, die Leser der ersten Auflage an sie herangetragen haben. Nicht zuletzt konnten dadurch auch solche Daten korrigiert werden, die bereits in Stasi- oder SED-Akten falsch notiert worden sind.

Rahel Franks Arbeit ragt sowohl in ihrer Ausführlichkeit als auch in der Deutlichkeit ihrer Darstellung bis heute aus vergleichbaren Schriften heraus. Dies haben die zahlreichen Reaktionen auf das Buch bis heute immer wieder bestätigt. Im Mittelpunkt des Buches stehen die SED-Kirchenpolitik und das Staat-Kirche-Verhältnis in den drei DDR-Nordbezirken Rostock, Schwerin und Neubrandenburg innerhalb eines begrenzten Zeitraumes: nämlich von 1971 bis 1989.
Viele angrenzende Themenbereiche warten noch auf eine systematische Untersuchung, wie z. B. die Arbeit des Diakonischen Werkes oder die SED-Kirchenpolitik der fünfziger und sechziger Jahre. Auch eine von vielen Lesern und Interessierten erwartete Gesamtdarstellung über die Geschichte der Evangelisch-Lutherischen Landeskirche Mecklenburgs zwischen 1945 und 1990 fehlt leider bis heute, obwohl der Weg dieser Landeskirche durch die DDR in Rückbezug auf die Traditionslinien der Bekennenden Kirche im Nationalsozialismus ein äußerst spannender Untersuchungsgegenstand wäre. Ebenso besteht in Hinblick auf die theologische Begründung des Verhältnisses von kirchenleitendem Handeln und synodaler Verantwortung zu oppositionellem und widerständigem Verhalten unter den Bedingungen der Diktatur weiterer Forschungsbedarf. Und nicht zuletzt wäre eine Untersuchung der Seelsorgearbeit der Pastorinnen und Pastoren in den Kirchen der DDR lohnenswert, verbun-

den mit der Fragestellung, ob es eine explizit politische Seelsorge gegeben hat und wie die heute beschrieben werden könnte.

Die öffentliche Debatte über den Weg der Evangelischen Kirche in der DDR war durch die erste Auflage dieses Buches von Frau Dr. Frank neu belebt. Sie ist inzwischen leider weitgehend verstummt. Ursache dafür ist zum einen, dass das Buch jene Leser nicht zufrieden stellte, die hier hauptsächlich nach enttarnten Inoffiziellen Mitarbeitern der Stasi in der Kirche suchten. Das Buch verfolgt einen weitergehenden Anspruch in der Beschreibung der SED-Kirchenpolitik als diesen. Zum Erliegen gekommen ist die Debatte auch, weil Christen innerhalb der Landeskirche enttäuscht auf den Verlust jener vor 1989 gültigen Maßstäbe kirchlichen Handelns in Bezug auf das Thema Staatssicherheit reagierten. Dies wurde in den Auseinandersetzungen um das verlegerische Engagement des früheren Schweriner MfS-Offiziers Wulf im kirchlichen Raum nach 1990 besonders deutlich. Auch die unzureichenden juristischen bzw. arbeitsrechtlichen Rahmenbedingungen bei der Aufarbeitung von Stasiverwicklungen kirchlicher Mitarbeiter haben zu einer Ernüchterung und in manchen Fällen zu einer neuen Form von Resignation geführt.

Autorin und Herausgeber hoffen, dass diese Neuauflage wieder ihre Leser findet und die inhaltliche Debatte um den Weg der Evangelisch-Lutherischen Landeskirche Mecklenburgs zwischen 1971 und 1989 neu aufgenommen wird. Dies kann auch der aktuellen Positionsbestimmung der Kirche in der Gesellschaft förderlich sein.

Jörn Mothes
Landesbeauftragter für Mecklenburg-Vorpommern
für die Unterlagen des Staatssicherheitsdienstes der ehemaligen DDR

# I. Einleitung

Zum Jahreswechsel 1982/83 hatte die internationale Politik auch die mecklenburgische Kreisstadt Teterow erreicht. Die DDR und die Bundesrepublik Deutschland planten die Aufstellung von Atomraketen. Hier wie dort gründeten sich Friedensinitiativen und Aktionsgruppen, die die Öffentlichkeit mobilisierten und zu Umsicht aufriefen. In Teterow fasste der Referent für Kirchenfragen beim Rat des Kreises – außerdem zuständig für Strafentlassene und Feuerwehr – die politische Lage vor Ort markant zusammen:

> „Im Monat Dezember 1982 gab es in allen Kirchen unseres Kreises und durch alle Pastoren erhöhte Anstrengungen in der kirchlichen Tätigkeit.
> Das hatte seine Ursache darin, weil Weihnachten war, eines der höchsten kirchlichen Feiertage. An diesen Tagen, besonders Heiligabend und 1. Weihnachtstag, war ein erhöhter Kirchengang der Bevölkerung zu verzeichnen. [...] Dieser verstärkte Kirchgang zu Weihnachten im Gegensatz zu den wenigen Besuchen an anderen kirchlichen Veranstaltungen durch die Bevölkerung liegt unseres Erachtens mit in der Tradition der Kirche begründet.
> Wir sehen diesen Besuch nicht als etwas besonders an, daß wurde von uns eingeschätzt. Durch die Ev. Kirche sind in unserem Kreis, soweit uns bekannt ist, keine direkten feindlichen Äußerungen in den Predigen der Pastoren vorgenommen worden. Der Inhalt dieser Predigen beschäftigte sich auch mit der Erhaltung des Friedens, der aber besonders durch Beten und Glauben an Gott erreicht werden soll."[1]

Die unfreiwillige Komik dieses Berichtes darf nicht darüber hinwegtäuschen, dass die „Politik der Partei in Kirchenfragen", wie die SED ihre jeweilige Position zur evangelischen Kirche in der DDR nannte, auch ausgeklügelte und perfide Strategien kannte, um das religiöse Leben in der

---

[1] LHA Schwerin, RdB Neubrandenburg, Z 77/90, 575, n. p. Bericht des Referenten für Kirchenfragen beim Rat des Kreises Teterow an den Rat des Bezirkes Neubrandenburg vom 19. Januar 1983.

DDR nachhaltig zu schädigen. Der einzelne Christ konnte davon hautnah betroffen sein. So verfolgte das Ministerium für Staatssicherheit (MfS) im Rahmen ebendieser Politik zum Beispiel über Jahre eine junge Ärztin, die einer mecklenburgischen Friedensgruppe angehörte. Um sie einzuschüchtern und letztlich von der Gruppe zu trennen, brach das MfS unbemerkt in ihre Wohnung ein, vertauschte die Teesorten in den Teedosen, stahl mal alle blauen, dann wieder alle weißen Handtücher, verstellte Blumentöpfe, hängte Bilder um usw. Die Frau fühlte sich verfolgt, aber niemand glaubte ihr. 1990 nahm sie sich das Leben.[2]

Welche Ziele verfolgte die so genannte „Politik der Partei in Kirchenfragen"? Und warum offenbarten Partei und Staatsorgane auf kirchenpolitischem Parkett oftmals groteske Inkompetenz, im Zusammenspiel aber auch erschreckende Effektivität, wenn es darum ging, Einzelnen zu schaden? Diesen Fragen will die vorliegende Arbeit am Beispiel der mecklenburgischen Landeskirche nachgehen. Dabei ist zu berücksichtigen, dass Erfolg bzw. Misserfolg der staatlichen Kirchenpolitik nicht zuletzt davon abhingen, in welchem Maße es der jeweiligen Landeskirche gelang, Abwehrmechanismen auszubilden, und auf welche Persönlichkeiten, Traditionen und spezifischen organisatorischen Gegebenheiten sie sich dabei stützen konnte.

Was die allgemeine Lage der evangelischen Kirche in der DDR betraf, so beschrieb sie der langjährige Bischof der Kirchenprovinz Sachsen, Werner Krusche, in einem Interview im Jahr 1999 zutreffend als eine umkämpfte Burg und charakterisierte ihre Position im SED-Kirchenkampf damit als defensiv.[3] Vor allem ihre rechtliche Position war schwierig: So reduzierte die zweite Verfassung der DDR, verabschiedete im Jahr 1968, die die Kirchen und Religionsgemeinschaften betreffenden Abschnitte so stark, dass nunmehr von einer verlässlichen Rechtswirklichkeit nicht mehr zu sprechen war. Die damals angestrebte Beendigung der so genannten Staatsleistungen an die Kirchen und die damit verbundene Neuordnung kirchlicher Vermögenswerte kam nicht zustande, und so wurden die weiterhin bestehenden, aber stark gekürzten finanziellen Zuwendungen an die einzelnen Landeskirchen zu einem wichtigen kirchenpolitischen Instrument.[4] Der Druck auf die mecklenburgische Landeskirche war

---

2 Vgl. Pingel-Schliemann 2002, S. 277 f.

3 Vgl. Findeis/Pollack 1999, S. 245.

4 Vgl. Nowak (1997), S. 16.

besonders groß: Hier brachen in den fünfziger Jahren die Gemeinden unter dem Druck der Kollektivierung förmlich zusammen, die finanzielle Unabhängigkeit der Landeskirche war nun nicht mehr gegeben. Dass sie dennoch nie bloßes Objekt staatlicher Politik war, sondern zunehmend handelndes Subjekt wurde, macht diese Landeskirche unter ihren Schwesterkirchen so interessant.

Das wurde 1989 besonders deutlich: Die mecklenburgische Landeskirche war die einzige in der DDR, die unter Führung ihres damaligen Landesbischofs Christoph Stier den Kontakt zur SED vollkommen abbrach und so in aller Öffentlichkeit ihre Unabhängigkeit vom totalitären Staat demonstrierte.

Heute ist sie – stärker als jemals zuvor – Teil der Gesellschaft geworden. Ihre Erbschaft aus der DDR-Zeit hat sie aber bisher nicht angetreten – ein Erbe, das ihr in vielen Bereichen zur Ehre gereichen würde, weil es vor allem eines umfasst: das Wissen um die notwendige Klarheit gegenüber der SED und die daraus folgende notwendige Abgrenzung von falschen programmatischen Zielen, organisatorischen Strukturen und individuellen Eitelkeiten.

Die von Bischof Stier nach 1990 an die mecklenburgische Landessynode abgegebenen Berichte der Kirchenleitung waren vielversprechend und geradezu vorbildhaft für andere Landeskirchen in puncto kritischer Vergangenheitsbetrachtung. Doch ist in der Mitte der 90er Jahre eine Zäsur auszumachen, in deren Folge die innerkirchliche Debatte um MfS-Verwicklungen bis heute nicht mehr jene vorherige Dimension erreichte.

SED und MfS versuchten im Zeitraum 1971 bis 1989 auf verschiedene Weise über die mecklenburgische Landeskirche eine Art Netz zu werfen, sie engmaschig zu kontrollieren, wenn nicht wenigstens zu beinflussen. Eine der zentralen Personen innerhalb dieses Netzes war der MfS-Offizier Claus-Dieter Wulf[5], der seit 1984 bei der MfS-Bezirksverwaltung in Schwerin für die Bearbeitung der Kirchen und Religionsgemeinschaften

[5] Claus-Dieter Wulf wurde 1984 kommissarischer Leiter des Referates XX/4, das die Kirchen und Religionsgemeinschaften im Bezirk Schwerin bearbeitete, und ein Jahr später dessen offizieller Leiter. Vgl. BStU, MfS, BV Schwerin, KuSch 1069, Bl. 76. Nach anderen Angaben war Wulf bereits seit 1983 kommissarischer Leiter des Referates XX/4. Vgl. o., Bl. 89.

zuständig war[6]. Er verantwortete alle „Maßnahmepläne" und „Einsatzkonzeptionen" der Staatssicherheit gegen das kirchliche Leben im Bezirk Schwerin, er war der Führungsoffizier solcher Inoffiziellen Mitarbeiter wie „Kaltenhofer" alias Reinhard Gransee und „Schütz" alias Werner Schnoor. Wulf war es auch, der im Oktober 1981 eine Akte über den mecklenburgischen Landesbischof Heinrich Rathke anlegte. Sein Ziel war es herauszufinden, welche Rolle Rathke im Kirchenbund spielte und auf welchem Wege man ihn möglichst unbemerkt, aber effektiv beeinflussen könne, damit er innerkirchliche „Störenfriede" disziplinieren würde.[7]

Als Claus-Dieter Wulf im Herbst 2000 um einen Rückblick auf seine Tätigkeit gebeten wurde, machte er der Landeskirche unfreiwillig ein Kompliment: Er sei nicht bereit, „die Tätigkeit des MfS grundsätzlich in Frage zu stellen". Es wäre aus seiner Sicht sogar notwendig gewesen, noch mehr Personen im kirchenleitenden Bereich anzuwerben. Und: „Ich hätte gerne manche Ordnungswidrigkeit und irgendwelche Sanktionen durchgesetzt und konnte aus politischen Gründen nicht."[8] Warum konnte er „aus politischen Gründen" nicht wie gewollt gegen die Landeskirche vorgehen? Zwar war das MfS auch Ende der achtziger Jahre noch in der Lage, der mecklenburgischen Landeskirche oder Einzelnen darin nachhaltigen Schaden zuzufügen, aber es musste damit rechnen, dass die Leitung der Landeskirche seine verdeckten Aktionen öffentlich machte. Eine solche Zurschaustellung geheimdienstlicher Aktivitäten gegen die Kirche hätte das Staat-Kirche-Verhältnis erheblich belastet. Zudem hatten sich über die Jahre in Mecklenburg ein politischer Konsens und das Bewusstsein eigener Stärke entwickelt, die „unten" und „oben" in der kirchlichen Hierarchie näher zueinander brachten. Oder anders gesagt: Weil die Gemeindeebene die Leitung der Landeskirche in ihrer politischen Haltung zum Staat unterstützte und umgekehrt die Friedens- und Umweltgruppen immer deutlicher Rückhalt bei der kirchenleitenden Ebene fanden, entwickelte die mecklenburgische Landeskirche als Institution eine neue Stärke und Ausstrahlung

---

6 Zahlreiche literarische Arbeiten von Pastoren und anderen Autoren zu landeskirchlichen Themen erschienen nach 1990 in einem Verlag, dessen Geschäftsführer Claus-Dieter Wulf war. Etliche der Autoren sowie der in den Publikationen beschriebenen Personen waren vor nicht allzu langer Zeit von Wulf und seinen Mitarbeitern als „feindlich-negative Elemente" observiert worden. Vgl. dazu Pilgrim 1998a, 1998b, 1999.

7 BStU, MfS, BV Schwerin, HA XII, AOPK 664/87 „Doppelzüngler", Bd. 1, Bl. 247. (alte MfS-Zählung).

8 Interview mit Claus-Dieter Wulf am 3. 11. 2000.

und konnte plötzlich effektiv auf staatliche Angriffe reagieren.

Die vorliegende Arbeit untersucht Ziele und Instrumente der SED-Kirchenpolitik gegenüber der mecklenburgischen Landeskirche über den Zeitraum von zwanzig Jahren bis zur Herbstrevolution 1989. Dabei stellte sich wiederholt die Frage, ob es eine „SED-Kirchenpolitik" überhaupt gab oder ob es sich nicht vielmehr um eine „MfS-Kirchenpolitik" im Auftrag der SED handelte. Dieser Annahme widerspricht jedoch die umfangreiche MfS-Überlieferung, in der sich kein Hinweis auf eine eigenständige MfS-Politik findet. Zugleich machen die Unterlagen des Staatssicherheitsdienstes deutlich, dass das MfS umfassende eigene Kompetenzen bei der Umsetzung der so genannten „Politik der Partei in Kirchenfragen" hatte. Dies bestätigte auch Klaus Roßberg, langjähriger Leiter des Berliner Referates I der Kirchenabteilung XX/4, in seiner 1996 erschienenen Darstellung „Das Kreuz mit dem Kreuz". Darin betont er, das MfS habe nach „verbindlichen Richtlinien, die der Ministerrat bestätigt hatte", gearbeitet und habe nicht unabhängig von SED und Staatsapparat agiert. Die Kirche habe in den Augen des MfS jedoch eine besondere Rolle innerhalb des gesellschaftlichen Gefüges gespielt, weil sie nach 1945 die zunehmende Spaltung der beiden deutschen Staaten aufgehalten hätte. Die DDR-Regierung habe in der evangelischen Kirche vor allem ein 'Sicherheitsproblem' gesehen, das sich vorrangig aus ihrer großen Nähe zur BRD ergeben hätte.

Die SED-Kirchenpolitik war niemals nur ein innenpolitisches Thema, sondern hatte aufgrund der internationalen Beziehungen der Kirchen auch immer außenpolitische Auswirkungen. Daher war die SED darum bemüht, den Kirchen gegenüber möglichst verdeckt zu agieren. Das Selbstverständnis des DDR-Geheimdienstes als „Schild und Schwert der Partei" war der Garant dafür, dass alle kirchenpolitischen Aktivitäten auf der Linie der SED lagen.

Die politischen und gesellschaftlichen Ereignisse Ende 1989 bedeuteten nicht nur im politischen Bereich eine „Wende", sondern auch für die Kirchen in der DDR. Die evangelischen und katholischen Christen zeigten sich in den Herbst- und Wintermonaten 1989/1990 oftmals als Staatsbürger mit besonderem Demokratiebewusstsein. Umso erstaunlicher ist es, dass anfängliche Anstrengungen zur Aufarbeitung der Vergangenheit in der mecklenburgischen Landeskirche, wie sie zwischen 1990 und 1996 bestanden, seither nahezu verebbt sind.

Die mecklenburgische Landeskirche hat bereits 1991 als erstes Mitglied der Evangelischen Kirche in Deutschland (EKD) die Überprüfung der Synodalen, Mitarbeiter im hauptamtlichen Dienst und Pastoren auf eine mögliche Stasimitarbeit in Auftrag gegeben. Außer einer weit gehend verschlüsselten Veröffentlichung der Ergebnisse ist jedoch wenig darüber hinaus geschehen.[9] Die seit 1992 in regelmäßigen Abständen erfolgte Enttarnung ehemals leitender Mitarbeiter der Landeskirche als Inoffizielle Mitarbeiter der Staatssicherheit stieß auf starke Skepsis und zunehmend auf Desinteresse. Dabei hatte der damalige Landesbischof Christoph Stier 1990 den ernsthaften Versuch angemahnt, die Verstrickung der evangelischen Kirche in das DDR-System zu beleuchten: „Auch wir in der Kirche haben es häufig nicht vermocht, vor unseren Gemeinden und vor den Mächtigen deutlich zu reden und Unrecht klar beim Namen zu nennen. Wir sollten uns daran erinnern, wie die Dinge wirklich gewesen sind. Manch einem stünde es an, jetzt bescheidener zu reden oder zu schweigen."[10] Viele entschlossen sich zum Schweigen, denn Reden über die Vergangenheit wurde innerkirchlich immer häufiger als Denunziation und Rückwärtsgewandtheit gewertet.[11]

Dabei ist die Evangelisch-Lutherische Landeskirche Mecklenburgs unter Leitung ihrer Bischöfe Niklot Beste (1946–1971), Heinrich Rathke (1971–1984) und Christoph Stier (1984–1996) über vier Jahrzehnte einen zwar von Komplikationen nicht freien, aber insgesamt geradlinigen Weg gegangen. Das Gros der Laien, Mitarbeiter und Pastoren fand sich mit der Leitung der Landeskirche zusammen und konnte sich eine – im Verhältnis zu den anderen Landeskirchen in der DDR gesehen – große Unabhängigkeit und Unempfänglichkeit gegenüber jeglicher staatlicher Vereinnahmung bewahren. Dieses Erbe ist derzeit kaum bekannt; die vorliegende Arbeit möchte einen Beitrag dazu leisten, dass dies nicht so bleibt.

## Methodik und Vorgehensweise

Diese Studie ist als eine Auftragsarbeit des Landesbeauftragten für Mecklenburg-Vorpommern für die Unterlagen des Ministeriums für Staatssicherheit entstanden. Hervorgerufen durch eine 1998 erschienene For-

---

[9] Vgl. Stier (1997), S. 415-433.

[10] ELLKM, LKA, C 12, Bericht des Landesbischofs „Kirche im Umbruch" vor der Synode am 13.3.–17.3.1990, Bl. 9.

[11] Vgl. Mahlburg 2000. Darin spricht Fred Mahlburg, damaliger Leiter der Evangelischen Akademie Mecklenburg-Vorpommern, von „Hetzern" und „Schurken" und einem „unmoralische[n] Umgang mit den blöden Akten".

schungsarbeit zur benachbarten Pommerschen Evangelischen Kirche und deren problematischem Verhältnis zum Staat[12] hatte es in den Beratungsgesprächen beim Landesbeauftragten und seinen Mitarbeitern zahlreiche Anfragen über den Weg der mecklenburgischen Landeskirche gegeben. Daher wurde im Jahr 1999 eine Studie in Auftrag gegeben, die im Detail untersuchen sollte, ob die mecklenburgische Landeskirche und ihre Mitglieder ihre Eigenständigkeit gegenüber dem Staat hatten aufrechterhalten können oder nicht.

Die Forschungsergebnisse, die mit dieser Arbeit vorgelegt werden, richten sich in erster Linie an alle Laien, Mitarbeiter/Mitarbeiterinnen und Pastoren/Pastorinnen, die die mecklenburgische Landeskirche aus eigenem Erleben kennen, ihren Weg mitunter sogar selbst geprägt haben. Aus diesem Grund sind auch keine Namen geschwärzt, sondern alle Personen benannt; viele von ihnen kommen in dieser Arbeit selbst zu Wort. Diese Untersuchung dürfte aber auch für einen größeren Personenkreis von Interesse sein, da sich am Beispiel dieser Landeskirche das nach der Wende schnell gefällte Urteil widerlegen lässt, die evangelische Kirche in der DDR hätte ausschließlich den Weg der Anpassung an das Regime gewählt. Trotz der Befragung zahlreicher Zeitzeugen steht nicht die Gemeindeperspektive im Vordergrund. Vielmehr geht es um den Weg der kirchlichen Gemeinschaft durch die Jahre der SED-Diktatur, und diese kirchliche Gemeinschaft meint das Miteinander von „oben“ und „unten“, von Leitungsebene und Gemeinde zusammen.

Die Studie greift damit die Frage auf, die die Darstellungen zur kirchlichen Zeitgeschichte seit 1989 geprägt hat: In welchem Maße hatten sich die Kirchen der DDR an das System angepasst und in welchem Verhältnis zueinander standen die westeuropäische Säkularisierung, die Repressionsstrategien der SED-Diktatur und die Minorisierung der Kirchen in der DDR?[13] Die Antworten fielen je nach Herangehensweise sehr unterschiedlich aus: Vielfach wurde der biografische Ansatz gewählt, um widerständiges oder affirmatives Verhalten zu begründen.[14] Ebenso oft bildeten theologische Lehren wie die Zwei-Reiche-Lehre und deren unterschiedliche Interpretation die Argumentationsgrundlage. Als besonders aussichtsreich, um die Mechanismen von Anpassung, Verweigerung und Widerstand befriedigend zu beschreiben, erscheint der milieutheoretische Ansatz, den Detlef Pollack favorisiert und der auch in der folgen-

---

12 Saß 1998.

13 Vgl. dazu Pollack 2000, S. 85.

14 Vgl. dazu Findeis 2002.

den Arbeit eine wichtige Rolle spielt. Er fragt, ob es benennbare „soziale Strukturen und Trägerschichten"[15] in der DDR gab, die traditionelle mentale Eigenheiten, Ideen, Werte und Einstellungen auch unter repressiven Herrschaftsbedingungen bewahrten und damit dem aufgezwungenen Herrschaftssystem ein eigenständiges kulturelles System entgegenstellten.

Die vorliegende Arbeit knüpft an diese Überlegungen an und stellt sie in den Rahmen eines regionalgeschichtlichen Ansatzes. Mit ihm kann gezeigt werden, was heute in der Forschung oftmals vergessen wird: dass es eine langfristige und verbindliche zentrale „Politik der Partei in Kirchenfragen" in der DDR niemals gegeben hat. Von den 15 Bezirken der DDR wurden „unter eigentlich gleichen ideologischen Vorzeichen in Teilen völlig unterschiedliche kirchenpolitische Konzeptionen entwickelt."[16] Bei aller Übereinstimmung in der Haltung zu Staat und Partei führten daher die Wege der evangelischen Landeskirchen in der DDR bis 1989 in erkennbar unterschiedliche Richtungen. Es soll im Folgenden diskutiert werden, warum die mecklenburgische Landeskirche ihren Weg durch die Diktatur[17] in relativer Geschlossenheit gehen konnte und warum einzelne ihrer Mitglieder diesen Weg punktuell oder dauerhaft verließen.

Dabei kommt der Frage nach den Kriterien, an denen staatliches und kirchliches Handeln gemessen werden kann, zentrale Bedeutung zu. Diese Maßstäbe ergeben sich in der vorliegenden Arbeit vor allem aus dem Vergleich mit ähnlichen Situationen und Verhältnissen in anderen evangelischen Landeskirchen der DDR. Um zu differenzierten Wertungen zu kommen, eigneten sich insbesondere der Vergleich mit dem Weg der Greifswalder Nachbarkirche, deren Bischof Horst Gienke 1971 aus Mecklenburg nach Greifswald gekommen war und dort das Bischofsamt übernommen hatte. Aber auch die Entwicklungen im Bund der Evangelischen Kirchen in der DDR (BEK) werden thematisiert. Auch die Mitgliedskirchen der Vereinigten Evangelisch-Lutherischen Kirche in der DDR (VELKiDDR), zu denen neben der mecklenburgischen die sächsische und die thüringische Landeskirche gehörten, werden gelegentlich zum Vergleich herangezogen. Einbezogen wurden aber vor allem die normativen Kriterien, die die mecklenburgische Landeskirche selbst immer wieder für

---

15 Vgl. Pollack 2000, S. 95.

16 Vgl. Funk 1992, S. 15.

17 Aus pragmatischen Gründen werden Modelle und Ergebnisse der Diktaturforschung nicht eigens thematisiert. Diese kirchengeschichtliche Untersuchung unterstellt mit Sandra Pingel-Schliemann, dass es sich bei der DDR um eine „subtile totalitäre Diktatur" gehandelt hat; vgl. Pingel-Schliemann 2002, S. 31 ff.

das Verhalten ihrer Mitarbeiter, Pastoren und Laien formuliert hat.

Bewerten zu wollen, ob und in welchem Maße sich jemand an das diktatorische Regime angepasst oder sich ihm gar unterworfen hat, ist immer ein schwieriges Unterfangen. Allgemeine Kriterien, wie sie etwa von Christoph Gestrich[18] oder Ehrhart Neubert[19] herausgearbeitet wurden, können dabei hilfreich sein, aber die Analyse des jeweils konkreten Falles nicht ersetzen. Bevor also im letzten Abschnitt dieser Arbeit der Versuch unternommen werden kann, die Instrumente, Strategien und Ziele der SED-Kirchenpolitik auszuwerten und das Verhältnis der Evangelisch-Lutherischen Landeskirche Mecklenburgs sowie einzelner ihrer Mitglieder zu den staatlichen Organen zusammenfassend zu charakterisieren, muss das Handeln im Spannungsfeld von Staat und Kirche ausführlich dargestellt und erörtert werden.

Nach einem einführenden Überblick über die Struktur der staatlichen und kirchlichen Organe, die das Verhältnis zwischen Staat und Kirche prägten, wird im Hauptteil dargestellt werden, wie der Staat auf den unterschiedlichsten Ebenen mit jeweils spezifischen Strategien Einfluss auf die mecklenburgische Landeskirche zu nehmen versuchte und wie sich die Kirchenmitglieder dazu verhielten. Aus Gründen der Übersichtlichkeit empfahl es sich, dabei nicht chronologisch zu verfahren, sondern sich an den vorhandenen Kirchenstrukturen zu orientieren – von den Bischöfen über den Oberkirchenrat, die Landessuperintendenten und die Landessynode bis zu den Gemeinden sowie den Jugend-, Studenten- und Basisgruppen.

Das Jahr 1971, in dem diese Untersuchung einsetzt, war nicht nur im kirchlichen, sondern auch im säkularen Bereich bedeutungsvoll: Erich Honecker wurde Staatsratsvorsitzender, und ein spürbarer wirtschaftlicher Aufschwung, begleitet von einer kulturellen Öffnung der DDR, zeichnete sich ab. Die DDR-Bürger begannen sich mit diesem scheinbar wirtschaftlich stabilen Staat zu identifizieren, denn die „schädlichen Folgen einer Strategie der finanziell nicht abgedeckten Sozialleistungen und Subventionen“[20] zeigten sich nicht sofort. Der innerkirchliche Aufbruch war nicht nur in Mecklenburg mit dem Amtsantritt Heinrich Rathkes als Bischof zu spüren, sondern auch in drei weiteren evangelischen Landeskirchen: 1972 wurden in der Greifswalder Landeskirche Horst Gienke, in der Sächsischen Kirche Johannes Hempel und in der Berlin-Branden-

---

[18] Vgl. Gestrich 1992.

[19] Vgl. Neubert 1993.

[20] Vgl. Stefan (1998), S. 45.

burgischen Kirche Albrecht Schönherr zu Bischöfen gewählt.

Einen weiteren Schwerpunkt der Darstellung bilden die Felder der kirchlichen Tätigkeit, die immer wieder zu Krisen zwischen Staat und Kirche geführt haben. Das waren vor allem die Jugendarbeit, die Evangelischen Studentengemeinden und die in den achtziger Jahren entstehenden so genannten „Basisgruppen", die sich mit Friedens- und Umwelterhaltung befassten und damit den staatlichen – mitunter auch den kirchlichen – Zorn auf sich zogen.

Zentrales Ziel der SED-Kirchenpolitik war die Zurückdrängung des kirchlichen Lebens aus der Öffentlichkeit. Die evangelische Kirche durfte zwar auch in einem atheistischen Staat weiterhin bestehen, jedoch unter Verlust sämtlicher ehemals staatskirchlicher Privilegien und begleitet von massiven Repressionen gegen den einzelnen Gläubigen im privaten wie beruflichen Bereich. Leidtragende waren in erster Linie die Gemeindeglieder an der Basis. Dennoch betrachtet diese Studie die Gemeindeebene nicht flächendeckend, sondern exemplarisch. Hintergrund dieser konzeptionellen Entscheidung ist der Umstand, dass die Analyse der kirchgemeindlichen Perspektive einen kaum zu bewältigenden Arbeitsaufwand nach sich gezogen hätte. Regional- und Lokalstudien könnten diese Seite der SED-Kirchenpolitik weit wirkungsvoller darstellen und haben dies in einzelnen Fällen auch bereits getan.[21]

Um die Themenstellung nicht zu überfrachten, schienen neben der zeitlichen Beschränkung auf die Jahre 1971 bis 1989 auch andere Begrenzungen sinnvoll. So werden einige Tätigkeitsfelder der Landeskirche nicht näher untersucht, obwohl sie kirchenpolitisch von Bedeutung waren, beispielsweise die Diakonie. Weil sie im Spannungsfeld zwischen Staat und Kirche immer eine Sonderstellung hatte, würde sich hier eine eigene Forschungsarbeit anbieten. Andere Bereiche wie das Amt für Gemeindedienst oder das mecklenburgische Predigerseminar konnten wegen des damit verbundenen Arbeitsumfanges nicht in die Darstellung mit einbezogen werden. Auch die Landeskirchliche Gemeinschaft wird in dieser Arbeit nicht näher betrachtet. Die staatlichen Organe haben diese Untergruppierung zwar wahrgenommen, eine eigene kirchenpolitische Strategie ihr gegenüber ist jedoch nicht erkennbar.

---

[21] Vgl. Fußnoten 34 bis 37.

## Forschungsstand

Die vorliegende Arbeit ist auf die Regionalgeschichte im Nordwesten der ehemaligen DDR ausgerichtet. Die Fokussierung von Zeitgeschichte auf Regionalgeschichte ist eine relativ neue Entwicklung. Nach wie vor überwiegt der Blick auf die Grundlagen der SED-Kirchenpolitik bzw. auf die evangelische Kirche als solche ohne erkennbare Differenzierung in die acht evangelischen Landeskirchen der DDR. Ein Beispiel dafür ist die 1999 erschienene Studie von Stefanie Virginia Gerlach mit dem Titel „Staat und Kirche in der DDR", die kaum Neues und Erhellendes bietet.[22] Sie unterliegt, wie vergleichbare Literatur auch, zu sehr dem Zwang, die Unterschiede zwischen den Landeskirchen in ihrer jeweiligen Haltung zum Staat zu nivellieren und zeichnet damit ein sehr ungenaues Bild von der evangelischen Kirche in der DDR.

Wichtige Grundlagenarbeiten zur staatlichen Kirchenpolitik sind Monografien und Aufsätze aus der Abteilung Bildung und Forschung der Bundesbeauftragten für die Unterlagen der Staatssicherheit, unter anderem ein Sammelband von Clemens Vollnhals mit Beiträgen von Kurt Nowak, Wolf Krötke, Christoph Stier, Hermann Wentker, Walter Schilling, Ehrhart Neubert und anderen.[23] Die überaus umfang- und detailreichen Arbeiten von Gerhard Besier bieten zwar einen Überblick über das Verhältnis zwischen Staat und Kirche während der gesamten DDR-Zeit. Da sie jedoch von einer zentralen Berliner Perspektive ausgehend das Verhältnis zwischen Staat und Kirche beleuchten, wird der Weg einzelner Landeskirchen, beispielsweise der Greifswalder oder der mecklenburgischen Kirche in der DDR, nur punktuell thematisiert.[24]

Nach wie vor sehr hilfreich sind die Arbeiten von Detlef Pollack, Martin Goerner, Ehrhart Neubert, Götz Planer-Friedrich, Günther Heydemann und Lothar Kettenacker. Insbesondere Pollacks umfassende Darstellung zur „Kirche in der Organisationsgesellschaft" verschafft tiefe Einblicke in den Organismus „Kirche". Außerdem ist an dieser Stelle die Arbeit von Peter Beier zu den „Sonderkonten Kirchenfragen"[25] als eine wichtige Grundlagenarbeit anzuführen.

Regional orientierte Forschungsarbeiten treten inzwischen neben solche mit einem zentralistischen Ansatz und korrigieren bzw. ergänzen diese

---

22 Vgl. Gerlach 1999.

23 Vgl. Vollnhals 1997b.

24 Besier 1995a, 1995b, Besier/Wolf 1997.

25 Beier 1997.

in Teilen. Zu den wichtigen Arbeiten mit regionalgeschichtlichem Ansatz gehört die umfangreiche Studie von Josef Schmid,[26] die das Verhältnis zwischen Staat und Kirche im Stadtgebiet von Dresden untersucht und dabei evangelische und katholische Kirche gleichermaßen in die Darstellung einbezieht. Der Nachteil dieser Arbeit besteht jedoch im stark chronologischen Aufbau und in ihrer rein deskriptiven Anlage. Schmid verzichtet weitgehend auf eine wertende Analyse – beispielsweise durch einen Vergleich mit anderen Landeskirchen – und ist damit über den Forschungsgegenstand hinaus wenig aussagekräftig.

Regional ausgerichtet ist auch meine 1998 erschienene Studie zum „Greifswalder Weg", die das Verhältnis zwischen Staat bzw. Partei auf der einen und der Evangelischen Landeskirche Greifswald auf der anderen Seite dokumentiert. Ich ziehe diese Arbeit wiederholt heran, weil sie den direkten Vergleich mit den kirchenpolitischen Verhältnissen in den Bezirken Schwerin und Neubrandenburg erlaubt und die Greifswalder Arbeit die erste auf dem Weg zu der vorliegenden Untersuchung war.[27]

Eine weitere Studie zu kirchenpolitischen Fragen stammt von Axel Engelbrecht.[28] Engelbrecht widmet sich der Tradition kirchenleitenden Handelns in der Sächsischen Landeskirche zwischen 1971 und 1989. Er untersucht die Frage, nach welchen Prinzipien sich dieses Handeln in Sachsen vollzog. Auf eine theoretische Einführung und eine strukturelle Darstellung dessen, was Kirchenleitung meint, folgen Fallbeispiele, so die Auseinandersetzung um Konfirmation und Jugendweihe in den Fünfzigern und um die Bewegung „Schwerter zu Pflugscharen" sowie um die Basisgruppen in den achtziger Jahren.

Die erste analytische Darstellung des Verhältnisses zwischen Staat und mecklenburgischer Landeskirche erschien im März 1990 unter dem Titel „Feindlich-negativ. Zur politisch-operativen Arbeit einer Stasi-Zentrale".[29] Beschrieben wurden darin Aufbau und Arbeitsweise der Bezirksverwaltung für Staatssicherheit Neubrandenburg in den achtziger Jahren, unter anderem am Beispiel des Verhältnisses zwischen Staatssicherheit und Kirche. Ulrich von Saß und Harriet von Suchodoletz stellten damit die Ergebnisse vor, die die „Arbeitsgruppe zur Untersuchung der nach innen gerichteten Tätigkeit des MfS in den achtziger Jahren im Bezirk Neubrandenburg" innerhalb weniger Wochen zusammentragen konnte. Eine größere Öffent-

---

[26] Schmid 1998.

[27] Saß 1998.

[28] Engelbrecht 2000.

[29] Saß/Suchodoletz 1990.

lichkeit erfuhr hier zum ersten Mal, wie die Staatssicherheit im Norden der DDR gearbeitet hat und welches bis dahin kaum vorstellbare Ausmaß die Beobachtung gehabt hatte.

Seither ist eine größere Anzahl von Forschungsarbeiten über die jüngste Geschichte der drei Nordbezirke erschienen. Erste Ergebnisse brachten die im Rahmen der Enquete-Kommission des mecklenburgischen Landtages in den Jahren 1991/92 erarbeiteten Studien von Georg Herbstritt, Heiko Lietz, Philipp Busch, Lothar Probst, Kai Langer, Martin Onnasch, Jörg Ohlemacher/Raimund Blühm sowie Georg Diederich/Bernd Schäfer.[30] Konkreten Bezug zur Landeskirche Mecklenburg hat lediglich der Aufsatz von Georg Herbstritt, der sich mit der „Rolle der evangelischen Kirche in Mecklenburg in der Wende unter Einbeziehung der Vorgeschichte“[31] befasst und somit die letzte Phase, nämlich den Herbst 1989, beleuchtet. Herbstritt weist bereits auf das für die mecklenburgische Landeskirche wichtige theologische Modell der „Kirche für andere“ hin.[32]

Mehrere lokal ausgerichtete Studien befassen sich mit der Wende in ausgewählten mecklenburgischen Kleinstädten und beleuchten dabei auch die Aktivitäten im kirchlichen Raum. Zu nennen sind hier die Studien von Sven Abrokat zur Wende in Wismar[33] und von Fred Mrotzek zur mecklenburgischen Kleinstadt Parchim im Jahr 1989.[34] Auch Kai Langer wählte in seiner Dissertation zur Wende in den drei Nordbezirken einen starken lokalen Bezug, erstellte aber aufgrund seiner umfassenderen Fragestellung im Unterschied zu Abrokat und Mrotzek auch eine interessante Gesamtsicht der Wende im Norden der DDR.[35] 2004 erschien eine Dokumentation der Wende in Güstrow von Angelika Schmiegelow Powell, die allerdings im Unterschied zu den vorgenannten Arbeiten den Moment der Wende in Güstrow anhand von „Dokumenten und Erinnerungen“, so auch der Untertitel des Bandes, einfängt und nicht den Anspruch einer historisch-wissenschaftlichen Darstellung erhebt.[36] Die Rolle der mecklenburgischen Landeskirche während der Wende ist somit lediglich am Rande gestreift worden und bisher bei weitem noch nicht erschöpfend dargestellt.

---

30 Herbstritt 1997; Lietz 1997; Busch 1997; Probst 1997; Langer 1997; Onnasch 1997; Ohlemacher/Blühm 1997; Diederich/Schäfer 1997.

31 Herbstritt 1997.

32 Vgl. Herbstritt, S. 239 ff.

33 Abrokat 1997.

34 Mrotzek 1996.

35 Langer 1999.

36 Schmiegelow Powell 2004.

Nach wie vor interessiert die zeitgeschichtliche Forschung besonders die Entstehung der Opposition unter dem Dach der Kirche. Aus der Menge der Publikationen zu diesem Thema ragen vor allem die Darstellungen von Detlef Pollack[37] und Ehrhart Neubert[38] heraus. Daneben sind die oben erwähnten Arbeiten von Lietz, Langer, Probst und anderen zu nennen.[39] 2002 hat Sandra Pingel-Schliemann im Rahmen einer Studie die besonderen Maßnahmen der „Zersetzung" des MfS beleuchtet,[40] in der sie auch Beispiele aus dem kirchlichen Bereich anführt.

Hinzu kommt autobiografische Literatur, die seit 1989 erschienen ist und in sehr unterschiedlichem Maße zu dieser Arbeit herangezogen wurde.[41] Als Ergänzung zu den überwiegend sehr formellen Akten aus dem staatlichen Bereich bestechen die Lebensberichte und Memoiren durch ihren Detailreichtum und ihre Konzentration auf Schauplätze abseits der kirchenpolitischen „Zentren". Dennoch liegt ihr Schwerpunkt überwiegend in den Jahren zwischen Kriegsende und Mauerbau, weshalb sie vor allem etwas zur Geschichte vor 1971 beitragen. Und obgleich diese Memoiren im Einzelfall oftmals Interesse für sich beanspruchen dürfen, bleiben sie sehr dem Privaten und Individuellen verhaftet.

## Quellenlage

Die Quellenlage zum Verhältnis zwischen der mecklenburgischen Landeskirche und den staatlichen Stellen ist für den betrachteten Zeitraum sehr gut. Im Einzelnen handelt es sich um Dokumente aus dem Staatsapparat, der Partei und der Landeskirche.

Das größte Volumen nehmen mit ca. 500 Aktenbündeln Unterlagen aus dem administrativen Bereich ein, also vor allem aus den Räten der Kreise und Bezirke, aber auch aus dem Staatssekretariat für Kirchenfragen in Berlin. Von zentraler Bedeutung waren Akten aus dem Rat des Bezirkes Schwerin, angelegt vom dortigen Referenten für Kirchenfragen, Rudolf Franze (1971-1989). In ihnen findet sich eine nahezu lückenlose Darstellung kirchlichen Lebens aus staatlicher Perspektive.

Der Bestand des Rates des Bezirkes Rostock ist aufgearbeitet, allerdings

---

37 Pollack 1990.

38 Neubert 1997.

39 Vgl. Anm. 31.

40 Pingel-Schliemann 2002.

41 Schröder 1994; Pilgrim 1998a; Sievers 1997; Schmidt 1999.

stehen für die Zeit ab Mitte der siebziger Jahre nur Ablieferungslisten zur Verfügung. Ergänzend dazu können Unterlagen aus der SED-Bezirksleitung in Rostock eingesehen werden, die ebenso wie der Bestand des Rates des Bezirkes Rostock im Landesarchiv Greifswald (LA Greifswald) vorliegen. Überwiegend handelt es sich um „Informationsberichte zur kirchenpolitischen Lage", die alle zwei Monate vom Referat für Kirchenfragen geschrieben und an die SED-Bezirksleitung geschickt wurden. Der Bestand ist trotz seiner formalisierten Form sehr aussagekräftig. Die „Informationsberichte" liegen für die achtziger Jahre nahezu lückenlos vor. Gesonderte Berichte des Rates des Bezirkes entstanden über die Kirchentage 1983 und 1988 in Rostock sowie zur Wende ab Frühsommer 1989.

Im Rahmen dieser Arbeit wurden etwa 300 Aktenbündel aus dem SED-Apparat eingesehen, vor allem aus den Bezirksparteiarchiven der SED in Rostock und Schwerin. Sie sind im Landeshauptarchiv in Schwerin archiviert und zugänglich, haben aber für die vorliegende Arbeit nur eine untergeordnete Bedeutung. Sie sind überwiegend in der Abteilung Staat, Recht und Eingaben der Bezirksleitung der SED entstanden, anschließend an das Büro des 1. Sekretärs Heinz Ziegner geleitet und von diesem – meistens mit einem Kommentar versehen – zurückgeschickt worden. Diese Dokumente sind inhaltlich stark redundant. Der Bestand des Bezirksparteiarchivs Neubrandenburg befindet sich ebenfalls in Schwerin, ist jedoch wegen der geringeren Bedeutung der Neubrandenburger Kirchenpolitik nur punktuell relevant. Der Bestand des Bezirksparteiarchivs Rostock lagert im Landesarchiv Greifswald[42] (LA Greifswald) und ist eine wichtige Ergänzung zu dem Bestand des Rates des Bezirkes Rostock. Alle Aktenbestände sind insgesamt gut aufgearbeitet. Im Ganzen ergibt sich der Eindruck, dass den Dokumenten aus dem Rat des Bezirkes zentrale Bedeutung zukommt und seitens der SED keine eigene konzeptionelle Arbeit geleistet wurde.

Die Dokumente aus der Arbeitsgruppe Kirchenfragen beim ZK der SED sind in der Stiftung Archiv der Parteien und Massenorganisationen (SAPMO-BArch) gelagert, die dem Bundesarchiv Berlin zugeordnet ist. Diese Akten enthalten vor allem die „Informationsberichte über die kirchenpolitische Lage" aus den Bezirksleitungen der SED, die diese aus den Räten der Bezirke erhielten, sowie Ausarbeitungen für den für Kirchenfragen zuständigen Sekretär im ZK der SED. Der besondere Wert des Aktenbestandes der Arbeitsgruppe Kirchenfragen besteht in der direk-

---

42 Der vollständige Titel lautet: Landesarchiv Greifswald im Landesamt für Kultur- und Denkmalpflege.

ten Anbindung an das ZK der SED. Dieser Bestand ist nach gegenwärtigen Erkenntnissen vollständig und in gutem Zustand. Für die vorliegende Arbeit konnte jedoch nur ein Teil des Bestandes eingesehen werden. Hier sind noch Erweiterungen zu erwarten.

Dokumente aus der Dienststelle des Staatssekretariats für Kirchenfragen befinden sich im Bundesarchiv (BArch) Berlin. Es handelt sich vornehmlich um Vorlagen zu Dienstbesprechungen aus den Bezirken und um Dienstreiseberichte der Mitarbeiter des Staatssekretariats für Kirchenfragen. Besonders aussagekräftig sind die persönlichen Vermerke von Staatssekretär Klaus Gysi über Gespräche mit einzelnen kirchlichen Vertretern. Die Qualifikation der in der Dienststelle des Staatssekretariats für Kirchenfragen arbeitenden Personen spiegelt sich auch in der sprachlichen Souveränität der Dokumente wider. Dieser Bestand ist archiviert, liegt jedoch nicht paginiert vor. Der äußere Zustand der Akten ist gut.

Außerdem wurden ca. 400 Aktenbündel aus dem Ministerium für Staatssicherheit für die vorliegende Arbeit eingesehen. Sie nehmen eine gewisse Sonderstellung ein: Bei diesen Quellen handelt es sich überwiegend um personengebundene Akten, also Operative Personenkontrollen (OPK), Operative Vorgänge (OV) und Akten von Inoffiziellen Mitarbeitern (IM) verschiedener Kreisdienststellen in den drei Nordbezirken bzw. aus den Bezirksverwaltungen in Schwerin, Rostock und Neubrandenburg. Verschiedentlich konnten auch Sachakten zu bestimmten kirchlichen Gruppen und Arbeitsgebieten genutzt werden, beispielsweise zur Evangelischen Studentengemeinde in Rostock. Die Auswahl der Akten, insbesondere der IM-Akten, ist nicht vollständig. Das war angesichts des Umfanges der Arbeit weder angestrebt noch möglich. Die Absicht war, zentrale Akten in die Arbeit einzubeziehen, um an diesen exemplarisch staatliche Ziele und Strategien sowie kirchliche Abwehrmaßnahmen darzustellen.

Hinsichtlich der quellenkritischen Bewertung von Dokumenten aus dem Ministerium für Staatssicherheit gibt es gegenwärtig keinen Konsens, zwei Grundpositionen zeichnen sich jedoch deutlich ab. Für die Nutzung dieser Akten sprechen die Fülle des Materials, die bewusste Fälschungen überprüfbar macht, und die vom MfS selbst geübte „Quellenkritik".[43] Demgegenüber resultiert die weit verbreitete Skepsis im Umgang mit den MfS-Beständen vor allem aus Zweifeln am Wahrheitsgehalt dieser Akten angesichts der Einbindung des MfS in planwirtschaftliche Denkweisen. Jedoch sind bewusste Falschmeldungen nur selten anzunehmen, so

[43] Vgl. Henke/Engelmann 1995, S. 11.

die Bundesbeauftragte für die Unterlagen des Staatssicherheitsdienstes (BStU).[44] Insofern sind die Akten des MfS für den Historiker wie jede andere schriftliche Quelle mit den üblichen quellenkritischen Methoden auszuwerten. Der militärische Rang des Verfassers und damit dessen Ausbildung sowie die Art des Berichtes (selbständige und handschriftliche Aufzeichnungen des IM, Tonbandmitschnitte, Briefe usw.) spielen eine erhebliche Rolle bei der Bewertung des Wahrheitsgehaltes, denn offensichtlich fehlerhafte Berichte liegen vor allem dann vor, wenn unqualifizierte IM oder Führungsoffiziere an ihrer Entstehung beteiligt waren.[45]

Da den Dokumenten aus dem Bereich des Ministeriums für Staatssicherheit in dieser Arbeit ein besonderer Stellenwert zukommt – nicht auf Grund des allgemeinen Interesses an ihnen, sondern wegen der Tatsache, dass das MfS eine herausragende Rolle in der Kirchenpolitik der SED spielte und daher seine Akten oftmals besonders aufschlussreich sind – sollen an dieser Stelle noch einige allgemeine Anmerkungen zur Lückenhaftigkeit dieses Bestandes folgen:

Diese Arbeit verfolgt nicht das Ziel, die Inoffiziellen Mitarbeiter (IM) des MfS, die es auch in der mecklenburgischen Landeskirche gab, vollständig oder auch nur annähernd vollständig zu benennen. In dem gleichen Maße, wie die Archive der Bundesbeauftragten für die Unterlagen des MfS in Rostock, Schwerin und Neubrandenburg sowie in Berlin ihre Akten erfassen und wie Betroffene Einsicht in ihre Akten vornehmen, werden immer wieder neue, bisher nicht bekannte Zuträger des MfS bekannt werden, so wie es sich in den vergangenen Jahren bereits gezeigt hat. Ziel dieser Arbeit konnte daher nur sein, das Wesentliche der MfS-Aktivitäten in der mecklenburgischen Landeskirche darzustellen, also vom Einzelfall zu abstrahieren. Die Anzahl der dafür eingesehen Dokumente war entsprechend groß, um eine empirische Basis für dieses Vorgehen zu schaffen.

Alle zum Thema vorhandenen Akten einzusehen war auch deshalb nicht möglich, weil ein beträchtlicher Teil insbesondere personengebundener Akten derzeit nicht auffindbar ist. Von wenigen Ausnahmen abgesehen, in denen der Kassationsbefehl überliefert ist, muss deshalb offen bleiben, ob diese Akten tatsächlich vernichtet oder bisher lediglich nicht aufgefunden wurden.

Schließlich bleibt hinzuzufügen, dass selbst in Fällen von derzeit nicht auffindbaren MfS-Akten dem Forscher oftmals mehrere Möglichkeiten

---

44 Vgl. Engelmann 1995, S. 33.

45 Vgl. dazu ebd., S. 23.

zur Verfügung stehen, um dennoch Wesentliches über eine „vermisste“ Akte – in der Regel handelt es sich um IM-Akten – in Erfahrung zu bringen. So legte das MfS beispielsweise alle Berichte eines IM über eine Person in der entsprechenden Akte über diese Person als Kopie ab. Da IM, besonders wenn sie über einen längeren Zeitraum aktiv waren, über verschiedene Personen, Gemeinden, Ereignisse oder Entwicklungen berichtet haben, lassen sich über Umwege oftmals wesentliche Züge einer IM-Akte rekonstruieren. Liegen unvollständige Akten vor, beispielsweise nur die ersten Blätter von Teil I, der „Personalakte“, oder nur Teil III „Quittungen“, reicht auch dies mitunter für begrenzte Schlussfolgerungen aus: Aus Quittungen, die der IM unterschrieben hat, lassen sich nicht nur Ort und Zeit, sondern auch seine Einsatzrichtung ablesen ebenso wie die „Wertschätzung“, die er bei seinem Führungsoffizier genoss. Die ersten Blätter der Personalakte wiederum geben Auskunft darüber, wen der IM als MfS-Mitarbeiter kannte. In der Regel waren dies seine Führungsoffiziere. Entsprechende Beispiele für die Rekonstruktion derzeit nicht vorhandener oder unvollständiger Akten finden sich viele. In der vorliegenden Arbeit wurde darauf verwiesen, wenn entsprechende Rückschlüsse auf Grund der Aktenlage notwendig und möglich waren. Ein Beispiel dafür ist der IM „Hesekiel“,(1) über den bisher wenig bekannt war.

Zur Quellenkritik im Umgang mit Staats- und Parteiakten seien hier nur einige Ausführungen gemacht. Unbestritten ist, dass diese Akten auf Grund ihrer Fülle, ihres Detailreichtums und ihrer starken Verflechtung in der Regel eine sehr gute Quellenbasis darstellen. Ebenso ist hinreichend belegt, dass eine Objektivierung der im staatlichen Bereich entstandenen Akten durchaus möglich ist. Sie ergibt sich zum einen aus der Vielzahl der hier eingesehen Akten, zum anderen durch die Gespräche mit Zeitzeugen. Soweit das Textverständnis von der Erläuterung ideologischer Terminologien abhängt, werden diese Erklärungen gegeben.

Daher kann zusammenfassend festgestellt werden: Forschung zu DDR-Themen ist ohne Hinzuziehung von Quellen aus dem MfS kaum möglich und erscheint auch nicht sinnvoll. Gleichwohl kann sie trotz eines sorgfältigen Umgangs mit den Dokumenten immer nur eine Annäherung an die historische Wahrheit sein.

Relativ klein ist der eingesehene Bestand aus dem kirchlichen Bereich, er umfasst etwa 180 Signaturen. Die im kirchlichen Raum übliche Zurückhaltung bei der schriftlichen Fixierung von Entscheidungsprozessen und deren Ergebnissen schlägt sich daher in der Zahl der angelegten und heute einsehbaren Aktenbestände nieder. Dennoch war der Bestand des Landeskirchlichen Archivs der Evangelisch-Lutherischen Landeskirche für das Thema von entscheidender Bedeutung: zum einen, weil die kirchlichen Dokumente insgesamt einen guten Einblick in innerkirchliche Strukturen und Entwicklungen geben; zum anderen, weil dieser Bestand besonders glaubwürdig ist.[46]

Es mag verwundern, dass zahlreiche Quellen aus dem kirchlichen Bereich in staatlichen Archiven abgelegt und dort eingesehen wurden und somit oftmals als Fundorte das Landesarchiv Greifswald oder das Mecklenburgische Landeshauptarchiv, das Bundesarchiv oder die Bundesbeauftragte für die Unterlagen des Staatssicherheitsdienstes angegeben sind. Dieser Umstand sollte nicht irritieren, spiegelt er doch einmal mehr das starke Interesse des Staates an allen kirchlichen Vorgängen und die penible Ablage der Akten in den Archiven der SED und der staatlichen Organe wider.

Darüber hinaus wurden Dokumente aus Privatbesitz genutzt. Bei diesen handelt es sich überwiegend um Unterlagen aus dem Ministerium für Staatssicherheit, die über einzelne Personen angelegt und von diesen zur Verfügung gestellt wurden. Aber auch Zeitungsartikel und Veröffentlichungen im Samisdat wurden von Privatpersonen zur Verfügung gestellt und trugen dazu bei, Lücken in der staatlichen oder kirchlichen Überlieferung zu schließen.

Eine besondere Quellenart schließlich stellen die Interviews mit Zeitzeugen dar. Für die vorliegende Studie wurden 65 Interviews mit 60 Personen geführt. Ablehnungen kamen nur in zwei Fällen vor. Bei den meisten Zeitzeugen handelte es sich um Laien, Mitarbeiter und Pastoren der mecklenburgischen Landeskirche. Darüber hinaus sind auch Mitarbeiter des ehemaligen Ministeriums für Staatssicherheit sowie des Rates des Bezirkes Schwerin befragt worden. Dass es insgesamt nur wenige waren, liegt zum einen daran, dass Interviews nicht zwingend notwendig waren, weil die Hintergründe staatlicher Entscheidungen gut dokumentiert sind, zum anderen an dem geringen Entscheidungsspielraum des einzelnen Funktionärs; denn wenn die staatliche Politik nicht durch dessen Persönlichkeit mitgestaltet wurde, dann erscheinen Zeitzeugengespräche mit diesem Personenkreis wenig sinnvoll.

Interviews mit ehemals Beteiligten und die daraus gewonnenen Informationen werden als „Oral History" bezeichnet. Die mündlich er-

---

[46] Es handelt sich u. a. um Protokolle von Synodaltagungen, von Sitzungen der Kirchenleitung und der Konvente der Landessuperintendenten. Hinzu kam der Bestand „Oberkirchenrat", der wesentliche Teile des Tagesgeschäfts der Mitglieder des Oberkirchenrates und damit auch der Bischöfe umfasst.

fragte Geschichte ist eine inzwischen weit verbreitete Methode der zeitgeschichtlichen Forschung. Sie zielt entweder darauf ab, eine bestimmte homogene Gruppe nach den gleichen Erfahrungen zu befragen und somit zu allgemeingültigen Erkenntnissen zu kommen (Massenbefragung) oder nach Detailwissen zu forschen, das nur Einzelne haben können (Elitenbefragung) und das deshalb nicht verallgemeinert werden kann.[47]

Die methodischen Schwierigkeiten der Oral History sind offensichtlich: Die Ausgangslage ist immer die subjektive Grundposition des Interviewten: Ich erzähle über mich.[48] Der nachträgliche Blick auf die Geschichte führt oft zu deren Verfälschung, da jeweils aktuelle Deutungsmuster, Lebensauffassungen und Orientierungen die Sicht auf die Vergangenheit verändern.[49] Kritiker der Oral History bemängeln deshalb nicht zu Unrecht, diese sage nichts über die Geschichte aus, sondern sei ein aktuelles Arrangement des Erzählenden mit der Geschichte.[50] Beispiele dafür geben etwa der von Werner Müller und Horst Pätzold herausgegeben Band „Lebensläufe im Schatten der Macht“ und der darin von Fred Mrotzek veröffentlichte Beitrag zur Oral History.[51]

Befürworter der Oral History weisen jedoch darauf hin, dass diese Methode die meisten Schwächen mit anderen Quellen teilt: Sie ist subjektiv, zufällig und einseitig. Notwendig ist daher ebenso wie bei Quellen aus dem SED-Apparat oder den Räten der Bezirke die „normale“, das heißt die formale, sprachliche, sachliche und ideologiebezogene Kritik.[52] Darüber hinaus bietet sie die einzigartige Chance, zusätzliche Detailkenntnisse zu erlangen.[53] Oral History ist für die zeitgeschichtliche Forschung demnach gleichermaßen risiko- und chancenreich.

Die in dieser Arbeit verwendeten Interviews stehen als nachträgliche Äußerungen nicht auf gleicher Ebene mit anderen Quellen. Sie sind hermeneutisch wesentlich aufwändiger zu entschlüsseln und bleiben am

---

47 Vgl. Vorländer 1990, S. 21.

48 Vgl. ebd., S 20.

49 Vgl. ebd., S. 21.

50 Es gibt durchaus Autoren, die diese Form der Interviews mit Zeitzeugen grundsätzlich ablehnen, um bewusste Verfälschungen durch die Gesprächspartner zu vermeiden. Dazu gehört beispielsweise Beier 1997. Auch Blühm und Ohlemacher bringen grundsätzliche Bedenken an; vgl. dazu: Blühm/Ohlemacher 1997, S. 106.

51 Vgl. Mrotzek 1997, S. 19.

52 Vgl. Vorländer 1990, S. 15.

53 Die Oral History unterliegt strengen Regeln, die einen hohen zeitlichen Aufwand erfordern; vgl. dazu ebd., S 17 ff.

Ende dennoch subjektiven Momenten auf der Seite des Interviewers wie des Interviewten stark verhaftet. Trotzdem sind sie sehr wertvoll, weil sie detaillierte Informationen und atmosphärische Eindrücke liefern, die sich in der Aktenlage in der Regel nur andeutungsweise finden.

Interviews wurden jedoch nicht nur zur Erweiterung der Faktenbasis geführt, sondern auch dann, wenn die vorhandenen Akten umfangreich waren und besonders belastende Aussagen enthielten. Die Betroffenen bzw. ihre Angehörigen erhielten dann die Möglichkeit, ihre Befindlichkeiten, Überlegungen und Gedanken vor 1989 wie auch nach der Wende in einer Weise auszudrücken, die sie selber wählen konnten. Die Befragten haben von dieser Möglichkeit sehr unterschiedlichen Gebrauch gemacht: mitunter abwehrend, oftmals aus einer Haltung der Verteidigung heraus, hin und wieder aber auch bewusst sich der Öffentlichkeit stellend und eigene Fehleinschätzungen einräumend.

Für dieses Projekt ist die Gesprächsbereitschaft sehr groß gewesen, wohl nicht zuletzt deshalb, weil sich der Lebensweg der meisten Zeitzeugen aus heutiger Perspektive bestätigt hat. Dennoch hat das unerwartet starke Gewicht, das diese Zeitzeugenberichte in dieser Arbeit einnehmen, in zweierlei Hinsicht Probleme mit sich gebracht: Zum einen bereicherten sie die bisweilen aktenlastige Darstellung durch lebendige Details und ermöglichten ein besseres und einfühlsameres Verständnis der Vergangenheit. Zugleich verstärkten die Interviews jedoch die durch die Arbeitsweise des MfS bereits bedingte starke Personalisierung von Geschichte. Diese Personalisierung hatte umfassende Folgen für die Rezeption der Studie: Die Geschichte des Einzelnen drohte sich bisweilen vor die Geschichte der mecklenburgischen Landeskirche zu drängen, den Blick auf diese also nicht zu schärfen und zu ergänzen, sondern zu verstellen. Trotz dieser gegenläufigen, sich aber bedingenden Folgen erwies sich die Einbeziehung von ehemals Beteiligten als kaum zu überschätzende Quelle für die mecklenburgische Kirchengeschichte.

Abschließend einige Anmerkungen zu Zitier- und Schreibweisen: Eindeutige orthographische und grammatikalische Fehler in Belegstellen wurden stillschweigend nach der alten Rechtschreibung korrigiert.[54] Der fließende Text folgt der neuen Rechtschreibung.[55] Anmerkungen und Hinzufügungen der Verfasserin sind grundsätzlich durch eckige Klammern gekennzeichnet; Auslassungen wurden durch drei Punkte zusätzlich markiert. Anonymisierungen in MfS-Unterlagen wurden kaum

54 Eine Ausnahme stellt die erste Quelle in der Einleitung dar. Vgl. Fußnote 1, S. 9.

55 Dies schließt die neue Silbentrennung ein.

vorgenommen; in Übereinstimmung mit dem Stasi-Unterlagen-Gesetz (StUG)[56] und den Benutzerordnungen der jeweiligen Archive wurde in Zweifelsfällen das Einverständnis der betroffenen Person eingeholt.

[56] Gesetz über die Unterlagen des Staatssicherheitsdienstes der ehemaligen Deutschen Demokratischen Republik (StUG) vom 20. Dezember 1991. Ausschlaggebend sind hier die §§ 20, 21 und 29.

# II. Kirchenpolitik in der DDR

## Die Organisationsstruktur der evangelischen Kirche

Auf dem Gebiet der DDR bestanden acht evangelische Landeskirchen. Das waren, der Fläche nach geordnet und mit der größten beginnend, die Berlin-Brandenburgische Landeskirche mit Sitz in Berlin, die Sächsische Landeskirche mit Sitz in Dresden, die Evangelisch-Lutherische Landeskirche Mecklenburgs mit Sitz in Schwerin, die Thüringische Landeskirche mit Sitz in Eisenach, die Provinzsächsische Landeskirche mit Sitz in Magdeburg, die Evangelische Landeskirche Greifswald mit Sitz dort selbst, die Anhaltinische Landeskirche mit Sitz in Dessau und die Kirche des Görlitzer Gebietes als kleinste Landeskirche mit Sitz in Görlitz.

Diese acht Landeskirchen hatten sich im Jahr 1969 nach massivem staatlichen Druck aus der Gemeinschaft der Evangelischen Kirche in Deutschland (EKD) herausgelöst und den Bund der Evangelischen Kirchen in der DDR (BEK) gegründet. Während die Trennung von der EKD im staatlichen Interesse lag, war die Gründung des Bundes der Evangelischen Kirchen in der DDR nicht in seinem Sinn. Als gemeinsames Organ der Landeskirchen gegenüber dem Staat schien die Auseinandersetzung mit den Kirchen schwieriger zu werden, als man es sich von acht einzelnen Landeskirchen erhofft hatte. Ein wichtiges kirchenpolitisches Ziel des Staates war daher die „Differenzierung" zwischen den acht Landeskirchen, also die Störung des Miteinanders im Kirchenbund durch Hervorhebung einzelner Kirchen oder Amtsträger. In den sechziger und siebziger Jahren wurde in diesem Sinne die Thüringische Landeskirche, in den achtziger Jahren die Landeskirche Greifswald instrumentalisiert.

Die Bundessynode war das höchste kirchliche „Parlament" in der DDR. Sie setzte sich aus den delegierten Synodalen der acht Landeskirchen zusammen und tagte einmal im Jahr. In den achtziger Jahren gingen kirchenpolitische Impulse zunehmend von ihr aus. Der Staat konnte diese Entwicklung trotz eines massiven Einsatzes von Inoffiziellen Mitarbeitern des MfS nicht nachhaltig stören.

Aufgrund des weiten Tagungsintervalls der Bundessynode (einmal jährlich) lag die faktische Leitung des Kirchenbundes jedoch bei der Konferenz der Kirchenleitungen (KKL). Rechtlich betrachtet war sie das höchste Organ des Bundes. Der KKL gehörten die acht leitenden

Geistlichen der Gliedkirchen, die acht leitenden Juristen, der Präses der Bundessynode und weitere sieben von der Bundessynode gewählte Synodale an. Aus ihren Mitgliedern wählte die KKL wiederum einen fünfköpfigen Vorstand.

Parallel dazu, aber weniger offensichtlich agierte der Bischofskonvent, der aufgrund seines informellen, privaten Charakters eine wichtige verbindende Funktion zwischen den Gliedkirchen hatte. Alle zwei bis drei Monate trafen sich die acht Bischöfe, um sich über die engeren kirchlichen Belange hinaus auch persönlich auszutauschen. Diese Treffen wurden ergänzt durch eine mehrtägige Klausur der Bischöfe, die an wechselnden Orten einmal im Jahr stattfand und an der auch die Ehefrauen teilnahmen.

Der Bund der evangelischen Kirchen in der DDR als kirchliche Dachorganisation geriet schnell in die innerkirchliche Kritik: Es bestehe ein „mangelhafte[s] Zusammenspiel zwischen Bund und Gliedkirchen“, hieß es von Seiten der Gemeinden, auch von einer „ungenügende[n] Informationspolitik des Bundes und seine[r] synodalfeindliche[n], konsistorial verfaßte[n] Struktur und Arbeitsweise“ war die Rede, die dazu führe, dass die Gemeinden sich nicht für Entwicklungen im Kirchenbund interessieren.[57] Diese „Basisfremdheit“,[58] wie Gerhard Besier das Phänomen nannte, blieb bis 1989 bestehen.

Der Aufbau der Landeskirchen unterschied sich nur in Details, die wesentlichen Strukturen waren überall dieselben: Die theologische und kirchenpolitische Leitung und Vertretung der Landeskirche nach außen hatten der Bischof bzw. der Kirchenpräsident, wie sich der geistliche Leiter der Anhaltinischen Landeskirche nannte. Die Verwaltung erfolgte über ein landeskirchliches Konsistorium, auch „Landeskirchenamt“ oder „Oberkirchenrat“ genannt, dem in der Regel wiederum ein Oberkirchenrats- bzw. Konsistorialpräsident als juristischer Leiter vorstand.

Die Landessynoden setzten sich aus kirchlichen Laien und Mitarbeitern zusammen, tagten ein- bis zweimal im Jahr und arbeiteten ebenso wie die Bundessynode in Arbeitsgruppen und Ausschüssen. Sie waren das höchste Organ der Landeskirchen und wurden, wenn sie nicht tagten, durch die jeweilige Kirchenleitung vertreten. Zu dieser gehörten Laien, Gemeindepfarrer, Superintendenten sowie die leitenden Mitglieder der kirchlichen Verwaltungsbehörde und der Kirchenleitung.

---

[57] Vgl. Besier 1995, S. 63.

[58] Vgl. ebd., S. 64.

Kirchenpolitik wurde seitens der Kirchen in der DDR auf zwei Ebenen betrieben: auf der Ebene des Bundes durch den Vorstand der KKL und auf der Ebene der Landeskirchen durch den Bischof, die Landessynode und die leitenden Mitglieder der kirchlichen Verwaltung. Grundsätzlichere, alle evangelischen Landeskirchen in der DDR betreffende Fragen wurden auf der Ebene des Bundes beraten. Die so genannten „Sachgespräche“ bzw. „Informationsgespräche“ fanden zwischen Vertretern des Vorstandes oder mit dem ganzen Vorstand der Konferenz der Kirchenleitungen und dem Staatssekretariat für Kirchenfragen statt. Bisweilen nahmen daran auch weitere Mitglieder der Regierung der DDR teil, beispielsweise Staatssekretäre aus den Ministerien. Diese Gespräche waren jedoch selten.

Der Kirchenbund war nur wenige Male in seiner Geschichte eine Vertretung aller Landeskirchen.[59] Er hatte sich auf Grund der unterschiedlichen Interessen der Landeskirchen nicht auf wesentliche Parameter im Verhältnis zum Staat einigen können. Dies nutzte die SED aus, indem sie nicht den Kirchenbund, sondern die Landeskirchen einzeln ansprach und versuchte, deren unterschiedliche Interessen für sich „fruchtbar zu machen“.[60]

Die landeskirchliche Politik wurde vom Bischof und seinen engsten Mitarbeitern betrieben. Sie richtete sich in ihren inhaltlichen Zielen zum einen an den Bedürfnissen der Landeskirche, zum anderen in unterschiedlich starkem Maß an der Grundlinie des Kirchenbundes aus.

Ebenso wie zwischen den staatlichen und parteigebundenen Organen gab es auch eine interne kirchliche Informationskette zwischen Bund und Landeskirchen. Diese war allerdings nur für besonders dringliche Fälle gedacht. Zum Schutz vor dem unbefugten Einblick des Staates in die internen Absprachen wurden im Allgemeinen wichtige Informationen mündlich ausgetauscht, zum Beispiel auf den monatlichen Sitzungen des Vorstandes der KKL, den achtwöchentlichen Sitzungen der KKL selbst oder auf deren Sondertagungen. Auf landeskirchlicher Ebene fanden Gespräche des Bischofs mit seinen engsten Mitarbeitern und Sitzungen der Kirchenleitung sowie des Oberkirchenrates statt, die zur Informationsweitergabe dienten. Die entsprechenden Protokolle wurden jedoch bewusst so knapp gehalten, dass Unbefugte nur das Ergebnis der Tagungen erkennen, aber nicht den Diskussionsverlauf nachvollziehen

---

59 Die wichtigste Ausnahme war das Treffen des Vorstandes des Kirchenbundes mit Erich Honecker am 6. März 19786. Vgl. dazu S. 40 ff

60 Vgl. Besier 1995, S. 42.

konnten. Die Landeskirchen informierten den Bund schriftlich über wichtige Gespräche mit staatlichen Stellen; für dringende Fälle gab es einen geheimen Verteiler innerhalb der kirchlichen Verwaltungsbehörden. Eilige und brisante Informationen wurden niemals mit der Post an den Adressaten weitergeleitet, sondern immer mit dem bischöflichen Fahrer oder einem anderen vertrauenswürdigen Kurier.

## Die Besonderheiten der mecklenburgischen Landeskirche

Die Geschichte der protestantischen mecklenburgischen Landeskirche beginnt mit Joachim Slüter, dem Rostocker Reformator (1491/92–1532), der vor allem von der Rostocker St. Petri-Kirche aus wirkte.[61] Unter seiner Führung siegte 1531 in Mecklenburg die Reformation, und 1549 nahm das Land durch Beschluss des mecklenburgischen Landtages den reformatorischen Glauben an. Dies war die Geburtsstunde der Evangelisch-Lutherischen Landeskirche Mecklenburgs.[62] Die heutige mecklenburgische Landeskirche umfasst die Kirchgemeinden der früheren Großherzogtümer Mecklenburg-Schwerin und Mecklenburg-Strelitz sowie des Fürstentums Ratzeburg, die 1934 zum Land Mecklenburg vereinigt wurden.[63]

Diese späte Zusammenlegung der bis dahin getrennt voneinander existierenden kirchlichen Strukturen bot nicht die besten Voraussetzungen für die noch junge mecklenburgische Landeskirche, um nach 1945 gegenüber dem Staat eine starke Position einzunehmen. Gleichwohl gaben der mecklenburgischen Landeskirche zwei traditionelle Eigenheiten eine gewisse Stabilität. Der eine ist geopolitischer Natur

---

[61] Die Ursprünge der Kirche in Mecklenburg reichen bis zur Christianisierung im 10. Jahrhundert zurück. Die Begründung der mecklenburgischen Kirche beginnt jedoch erst mit der Einsetzung Bischof Evermods im Jahr 1154 im Bistum Ratzeburg. „Apostel" Mecklenburgs im Bistum Schwerin wurde Bischof Berno (1191 gest.).

[62] Vgl. Karge/Münch/Schmied 1993, S. 63 f.

[63] Vgl. Mützke 1995, S. 75. Ratzeburg war als reichsunmittelbares Ländchen der ehemaligen Bischöfe von Ratzeburg durch den Westfälischen Frieden an Mecklenburg gekommen, sein Herrscher besaß auf dem Reichstag des Heiligen Römischen Reiches Deutscher Nation eine Stimme. Daher wurde das Land 1701 wie folgt aufgeteilt: Stargard und Ratzeburg gingen an den neuen Strelitzer Herzog, die Grafschaften Schwerin und Güstrow an den Schweriner. Der Strelitzer Herzog wurde durch seine Stimme auf dem Reichstag als Reichsfürst anerkannt.

und spiegelt sich in der mecklenburgischen Familiengeschichte wider: So sind seit dem Mittelalter im Nordwesten die Familien Plessen und Bülow, im Südwesten die Lützow und Pentz, im Nordosten die Moltke, Lühe, Bassewitz und Preen und im Südosten von Mecklenburg die Familien Hahn, Malzahn, Flotow, Dewitz und Voß ansässig. Sie stellten im Mittelalter immer wieder Marschälle, Vögte, Amtshauptmänner, Landräte und Pastoren. Im 20. Jahrhundert sind besonders häufig die Familien Timm und Voß unter den Pastoren vertreten gewesen.

Diese Kontinuität bemerkte auch das MfS. Claus-Dieter Wulf beschrieb sie 1984 in seiner Diplomarbeit als einen von mehreren wesentlichen gemeinschaftsbildenden Faktoren:

> „Beim überwiegenden Teil der nach 1950 ordinierten Amtsträger der Landeskirche zeigt sich, daß diese einen kircheneigenen Bildungs- und Entwicklungsweg genommen haben, der in wesentlichen Bereichen getrennt von jeglicher staatlichen oder gesellschaftlichen Einflußnahme verlaufen ist. So entstammen von den derzeitig im Theologiestudium stehenden Angehörigen der Landeskirche 82% noch tätigen Pastorenfamilien bzw. sind deren Eltern, Großeltern im landeskirchlichen Dienst beschäftigte Angestellte gewesen. Diese Tendenz der ständigen Erneuerung des Kaderbestandes, vorwiegend aus der eigenen landeskirchlichen sozialen Basis, wird deutlich sichtbar und ist über Generationen zurückzuverfolgen anhand der bisher erst für den Kirchenkreis Rostock-Land erfolgten Aufstellung der mecklenburgischen Pfarrer seit dem Dreißigjährigen Krieg und wird auch in der Perspektive sich nicht wesentlich ändern."[64]

Der zweite aus der Tradition der mecklenburgischen Landeskirche stammende stabilisierende Faktor war ihre fest etablierte Verwaltungsstruktur. Das Amt des Bischofs und der Oberkirchenrat als Verwaltungsbehörde, die Landessynode, der Synodalausschuss und das Amt des Präses waren schon 1921 eingerichtet worden,[65] wobei de facto schon seit 1850 eine kirchliche Verwaltungsbehörde ähnlich dem modernen Oberkirchenrat

[64] BStU, MfS, JHS 20130, S. 65.

[65] Viele Kirchen haben erst nach dem Zweiten Weltkrieg das Bischofsamt eingeführt, beispielsweise die Pommersche Evangelische Kirche.

bestand. Auch die acht Landessuperintendenturen waren traditionell in der Landeskirche etabliert. Sie bestanden im Wesentlichen bereits seit der Gründung der Landeskirche 1549 und waren damit die ältesten Kirchenämter in Mecklenburg überhaupt. Die Städte Rostock, Schwerin, Malchin, Parchim, Ludwigslust, Bad Doberan, Wismar, Güstrow und Stargard waren deshalb die Zentren der Landeskirche,[66] ihre Landessuperintendenten die jeweiligen „Regionalbischöfe".[67]

Neu eingerichtet wurde in jüngerer Zeit lediglich die Kirchenleitung, die 1972 durch ein Kirchengesetz aus dem Synodalausschuss hervorging. Einhundert Jahre jünger als die Landessuperintendenturen waren die Propsteien. Durch die Präpositurordnung von 1671 entstanden, sind sie bis heute eine wichtige Arbeitsebene der Landeskirche. In den siebziger und achtziger Jahren umfassten sie zwischen sechs und zehn Pfarrstellen und waren die entscheidende Arbeits- und Gesprächsebene der Pastoren. Traugott Ohse, langjähriger Landessuperintendent vom Kirchenkreis Rostock-Land, bezeichnete die Propsteien als „überschaubare Dienstgemeinschaften", in denen man sich kannte und zusammenstehen konnte.[68] Entsprechend schwierig war es deshalb für die staatlichen Stellen, hier einzudringen, bzw. umso nachhaltiger waren die Auswirkungen, wenn es dem Ministerium für Staatssicherheit gelang, eine Propstei zu unterwandern. Insofern verwundert es nicht, dass Claus-Dieter Wulf besonderes Schwergewicht auf die Unterwanderung der 38 mecklenburgischen Propsteien legte.[69]

Die Nachkriegsgeschichte der Evangelisch-Lutherischen Landeskirche Mecklenburgs begann mit einem Wechsel im Bischofsamt im Juni 1945: Walther Schultz, seit 1933 Landeskirchenführer und seit 1934 mecklenburgischer Landesbischof, gab die Amtsgeschäfte an den ehemaligen Bruderrat der Bekennenden Kirche ab und wurde in den zeitweiligen Wartestand versetzt.[70] Ein Jahr später, im Juni 1946, wählte die mecklenburgische Landessynode Niklot Beste, den ehemaligen Vorsitzenden des Bruderrates der Bekennenden Kirche in Mecklen-

---

66 Die Landessuperintendentur Ludwigslust bestand bis 1972.

67 In der Bayerischen Evangelisch-Lutherischen Kirche nennen sich die Kreisdekane „Regionalbischof".

68 Vgl. Ohse 2000, S. 2 f.

69 Vgl. BStU, MfS, JHS 20130, S. 32.

70 Schultz nahm seinen Dienst als Pastor 1950 in der Niedersächsischen Landeskirche wieder auf und verstarb 1957 in Schnakenburg an der Elbe. Vgl. Willgeroth 1993, S. 19.

burg, zum Landesbischof und signalisierte damit ihre Abkehr – nicht Aufarbeitung – von der nationalsozialistischen Vergangenheit. Die Barmer Theologische Erklärung, die von vielen evangelischen Kirchen nach 1945 als Bekenntnisschrift neben das Augsburgische Bekenntnis gestellt wurde, fand in Mecklenburg keine formelle Anerkennung.[71]

Keineswegs die Landeskirche als solche, sondern einzelne Mitglieder zogen nach dem Krieg die Lehren aus dem Kirchenkampf: die Bewahrung der Einheit der Kirche und der Unabhängigkeit gegenüber dem Staat.[72] Niklot Beste gehörte zu den entschiedensten Verfechtern dieses Kurses.[73] Insofern war seine Wahl zum ersten Landesbischof nach 1945 ein Glücksfall. Beste genoss als ehemaliger Vorsitzender des Bruderrates von Anfang an großen Respekt. Wohl auch deshalb gelang es ihm nach 1945, die Spannungen zwischen den in den dreißiger Jahren in Mecklenburg nebeneinander existierenden, den Deutschen Christen sehr kritisch gegenüberstehenden evangelischen Strömungen – z. B. zwischen der Jungreformatorischen Bewegung und dem Lutherischen Pfarrerkreis – zu überwinden. Darüber hinaus betrachtete er es als vordringliche Aufgabe, die tiefen Gräben zu den ehemaligen Anhängern der Deutschen Christen zuzuschütten.

Begünstigt wurde Bestes Amtsführung durch die Tatsache, dass sich die evangelische Kirche nach 1945 nicht in einem innerkirchlichen Richtungskampf befand. Die gemeinsame Erfahrung der antikirchlichen Propaganda und der damit verbundenen Repressionen führte schnell zu einer relativ geschlossenen Ablehnung gegenüber dem SED-Staat.[74] Aufmerksamer als in den dreißiger Jahren wurden die Ziele der politisch Herrschenden verfolgt, zeitiger und eindeutiger nahmen kirchliche Kreise eine tendenziell ablehnende Haltung gegenüber dem Sozialismus ein. Ein direktes Erbe des Kirchenkampfes war die öffentliche Fürbitte

---

[71] Ob es hierfür theologische oder innenpolitische Gründe gab, wäre eine interessante Fragestellung für weitere Forschungen.

[72] Dennoch ist Gerhard Besiers Feststellung, die Kirchen hätten im Unterschied zur säkularen Gesellschaft nach 1945 keinen Neuanfang erlebt, nur bedingt richtig. Nach außen waren sie die Brücke zwischen der alten und der neuen Zeit, wie Besier schreibt, und für die Alliierten Verbündete im Neuaufbau Deutschlands, aber nach innen gab es durchaus einen Neuanfang, nämlich den Versuch, eine neue Gemeinschaft aufzubauen und aus dem Erlebten zu lernen; vgl. Besier 1994, S. 48.

[73] Zu ihnen gehörten beispielsweise Oberkirchenrat Hermann Timm und einige der 128 Vikarinnen und Vikare, die durch die Bekennende Kirche ihre Ausbildung erhalten hatten.

[74] Vgl. Norden 1993, S. 89 ff.

für Menschen in Not, die eine wichtige Strategie im Umgang der Kirche mit dem Staat bis zum Ende der DDR blieb. Hermann Beste, Sohn Niklot Bestes und seit 1996 Landesbischof von Mecklenburg, antwortete auf die Frage, welche Rolle der Kirchenkampf für seine heutige Tätigkeit als Landesbischof spiele:

> „Man soll sich davor hüten, sich irgendetwas zurechtzulegen. Ich würde da sehr viel vorsichtiger sein. Natürlich hat die Kenntnis des Zeitablaufes 1933–1945 und haben einem die einzelnen Ereignisse etwas bedeutet. Man hat geguckt: Wie haben die Menschen damals so entschieden, und warum haben sie das gemacht? Die Haltung der Bekennenden Kirche habe ich natürlich im Elternhaus sehr differenziert kennen gelernt, nicht als eine geschlossene Front, sondern die Bekennende Kirche war eine sehr differenzierte Gruppe: einmal aus theologischen Erwägungen heraus, aber auch aus den unterschiedlichen Gegebenheiten in der Landeskirche und auch im Blick auf persönliche Temperamente. Ich denke, die spielten in der Bekennenden Kirche eine ganz besondere Rolle. [...] Ich denke, die Entscheidung in Mecklenburg ist für diesen gemäßigten Weg auch auf Grund der Temperamente derjenigen, die das zu bestimmen hatten, gefällt worden, weil sie nicht unbedingt kämpferische Typen waren.“[75]

Nicht zu Unrecht hat Detlef Pollack darauf verwiesen, dass sich kirchliches Handeln nicht theologisch begründen lasse. In Bezug auf die Barmer Theologische Erklärung vom Mai 1934 meint Pollack, die Kirche habe ihr Handeln nach 1945 nicht an „Barmen“ ausgerichtet, sie habe sich aber, indem sie sich auf „Barmen“ bezogen habe, in eine Pflicht gestellt, die sie nicht ohne Selbstverlust hätte aufgeben können.[76] Die Idee der Bekennenden Kirche hatte sich in den DDR-Kirchen stetig verbraucht, unter anderem auch deshalb, weil eine nachfolgende Generation nun die der „Kirchenkämpfer“ ablöste. Man konnte nicht permanent in der Opposition leben, sondern begann hier und da, sich mit dem Staat und dem Regime in der DDR mehr oder weniger zu arrangieren. Die Bedeutung theologischer Leitlinien für den kirchenpolitischen Weg einer Landeskirche muss daher sehr vorsichtig bestimmt werden. Das gilt auch für die Einschätzung der Vorgehensweise des späteren Bischofs

---

[75] Interview mit Hermann Beste am 23. 8. 2000.

[76] Vgl. Pollack 2001, S. 189.

Heinrich Rathke, der sich besonders Bonhoeffers „Kirche für andere" zu Eigen machte und durch diese theologische Orientierung den Weg der mecklenburgischen Landeskirche positiv beeinflusste.

Neben diesen aus der Vergangenheit stammenden oder an sie anknüpfenden Faktoren, gab es noch eine Reihe weiterer Spezifika, die sowohl für das Verständnis der Entwicklung der evangelischen Kirche in Mecklenburg nach dem Zweiten Weltkrieg als auch für das dortige Verhältnis von Staat und Kirche zu beachten sind. Sie sollen im Folgenden kurz benannt werden.

Das Land Mecklenburg behielt nach 1945 im Wesentlichen seine äußere Gestalt, wobei es sich um die vorpommerschen Stadt- und Landkreise vergrößerte.[77] Erst infolge der Auflösung der Länder im Jahr 1952 durch eine umfassende Gebietsreform entstanden aus Mecklenburg und Vorpommern die Bezirke Rostock, Schwerin und Neubrandenburg, wobei der Rat des Bezirkes Schwerin fortan der offizielle Ansprechpartner der Evangelisch-Lutherischen Landeskirche Mecklenburgs wurde, der so genannte „Leitbezirk". Den staatlichen Stellen blieb bis 1989 ein Dorn im Auge, dass sich die evangelische Kirche immer noch „Landeskirche" nannte und von einem „Landesbischof" geführt wurde, obwohl das Land Mecklenburg nicht mehr bestand.

Die mecklenburgische Landeskirche war und ist eine mittelgroße Kirche. Mit durchschnittlich 320 Pfarrstellen in den siebziger und achtziger Jahren war sie gerade so groß, dass sich die Pastoren und kirchlichen Mitarbeiter kennen konnten, aber wiederum nicht so klein, dass der Einzelne nicht seinen Freiraum hatte. Dies förderte den Zusammenhalt.

Gleichzeitig sah sich die Evangelisch-Lutherische Landeskirche Mecklenburgs einer besonders scharfen atheistischen Propaganda ausgesetzt, die mit ihrer Grenzlage zu tun hatte. Im äußersten Norden der ehemaligen DDR gelegen, waren die meisten ihrer acht Kirchenkreise Grenzkreise. Der Bezirk Rostock war im Norden wie im Westen Grenzgebiet. Die Kirche hatte es hier immer besonders schwer. Der Bezirk Rostock galt als sozialistischer „Vorzeigebezirk", denn hier war die Kollektivierung der Landwirtschaft zuerst abgeschlossen, hier fanden seit 1958 die „Ostseewochen"[78] statt, hier war die Christenlehre zuerst

---

[77] Hinzu kamen kleinere Gebiete aus den preußischen Provinzen Schleswig-Holstein und Hannover, deren endgültige Zuordnung zum Teil erst im Jahr 1980 geregelt wurde.

[78] Die „Ostseewochen" dienten dazu, den Ostseebezirk Rostock und über diesen die DDR insbesondere für das Publikum aus dem nichtsozialistischen Ausland als wirtschaftlich und kulturell attraktiven Ostblock-Staat darzustellen.

aus den Schulen verdrängt worden.[79]

Kennzeichnend für Mecklenburg war zudem ein starkes wirtschaftliches und kulturelles Gefälle zwischen West und Ost. Dies hing unmittelbar mit der sozialen Struktur der unterschiedlichen Regionen zusammen: Im Osten Mecklenburgs bestanden vor allem Gutsdörfer mit einer traditionell ärmeren Landarbeiterschaft als im Westen, wo es zahlreiche freie Bauerndörfer gegeben hatte, die wirtschaftlich stärker waren und deren Nähe zur Kirche größer war. Kirchenpolitisch wirkte sich dieses Gefälle insofern aus, als dass in dem weniger dicht besiedelten mecklenburgischen Osten[80] kirchliches Leben nicht etwa weniger intensiv beobachtet worden wäre; ganz im Gegenteil: Selbst die kleinste kirchliche Regung wurde in ausführlichen Plänen und Beobachtungsberichten festgehalten. Trotzdem spielten sich die „wesentlichen" Auseinandersetzungen zwischen Staat und Kirche im westlichen Mecklenburg ab.

Dabei waren die Neubaugebiete von besonderer Bedeutung. Sie entstanden vor allem in Rostock, Schwerin, Güstrow, Parchim und Neubrandenburg. Obwohl die theologische Herangehensweise an diese für Mecklenburg neue Siedlungsform schwer fiel, zeigten sich dort schnell Ansätze zu einem Umdenken. Die Neubaugebiete spielten eine große Rolle als Denkwerkstätten und „Spielfelder" des Modells einer „missionarischen Gemeinde".[81] Hier, nämlich in Rostock-Südstadt, sammelte auch der spätere Landesbischof Heinrich Rathke seine entscheidenden Erfahrungen.

Zugleich setzte eine drastische Minorisierung ein: Zwar war die Entwicklung von der Volkskirche zur Minderheitenkirche Ausdruck der allgemeinen Säkularisierung, wie sie sich auch in westeuropäischen Staaten abzeichnete,[82] sie betraf das dünn besiedelte Mecklenburg jedoch

---

[79] Vgl. Interview mit Heinrich Rathke am 8. 6. 2000.

[80] Die dünne Besiedlung Mecklenburgs zog unweigerlich eine kirchliche Strukturschwäche in den ostmecklenburgischen Gebieten nach sich, vgl. dazu Nowak 1997, S. 12. Nirgendwo war denn auch im Jahr 1986 die Anzahl der Vakanzen so hoch wie in Malchin im äußersten Osten der Landeskirche: Jede fünfte Stelle war nicht besetzt; vgl. Schnell 1986.

[81] Vgl. Interview mit Ulrich von Saß am 25. 2. 2002.

[82] Vgl. MKZ Nr. 14 vom 6. April 1975, S. 2. „Kurz notiert", o. A. Die Säkularisierung bewirkte auch in der Bundesrepublik eine deutliche Kirchenaustrittswelle, die aber wesentlich niedriger ausfiel als in der DDR. Beispielsweise traten im Jahr 1974 0,75% der Kirchenmitglieder aus, das waren 210 000 der insgesamt 28 Millionen EKD-Mitglieder.

weit stärker als die volkskirchlich geprägten Gemeinden beispielsweise in Sachsen und Thüringen. Hatte die mecklenburgische Landeskirche 1945 noch 1 145 000 Mitglieder,[83] war die Zahl 1969 schon unter eine Million gesunken. Zwanzig Jahre später, im Wendejahr 1989, zählte die Landeskirche weniger als eine halbe Million Gemeindeglieder.[84] Das entsprach einem Rückgang von 65 %. In dieser Situation schrumpften die Jungen Gemeinden zu kleinen Grüppchen, die Christenlehrekinder waren plötzlich handverlesen. Heute umfasst die Evangelisch-Lutherische Landeskirche Mecklenburgs ca. 214 000 Gemeindeglieder.[85]

## Kirchenpolitische Institutionen von Staat und Partei

Die jahrzehntelangen Auseinandersetzungen zwischen Staat und Kirche zeichneten sich nicht von Anfang an ab. Insbesondere die ersten Nachkriegsjahre zeugen von dem zumindest juristischen Bemühen, kirchliches Leben auch in der Sowjetischen Besatzungszone zuzulassen. So war in der Verfassung des Landes Mecklenburg vom 16. Januar 1947 noch der Artikel 87 enthalten, der besagte: „Staatsbürgerliche oder bürgerliche Rechte und Pflichten werden durch die Religionsausübung weder bedingt noch beschränkt. Die Ausübung dieser Rechte und die Zulassung zum öffentlichen Dienst sind unabhängig von dem religiösen Bekenntnis."[86] Gottesdienst und Seelsorge in Krankenhäusern und Strafanstalten waren ausdrücklich zugelassen. Die Kirchen und Religionsgemeinschaften waren Körperschaften des öffentlichen Rechts und durften ihre Angelegenheiten selbst verwalten. Damit verbunden war das Recht, „von ihren Mitgliedern aufgrund der staatlichen Steuerlisten nach allgemeinen Bestimmungen Steuern zu erheben".[87]

Diese Situation änderte sich jedoch schnell. Erstes Anzeichen eines konfliktreichen Verhältnisses zwischen Staat und Kirche waren die Auseinandersetzungen um die Entnazifizierung der Kirche, die diese eigenen Kommissionen vorbehalten wollte. Die staatliche Seite bezeich-

---

83 Vgl. LAG, BL IV E/ 2.14, Nr. 616, Bl. 204.

84 Vgl. ELLKM, LKA, A 3, Berichte der Kirchenleitung. „Jahresbericht des Oberkirchenrates 1970", n. p. Diese Zahlen benennen die so genannte „Gesamtseelenzahl". Von den 405 806 Gemeindezugehörigen zahlten jedoch nur 173 116 Kirchensteuern.

85 Vgl. www.kirche-mv.de vom 3.2.2006.

86 Vgl. Auf dem Wege zur gemeinsamen humanistischen Verantwortung, S. 176 f.

87 Vgl. ebd., S. 177.

nete die mecklenburgische Landeskirche undifferenziert als faschistisch durchsetzt und diskreditierte sie – ebenso wie die sieben anderen Landeskirchen – in einem Atemzug als „Handlanger des Imperialismus“. Der Staat attackierte aber nicht nur die Institution Kirche, sondern auch die Gemeindeglieder, und hier vor allem die kirchlich gebundene Jugend. In diesen Auseinandersetzungen – 1952/53 um die Jungen Gemeinden und Studentengemeinden, 1955 um die Einführung der Jugendweihe, 1962/64 um die Bausoldaten – wurde die Haltung vieler Pastoren zum damals noch jungen Staat DDR geprägt. Viel stärker als die Erfahrungen des Kirchenkampfes, den die Generation der jungen Pastoren selbst nicht mehr erlebt hatte, wirkte nun das gemeinsame Erleben der vielfältigen staatlichen Repressionen.

Der von der SED erhobene Anspruch auf das Erziehungs- und Bildungsmonopol führte sehr schnell zum Verbot konfessioneller Schulen und Ausbildungsstätten, das bis 1989 galt.[88] Immer wieder, wie etwa im Jahr 1958, äußerte sich die mecklenburgische Landessynode dazu. In einer Eingabe an das Staatssekretariat für Kirchenfragen kritisierte ihr Präses Albrecht Hachtmann den Umgang des Staates mit der Kirche, der der verfassungsmäßigen Religions- und Gewissensfreiheit widerspreche. Die Religion werde zugunsten des Atheismus verdrängt und die gläubigen Christen zahlreichen repressiven Maßnahmen ausgesetzt. Präses Hachtmann zog einen deutlichen Vergleich zum Dritten Reich und prangerte den faktischen Ausschluss der Christen als Staatsbürger der DDR an, weil das Staatsbürgertum die atheistische Erziehung voraussetze.[89]

1957 gegründet, sollte das Staatssekretariat für Kirchenfragen die Vermittlung zwischen Staat und Kirche übernehmen. Es war dem Ministerrat der DDR unterstellt und in der staatlichen Hierarchie der ranghöchste Ansprechpartner für die Kirchen. In den achtziger Jahren beschäftigte das Staatssekretariat bis zu 45 Mitarbeiter in sieben Abteilungen.[90] Zu seinen Aufgaben gehörten Gespräche mit den obersten kirchenleitenden Vertretern des Bundes der Evangelischen Kirchen in der DDR, die Bearbeitung kirchlicher Reise- und Bauanträge, die Entgegennahme von Eingaben, die Schulung der Bezirksreferate sowie die Erstellung kirchenpolitischer Analysen und Konzepte.

Erster Staatssekretär für Kirchenfragen war Werner Eggerath. 1960

---

[88] Vgl. Onnasch 1997, S. 17.

[89] Vgl. ELLKM, LKA, II 10, Bd. 3, 472, 509/II 1o.

[90] Vgl. Boyens 1996, S. 138.

bis 1979 hatte Hans Seigewasser das Amt inne, der von Klaus Gysi abgelöst wurde. Gysis Nachfolger wiederum wurden im Juli 1988 Kurt Löffler und im Januar 1990 Hermann Kalb.

Mit der Anerkennung des Bundes der Evangelischen Kirchen in der DDR durch die SED-Staatsführung im ersten Spitzengespräch zwischen Staatssekretär Seigewasser und dem Vorstand des Kirchenbundes am 24. Februar 1971 wurde das Staatssekretariat zur Drehscheibe der DDR-Kirchenpolitik, ohne jedoch intern eine Aufwertung zu erfahren. Die Beziehungen zwischen den Bezirksreferaten für Kirchenfragen und dem Staatssekretariat für Kirchenfragen in Berlin waren besonders intensiv. Regelmäßige Arbeitstagungen mit den Referenten stellten sicher, dass diese von den neuesten kirchenpolitischen Kurswechseln rechtzeitig informiert wurden. Parallel dazu besuchten so genannte „Bezirksbeauftragte" regelmäßig die Kirchenreferenten in Schwerin, Rostock und Neubrandenburg.[91]

Das Staatssekretariat für Kirchenfragen war und blieb lediglich ein Ausführungsorgan der SED, gleichzeitig stand es unter starker Kontrolle und Aufsicht des MfS. Immerhin waren drei hochrangige Mitarbeiter des Sekretariates in den achtziger Jahren hauptamtliche Offiziere im besonderen Einsatz (OibE) und wurden auf dem Stellenplan des Kirchenreferates der MfS-Hauptabteilung XX/4 geführt: Hauptabteilungsleiter Peter Heinrich, Eckhard Stephan als dessen Referent und Peter Arndt in der Abteilung Rechts- und Grundsatzfragen.[92] Peter Heinrich führte die Abteilung Evangelische Kirchen, zu der etwa 20 Mitarbeiter gehörten.[93]

Wann genau der Prozess einsetzte, in dem das Staatssekretariat für Kirchenfragen entmachtet wurde, lässt sich nicht sagen. Sicher scheint jedoch, dass Klaus Gysi, seit 1979 im Amt, aus Sicht der SED schwieriger zu führen war als sein Vorgänger Seigewasser. Gysi war im Unterschied zu diesem ein Intellektueller und ein Diplomat, zuvor war er Kulturminister der DDR und Botschafter in Rom gewesen. Diplomatie war auf kirchenpolitischem Parkett jedoch nur wenig gefragt. So erklärt es sich auch, dass die zahlreichen Ausarbeitungen seines Amtes, die der evangelischen Kirche oftmals wesentlich weiter entgegenkamen, als der SED lieb war, in der Schublade liegen blieben. Offensichtlich wurde die Demontage des Staatssekretariates im August 1988, als Klaus Gysi aus seinem Amt angeblich auf dessen eigenen Wunsch hin abberufen wurde. Akten aus

---

91 Vgl. Interviews mit Rudolf Franze am 30. 11. 2000 und 13. 12. 2000.

92 Vgl. Vollnhals 1997a, S. 17.

93 Vgl. Boyens 1996, S. 138.

dem ZK der SED belegen jedoch, dass Egon Krenz, damals im Politbüro unter anderem zuständig für Sicherheitsfragen,[94] im Juli 1988 Erich Honecker eine „Vorlage für das Politbüro zur Abberufung des Genossen Gysi" zusandte. Demnach sollte Gysi mit dem 15. August 1988 abgelöst und durch Kurt Löffler ersetzt werden, der bis dahin Staatssekretär im Ministerium für Kultur gewesen war. In der Presseveröffentlichung sollte es anschließend heißen, Gysi habe aus gesundheitlichen Gründen um seine Abberufung gebeten. Diesem Ersuchen sei durch den Vorsitzenden des Ministerrates entsprochen worden.

Mit der Degradierung des Gysi-Amtes ging die Aufwertung der Arbeitsgruppe Kirchenfragen beim ZK der SED einher. Sie hatte zwar formal keinerlei Einfluss auf den Staatsapparat, tatsächlich aber war sie – wie alle SED-Ebenen – den parallelen staatlichen Strukturen übergeordnet und ihnen gegenüber faktisch weisungsberechtigt. Die Arbeitsgruppe Kirchenfragen hatte die Macht ohne das Amt. Sie arbeitete dem für Kirchenfragen zuständigen Mitglied im Politbüro zu; zwischen 1971 und 1984 war dies Paul Verner, anschließend bis 1989 Werner Jarowinsky.[95] Zu diesem Zweck fanden mindestens einmal in der Woche Arbeitssitzungen statt, in denen die AG Kirchenfragen Festlegungen formulierte, die das Staatssekretariat umzusetzen hatte.[96] In dieser Funktion trat die Arbeitsgruppe Kirchenfragen kaum je in die Öffentlichkeit. Ihre Bedeutung ist in der Forschung daher nicht unumstritten: Martin Georg Gerner vertritt die Auffassung, sie habe ihre Bedeutung früh verloren, weil sie dem Staatssekretariat gegenüber formell nicht weisungsberechtigt gewesen sei.[97] Vollnhals argumentiert hingegen zutreffend, dass die AG Kirchenfragen von Anfang an das eigentliche Zentrum der Kirchenpolitik gewesen und immer geblieben sei.[98]

---

[94] Egon Krenz war von 1983 bis 1989 Mitglied des Politbüros der SED und dort zuständig für die Bereiche Sicherheits-, Staats- und Rechtsfragen, Sport und Jugend.

[95] Vgl. dazu Silomon 1997, S. 25. Nach Silomon lagen alle wichtigen Entscheidungen in der Hand von Erich Honecker. Erst seit 1987 habe sich Werner Jarowinsky verstärkt für Kirchenpolitik interessiert.

[96] Vgl. dazu auch die Unterlagen aus dem SAPMO-BArch, DY 30, vorl. SED, 41895. Zentrales Parteiarchiv der SED, Zentralkomitee der SED, Büro Jarowinsky, Gesprächsvermerke aus Beratungen Werner Jarowinskys mit Vertretern der Arbeitsgruppe Kirchenfragen ZK der SED bzw. Staatssekretariat für Kirchenfragen/Räte der Bezirke.

[97] Vgl. Goerner 1996, S. 75.

[98] Vgl. Vollnhals 1997a, S. 79.

Direkte Gespräche der Arbeitsgruppe Kirchenfragen mit Vertretern der Kirche waren nicht vorgesehen. Mit der voranschreitenden Abwertung des Staatssekretariates in den achtziger Jahren gab es jedoch einzelne kirchliche Vertreter, die sich direkt an diese AG Kirchenfragen wandten, um ihre Ziele gegenüber dem Staat still und ohne Rücksprache im Kirchenbund zu erreichen – allerdings nicht in der mecklenburgischen Landeskirche.

## Wechselnde kirchenpolitische Leitlinien

Das Staat-Kirche-Verhältnis in der DDR zwischen 1945 und 1989 lässt sich nach Eberhard Jüngel in fünf Phasen einteilen, die die Entwicklung von der prinzipiellen Kirchenfeindschaft zur taktisch orientierten Kirchenpolitik reflektieren. Die Jahre 1945 bis 1949 bezeichnet Jüngel lediglich als Phase der Gründung der DDR, die folgenden vier bis 1953 als Zeit des offenen Kirchenkampfes. Die dritte Phase von 1953 bis 1961 fand ihren Höhepunkt und Abschluss im Bau der Mauer. Die vierte Phase von 1961 bis 1974 war nach Jüngel geprägt durch die Aufnahme formeller Beziehungen zwischen Regierung und Kirchenbund. Die letzte und in dieser Studie interessierende Phase ist die der Regierungszeit Erich Honeckers, die Jüngel als Periode wechselseitiger Stabilisierung und deren Scheitern bezeichnet.[99]

Im Unterschied zu Jüngel unterscheidet Axel Noack innerhalb der Honecker-Ära noch einmal drei innenpolitische Phasen: 1971 bis 1975 bezeichnet Noack als die Jahre der allgemeinen Entspannung im Ost-West-Verhältnis, bis 1985 folgte eine von Rüstung und Nachrüstung geprägte Zeit und bis 1989 eine des neuen Denkens und Handelns.[100] Kirchenpolitisch entsprachen diesen Jahren, so Noack, vier Phasen: 1971 bis 1977 bezeichnet er als „freundliche Sterbehilfe", die gekennzeichnet war durch starke resignative Tendenzen in den Kirchen selbst, hervorgerufen durch den Mitgliederschwund. Die Jahre 1978 bis 1985 stellt er unter die Überschrift „Man trägt wieder Religion", weil sie durch einen pragmatischen Umgang mit der Kirche und durch das Gespräch vom 6. März 1978 geprägt waren. Die erste Hälfte der achtziger Jahre zeichnete sich nach Noack durch eine Anhäufung kirchenpolitischer Konflikte aus,

---

99 Vgl. Jüngel 1995, S. 16.

100 Vgl. Noack 1995, S. 1050.

die zweite durch eine große kirchenpolitische Konzeptionslosigkeit.[101] So diskussionswürdig diese Zäsuren auch scheinen, sie machen deutlich, dass sich die Kirchenpolitik aus der Abhängigkeit von Innen- wie Außenpolitik bis 1989 nicht lösen konnte.

Die fünfziger Jahre waren durch zahlreiche administrative „Kampfmaßnahmen“ gekennzeichnet, wie beispielsweise die veränderte Einziehung von Kirchensteuer. Diese wurde 1956 gesetzlich auf einen durch die Kirchen nicht mehr einklagbaren Mitgliedsbeitrag reduziert;[102] außerdem wurden die Finanzämter angewiesen, die Kirchensteuern nicht mehr für die Kirchen einzuziehen. Sie mussten nun von der Landeskirche selbst erhoben werden. Da es keine Listen über Mitglieder und zahlende Mitglieder gab, wurde die Einziehung der Kirchensteuern für die Kirchen erheblich aufwändiger. Im gleichen Jahr weigerte sich der Staat, wie bisher 20 Millionen Mark an Staatsleistungen zu zahlen, und kürzte diesen Betrag um die Hälfte.[103]

Seit dem Militärseelsorgevertrag zwischen der EKD und der bundesdeutschen Regierung im Jahr 1958, an dem durch die gemeinsame Mitgliedschaft auch die Kirchen der DDR indirekt beteiligt waren, lehnte die SED zentrale Gespräche mit der evangelischen Kirche ab. Die gemeinsamen Tagungen der Synoden und des Rates der EKD wurden mit dem Mauerbau 1961 unterbunden.

Es folgten heftige Angriffe der DDR-Regierung auf die evangelischen Bischöfe mit dem Ziel, die Abspaltung der EKD-Ost von der EKD-West, der so genannten „NATO-Kirche“, zu erzwingen. Das Verhältnis zwischen der Landeskirche und den drei Nordbezirken sowie der Regierung der DDR war deshalb zunehmend von der Frage beherrscht, wie man sich in Mecklenburg zur EKD-Frage stellte, denn der Haltung von Niklot Beste, dem damals dienstältesten Bischof einer lutherischen Landeskirche, kam in dieser Frage besondere Bedeutung zu. Wenngleich Beste im Detail immer wieder auch eine schwankende, dem Staat gegenüber freundlichere Position einnahm, machte sich die Verschlechterung des Klimas zwischen 1961 und 1969 auch in Schwerin bemerkbar. Beste verfolgte nach Auskunft seiner Zeitgenossen eine Politik, die die Kirche zu schützen suchte. Es ging ihm dabei nicht um die Annäherung an den Staat im Sinne einer opportunistischen Interessenvertretung, sondern

---

[101] Vgl. ebd., S. 1015 und 1026.

[102] Vgl. Wentker 1996, S. 178.

[103] Vgl. Pollack 1994, S. 137.

um eine mitunter problematische Konfliktvermeidung.[104]

Dass die evangelischen Landeskirchen in der DDR die Gründung eines eigenen Kirchenbundes anstrebten und im Juni 1969 auch umsetzten, lag nicht im staatlichen Interesse. In einer internen „Analyse der gegenwärtigen Lage in den evangelischen Kirchen in der DDR“ aus dem Jahr 1971 hieß es deshalb auch:

„Die Bildung des Bundes der evangelischen Kirchen in der DDR als Schritt der Verselbständigung ist positiv, aber mit der Gründung des Bundes und der Entwicklung des Bundes werden gleichzeitig Bestrebungen sichtbar, die evangelischen Kirchen in der DDR zu zentralisieren, ihre Kräfte durch den immer festeren Zusammenschluß der Landeskirchen im Bund zu potenzieren. Das Ziel dieser Bestrebungen liegt offensichtlich darin, unserem sozialistischen Staat und unserer sozialistischen Gesellschaft die Kraft einer geeinten evangelischen Kirche entgegenzustellen und gleichzeitig alle Probleme des Verhältnisses zum Staat auf zentraler Ebene, d.h. zwischen der Leitung des Bundes und dem Staatssekretär für Kirchenfragen (als der Regierungsebene) zu regeln. Das jedoch liegt nicht im Interesse unseres Staates und seiner Politik in Kirchenfragen, weil die durch die Zentralisierungsbestrebungen hervorgerufene Stärkung der Kirche nicht im Sinne unseres Staates liegt. Außerdem wäre nicht ausgeschlossen, daß reaktionäre Kräfte in einer einheitlichen Kirchenleitung dem Staat viel Ärger bereiten könnten. Wir gehen von dem Standpunkt aus, daß die Landeskirchen selbständige Institutionen bleiben müssen, daß die Delegierung weiterer Aufgaben an den Bund zu einer Schwächung der Substanz der Landeskirchen führen muß, ebenso wie die Bildung neuer Kommissionen beim Bund eine Schwächung der Landeskirchen bedeutet. Für uns ist das Prinzip auch weiterhin gültig, daß alle das Verhältnis zum Staat betreffenden Fragen und Angelegenheiten der Landeskirchen auf Bezirksebene zu klären sind. Aus diesem Grunde richtet sich unsere Politik darauf, die Eigenständigkeit der Landeskirchen

---

[104] Vgl. BArch, DO-4/ 2938. Belege dazu finden sich in der gesamtem Akte.

zu erhalten, sie immer wieder zu betonen und den zentralistischen Bestrebungen zu Stärkung des Bundes auf Kosten der Landeskirchen entgegenzuwirken. Auf diese Weise kann zumindest der Prozeß der Zentralisation verlangsamt werden. Das ist wichtig, da die Zeit für eine noch stärkere Zentralisation im Bund nicht reif ist."[105]

Den Beginn der Liberalisierung, wie Goeckel die Periode der siebziger bis Ende der achtziger Jahre nennt,[106] hat Beste nicht mehr im Amt des Landesbischofs erlebt. Er ging am 28. Februar 1971 in den Ruhestand.

Das Jahr 1971 markiert sowohl im staatlichen als auch im kirchlichen Leben eine Zäsur: Mit der Wahl Erich Honeckers zum Ersten Sekretär der SED im Mai 1971 kündigte sich ein Generationswechsel in der DDR an. Auf dem VIII. Parteitag der SED orientierte Honecker die Partei auf einen Kommunismus, der die wirtschaftlichen Bedüfnisse des Volkes stärker berücksichtigen würde[107] und entsprach damit den Wünschen der überwiegenden Mehrheit der DDR-Bürger, die künftig viel von der „Einheit von Wirtschafts- und Sozialpolitik" hören sollten. Nicht mehr der Aufbau der Schwerindustrie stand im Mittelpunkt, sondern die Anhebung des privaten Wohlstands. Ein sehr umfangreiches Wohnungsbauprogramm begann. Mitte der siebziger Jahre verbesserte sich der Lebensstandard spürbar[108] – das durchschnittliche Monatseinkommen stieg von 755 Mark im Jahr 1970 auf 860 Mark im Jahr 1974; damit hatte die DDR unter den Ostblockstaaten den höchsten Lebensstandard. Hinzu kam ein sozialpolitisches Programm, das eine Anhebung der Renten und Vergünstigungen für berufstätige Mütter vorsah.[109]

Diese Politik trug zu einer wesentlich stärkeren Identifizierung der Bürger mit ihrem Staat bei. Gut zwanzig Jahre nach Staatsgründung hatte sich ein großer Teil der Bevölkerung mit der Existenz der DDR abgefunden, man war „DDR-Bürger" geworden. Zugleich wuchs der Anteil derjenigen, die in der DDR geboren waren und keine andere Identität mehr gekannt hatten. Auch die außenpolitische Anerkennung der DDR durch den Grundlagenvertrag vom Dezember 1972 und die Aufnahme in die UNO 1973 beeinflussten die Stimmung in der DDR positiv. Erst

[105] LHA Schwerin, RdB Neubrandenburg, Z 24/90-1650, nicht paginiert.

[106] Vgl. Goeckel 1996, S. 30.

[107] Vgl. Wettig 1996, S. 383.

[108] Vgl. Weber 1989, S. 404.

[109] Vgl. ebd., S. 426.

Mitte der siebziger Jahre kam es zu einer erneuten innenpolitischen Krise, die wesentlich mit der Unterzeichnung der Schlussakte von Helsinki 1975 zusammenhing. In der Folge war die SED darum bemüht, Strömungen in der DDR-Bevölkerung, die mehr Transparenz forderten, massiv einzugrenzen. Die Proteste gegen die Ausbürgerung Wolf Biermanns 1976/1977 und die umfassenden staatlichen Repressionen gegen viele Künstler waren nur ein Beispiel dafür.

Unter diesen Umständen vollzog sich ein gravierender Wandel der Herrschaftsmechanismen. Honecker setzte unter anderem auf den Ausbau des Partei- und Staatsapparats durch eine verstärkte Kaderauswahl, die nun noch eindeutiger als zuvor unter politischen Gesichtspunkten erfolgte.[110] Disziplin gegenüber der „Partei der Arbeiterklasse" wurde zum wichtigsten Merkmal des SED-Mitglieds.[111]

Mit dem Aufstieg Erich Honeckers begann auch der Erich Mielkes. Mielke, seit 1957 Minister für Staatssicherheit, war bis 1971 lediglich Mitglied des ZK der SED, erst dann rückte er in das Zentrum der Macht auf, in das Politbüro.[112] 1971 wurde er Kandidat, 1976 Mitglied des Politbüros. Honecker hatte Mielke damit wieder „auf den Schild gehoben", denn seit dem Sturz Wilhelm Zaissers durch Walter Ulbricht im Jahr 1953 und der Demontage Ernst Wollwebers 1957 war kein Minister für Staatssicherheit mehr Mitglied im Politbüro gewesen.[113] In den siebziger Jahren vergrößerte sich der Sicherheitsapparat erheblich. Zahlreiche Diensteinheiten des MfS wurden neu gegründet, so zum Beispiel die Hauptverwaltungen VI,[114] III,[115] XXII[116] und die Abteilung Kommerzielle Koordinierung.[117]

In dieser Situation begann auch für die evangelischen Kirchen eine neue Phase, die der „freundlichen Sterbehilfe".[118] Knapp zwei Jahre nach Gründung des Bundes der Evangelischen Kirchen in der DDR

---

[110] Hermann Weber spricht von dem „Primat der Politik gegenüber technokratischen Tendenzen"; vgl. Weber 1989, S. 409 ff.

[111] Vgl. ebd., S. 410.

[112] Vgl. Fricke 1989, S. 217.

[113] Vgl. ebd., S. 74.

[114] Die Hauptabteilung VI war zuständig für Überwachung der Passkontrolle, des Tourismus und insbesondere der Interhotels.

[115] Die Hauptabteilung III war zuständig für die Funkaufklärung.

[116] Die Hauptabteilung XXII war zuständig für die Terrorabwehr.

[117] Vgl. Gill/Schröter 1991, S. 36.

[118] Vgl. Noack 1995, S. 1114.

kam es im Februar 1971 zum ersten Spitzengespräch zwischen Staat und Kirche. Paul Verner, im SED-Politbüro unter anderem zuständig für Kirchenangelegenheiten, empfing Mitglieder der Konferenz der Kirchenleitung zu einem Gespräch; damit war der Kirchenbund faktisch von staatlicher Seite anerkannt worden. Dass dieses Treffen weniger einen innen- als einen außenpolitischen Zweck verfolgte, zeigte sich schnell: Honecker erhoffte sich von den evangelischen Bischöfen die diplomatische Aufbesserung des DDR-Images im westlichen Ausland.

Auch für die mecklenburgische Landeskirche bedeutete das Jahr 1971 eine Zäsur. Im Herbst zuvor war der damalige Güstrower Landespastor für Volksmission, Heinrich Rathke, zum neuen Landesbischof gewählt worden, im März 1971 trat er sein Amt offiziell an und löste damit Niklot Beste ab.

Seit der Gründung des Kirchenbundes musste von staatlicher Seite entschieden werden, in welchen Fragen weiterhin die einzelnen Landeskirchen und in welchen der neue Kirchenbund der legitime Ansprechpartner war. Unter anderen Umständen hätte diese Frage von kirchlicher Seite entschieden werden müssen, unter den Bedingungen des SED-Staates jedoch entschied sie die Partei – und sie entschied sich für die Landeskirchen. Insofern war das Gespräch zwischen Erich Honecker und dem Vorstand des Kirchenbundes am 6. März 1978 in Berlin lediglich eine taktisch orientierte Aufwertung des Bundes der Evangelischen Kirchen in der DDR. Es sollte nach außen hin ein verbessertes Verhältnis von Staat und Kirche demonstrieren, führte aber in der Sache nicht zu grundsätzlichen Veränderungen.

So hat dieses Gespräch auch an der kontinuierlichen Distanz zwischen der mecklenburgischen Landeskirche und den drei Nordbezirken wenig geändert. Der sichtbarste Erfolg bestand darin, dass kirchliche Sendungen im Fernsehen und Rundfunk der DDR ausgestrahlt wurden – die erste am Karfreitag 1978 mit einer Predigt von Albrecht Schönherr, die zweite wenige Wochen später am Pfingstmontag mit der Übertragung eines Gottesdienstes. Als die DDR im September 1978 das Unterrichtsfach „Wehrkunde" an den Schulen einführte, mussten die Kirchen diesen Schritt als Vertrauensbruch werten. Albrecht Schönherr und Werner Krusche, die Bischöfe der Berlin-Brandenburgischen Landeskirche bzw. der Kirchenprovinz Sachsen, suchten daraufhin das Gespräch mit dem Staatssekretär für Kirchenfragen, Hans Seigewasser. Dessen Erwiderung, wie sie die Referenten für Kirchenfragen bei einer Beratung in Berlin mitschrieben, wirft ein Licht darauf, wie das Gespräch vom 6. März aus staatlicher Perspektive interpretiert wurde. Seigewasser sagte, der 6.

März sei „kein Wendepunkt, aber ein Höhepunkt in der Politik unseres Staates gegenüber den Kirchen. Er stelle einen qualitativen Unterschied zu vorangegangenen Gesprächen dar, da diese Gespräche stets mit Einzelpersonen der Kirche geführt wurden, während jetzt erstmalig das Staatsoberhaupt mit dem gewählten Vorstand der Konferenz der evangelischen Kirchenleitungen in der DDR zusammentraf".[119]

Martin Onnasch hat zwanzig Jahre später, 1998, dieses Gespräch in der Tendenz positiv beurteilt. Seiner Ansicht nach war es ein Signal für eine Öffnung, die jedoch „nicht überall erfolgreich, vielleicht nicht einmal in der Mehrzahl der Fälle" erfolgreich gewesen sei. Dennoch habe es Hoffnungen und Erwartungen in Kunst, Kultur und Jugendkultur eröffnet. Die Bedeutung des Spitzengespräches habe in der dort geübten Konfliktregelung bestanden und darin, dass es die „Grenzen der Kompetenzen" deutlich gemacht hätte. Am Ende sei es gelungen, in einigen Bereichen „tragfähige Kompromißstrukturen zu bilden".

Für Mecklenburg zumindest gilt dies nur in Ansätzen, wenn nicht überhaupt ein Erfolg des 6. März grundsätzlich in Zweifel gezogen werden muss. Der 6. März war nicht mehr als eine gelungene Strategie, die evangelischen Kirchen auf höchster Ebene zu „differenzieren", das heißt langfristig einen Keil zwischen sie zu treiben. In der mecklenburgischen Landeskirche war man jedoch von Anfang an in Wartestellung gegangen und hatte sich nicht in Akklamationen ergangen. 1978 sprachen der westdeutsche „Evangelische Pressedienst" (epd) und die „Mecklenburgische Kirchenzeitung" Heinrich Rathke auf die zahlreichen mahnenden Stimmen an. Er bestätigte diese und sagte:

> „Solche Skepsis mag durchaus ihre Berechtigung haben, wenn sie einer gefährlichen Überbewertung dieses Gespräches entgegenwirkt. Es kann ja nicht darum gehen, daß ein Gespräch in sich punktuell eine Bedeutung hatte und damit eine einmalige Wende bezeichnet sein soll. Meiner Meinung nach sollten wir dies Gespräch nüchtern beurteilen und es in einen normalen Rahmen hineinstellen. Es soll Beispiel sein für Gespräche, wie sie an anderer Stelle nun auch geschehen sollten."[120]

Diese Haltung bewahrte die mecklenburgische Kirchenführung bis 1989 davor, die jeweilige Atmosphäre im Verhältnis zwischen Staat und Kirche zu beschönigen.

---

[119] Vgl. LHA Schwerin, SED BPA Schwerin, IV D-2/14/526, Bl. 95.

[120]

Den eigentlich bedeutsamen Einschnitt im Verhältnis zwischen Staat und Kirche im Nordwesten hatte es schon zwei Jahre zuvor gegeben. Das Gespräch am 8. Dezember 1976 zwischen der mecklenburgischen Kirchenleitung, Vertretern der Räte der Bezirke Schwerin, Rostock und Neubrandenburg, dem Vorsitzenden des Bezirksausschusses der Nationalen Front und des Bezirksverbandes der CDU in Schwerin sowie dem Staatssekretär für Kirchenfragen, Hans Seigewasser, sollte eine konfliktfreie Begegnung werden und das gute Staat-Kirche-Verhältnis vor Ort belegen. Stattdessen wurde es aus staatlicher Sicht ein Fiasko. Jahre später nahm der Rat des Bezirkes Schwerin, der für diese Begegnung verantwortlich zeichnete, noch Bezug auf jenen „schwarzen" 8. Dezember 1976 in Güstrow, der die wahre Position Rathkes und seiner Mitstreiter gezeigt habe. Der ranghöchste Schweriner Vertreter, der Stellvertretende Vorsitzende für Inneres, Moritz Klemt, schrieb in seinem Bericht, „daß nach wenigen allgemeinen Bemerkungen zur Schlussakte von Helsinki, Frieden und Entspannung" Rathke und die nachfolgenden Redner sehr schnell dazu übergegangen seien, „die Lage und die Stellung der Kirche in unserem sozialistischen Staat so dunkel wie nur möglich zu zeichnen. In den Diskussionsbeiträgen wurde eine breite Skala sogenannter Beschwernisse und Probleme auseinandergefächert".[121] Schwerpunkte seien die fehlende Bewegungsfreiheit in der DDR; die beherrschende Ideologie des Marxismus-Leninismus, die Christen von allen gesellschaftlichen Funktionen ausschließe; die Drangsalierung der Kinder mit weltanschaulichen Fragen; die Missachtung des Glaubens und die Einschränkung der Meinungs- und Religionsfreiheit in den Altersheimen gewesen. Oberkirchenrat Siegert sei grundsätzlich geworden: Die Existenz der Kirche hänge nicht von der Verfassung oder dem Willen der Partei ab. Die Kirche nehme ihre Aufgabe so oder so wahr, für sich und ihre Christen den notwendigen Freiraum zu schaffen. Der Staat aber versuche, mit der Trennung von Staat und Kirche Letztere aus der gesellschaftlichen Öffentlichkeit zu drängen.[122] Rathke stand dem nicht nach: Die Aussage Erich Honeckers auf dem zurückliegenden IX. Parteitag im Sommer 1976, es sei noch nie so gut wie jetzt gewesen, sei falsch. Es habe schon bessere Zeiten gegeben. Wenn auf internationalen Veranstaltungen wie in Belgrad auf der Folgekonferenz von Helsinki falsche Aussagen getroffen würden, sollte man lieber zu Hause bleiben.[123] Mit Blick auf die Ausweisung Wolf

---

[121] Vgl. LHA Schwerin, BPA SED Schwerin, IV-D-2/14/525, Bl. 230.

[122] Vgl. LHA Schwerin, BPA SED Schwerin, IV D-2/14/525, Bl. 232.

[123] Vgl. ebd., Bl. 233.

Biermanns wenige Wochen zuvor sagte er, die Probleme in der DDR sollten auch vor Ort besprochen und die Menschen nicht gezwungen werden, ausländische Nachrichten zu hören.[124]

Mit dieser Flut grundsätzlicher Kritik hatten weder Klemt noch Seigewasser gerechnet. Kritik wurde bei derartig hoch angesetzten Gesprächen normalerweise nur sehr verhalten und im Vier-Augen-Gespräch geäußert, aber nicht im Beisein der örtlichen Staatsvertreter und der gesamten Kirchenleitung. Die Überraschung der staatlichen Seite klingt noch in der „Einschätzung“ an, die die SED-Bezirksleitung umgehend verfasste. Darin hieß es, Klemt, Steinbach, Smolni und Koch[125] hätten immer wieder versucht, das Gespräch auf grundlegende Fragen zu lenken. Die Kirchenleitung habe jedoch zäh und nach einem abgesprochenen Konzept agiert. Man habe nicht dazwischengehen können.[126]

Diese Einschätzung spiegelte den fundamentalen Mangel der SED-Kirchenpolitik wider, der sich bis 1989 weiter verstärkte: Unter planwirtschaftlichem Erfolgsdruck stehend, verfassten die Bezirksreferenten der jeweiligen politischen Großwetterlage entsprechend abmildernde bzw. dramatisierende Berichte. Das Ergebnis war, dass die holzschnittartig abgefassten „Informationsberichte“[127] nun nur noch geringen Informationswert besaßen. Zwar wurden diese Berichte nach dem Amtswechsel von Hans Seigewasser zu Klaus Gysi 1978 tendenziell wieder differenzierter, im gleichen Maße jedoch verlor das Staatssekretariat gerade wegen seiner differenzierten und aus Sicht des Politbüros „aufgeweichten“ Position zunehmend an Einfluss. Die unweigerlich entstehende Diskrepanz zwischen der nach Berlin gemeldeten kirchenpolitischen Lage und dem realen Verhältnis zwischen Staat und Kirche in den Bezirken führte zu solchen überraschenden Begegnungen wie der vom Dezember 1976. Hans Seigewasser und Moritz Klemt sowie die übrigen anwesenden Staatsfunktionäre waren daher vom Auftreten der mecklenburgischen Kirchenleitung durch eigenes Verschulden überrascht worden.

Im Übergang von den siebziger zu den achtziger Jahren zeichnete sich eine Akzentverschiebung in der Kirchenpolitik ab: Bis Ende der siebziger

---

124 Vgl. ebd.

125 Gemeint ist Hans Koch, Vorsitzender des Bezirksverbandes Schwerin der CDU.

126 Vgl. LHA Schwerin, SED BPA Schwerin, IV D-2/14/525, Bl. 233.

127 „Informationsberichte zur kirchenpolitischen Lage“. Die Referenten für Kirchenfragen mussten sie alle zwei Monate nach einem festgelegten Schema verfassen.

Jahre forderte die SED von den einzelnen Bischöfen und den leitenden Amtsträgern der Kirche das außenpolitische Friedensengagement. Ein Beispiel dafür ist die penible Vorbereitung der „Moskauer Weltkonferenz religiöser Friedenskräfte" 1977. Sowohl Heinrich Rathke aus Schwerin als auch Horst Gienke aus Greifswald gehörten der Delegation des Kirchenbundes an, verhielten sich jedoch sehr unterschiedlich. Horst Gienke erfüllte die an ihn gestellten Erwartungen, indem er in Moskau das Friedensengagement der SED betonte und die Aufrüstung der westlichen Welt kritisierte. Heinrich Rathke sprach dagegen über die Ungerechtigkeit in der Welt und fügte hinzu:

> „Wir können ebenso wenig an der Ungerechtigkeit in unserem eigenen Land und in unserer eigenen Region und Kirche vorbeigehen. Wir begrüßen es sehr, daß die KSZE-Schlußakte hierzu bestimmte Punkte verpflichtend festgelegt hat. Ich beziehe mich jetzt speziell auf die Religionsfreiheit im Rahmen der Menschenrechte. Warum sollen wir nicht zugeben, daß wir auch Probleme mit der Religionsfreiheit in einem sozialistischen Land haben? Gefährlich wäre es, die Probleme zu übergehen oder zu verschleiern; die Probleme offen auszusprechen ist bereits eine Freiheit, die uns nottut. Wir nutzen sie, wir kümmern uns um die Beeinträchtigung von Religionsfreiheit, doch wir müssen uns vor einer engen, gewissermaßen nur eigennützigen Auslegung der Religionsfreiheit hüten. Es geht doch nicht nur darum, daß wir bestimmte religiöse Handlungen ausüben können. Gott, als Herr unserer Kirche, wird selbst dafür sorgen können, daß seine Kirche bleibt. Religionsfreiheit heißt aber doch, daß wir aus der Ausübung unseres Glaubens heraus, aus dem Glaubensleben heraus, das Recht und die Gerechtigkeit für andere Menschen in unserem eigenen Land und dann auch in der weiten Welt vertreten und uns aktiv einsetzen. Recht des anderen - Recht des Nächsten. Die Religionsfreiheit hört auf, wo dieses Recht bestritten oder genommen wird oder wir selbst darauf verzichten."[128]

---

[128] BArch, DO-4/ 4783, Bl. 2 d. Dok. Abt. Internationale Beziehungen. „Anlage zum Bericht" der „Einschätzung der Vorbereitung des Moskauer Weltkongresses" vom 27. Mai 1977.

Selbst angesichts solcher Kritik konnte die SED die evangelische Kirche als Institution nicht mehr – wie noch in den fünfziger Jahren geschehen – offensiv angreifen, sondern sie versuchte, ihr die Mitglieder auf subtilere Art zu entziehen: Nicht mehr die offene Unterbindung kirchlichen Lebens, die Verdrängung der Kirche aus der gesellschaftlichen Öffentlichkeit stand jetzt im Vordergrund. Aus dieser Strategie resultierte dann das ständige Bemühen der Referenten für Kirchenfragen, des gleichnamigen Staatssekretariates und der MfS-Dienststellen im Lande, die Kirchgemeinden vor Ort auf „religiöse Kulte" zu beschränken. Man hoffte, dadurch jedes mögliche Interesse an Kirche zu ersticken; man wollte vor allem den Zulauf an Jugendlichen und jungen Erwachsenen stoppen, den die evangelischen Gemeinden dort verzeichnen konnten, wo sie neue Themen aufgriffen und neue Arbeitsformen ausprobierten. Letzteres deklarierte die SED als „Missbrauch" der Kirche, als Abwendung von „religiösen Kulthandlungen". Über die örtlichen Referenten für Kirchenfragen erfolgten in diesen Fällen umgehend Vorladungen, die Androhung rechtlicher Schritte, im Einzelfall auch Ordnungsstrafen – immer mit dem Ziel, die Gemeinden „vergreisen" zu lassen und die Jugend in der Pionierorganisation bzw. der FDJ zu indoktrinieren.

Wo diese Politik scheiterte, war das für die staatlichen Stellen ein Indiz dafür, dass der „Klassenfeind" die Jugend entweder indirekt über die bundesdeutschen Medien oder direkt über Kontakte zwischen bundesdeutschen und DDR-Kirchgemeinden beeinflusst hatte. Eine in der DDR gewachsene, der SED entgegenstehende politische Auffassung gab es in offizieller Sichtweise nicht, weil es sie nicht geben konnte: Die SED als Vorhut der Arbeiterklasse vertrat schließlich die Arbeiterklasse und gestaltete damit die bestmögliche Politik.[129]

In dieser Borniertheit teilte die SED-Kirchenpolitik die Laien, kirchlichen Mitarbeiter und Pastoren in verschiedene Gruppen ein. Je nach dem Grad der politischen Loyalität waren sie „politisch-realistisch" oder „progressiv" bzw. „schwankend", „negativ" oder sogar „feindlich-negativ". Die jeweilige Zuordnung war gleichermaßen holzschnittartig wie wechselhaft – je nach Zusammensetzung der beschriebenen Gruppe änderte sich die Etikettierung des Einzelnen in ihr.

Den evangelischen Kirchen in der DDR wies die SED jedoch nicht nur die Rolle des passiven Objektes zu, sondern verlangte von ihnen ak-

---

129 Vgl. dazu auch Saß/Suchodoletz 1990, S. 48, die bereits im Frühjahr 1990 auf diese Grundlinien der SED-Kirchenpolitik hingewiesen haben.

tive Zustimmung. Sie sollten die SED-Kirchenpolitik nicht nur über sich ergehen lassen, sondern diese auch von innen heraus unterstützen. In dieser Hinsicht hatte man mit der Thüringischen Landeskirche bereits in den fünfziger Jahren positive Erfahrungen gemacht, wobei die „innerkirchliche Disziplinierung" eine entscheidende Rolle spielte. Denn dort, wo die kirchenleitende Ebene im Interesse des Staates nach innen disziplinierend wirkte, war für die Betroffenen der Impuls dieser Disziplinierung zumeist nicht erkennbar. In der Regel handelte es sich um „Einzelfälle", die, so hoffte man auf Seiten der SED, kirchlicherseits nicht zum Anlass genommen würden, das Verhältnis insgesamt in Frage zu stellen. Mit dem Instrument der „innerkirchlichen Disziplinierung" verfolgte die staatliche Kirchenpolitik also ein doppeltes Ziel. Die evangelische Kirche sollte nicht öffentlichkeitswirksam werden, und die jeweilige „Außensteuerung" sollte unsichtbar bleiben.

Charakteristisch für die SED-Kirchenpolitik war auch die Übertragung staatlicher Leitungsprinzipien auf kirchliche Entscheidungsstrukturen. Mag ein gewisser autoritärer Leitungsstil für beide Seiten bis in die achtziger Jahre hinein Geltung gehabt haben, im kirchlichen Bereich gab es funktionierende demokratisch gewählte Leitungsgremien wie die Kirchenleitung und die Landes- und Bundessynode. Wider besseres Wissen gingen alle an der SED-Kirchenpolitik beteiligten Organe jedoch bis zur Wende davon aus, durch eine Beeinflussung „von oben" die Landeskirche lenken zu können. Ebenso wie die SED-Politik gegenüber der evangelischen Kirche die Einbindung von Entscheidungsträgern in größere Gremien nicht erkannte, verkannte sie auch die Loyalität, die die Basis in großen Teilen der Leitung der Landeskirche entgegenbrachte. Als sich Mitte der achtziger Jahre herausstellte, dass die mecklenburgische Landeskirche nicht über Landesbischof, Oberkirchenrat und Kirchenleitung zu beeinflussen war, erfolgte ein radikaler Kurswechsel. Man begann, die Einflussnahme auf die Basis der Landeskirche zu verstärken. Besonders die Kirchgemeinderäte waren davon betroffen.

Offizielle Gespräche zwischen staatlichen und kirchlichen Vertretern verfolgten aus staatlicher Sicht das Ziel, die kirchliche Seite dauerhaft an sich zu binden. „Vertrauensvoll", „vertraulich" und „verlässlich" waren beliebte Vokabeln in den entsprechenden Gesprächskonzepten. Die mecklenburgische Landeskirche war insofern verlässlich, als ihre Vertreter abgestimmt handelten und versuchten, die Transparenz untereinander aufrechtzuerhalten. Sie war zwar in einem gewissen Rahmen zu Zugeständnissen bereit, forderte aber konsequent und beharrlich ihr Recht und das der Christen in der Landeskirche ein. Anders als man annehmen könnte, wirkten sich diese Beharrlichkeit und Berechenbarkeit nicht prinzipiell störend aus, sondern sorgten bei aller Gegensätzlichkeit auch für eine gewisse Befriedung im gegenseitigen Umgang, weil man wusste, was man voneinander zu erwarten hatte – zumindest nach dem Güstrower Gespräch im Dezember 1976.

Da die SED-Kirchenpolitik wesentlich auf der Übertragung staatlicher Leitungsmechanismen auf kirchliche Entscheidungswege basierte, konnte sie lediglich da Erfolge für sich verzeichnen, wo die kirchlichen Leitungswege den staatlichen entsprachen. Dies war beispielsweise in der Evangelischen Landeskirche Greifswald in den achtziger Jahren der Fall.

Die SED-Kirchenpolitik war jedoch nicht überall gleich. Anschaulich hat dies Uwe Funk in seinem Beitrag „Regionalisierung als interne Differenzierung der DDR-Kirchenpolitik" dargestellt.[130] Nach Funk versuchte der Staat sich auf zwei Wegen der evangelischen Kirche zu entledigen: Die so genannte „Marginalisierungspolitik" versuchte durch administrative, repressive Maßnahmen, durch eine starke atheistische Propaganda und durch die Installierung nichtreligiöser, konkurrierender Institutionen die Kirche aus der Gesellschaft zu verdrängen. Die so genannte „Integrationspolitik" zielte hingegen darauf ab, die Kirche, die evangelische wie die katholische, punktuell in die Gesellschaft einzubinden. Laut Funk bestanden beide Strategien nebeneinander, wobei die zweite eher eine „taktische Ergänzungspolitik" zur ersten gewesen sei, denn die geistigen Grundpfeiler des Sozialismus seien nicht aufgegeben worden, eine ernst gemeinte Integration der Kirchen habe daher nicht gelingen können. Da, wo die Integrationslinie dominant war, sei es aber immerhin zu einem „wachsenden Pragmatismus und zu einer zunehmenden weltanschaulichen Toleranz" gekommen. Es ist allerdings fraglich, ob es diese dominante Integrationslinie tatsächlich gegeben hat oder ob sie nicht nur auf wenige Fälle begrenzt war, so dass von einer „Linie" nicht gesprochen werden kann.

Das Nebeneinander beider kirchenpolitischer Linien wirkte nicht nur auf die kirchliche Seite irritierend, sondern auch auf die staatliche, etwa dann, wenn die Kirchenreferate im Lande immer wieder forderten, stärker aus dem Berliner Staatssekretariat für Kirchenfragen „angeleitet" zu werden. Diese Unsicherheit erklärt auch die hohe Personalfluktuation in den Kreis- und Bezirksreferaten für Kirchenfragen und den vielerorts niedrigen Bildungsstand der Referenten, die dieses Arbeitsgebiet oft nicht freiwillig übernommen hatten, sondern dorthin delegiert worden waren.

---

130 Vgl. Funk 1994, S. 65.

Die kirchliche Seite sah sich einer mehr oder weniger taktisch orientierten SED-Kirchenpolitik gegenüber, versuchte aber nach den Erfahrungen des Dritten Reiches ihrerseits vor allem, eine zweite Spaltung, wie sie der Kirchenkampf hervorgebracht hatte, zu verhindern. Spätestens Mitte der fünfziger Jahre, als die evangelische Kirche in der DDR in puncto Jugendweihe zunächst eine unnachgiebige Position bezogen hatte, indem sie diejenigen Jugendlichen von der Konfirmation ausschloss, die die Jugendweihe erhalten hatten, zeigten sich jedoch die Grenzen ihrer Macht: Ihre Mitglieder gaben dem staatlichen Druck nach und strömten reihenweise zur Jugendweihe.

Die evangelische Kirche verfolgte in den kommenden Jahren zunehmend pragmatische Ziele und versuchte, trotz aller taktischen Manöver der staatlichen Seite eine gewisse Kontinuität in der SED-Kirchenpolitik zu erkennen. Einigkeit im Ziel, aber Differenzen hinsichtlich des Weges dorthin kennzeichneten die Haltung der acht Landeskirchen gegenüber der SED-Politik. Die einzelnen Landeskirchen zogen aus der allgemeinen Unsicherheit unterschiedliche Schlussfolgerungen: Die einen wie die Thüringer und Greifswalder Leitung setzten auf ein bilaterales „vertrauensvolles" Verhältnis zu den Berliner Stellen und zu denen im Bezirk. Andere Landeskirchen wie die mecklenburgische suchten jeden Anschein einer politischen Handlungsweise zu vermeiden, handelten aber durchaus hochpolitisch, wenn sie sich vor staatlichen Stellen für bedrängte Laien einsetzten oder sich in der Öffentlichkeit zu aktuellen Entwicklungen äußerten.

Was den evangelischen Kirchen wesentlich dabei half, ihre Position erfolgreich gegenüber dem Staat zu vertreten, war die starke finanzielle Unterstützung durch die EKD. Zwar durfte die evangelische Kirche in der DDR keine Devisen besitzen und daher war auch der direkte Bargeldtransfer von West nach Ost nicht möglich, aber seit Ende der sechziger Jahre vermittelte die EKD über vier verschiedene Wege geldwerte Waren an die Kirchen in der DDR: Als „Kirchengeschäft A" war die Lieferung von Waren aus der Bundesrepublik an die DDR, die ihrerseits einen Gegenwert in Mark der DDR an die evangelischen Kirchen in der DDR auszahlte, bekannt. Das „Kirchengeschäft B" meinte die Lieferung westlicher Waren an die DDR im Austausch gegen die Freilassung politischer Gefangener. Von diesem Geschäft hatten die Kirchen keinen materiellen Nutzen, aber sie trugen dazu bei, politischen Druck abzubauen und inhumane Schicksale abzuwenden. Daneben bestanden noch das so genannte Sonderbauprogramm zur Erhaltung bzw. zum Neubau von DDR-Kirchen mit Devisen, und das Valutamark-Programm, das ähnlichen Zwecken diente, aber über das Außenministerium und dessen Abteilung „Kommerzielle Koordinierung" (KoKo) unter Alexander Schalck-Golodkowski abgewickelt wurde.[131]

Die Kirchen waren aber nicht nur als wirtschaftlicher Faktor wichtig, sie erfüllten auch zahlreiche soziale Aufgaben und entlasteten das staatliche Gesundheitswesen, beispielsweise die Betreuung von Behinderten oder die Einrichtung kirchlicher Ausbildungsstätten für Pflegeberufe und kirchliche Kinderheime. In diesen Bereichen war das Verhältnis zwischen Staat und Kirche geringeren Spannungen unterworfen.

Zusammenfassend kann man festhalten, dass die „Politik der Partei in Kirchenfragen" grundlegend an der Problematik krankte, dass diejenigen staatlichen Stellen, die Einblick in kirchenpolitische Entwicklungen hatten, in der staatlichen Hierarchie keine Entscheidungskompetenz besaßen, und die diese besaßen, wenig Sachkompetenz hatten. Bezeichnend dafür ist die Tatsache, dass die kirchenpolitische Richtlinienkompetenz, darauf weist Hohmann zu Recht hin, bei Erich Honecker lag.[132] Chiffrierte Fernschreiben und eilige „Ukase" gingen immer wieder an die SED- und MfS-Dienststellen und enthielten stets nur das Ziel, nie die Methoden, mit denen die Ziele erreicht werden sollten. Die einzige Form einer institutionalisierten Zusammenarbeit der verschiedenen mit Kirchenpolitik befassten Organe waren die so genannten „Koordinierungsgruppen Kirchenpolitik", die die Vertreter der SED-Bezirksleitung, des Rates des Bezirkes, des MfS, der Volkspolizei und zum Teil des Bezirksvorstandes der CDU bei Großereignissen zusammenführten. Darüber hinaus traten sie kaum in Erscheinung.

Machtpolitisch gesehen war das Nebeneinander verschiedener staatlicher und Partei-Strukturen dennoch sehr geschickt. Die SED hielt alle Dienststellen, die mit Kirchenpolitik in Berührung kamen, in Abhängigkeit, indem sie bei etwaigen eigenständigen kirchenpolitischen Linien die Verantwortlichen für deren „ketzerisches Verhalten" heftig kritisierte und, wenn nötig, von ihrem Posten ablöste.

---

[131] Vgl. dazu auch Besier (1995b), S. 511 ff.

[132] Vgl. Hohmann 1998, S. 29.

# III. Die Situation in den Nordbezirken

> „Wohlgemerkt, Genosse Bick, alle diese Dinge darf man nicht als zusätzliche Arbeit betrachten, sondern als Vorbereitung bestimmter Maßnahmen, die wir zu einem geeigneten Zeitpunkt und nach entsprechender Vorbereitung einleiten werden, um im Verhältnis zwischen Kirche und Staat eine ganz andere Lage zu erhalten."[133]

Werner Eggerath, im Juni 1957 frisch gekürter Staatssekretär für Kirchenfragen, äußerte sich in seinem Schreiben an den Vorsitzenden des Rates des Bezirkes Schwerin, eben jenen Genossen Bick, sehr nebulös zur Berliner Kirchenpolitik. Was meinte er mit „bestimmte Maßnahmen", wann war der „geeignete Zeitpunkt", um jene ominöse „ganz andere Lage" zwischen Staat und Kirche zu erreichen? Diese Anleitung verriet das wesentliche Moment der Spannungen zwischen Staat und Kirche bis zum Jahr 1989: eine gewisse Hilflosigkeit gegenüber dem Phänomen Religion und eine große Unsicherheit sowie – trotz aller Konzeptionen – Planlosigkeit im Umgang mit der Kirche. Bick jedenfalls fragte nicht nach weiteren Details, und so war auch 1989 noch unklar, was die „Politik der Partei in Kirchenfragen" eigentlich bezweckte.

Die „Politik der Partei in Kirchenfragen" basierte auf dem Zusammenspiel von SED, MfS, administrativen Organen und Massenorganisationen und hing damit wesentlich von den regionalen Gegebenheiten und Personen ab. Dieses Kapitel stellt die Personen und ihre Funktionen vor, die für das Verhältnis von Staat und Kirche in Mecklenburg während der siebziger und achtziger Jahre von Bedeutung waren.

## „Es gab eine Kirchenpolitik mit doppeltem Boden" – Der Bezirk Schwerin

Der Bezirk Schwerin war durch die Dienstanweisung 9/56 der Leitbezirk für die Landeskirche Mecklenburg.[134] Langjähriger Vorsitzender des Rates des Bezirkes Schwerin war Rudi Fleck. Geboren 1930 in Greifswald hatte Fleck seine Parteikarriere 1951 begonnen. Er war Mitglied der SED-

---

[133] Zit. n. Abschlußbericht 1994, S. 97.

[134] Vgl. Vollnhals 1997a, S. 10.

Kreisleitung Wolgast gewesen und ging von dort aus an die Deutsche Akademie für Staats- und Rechtswissenschaften in Potsdam, wo er 1961 das Diplom im Fach Staatswissenschaften erhielt. Im März 1961 wurde Rudi Fleck Oberbürgermeister von Rostock. 1968 wechselte er nach Schwerin und wurde dort Vorsitzender des Rates des Bezirkes, eine Funktion, die er bis zur Wende innehatte. Am 14. November 1989 trat Fleck von seinem Amt zurück.[135]

Zuständig für kirchenpolitische Belange war der Stellvertreter Inneres des Rates des Bezirkes Schwerin; bis 1977 war dies Richard Hintz, auf den für zwei Jahre Moritz Klemt folgte und auf diesen wiederum im Jahr 1980 Fred Schwoerke. Dieser Wechsel markierte auch einen Wandel in der regionalen Kirchenpolitik: Sowohl Fred Schwoerke als auch Richard Hintz waren bis dahin Offiziere in der NVA gewesen und somit kaum geeignet für eine Position, die diplomatisches Feingefühl und ein umfassendes humanistisches Wissen voraussetzten. Entsprechend verhärtete sich das regionale Verhältnis zwischen Staat und Kirche erheblich, insbesondere zu Schwoerkes Zeiten. Nicht von ungefähr verlagerte sich die Kirchenpolitik in dieser Zeit nach „unten" zum Referenten für Kirchenfragen beim Rat des Bezirkes Schwerin. Dies war von 1970 bis 1989 Rudolf Franze.[136] Franze sagte über seine damaligen Vorgesetzten im Interview:

> „Richard Hintz war Oberst der NVA. Der war schon Stellvertreter Inneres, als ich 1970 in das Referat für Kirchenfragen kam. Richard Hintz war ein geradliniger, ehrlicher Mann. Der nahm sich einiges heraus, was ich später vermisst habe. Der hat sich nicht bevormunden lassen und ließ mir freie Hand. Mit Hintz hatte ich keine Schwierigkeiten. Der hat auch immer andere Meinungen eingeholt. Er konnte zuhören, war auch offen für Vorschläge und war auch bereit, sich in der Beurteilung von Personen und Prozessen zu korrigieren. […]
> Das Verhältnis zu Schwoerke war schwierig. Der hat gemacht, was Fleck wollte, und der hat sich immer mit Ziegner abgestimmt. Fleck und Ziegner haben sehr viel vorher besprochen."[137]

---

[135] Vgl. Müller-Enbergs/Wielgohs/Hoffmann, S. 214.

[136] Franze hatte zeitweise Mitarbeiter im Referat für Kirchenfragen, die jedoch kaum Bedeutung erlangten: Bis 1982 arbeitete eine Frau Lange im Referat für Kirchenfragen, dann Udo Lingk aus Rostock, der aber zum Rat der Stadt wechselte und ca. 1986/87 durch Herrn Getter ersetzt wurde.

[137] Interviews mit Rudolf Franze am 30. 11. 2000 und 13. 12. 2000.

Die Bedeutung der Kirchenreferenten resultierte vor allem aus der Tatsache, dass sie die einzigen Anlaufstellen waren, die die mecklenburgische Landeskirche auf Bezirksebene als legitime Ansprechpartner akzeptierte. Auf Grund dieser Ausschließlichkeit wurden ihre Dienstzimmer zur kirchenpolitischen Drehscheibe. Dies hatte unter anderem zur Folge, dass nahezu alle Referenten Inoffizielle Mitarbeiter des MfS waren, so Rudolf Franze als IM „Peter Schneider" und sein Rostocker Kollege beim Rat der Stadt, Manfred Manteuffel, als IM „Scheeler". Auch ohne IM-Registrierung waren die Kirchenreferenten neben ihren unmittelbaren Vorgesetzten sowohl den MfS-Offizieren als auch den SED-Funktionären untergeordnet. Zwar wurden diese Kontakte nicht offen thematisiert und waren insofern auf kirchlicher Seite nicht offiziell bekannt, aber wer zum Referenten für Kirchenfragen ging, der rechnete damit, dass dieser über das Gespräch einen Bericht mit Durchschlag für das MfS anfertigen würde. Angesichts dieser vielfachen Verzahnung beschrieb Rudolf Franze seine Funktion zwischen den Vertretern von Kirche und Staatssicherheit als schwierig:

> „Ich habe mich bemüht, den kirchlichen Amtsträgern bei verschiedenen Dingen behilflich zu sein. Zum Beispiel gab es eine Reihe von genehmigungspflichtigen Sachen wenn es um Drucksachen ging usw. Dort konnte ich meine alten Verbindungen zur Abteilung Kultur nutzen. [...] Ich habe versucht, in erster Linie die Menschen zu sehen, die glauben. Aber ich habe natürlich auch die Verfassungsrealität gesehen.
> Ich hatte keine Entscheidungsbefugnisse. Ich konnte nur Vorschläge machen, sie begründen und eine Einflussnahme auf meine Vorgesetzten versuchen. Und bei Hintz und bei Klemt gelang das oft auch mit Vorschlägen und Einflüssen, um auch Leuten in der Kirche in bestimmten Dingen behilflich zu sein. Dabei ging es um Rückgabe von Kulturgütern an die Landeskirche, es ging mitunter aber auch um private Wünsche. Ich kannte natürlich auch viele Amtsträger aus zwanzig Jahren, die dann direkt zu mir kamen und gar nicht mehr zum Kreis gingen."[138]

Dass die Kirchenpolitik im Bezirk Schwerin in den siebziger und achtziger Jahren niemals eine vergleichbare Schärfe wie im Bezirk Rostock hatte, lag unter anderem an der Persönlichkeit Rudolf Franzes, der von

---

[138] Vgl. ebd.

den kirchlichen Amtsträgern zumindest als höflich, wenn nicht sogar freundlich, erlebt wurde; ganz im Gegensatz dazu Franzes Rostocker Kollege Roland Macht, der als Choleriker und Hardliner galt.

Franze, 1932 im Sudetenland geboren und 1945 mit seiner Familie ausgesiedelt in die Nähe von Halle, war katholisch getauft. Er trat in den fünfziger Jahren aus der Kirche aus. Nach dem Abitur in Naumburg studierte Franze seit 1952 Philosophie in Jena mit dem Ziel, in einem Verlag zu arbeiten. Weil dies, so Franze in einem Interview im November 2000, zum Studienende nicht mehr möglich war, ohne Mitglied der SED zu sein, war seine erste Arbeitsstelle die des Leiters des Kulturhauses in Grabow. Als die Kulturakademie des Bezirkes Schwerin gegründet wurde, ging Franze als wissenschaftlicher Mitarbeiter nach Schwerin und war von 1960 bis 1964 Mitarbeiter im Bezirkskabinett für Kulturarbeit Schwerin. In dieser Zeit trat er auch der SED bei.[139] Nach internen Umstrukturierungen wurde die Planstelle in den Rat des Bezirkes Schwerin umgesetzt, dort war Franze vor allem mit der Aus- und Weiterbildung von Laien in der Kulturarbeit des Bezirkes befasst.

Nach dem Abbruch der Aspirantur an der Potsdamer Akademie für Staat und Recht, an die er 1969 delegiert worden war, wurde das Referat für Kirchenfragen neu besetzt. Sein Amtsvorgänger Wolfgang Wienke war in Ungnade gefallen und sollte abgelöst werden, weil er politisch als nicht mehr zuverlässig galt.[140] Franze kam 1970 aus Potsdam zurück und wurde zum 1. März 1970 Referent für Kirchenfragen.

Dass dieser Lebens- und Ausbildungsweg vergleichsweise untypisch war, zeigt eine 1983 im Staatssekretariat für Kirchenfragen entstandene „Vertrauliche Information an den Staatssekretär". Daraus geht hervor, dass die Fluktuation bei den Kirchenreferenten außerordentlich hoch war, die meisten wechselten nach drei Jahren in ein anderes Referat. Das Referat „Kirchenfragen" war unbeliebt, denn zum einen setzte es ein relativ hohes intellektuelles Leistungsvermögen voraus – die überwiegende Mehrheit der Referenten für Kirchenfragen in den

---

139 Vgl. ebd. Franze sagte, er sei lange parteilos gewesen und erst Mitglied geworden, als es um die Sicherung des Familieneinkommens gegangen sei. Er habe zwar die entsprechende Überzeugung gehabt, entscheidend sei dann aber gewesen, dass es für Leute mit seinem Studium keine Arbeit gegeben hätte, wenn sie nicht SED-Mitglied gewesen wären. Außerdem seien Parteimitglieder besser bezahlt worden.

140 Vgl. ebd. Demnach wurde Wienke der Vorwurf gemacht, er habe sich zu stark an die Kirche und die Sozialdemokratie angenähert und hänge der Konvergenztheorie an.

Kreisen besaß jedoch keinen Fach- oder Hochschulabschluss,[141] und die Kirchenreferenten merkten sehr schnell, dass sie den Laien, Mitarbeitern und Pastoren bei ihren Gesprächen nicht gewachsen waren und empfanden die Auseinandersetzungen mit den Theologen daher oft als sehr beschwerlich. Zum anderen barg das Referat Kirchenfragen die Gefahr in sich, nicht weiter in der Parteinomenklatur „aufsteigen" zu können, da man tagtäglich eng mit dem „Klassenfeind" oder zumindest mit als „politisch-negativ" eingestuften Kreisen in Berührung kam und damit in den Verdacht geriet, nicht mehr hundertprozentig auf der Parteilinie zu stehen. Vor allem aber war es wohl die ständige Unsicherheit über die gerade aktuelle kirchenpolitische Linie, die viele Kirchenreferenten veranlasste, ihren Posten bald wieder zu räumen. In der jeweiligen aktuellen Situation sollten sie politisch klug handeln, ohne zu wissen, wie die politische „Großwetterlage" aussah.

Im Bezirk Schwerin war die Situation besonders problematisch: Dort leistete die SED-Bezirksleitung keinerlei Richtlinienarbeit, sondern kommentierte die Entwicklungen im Verhältnis zwischen Staat und Kirche lediglich. Konkrete Anweisungen gab die jeweilige Dienststelle des MfS. Franze beschrieb das erste Gespräch mit einem Vertreter des MfS in Schwerin im Interview so:

> „Gleich zu Beginn meiner Tätigkeit, wenige Wochen nachdem ich angefangen hatte, kam ein Offizier der Stasi vorbei, das war der Leiter der Kirchenabteilung [Fritz Reinschmiedt]. Der sagte, wir sollten miteinander im Gespräch bleiben und zusammenarbeiten und stellte dann vor allem Fragen nach bestimmten Veranstaltungen und wollte zunehmend Detailinformationen, zum Beispiel über die kirchliche Reisetätigkeit, wer fahren soll usw. Wir vereinbarten in solchen Sachen die Abstimmung mit dem MfS, und der ließ sich alle paar Wochen blicken. Ich habe keine Berichte an das MfS gegeben, aber ich wusste damals, dass von allen Berichten, die ich an das Staatssekretariat für Kirchenfragen schrieb, auch ein Exemplar an die BV Schwerin ging. Das war bekannt. Das plätscherte so die ersten Jahre dahin und wurde dann ein bisschen angezogen, als Reinschmiedt aufhörte und Wulf kam, besonders Anfang der achtziger Jahre mit der kirchlichen Friedensbewegung. Da intensivierte sich die Zusammenarbeit mit dem MfS. Ich habe Gespräche mit den unteren kirchlichen Amtsträgern geführt, aber nicht mit dem

[141] Vgl. BArch, DO-4/ 1939, Bl. 3.

Bischof. Und die beim MfS waren wahrscheinlich ziemlich froh, dass sie in mir jemanden hatten, der mit den Kirchen reden konnte, ohne dass gleich Porzellan zerschlagen wurde. Besonders intensiv wurde die Zusammenarbeit mit dem MfS dann 1982 mit der Aktion „Schwerter zu Pflugscharen". Es kam zu einer qualitativen Verstärkung der Gesprächstätigkeit. Ich sollte verstärkt einsteigen in diese Gesprächsführung, und zunächst hat Schwoerke dort eingewilligt in die Gesprächsführung, aber später kamen die Leute dann, auch ohne Schwoerke zu fragen, und sagten mir: Du musst mit Müller sprechen, da gibt es die und die Veranstaltung usw. Sie brachten mir dann vom MfS erarbeitete Konzeptionen, die ich dann umsetzen sollte. Ich habe diese Konzeptionen natürlich nie so realisieren können, da stand etwas von 'feindlich-klerikalen Kräften'. Solchen Unsinn habe ich den Leuten nicht ins Gesicht geworfen. Nach dem Gespräch mit einem kirchlichen Vertreter kam jemand vom MfS mit einem Tonbandgerät und hat dann meinen Bericht auf Band aufgenommen. Das MfS verlangte von mir, bestimmte Gespräche zu führen. Mir war bekannt, dass das MfS bisher versucht hatte, Amtsträger und kirchliche Laien für eine Tätigkeit für das MfS anzuwerben. Ich sehe es so, dass ich durch meine Gesprächsführung Direktkontakte mit dem MfS vermeiden konnte. Und insofern hatte ich eine Schutzfunktion. Sowohl die Kreisdienststellen des MfS als auch die Referate für Kirchenfragen bei den Räten der Kreise hatten eine Reihe von Mitarbeitern, die nicht die qualifiziertesten waren. Ich habe mich immer bemüht, ein sachliches Gespräch zu führen mit kirchlichen Vertretern, egal mit wem. Bei Schwoerke lief einiges anders, und weil es eben anders war, war es mir auch manchmal peinlich, wie der mit den Kirchenleuten sprach. Mir war nicht wohl, wenn ich manchmal mit Schwoerke auf der staatlichen Seite saß. Dass ich mit den kirchlichen Vertretern gut konnte, hat wahrscheinlich auch dazu geführt, dass man mich staatlicherseits nicht angegriffen hat; man brauchte mich. Obgleich ich mir heute Vorwürfe mache, ich hätte schon viel früher aussteigen sollen."[142]

Auch wenn man das Wirken Franzes rückblickend milder als das seines Rostocker Kollegen Macht beurteilen kann, vertrat auch er bis 1989 die Position der SED. Manch einer seiner kirchlichen Gesprächspartner fragte sich nicht zu Unrecht, wer denn eigentlich der „Gefährlichere" sei:

---

[142] Interview mit Rudolf Franze am 13. 12. 2000.

Rudolf Franze mit seiner in der Regel verbindlichen und höflichen Art oder Roland Macht, dessen harte Haltung gegenüber der Landeskirche bekannt war.[143] In einem Interview im Herbst 2000 urteilte Franze über seine berufliche Tätigkeit:

> „Ich mache mir heute den Vorwurf, dass ich das alles mitgemacht habe und mir das alles habe überhängen lassen. Ich hätte vielleicht doch aussteigen sollen. Der 6. 3. 1978 war ja ein gutes Zeichen, aber ich habe dann, als 'Schwerter zu Pflugscharen' lief, gemerkt, dass es eine Kirchenpolitik mit doppeltem Boden gibt. Da hätte ich aufhören müssen. Aber ich bin in meinem Leben nie die Treppe heraufgefallen, nur immer herunter. Die ganzen achtziger Jahre haben mir sehr zu schaffen gemacht."[144]

Mit der Wende kam das Ende auch für Heinz Ziegner, seit 1974 1. Sekretär der SED-Bezirksleitung in Schwerin, und das Ende kam unerwartet schnell: Am 13. November 1989 war die Bezirksleitung der SED Schwerin geschlossen zurückgetreten, am 8. Dezember 1989 wurde Ziegner wegen parteischädigenden Verhaltens aus der SED ausgeschlossen. Seine Genossen warfen ihm vor, sich privat bereichert zu haben: Auf Kosten der Kommunalen Wohnungsverwaltung habe er sein Privathaus in Stand halten und einen Heizofen über Staatssekretär Alexander Schalck-Golodkowski anschaffen lassen, der anschließend auf Kosten des Rates der Stadt geliefert und eingebaut worden sei. Ziegner habe einen Bungalow in Pinnow genutzt, als dieser noch dem MfS gehörte, und ihn dann später für 18 535 Mark gekauft und auch entsprechend für seine Kinder gesorgt.[145] Für wenige Monate bis zum März 1990 wurde Hans-Jürgen Audehm Ziegners Nachfolger.

Die Bezirksverwaltung für Staatssicherheit stand bis 1974 am Demmlerplatz,[146] zog dann aber mit den meisten Abteilungen nach Rampe bei Schwerin um. Hier waren 1797 hauptamtliche Mitarbeiter beschäftigt,[147] von hier aus wurden 7595 Inoffizielle Mitarbeiter gesteuert. Chef der MfS-Bezirksverwaltung in Schwerin war Werner Korth, sein Stellvertreter Operativ war Oberst Kralisch. Claus-Dieter Wulf löste

---

143 Vgl. Interview mit Peter Müller am 25. 8. 2000.

144 Interview mit Rudolf Franze am 13. 12. 2000.

145 Vgl. LHA Schwerin, SED BPA Schwerin, IV F-2/3, 301/1, Bl. 117 ff.

146 Das MfS-Untersuchungsgefängnis befand sich allerdings bis 1989 weiter dort.

147 Vgl. Gill/Schröter, S. 55.

1985 Fritz Reinschmiedt als Leiter des Referates XX/4 ab, das für die Überwachung der Kirche und ihrer Mitglieder zuständig war.

Wulf wurde 1948 in Rehna bei Schwerin geboren und war seit 1972 in der Bezirksverwaltung für Staatssicherheit tätig. Vor seiner hauptamtlichen Zeit beim MfS war er als Buchhändler tätig und als IM registriert. Mit seinem Eintritt in das MfS wurde er auch Mitglied der SED. Es gibt kaum einen Operativen Vorgang, an dessen Planung und Umsetzung Wulf nicht unmittelbar beteiligt war.

## Zwischen Haß und Macht – die Rostocker Kirchenpolitik in den Händen von Jürgen Haß und Roland Macht

Rostock war der Leitbezirk für die Evangelische Landeskirche Greifswald und hatte daher formal keine Leitungsbefugnisse gegenüber der mecklenburgischen Kirche. Kirchenpolitische Kontakte zwischen Schwerin und Rostock fanden dennoch statt, weil ein relativ großer Teil der mecklenburgischen Landeskirche auf dem Gebiet des Ostseebezirkes lag, nämlich die Kirchenkreise Wismar, Rostock-Stadt und Rostock-Land. Diesen gegenüber konnte der Rostocker Kirchenreferent auch vollkommen eigenständig agieren. Gespräche mit dem Landesbischof und dem Oberkirchenrat fanden in Rostock jedoch sehr viel seltener statt als in Schwerin.

Vorsitzender des Rates des Bezirkes Rostock war bis 1986 Willi Marlow, sein Nachfolger wurde Eberhard Kühl. Stellvertreter Inneres beim Rat des Bezirkes Rostock war bis 1981 Werner Steinbach und anschließend bis 1989 Jürgen Haß. Der 1. Sekretär der SED-Bezirksleitung war Ernst Timm, dessen Nachfolger am 12. November 1989 Ulrich Peck wurde, bis dahin 1. Sekretär der FDJ-Bezirkssleitung. Timm war 1975 auf Harry Tisch gefolgt, der zu dem Zeitpunkt FDGB-Vorsitzender wurde und nach Berlin wechselte.

Der Briefverkehr zwischen den Räten der Bezirke in Schwerin und Rostock belegt, dass Schwerin Rostock dennoch in gewisser Weise rechenschaftspflichtig war.[148] Ob diese Rechenschaftspflicht durch interne Ordnungen festgelegt war und ihre Begründung in der Sonderstellung des Bezirkes Rostock in der DDR lag[149] oder ob sie sich aus den unterschiedlichen Persönlichkeiten ergab, ist nicht eindeutig nachvoll-

---

[148] Vgl. LHA Schwerin, RdB Schwerin, Z 65/91-21292/1.

[149] Rostock war immer ein Vorzeigebezirk in der DDR. Vgl. dazu Anm. 76.

ziehbar. Auch im Miteinander war der Kontakt zwischen Franze und Macht immer schwieriger als der zwischen Franze und Schiller, dem Kirchenreferenten in Neubrandenburg. Dabei hatten die Rostocker ähnliche Probleme wie die Schweriner: Die Referenten für Kirchenfragen in den Kreisen und auch der Kirchenreferent beim Bezirk, Roland Macht, waren der Gesprächsführung mit den Mitarbeitern und Pastoren der Kirche kaum gewachsen. Aus einer internen Studie „Zur Kadersituation auf dem Arbeitsgebiet Kirchenfragen der Kreise des Bezirkes Rostock" aus dem Jahr 1987 geht beispielsweise hervor, dass der Rat des Kreises Rostock-Land insgesamt 14 Mitarbeiter hatte, von denen nur fünf über einen Hochschulabschluss verfügten. Die größte Gruppe unter den Mitarbeitern war zuvor bei der NVA gewesen, so auch Roland Macht, der bis dahin kaum oder gar keine Berührungspunkte mit kirchlichem Leben gehabt hatte. Die Einschätzung ihrer Leistung fiel schon damals sehr kritisch aus:

> „Von den 5 Hochschulkadern verfügen nur 2 über eine umfangreichere theoretische Basis für die Umsetzung der Staatspolitik in Kirchenfragen. [...] Von den 6 Fachschulkadern besitzt nur einer eine Ausbildung, die auf eine politische Tätigkeit zugeschnitten ist. [...] Die beiden Fernstudenten der Fachschule für Staat und Recht besitzen nicht die fachlichen Qualitäten, um einen erfolgreichen Abschluß ihres Studiums zu garantieren. Wir schätzen ein, daß von den 14 Mitarbeitern für Kirchenfragen nur 4 eine angemessene, den Aufgaben entsprechende Qualifikation besitzen und in ihrer praktischen Arbeit ihr Können hinreichend bewiesen haben."[150]

Rostock hatte – der Grenzlage des Bezirkes entsprechend – eine der größten Bezirksverwaltungen für Staatssicherheit in der DDR. Sie wurde bis Dezember 1989 geleitet von Rudolf Mittag, auf ihn folgte Artur Amthor. Leiter der Abteilung XX war Oberst Klawun. 1989 umfasste die Bezirksverwaltung Rostock 3686 hauptamtliche Mitarbeiter, davon 628 Unteroffiziere auf Zeit und 93 Berufssoldaten. Von den 3686 Mitarbeitern arbeitete ein Drittel in den Diensteinheiten, Objektdienststellen und Kreisämtern und 800 an den Grenzübergangsstellen. Zur Bezirksverwaltung Rostock gehörten elf

[150] Vgl. LAG, IV/E/2.14/ 619, Bl. 46.

Kreisdienststellen (KD), die insgesamt 550 Mitarbeiter beschäftigten.[151] Die Abteilung XX der Bezirksverwaltung Rostock hatte 752 IM bei 76 hauptamtlichen Mitarbeitern.[152] Zum Referat XX/4 der Rostocker Bezirksverwaltung gehörten acht Mitarbeiter. Leiter des Referates war seit den siebziger Jahren[153] Hauptmann Jürgen Fiedler und damit unmittelbarer Ansprechpartner seines Schweriner Kollegen Wulf.

Die Zusammenarbeit der beiden Bezirksverwaltungen in Rostock und Schwerin war klar geregelt: Kirchliche „Großveranstaltungen" wie Kirchentage wurden von beiden Dienststellen aus „abgesichert". Des Weiteren wurden in weiten Abständen gemeinsame Konzeptionen – auch in Zusammenarbeit mit der Neubrandenburger Dienststelle – erstellt, wie beispielsweise die „Konzeption zur langfristigen Planung und Organisierung der politisch-operativen Abwehrarbeit im Bereich der Evangelisch-Lutherischen Landeskirche Mecklenburgs für den Zeitraum 1985–1990".[154]

Rostock entwickelte sich in den siebziger und achtziger Jahren auf der einen Seite zu einem Zentrum der kirchlichen Aktivitäten, denn hier war die größte Evangelische Studentengemeinde der Landeskirche etabliert. In Rostock fanden auch die gemeinsamen Kirchentage der Greifswalder und der mecklenburgischen Landeskirche 1983 bzw. 1988 statt, die dementsprechend umfassend beaufsichtigt, kontrolliert und staatlicherseits auch reglementiert wurden. In Rostock existierten in den achtziger Jahren mehrere Friedens-, Umwelt- und Frauengruppen und zahlreiche Antragsteller auf Übersiedlung fanden in kirchlichen Einrichtungen eine Anstellung und menschlichen Beistand. Auf der anderen Seite formierte sich in Rostock parallel zu der randständig orientierten Kirche eine zweite große Strömung, die zunehmend das Auskommen mit dem Staat suchte und Konfrontationen vermied. Diese beiden Pole kennzeichnen das besondere Rostocker Klima in den siebziger, noch stärker aber in den achtziger Jahren.

Heute spiegelt sich in den staatlichen Akten wider, dass sich die Kirche in Rostock tatsächlich partiell in eine andere, hier und dort staatsloyalere Richtung entwickelte. Eine gewisse Rolle spielte die besondere Struktur der Stadt als sozialistische Großstadt. Die staatlichen Stellen waren in Rostock besonders zahlreich vertreten, diese Stadt zog das sozialistische

[151] Vgl. Ammer/Memmler 1991, S. 11.

[152] Vgl. ebd., S. 12.

[153] Das genaue Datum konnte nicht ermittelt werden.

[154] Vgl. Saß/Suchodoletz 1990, S. 49 ff.

„Beamtentum" an. Der Druck des Staates auf den Einzelnen war dementsprechend groß. Im Juni 1986 stellte der Rat des Bezirkes Rostock über die kirchenpolitische Lage im Bezirk daher auch fest, die Wahlbeteiligung sei mit 83 % im Bezirk nirgendwo so hoch wie in Rostock: „Damit haben sich die Positionen der Pfarrer der MLK [Mecklenburgischen Landeskirche] zu den Wahlen auf das Niveau des Verhältnisses der Pfarrer der GLK [Greifswalder Landeskirche] entwickelt."[155]

## „Neubrandenburg ist völlig weggebrochen"

Im Bezirk Neubrandenburg lagen die beiden mecklenburgischen Kirchenkreise Malchin und Stargard. Führte in Schwerin und Rostock nur der Bischof in Begleitung des Oberkirchenratspräsidenten Gespräche mit dem Vorsitzenden und dem Stellvertreter Inneres beim Rat des Bezirkes, nahm diese Aufgabe im Bezirk Neubrandenburg auch der jeweilige Landessuperintendent wahr. Zu Zeiten der Landessuperintendenten Martin Lippold und Gotthard Stegen wurde dies gleichberechtigt von beiden wahrgenommen, allerdings immer in gegenseitiger Absprache. Zu Zeiten der Landessuperintendenten Kurt Winkelmann und Rüdiger Timm wurden Gespräche mit staatlichen Stellen in Neubrandenburg in der Regel von Winkelmann in Absprache mit Timm geführt.

Mit 1909 Mitarbeitern in den Kreisdienststellen und in der Bezirksverwaltung der Staatssicherheit war die Neubrandenburger die kleinste der drei MfS-Bezirksdienststellen im Norden der DDR. Die Abteilung XX der Bezirksverwaltung beschäftigte 41 Hauptamtliche. 1989 wurden im Bezirk 4695 IM geführt, davon waren 3048 an die Kreisdienststellen angebunden. In Neubrandenburg-Stadt allein gab es 343 IM. Die Abteilung XX der Bezirksverwaltung führte davon 263 IM.[156]

Leiter der Neubrandenburger Bezirksverwaltung für Staatssicherheit war seit 1977 Peter Koch, Jahrgang 1929.[157] Er war seit 1953 beim MfS, hatte an der Juristischen Hochschule (JHS) des MfS in Potsdam-Eiche studiert und dort 1972 auch promoviert. Am 27. November 1989 sagte Koch in einer Dienstberatung im Amt für Nationale Sicherheit: Wir „stehen für einen best[immten] Teil des Lebens vor einem Trümmerhaufen".

---

155 Vgl. LAG, BL IV E/ 2.14/ 613, Bl. 136. „Informationsbericht über die kirchenpolitische Situation im Bezirk Rostock April bis Mai 1986" vom 11. Juni 1986.

156 Vgl. Niemann/Süß 1996, S. 12 f.

157 Vgl. Saß/Suchodoletz 1991, S. 8, Fn 5.

In Anspielung auf das bisherige Elitebewusstsein forderte er die eigene Selbstüberschätzung zu erkennen, die in dem Glauben gelegen habe, 'daß wir ein edler, der edelste Teil der Gesellschaft waren.' Der Hass, der sich jetzt entlade, sei eine 'logische Folge der Deformierung der Gesellschaft und unseres Apparates'; er 'wird möglicherweise noch ansteigen, aber sich dann versachlichen'."[158] Koch wurde mit Befehl vom 6. Dezember 1989 seines Amtes enthoben. Nachfolger wurde Oberst Erich Klaus, der aber bereits nach zwei Wochen von Berndt Polläne ersetzt wurde.[159] Im Mai 1990 nahm sich Peter Koch das Leben.

1. Sekretär der Bezirksleitung der SED Neubrandenburg war Johannes Chemnitzer, Jahrgang 1929. Chemnitzer hatte eine Ausbildung als Landwirt absolviert und war 1952 als hauptamtlicher Funktionär in den SED-Apparat gegangen. Von 1963 bis 1989, 26 Jahre lang, war er 1. Sekretär der Bezirksleitung der SED in Neubrandenburg, stieg aber nie in die erste Reihe der Politnomenklatur auf. Obwohl er seit 1967 Mitglied des ZK der SED war, gelangte er bis 1989 nicht in das Politbüro.[160] Im November 1989 musste Chemnitzer zurücktreten, sein Nachfolger wurde Wolfgang Hermann.[161]

Vorsitzender des Rates des Bezirkes Neubrandenburg war bis 1977 Gottfried Sperling und seit 1978 Heinz Simkowski. Diesen untergeordnet waren Heinz Teubner (bis 1977) und Eckhardt Geißler (ab 1978) als Stellvertreter Inneres. Letzter Stellvertreter Inneres beim Rat des Bezirkes Neubrandenburg wurde im August 1989 Wilfried Schönwald. Referenten für Kirchenfragen waren bis 1972 Marianne Hahn, für eine Übergangszeit Herr Maczuk und ab 1974 Fred Schiller.[162]

„Hier lagen die Dinge einfach anders", sagte der Schweriner Kirchenreferent Rudolf Franze rückblickend über die Neubrandenburger Verhältnisse. Diese „Andersartigkeit" rührte zum einen daher, dass Neubrandenburg weder für die mecklenburgische noch für die Berlin-Brandenburgische oder die Greifswalder Landeskirche der Leitbezirk war. Die Schweriner und Rostocker Dienststelle gaben in jeder Hinsicht

---

[158] Vgl. Niemann/Süß 1996, S. 50.

[159] Vgl. ebd., S. 60.

[160] Vgl. Niemann/Süß 1996, S. 6 ff.

[161] Vgl. ELLKM, LKA, Bestand Oberkirchenrat, 501.31. Vermerk über ein Interview mit Wolfgang Hermann am 28. 11. 1989.

[162] Nach dem Ausscheiden Teubners 1977 war für eine kurze Zeit ein Herr Schulz Stellvertreter Inneres beim Rat des Bezirkes Neubrandenburg; für eine Interimszeit übernahm auch ein Herr Ritter diese Funktion.

den Ton an, wie die „Politik der Partei in Kirchenfragen“ auszusehen hatte. In dem rein agrarisch geprägten Bezirk fehlten zum anderen bestimmte gesellschaftliche Brennpunkte wie ein Theater in der Bezirksstadt oder eine Universität. Daher fehlte auch eine breite Basis für „politische Untergrundtätigkeit“. Es waren vor allem Einzelne, die politisch und gesellschaftlich aktiv und für die staatlichen Organe „auffällig“ waren. Insofern spielte die Kirche in der Konzeption des MfS in Neubrandenburg eine relativ große Rolle, denn schon die geringsten kirchlichen Aktivitäten erfuhren große staatliche Aufmerksamkeit.[163]

Eine Zusammenarbeit der SED-Leitungen, Räte der Bezirke oder MfS-Dienststellen über die Bezirksgrenzen hinaus hat es nur punktuell gegeben, etwa in Vorbereitung von Kirchentagen und Landessynoden. Ein Beispiel dafür sind die drei zwischen 1971 und 1989 entstandenen kirchenpolitischen Konzeptionen von 1974, 1977 und 1987.[164] Sie waren jedoch vor allem Ausdruck des realsozialistischen Bürokratismus und verschwanden schnell in den Schubladen. Kaum überraschend ist jedoch, dass der ehemalige Leiter des Referates XX/4 in Schwerin, Wulf, im Interview ein sehr harmonisches Bild der bezirksübergreifenden Zusammenarbeit zeichnete: Es habe eine „ausgesprochen enge kameradschaftliche Zusammenarbeit in der Linie XX/4“ gegeben und gebe noch „freundschaftliche Beziehungen bis heute“ – mit Ausnahme Neubrandenburgs, das „leider völlig weggebrochen“ sei.[165]

---

163 Vgl. Interview mit Ulrich von Saß am 7. 4. 2000.

164 Im Einzelnen handelt es sich dabei um die „Konzeption zur Gestaltung der Staatspolitik in Kirchenfragen gegenüber der Evangelisch-Lutherischen Landeskirche Mecklenburgs, der katholischen Kirche im Bereich des Bischöflichen Amtes Schwerin sowie den Religionsgemeinschaften in den Bezirken Schwerin, Rostock und Neubrandenburg“, 1974 (vgl. dazu LHA Schwerin, SED BPA Schwerin, IV C-2/14/548, Bl. 28 ff.). Die „Konzeption zur Gestaltung der Staatspolitik gegenüber der Evangelisch-Lutherischen Landeskirche Mecklenburgs, der katholischen Kirche im Bereich des Bischöflichen Amtes Schwerin sowie der Religionsgemeinschaften in den Bezirken Schwerin, Rostock und Neubrandenburg“ ist nicht datiert, geht aber wahrscheinlich auf das Jahr 1977 zurück (vgl. dazu LHA Schwerin, RdB Schwerin, Z 65/91-21292/1, n. p.). Die „Konzeption zur weiteren Gestaltung der Staatspolitik in Kirchenfragen gegenüber der Evangelisch-Lutherischen Landeskirche Mecklenburgs sowie der Katholischen Kirche im Bereich des Bischöflichen Amtes Schwerin“ ist nicht mehr genau zu datieren, wahrscheinlich aber im Jahr 1987 entstanden; vgl. dazu LHA Schwerin, SED BPA Schwerin, IV F – 2/14/776, n. p.

165 Vgl. Interview mit Claus-Dieter Wulf am 3. 11. 2000.

Dass die Kontakte zu den ehemaligen Kollegen in Neubrandenburg „weggebrochen" sind, lag möglicherweise auch daran, dass die dortige Bezirksverwaltung mit 1411 Mitarbeitern wesentlich kleiner als die Rostocker und die Schweriner war und nie eine vergleichbare Rolle gespielt hatte.

# IV. Die mecklenburgische Landeskirche im Visier von Staat und Partei

## Die Bischöfe

### „Der Verzicht auf Macht bedeutet den Gewinn von Unabhängigkeit" – Heinrich Rathke wird Landesbischof

Als Landesbischof Niklot Beste im Frühjahr 1971 seinen Abschiedsbesuch beim Staatssekretär für Kirchenfragen in Berlin, Hans Seigewasser, machte, war er 25 Jahre im Amt gewesen. Wie bei derartigen Gelegenheiten üblich, sprach Seigewasser dem Kirchenmann seinen Dank aus für dessen „positive Haltung zur Bodenreform" und sein „Verhalten zur sozialistischen Umgestaltung der Landwirtschaft". Beste habe sich bewegt gezeigt, hieß es später in staatlichen Berichten über diesen Besuch.[166]

Seigewasser ließ die Gelegenheit nicht ungenutzt und bat Beste um eine Charakterisierung seines Nachfolgers Heinrich Rathke. Beste erwiderte, „daß er ihn für einen Mann des guten Willens erachte und [...] mit ihm zweifellos auszukommen wäre. Natürlich wäre R. [...] ein Mann der jüngeren Generation und habe zu einzelnen Fragen natürlich ‚modernere Auffassungen'".[167]

Dieses letzte Gespräch ist ein Beispiel für zahlreiche vorangegangene seit 1946. Den verbindlichen Stil und die klare Sprache Bestes behielt auch sein Nachfolger bei, in anderer Hinsicht jedoch zeichnete sich ein tief greifender Wechsel ab.

Die Wahl Heinrich Rathkes zum neuen Landesbischof hat eine Vorgeschichte, die ein Musterbeispiel dafür ist, wie Staat und Partei Stellenbesetzungen in der Kirche zu beeinflussen versuchten. Die Schweriner Bischofswahl fand vor dem Hintergrund des gerade gegründeten Bundes der Evangelischen Kirchen in der DDR statt. Staatlicherseits hatte man mit dem jahrelangen Drängen auf eine Abspaltung der DDR-Kirchen von der Evangelischen Kirche in Deutschland einen leichteren Umgang mit den dann verbliebenen acht evangelischen Landeskirchen bezweckt. Die Neugründung des Kirchenbundes war hingegen gleicher-

---

[166] Vgl. BArch, DO-4/ 441, „Aktenvermerk über den Abschiedsbesuch von LB Dr. Beste beim Staatssekretär am 9. Februar 1971 von 14.30 Uhr bis 14.15 Uhr" [sic!].

[167] Ebd.

maßen unerwartet wie unerwünscht gewesen, denn der Kirchenbund fasste die evangelischen Landeskirchen wieder zusammen und stärkte sie. Das Prinzip des „divide et impera" gegenüber den einzelnen Landeskirchen drohte an Wirkungskraft zu verlieren. Insofern war es 1970 aus staatlicher Sicht besonders wichtig, solche Bischöfe in den acht Landeskirchen zu protegieren, die staatlichen Argumenten und Interessen möglichst offen gegenüberstehen würden. Die Entwicklungen im Vorfeld der mecklenburgischen Bischofswahl stießen daher in Schwerin, Rostock und Berlin auf großes Interesse.

Die „heiße Phase" der Bischofswahl begann im September 1970, als der damals bereits pensionierte Oberkirchenratspräsident Konrad Müller seinem Führungsoffizier Reinschmiedt zutrug, dass Niklot Beste zum 28. Februar 1971 aus dem Amt scheiden wolle.[168] Der IM „Schmitt", Konrad Müller, nannte drei Gründe hierfür: Beste wolle der Änderung des Bischofsgesetzes zuvorkommen, das gegenwärtig dem Bischof noch einen entscheidenden Einfluss bei der Wahl eines Nachfolgers einräume; er wolle die Änderungen der Ordnung von Bischofsamt und Oberkirchenrat nicht mehr mittragen müssen; und schließlich habe Beste gesundheitliche Gründe angeführt. „Schmitt" nannte auch die Namen der möglichen Nachfolger, die in der Landeskirche kursieren würden: der Rektor des Predigerseminars, Horst Gienke; der Rostocker Studentenpastor Joachim Wiebering; Helmut Zeddies, der Leiter des Lutherischen Kirchenamtes in Berlin der Evangelischen Kirche der Union (EKU) und ein weiterer Kandidat aus dem Kirchenbund.[169]

Die Staatssicherheit gab sich in der Folge alle Mühe, über die Entwicklung der Wahl informiert zu bleiben und wenn möglich darauf Einfluss zu nehmen. Das MfS favorisierte 1970 den damaligen Rostocker Studentenpastor Joachim Wiebering als Nachfolger Bestes, denn zu ihm hatte man bereits Material gesammelt. Wiebering war seit Dezember 1966 – damals noch als Pastor in Teterow – eingehend beobachtet worden. Als das MfS über IM erfahren hatte, dass Wiebering Nachfolger des Rostocker Studentenpastors Gustav Scharnweber werden würde, kam es zum ersten Gespräch. Es war typisch für jene Zeit, dass der Rat des Kreises Teterow den Pastor einlud, um ihn dann mit zwei MfS-Offizieren zu konfrontieren.[170] Ziel war es, „Dr. W. in Kontakt zu nehmen und auf der Basis des langsamen Heranziehens an die Zusammenarbeit als IM zu

[168] Vgl. BStU, MfS, BV Schwerin, AIM 747/78, Bd. II/1, Bl. 123.

[169] Vgl. ebd., Bl. 124.

[170] Vgl. BStU, MfS, BV Rostock, AIM 307/70, Bd. I, Bl. 28 ff.

werben".[171] Noch bevor Wiebering sein Amt in Rostock angetreten hatte, erwartete die dortige Bezirksverwaltung für Staatssicherheit den neuen Studentenpastor mit einem eigenen Maßnahmeplan: Kaderunterlagen aus der Universität Rostock sollten beschafft werden, an deren Sektion Theologie Wiebering promoviert hatte und Assistent gewesen war. Telefon und Post sollten für einen bestimmten Zeitraum kontrolliert werden. Die IM „Förster", „Schneider" und „Heinz Graf" sollten Einschätzungen Wieberings anfertigen und Studenten der Evangelischen Studentengemeinde (ESG) über ihn berichten.[172] Bis zum Februar 1970, als die versuchte Anwerbung abgebrochen und die Akte archiviert wurde, fanden jedoch nur zwei Gespräche mit Joachim Wiebering statt. MfS-Offizier Thode notierte in seinem Schlussbericht, Wiebering habe zwar Gespräche mit dem MfS nicht grundsätzlich abgelehnt, aber mit vielen Einschränkungen versehen: Er wünsche keinen regelmäßigen Kontakt und sei nicht bereit, über Amtsbrüder und Mitglieder der ESG zu sprechen. Sollte das Gespräch darauf kommen, werde er es sofort unterbrechen. Er werde nur mitteilen, wenn er Kenntnis von einem Verbrechen erhalten sollte.

Das war nicht das beabsichtigte Ergebnis, denn nicht der Kontakt zum Kirchenmann an sich war das Ziel, sondern ein Kontakt, über den Informationen aus der Kirche zum MfS laufen würden. Folgerichtig schlug Thode deshalb vor, die Akte zu archivieren.[173] Als im Herbst 1970 die Nachfolge Bestes anstand, erinnerte man sich seitens des MfS wieder an Joachim Wiebering.

Diese Frage wurde aber bald bedeutungslos: Die Rostocker Bezirksleitung der SED berichtete im November 1970, der Kandidat Wiebering habe sich selbst aus der Bischofswahl herauskatapultiert, indem er sich gegen das Augsburgische Bekenntnis gestellt habe.[174] Man bedauere dies sehr, da Wiebering ein weltoffener Theologe sei, „mit dem man arbeiten muß, der dann auch zu lenken und zu leiten wäre".[175] Statt Wiebering werde nun möglicherweise Landessuperintendent Otto Schröder aufgestellt, der jedoch reaktionär eingestellt sei, daneben außerdem Heinrich Rathke und Horst Gienke. Bischof Beste sei von den drei Kandidaten nicht angetan und wolle deshalb eventuell sogar seine Amtszeit um ein

---

171 Vgl. ebd., Bl. 6.

172 Vgl. BV ebd, Bl. 6 f.

173 Vgl. ebd., Bl. 42.

174 Vgl. Anm. 185.

175 Vgl. LAG, IV/B/2.14/ 592, Bl. 134.

halbes Jahr verlängern. Brüssow von der Rostocker SED-Bezirksleitung kam deshalb zu dem Schluss: „Diese Situation wäre geeignet, auch mit unserer Hilfe einen geeigneten Mann der Kirche für das Bischofsamt vorzuschlagen. Wenn man jedoch von den Geistlichen unseres Bezirkes ausgeht, die Mitglieder der Mecklenburgischen Landeskirche sind, so gibt es unter diesen keinen geeigneten Amtsträger, der die Kriterien eines Bischofs in unserer Gesellschaft annähernd erfüllt."[176] Bis zur Bischofswahl am 26. November 1970 blieben nur noch zwei Wochen.

Mitte November trafen sich die Vertreter der drei Nordbezirke, des Staatssekretariates für Kirchenfragen und sogar der Arbeitsgruppe Kirchenfragen beim ZK der SED in Krakow am See[177] und berieten über Möglichkeiten, die Wahl innerhalb von zehn Tagen noch entscheidend zu beeinflussen. Die Schweriner bestätigten die Sachlage, wie man sie auch schon in Rostock gesehen hatte: Nach dem Ausscheiden von Wiebering seien nun Heinrich Rathke, Horst Gienke und Otto Schröder die Kandidaten. „Alle drei Vorschläge erfüllen nicht im geringsten die Anforderungen, die wir an einen Bischof der Landeskirche stellen."[178] Es solle ein neuer Kandidat dazu aufgestellt werden. Dazu hätten Gespräche mit den Oberkirchenräten Hermann Timm, Wilhelm Gasse, Johann-Georg Schill, Oberkirchenratspräsident Siegfried Roßmann und Siegfried Wahrmann stattgefunden, dem Präses der mecklenburgischen Landessynode.[179] Timm und Schill hätten für einen Gegner des Staates votiert, Rossmann und Wahrmann für einen Bischof, der der DDR positiv gegenüberstehe, und Gasse habe einen mittleren Standpunkt eingenommen. Derzeit, stellten die Bezirke gemeinsam fest, gebe es kaum noch eine realistische Möglichkeit, auf die Kandidatenliste oder eine eventuelle Verlängerung der Amtszeit von Niklot Beste Einfluss zu neh-

[176] Vgl. ebd., Bl. 135. „Information für den Genossen Tisch" von Brüssow, Mitarbeiter des Sekretariates, vom 12. November 1970.

[177] Vgl. ebd., Bl. 137–140. „Information für den Genossen Tisch". Teilgenommen haben der 1. Sekretär der SED-Bezirksleitung Schwerin, Bernhard Quandt, Fleck und Garling, die beiden Vorsitzenden der Räte der Bezirke in Schwerin und Neubrandenburg; die drei Stellvertreter Inneres der Bezirke Hintz, Teubner und Steinbach; Hauptabteilungsleiter Weise vom Staatssekretariat für Kirchenfragen; Rudi Bellmann als Leiter der AG Kirchenfragen beim ZK der SED und zwei Mitarbeiter des Sekretariates der SED-Bezirksleitungen in Schwerin und Rostock, Schieske und Brüssow.

[178] Ebd., Bl. 136.

[179] Vgl. ebd., Bl. 137.

men, da das Bischofswahlkollegium in seiner Mehrheit dazu nicht bereit sei. Als letzte Möglichkeit sollte aber der Schweriner Ratsvorsitzende Rudi Fleck in einem persönlichen Gespräch mit Beste versuchen, diesen zu einer Amtszeitverlängerung zu bewegen. Außerdem sollten alle Mitglieder des Bischofswahlkollegiums in Gespräche eingebunden werden, um vielleicht doch noch einen neuen Kandidaten vorzuschlagen „wie z. B. Propst Bunners aus Neubrandenburg oder Propst Walter aus Parchim". Sollte dies nicht möglich sein, dann wären die Synodalen dazu zu veranlassen, den Kandidaten nicht die notwendigen Stimmen zu geben und damit den Wahlvorgang hinauszuzögern, „sodaß unsererseits weiterer Einfluß auf die Aufstellung eines positiven Kaders genommen werden kann".[180]

Als man unmittelbar vor der Wahl immer noch keinen entscheidenden Schritt vorangekommen war, sprach der Rostocker Bezirksreferent für Kirchenfragen, Roland Macht, direkt Mitglieder des Bischofswahlkollegiums an. So ist beispielsweise ein Aktenvermerk über Gespräche überliefert, die er mit dem Rostocker Medizinalrat Möller am 20. November bzw. mit Pastor Kayatz aus Grevesmühlen am 23. November führte. Beide waren außerdem Mitglied der Landessynode und des Synodalausschusses.[181] Sein Interesse, die Namen der Kandidaten und deren Chancen zu erfahren, brachte Macht sehr deutlich zum Ausdruck. Möller erwiderte, folgt man den Akten, er könne ihm nicht einfach Auskunft geben, aber Macht könne ihm, Möller, ja seine Vorstellungen nennen, das würde das Gespräch erleichtern. So verfuhr man: Macht nannte die richtigen drei Namen, die Möller bestätigte. Da nun die Namen bekannt waren, äußerte sich Möller offenbar sehr detailliert. Macht jedenfalls notierte, nach Auskunft Möllers würden Gienke und Schröder beide nicht gewählt. Schröder habe auf Grund seiner Art zu viele Feinde, und Gienke sei bei den Synodalen als reaktionär bekannt.[182]

Das Gespräch mit Kayatz nahm nach Aktenlage einen ähnlichen

[180] Vgl. LAG, IV/B/2.14/ 592, Bl. 139. Damit ist nicht gesagt, dass Propst Bunners oder Propst Walter aus Parchim in diese Überlegungen einbezogen waren.

[181] Der Synodalausschuss war der Vorgänger der Kirchenleitung. Er setzte sich aus fünf Personen zusammen, davon waren zwei geistliche und drei nichtgeistliche Mitglieder. Der Synodalausschuss trat zwischen den Synoden und auch außerhalb von deren Tagungen zusammen. Der Vorsitz lag beim Landesbischof.

[182] Vgl. LAG, IV/B/2.14/ 592, Bl. 150 f. „Aktenvermerk" von Macht über ein Gespräch mit Medizinalrat Möller am 20. 11. 1970.

Verlauf. Der Kirchenmann gab ausführlich Auskunft über die drei Kandidaten. Er meinte, so Macht in seinem anschließenden Bericht über das Gespräch, Gienke und Rathke hätten die größten Erfolgschancen, und beschrieb das Profil der beiden. In dem Wissen, dass diese Auskünfte strengstens untersagt waren, bat Kayatz Macht darum, über das Gespräch Stillschweigen zu bewahren und deutete an, er selbst werde darüber auch schweigen.[183] So jedenfalls geben es die Akten wieder.

Man war also informiert und wog die Chancen der einzelnen Kandidaten gegeneinander ab. Heinrich Rathke gehörte dabei aus Sicht der staatlichen Stellen zu den „rechten Vertreter[n]" der Landeskirche, wie auch Landessuperintendent Otto Schröder, Oberkirchenrat Timm, und der Rektor des Schweriner Predigerseminars, Horst Gienke. Diese Gruppe sei an der Stärkung des Bundes interessiert, so eine Analyse vom Herbst 1970, damit dieser ein ernst zu nehmender Gegner des Staates würde. Die Vertreter dieser Gruppe würden sich auch in staatliche Belange wie zum Beispiel die Volksbildung, die Jugendarbeit und die Kultur einmischen.[184] Gleichwohl erschien Rathke nicht so „reaktionär" wie Schröder, Gienke oder Vogt aus Leipzig und sei eher ein Pro-forma-Kandidat.[185]

Als Heinrich Rathke schließlich im Herbst 1970 zum Landesbischof gewählt wurde, betrachtete man seine Wahl auf staatlicher Seite gleichsam als die beste der schlechten Lösungen. Die Bezirksleitung der SED in Schwerin jedenfalls war mit sich zufrieden. Sie berichtete Ende 1970 nach Berlin:

> „In der Einflußnahme auf die Neuwahl des Landesbischofs zeigte sich eine klare und zielgerichtete Arbeit seitens der staatlichen Organe sowohl im Rat des Bezirkes Schwerin, in den Räten der Kreise unseres Bezirkes als auch im Zusammenwirken zwischen dem Rat des Bezirkes Schwerin mit den Räten der Bezirke Rostock und Neubrandenburg. Durch vielfältige geplante Maßnahmen gelang es, von den drei nominierten Kandidaten für die Funktion des Landesbischofs den für die staatlichen Organe am be-

---

183 Vgl. ebd., Bl. 149. „Aktenvermerk" von Macht über ein Gespräch mit Propst Kayatz aus Grevesmühlen am 23. 11. 1970.

184 Vgl. LHA Schwerin, RdB Neubrandenburg, Z 24/90-1650. „Analyse der gegenwärtigen Lage in den evangelischen Kirchen in der DDR", 1971, Bl. 9 f. d. Dok.

185 Vgl. ebd., Bl. 12 f. d. Dok.

sten akzeptablen Kandidaten in die Funktion des Bischofs zu bringen und damit die beiden reaktionären Kandidaten auszuschalten."[186]

Diese Einschätzung bezeugt gleichermaßen die Schönfärberei wie die Selbstüberschätzung staatlicher Stellen hinsichtlich ihrer kirchenpolitischen Aktivitäten. Wohl war man im Vorfeld der Bischofswahlen einigermaßen gut unterrichtet über den Stand der Dinge und hatte versucht, sie auf verschiedenste Weise zu beeinflussen. Aber von einer erfolgreichen „Einflussnahme" kann wohl kaum gesprochen werden. Schließlich war man von der Wahl Heinrich Rathkes ebenso überrascht wie das Kirchenvolk.

Im Staatssekretariat sah man die Lage skeptischer als die Kollegen in Schwerin und witterte kommende Konflikte mit der evangelischen Kirche im Nordwesten. Augenscheinlich hatte man aus Rostock Erkundigungen eingezogen und berichtete der Partei:

„In der Landeskirche Schwerin stand die Wahl eines neuen Bischofs auf der Tagesordnung, nachdem Bischof Beste aus Altersgründen ausscheidet. Der progressive Kandidat, Dr. Wiebering, Rostock, entzog sich selbst alle Chancen, indem er erklärte, das lutherische Glaubensbekenntnis nicht weiter ablegen zu können.[187] Die beiden negativen Kandidaten, Dr. Gienke und Dr. Schröder, kamen jedoch auf der Synode auch nicht durch. Es wurde Dr. Rathke, ein Modernist und als zum Negativen tendierender Geistlicher in diese Funktion berufen. Die hier getroffenen Personalentscheidungen weisen eindeutig darauf hin, daß die reaktionären Kräfte in der Leitung des Bundes und den Landeskirchen alles dazu tun, um auf lange Sicht Bischöfe und kirchenleitende Kräfte wählen zu lassen, die noch jung an Jahren, aber mit offensiven politischen

[186] LHA Schwerin, RdB Schwerin, 21922/2. „Ergebnisse der Arbeit auf dem Gebiet der Staatspolitik in Kirchenfragen im Bezirk Schwerin im Jahre 1970", Bl. 1 f. d. Dok.

[187] Diese Darstellung war unzutreffend. Wiebering hatte sich nicht von dem lutherischen Glaubensbekenntnis distanziert, sondern in der „Mecklenburgischen Kirchenzeitung" einen kritischen Beitrag zu den lutherischen Bekenntnisschriften geschrieben, in dem er dafür votierte, nur zeitgemäße Bekenntnisschriften zur Grundlage der Ordination zu machen.

Konzeptionen im Geiste sozialdemokratischer Ideologien versehen, den Weg der Kirche bestimmen sollen."[188]

Im Staatssekretariat war man sich nicht sicher, wie sich der unkonventionelle Rathke im Amt bewähren würde, denn seine Biografie wies viele „Unsicherheitsfaktoren" auf: Besonders wichtig erschien aus staatlicher Sicht, dass Rathke, 1928 in Mölln/Mecklenburg in einem Pfarrhaushalt geboren, 1944 noch Marinehelfer geworden und in britische Gefangenschaft geraten war. Immer wieder erwähnt wird in den schon früh zu Rathke angelegten Dossiers, dass er das Abitur in Lübeck gemacht und anschließend in Kiel, Erlangen, Tübingen und Mainz studiert hatte. Er war nach dem Studium nach Bayern gegangen, hatte dort geheiratet und war erst 1953 zusammen mit seiner Frau Marianne nach Mecklenburg zurückgekehrt. Rathke war also westlich geprägt, er kannte im Unterschied zu seinen Gemeindemitgliedern die Bundesrepublik. Das machte ihn verdächtig. Er gehörte zu einer Generation von leitenden Amtsträgern, die „Feindberührung" gehabt hatten und daher im Verdacht standen, den Sozialismus nicht vorbehaltlos zu bejahen – eine Einschätzung der Referenten für Kirchenfragen, die durchaus zutraf.[189] 1956 promovierte Rathke zum Dr. theol. an der Universität Rostock. Zunächst arbeitete er als Gemeindepastor in Warnkenhagen, ab 1962 als Pastor an der Rostocker St. Andreas-Gemeinde; ein Jahr später wechselte er in die Rostocker Südstadtgemeinde, beides waren Gemeinden in Neubaugebieten.

Beobachtet wurde Heinrich Rathke, wie fast alle Pastoren in Mecklenburg, schon in seiner ersten Pfarrstelle in Warnkenhagen. Besonders aufmerksam wurden die staatlichen Stellen aber erst, als er mit den einfachsten Mitteln in der neu errichteten Rostocker Südstadt eine

188 BArch, DO-4/ 417. Arbeitsgemeinschaft Evangelische Kirche. Hauptreferent. „Entwurf. Einschätzung der Herbstsynoden der Ev. Landeskirchen in der Deutschen Demokratischen Republik" vom 15. 12. 1970", Bl. 9. „Zum Negativen tendierender Geistlicher" ist im Original durchgestrichen und durch „und politisch bisher nicht [unleserlich] Geistlicher" ersetzt. Auf Grund der unleserlichen Passage wurde jedoch die ursprüngliche Fassung gewählt.

189 Zu diesen leitenden Amtsträgern gehörten beispielsweise Werner Krusche, Gottfried Forck und Heino Falcke. Aber auch in Mecklenburg gab es zahlreiche Pastoren, die – meist in den dreißiger Jahren bzw. unmittelbar nach dem Krieg – in den westlichen Besatzungszonen bzw. der Bundesrepublik und mitunter auch in der Schweiz studiert hatten, z. B. Martin Lippold, Christoph Pentz, Ingmar Timm, Walter Schulz und Sibrand Siegert.

Gemeinde aufbaute. 1967 schrieb die Kirchenreferentin Lange vom Rat der Stadt Rostock in ihrem Monatsbericht zur kirchenpolitischen Lage über Rathke:

„Seit November 1962 wurde er mit dem Aufbau der Südstadtgemeinde beauftragt. Seit Beginn seiner Tätigkeit in der Stadt Rostock zeigt Dr. Rathke äußerste Aktivität und Beharrlichkeit. Er scheint zuvorkommend, gibt sich natürlich und verfügt über gutes Allgemeinwissen. Bei Aussprachen mit Vertretern des Staatsapparates oder der CDU vertritt er stets mit aller Konsequenz die Linie seiner Kirchenleitung. Das Wachsen der Südstadtgemeinde ist besonders auf seine Aktivität zurückzuführen [...] Seit Jahren laufen Bestrebungen der Kirche, in der Südstadt ein Gemeindezentrum zu errichten, in dieser Sache wurden mehrere Aussprachen mit ihm und weiteren Vertretern der Kirche geführt. Der Staatsapparat orientierte seit Beginn der Diskussion über ein Gemeindezentrum, das liegt bereits auch schon vor der Tätigkeit des Dr. R. in der Südstadt, auf die Kirche in Biestow.
Obwohl dem Dr. R., der beim damaligen 1. Stellvertreter gemeinsam mit Landessuperintendent Pflugk war, eindeutig gesagt wurde, daß zur Zeit nicht mit der Errichtung eines Aufbaus eines kirchlichen Zentrums zu rechnen ist, stand 2 Tage später der Kirchenwagen auf dem kircheneigenen Gelände am Pulverturm 4.[190]

Die Auseinandersetzung um den alten Zirkuswagen, der provisorisch umgebaut worden war und für einige Jahre als Gemeindewagen diente, sollte in gewisser Weise programmatisch für Rathkes Zeit als Bischof werden, der Wert auf den unmittelbaren Kontakt zu den Gemeinden legte.

1970 wurde Heinrich Rathke für kurze Zeit Landespastor für Gemeindedienst in Güstrow, bevor er im November des gleichen Jahres zum Nachfolger von Niklot Beste gewählt wurde. Am 1. März 1971 trat er das Bischofsamt in Schwerin an.

Stil und Haltung des neuen Landesbischofs zeigten sich bereits in des-

---

[190] Vgl. AHR, 2.11./7250. Rat der Stadt Rostock, Referat Kirchenfragen. „Einschätzung über Pastor Dr. Rathke“ der Referentin Lange vom 28. April 1967.

sen Predigt zur Amtseinführung am 27. März 1971. Predigttext war der II. Korintherbrief, Kapitel 12, Vers 9: „Laß Dir an meiner Gnade genügen; denn meine Kraft ist in den Schwachen mächtig." Die Erfahrung in der Welt widerspreche dem, sagte Rathke damals, aber in Jesus Christus werde diese Wahrheit eben doch gedeckt. Eine schwache Kirche könne bestehen, wenn sie bei Jesus Christus bleibe. Auch und gerade mit offenen Flanken könne sie es sich leisten, anderen schwachen Menschen beizustehen. Die Kirche brauche keine Macht, sondern sie erhalte ihre Kraft in dem Verzicht auf Macht. Wenn sie auf Macht verzichte, könne sie anderen helfen und sei nicht gebunden.[191]

Rathke war sich bewusst, dass die Kirche in der DDR gefährdet war. Sein Ziel war es aber nicht, mögliche „offene Flanken" zu sichern, sondern die Kirche nach innen so stark zu machen, dass sie sich nicht abschotten musste, sondern sich nach außen wenden konnte. Die Landeskirche abzusichern durch äußere Macht, die in der DDR nur durch staatliche Unterstützung hätte gewährt werden können, kam für ihn nicht in Frage. Im Februar 1971 konnte man deshalb in der „Mecklenburgischen Kirchenzeitung" das folgende „Wort des Landesbischofs" lesen:

> „Es ist eine Versuchung für die Kirche, sich beim Bauen ihres Hauses, das immer nötig sein wird, zu viel Handwerkszeug zu entleihen, das ihr eigentliches Wesen gefährdet oder zerstört. Wir haben in zurückliegenden Zeiten erlebt, daß die Kirche die Macht des Staates mißbraucht hat, um die Gewaltherrschaft einer Meinung in der Kirche aufzurichten. In der Kirche müssen wir aber aufeinander hören wollen, einander tragen und nicht etwa Gewalt gegeneinander in weltlicher Weise üben. In solchem Falle ist die christliche Kirche bei denen, die Gewalt leiden, bei denen, die den priesterlichen Dienst des Gebetes leisten, bei denen, die ihrem Herrn Christus nachfolgen und sich nicht blenden und verwirren lassen.[192]

In einer Situation, in der die Zahl der Kirchenaustritte dramatisch stieg und aus der ehemaligen Volks- eine Minderheitenkirche zu werden droh-

---

[191] Vgl. MKZ Nr. 14 vom 4. April 1971, S. 1. „Bischofseinführung in Schwerin. 2500 waren dabei".

[192] Vgl. MKZ Nr. 9 vom 28. Februar 1971, S. 2. „Unsere Kirche. Wort des Landesbischofs an die Kirchgemeinden der Evangelisch-Lutherischen Landeskirche Mecklenburgs".

te, herrschte in Mecklenburg unter Heinrich Rathke „Aufbruchzeit".[193] Die Position des „Festhaltens", wie sie noch Niklot Beste verkörpert hatte und wie sie auch in einigen Landeskirchen bis 1989 eingenommen wurde, war – so sollte sich zeigen – angesichts der allgemeinen Säkularisierung in der westlichen Welt und durch die starke atheistische Propaganda zum Scheitern verurteilt: Wer die Stärke der Kirche in ihrem Massencharakter sah, für den musste ein Mitgliederschwund auch einen Kräfteverlust bedeuten. Dass man die Minorisierung nicht hatte verhindern können, hatte zu Frustration bei vielen Mitarbeitern und Pastoren geführt. Rathke verstand es hingegen, den rasanten Wandel von der Volkskirche zur Minderheitenkirche positiv umzudeuten. Er legte das Hauptgewicht nicht mehr darauf, die verbleibenden Gemeindeglieder zu halten, sondern neue zu gewinnen. So referierte er 1971 vor der Landessynode: Nicht die fortschreitende Minorisierung solle die Gemeinden beschäftigen, sondern die Frage, „ob sie in ihrer gegenwärtigen Struktur und Arbeitsweise ihren Auftrag erfüllen kann, ob sie für jeden da ist und eine werbende Kraft von ihr ausgeht. [...] Ich selbst habe es nach meiner Wahl im November vorigen Jahres ausgesprochen, daß ich aus meiner bisherigen Tätigkeit als Pastor für Volksmission dieses Anliegen mitbringe: offen zu sein für alle Menschen, offen zu sein für das, was Christus mit uns neu anfangen will in unserer gebrechlichen Kirche. Lassen Sie mich hier auch das andere wiederholen, was ich damals aussprach. Ich sehe mich an diese neue Aufgabe gestellt als Mitarbeiter unter Ihnen, als Mitarbeiter in unserer Kirche, allerdings in einer besonderen Verantwortung."[194] Er forderte die Synodalen auf, freimütig in der sozialistischen Gesellschaft zu leben, mit zuzupacken, aber auch ihre Bedenken anzumelden und auf die Beseitigung von Missständen zu drängen.[195] Dass Rathke den Staat DDR grundsätzlich akzeptierte und zugleich zur Wahrnehmung normaler Bürgerrechte aufforderte, machte es den staatlichen Stellen in den folgenden Jahren schwer, ihn zum fundamentalen Gegner zu erklären.

Schon des Öfteren hatte man die Erfahrung gemacht, dass der hartnäckigste „Staatsfeind", sobald er in eine gehobene Position aufgestiegen war, seine Haltung grundlegend revidierte. Um des neuen

[193] Vgl. Interview mit Jens Langer am 1. 12. 2000.

[194] Vgl. MKZ Nr. 9 vom 28. Februar 1971, S. 3 f. „Unsere Kirche. Wort des Landesbischofs an die Kirchgemeinden der Evangelisch-Lutherischen Landeskirche Mecklenburgs".

[195] Vgl. ELLKM, LKA, C 21, Bl. 3 ff.

Landesbischofs Haltung zum Staat zu ergründen, fanden bald die ersten offiziellen Gespräche in Berlin und Schwerin statt. Ende Juli 1971 trafen Rathke und Mitglieder der mecklenburgischen Kirchenleitung mit dem Stellvertreter für Inneres beim Rat des Bezirkes Schwerin und dem Staatssekretär für Kirchenfragen, Hans Seigewasser, zusammen.[196] In der „Einschätzung des Gespräches" hieß es später staatlicherseits:

> „Ohne Zweifel ist aus dem bisherigen Auftreten und dem Auftreten während dieser Aussprache zu entnehmen, daß Bischof Rathke folgende politische und taktische Linie in Zukunft beziehen wird: Weitere Verjüngung der Synode. Verjüngung seiner leitenden kirchlichen Amtsträger. In der gesamten kirchlichen Tätigkeit Einführung einer modernistischen Linie. In der kirchlichen Aktivität wird das Hauptaugenmerk auf die Arbeit der christlichen Jugend gelenkt. Bischof Rathke ist bewusst, daß eine politische Antihaltung innerhalb der Kirche ihn in seiner Arbeit nicht weiterbringen wird. Er erkennt, daß es keinen anderen Weg, wie loyal aufzutreten, sich anpassen, mit dem Staat im Gespräch zu bleiben um evtl. Nutzen für die Kirche zu ziehen, geben wird. Es geht ihm darum, einen festen Platz in unserer Gesellschaft zu bekommen."[197]

Als Heinrich Rathke 1970 zum Bischof gewählt wurde, war er in den acht evangelischen Landeskirchen der DDR der Jüngste in diesem Amt. Das MfS hatte zu diesem Zeitpunkt zu einigen seiner Amtsbrüder bereits enge Verbindungen aufgebaut, beispielsweise zum thüringischen Bischof Moritz Mitzenheim[198] und zu dessen Nachfolger Ingo Braecklein.[199] In diesem Sinne versuchte die für Kirchenfragen zuständige Berliner Hauptabteilung XX/4 auch eine Gesprächsebene zu Bischof Rathke herzustellen. Über diesen und andere Übergriffe auf seine Person beschwer-

[196] Vgl. BArch, DO-4/441. AG Evangelische Kirche: „Information über das Gespräch des Staatssekretärs für Kirchenfragen, Gen. Seigewasser, mit Bischof Rathke und weiteren acht Mitgliedern der Landeskirchenleitung der Ev.-Luth. Kirche Mecklenburgs am 27. Juli 1971 in Schwerin".

[197] Vgl. ebd., Bl. 5 d. Dok.

[198] Vgl. dazu Besier 1995b, S. 894.

[199] Vgl. dazu ebd., S. 893.

te sich Rathke 1989 offiziell beim Bezirksstaatsanwalt in Schwerin und schilderte den damaligen Anwerbungsversuch des MfS:

> „Im Herbst 1970 wurde ich zum Landesbischof der Evang.-Lutherischen Landeskirche Mecklenburgs gewählt. Kurz darauf besuchten mich in meiner damaligen Wohnung zwei Mitarbeiter des Staatssicherheitsdienstes aus Berlin. Sie nahmen einen Fall von Republikflucht eines mecklenburgischen Pastors zum Anlaß, mir eine 'elegante Lösung' dieses Falles anzubieten, wenn ich mich dafür in meiner späteren Tätigkeit als Bischof durch Zusammenarbeit mit der Stasi erkenntlich zeigen werde. Als ich dies strikt ablehnte, wurde es mit der Drohung versucht, diesen Fall hochzuspielen. Ich blieb bei meiner Weigerung zur Zusammenarbeit, bis zum heutigen Tage! Auf jeden Fall konnte ich mir so das Vertrauen von Menschen und Mitarbeitern der Kirche erhalten, die vom Staatssicherheitsdienst mißbraucht oder geschädigt wurden. [...] Vor allem in meiner Tätigkeit als Landesbischof in Schwerin habe ich Post- und Telefonkontrolle feststellen müssen, ebenso direkte persönliche Beobachtung. Ich habe damit leben können, es aber als schwere Gesetzes- und Menschenrechtsverletzung empfunden und als Zerstörung des gesellschaftlichen Vertrauens."[200]

Dieses Gespräch der Staatssicherheit mit Heinrich Rathke erwähnt auch der ehemalige leitende Berliner MfS-Offizier Klaus Roßberg. In seiner Darstellung der MfS-Kirchenpolitik mit dem süffisanten Titel „Das Kreuz mit dem Kreuz" schreibt er, Rathke habe ihn freundlich aus dem Hause gewiesen und gesagt, sie sollten es nicht persönlich nehmen, aber er wolle mit der Staatssicherheit absolut nichts zu tun haben.[201] Fortan unterließ man es zwar, Heinrich Rathke anzusprechen. Umso stärker jedoch wurde er aktenmäßig erfasst.

Das MfS hatte bereits vor dessen Amtsantritt einige hochkarätige IM in leitenden Funktionen angeworben. Dazu gehörte auch der IM „Jurist", Oberkirchenratspräsident Siegfried Rossmann. Dieser berichtete im November 1970 seinem extra aus Berlin angereisten Führungsoffizier

[200] Vgl. LStU-MV, Ordner Erklärungen und Weisungen, Schreiben von Heinrich Rathke an die Militärstaatsanwaltschaft Schwerin vom 16.12.1989.

[201] Vgl. Roßberg/Richter 1996, S. 81.

Roßberg[202], jenem Offizier, der dann auch bei Rathke erschien, von den ins Haus stehenden Veränderungen. Bischof Beste, der nun gehe, habe in viele Dinge hineingeredet und „nach eigenem Gutdünken Sachen" erledigt. „Der neue Bischof, so wird allgemein eingeschätzt, wird vermutlich mehr die Kompetenzen der Mitgl. d. Kirchenleitung achten. Er will Vertreter eines demokratischen Arbeitsstils sein."[203] Die Gespräche des MfS-Offiziers mit Siegfried Rossmann sollten in den folgenden Jahren der „Beeinflussung des neuen Bischofs und der kirchenpol[itischen] Haltung der Schweriner Kirchenleitung" dienen, erreichten aber wohl nie dieses Ziel.[204]

Wie die Situation im mecklenburgischen Oberkirchenrat Ende 1971 aus staatlicher Sicht aussah, beschreibt anschaulich ein Papier aus dem Rat des Bezirkes Schwerin über die „Ergebnisse der Arbeit auf dem Gebiet der Staatspolitik in Kirchenfragen im Bezirk Schwerin im Jahr 1971". Daraus geht hervor, dass Siegfried Rossmann trotz seiner Kontakte zum MfS als unzuverlässig galt, während Siegfried Wahrmann als „positiver" Kirchenmann Unterstützung leiste.

> „Neben der Veränderung im Bischofsamt gab es in der Evangelisch-Lutherischen Landeskirche Mecklenburgs noch einige weitere Veränderungen in personeller Hinsicht.
> [...]
> Eine sehr gute Entwicklung in seinem Amt nahm der Präsident der Landessynode Wahrmann aus Wismar, dem ehrlich an einem guten Verhältnis zum Staat gelegen ist.
> Dagegen ist es nicht gelungen, den Präsidenten des Oberkirchenrates, Rossmann, zu guten und engen praktischen Beziehungen zu den staatlichen Organen des Bezirkes zu bewegen, obgleich dieser sehr oft sein Bestreben in dieser Hinsicht beteuerte. Es besteht der Eindruck, daß er seit Amtsantritt des Landesbischofs Dr. Rathke keine eigenen Entscheidungen trifft und dem Landesbischof völlig hörig ist.
> Insgesamt läßt sich einschätzen, daß durch die im Jahre

---

202 Klaus Roßberg war als stellvertretender Leiter der Hauptabteilung XX/4 einer der ranghöchsten Offiziere des MfS, die auf dem Gebiet „Kirchen und Religionsgemeinschaften" arbeiteten.

203 Vgl. BStU, MfS, XV/3562/67, Bd. II/1, Bl. 18.

204 Vgl. BStU, MfS, BV Schwerin, AIM 9262/78, Bd. I/1, Bl. 66.

1971 erfolgten Personalveränderungen in der Leitung der Landeskirche keine ausgesprochen reaktionären Kräfte (etwa vom Schlage eines Landessuperintendenten Schröder) in leitende Funktionen eingedrungen sind. Die Praxis der Staatspolitik in Kirchenfragen gegenüber der Leitung der Landeskirche zeigte aber auch, daß unter dem neuen Landesbischof die Arbeit staatlicherseits komplizierter geworden ist."[205]

Rathke verstand es, von Anfang an im Oberkirchenrat weit gehende Übereinstimmung in der politischen Haltung herzustellen. Diese Geschlossenheit sollte in den Jahren bis 1989 ein wesentliches Faustpfand der mecklenburgischen Landeskirche werden. Nicht alle in der Umgebung Rathkes aber gingen mit dessen kirchenpolitischer Linie konform. Über die internen Spannungen im Oberkirchenrat (OKR), in der Kirchenleitung und unter den Landessuperintendenten (LSI) gibt ein „Aktenvermerk" des Rostocker Bezirksreferenten Macht vom Juli 1975 Auskunft. Macht berichtete über ein Gespräch mit dem Rostocker Landessuperintendenten Goldenbaum über Rathkes Personalpolitik und notierte, dass – so Goldenbaum – Bischof Rathke seine Haltung gegenüber dem Staat auch bei den anderen Amtsträgern durchsetzen würde, was sich darin widerspiegele, dass im Konvent der Landessuperintendenten, im Oberkirchenrat und der Kirchenleitung keine andere Meinung aufkommen dürfe als die von Rathke. Im Oberkirchenrat widerspreche man Rathke nicht, um sich dem Verdacht der „ideologischen Aufweichung" zu entziehen. „Das Mißtrauen gegen politisch realistisch denkende Kräfte in der Kirche ist nach Auffassung Goldenbaums noch nie so groß gewesen wie zur Zeit."[206] Eine bewusste „Gleichschaltung", wie sie Roland Macht hier beschwor, hat es nie gegeben. Sie hätte dem Prinzip des Aufeinander-Hörens, das Rathke viel bedeutete, widersprochen. Wohl aber war man innerkirchlich sehr aufmerksam, wenn sich Tendenzen andeuteten, dass einzelne Mitarbeiter oder Laien ganz persönliche Verbindungen zu staatlichen Stellen aufbauten und sich damit „Trampelpfade" schufen, auf denen die offizielle Landeskirche nicht gehen konnte und wollte. Weil diese faktisch „privatisierten" Kontakte stets in der Gefahr standen, von staatlicher Seite zur Spaltung der Landeskirche genutzt zu werden, wurden Mitarbeiter wie

[205] Vgl. LHA Schwerin, SED BPA Schwerin, IV D-2/14/529, Bl. 230.

[206] SAPMO-BArch, DY 30/IV B 2/14/105, Fiche 1, Bl. 77.

beispielsweise Werner Schnoor, der diese Kontakte erkennbar hatte und nutzte, innerkirchlich sehr kritisiert.

Belegbar ist der Versuch der Staatssicherheit, über Bischof Gienke Einfluss auf Rathke zu nehmen. Noch in seiner Zeit als Rektor des Predigerseminars in Schwerin ist Horst Gienke vom MfS angesprochen worden und hielt diesen Kontakt bis 1989.[207]

Versuche der Beeinflussung Rathkes gab es bis 1984 immer wieder. Sie gingen vor allem vom Bezirk Rostock aus und hatten zunächst das Ziel, Heinrich Rathke auf die Linie von Horst Gienke zu bringen. Gienke, der ursprünglich als der „reaktionärere" der beiden Bischofskandidaten von 1971 galt, hatte in seinem Amt als Greifswalder Bischof sehr schnell eine radikale Wendung vollzogen und übte aus Sicht seines Leitbezirks Rostock eine „Vorbildfunktion" aus. Der Rat des Bezirkes Neubrandenburg formulierte 1975 beispielsweise in einer „Konzeption", es müsse das Ziel sein, eine Annäherung von Bischof Rathke an Bischof Gienke herbeizuführen, „damit [die mecklenburgische Landeskirche] solche Positionen einnimmt wie z. Z. die Greifswalder Landeskirche".[208]

> „In der Leitung des Bundes vertiefen sich in dieser Auseinandersetzung die Gegensätze. […]. Die politische Einflußnahme auf die Leitung der Kirchen und des Bundes gilt es auszunutzen für die weitere Verstärkung der inneren Widersprüche. Dabei spielt die Arbeit mit dem Bischof Rathke für uns eine besondere Rolle. Die Bischöfe Hempel (Dresden), Krusche (Magdeburg) und Fränkel (Görlitz) werden als die reaktionärsten Kräfte eingeschätzt. Dabei ist Hempel der verschlagenste, während Fränkel der aktiv reaktionärste ist. Unsere besondere Arbeit ist dabei, Bischof Rathke von dieser Gruppe zu trennen. Mit Rathke ist durchaus zu sprechen, und er muß an die Seite von

---

[207] Vgl. Gienke 1996, S. 379. Genauere Angaben macht Horst Gienke zu diesen Kontakten nicht. Da die entsprechenden Unterlagen des MfS zum IM „Orion" bisher nicht gefunden wurden, sind nur vereinzelte Dokumente aus anderen Akten bekannt, aus denen hervorgeht, dass und wie der Greifswalder gegen seinen Schweriner Kollegen instrumentalisiert wurde.

[208] Vgl. LHA Schwerin, RdB Neubrandenburg, Z 24/90-1562. Arbeitsrichtlinie und Pläne im Bereich Kirchenfragen im Bezirk Neubrandenburg von 1967–1977. „Konzeption zur Durchsetzung der staatlichen Politik in Kirchenfragen für 1975/76 im Bezirk Neubrandenburg", Bl. 1 d. Dok.

Bischof Gienke (Greifswald) gebracht werden. Der Einfluß auf Rathke ist verstärkt und gezielt zu vertiefen. Dabei kommt es darauf an, genaue Festlegungen zu treffen, wer wann wo mit Rathke Gespräche führen sollte."[209]

Der 1. Sekretär der SED-Bezirksleitung in Schwerin, Heinz Ziegner, sah sich überfordert. Handschriftlich schrieb er unter den Bericht über die Neubrandenburger Verhältnisse: „Erbitte dazu konkrete Gedanken!“[210]

Anfang der achtziger Jahre hatte die SED-Bezirksleitung in Schwerin es offensichtlich aufgegeben, Rathke zu einem in ihrem Sinne „verlässlichen“ Partner zu machen. In einer Analyse wahrscheinlich aus dem Jahr 1982 hieß es, Rathke nehme „nach wie vor eine sehr schwankende Haltung ein. Es zeigt sich immer wieder, daß er politisch sehr stark gegnerische Positionen bezieht, daß er aber andererseits einer offenen Konfrontation mit den staatlichen Organen aus dem Wege geht. So bleiben seine Aussagen – wenn auch zum Teil stark theologisch verbrämt – im Grunde genommen politisch zweideutig. Nach wie vor wendet er die Taktik an, nach einem von ihm geäußerten Satz mit einer positiven Aussage im Sinne unserer Politik im folgenden so viele Fragen anzubringen, Bedenken zu äußern, das heißt, seine positive Aussage so stark zu relativieren, daß am Ende von seiner positiven Meinungsäußerung nichts mehr übrig bleibt bzw. sie sich ins Gegenteil verkehrt. Eine eindeutige politische und staatsbürgerliche Positionsbestimmung im Sinne der Innen- und Außenpolitik der DDR ist von Landesbischof Dr. Rathke weder heute noch in absehbarer Zeit zu erwarten.“[211]

Heinrich Rathke nutzte jedoch das Interesse der DDR-Staatsführung an einem guten außenpolitischen Image, um seinerseits Druck auf die staatliche Seite auszuüben. Während eines Spitzengespräches des Staatssekretariats für Kirchenfragen und der Räte der Bezirke Schwerin, Rostock und Neubrandenburg mit der mecklenburgischen Kirchenleitung im Dezember 1976 äußerte er unmissverständlich, die Kirche brauche nicht zu einem besonderen Friedensengagement überredet zu werden, denn der Friedensgedanke sei für die Kirche schließlich zentral. Damit sie in der Ökumene jedoch glaubhaft auftreten könne, sollten die Fragen geklärt werden, die im eigenen Land bestünden, damit sie nicht „in die

---

209 LHA Schwerin, SED BPA Schwerin, IV C – 2/14/ 549, Bl. 35.

210 Vgl. LHA Schwerin, RdB Neubrandenburg, Z 24/90-1563, Bl. 1 d. Dok. „Bericht über die Lage in den Kirchen und Religionsgemeinschaften im Bezirk Neubrandenburg“.

211 Vgl. LHA Schwerin, SED BPA Schwerin, IV D-2/14/529, Bl. 230.

Ökumene mitgenommen würden".[212] Der Staat könne erfolgreicher mit seinen „Ermunterungen" zu mehr gesellschaftlichem Engagement sein, wenn er die wichtigen Fragen anpacke. Rathke kritisierte unter anderem das Erziehungsziel zur atheistischen Persönlichkeit, das Kinder und Jugendliche überfordere und christliche Kinder benachteilige, sowie die Einschränkung der Bewegungsfreiheit, die die Menschen in der DDR daran hindere, sich frei entwickeln zu können.[213]

1977 schrieb der Rat des Bezirkes Neubrandenburg in seinem Bericht an die Bezirksleitung der SED daher nichts anderes als zwei Jahre zuvor: „Im Bezirk ist die Lage innerhalb der 3 evangelischen Landeskirchen sehr differenziert. Die Bischöfe Schönherr (Berlin) und Gienke (Greifswald) nehmen im wesentlichen eine progressive Haltung ein, dagegen bezieht Bischof Rathke (Schwerin) eine negative politische Position."[214] Im gleichen Jahr entstand in der SED-Bezirksleitung Schwerin eine „Konzeption" zur Bearbeitung der mecklenburgischen Landeskirche. In ihr findet sich eine Formulierung, die bis 1984 mehrfach wiederholt wurde:

> „Landesbischof Dr. Rathke als Vorsitzender der Kirchenleitung ist politisch großen Schwankungen unterlegen, tendiert dabei aber immer wieder zu negativen Kräften innerhalb und außerhalb der Landeskirche. Er gibt sich zum Teil loyal, um sich in Gesprächen über einige positive politische Aussagen Gehör zu verschaffen bei den staatlichen Gesprächspartnern, damit er dann angebliche Beschwernisse vortragen kann, die er teils offen in dummdreister Weise, teils aber auch in religiöser Verbrämung vorbringt. Er versucht auch, von ihm gemachte, klare politisch positive Aussagen, die man staatlicherseits von ihm erwartet, im weiteren Gespräch so stark zu relativieren bzw. theologisch zu verbrämen, daß der positive politische Grundgehalt zum größten Teil wieder verlorengeht. [...] Er ist persönlich politisch schwer zu beeinflussen, da er allen vertraulichen Gesprächen aus dem Wege zu gehen versucht

---

212 Vgl. LHA Schwerin, RdB Schwerin, Z 69/91, 28137, n. p., Bl. 1 d. Dok.

213 Vgl. ebd., Bl. 2 d. Dok.

214 Vgl. LHA Schwerin, RdB Neubrandenburg, Z 24/90-1563, Bl. 1 d. Dok. „Bericht über die Lage in den Kirchen und Religionsgemeinschaften im Bezirk Neubrandenburg".

und in Gesprächen im kleinen Kreise kaum einmal eine eigene klare politische Position vertritt. Besonderen Einfluß haben auf ihn die Bischöfe Hempel, Dresden, und Krusche, Magdeburg, die eine eindeutige antisozialistische Grundhaltung zeigen." [215]

Gemäß der Verfassung der DDR von 1968 stand den Kirchen zur Durchsetzung ihrer Belange einzig das Gespräch zur Verfügung. Obwohl die staatliche Seite auch mit Hilfe offener administrativer sowie verdeckter geheimdienstlicher Maßnahmen ihre Interessen durchzusetzen versuchte, stellte auch für sie das Gespräch die wichtigste Form der Einflussnahme dar, weil es Lösungen im gegenseitigen Einvernehmen ermöglichte. Je weniger kirchliche Vertreter an diesen Gesprächen teilnahmen, desto einfacher war es für die Staatssicherheit, Einfluss auszuüben; deshalb suchte sie nach Möglichkeit das konspirative Gespräch unter vier Augen.

Heinrich Rathke hatte sich für solche „Annäherungsversuche" unempfänglich gezeigt und führte Gespräche grundsätzlich nur mit den Räten der Kreise, Bezirke und dem Staatssekretär für Kirchenfragen. Er lehnte jede Form eines „Gentleman's Agreement" ab. Daher wandten sich die Bezirksinstanzen in den siebziger Jahren immer öfter an die zentralen Dienststellen und baten um Unterstützung. So überbrachte Peter Kraußer, Mitarbeiter der Arbeitsgruppe Kirchenfragen beim ZK der SED, seinem Chef Bellmann im Dezember 1978 eine Anfrage der Schweriner SED. Die Genossen in Schwerin hätten darum gebeten „zu prüfen, inwieweit das Staatssekretariat Rathke [...] seine Auslandsreisen betreffend [...] ernste Worte sagen kann. Es mehren sich Informationen darüber, daß er die Reisen nicht in gebotener Sachlichkeit, sondern subjektiv gefärbt mit vielen Ausfällen gegen uns und [die] SU auswertet."[216]

Ein zentrales Ziel der SED-Kirchenpolitik bestand darin, eine strikte Kontrolle über den Erwerb und die Weitergabe von Informationen auszuüben. Letzteres betraf nicht nur die Sorge eines Informationsflusses über die Grenzen der DDR hinweg, sondern auch den internen Dienstweg. Da sich der Referent für Kirchenfragen auf Kreisebene genauso wie

---

[215] LHA Schwerin, SED BPA Schwerin, IV C– 2/14/550, Bl. 214 ff. „Information als Anlage zur Konzeption zur weiteren differenzierten politischen Arbeit mit der Kirchenleitung der Evangelisch-Lutherischen Landeskirche Mecklenburgs" vom Januar 1977.

[216] Vgl. SAPMO-BArch, DY 30/IV B 2/14/65, Fiche 2, Bl. 125.

der Staatssekretär für Kirchenfragen in Berlin bemühten, nur günstige und vorteilhafte Informationen an ihre Vorgesetzten weiterzuleiten, beschwerte sich Staatssekretär Hans Seigewasser bei Rathke über dessen Eingaben an staatliche Organe; er forderte, die Landeskirche möge bei Problemen direkt das Gespräch suchen. Rathke hingegen notierte sich als Ergebnis des Gespräches mit Seigewasser, es sei in den Gemeinden darauf hinzuweisen, wie notwendig bei Verhandlungen solche Eingaben sein können.[217] Zugleich suchte man staatlicherseits den Landesbischof zu isolieren; so war es nicht gern gesehen, dass Heinrich Rathke durch die Gemeinden seiner Landeskirche reiste und versuchte, sich ein Bild vor Ort zu machen und dort Kontakte zu knüpfen. Seigewasser hielt Rathke bereits bei einem Zusammentreffen im Oktober 1971 vor: „Sie sind zuviel in den Gemeinden".

1984, zum Ende der Amtszeit Rathkes, räumte der Rat des Bezirkes Rostock ein, man habe das Ziel, die Polarisierung der Landeskirche, nicht wie gewünscht erreicht. Der „Auskunftsbericht" an den 1. Sekretär der SED-Bezirksleitung, Ernst Timm, und den Staatssekretär für Kirchenfragen, Klaus Gysi, klang resigniert: „Der in dieser Kirche sich vollziehende Polarisierungsprozeß verläuft langsamer und komplizierter, da vom Bischof und den maßgeblichen Mitgliedern des Oberkirchenrates keine entsprechenden Impulse ausgehen."[218] Da der Bezirk Rostock eine besonders scharfe Kirchenpolitik betrieben hatte, war dies ein niederschmetterndes Ergebnis und zeugt von einer erfolgreichen Haltung der Landeskirche und ihres Landesbischofs.

Rathkes Amtszeit endete am 30. Juni 1984. In der Westberliner Tageszeitung „Die Welt" war am Tag zuvor unter dem Titel „Ein unbequemer Bischof gibt sein Amt ab. Heinrich Rathke setzte Maßstäbe für die 'DDR'-Kirche" zu lesen: „Rathke zählt zu den brillantesten, freimütigsten und selbst von den 'harten' Parteifunktionären respektierten protestantischen Köpfen in der 'DDR'." Er habe zu den Architekten des Gespräches vom 6. März 1978 gehört und sich ungeschminkt sowohl in Ost als auch in West ohne falsche Rücksichtnahme offen zu allen gesellschaftlichen Problemen geäußert.[219] Nachfolger von Rathke wurde der Rostocker Pfarrer Stier. Mit Christoph Stier, Jahrgang 1941 und damit zugleich jüngster Bischof des ostdeutschen Kirchenbundes, vollzog sich ein Generationswechsel von der Generation, die noch die

[217] Vgl. LKA, OKR, II 1o, Bd. 6, 476, Dok. 825 II/1o.

[218] Vgl. LAG, IV/E/2.14/ 619, Bl. 23.

[219] Vgl. „Die Welt" vom 29. Juni 1984.

ungeteilte Evangelische Kirche in Deutschland erlebt hatte, zu der, die in den Strukturen des BEK aufgewachsen war.

Mit der Amtsübergabe an Christoph Stier war die Beobachtung Rathkes jedoch nicht abgeschlossen. Bereits im Dezember 1983 hatte die Bezirksverwaltung für Staatssicherheit in Schwerin in ihrem Arbeitsplan für 1985 „operativ-technische [...] Maßnahmen in den Objekten Bischofssitz, Schwerin, Schleifmühlenweg [und] zukünftige Wohn- und Amtsräume [...] in Crivitz zur Aufklärung bedeutsamer Aktivitäten des Polittourismus, verbunden mit der Initiierung weiterer Aktivitäten der politischen Untergrundtätigkeit“[220] vorgesehen. Noch bevor Rathke ins Pfarrhaus in Crivitz einzog, waren die Abhöranlagen installiert.[221] MfS-Offizier Wulf begründete diese Maßnahmen damit, „daß Rathke auf Grund seiner feindlich-negativen Einstellung zu den gesellschaftlichen Verhältnissen in der DDR und auf Grund seiner Persönlichkeitsstruktur als geeignete und dem Gegner willfährige Person mit großem Einfluss angesehen wird, die wesentliche Grundpositionen der BRD-Politik unterschwellig bzw. offen in die Kirchenpolitik der Landeskirche aufzunehmen bereit ist und diese als eigene Standpunkte artikuliert.“[222]

Hinsichtlich Rathkes blieb man staatlicherseits „am Ball“. 1985 zeigte sich die Bezirkskoordinierungsgruppe, in der die SED-Bezirksleitung, das MfS, die Volkspolizei, der Rat des Bezirkes und die FDJ vertreten waren, über die „zunehmenden Aktivitäten des Pastors Rathke in Crivitz“ besorgt, der dabei sei, eine aktive Jugendarbeit aufzubauen.[223]

## Die theologische Leitlinie in Mecklenburg: „Kirche für andere“ statt „Kirche im Sozialismus“

Nach der faktischen Anerkennung des Kirchenbundes am 24. Februar 1971 ging es darum, auch sprachlich eine Formel zwischen Staat und Kirche zu finden, mit der beide Seiten zufrieden stellend ihr gegenseitiges Verhältnis beschreiben konnten. Diese Formulierung wurde für lange Zeit der Begriff „Kirche im Sozialismus“, den der thüringische Bischof

---

220 Vgl. BStU, MfS, BV Schwerin, BdL Dok 400676, Bl. 23 (alte MfS-Zählung).

221 Ob es sich dabei um das Abhören von Telefongesprächen oder um in der Wohnung installierte Wanzen handelte, ist aus dem Arbeitsplan nicht ersichtlich.

222 Vgl. BStU, MfS, JHS 20130, Bl. 81.

223 Vgl. LHA Schwerin, RdB Schwerin, Z 10/90, 17b. „Berichterstattung Reg.-Nr. 7900/2/810“ vom 16. Mai 1985.

Moritz Mitzenheim erstmals am 4. Februar 1968 in einem Interview gebraucht hatte. Hans Seigewasser, damals Staatssekretär für Kirchenfragen, übernahm diese Formulierung umgehend und verband sie mit der Erwartung einer staatsloyalen Haltung der Kirche. Von Anfang an war der Grad der Loyalität, den die Kirche gegenüber dem Staat aufbringen wollte, jedoch unklar. Pollack verweist deshalb zu Recht darauf, dass diese Wendung eine „Vermeidungsformel" war, weil sie es umging, das System zu bejahen.[224] Auf Grund der beabsichtigten Unbestimmtheit gingen die Interpretationen des Begriffes jedoch nicht nur zwischen Staat und Kirche weit auseinander, sondern auch innerkirchlich. War der reale oder der theoretische Sozialismus gemeint?[225]

Heino Falcke äußerte 1991 rückblickend, dieser Begriff sei ein „Formulierungsunglück" gewesen, weil er die Diskrepanz zwischen dem Anspruch und der Realität des Sozialismus in der DDR verwischt habe. „An der kritischen Unterscheidung zwischen Wirklichkeit und ihrer ideologischen Interpretation hing die Freiheit des Glaubens, der sich in dieser Gesellschaft als Glaubensgehorsam bewahren wollte." „Kirche im Sozialismus" habe aber auch die „Einwanderungsbewegung der Kirche in die sozialistische Gesellschaft um ihres Auftrages willen" gemeint. Die Kirche sei daher genötigt worden, sich anzupassen, die Anpassung hätte jedoch natürliche Grenzen gehabt.[226]

1971 auf der Tagung der Bundessynode in Eisenach wurde der Mitzenheim'sche Begriff „Kirche im Sozialismus" vor allem vom langjährigen Berliner Bischof Albrecht Schönherr wieder ins Spiel gebracht. Die Konferenz der Kirchenleitungen des Kirchenbundes umschrieb das mit diesem Begriff verbundene Ziel so: Die evangelische Kirche solle „in dieser so geprägten Gesellschaft, nicht neben ihr, nicht gegen sie" leben.[227] Der Kirchenbund versuchte damit, einen neutralen Standpunkt einzunehmen und dennoch dem kirchlichen Auftrag gemäß zu handeln. Das war aber nicht möglich. Den Weg zwischen Opposition und Opportunismus einzuschlagen widersprach der Darmstädter Erklärung des Bruderrates von 1947, auf die sich Schönherr ausdrücklich berief, und die die Kirche auf die Rolle der Opposition verwies.

Die Wirkungsgeschichte des Begriffs „Kirche im Sozialismus" offenbart ein grundlegendes Dilemma des Kirchenbundes wie auch der

---

224 Vgl. Pollack 1994, S. 246 f.

225 Zit. n. Herbstritt 1997, S. 236.

226 Vgl. Falcke, 1991, S. 19.

227 Vgl. Herbstritt 1997, S. 236.

Landeskirchen: Der Begriff war auf der Bundesebene entstanden und wurde dort auch „verwaltet". Sein Sachwalter wurde Albrecht Schönherr, der durch die staatliche Seite zum akzeptierten Gesprächspartner gekürt und sehr schnell auch vereinnahmt wurde. Schönherrs Interpretationen konnten jedoch nur schwerlich von den acht Landeskirchen akzeptiert und umgesetzt werden, dazu waren die Positionen zu unterschiedlich. Eine Diskussion um diesen Begriff, die eine Basis für dessen Anerkennung hätte schaffen können, war unter den Bedingungen der DDR kaum möglich: zu offensichtlich war das Wirken der Staatssicherheit, die zahlreichen Differenzierungs- und Erpressungsversuche. Also beließen es die Landeskirchen bei diesem Begriff und umgingen ihn in der Praxis.

So wurde auch in Mecklenburg verfahren. 1978 notierte Peter Kraußer, damals Mitglied der Arbeitsgruppe Kirchenfragen beim ZK der SED, in einem Vermerk, in der mecklenburgischen Landeskirche werde „von einigen Leuten nicht mehr die These 'Kirche im Sozialismus' vertreten und praktiziert, sondern die These 'Kirche und Sozialismus' kultiviert."[228]

In dieser Situation erwies es sich als Glücksfall, dass Heinrich Rathke in enger Anlehnung an Dietrich Bonhoeffer ein anderes Leitbild für die Kirche in der DDR entwickelt und dies bereits 1971 in seinem Referat „Kirche für andere – Zeugnis und Dienst der Gemeinde" – parallel zu Schönherr – auf der Bundessynode in Eisenach vorgestellt hatte.

Die „Kirche für andere" grenze sich, so Rathke damals, von der „Kirche ohne die anderen", der „Kirche gegen die anderen" und von der „Kirche wie die anderen" ab, denn die Kirche ohne die anderen kapsele sich ab, die Kirche gegen die anderen verstoße gegen christliche Gesetze, und die Kirche wie die anderen verhalte sich opportunistisch. „Kirche für andere" sei hingegen durch vier Parameter gekennzeichnet: Offenheit, Beweglichkeit, Reichtum der Gaben und Parteilichkeit. Echte Wertschätzung erfuhr diese Konzeption erst nach 1989. So schreibt Georg Herbstritt in seiner Darstellung der Rolle der mecklenburgischen Kirche: „Mit diesen vier Punkten läßt sich der Weg der mecklenburgischen Landeskirche bis in die Wende hinein charakterisieren, sie stehen beinahe programmatisch für das Handeln der Landeskirche in den 70er und 80er Jahren." Die mecklenburgische Landeskirche habe, so Herbstritt, schon früh ein Selbstverständnis entwickelt, das ihr in der Wende zugute gekommen sei: die Bereitschaft, in ihren Räumen Experimente zuzulassen, die zu einer relativ großen Offenheit geführt

---

228 Vgl. SAPMO-BArch, DY 30/IV B 2/14/65, Fiche 2, Bl. 126.

habe. Dabei sei es Heinrich Rathke darauf angekommen, theologisch und nicht politisch zu argumentieren. Dass die „Kirche für andere" gleichwohl auch eine politische Dimension hatte, sei ihm bewusst gewesen, habe aber nicht den Beweggrund für seine Konzeption abgegeben.[229]

Die Wirkungsgeschichte der „Kirche für andere" beruhte in Mecklenburg sehr stark auf der unangefochtenen Autorität und dem Charisma Heinrich Rathkes. Auf den Tagungen der Landessynode genau so wie auf Kirchentagen und in den achtziger Jahren bei Seminaren der Basisgruppen machte Rathke immer wieder unmissverständlich deutlich, dass Kirche für andere da sein und deshalb auch Risiken eingehen müsse. Er selbst ging mit gutem Beispiel voran und richtete jeden ersten Montag im Monat eine „Sprechstunde" bei sich zu Hause ein; dort stellte er sich all denjenigen zur Verfügung, die seinen persönlichen Rat und seinen Rat als Amtsbruder, Vorgesetzter und Christ suchten. Das sprach sich herum. Und Rathke forderte ein entsprechendes Engagement auch von seinem Oberkirchenrat, den Landessuperintendenten und den Gemeindepastoren. Nicht überall waren diese Öffnung der Kirche nach außen und die daraus resultierenden Spannungen gegenüber den staatlichen Stellen willkommen.

Zu den Kritikern dieses Konzeptes gehörten beispielsweise Martin Kuske und Jens Langer, die statt der „Kirche für andere" eine „Kirche mit anderen" und damit indirekt eine Annäherung an den Staat befürworteten. Martin Kuske schrieb bereits 1973, Kirche könne keine „Kirche für andere" sein; dieser Anspruch sei zu hoch. Vielmehr müsse sie erst einmal lernen, Kirche inmitten von anderen zu sein. Er schrieb:

> „Als sich im vorigen Jahrhundert die Kräfte zu formieren begannen, die in unserem Jahrhundert neue gesellschaftliche Verhältnisse heraufführten, stand die Kirche abseits und hielt sich fern von denen, die in der Arbeiterbewegung kämpften. Ja für viele Christen war schon der Aufbau einer bürgerlich-demokratischen Republik nach dem ersten Weltkrieg zu viel. Sie feierten weiter Kaisers Geburtstag und wählten deutschnational. So ist es kein Wunder, daß sich die Kirche in der entsprechenden sozialistischen Gesellschaft als Fremdkörper fühlte und auch als solcher angesehen wurde. Denn diese Gesellschaftsordnung ist etwas anderes als das, was die Kirche bisher gewohnt war. Hier haben die nichts mehr zu sagen, denen

---

[229] Vgl. dazu Herbstritt 1997, S. 237 ff.

> die Kirche bisher mit oder ohne ihren Willen bei ihrer Herrschaft geholfen hatte. Dieses Erbe belastet uns. Wir können ihm nicht entfliehen. Wir sind aber alle dabei, es menschlich und theologisch aufzuarbeiten, alt und jung gleichermaßen. Von diesem Erbe, das unsere kirchliche und gesellschaftliche Situation gleichermaßen belastet, können wir nur entlastet werden, wenn wir bescheiden sind und nicht mit einem zu hohen Anspruch auftreten. 'Kirche für andere' könnte ein zu hoher Anspruch sein. Hinter diesem Programm könnte sich ein Klerikalismus verbergen, das heißt eine Haltung, die mit dem Anspruch auftritt, daß Christen es besser machen können als andere, daß Christen besser über den Sozialismus Bescheid wissen als die, die sich Sozialisten nennen. Dieser Anspruch ist in unserer gegenwärtigen Situation nicht gerechtfertigt."[230]

Diese Position war Wasser auf die Mühlen der „Staatspolitik in Kirchenfragen", weil hier eine innerkirchliche Stimme die Kirche in die Schranken wies: Sie solle sich zuerst um sich selbst kümmern und nicht belehrend auf ihre Umwelt Einfluss zu nehmen versuchen, sondern sich vielmehr ihrer Umwelt anpassen.

Ähnlich äußerte sich 1989 der Rostocker Pastor Jens Langer in einem Aufsatz: Kirche müsse sich reformieren, um sich dem anderen noch weiter zu öffnen, denn es seien „nicht Staat und Partei [...], die die Grenzen eines zwar nie ganz reibungslosen, aber dennoch anerkannten und im großen und ganzen bewährten modus vivendi überschreiten. Wir als Kirchen sind es, die die Markierungen verlassen." Es seien Glaubenseinsichten, die dahinter stünden, die jedoch vom Staat nicht geteilt werden müssten. Staatliche Maßnahmen sollten daher, so Langer, bedacht und geprüft werden, und die Politisierung der Kirchen sollte kritisch gesehen werden im Hinblick auf ihre konkrete Umsetzung.[231] Dies war die Position, die im Rat des Bezirkes Rostock gerne gehört wurde: eine Entpolitisierung der Kirche und Öffnung gegenüber der staatlichen Haltung.

---

[230] Vgl. Kuske 1973, S. 2.

[231] Vgl. Langer 1989, S. 42 ff.

## „Wir wollten nicht Opposition sein, sondern Position beziehen" – Christoph Stier (1984–1989)

Auch die Wahl von Christoph Stier, Jahrgang 1941, war eine Überraschung für alle Seiten. Stier gehörte bei seiner Amtseinführung 1984 zur jüngeren Generation der mecklenburgischen Pastoren. Seine Haltung gegenüber dem SED-Staat wurde entscheidend geprägt, als sein Sohn Albrecht 1982 im Zusammenhang mit der Bewegung „Schwerter zu Pflugscharen" von der Schule relegiert wurde.

Anders als Rathke kam Stier nicht aus der mecklenburgischen Landeskirche, hatte aber in Rostock studiert und war dort von 1964 bis 1970 wissenschaftlicher Assistent im Fach „Neues Testament" gewesen. Wie Rathke hatte auch Stier lange Zeit als Pastor in Rostocker Neubauvierteln gewirkt, Rathke von 1962 bis 1970 und Stier von 1970 bis 1976.

Christoph Stier wurde auf der Herbstsynode im November 1983 zum mecklenburgischen Landesbischof gewählt und ein halbes Jahr später, am 30. Juni 1984, in sein neues Amt eingeführt. Das war genügend Zeit für die staatliche Seite, um die feierliche Amtseinführung zu stören. In den Wochen zuvor kursierte das Gerücht, man brauche eine Einladungskarte, um an dem Gottesdienst teilzunehmen. Obwohl die Vorstellung, ein Gottesdienst könne nicht mehr öffentlich zugänglich sein, in kirchlichen Kreisen unvorstellbar war und deswegen bei vielen kein Gehör fand, kam es dennoch zu zahlreichen Nachfragen im Oberkirchenrat und infolgedessen zu einer gewissen Unruhe. Schließlich sah sich die Redaktion der „Mecklenburgischen Kirchenzeitung" zur Mitteilung veranlasst, der Eintritt sei selbstverständlich frei.[232] Stand das MfS hinter dieser Aktion?

Die SED-Bezirksleitung Schwerin berichtete ausführlich über die Bischofseinführung an das ZK der SED. Etwa 1800 Gäste seien zu Stiers Einführung erschienen, darunter viele Vertreter des Kirchenbundes und der EKD. Aufmerksam verfolgte sie Stiers erste Predigt im neuen Amt und notierte:

> „In seinen Ausführungen zur Amtsübernahme nahm Stier eine Charakterisierung der Bedeutsamkeit des Bischofsamtes vor. Ein wesentlicher Aspekt werde das Eintreten für die Menschen sein, die in Bedrängnis geraten sind und die in

[232] Vgl. MKZ Nr. 20 vom 13. Mai 1984, S. 2. „Einführung des Landesbischofs".

der Gegenwart zunehmenden Belastungen ausgesetzt sind. Ohne sich gesellschaftsbezogen zu äußern, führte er dabei Analogien auf einen zunehmenden Leistungsdruck im beruflichen Leben, auf anstehende Probleme unter der Jugend und insbesondere bei der Ableistung des Wehrdienstes an. Hierbei differenzierte er zwischen denen, 'die ihren Wehrdienst mit schlechtem Gewissen in der Armee ableisten', denen, die in Baueinheiten ihren Dienst versehen und denen, 'die als Totalverweigerer ihrer christlichen Überzeugung Ausdruck geben'. Diesen drei Personengruppen wolle er in seiner künftigen Amtszeit eine besondere Beachtung zukommen lassen. Darüber hinaus will er sich auch den Kindern und Jugendlichen widmen, die Belastungen in der Schule ausgesetzt sind. Weiterhin enthielt seine Predigt eine Reihe pazifistischer Aussagen, in denen er sich, ausgehend von theologischen Begründungen, für die 'Feindesliebe' aussprach."[233]

Diese deutlichen Worte werden die staatlichen Zuhörer überrascht haben, hatten sie doch gehofft, mit Christoph Stier leichter als bisher mit Heinrich Rathke zu Rande zu kommen, obwohl auch Stier nicht ihr „Wunschkandidat" gewesen war.[234] Er hatte sich als Bundessynodaler seit 1982 einen Namen gemacht und war durch seine Arbeit in der Evangelischen Akademie, die er seit 1976 leitete, den staatlichen Stellen aufgefallen. In Rostock kannte man Christoph Stier durch seinen Einsatz für die Kinder und Jugendlichen, die in der Bewegung „Schwerter zu Pflugscharen" 1981/82 massiv bedrängt worden waren. Christoph Stier sagte im Interview dazu:

„Die Erfahrungen mit 'Schwerter zu Pflugscharen' und mit der Relegierung meines Sohnes waren ein entscheidender Einschnitt für mich, weil meine theologische Haltung hier konkret wurde.

---

[233] LHA Schwerin, SED BPA Schwerin, IV E – 2/14/ 1 388, Bl. 82. „Information über die Einführung des Landesbischofs Christoph Stier am 30. Juni 1984 im Schweriner Dom".

[234] Staatlicherseits hatte man erneut Joachim Wiebering als Nachfolger von Heinrich Rathke favorisiert. Wiebering, der 1970 seine Kandidatur zurückgezogen hatte, war unmittelbar danach in die Sächsische Landeskirche gegangen und hatte dort eine Dozentur am Leipziger Missionshaus übernommen.

Das war gleichsam das Erleben, dass dieser Staat anders redet als handelt. Das war wie eine Warnung, sensibel zu bleiben auch für das, was nicht erkennbar ist. Eine Rolle spielten hier sicherlich auch die Erfahrungen des Kirchenkampfes, die ich im Studium durch die damalige Theologengeneration mitbekommen habe, aber auch durch eine bestimmte Generation unter den Pastoren. Zu nennen sind unter anderen Studentenpastor Scharnweber, Pastor Strube, die Kessiner Bruderschaft, später auch die Oberkirchenräte Hermann Timm und Sibrand Siegert. Diese Spur war die mir gemäße. Ich war gewarnt und traute Worten plakativer Art von staatlicher Seite nicht. Ich habe mich nie so intensiv mit Bonhoeffers Theologie beschäftigt wie beispielsweise Martin Kuske, aber die Signale, die von Bonhoeffer ausgingen, habe ich sehr sensibel aufgenommen und als Warnung vor jedem Staat verstanden, weil es jedem Staat letztlich um Macht geht."[235]

In Bezug auf seine Tätigkeit als Bundessynodaler hielt der Kirchenreferent beim Rat des Bezirkes Rostock in einer „Einschätzung" vom 28. Januar 1982 fest, Stier nehme zu Grundfragen der Zeit eine positive Haltung ein, begrüße die Einführung des Wehrunterrichts nicht, akzeptiere sie aber. Gleichzeitig lehne er grundsätzlich die Teilnahme seines Sohnes am Wehrunterricht ab, was zeige, dass seine Haltung in der Vergangenheit zweckbestimmt gewesen sei. Christoph Stier gehöre daher in der Bundessynode nicht zu den „realistischen" Synodalen.[236] Diese Formulierung zeigt, dass sich Roland Macht in seiner Einschätzung Stiers unsicher war und nicht wusste, ob er ihn nur als „politisch schwankend", als „reaktionär" oder doch als „feindlich-negativ" einzuordnen hatte. Gerhard Besier kommt in seiner Darstellung des Bundes der Evangelischen Kirchen in der DDR zu dem Schluss, Stier sei zusammen mit den Synodalen Große, Schorlemmer und Wetzel sowie Garstecki eher staatskritisch aufgetreten.[237]

1984 wurde gegen Christoph Stier die OPK „Nachfolger" eröffnet – nicht nur wegen seines neuen Amtes, sondern auch, weil er der „politischen Untergrundtätigkeit" zugerechnet wurde und als „Nichtwähler" registriert war.[238] Das MfS bewertete in internen Einschätzungen die ers-

235 Interview mit Christoph Stier am 16. 1. 2001.

236 Vgl. Besier 1995a, S. 3.

237 Vgl. Besier 1995b, S. 817, Anm. 785.

238 Belegbar ist lediglich die Existenz dieser Akte, die Akte selbst jedoch ist bisher nicht

ten Monate seiner Amtszeit noch positiv. Darin hieß es, Stier versuche, „auf der Grundlage des 6. 3. 1978 zu handeln".[239] Seine „loyale" Position hätte zu einer Festigung der loyalen Positionen in der Landeskirche, insbesondere in der Synode und bei Laienchristen, geführt.[240] Allerdings sei Stier zu schwach, um sich gegen die Mitarbeiter seiner Umgebung durchzusetzen, die weiterhin „feindlich-negativ" eingestellt seien. Daher sei es „neben vorgenannter positiver Tendenz [...] seit 1984 zu einer Reihe von Versuchen kirchlicher Amtsträger gekommen [...], sich in staatliche Belange einzumischen, kircheninterne Handlungen öffentlichkeitswirksam zu gestalten, kirchliche Gremien, Einrichtungen und Veranstaltungen für die Darstellung sogenannter außerstaatlicher Friedensaktivitäten zu mißbrauchen, die letztendlich zu einer einseitigen Belastung des Staat-Kirche-Verhältnisses im Territorium der Landeskirche geführt haben."[241]

Auch die CDU versuchte, mit dem Amtswechsel von Rathke zu Stier ihren bis dahin sehr geringen Einfluss in Mecklenburg zu verstärken. Als der CDU-Bezirksvorstand Schwerin ein Gespräch mit Bischof Stier „ohne vorhergehende Absprache und Koordinierung" mit der SED geführt hatte, wies diese die Blockpartei in die Schranken, weil sie „die gesamte politische Konzeption zur Arbeit mit dem zukünftigen Bischof ernsthaft gestört und Anlaß gegeben habe, daß Stier weitere Zusammenkünfte abgelehnt hat".[242]

Anfang 1985 wertete der Rat des Bezirkes Schwerin das erste halbe Jahr der Amtszeit von Christoph Stier aus und schrieb:

> „Nachdem Landesbischof Stier seit seiner Amtseinführung im Juni 1984 gegenüber dem Rat des Bezirkes Schwerin in den ersten Gesprächen keine klare Konzeption hinsichtlich der Gestaltung seines Verhältnisses zu den staatlichen Organen zu erkennen gegeben hatte, zeigte er sich in einem erneuten Gespräch am 31.1.1985, das im Vorfeld des vom 01.-03. März 1985 in Schwerin geplanten Friedensseminars geführt wurde, erstmalig merk-

---

gefunden worden. Die Informationen stammen aus dem Interview mit Christoph Stier am 16. 1. 2001.

239 Vgl. BStU, MfS, BV Neubrandenburg Abt. XX/171, Bl. 76–96, Bl. 2 d. Dok.

240 Vgl. ebd.

241 Vgl. BStU, MfS, BV Neubrandenburg Abt. XX/171, Bl. 76–96, Bl. 2 d. Dok.

242 Vgl. LHA Schwerin, SED BPA Schwerin, IV E-2/15, 391, Bl. 32 ff.

lich profilierter. Er ließ sichtbar werden, daß er sich seiner Funktion und Verantwortung als Landesbischof und Vorsitzender der Kirchenleitung bewußt ist. [...] Obgleich der Landesbischof im Gespräch am 31.01.1985 im Zusammenhang mit dem Friedensseminar einige politisch negative Kräfte und deren Aktivitäten offensichtlich unterschätzte, betonte er, seine Verantwortung wahrnehmen zu wollen und es nicht zu Konfrontationen im Verhältnis Staat-Kirche kommen zu lassen. Die Entwicklung des politischen Kräfteverhältnisses in der Kirchenleitung und im Oberkirchenrat muß zunächst weiter analysiert werden."[243]

Das zentrale Dokument zur Person Christoph Stiers ist eine „Konzeption" der drei Bezirksverwaltungen für Staatssicherheit des MfS in Rostock, Schwerin und Neubrandenburg aus dem Jahre 1985.[244] Unmittelbar nach Stiers Einführung hatten die Abteilung XX der Bezirksverwaltung Neubrandenburg und die Hauptabteilung XX/4 auf einer gemeinsamen Arbeitstagung festgehalten, dass durch die drei Nordbezirke in der nächsten Zeit vorrangig eine Konzeption zu Landesbischof Stier erarbeitet werden solle.[245] Bereits der Titel verrät, wie das MfS Stier bedrängen wollte: „Konzeption zur Bearbeitung, Beeinflussung und positiver Profilierung sowie zur Schaffung realistischer und progressiver Kräfte um Landesbischof Stier/Schwerin".[246] Das MfS hatte nach jahrelangen Versuchen, Rathke zu beeinflussen, erkannt, dass es nicht möglich bzw. schwierig sein würde, Stier direkt zu beeinflussen. Es konzentrierte sich daher darauf, seine Umwelt zu instrumentalisieren. Die Konzeption führte eine Reihe von Inoffiziellen Mitarbeitern auf, die gegen Stier eingesetzt werden sollten. Dazu gehörte der MfS-Offizier im besonderen Einsatz (OibE) „Peter" aus dem Staatssekretariat für Kirchenfragen, Abteilungsleiter Peter Heinrich. Weiter wird der IMB „Sekretär" genannt

---

243 Vgl. LHA Schwerin, Rat des Bezirkes Schwerin, Z 10/90 – 8, n. p. Rat des Bezirkes Schwerin. Stellvertreter des Vorsitzenden für Inneres. „Informationsbericht für den Zeitraum Dezember 1984/Januar 1985 Reg.-Nr. 7900/2/812, Bl. 3 d. Dok.

244 Vgl. BStU, MfS, BV Rostock, BV Neubrandenburg, Abt. XX/ 171.

245 Vgl. OV „Zersetzer" zu Heiko Lietz. BV Neubrandenburg, Abteilung XX. „Arbeitsberatung HA XX/4 am 30. Oktober 1984" vom 1. November 1984, keine Bandzählung, n. p. Das Material stammt aus dem Privatarchiv von Heiko Lietz.

246 Vgl. BStU, MfS, BV Neubrandenburg, Abt. XX/ 171, Bl. 101.

und neben diesem die IM „Klinger", „Orion", „Lorenz" und „Hiller". Die drei Letztgenannten führte die Bezirksverwaltung des MfS in Rostock. Dass „Lorenz", der mecklenburgische Synodalpräses Siegfried Wahrmann, durch das MfS instruiert wurde, ist belegt.[247] Hinter „Hiller" verbarg sich Oberkonsistorialrat Siegfried Plath aus Greifswald.[248] Weitere IM, die gegen Stier eingesetzt werden sollten, waren „Kaltenhofer", „Magda", „Schulz", „Ingeborg", „Peter Schneider" und „Horst". Letzterer war vermutlich der Abteilungsleiter im Staatssekretariat, Hans Wilke.[249] Diese IM sollten nicht nur Stier, sondern auch die anderen Mitglieder im Oberkirchenrat observieren und nach feindlichen Plänen Ausschau halten. Außerdem hatten sie den Auftrag, so die Konzeption, IM aus dem Bereich der Konferenz der Kirchenleitung zu unterstützen,[250] eben jene „Orion" und „Sekretär". Unter diesen Decknamen waren der Greifswalder Bischof Horst Gienke und der Berliner Konsistorialpräsident Manfred Stolpe registriert (Letzterer bestreitet eine IM-Tätigkeit.).

„Progressive" und „realistische" Mitglieder des Oberkirchenrates, die Stier auf einen realistischen Kurs bringen sollten, waren laut Konzeption Siegfried Wahrmann, Peter Müller, Vizepräses Weinrebe und Vizepräses Gürtler.[251] Als „feindlich-negative" Mitglieder des Oberkirchenrates, die wie Christoph Stier in Operativen Personenkontrollen und Operativen Vorgängen erfasst werden sollten, führt die Konzeption die Oberkirchenräte Walter Schulz und Eckart Schwerin, Landesjugendpastor Lohmann sowie die Landessuperintendenten de Boor und Sagert auf.[252] Peter Müller, der in dieser Konzeption noch als „realistisch" eingeschätzt wurde, hatte jedoch Heinrich Rathke von Anfang an auf seinem Kurs begleitet und tat dies auch unter Christoph Stier. Entsprechend eröffnete das MfS ein Jahr später, 1986, die OPK „Präsident" gegen ihn.[253]

Die Konzeption zur Bearbeitung von Christoph Stier macht deut-

---

[247] Vgl. Kap. „Er möchte gerne zwischen Staat und Kirche vermitteln" – Siegfried Wahrmann.

[248] Vgl. dazu Saß 1998.

[249] Vgl. Vollnhals 1997c, S. 86. Auch Gysis Büroleiter Horst Dohle war unter dem Decknamen „Horst" beim MfS registriert, hatte jedoch zu Christoph Stier keinen Kontakt. Wilke hingegen nahm an den Treffen des Kirchenbundes mit Klaus Gysi wiederholt teil. Vgl. dazu ders., S. 96.

[250] Vgl. BStU, MfS, BV Neubrandenburg, Abt. XX/ 171, Bl. 102.

[251] Vgl. ebd., Bl. 104.

[252] Vgl. ebd., Bl. 104 f.

[253] Die Akte ist jedoch nicht verfügbar. Möglicherweise wurde sie 1989 vernichtet.

lich, dass die Staatssicherheit Mitte der achtziger Jahre Schwierigkeiten hatte, „geeignete" Einflusspositionen zu finden, die gegen Stier hätten eingesetzt werden können: „Orion" und „Sekretär" standen zwar in Entscheidungspositionen, waren aber nicht in der unmittelbaren Umgebung Stiers tätig. Die IM „Kaltenhofer" alias Reinhard Gransee und „Magda" alias Charlotte Süße arbeiteten im Oberkirchenrat, aber diese hatten keinen direkten Einfluss auf Entscheidungsprozesse. „Kaltenhofer" beispielsweise war in der Registratur des Oberkirchenrates angestellt und konnte auf diese Weise jedes gewünschte Dokument beschaffen, desgleichen „Magda", die die Chefsekretärin des Oberkirchenratspräsidenten Peter Müller war und zugleich den Geschäftsbriefwechsel der Landessynode erledigte. Das eigentliche Ziel jedoch, die Beeinflussung Stiers, erreichten sie nicht.

IM „Peter Schneider" war Rudolf Franze, Referent für Kirchenfragen beim Rat des Bezirkes Schwerin. Dass er Einfluss auf Landesbischof Stier ausübte, kann kaum angenommen werden. Das gilt auch für die Synodalin Agnete Wienecke, die als Lehrerin, Mitglied der CDU und der Landessynode innerkirchlich in dem Ruf stand, enge Kontakte zu staatlichen Stellen zu haben. Aber auch sie hatte nur während der jährlichen Synodaltagungen mit Stier Berührungspunkte. Dass die Bezirksverwaltung für Staatssicherheit in Schwerin auf diese Auswahl an IM zurückgriff, ist ein deutlicher Beleg dafür, dass sie im näheren und weiteren Umfeld keine anderen – „besseren" – hatte.

Auch IM „Torsten" band die Staatssicherheit in ihre Strategie gegen den neuen Landesbischof ein. „Torsten", Rechtsanwalt Wolfgang Schnur, war seit 1965 für das MfS tätig. 1985 erhielt er den Auftrag, seine „zielgerichtete Profilierung im kirchlichen Bereich" der Landeskirche Mecklenburgs voran zu treiben. Der zentrale Auftrag lautete, „eine [...] engere [...] Einbindung in kirchliche Strukturen durchzusetzen". Vor allem sollte er seine persönlichen Beziehungen zu den Bischöfen Forck und Stier verbessern, „um die kirchenleitenden Personen mit feindlichen bzw. negativen Aktivitäten in ihrer Landeskirche vertraut zu machen und gemeinsames Handeln abzustimmen". Zu diesem Zweck sollte er seinen christlichen Glauben deutlicher als bisher nach außen sichtbar machen und sich nicht mehr der Greifswalder bzw. der Berlin-Brandenburgischen Kirche, sondern stärker den lutherischen Kirchen annähern. Die Mitarbeit in der Generalsynode der Evangelischen Kirche der Union sollte er aufgeben, um eine weitere Entwicklung im Bereich der lutherischen Kirche zu ermöglichen.[254] Allein der Umstand, dass das MfS diesen Aufwand betrieb, macht anschaulich, dass es sich von einer direkten Beeinflussung des mecklenburgischen Landesbischofs nichts versprach.

Im März 1986 erhielt Schnur den Auftrag, sich ausgewählte kirchliche „Förderverbindungen" zu erschließen, zu denen neben dem thüringischen Bischof und dem von Berlin-Brandenburg auch Christoph Stier und Peter Müller gehörten. In dem „Plan zur Befragung des IM 'Torsten`" hieß es ausdrücklich, diesen Personen habe er „deutlich zu machen, daß die familiären Probleme geklärt sind".[255] Schnur erhielt den Auftrag, sich dabei so unauffällig zu verhalten, dass

> „- keine vordergründige Kontaktsuche zu ihnen spürbar wird, sondern sich normal bietende Gelegenheiten dafür genutzt werden,
> - trotz des Auftretens als Sachwalter bestimmter negativer Personenkreise die Nichtidentifizierung mit deren Positionen deutlich wird,
> - die schadensverhütende Arbeit für die Kirche deutlicher zum Tragen kommt.
> - Zielstellung dabei ist die Erlangung einer bedeutenden kirchlichen Position, das Erringen von Vertrauenspositionen zu den kirchlichen Spitzenkräften, um ihre tatsächlichen Pläne und Absichten herauszuarbeiten."[256]

In den kommenden Jahren veränderte Stier die landeskirchliche Position in zwei Punkten: Erstens kündigte er 1985 an, nicht mehr selbst alle Gespräche mit den Bezirken führen zu wollen, sondern diese Aufgabe an die jeweiligen Oberkirchenräte zu delegieren. Dies hatte zwar auch schon Heinrich Rathke so praktiziert, aber nicht expressis verbis nach außen getragen. Gegenüber dem Rat des Bezirkes Schwerin begründete Stier diese Haltung im April 1985 damit, dass er sein Amt vorwiegend als geistliches Amt verstehe „und [...] es aus diesem Grunde für zweckmäßig erachte, künftig andere Mitglieder des Oberkirchenrates

---

[254] Vgl. BStU, MfS, BV Rostock AIM 3275/90, Bd. I/1, Bl. 160. „Ich habe kirchliche Aktivitäten verraten und auch über die Menschen berichtet" – Wolfgang Schnur.

[255] Vgl. ebd., Bl. 181.

[256] Vgl. ebd.

eigenverantwortlich in die Gesprächsführung zu Sachfragen mit den staatlichen Organen einzubeziehen. Er wolle und könne nicht mehr so oft die Einladungen zu Gesprächen wahrnehmen. Im Übrigen sei der Oberkirchenrat ein kollegiales Organ, in dem jedes Mitglied in eigener Zuständigkeit bestimmte Sachressorts zu vertreten habe, und im Kollegium werde ohnehin jedes Gespräch bei staatlichen Organen ausgewertet. Diese Linie wolle der Landesbischof auch gegenüber den Räten der Bezirke Rostock und Neubrandenburg vertreten".[257] Stier durchkreuzte mit der Ausweitung des Gesprächskreises und dem eigenen Rückzug ein zentrales Moment der SED-Kirchenpolitik, nämlich die Personalisierung und die damit verbundene Privatisierung der Gesprächskontakte zwischen Staat und Kirche.

Zweitens reduzierte Christoph Stier Ende der achtziger Jahre die inzwischen inflationär angewachsene Zahl von Gesprächen auf kirchenleitender Ebene, indem er zunehmend staatliche Gesprächsanfragen abschlägig beschied. Stier war der einzige Bischof der DDR, der im Jahr 1989 bewusst die Gespräche mit den staatlichen Stellen abbrach und so die Stärke seiner Landeskirche eindrucksvoll demonstrierte. Dieser Bruch hatte sich bereits angedeutet, wie aus einer „Vorlage für das Sekretariat der Bezirksleitung der SED" hervorgeht, die aus dem Jahr 1988 stammt:

> „In den regelmäßig geführten Gesprächen beim Rat des Bezirkes Schwerin zeigte Landesbischof Stier überwiegend eine ablehnende Haltung zu den von staatlicher Seite angesprochenen Grundfragen unserer Republik. Unter dem Vorwand, 'seelsorgerische Aufgaben' wahrzunehmen, versuchte er mehrfach, sich in Angelegenheiten zwischen Bürgern und dem sozialistischen Staat einzumischen (Reiseverkehr in die BRD, Übersiedlungsanträge, Wehrdienstfragen u.a.) In kirchlichen Veranstaltungen traf er wiederholt Aussagen gegen die Profilierung der Kirche als Kirche im Sozialismus. Damit ermunterte er politisch negative Kräfte in ihrer Oppositionshaltung gegenüber Staat und Gesellschaft. Er findet zum Teil Unterstützung bei den

[257] Vgl. LHA Schwerin, RdB Schwerin, Z 10/90, 26, n. p. Rat des Bezirkes Schwerin. Stellvertreter des Vorsitzenden für Inneres. „Information" über ein Gespräch zwischen Stier, Müller, Schwerin, Schwoerke und Franze am 19. 4. 1985.

Mitgliedern des Oberkirchenrates Siegert, Schulz und Dr. Schwerin sowie einigen Landessuperintendenten. Oberkirchenratspräsident Müller, weitere Mitglieder der Kirchenleitung, unter ihnen Präses Wahrmann und Dr. Bartsch sowie Landessuperintendent Blanck, beziehen dagegen überwiegend realistische Positionen. Es ist bisher nicht gelungen, kirchenleitende Amtsträger zu Aussagen in der Öffentlichkeit zu bewegen, die unsere auf das Wohl des Volkes und die Sicherung des Friedens gerichtete Politik unterstützen. Dieser Haltung schlossen sich bisher auch viele Amtsträger der mittleren und unteren Ebene an."[258]

Das Repertoire der drei Nordbezirke gegenüber dem mecklenburgischen Landesbischof erwies sich gerade in den achtziger Jahren als zunehmend eingeschränkt: Die Gesprächsebene bei den Räten der Bezirke wurde bis Ende 1988 von beiden Seiten genutzt, führte aber wegen der klaren Linie des Bischofs und seiner Mitarbeiter nicht zu längerfristigen Erfolgen. Nur in Vorbereitung des Kirchentages 1988 war man sich „entgegen gekommen". So erklärt es sich auch, dass die Abteilung Staat, Recht und Eingaben der Bezirksleitung der SED zur kirchenpolitischen Arbeit 1987 einschätzte, dass Bischof Stier „neben dem Berliner Bischof Forck [...] der am weitesten rechts Stehende in den DDR-Kirchen" sei. Sie folgerte daraus: „Deshalb kommt es darauf an, alle Möglichkeiten zu nutzen, die Differenzierung und Polarisierung im Oberkirchenrat, in der Kirchenleitung [und] in der Synode zu befördern."[259]

Auch administrative Maßnahmen waren längst nicht mehr so wirkungsvoll wie noch Anfang der achtziger Jahre. Gegen Mitarbeiter und Pastoren verhängte Sanktionen wie Ordnungsstrafverfahren wurden in der Regel durch den Oberkirchenrat nach außen hin gedeckt. Die staatlicherseits intendierte Wirkung der Einschüchterung war damit nicht nur aufgehoben, sondern verkehrte sich in ihr Gegenteil: Solche Fälle wurden in der Landeskirche schnell publik und bewirkten einen eindrucksvollen Solidarisierungseffekt, aus dem bei den Betroffenen innere Geschlossenheit und neues Selbstbewusstsein erwuchsen. Daher wurde seitens der SED-Bezirksleitung Schwerin 1988 die Anweisung erteilt, dass „[s]taatliche Administration [...] nur anzuwenden [ist],

[258] LHA Schwerin, SED BPA Schwerin, IV F – 2/14/777, Bl. 15 ff.

[259] Vgl. ebd., Bl. 26.

wenn alle Versuche mit den kirchlichen Verantwortlichen im politischen Gespräch Lösungen zur Abwehr bestimmter Aktivitäten zu erreichen, fehlgeschlagen sind."[260]

Im September 1989 spitzte sich die innenpolitische Lage in der DDR so zu, dass die Räte der Bezirke Rostock und Schwerin die Landeskirche zur Beruhigung der Lage dringend benötigten. In dieser Situation erstellte der Bezirk Rostock eilig eine „Ergänzung" zu der damals gültigen „Konzeption", die sich ausschließlich auf Bischof Stier bezog und in der es hieß: „Es sind alle Möglichkeiten zu nutzen, um Landesbischof Stier zu veranlassen, sein Verhältnis zur Grundlinie des Gespräches vom 6. März 1978 im positiven Sinne zu revidieren sowie die durch ihn einseitig unterbrochenen regelmäßigen Gesprächskontakte mit dem Stellvertreter des Vorsitzenden für Inneres des Rates des Bezirkes Schwerin wiederherzustellen und stabil zu machen." Zu diesem Zweck sollten verstärkte Kontakte zu Oberkirchenratspräsident Peter Müller und den Oberkirchenräten Schwerin und Flade hergestellt werden, um Stier von der Richtigkeit dieses Weges zu überzeugen. Wie widersinnig die DDR-Kirchenpolitik war, zeigt die gleichzeitig ergangene Direktive des Rostocker Bezirkes. Demnach war eine „ständige Differenzierung zwischen dem Landesbischof, dem Oberkirchenratspräsidenten und den anderen Mitgliedern des Oberkirchenrats [...] [anzustreben], um einem weiteren, möglicherweise geschlossenen einheitlichen Abgleiten des gesamten Oberkirchenrates vom Weg des 6. März 1978 entgegenzutreten".[261]

Die Wende kam diesen Plänen zuvor und bestärkte den mecklenburgischen Bischof in seiner Haltung. In einem „Informationsbericht" über die Monate Juli und August 1989 schrieb Schwoerke deshalb: „Landesbischof Stier will mit seiner ablehnenden Haltung zum Gespräch offensichtlich deutlich machen, daß er den Vertretern der staatlichen Organe und damit dem sozialistischen Staat wenig Respekt entgegenbringt und daß er meint, auch ohne diese kontinuierlichen Gesprächskontakte seine kirchliche Funktion ausüben zu können."[262]

---

[260] Vgl. ebd., Bl. 85 ff.

[261] Vgl. LHA Schwerin, BPA SED Schwerin, IV F – 2/14/777, Bl. 291–306, hier Bl. 297.

[262] Ebd., Bl. 273.

## Zusammenfassung

Obwohl die „Politik der Partei in Kirchenfragen“ in den siebziger und achtziger Jahren häufigen Richtungswechseln unterworfen war, blieb ihr vorrangiges Ziel bis 1989 die Verdrängung der Kirche aus dem öffentlichen Leben. Dass dies gegenüber der mecklenburgischen Landeskirche nicht gelungen ist, liegt zu einem nicht unerheblichen Teil an den Persönlichkeiten beider Landesbischöfe, denen es gelang, sich nachhaltig staatlicher Einflussnahme zu entziehen. Dabei hatte Heinrich Rathke mit seinem persönlichen Einsatz wie mit der theologisch begründeten „Kirche für andere“ eine kritische Haltung gegenüber der „Kirche im Sozialismus“ eingenommen, die sein Nachfolger fortsetzte. Im Interview am 16. Januar 2001 sagte Christoph Stier rückblickend auf seinen Amtsantritt im Juni 1984:

> „Rathke war mir immer Vorbild. Vieles war für mich selbstverständlich, beispielsweise Verhaltensweisen gegenüber staatlichen Stellen. Da brauchte es keine schriftliche Instruktion. Heinrich Rathke hatte mich in vielen Phasen meines Lebens begleitet, wir kannten uns sehr lange. Das begann mit meinem Wechsel von der Universität in das Pfarramt, auch über den Wechsel in die Aufgaben eines Pastors für Akademiearbeit und Weiterbildung und über die Frage der Kandidatur zum Bischofsamt habe ich mit Heinrich Rathke gesprochen. Für mich stand die Frage, wie ich in dieser Nachfolge das verwirklichen kann, was ich kann, ohne mich zu messen an meinem Vorgänger. Ich sah seine Gaben und Möglichkeiten, aber es wäre eine Illusion gewesen, dies weiterführen zu wollen. Ich habe versucht zu verwirklichen, was mir möglich war, aber immer in einer konkreten Situation, ohne programmatische Vorausschau. Heinrich Rathke hat es mir damals auch sehr leicht gemacht. Ich konnte ihn jederzeit um Rat fragen, und gleichzeitig hat er mir meinen Freiraum gelassen.“[263]

Zu den Leitlinien, die Stier von Rathke übernommen hat, gehörte auch die Haltung zu Gesprächen mit staatlichen Stellen:

> „Der erste Grundsatz war: Unterscheide die Ebenen. Der zweite Grundsatz war: Gehe niemals allein zu Gesprächen. Ganz wichtig

[263] Interview mit Christoph Stier am 16. 1. 2001.

war mir, dass wir uns gegenseitig informieren und unser Verhalten koordinieren. Wir wollten nicht Opposition sein, sondern Position beziehen. Wir wollten keine Abhängigkeiten eingehen, um uns Privilegien zu sichern, sondern wir wollten Unabhängigkeit und damit die Trennung von Staat und Kirche. Wir wollten keine Konfrontation, sondern das Gespräch, aber immer innerhalb überschaubarer Verabredungen. Es gab auch sensible Bereiche. Dazu gehörten bestimmte Personen wie Markus Meckel und Heiko Lietz und bestimmte Bereiche wie Friedensseminare und -dekaden oder auch Gruppen wie die sozialdiakonische Jugendarbeit. Das waren Bereiche, von denen wir wussten, dass der Staat die Kirche hier sehr genau beobachtete und wir entsprechend gut vorbereitet in die Gespräche gehen mussten."[264]

Ein wichtiger Punkt in der Abwehr einer möglichen Einflussnahme auf den Bischof war die Begrenzung von dessen Amtszeit auf zwölf Jahre, die erst unter Heinrich Rathke 1972 eingeführt wurde. Auch Christoph Stier hat sein Amt nach zwölf Jahren zur Verfügung gestellt und sich damit, wenn auch unter veränderten gesellschaftlichen Bedingungen, diese Regel zu Eigen gemacht.

Schützend wirkte sich ebenfalls aus, dass es weder Rathke noch Stier in repräsentative Aufgaben zog. Leitungsämter oder Funktionen, die ihnen möglicherweise im westlichen Ausland Aufmerksamkeit garantiert hätten, bekleideten sie nicht. Das Amt des Leitenden Bischofs der Lutherischen Kirchen in der DDR (VELKiDDR), das sowohl Rathke (1977 bis 1981) als auch Stier (1986 bis 1988) zeitweise bekleidet hatten, rotierte unter den drei lutherischen Landeskirchen. Für das Verhältnis zwischen Staat und Kirche war die VELK jedoch von untergeordneter Bedeutung. Seit 1972 knüpfte Heinrich Rathke im Auftrag des Kirchenbundes Kontakte zur Russisch-Orthodoxen Kirche. Dieses Aufgabengebiet, dem er sich überaus engagiert bis weit nach der Wende widmete, war für die DDR längst nicht so brisant wie Kontakte zur EKD und führte daher nicht zu einer gesteigerten Aufmerksamkeit seitens der Staatssicherheit

Dennoch verzeichnete die SED-Kirchenpolitik auch Erfolge. Die immer wieder angewendete Differenzierungspolitik zwischen den Bischöfen Gienke und Rathke erzielte zwar nicht die Ergebnisse, die sich die drei Nordbezirke erhofft hatten. Rathke wusste darum, dass ihn die staatli-

---

[264] Ebd.

che Seite an dem Engagement Gienkes maß und ihn zur Nachahmung aufforderte.[265] Dennoch ergingen sich sowohl Horst Gienke als auch Heinrich Rathke nie in öffentlichen Streitgesprächen.

Aufbruchstimmung herrschte Anfang der siebziger Jahre nicht nur in der mecklenburgischen Landeskirche, sondern in der gesamten DDR – in beiden Fällen verbunden mit einem personellen Neuanfang. Es war Rathkes Verdienst, die Aufbruchstimmung in der Landeskirche durch eine Umgestaltung der Kirchenleitung, durch neue Kirchengesetze, eine kluge Personalpolitik und den Willen zur Unabhängigkeit am Leben erhalten zu haben. Und es war ein Glücksfall für die mecklenburgische Landeskirche, dass sie mit Christoph Stier 1984 einen Mann zum Nachfolger Rathkes wählte, der dessen um Unabhängigkeit bemühte Linie fortsetzte.

---

265 Vgl. LHA Schwerin, SED BPA Schwerin, IV C – 2/14/ 549, Bl. 101 RS. „Information über ein Gespräch mit dem Landesbischof Dr. Rathke beim Vorsitzenden des Rates des Bezirkes Schwerin am 21. Juli 1975“.

## Der Oberkirchenrat

Der mecklenburgische Oberkirchenrat war immer eine besondere landeskirchliche Institution. 1849 durch einen Gesetzesakt von Großherzog Friedrich Franz II. von Mecklenburg entstanden, war er älter als das Bischofsamt, die Landessynode und auch als die Kirchenleitung. Verschiedenen Versuchen zum Trotz, ihn in der Zeit der Restauration wieder abzuschaffen, ist er erhalten geblieben. Sein Sitz sind die kirchlichen Gebäude in der Schweriner Münzstraße 8–10. Als kirchliche Verwaltungsbehörde regelte er die Zusammenarbeit der verschiedenen kirchlichen Ämter, die Personaleinstellungen, die Instandhaltung und den Neubau kirchlicher Gebäude, die Verwaltung der Kirchensteuern usw.

Von jeher war der Oberkirchenrat als kirchliches Verwaltungsorgan die Adresse in der Landeskirche, die sich der geringsten Beliebtheit erfreute. So war 1975 in der „Mecklenburgischen Kirchenzeitung" in einem Artikel über den Oberkirchenrat folgende Anekdote zu lesen: Ein junger Pastor sprach bei seinem Superintendenten vor. Noch in der Tür fragte dieser ihn: „Wollen Sie gleich auf den Oberkirchenrat schimpfen oder erst eine Zigarre rauchen?"[266]

Die Abneigung gegenüber dem Oberkirchenrat hatte durchaus einen ernsten Hintergrund, der über die auch aus anderen Bereichen bekannten Vorbehalte gegenüber einer Verwaltungsbehörde hinausging: Gegenüber allen periodisch tagenden Gremien wie der Landessynode und der Kirchenleitung hatten die leitenden Angestellten des Oberkirchenrates immer einen Informationsvorsprung. Dazu gehörten der Präsident des Oberkirchenrates, die Oberkirchenräte und der Landesbischof. Im Gespräch sagte der langjährige Vizepräses Eckhart Weiß auf die Frage, ob es Spannungen zwischen der Landessynode und dem Oberkirchenrat gegeben habe, mit einem Augenzwinkern:

> „Ja, die gab es, die waren ständig da. Und es war Ehrensache für einen Synodalen, dass er gegenüber dem Oberkirchenrat misstrauisch zu sein hat. Wenn man mal etwas sagte, und man musste mal objektiverweise sagen: 'Der Oberkirchenrat hat eigentlich Recht', dann musste man eine lange Vor- und Nachrede halten. Ein Grund für die Spannungen war die Tatsache, dass der Oberkirchenrat immer viel besser informiert war. Als Synodaler, es handelte sich

---

[266] Vgl. MKZ Nr. 40 vom 5. Oktober 1975, S. 1. „Oberkirchenrat Walter Schulz. Im kirchlichen Alltag".

überwiegend um Laiensynodale, musste man gewissermaßen 'das Gras wachsen hören'. Das war der eine Grund, und der andere war: Der Oberkirchenrat hatte den einzigen Juristen, und wenn es um juristische Probleme ging, dann hatte der Oberkirchenrat einen Vorteil."[267]

Die Kirchenleitung kam nur alle vier Wochen zusammen, die Landessynode sogar nur zweimal im Jahr. Die Landessuperintendenten trafen sich zwar alle vier Wochen, hatten aber keine juristische Entscheidungsgewalt. Auf Grund seiner ständigen Präsenz und des umfassenden Einblickes in die alltäglichen Belange der Gemeinden und Kirchenkreise war daher der Oberkirchenrat aus staatlicher Sicht sehr wichtig: Er war das Exekutivorgan der Landeskirche. Daher wurde dieses kirchliche Organ besonders intensiv beobachtet. Dass das MfS zwischen 1974 und 1989 zunehmend seinen Einblick und Einfluss im Oberkirchenrat verlor, unterschied diese Landeskirche wesentlich von allen anderen sieben evangelischen Landeskirchen im Kirchenbund. Die Frage, ob die Bezirksverwaltung für Staatssicherheit in Schwerin „schwächer" gewesen sei als ihre Kollegen in Rostock, die das Greifswalder Konsistorium[268] sehr stark unterwandert hatten, verneinte Wulf, ehemals Leiter der Schweriner Kirchenlinie des MfS:

> „Die laufende Arbeit in Schwerin ist nicht schwächer gewesen als in Rostock. Man musste darauf verzichten, entsprechende IM zu kontaktieren. Wozu brauche ich einen Oberkirchenrat [...], wenn ich das, was ich von ihm kriegen kann, schon von anderer Seite habe, zum Teil schon, bevor er das hat? [...] Wir haben eher langfristig gearbeitet im Unterschied zu Greifswald. Es war auch egal, ob einer unterschrieben hat oder nicht. Es war wichtig, dass die Informationen kamen, dass unsere Interessen umgesetzt wurden."[269]

Dies war die Situation in den achtziger Jahren: Die Staatssicherheit hatte keine Zuträger unter den Oberkirchenräten, dafür aber auf „anderer

---

267 Interview mit Eckhart Weiß am 16. 7. 2000.

268 Die Greifswalder Landeskirche gehörte zur Evangelischen Kirche der Union (EKU). In den Unionskirchen trägt die kirchliche Verwaltungsbehörde den Namen „Konsistorium".

269 Vgl. Interview mit Claus-Dieter Wulf am 3. 11. 2000.

Seite". Wulf spielte auf drei Inoffizielle Mitarbeiter im Oberkirchenrat an: auf Charlotte Süße, Ulrich Warnow und Reinhard Gransee, die als Chefsekretärin, Mitarbeiter von Oberkirchenrat Hermann Timm bzw. als Mitarbeiter in der Registratur tätig waren. Bei der Weiterleitung wichtiger Dokumente von einem Schreibtisch zum anderen hatten sie die Möglichkeit, am Kopierer alles Wichtige für Wulf abzulichten. In dieser Hinsicht hatte es die Rostocker MfS-Dienststelle mit der Greifswalder Kirchenverwaltung leichter: Ende der achtziger Jahre waren dort vier von fünf leitenden Amtsträgern IM des MfS. Wulf verfolgte das gleiche Ziel, ließ aber das Wesentliche in Bezug auf Mecklenburg unerwähnt: Über diese drei IM gelang dem MfS zwar ein tiefer Einblick in den Oberkirchenrat, seine Offiziere führten seit Ende der siebziger Jahre jedoch keinen „Einflussagenten" und verfehlten damit das Ziel der geheimdienstlichen Einflussnahme auf diese Landeskirche. Zuvor hatte es einige IM gegeben, die auf Grund ihrer Funktion zum Teil erhebliche Einflussmöglichkeiten hatten, sie aber in sehr unterschiedlichem Maß nutzten. Mit dem Wechsel von Niklot Beste zu Heinrich Rathke jedoch ging ein Personal- und Generationswechsel einher; gleichsam als Nebeneffekt reduzierte sich die Zahl der Inoffiziellen Mitarbeiter. IM „Schmitt" alias Konrad Müller wurde 1970 emeritiert, berichtete aber weiter. Sein Nachfolger Siegfried Rossmann, IM „Jurist", war aus Sicht des MfS ein schwieriger IM, weil er sich den MfS-Kontakten zunehmend verweigerte. Kirchenrat Werner Schnoor war seit November 1964 als IM des MfS registriert und berichtete ebenfalls über seine Emeritierung im Jahr 1978 hinaus, hatte aber keine leitende Funktion. Reinhard Gransee, Charlotte Süße und Ulrich Warnow nahmen ab Mitte der siebziger Jahre im Oberkirchenrat eine Tätigkeit auf.[270]

Als Landesbischof Heinrich Rathke am 1. März 1971 sein Amt antrat, war Siegfried Rossmann, Jahrgang 1917, gerade Oberkirchenratspräsident geworden. Rossmann gab diese Funktion 1976 an Johann-Georg Schill ab, der schon seit 1955 juristischer Referent im Oberkirchenrat gewesen war. Schill schied 1977 aus dem Amt des Oberkirchenratspräsidenten aus und machte Peter Müller Platz, der bis 1993 in dieser Funktion blieb und zusammen mit Rathke bzw. Stier die landeskirchliche Leitungsspitze bildete. 1971 verließ Wilhelm Gasse[271] den Oberkirchenrat und machte Sibrand Siegert, Jahrgang

[270] Vgl. BStU, MfS, BV Schwerin, AIM 036/89, Bd. I/1, Bl. 13.

[271] Wilhelm Gasse wurde 1907 in Hagenow geboren und hat in Bethel, Tübingen und Kiel Theologie studiert. 1937 ordiniert, war er Pastor in Alt-Jabel, Boizenburg und

1925, Platz. Siegert übernahm dessen Geschäftsbereich und blieb bis 1988 in Schwerin. Dessen Stelle besetzte als jüngster Oberkirchenrat im Frühjahr 1989 Andreas Flade, Jahrgang 1950.

Zu den Ältesten im Oberkirchenrat gehörte Hermann Timm, Jahrgang 1907. Sein Nachfolger Walter Schulz,[272] Jahrgang 1925, stammte aus Mecklenburg und war dort 1956 bis 1965 Landesjugendpastor gewesen. 1983 stieß als außerordentlicher Oberkirchenrat Eckart Schwerin, Jahrgang 1937, aus der Berlin-Brandenburgischen Landeskirche hinzu und entlastete Schulz.

## Die „Aufklärung" des Oberkirchenrates – Wer ist wer?

„Politisch-operative Aufklärung" meinte in der Sprache des MfS „die Gewinnung sicherer Kenntnisse über politisch-operativ bedeutsame Personen und Sachverhalte."[273] Die Aufklärungsarbeit basierte wesentlich auf Inoffiziellen Mitarbeitern, Postkontrolle und operativer Technik. Das wusste man auch im Oberkirchenrat. Vor allem der Apparat des Landesbischofs wurde abgehört, und zwar nicht immer geräuschlos. Als Christoph Stier einmal mit Landessuperintendent Blanck in Parchim telefonierte, hatte er den Eindruck, jemand höre zu und unterdrücke seinen Husten. Daraufhin sagte Stier zu Blanck: „Moment mal, ich glaube, unser Mithörer leidet an Erkältung", und wünschte ihm gute Besserung. „Danke", hieß es daraufhin im Hörer.[274]

Aber es gab auch ernste Vorfälle, etwa als der ehemalige Güstrower Pastor Heiko Lietz, der damals schon aus dem kirchlichen Dienst ausgeschieden war, nach einer Schießerei vor der Güstrower Kreisdienststelle des MfS im Dezember 1984, die er aufzuklären versuchte, mehrfach durch die Staatssicherheit zugeführt worden war. Als Stier deswegen ein Gespräch mit Friedrich-Karl Sagert, dem dortigen

---

Grevesmühlen gewesen. Er nahm am Zweiten Weltkrieg teil und war vier Jahre in russischer Kriegsgefangenschaft. 1952 wurde er Landessuperintendent in Malchin. Am 1. September 1963 erfolgte die Berufung zum Oberkirchenrat und Landessuperintendenten des Kirchenkreises Schwerin.

[272] Walter Schulz war zwischen September 1975 und 1990 theologischer Oberkirchenrat und Dezernent für die landeskirchliche Jugendarbeit. Schulz ist mit Erreichen des 65. Lebensjahres am 17. Februar 1990 aus dem kirchlichen Dienst ausgeschieden.

[273] Vgl. Stichwort „politisch-operative Arbeit", in: Suckut 1996, S. 60.

[274] Vgl. Interview mit Christoph Stier am 16. 11. 2001.

Landessuperintendenten führte, das plötzlich unterbrochen war und dann genauso plötzlich weiterging, waren beide überrascht. „Sagert hatte den Hörer nicht aufgelegt," so erinnerte sich Christoph Stier.[275] Offensichtlich hatte die Staatssicherheit versucht, das unerwünschte Gespräch zu beenden.

Dass das MfS den bischöflichen Telefonanschluss abhörte, war sowohl Rathke als auch Stier bekannt und wurde von beiden auch genutzt. Wenn ein Pastor, Mitarbeiter oder Laie durch das MfS bedrängt wurde, baten Rathke bzw. Stier ihn, über diesen Apparat anzurufen und ihnen das Geschehene zu schildern. Der Staatssicherheit war damit bekannt, dass sich ihr vermeintlicher „IM-Kandidat" offenbart hatte. Meistens kam es zu keinem weiteren Gespräch.[276]

Am Ende der „Aufklärungsarbeit" des Oberkirchenrates standen in der Regel mehr oder weniger aufwändige Personendossiers. Ein Beispiel dafür ist eine Analyse der SED-Bezirksleitung Schwerin aus dem Jahr 1978,[277] die eine „politische Einschätzung" der Mitglieder des Oberkirchenrates vornahm. Dazu zählten neben Landesbischof Rathke Sibrand Siegert, Walter Schulz und Peter Müller. Die folgende Einschätzung Heinrich Rathkes findet sich in Variationen in zahlreichen anderen Analysen bis 1984 wieder:

> „Landesbischof Dr. Rathke ist politisch großen Schwankungen unterlegen, tendiert aber immer wieder zu negativen Kräften innerhalb und außerhalb der Landeskirche. Er gibt sich zum Teil loyal, um sich in der Regel in Gesprächen über einige positive politische Aussagen bei den staatlichen Gesprächspartnern Gehör zu verschaffen, damit er dann angebliche Beschwernisse vortragen kann, die er teils offen, teils aber auch in religiöser Verbrämung vorbringt. [...] Er ist von staatlicher Seite persönlich schwer politisch zu beeinflussen, da er allen vertraulichen Gesprächen aus dem Wege zu gehen versucht

---

275 Vgl. ebd.

276 Vgl. ebd.

277 Vgl. LHA Schwerin, SED BPA Schwerin, IV D-2/14/526, Bl. 2–17. „Analyse der Entwicklung des kirchenpolitischen Verhältnisses zwischen den staatlichen Organen des Bezirkes Schwerin und der Evangelisch-Lutherischen Landeskirche Mecklenburgs sowie der sich zeigenden Entwicklungstendenzen im Bereich der Mecklenburgischen Landeskirche".

und in Gesprächen im kleineren Kreise kaum einmal eine eigene klare politische Position vertritt."[278]

Die nachfolgenden Einschätzungen fielen deutlich kürzer aus: Siegert sei der Stellvertreter des Bischofs und verhalte sich politisch „schwankend" mit der „Tendenz, sich negativen Kräften anzuschließen, diese zu verteidigen und sich deren politische Auffassungen zu eigen zu machen. Loyales Verhalten zeigt Siegert in der Regel nur dann, wenn er sich dadurch in der Realisierung bestimmter Vorhaben Vorteile für die Kirche verspricht."[279]

Walter Schulz lege seit zwei Jahrzehnten „politisch negatives Verhalten an den Tag". Er habe sich in den letzten Jahren positiver zur Entwicklung in der DDR geäußert, sei aber bisher nicht bereit, „echte Beweise seines Vertrauens zum sozialistischen Staat"[280] zu liefern. Zusammen mit Landesbischof Rathke würden Siegert und Schulz

„aufs Ganze gesehen auf der Grundlage einer gemeinsamen Führungskonzeption weitgehend gleichgelagerte Interessen [verfolgen]. Sie unterscheiden sich bei vielen Gemeinsamkeiten jedoch immer wieder in ihrem Auftreten. Während Rathke und Oberkirchenrat Siegert zum Teil sehr offen negative politische Haltungen äußern, ist Oberkirchenrat Schulz weit vorsichtiger in seinem Auftreten und bringt seine negative Haltung oft versteckt zum Ausdruck. Von den drei genannten Mitgliedern des Oberkirchenrates kann insgesamt mit Oberkirchenrat Siegert das Gespräch am vertraulichsten, intensivsten und wirksamsten geführt werden."[281]

Zu Peter Müller könne man noch nichts Genaues sagen. Müller sei erst seit 1976 in der Landeskirche und habe kaum Einfluss auf andere.[282] Trotzdem wurde er als das „politisch positivste Mitglied" des Oberkirchenrates bezeichnet. Die anderen seien „politisch labil und tendieren – wenn auch

278 Vgl. ebd., Bl. 10.

279 LHA Schwerin, SED BPA Schwerin, IV D-2/14/526, Bl. 10.

280 Vgl. ebd., Bl. 10.

281 Vgl. ebd., Bl. 11.

282 Vgl. ebd.

unterschiedlich stark – zu einer politisch negativen Haltung“[283] Ähnlich lautende „Analysen“ und „Einschätzungen“ füllten über die Jahre die Regale der Staatssicherheit. Bezeichnenderweise gingen sie alle nicht davon aus, die Oberkirchenräte beeinflussen zu können; dies schien dem MfS offensichtlich aussichtslos. Vielmehr baute das MfS langfristig auf eine Ersetzung der alten durch neue Gesichter. Die zentrale Konzeption für die achtziger Jahre, gemeinsam von allen drei Bezirksverwaltungen in Rostock, Schwerin und Neubrandenburg erstellt, kam deshalb auch zu dem Schluss:

> „Durch zielgerichtete Maßnahmen sind für die bis 1990 ausscheidenden Kirchenleitungsmitglieder, Mitglieder und Referenten des Oberkirchenrates [...] geeignete Nachfolgekandidaten auszuwählen und zu profilieren, welche einen realistischen politischen Kurs der Evangelisch-Lutherischen Landeskirche Mecklenburgs anstreben und gewährleisten. Für diesen Personenkreis sind geeignete IM ins Blickfeld zu bringen bzw. progressive und loyale kirchenleitende Amtsträger für eine Kandidatur zu unterbreiten."[284]

Der Wert dieser Analysen für die so genannte „operative Arbeit“ des Staates gegen die Kirchenverwaltung war insgesamt gering. Zum einen lag das daran, dass detaillierte Informationen, wie sie das MfS erarbeitete, in diese Konzeptionen keinen Eingang fanden, weil sie geheim waren und bleiben sollten. Sie enthielten lediglich allgemeine Soll-Ziele und noch allgemeinere Vorschläge zu deren Umsetzung. In den konkreten Maßnahmeplänen der Staatssicherheit gibt es daher kaum Bezüge zu diesen allgemeinen Konzeptionen. Sie waren der Tribut an die Planungswut der SED und verschwanden bald nach ihrer Fertigstellung in den Schubladen in Rostock, Schwerin und Neubrandenburg. Federführend war hier das MfS, weil es als einzige Institution über die notwendigen Detailinformationen zur psychologischen Struktur der jeweiligen „Zielpersonen“, zu ihren Stärken und Schwächen, ihren familiären Verhältnissen und ihrer beruflichen Perspektive verfügte. Wulf machte in seiner Diplomarbeit zur Landeskirche Mecklenburg als ersten „Verbesserungsvorschlag“ auch die „wesentliche [...] Qualifizierung

---

[283] Vgl. ebd., Bl. 13.

[284] BStU, MfS, BV Neubrandenburg, Abt. XX/171, Bl. 76-96, Bl. 4 (alte MfS-Zählung).

der politisch-operativen Lageeinschätzung als Ausgangspunkt für die Planung und Organisierung der politisch-operativen Abwehrarbeit"[285] und konkretisierte seinen Vorschlag wie folgt:

> „Hierbei ist [es] notwendig,
> Polarisierungsvorgänge in den Organisationsformen und Strukturen der Evangelisch-Lutherischen Landeskirche Mecklenburgs sowie bei Einzelpersonen stärker zu berücksichtigen;
> die Kräftegruppierungen in den Gremien der Landeskirche realer einzuschätzen;
> Reaktionen kirchlicher Kreise und Kräfte perspektivisch exakter vorausschaubar zu machen;
> Veränderungen in den Angriffsrichtungen, in der Anwendung von Mitteln und Methoden feindlich-negativer klerikaler Kräfte frühzeitiger sichtbar zu machen;
> die Schwerpunktbereiche und Schwerpunkte präziser zu bestimmen und
> leitungsmäßige Festlegungen zu treffen, die eine politisch-operative Lageeinschätzung im gesamten Bereich der Landeskirche durch die federführende Diensteinheit der BV Schwerin, Abt. XX/4, ermöglichen."[286]

Diese pseudotheoretischen Vorschläge können nicht darüber hinwegtäuschen, dass sie sachlich gehaltlos waren. „Realer", „exakter", „frühzeitiger" und „präziser" – das war der Komparativ der Hilflosigkeit, wie er sich in unzähligen Konzeptionen, Analysen, Einschätzungen und Informationsberichten findet.

Im Kern strebte das MfS die so genannte „Verbesserung der IM-Lage in den Schwerpunktbereichen" an: „Es geht um die langfristige konzeptionelle Entwicklung von IM, die geeignet sind, die Verantwortung und die Aufgaben des MfS in der Landeskirche realisieren zu können, wobei stärker als bisher die sich aus den analysierten Organisationsformen und Strukturen der Landeskirche ergebenden Möglichkeiten für den gezielten Aufbau inoffizieller Positionen genutzt werden sollten."

Andere Dienststellen des MfS in der DDR hatten solche IM. Beispielsweise führte die Bezirksverwaltung Magdeburg die IM „Anke

---

285 Vgl. BStU, MfS, JHS VVS o001-275/84, Bl. 103.

286 Vgl. ebd., Bl. 104.

Köhler", Konsistorialrätin Marion Staude, ab 1984 sogar als hauptamtliche Mitarbeiterin des MfS. Seit 1974 arbeitete in Magdeburg auch noch der IM „Günther" alias Konsistorialrat Detlef Hammer als Offizier im besonderen Einsatz (OibE) des MfS. Der dritte IM in Magdeburg war Hans-Christoph Fahlberg.[287]

Wulf beschrieb in seiner Arbeit, wofür die Schweriner IM in Schlüsselpositionen genutzt werden sollten: An erster Stelle stand die „Realisierung spezifischer offensiver Maßnahmen zur Gewährleistung einer kontinuierlichen Durch- und Umsetzung der Politik in Kirchenfragen von Partei und Regierung im gesamten Territorium der Landeskirche". Leitende Amtsträger sollten im Auftrag des MfS die Landeskirche lenken, also instrumentalisiert werden. An zweiter Stelle stand die „Verhinderung öffentlichkeitswirksamer Aktivitäten feindlich-negativer klerikaler Kreise und Kräfte der Landeskirche, insbesondere anläßlich gesellschaftlicher territorialer und überregionaler Höhepunkte".[288] Der Kontext macht deutlich, worauf Wulf in seiner Diplomarbeit anspielte: auf das für den März 1985 geplante Treffen von Basisgruppen in Schwerin. Landesbischof Stier hatte bereits hinreichend oft signalisiert, dass er dieses Treffen unterstützen würde, ebenso die Oberkirchenräte Schwerin und Müller.

Drittens sollten diese IM eine „Einschränkung des Einflusses feindlich-negativer Kreise und Kräfte der Landeskirche in den jeweiligen Gremien, Organen und Arbeitskreisen" bewirken und die „Maßnahmen zur Disziplinierung kirchlicher Amtsträger und Mitarbeiter entsprechend [ihrer] rechtlichen und funktional vorhandenen Möglichkeiten" ergreifen.[289] Obwohl es hier nicht ausdrücklich erwähnt wird, kann man davon ausgehen, dass vor allem die Arbeitsgruppe Frieden (AGF) zurückgedrängt werden sollte. Ob dem MfS, dem Rat des Bezirkes Schwerin und der dortigen SED-Bezirksleitung eine Einflussnahme auf die Mitglieder des Oberkirchenrates gelang, soll im Folgenden untersucht werden.

Als Heinrich Rathke 1971 neuer Landesbischof wurde, war Hermann Timm der dienstälteste Oberkirchenrat. Geboren 1907, hatte Timm seine Ausbildung zum Theologen in den frühen dreißiger Jahren beendet und war zu einer der bestimmenden Persönlichkeiten des mecklenburgischen

---

[287] Vgl. Schultze/Zachhuber 1994, S. 18.

[288] Vgl. BStU, MfS, JHS 20130, Bl. 105.

[289] Vgl. ebd., Bl. 106.

Kirchenkampfes geworden. Von seiner Stelle als Landessuperintendent in Parchim, die er seit 1951 innehatte, kam Timm 1958 in den Oberkirchenrat.

Hermann Timm war seit 1934 Mitglied des Bruderrates der Bekennenden Kirche in Mecklenburg gewesen[290] und hatte sich eine distanzierte Haltung gegenüber dem Staat auch nach 1945 bewahrt. Er war Mitglied der Kessiner Bruderschaft, die sehr genau das Verhältnis zwischen dem SED-Staat und der evangelischen Kirche beobachtete und oftmals heftig kritisierte. Aus diesem Grund eröffnete das MfS 1953 einen Gruppenvorgang „Mission" gegen ihn und weitere Mitglieder der Bruderschaft. Die Akte bezieht sich auf die Jahre bis 1974, wobei der Schwerpunkt auf den fünfziger und sechziger Jahren liegt. Sie beruhte auf der Annahme, Mitglieder der Kessiner Bruderschaft würden bei Reisen nach Westberlin Spionage betreiben.[291] Obwohl diese Vermutung im Februar 1956 ad acta gelegt wurde, führte das MfS eine Operative Personenkontrolle unter dem gleichen Decknamen „Mission" zu Hermann Timm bis zu dessen Auswanderung in die Bundesrepublik Deutschland im Jahr 1976 weiter.

Ein „Zwischenbericht" aus dem Jahr 1953 spiegelt wider, wie die Staatssicherheit die Kessiner Bruderschaft kurz nach der Eröffnung der Akte wahrgenommen hat:

> „Die operative Bearbeitung des Vorganges hat ergeben, dass die Kessiner Bruderschaft, genannt Bruderrat, [das] Ziel hat[:] den Kampf gegen die Kommunisten.
> Die Leiter dieser Organisation sind Propst Timm und Oberkirchenrat [geschw., wahrscheinlich Walter].
> Timm ist ein Gegner der DDR.
> Oberkirchenrat [Walter] ist vom Baltikum.
> Er trug schon vor 1945 das Abzeichen der baltischen Landwehr, was bedeutet Vernichtung des Bolschewismus mit Feuer und Schwert.
> Unter der Anleitung von Timm und [geschw., wahrscheinlich Walter] haben sie sich auch jetzt das Ziel gesetzt: Vernichtung der Kommunisten, was auch in verschiedenen Berichten bestätigt wird.

---

290 Vgl. MKZ Nr. 22 vom 1. Juni 1975, S. 1.

291 Diese Annahme bezog sich nicht nur auf Hermann Timm, sondern auch auf eine weitere Person, die 1953 bis 1956 in dem Gruppenvorgang „Mission" bearbeitet wurde. Die nachfolgende OPK „Mission" galt nur noch Hermann Timm.

Landessuperintendent [geschw., wahrscheinlich Steinbrecher] und Pastor [geschw., wahrscheinlich H. Timm] leiten die Arbeit des Bruderrates im Bezirk Neubrandenburg. Es fanden Tagungen statt, wo Antisowjethetze betrieben wurde gegen die DDR und SU. So z. B. wurden in den Zusammenkünften Fürbitten für verhaftete Pastoren und andere verbrecherische Elemente verlesen, wo insbesondere eine Antisowjethetze zu verzeichnen ist.
Pastor [geschw.], tätig in Friedland, nimmt an allen Zusammenkünften des Bruderrates in Westdeutschland und West-Berlin teil. Nach der Rückkehr berichtet er über das herrliche Leben in Westdeutschland. So sagte er zum Beispiel, dass Dibelius gesagt hätte, [dass] das, was in der DDR geschehen ist im Juni, das größte Verbrechen gegen die Arbeiter war.
Des weiteren sagte [geschw.], dass ja in der DDR alles auf den Bajonetten der SU steht. Er berichtet von Heldentaten der Pastoren, die sie geleistet haben im Kampf gegen den Kommunismus."[292]

Der Bericht ist ein typisches Beispiel für die Arbeit des MfS in den fünfziger Jahren. Sprachlich und inhaltlich ungenau,[293] verstand er die Kessiner Bruderschaft als feindliche Spionageorganisation und hetzte gegen ihre Mitglieder. So hieß es im Oktober des gleichen Jahres in einem weiteren MfS-Plan, das Ziel sei es, „festzustellen, wie der Kampf des Bruderrates gegen den Kommunismus geführt wird. Wie ist die Berichterstattung nach Westberlin, und an welche Spionageorganisation wird das Material weitergeleitet?" Informanten sollten in die Bruderschaft eingeschleust und so platziert werden, dass sie herausfänden, wer die Kuriere des Bruderrates seien und wohin das Material geliefert werde.[294]

Der OV „Mission" wurde nicht abgeschlossen, aber die Akte ruhte. In einer Notiz vom 28. Dezember 1960 aus Berlin hieß es: „OKR Timm ist

[292] Vgl. LStU-MV, AOPK 358/77, Bl. 87 (alte MfS-Zählung).

[293] Es muss davon ausgegangen werden, dass der vorgangsführende MfS-Offizier in diesem Bericht die beiden Brüder Dietrich und Hermann Timm meinte. „Propst Timm" war Dietrich Timm in Kessin – daher der Name der Bruderschaft. Die genaue Unterscheidung der beiden Brüder gelang dem MfS-Offizier augenscheinlich nicht.

[294] Vgl. LStU-MV, AOPK 358/77, Bl. 98 (alte MfS-Zählung).

stockreaktionär, tritt bei allen Gelegenheiten gegen den Staatsapparat auf, hat gegen Kreistagsbeschlüsse als Landessuperintendent Unterschriften gesammelt. Er versucht, über Kleinschmidt[295] jedoch Anschluss an den Staatsapparat zu erhalten, tritt gegen Bischof Beste auf, der aber ebenfalls gegen ihn steht."[296]

Tatsächlich gab es zwischen Niklot Beste und Hermann Timm erhebliche Spannungen, die wesentlich aus ihrer jeweils unterschiedlichen Haltung in den dreißiger Jahren herrührten. Da sie sich in ihrer Distanz gegenüber dem DDR-Regime weitgehend einig waren, gelang es der staatlichen Seite jedoch nicht, diese Spannungen zu forcieren.[297]

Im September 1970 geriet Hermann Timm noch einmal unter staatliche Beobachtung. Der Hintergrund ist schwierig auszuleuchten. Möglicherweise spielte die anstehende Neuwahl des Bischofs eine Rolle, von der man sich staatlicherseits auch eine klimatische Änderung innerhalb des Oberkirchenrates erhoffte. Von Bedeutung könnte aber auch gewesen sein, dass es bereits gegen Ende der Amtszeit von Niklot Beste Pläne zur Umwandlung des damaligen Synodalausschusses in eine Kirchenleitung gab, die Hermann Timm sehr unterstützte, die staatlicherseits jedoch als Ausweitung eines demokratischen Elementes in der Kirche und damit als unerwünschte Entwicklung betrachtet wurde.[298]

Der Leiter des Referates XX/4 der Bezirksverwaltung Schwerin beschloss daher am 2. September 1970 die Eröffnung einer neuen Handakte zu Hermann Timm mit der Begründung: „T. ist einer der reaktionärsten und gefährlichsten politisch-klerikalen Kräfte innerhalb der Kirchenleitung. Seine Einstellung zu unserer Gesellschaftsordnung ist feindlich. Er ist ein Verfechter der Bonner Alleinvertretungsanmaßung in der EKD-Konzeption."[299] Gegen Timm sollte

---

[295] Gemeint ist Karl Kleinschmidt, Pastor in Schwerin.

[296] Vgl. BArch, DO-4/ 2938, Bl. 8.

[297] Dass das MfS eine entsprechende Differenzierung beabsichtigte, geht aus einem „Plan op. Maßnahmen zum Vorgang 'Mission' 3/53" hervor. Die Kreisverwaltung Neubrandenburg ordnete im Februar 1954 an, dass die Parchimer MfS-Dienststelle angeschrieben werden solle, um Auskünfte über den dort tätigen Hermann Timm einzuholen. Zugleich wurde die BV Schwerin um Auskunft gebeten, ob etwas über Landesbischof Beste vorliege. Vgl. LStU-MV, AOPK 358/77, Bl. 103 (alte MfS-Zählung).

[298] Vgl. MKZ Nr. 22 vom 1. Juni 1975, „Im Geiste der Bruderschaft", S. 1.

[299] LStU-MV, AOPK 358/77, Bl. 7.

eine Reisebeschränkung verhängt[300] und an seinem Arbeitsplatz der IM „Schütz“, Kirchenrat Werner Schnoor, eingesetzt werden.[301] Da die Akten zu Werner Schnoor nicht mehr vorliegen, bleibt unklar, inwieweit Hermann Timm durch seinen Amtsbruder beobachtet wurde. Das Ziel der Beobachtung jedenfalls war die „weitere Aufklärung des Persönlichkeitsbildes, Kontrolle und Verhinderung seines negativen Einflusses auf die Kirchenleitung. Herauslösung des T. aus der Kirchenleitung“.[302] Das gelang nicht.

Ähnlich wie Hermann Timm wurden auch andere Oberkirchenräte bearbeitet, beispielsweise Walter Schulz und Sibrand Siegert. Beide allerdings gerieten ins Visier des MfS, weil sie am Ende des Zweiten Weltkrieges in alliierte Kriegsgefangenschaft geraten waren und anschließend in den westlichen Besatzungszonen studiert hatten. 1984 zog MfS-Offizier Claus-Dieter Wulf das Beispiel von Walter Schulz heran, um die Generation der Oberkirchenräte in Mecklenburg zu beschreiben. Schulz sei

> „ein Beispiel für die heute noch konkret erkennbaren Auswirkungen dieser Personalpolitik, [...], der im letzten Kriegsjahr Offizier der faschistischen Kriegsmarine und Kommandant eines U-Bootes gewesen ist, von 1944-1947 in den USA und in Großbritannien in Kriegsgefangenschaft war, nach absolviertem theologischen Studium in der BRD und in der Schweiz in die DDR 1952 übersiedelte, hier nach den Tätigkeiten eines Landesjugendpfarrers in Mecklenburg, [Rektor der Kirchlichen Oberschule] Hermannswerder und Landessuperintendenten von Schwerin 1975 in den Oberkirchenrat berufen wurde und hier zuständig ist für den gesamten Bereich der Qualifizierung und Weiterbildung [...]
> Bereits hier zeigt sich eine weitere Tendenz, die für die Herausbildung des politischen Standortes eines nicht unerheblichen Teils der Amtsträger [...] gegenüber der sozialistischen Staats- und Gesellschaftsordnung bis heute von wesentlicher Bedeutung ist.“[303]

[300] Vgl. ebd., Bl. 8.

[301] Vgl. ebd., Bl. 10.

[302] Vgl. ebd., Bl. 248.

[303] Vgl. BStU, MfS, JHS 20130, Bl. 63.

Schulz war unter den Oberkirchenräten der siebziger und achtziger Jahre derjenige, der am wenigsten in Erscheinung trat. Möglicherweise deshalb, weil er nicht wie sein Vorgänger Hermann Timm zu jenen Amtsträgern gehörte, die Konflikte offen austrugen. Dass er die Politik von Heinrich Rathke wie auch die Christoph Stiers gleichwohl konsequent unterstützte, geht aus vielen kirchlichen wie staatlichen Gesprächsprotokollen hervor. Die „Konzeption zur Weiterführung der politischen Arbeit mit den Amtsträgern der Evangelisch-Lutherischen Landeskirche Mecklenburgs" vom Dezember 1979 machte sich dementsprechend nicht die Mühe, Schulz aufwändig zu charakterisieren. Es reichte die Zusammenfassung: „Die Haltung des Landesbischofs findet ihre Widerspiegelung in dem ebenfalls negativen Auftreten der Oberkirchenräte Siegert und Schulz."[304] Im Unterschied zu Sibrand Siegert wurde Walter Schulz jedoch durchgehend als „politisch-negatives" Mitglied der Kirchenleitung bezeichnet, das es zu „bearbeiten" gelte.[305]

Sibrand Siegert hatte innerhalb des Oberkirchenrates eine herausragende Bedeutung. Zum einen mag dies daran gelegen haben, dass er ein besonders enger Vertrauter von Heinrich Rathke war und als Erster von diesem in den Oberkirchenrat geholt worden war. Zum anderen lag dies an der Fülle der Aufgaben, die er im Laufe der Jahre wahrnahm. Er selbst zählte sie im Interview im Juli 2000 auf:

> „Ich war der Nachfolger von Oberkirchenrat Gasse und hatte alle kirchlichen Werke zu betreuen: Männerarbeit, Frauenarbeit, Mission, Ökumene. Ich war 17 Jahre Mitglied im Vorstand der Leipziger Mission. Dann war ich die ganze Zeit für die Presse zuständig, und als Oberkirchenratspräsident Rossmann 1975 starb, habe ich die Finanzen übernommen und sie von 1975 bis 1988 geführt. Für Archivwesen war ich zuständig, für das Kirchenbuchwesen, und die ganzen Strukturfragen habe ich ebenfalls gemacht, das heißt, den neuen Pfarrstellenbesetzungsplan der Landeskirche, die Besetzung von Mitarbeiterstellen und so weiter. Ich war Stellvertreter des Landesbischofs, außerdem war ich Stellvertreter des Präsidenten."[306]

Siegerts Amtseinführung im September 1971 verfolgte das MfS genau.

---

[304] LHA Schwerin, SED BPA Schwerin, IV D-2/14/527, Bl. 192.

[305] Vgl. LHA Schwerin, RdB Neubrandenburg, Z 77/90, 813, Bl. 9.

[306] Interview mit Sibrand Siegert am 12. 7. 2000.

Der damals bereits emeritierte Oberkirchenratspräsident Konrad Müller, IM „Schmitt", berichtete im September 1971, Siegert sei nicht zufällig aus Waren an der Müritz nach Schwerin gekommen:

„Es ist bestimmt anzunehmen, daß bei dieser Angelegenheit Dr. Rathke eine wesentliche Beteiligung hat. Wahrscheinlich kennen sich die ja ungefähr Gleichaltrigen von früher her. Es ist klar, daß Dr. Rathke annimmt, in dem künftigen Mitarbeiter Siegert einen Mann gefunden zu haben, der seine Richtung teilt. Ob diese Hoffnung zutrifft, kann man natürlich erst in Zukunft beurteilen, weil Siegert ein Mann ist, der auch sein eigenes Gepräge hat, was man vor allem bei den Tagungen der Landessynode beobachten konnte."[307]

Zwei Jahre später hieß es in einem „Auskunftsbericht" der Abteilung XX/4 der Bezirksverwaltung Schwerin:

„SIEGERT ist ein fanatischer Vertreter der evangelischen Kirche und ist bemüht, eine sehr gute Arbeit im Sinne der Kirche zu leisten. Bereits während seiner Tätigkeit als Pastor in Boddin und Waren zeigte er verstärkte Aktivitäten in der Festigung der bestehenden Kirchgemeinden und in der Gewinnung neuer Anhänger. Er führte häufig Hausbesuche durch, veranstaltete Gottesdienste und Jugendstunden in Privatwohnungen und verstand es, sich durch ein freundliches und höfliches Auftreten Anklang zu verschaffen. Seine besondere Aufmerksamkeit richtete er auf die Jugendarbeit. [...] Die politische Einstellung und Entwicklung des S. zur Politik unseres Staates ist negativ. SIEGERT tritt seit Beginn seiner Tätigkeit als Pastor in politischer Hinsicht negativ und reaktionär in Erscheinung. Er versuchte z. B. während seiner Zeit als Pastor in Boddin mit allen Mitteln, die Jugendlichen von der gesellschaftspolitischen Arbeit abzuhalten und sie für die Kirche zu gewinnen. Bei Aussprachen mit staatlichen Organen,

---

[307] Vgl. BStU, MfS, BV Schwerin, AIM 747/78, Bd. II/1, Bl. 58 f. Diese Information war von Bedeutung, weil es um die Wahl eines neuen Landessuperintendenten ging.

an denen er nur selten teilnahm, vertrat er u. a. die Meinung, die Volkspolizei will die Kirche unterdrücken und verstoße gegen die Verfassung.
Im Kreis Waren setzte SIEGERT diese Haltung fort. Er lehnte Einladungen zu Sitzungen der staatlichen Organe des Kreises und des Kreisfriedensrates ab. In Elternversammlungen lehnte er die marxistisch-leninistische Erziehung der Kinder ab und trat überheblich und provokatorisch auf. Seine negative Einstellung kam auch in der mehrmaligen Nichtteilnahme an den Volkswahlen zum Ausdruck [...]
SIEGERT muß auf Grund dieses Verhaltens weiterhin zu den negativen und reaktionären Kräften der Landeskirche Mecklenburgs gezählt werden. Zu beachten ist dabei, daß er, um bestimmte Erfolge zu erzielen, bereit ist, realistischere Positionen zu beziehen, ohne dabei aber seine negative Grundhaltung aufzugeben."[308]

Die Einschätzung der Kreisdienststelle Waren zu Sibrand Siegert, entstanden im Juli 1972, fiel bündiger und gelassener aus: Seine Einstellung zum politischen System könne weder als positiv noch als negativ geschildert werden; er sei ruhig und lebe „nicht über seine Verhältnisse. [...] Mit den Gesetzen kennt er sich gut aus."[309]

Die „Aufklärung" des Oberkirchenrates beabsichtigte vor allem, eventuelle Schwachstellen ausfindig zu machen. In Mecklenburg wie auch in anderen evangelischen Landeskirchen hatte sich gezeigt, dass die Kirchenjuristen mehrfach eine solche Schwachstelle waren: Sowohl Konrad Müller als auch dessen Nachfolger Siegfried Rossmann waren als IM verpflichtet worden.[310] Nach dem Willen des MfS sollte Peter Müller in ihre Fußstapfen treten.

Peter Müller kam aus der brandenburgischen Landeskirche und trat am 1. April 1976 seinen Dienst in der Landeskirche Mecklenburg an. Er war und blieb der jüngste unter den leitenden Oberkirchenräten, was seine Sonderstellung als Jurist unter Theologen noch verstärkte. Dass er 1975 in die engere Auswahl der Kandidaten kam, ging

---

[308] Vgl. PA Siegert, „Auskunftsbericht" der Abteilung XX/4 der BVfS Schwerin vom 26. September 1973, Bl. 7-9.

[309] PA Siegert, KD Waren, „Einschätzung" vom 5. Juli 1972.

[310] Vgl. Kap. IM „Jurist" – Siegfried Rossmann.

auf eine Anregung von Heinrich Rathke zurück, der Müller in Berlin kennen gelernt hatte. Wie gut die Wahl damals war, wird erst aus heutiger Perspektive ersichtlich: Neben Peter Müller und Kirchenrat Krohne aus der Berlin-Brandenburgischen Landeskirche kam damals auch Rechtsanwalt Schnur aus Bergen/Rügen in die engere Wahl.[311] Schnur hatte bereits seit 1965 enge Kontakte zum Ministerium für Staatssicherheit.

Beim Rat des Bezirkes Schwerin wollte man Näheres wissen und forderte beim Berliner Magistrat einen Bericht über Müller an: „Es interessiert, ob und wie M. bisher politisch in Erscheinung getreten ist, ob besondere Gründe vorliegen, daß der in Naumburg als Kirchenjurist ausgebildete M. nach Schwerin geht; was über die politische Haltung seiner Frau bekannt ist, die als Lehrerin tätig sein soll."[312]

Tatsächlich hatte Peter Müller eine interessante Biografie: Er war in der Berlin-Brandenburgischen Landeskirche aufgewachsen und geprägt durch die kirchliche Jugendarbeit. Als er zur Oberschule nicht zugelassen worden war, erlernte er den Beruf des Werkzeugmachers und ging anschließend zur Arbeiter-und-Bauern-Fakultät. Ende der fünfziger Jahre wurde Peter Müller durch das MfS wegen Hetze gegen die DDR zu acht Monaten Gefängnis verurteilt, die er im Haftarbeitslager im Stahlwerk in Riesa absaß. An ein Studium an einer staatlichen Hochschule war nicht mehr zu denken. Er begann ein Chemiestudium an der Freien Universität in Westberlin, das er wegen des Mauerbaus jedoch nicht mehr fortsetzen konnte. Am Naumburger Katechetischen Seminar begann er Jura zu studieren, unter anderem zusammen mit Hans-Martin Harder, dem späteren Konsistorialpräsidenten der Greifswalder Landeskirche. 1970 wurde er Jurist am Evangelischen Konsistorium der Berlin-Brandenburgischen Kirche. Von dort wechselte er 1976 nach Schwerin.

Müller war aus staatlicher Sicht alles andere als ein „Wunschkandidat". Als zukünftiger Präsident des Oberkirchenrates war er nicht nur der zweite Mann der Landeskirche, sondern qua Amt auch Mitglied der Konferenz der Kirchenleitungen, des leitenden Gremiums im Kirchenbund. Verschiedene andere Mitgliedschaften außerhalb der Landeskirche kamen hinzu.

Es ist sehr wahrscheinlich, dass Müller seit 1976, als er in die

---

311 Vgl. ELLKM, LKA, vorl. Sig.: C 12, Protokolle und Berichte der Kirchenleitung (bis 1977), n. p.

312 Vgl. BArch, DO-4/1935, n. p. Bezirksbeauftragter für Schwerin. „Dienstreisebericht" vom 30. 3. 1976.

mecklenburgische Landeskirche kam, operativ erfasst wurde. Über die Ergebnisse kann hier keine sichere Auskunft gegeben werden, da die entsprechenden Akten nicht mehr auffindbar sind, ebenso wie die Akte zum OPK „Präsident", die 1986 vom MfS gegen Müller eingeleitet wurde.

In Berichten des Rates des Bezirkes Schwerin wurde Müller in der Regel als „realistisch" eingeschätzt, obwohl sein Verhalten diese Einschätzung nicht zu rechtfertigen scheint. So war man im Rat des Bezirkes Schwerin beruhigt, als Oberkirchenratspräsident Müller im Herbst 1988 von der Landessynode in seinem Amt bestätigt wurde. Mit Müller sei es ein insgesamt gutes Auskommen gewesen, so dass man dort feststellte: „Die Wiederwahl des Oberkirchenratspräsidenten Peter Müller bietet günstige Voraussetzungen für die weitere Stärkung der positiven Kräfte, insbesondere in der Kirchenleitung."[313] Hintergrund dieser Einschätzung war möglicherweise die Art, wie Peter Müller an die Gespräche mit staatlichen Stellen heranging: Er argumentierte in Absprache mit dem Landesbischof für die Interessen der Landeskirche – aber als Jurist, und das prägte seinen Stil.

Peter Müller gehörte nicht zu denen, die – wie oftmals Sibrand Siegert – prinzipiell dem Staat die Stirn geboten haben. Er versuchte eher, die Konfrontation zu vermeiden; war ein diplomatisches Ausweichen schließlich nicht mehr möglich, nahm er kirchliche Gruppen und Einzelpersonen unter den Schutz der Landeskirche. Dies war beispielsweise der Fall, als im Frühjahr 1989 Heiko Lietz und Georg Heydenreich wegen der Verbreitung des kirchlichen „Friedensnetzes", einer hektografierten Zeitung, ein Ordnungsstrafverfahren erhielten. Die Landeskirche übernahm das Bußgeld und stellte sich vor beide. Die entsprechenden Gespräche führte unter anderem Peter Müller. Müller deckte auch die Basisgruppen in der Landeskirche rechtlich, zum Teil mit trickreichen Interpretationen. Wenn staatliche Stellen die Unterbindung bestimmter Veranstaltungen verlangten, dann handelte es sich plötzlich nicht mehr um eine „Friedenswanderung", sondern um ein örtlich gebundenes Seminar, das an verschiedenen Stellen stattfinde und zu dem die Teilnehmer zu Fuß gingen – was ja nicht verboten sein könne.[314] Die Kirchenjuristen der DDR bewegten sich auf einem schmalen Grat. Peter

---

313 LHA Schwerin, RdB Neubrandenburg, Z 77/90, 818a, n. p. Rat des Bezirkes Schwerin, Stellvertreter des Vorsitzenden für Inneres. „Information" über die 2. Tagung der XI. Ordentlichen Landessynode vom 3.–6. November 1988 vom 6. November 1988 von Fred Schwoerke.

314 Vgl. Gutzeit/Meckel 1994, S. 210.

Müller hat seine Aufgabe so beschrieben:

„Man musste sich als Jurist überlegen: Was kann ich juristisch vertreten. Und dann musste man überlegen: Wie muss ich politisch argumentieren, um zu diesem Ergebnis zu kommen? [...] Die juristische Argumentation war in der DDR nur sehr bedingt möglich. [...] Die Anwendung des Rechts in einem Rechtsstaat ist eine streng juristische, muss es auch sein. Und das war es eben in der DDR nicht. Da war auch die Anwendung des Rechts eine politische Angelegenheit. Im Grunde genommen entstand sogar eine konträre Situation, weil man mit den rechtlichen Argumenten überhaupt nichts erreichte, eher das Gegenteil.“[315]

Auf die Frage, wie er die Gespräche mit dem Schweriner Referenten für Kirchenfragen in Erinnerung habe, sagte Peter Müller:

„Es war wesentlich angenehmer, mit Herrn Franze zu sprechen als mit seinem Pendant in Rostock, Herrn Macht. Herr Macht war im Grunde genommen bis zuletzt ein Stalinist mit Scheuklappen, man konnte mit ihm eigentlich nicht argumentieren. Während man mit Herrn Franze durchaus argumentieren konnte, auch in dem Sinne, dass man merkte, dass er auf Argumente eingehen konnte, auch wenn er sie nicht teilte und wenn es nicht zu dem Ergebnis führte, das man sich wünschte. Das war natürlich auch keineswegs immer der Fall. [...] Auf der anderen Seite habe ich manchmal im ganz kleinen Kreise gesagt, dass nicht klar ist, wer eigentlich der Gefährlichere von den beiden ist. [...] Man musste ja immer bedenken als Kirchenleitung, wenn man einen ganz harten Kurs fuhr: Wie wirkt sich das auf die Gemeindeglieder aus, die ihre Brötchen im VEB verdienen müssen? Zwischen einem solchen, der Abgrenzung dienenden und konfrontativen Kurs und einer zu weit gehenden Anpassung, das war immer ein Gratweg. Ich bin heute noch nicht unbefangen genug, um zu sagen, wir sind immer auf dem Grat, auf der richtigen Seite gewesen. Ich denke mir schon, dass man, wenn man genau analysiert, im Nachhinein jedenfalls sagen kann, dies oder das hätte man auch anders machen können. Man sollte das auch tun. Nicht so sehr im Sinne von Schuldzuweisung. Aber in dem Sinne, dass man aus solchen

---

[315] Interview mit Peter Müller am 25. 8. 2000.

Dingen lernt, wie man sich verhält."[316]

Auch Eckart Schwerin fand die ungeteilte Aufmerksamkeit des Rates des Bezirkes Schwerin und des MfS, als er 1983 aus der Berlin-Brandenburgischen Landeskirche nach Schwerin kam. 1937 in Vorpommern geboren, hatte er in Greifswald Theologie studiert und war 1970 Dezernent für Jugendarbeit bei der Evangelischen Kirche der Union (EKU) in Berlin geworden. 1979 machte Schwerin die persönliche Bekanntschaft mit Heinrich Rathke, der ihn 1982 nach Schwerin holte. Schwerin sagte zu seinem Weg in die mecklenburgische Landeskirche:

> „Im Oberkirchenrat wurde ich freundlich aufgenommen, obwohl mich manches doch sehr verwundert und überrascht hat. Ich traf auf eine traditionsreiche Verwaltungsstruktur. Vor allen anderen war Landesbischof Rathke für mich die mich leitende Persönlichkeit. Als Nicht-Mecklenburger war der Weg in die Landeskirche hinein kompliziert und keinesfalls leicht. Ich empfand mich in vielem selber als Fremder, identifizierte mich jedoch schnell mit den Menschen in der Landeskirche, den Mitarbeitern und meinen Aufgaben als „außerordentlicher" Oberkirchenrat. Da ich mich besonders auch um die Jugendarbeit bemühte, hatte ich bald viele Bekannte und Freunde, beteiligte mich an Rüstzeiten und wurde damit auch zunehmend akzeptiert und integriert."[317]

Ein Jahr nach seinem Amtsantritt, 1984, leitete die Bezirksverwaltung des MfS gegen Schwerin die OPK „Ecke" ein. Als Begründung hieß es in der Akte:

> „Sch. tritt als Oberkirchenrat der ELLKM für eine Profilierung der 'eigenständigen Friedensarbeit' der verschiedenen Basisgruppen u.ä. Personenzusammenschlüsse innerhalb der Landeskirche ein, vertritt teilweise feindlich-negative Positionen gegen Teilbereiche der sozialistischen Staats- und Gesellschaftsordnung und setzt diese in differenzierter Form im Rahmen seiner Tätigkeit um. Er unterhält vielfältige Kontakte und Verbindungen zu klerikalen Amtsträgern im NSA, die er

[316] Ebd.

[317] Interview mit Eckart Schwerin am 8. 3. 2000.

```
zur Durchsetzung persönlicher und kirchenpolitischer
Zielstellungen nutzt." [318]
```

Ziel der OPK war die „Aufklärung, Kontrolle und Zurückdrängung/ Unterbindung der Pläne und Absichten des Sch. hinsichtlich einer Koordinierung und Offizialisierung der von feindlich-negativen Personen ausgehenden Aktivitäten, [die] Aufklärung, Kontrolle der operativ relevanten Verbindungen des Sch. einschließlich seines Verhaltens bei Aufenthalten im NSA [, die] Erarbeitung kompromittierenden Materials zur perspektivischen pol. op. Nutzung".[319] Zu diesem Zweck wurden die IMB „Magda", „Kaltenhofer" und „Schulz" eingesetzt. Dahinter verbargen sich Charlotte Süße, die Chefsekretärin im Oberkirchenrat, Reinhard Gransee aus der Registratur im Oberkirchenrat und Gerhard Thomas, der damalige Chefredakteur der „Mecklenburgischen Kirchenzeitung".

Eckart Schwerin war aus staatlicher Sicht besonders interessant, weil er unter anderem für die Jugendarbeit und für die Arbeit mit Basisgruppen, vor allem die Arbeitsgruppe Frieden, zuständig war. Seine zahlreichen Gespräche mit Vertretern dieser Gruppen sind hinreichend dokumentiert. Überraschend spärlich sind jedoch die Dokumente, die Aufschluss geben über die Reaktion der staatlichen Stellen auf sein Engagement. Den Akten der 1984 eröffneten OPK „Ecke" ist zu entnehmen, dass nur wenige IM im Einsatz waren. Konnte das System sich gegen die offene und vernetzte Arbeit der Kirche nicht wehren?

### Die Anwerbung von Inoffiziellen Mitarbeitern des MfS

Im Oberkirchenrat arbeiteten zwischen 1971 und 1989 zehn Personen in den leitenden Funktionen. Die meisten der etwa achtzig Angestellten waren jedoch in den Sekretariaten und Referaten, in der Registratur und im Archiv tätig. Unter diesen gelang es dem MfS zu jeder Zeit, Zuträger zu gewinnen. Die beiden wichtigsten in den siebziger und achtziger Jahren waren Oberkirchenratspräsident Konrad Müller (1959–1970), der seit 1956 Kontakte zum MfS unterhielt[320] und auch über seine

---

318 Vgl. BVfS Schwerin ZMA AKG, 3822, Bl. 9.

319 Vgl. ebd.

320 Vgl. ELLKM, LKA, Handakten Kirchenarchivrat Piersig, Unterlagen der Landessynode 1991–1994, Bericht des Landesbischofs auf der 1. Tagung der XII. Landessynode vom 17.–20. 3. 1994, S. 10 f. d. Dok.

Emeritierung hinaus seinem Führungsoffizier berichtete, und Kirchenrat Werner Schnoor. Aber auch Müllers Nachfolger Siegfried Rossmann (1970–1976) führte konspirative Gespräche mit der Staatssicherheit – wenn auch unter anderen Umständen und mit einer anderen inneren Haltung als die Vorgenannten.
Aus dem Mittelbau des Verwaltungsapparates berichteten Charlotte Süße, Ulrich Warnow und Reinhard Gransee; auch deren Verhältnis zum Staatssicherheitsdienst wird im Folgenden betrachtet.

### *IM „Schmitt"[321] – Konrad Müller*

Konrad Müller kam 1959 aus der sächsischen in die mecklenburgische Landeskirche. Müller, Jahrgang 1900, war nach Gustav Spangenberg der zweite Oberkirchenratspräsident seit 1946 und brachte die besten Empfehlungen aus dem Dresdener Landeskirchenamt mit: Er hatte ausreichend Erfahrung in der kirchlichen Verwaltung und war außerdem im Nationalsozialismus wegen fehlender politischer Übereinstimmung aus dem Landeskirchenamt in das Kreiskirchenamt versetzt und damit degradiert worden, war also politisch unbelastet.

Gut vierzehn Tage nach Müllers Amtsantritt in Schwerin im Juli 1959 bat die dortige Bezirksverwaltung die Dresdener Kollegen um nähere Angaben zu seiner Person: „Wir bitten, uns die Unterlagen über M. zu übersenden und uns in der Einschätzung mitzuteilen, in welchem Verhältnis er dort mit den staatlichen Stellen stand, ob ihrerseits Verbindung mit ihm bestand bzw. worauf man diesbezüglich aufbauen kann." Am 15. September 1959 antwortete Dresden auf das Schreiben und sandte das Material zu. Allerdings hielt man sich in Dresden bedeckt und formulierte relativ allgemein: „Es ist bekannt, daß M. mit allen Maßnahmen der Kirchenleitung einverstanden war und nur in diesen Kreisen verkehrte. Verbindungen zu staatlichen Stellen bestanden keine." Was man in Schwerin nicht wusste: Müller hatte zu dieser Zeit bereits enge Kontakte zum Ministerium für Staatssicherheit und brachte diese mit nach Schwerin. Nun hatte das MfS auch dort einen „Fuß in der Tür".

Auch im Staatssekretariat für Kirchenfragen hatte man zu dieser Zeit bereits engste Kontakte zu dem Schweriner Spitzenmann der Kirche. In einer dort entstandenen Notiz vom 28. Dezember 1960 heißt es: „Dr. Müller tritt politisch überhaupt nicht hervor, ist jedoch jederzeit bereit,

---

[321] Zunächst lautete der Deckname „Konrad".

dem Staatsapparat alle Unterlagen oder Informationen zu übergeben. M. hat ein starkes Geltungsbedürfnis und ist für finanzielle Zuwendungen jederzeit zu haben. Er hat direkte Verbindung zu OKR [Oberkirchenrat] Lotz, Eisenach.“[322]

Die MfS-Dienststelle in Schwerin knüpfte nun auch inoffizielle Kontakte zum neuen Präsidenten. Erstmals suchte ein Mitarbeiter der Schweriner Bezirksverwaltung Konrad Müller im Jahr 1959 auf. Äußerer Vorwand war der Fall des gerade inhaftierten Fahrers des Oberkirchenrates. Dieser wurde der Spionagetätigkeit verdächtigt. Knapp zehn Jahre später, im November 1968, beleuchtete der Referatsleiter der Kirchenlinie im Bezirk Schwerin, MfS-Offizier Reinschmiedt, die Motivation für Müllers Kooperation:

„Dr. Müller trat am 1.4.1959 in Schwerin als Präsident der Mecklenburgischen Kirche seinen Dienst an. Das erste Gespräch wurde auf sein Bestreben hin über den Ankauf eines Wohnungsgrundstücks in Schwerin [...] geführt. Da es diesbezüglich keine größeren Schwierigkeiten gab, konnte ihm relativ schnell geholfen werden. [...]
Über Geschenke zum Jahreswechsel 1959/60 konnte ein engeres persönliches Verhältnis oder ein Kontakt zu ihm hergestellt werden. Er bot sich an, in spezifischen politischen kirchenleitenden Fragen eine vertrauliche Zusammenarbeit herzustellen. Er habe in ähnlicher Form – auch auf Republikebene – mit dem Abteilungsleiter, Herrn KUSCH, über die Dienststelle des Staatssekretärs für Kirchenfragen, Kontakte gehabt. Doch hätte sich erwiesen, daß seine Informationen zum Teil nicht vertraulich behandelt wurden [...], weswegen er von dem Kontakt Abstand genommen hätte und riet, Herrn KUSCH über unsere Kontakte keine Mitteilung zu machen (prinzipiell wurde dieser Hinweis durch uns beachtet).
Dr. Müller brachte gleichzeitig zum Ausdruck, daß er, wenn er uns diesen Dienst leistet, nicht politisch hervortreten könne. Er müsse dann in Gegenwart anderer kirchenleitender Männer immer im Rahmen deren Anschauungen auftreten.
Er war bemüht, sein Angebot zu legitimieren. [...] Er

[322] BArch, DO-4/ 2938, Bl. 6.

möchte sich in seiner Zwitterstellung - für den sozialistischen Staat einerseits und für die konservative Kirchenführung andererseits zu sein - verstanden wissen [sic!] und dazu beitragen, daß die Konvergenz zwischen beiden durch seine 'geheime' Tätigkeit abgebaut wird.
[...]
Allgemein kann eingeschätzt werden, daß Dr. Müller meint, sich weder für den Sozialismus noch für den Imperialismus entschieden zu haben, sondern für den heute nur möglichen dritten Weg, [...], der die Konvergenz zwischen beiden Polen sucht, zumal sich diese subjektive Annahme für ihn als sehr einträglich erweist. (Zum 63. Geburtstag - 1963 - erhielt er einen Fernsehapparat und in den vorigen Jahren Urlaubszuwendungen, deren Höhe sich insgesamt auf rund 6.000 M beläuft.)[...]
Dr. M. legt starken Wert darauf, von Mitarbeitern der Kirchenleitung als Präsident angesprochen und als solcher geachtet zu werden.
In Gegenwart Dritter degradiert er Kirchenräte durch gezielte Formulierungen und verlangt billige Handlungen, die deren Unterwürfigkeit bedeuten, um sich selbst über sie zu erhöhen.
Das gleiche Motiv mag seine Bereitschaft bestimmen, Personalakten auszuhändigen, denn dadurch macht er bewußt andere Diskreditierung um sein eigenes Vertrauen gestärkt zu wissen. [sic!]
Er freut sich, wenn aus den Akten 'anständige Brocken' zu entnehmen waren [...]
Erstmalig im Jahre 1968 informierte er aus eigener Initiative regelmäßig und täglich über den Synodenablauf [...]
So informierte Dr. M. sehr zeitig über die Absichten des Bischofs, ins Ausland zu reisen; und zwar mit dem Ziel, sich abgemeldet zu wissen. Dr. M. wird störrisch, wenn BESTES Anträge entschieden werden oder wenn Oberkirchenrat GASSE persönliche Gespräche mit der Bezirksleitung führt. Oberkirchenrat GASSE z. B. hält er für einen gefährlichen, gewissenlosen, haltlosen, gernegroßen Spekulanten, der für eine kontinuierliche Zusammenarbeit unbrauchbar sei.
Er selbst hält sich nicht für einen solchen, weswegen

er Geschenke (Geld und anderes mehr) nicht unterwürfig anzunehmen bereit ist, sondern nur ganz offiziell in Anerkennung seiner politischen, diplomatischen und geistigen Größe.
Er will nicht als Unterhändler behandelt sein, sondern als ein in jeder Hinsicht über allen anderen stehenden bewußter Staatsbürger. So bildet er sich darauf was ein, wenn gewisse Vorgesetzte vor mir mit ihm noch nicht ins Gespräch gekommen sind, eben weil diesen von höchster Partei und Staatsführung die politische Weitsicht nicht zugemutet wird."[323]

1961, zwei Jahre nach Müllers Amtsantritt, konnte die Bezirksverwaltung Schwerin vermelden, der Kontakt sei stabil.[324] So traf er sich im September 1961 mit dem Stellvertreter für Inneres beim Rat des Bezirkes Schwerin, Hoffmann, um interne Kirchenangelegenheiten zu besprechen. Hoffmann berichtete im Anschluss an dieses Treffen dem MfS:

„Im Hinblick auf das Eintreten für die DDR verglich Dr. Müller den gesamten Oberkirchenrat mit folgendem Beispiel: Wenn der OKR in einem Glied antreten würde, so bezeichnete er sich als Ersten. Neben ihm würde OKR Walter stehen; dann der Bischof; ihm würde Hachtmann folgen und im Abstand OKR Timm. [...] OKR Timm wäre der Isolierteste im OKR und auch isoliert von dem überwiegenden Teil aller Pastoren. Er sei sehr krank und wird wahrscheinlich auf Grund seiner Krankheit aus dem OKR ausscheiden".[325]

Der Kontakt Müllers zu Hoffmann, GM „Freitag", wurde intensiver. 1963 fand ein besonderes Gespräch statt. Der Kirchenmann hatte eine Aktentasche im Wert von 130 Mark entgegengenommen und aus diesem Anlass Hoffmann zum privaten Abendessen eingeladen. Konrad Müller schien in ungeahnter Weise käuflich zu sein, so dass Hoffmann notierte:

---

[323] Vgl. BStU, MfS, BV Schwerin, AIM 747/78, Bd. I/1, Bl. 83-85.

[324] Ebd., Bl. 47.

[325] Vgl. ebd., Bl. 39.

„Es ist beabsichtigt, dem Präsidenten Müller einen Scheck in Höhe von 2000,- DM von Seiten des Staatsapparates zu übergeben, um ihn dadurch zu binden.
Es ist vorgesehen, durch Präsident Müller Kaderunterlagen von Pastoren der Landeskirche Mecklenburg zur Auswertung zu bekommen."[326]

Ob es zu dieser Geldübergabe gekommen ist, belegen die staatlichen Akten nicht. Hinweise darauf, dass Konrad Müller tatsächlich im Auftrag des MfS Personalakten aus dem Oberkirchenrat entwendet und sie der Staatssicherheit weitergegeben hat, liegen jedoch vor. So händigte er einem Treffbericht vom 4. Januar 1963 zufolge die Personalakte des ehemaligen Landeskirchenführers Walther Schultz seinem Führungsoffizier aus. Schultz hatte die Landeskirche von 1934 bis 1945 geleitet und war durch seine Mitgliedschaft in der NSDAP und seine nationalsozialistische Linientreue erheblich belastet. Die Staatssicherheit hatte großes Interesse daran, diese Akten in ihre Hände zu bekommen. Konrad Müller hatte die Akte von Walther Schultz deshalb dem Panzerschrank des Landesbischofs Niklot Beste entnommen. Das Verschwinden der Akte blieb nicht lange unbemerkt, doch konnte sich Ehrhard Piersig, schon zu damaliger Zeit Kirchenarchivrat, deren Verschwinden nicht erklären. Erst die Einsichtnahme in die IM-Akte zu Konrad Müller klärte diesen Fall auf.

In welchem Ausmaß die staatlichen Stellen mit Hilfe eines Oberkirchenrates, der IM war, die Entwicklung der Landeskirche zu beeinflussten versuchten, macht jedoch folgendes Dokument deutlich. Es handelt sich um einen Bericht Hoffmanns über ein Gespräch mit Konrad Müller im Januar 1963. Aus ihm geht hervor, dass Müller Landesbischof Beste auf einen der Landeskirche Thüringen vergleichbaren Weg bringen und ihn dazu von seinem wichtigsten Beratungsgremium, den Landessuperintendenten, isolieren sollte. Namentlich erwähnt wurden in dem Gespräch Oberkirchenrat Hermann Timm, der Rektor des Predigerseminars, Martin Lippold, und die Landessuperintendenten Bosinski und Wellingerhof. Die Wahl des Letzteren zum Landessuperintendenten wurde damals gerade diskutiert. Konrad Müller informierte, so der Bericht, den Kirchenreferenten darüber, dass Wellingerhof

326 Ebd., Bl. 57 f. Da die Akte Quittungsbelege sowohl in DM als auch in Mark ausweist, kann davon ausgegangen werden, dass hier tatsächlich die bundesdeutsche DM gemeint war.

zwar unter den „reaktionären Pastoren“ viele Freunde habe, Beste jedoch wolle, dass er Propst in Schwerin werde und nicht – wie Hermann Timm dies anstrebe – Landessuperintendent. Es gebe jedoch, so Konrad Müller, eine starke Gruppe um Landessuperintendenten Pflug, Rektor Martin Lippold, Propst Bliemeister, Landesjugendpastor Walter Schulz und andere, die Timms Linie verfolgen würden. Lippold solle als „unbequeme[r] Nachrichtenhändler in die entfernteste Superintendentur nach Neustrelitz gehen.“[327] Im Wortlaut folgen hier einige Passagen des Berichtes:

> „Der 1. Stellv. Vorsitzende gab Müller mehrmals und eindringlich zu verstehen, dass es von ihm abhängen werde, wie Beste sich jetzt verhält. Er forderte ihn auf, Beste konsequent zu beraten. Es wurde vereinbart, dass er über den Ablauf in Bad Saarow zu berichten hat und ihn auf seine Haltung in der Pfarreraussprache in Schwerin am 6.2.63 vorbereitet. (Einzelheiten wurden beraten).
> Müller erklärte sich bereit, uns in der politischen Differenzierungspolitik, vor allem gegenüber dem Bischof, zu helfen, um ihn auf die Linie Mitzenheim zu bringen, obgleich er daran zweifelte, dass Bestes 'charakterlichen Eigenschaften dafür hinreichend sind'.
> [...]
> Dr. Müller selbst zeigte sich zu Unterredungen in mindestens monatlichen Abständen bereit. Er wolle auch Dokumente und Aktenauszüge für kurze Zeit am 3. Ort zu unserer Einsicht hinterlegen. Seine Befürchtungen drückte er im Zusammenhang mit der Wahrung der Geheimhaltung aus. (Angeblich sei Kirchenführern in Berlin etwas über seine Autofahrt mit dem 1. Stellv. Vorsitzenden bekanntgeworden). Er sei froh [...] mit seiner Frau und mit uns all die komplizierten Fragen und Probleme besprechen zu können. (Seine Frau festigt ziemlich gewiß seine Haltung zu uns."[328]

Entsprechende Informationen finden sich in der Akte bis zum Jahr 1969.

---

[327] Vgl. BStU, MfS, BV Schwerin, AIM 747/78, Bd. I/1, Bl. 62.

[328] Vgl. ebd.

Nach seiner Emeritierung im Jahr 1970 hätte die Akte des IM „Schmitt" archiviert werden können. Konrad Müller hatte ein Alter erreicht, in dem er dem MfS nur noch bedingt nützlich sein konnte, da er nicht mehr unmittelbar an innerkirchlichen Entscheidungen beteiligt war. Dennoch zeigte das MfS weiterhin Interesse an ihm, und zwar als Reisekader. Als Rentner hatte er die Möglichkeit, relativ unauffällig in den „Westen" zu reisen. Konrad Müller, der durch dieses „Arbeitsverhältnis" sein Geltungsbedürfnis befriedigen konnte, ging gerne darauf ein. Kleine Geschenke wie die 100 Mark, die er beispielsweise im November 1975 „in Anerkennung für die erfüllten Aufgaben bei der Aufklärung u. Kontrolle der Synode"[329] erhielt, beflügelten ihn. Inhaltlich ging es in seinen Berichten, die mitunter in die Lageberichte eingingen bzw. an die HVA von Markus Wolf weitergeleitet wurden, vor allem um seinen Nachfolger Siegfried Rossmann, den damaligen Hamburger Gesundheitssenator Seeler[330] und seinen ehemaligen Kollegen, Oberkirchenrat Wilhelm Gasse, der nach seiner Pensionierung nach Hamburg gezogen war. Müller sollte zum Beispiel in Erfahrung bringen, ob Gasse vorhabe, in die DDR zurückzukehren.[331]

Konrad Müller war jahrelang finanziell und materiell durch das MfS bedacht worden. Zu den Geschenken und finanziellen Zuwendungen kam außerdem die Ehrenpromotion hinzu, die ihm die Sektion Theologie der Wilhelm-Pieck-Universität Rostock auf Wunsch des Ministeriums für Hoch- und Fachschulen der DDR im Jahr 1969 verlieh.[332]

Konrad Müller war für das MfS auch deshalb ein wichtiger inoffizieller Zuträger, weil sowohl dessen Nachfolger Siegfried Rossmann als auch der damals noch amtierende Bischof Beste den Kontakt zu ihm hielten und ihn, so zumindest Konrad Müller in einem Bericht, um Rat fragten. Dies ist durchaus denkbar, da Bischof Beste augenscheinlich in seinen letzten Dienstjahren ein enges und vertrauensvolles Verhältnis zu Konrad Müller unterhielt, das er zu dem wesentlich jüngeren Siegfried Rossmann, der zudem in seinem neuen Amt sehr unsicher war, nicht mehr aufbaute.[333] Dass Müller einige Jahre lang Vorsitzender des Obersten Kirchengerichtes war, erhöhte seine Bedeutung für das Ministerium für Staatssicherheit.

---

329 Vgl. ebd., Bl. 103.

330 Vgl. ebd., Bd. II/1, Bl. 59.

331 Vgl. ebd., Bl. 125.

332 Vgl. Kiesow 1994, S. 2.

333 Vgl. BStU, MfS, BV Schwerin, AIM 747/78, Bd. II/1, Bl. 7.

Werner Schnoor war, als er 1977 in den Ruhestand ging, der dienstälteste Referent im Schweriner Oberkirchenrat. Als 1. Pressepastor, Chefredakteur der „Mecklenburgischen Kirchenzeitung" (MKZ) und des Amtsblattes sowie als Referent im Oberkirchenrat hatte er seit 1958 die kirchliche Pressearbeit geprägt. 1958 war er zum Pastor für den kirchlichen Pressedienst berufen worden. In dieser Funktion erwarb er sich große Verdienste, unter anderem weil sich auf seine Initiative hin ein großer Mitarbeiterkreis der Kirchenzeitung formierte und ein Pressebeirat entstand, der die Tätigkeit der „Mecklenburgischen Kirchenzeitung" kritisch begeleitete.

Dokumente aus der Behörde der Bundesbeauftragten für die Unterlagen der Staatssicherheit und Berichte in MfS-Akten weisen jedoch darauf hin, dass Werner Schnoor seit den sechziger Jahren konspirativ Gespräche mit Offizieren der Schweriner Bezirksverwaltung für Staatssicherheit führte. Die dazugehörige IM-Akte „Schütz" ist gegenwärtig nicht auffindbar, möglicherweise ist sie in der Wendezeit vernichtet worden.

Aus diesem Grund ist es gegenwärtig schwierig, das Wirken Werner Schnoors in seiner Funktion und in seinem Verhältnis zum Ministerium für Staatssicherheit auszuleuchten. Seine Registriernummer II 498/64 ist ein Beleg dafür, dass die Staatssicherheit diesen Vorgang 1964 angelegt hat. Die MfS-Karteikarten weisen darüber hinaus aus, dass Werner Schnoor im Oktober 1988, lange nach seinem Ausscheiden aus dem kirchlichen Dienst, noch an Major Wulf übergeben und unter dem Decknamen „Schütz" geführt wurde. Vereinzelt finden sich Berichte Schnoors in anderen Akten, beispielsweise in der OPK „Doppelzüngler" zu Heinrich Rathke. „Schütz" gab demnach Auskunft über Rathkes Position, dessen Haltung zu und Wertung von Gesprächen mit staatlichen Stellen.[334]

Schnoor war ein engagierter Pressemann. Ein Blick auf die „Mecklenburgische Kirchenzeitung" unter seiner Ägide und die entsprechende Aktenüberlieferung aus dem Oberkirchenrat zeigen, dass es immer wieder staatliche Einsprüche sowie angedrohte und umgesetzte Auslieferungsstopps gab. Gerhard Thomas beschrieb seinen Vorgänger wie folgt:

---

[334] Vgl. BStU, MfS, BV Schwerin, Abteilung XII/Archiv, AOPK 664/87, vor allem in Bd. 1.

„Er hatte eine große publizistische Leidenschaft […]. Auch wenn der Oberkirchenrat der Herausgeber war und damit die Anbindung an die Kirche sehr eng war, hat er doch immer auf einer eigenständigen und unabhängigen kirchlichen Publizistik bestanden, die auch kritisch gegenüber der eigenen Institution Kirche zu sein hatte und nicht das Sprachrohr der Kirchenleitung. Er hat dafür gesorgt, dass die Arbeit auf sehr vielen Schultern ruhte und durch die vielen Mitarbeiterinnen und Mitarbeiter, die er gewonnen und interessiert hat, sehr in die Breite der Kirche ging, dafür hatte er ein besonderes Faible. Ich habe eine Menge von ihm gelernt und ihn als Förderer und Lehrer erlebt.“[335]

Auf der anderen Seite waren die konspirativen Gespräche mit dem MfS eine Tatsache. Wo stand Werner Schnoor? Auch die staatliche Seite schien sich unsicher, wie eine „Einschätzung des Schriftleiters der Meckl. Kirchenzeitung (MKZ)“ aus dem Jahr 1960 verrät. Darin heißt es, Schnoor sei zwar loyal eingestellt zur Jugendweihe und allgemein zur DDR, aber er habe in der MKZ doch einige Artikel veröffentlicht, die dem nicht entsprächen; die Artikel seien dann auf Intervention der Drucker nicht veröffentlicht worden. Er habe daraufhin versucht, öffentlich von einer „Zensur“ der MKZ zu sprechen, sei aber nach einem Gespräch, das man staatlicherseits mit Bischof Beste geführt habe, davon wieder abgekommen.[336]

Belege über das Wirken eines IM „Schütz“ finden sich erst wieder Anfang der achtziger Jahre, zu einem Zeitpunkt also, zu dem Werner Schnoor bereits mehrere Jahre pensioniert war. So liegt in der Akte „Doppelzüngler“ zu Heinrich Rathke ein Dokument vor, in dem vier Inoffizielle Mitarbeiter des MfS erwähnt werden, nämlich „Schütz“, „Schulz“, „Walter“ und „Magda“. Diese sollten die „[s]tändige Kontrolle des Auftretens und Wirksamwerdens des R. innerhalb der Landeskirche und im Bund der Evangelischen Kirchen in der DDR, seiner Pläne und Absichten hinsichtlich der weiteren Entwicklung innerhalb der Landeskirche und des Verhältnisses Staat + Kirche“ kontrollieren und inoffiziell Einfluss nehmen auf entsprechende Entscheidungen. Interessant ist an diesem Dokument, dass bis auf „Magda“ – Charlotte Süße – alle Inoffiziellen Mitarbeiter vom Leiter der Abteilung XX, Röbke, geführt wurden. „Magda“ hingegen agierte unter der Führung des Leiters der

---

[335] Vgl. Interview mit Gerhard Thomas am 4.1.2001.

[336] Vgl. BArch, Do-4/2938, Bl. 4.

Schweriner Bezirksverwaltung.[337]

Andere Dokumente aus der Bezirksverwaltung Schwerin legen nahe, dass Werner Schnoor sich im Auftrag des MfS um Kontakte zu einer Redakteurin der Zeitschrift „Glaube in der 2. Welt“ bemühte, um herauszufinden, zu welchen osteuropäischen Kirchen Kontakte bestehen und welche „Rolle und Funktion bei der Informationsabschöpfung aus diesen Kirchen“ diese Zeitung spielt.[338]

Zu den derzeit verfügbaren Hinweisen auf das Wirken des IM „Schütz“ gehört auch ein Arbeitsplan des Leiters der Bezirksverwaltung Schwerin für das Planjahr 1983, der vom 30. Dezember 1982 datiert. Dort heißt es, Schnoor erhalte den Auftrag, „aus den evangelischen Minderheitskirchen der Sowjetunion geeignete kirchliche Personen auszuwählen und dem Chefredakteur des Redaktionsausschusses zu empfehlen, die die operative Kontrolle und den ständigen Einfluß der sowjetischen Sicherheitsorgane auf diese Nachrichtenagentur sichern“.[339] Hintergrund war die für 1983 geplante Bildung einer evangelischen Nachrichtenagentur der lutherischen Minderheitenkirchen im Ostblock mit Sitz in Budapest.

Außerdem findet „Schütz“ an einer weiteren Stelle des Arbeitsplanes Erwähnung. Ende 1982 richtete die Bezirksverwaltung Schwerin das Objekt „Mühle“ ein. Dabei handelte es sich um eine konspirative Wohnung in der unmittelbaren Nähe zum Schleifmühlenweg 11, wo der mecklenburgische Landesbischof wohnte. Augenscheinlich bereitete man sich bei der MfS-Bezirksverwaltung bereits auf den für 1984 bevorstehenden Wechsel im Bischofsamt vor. In diesem Zusammenhang sollte die jeweilige so genannte „Einsatzkonzeption“ der IM „Schulz“, „Walter“ und „Schütz“ – Gerhard Thomas, Jürgen Kapiske und Werner Schnoor – den neuen Anforderungen angepasst werden. Sie hatten nun die Aufgabe der „Gewährleistung einer effektiven Kontrolle einreisender Korrespondenten und bevorrechteter Personen und der erkannten Stützpunkte im Bereich der Evangelisch-Lutherischen Landeskirche Mecklenburgs“.[340]

Auf staatlicher Seite war man augenscheinlich mit Werner Schnoor zufrieden. Immerhin schlug der Stellvertretende Vorsitzende für Inneres

---

[337] Vgl. BStU, MfS, BV Schwerin, Abteilung XII/Archiv, AOPK 664/87, Bd. 1, Bl. 1a (alte MfS-Zählung).

[338] Vgl. BStU, MfS, BV Schwerin, BdL Dok 400174, Bl. 41 ff. (alte MfS-Zählung).

[339] Vgl. BStU, MfS, BV Schwerin, BdL Dok 400578, Bl. 43 (alte MfS-Zählung).

[340] Vgl. ebd., Bl. 45 f. (alte MfS-Zählung).

beim Rat des Bezirkes, Schwoerke, dem Ratsvorsitzenden Fleck noch Mitte Oktober 1988 vor, Werner Schnoor die Ehrendoktorwürde zu verleihen. Zur Begründung fügte Schwoerke in einem Briefentwurf an:

> „Um seine Verdienste um die Gestaltung sachlicher, konstruktiver und vertrauensvoller Beziehungen zwischen der Evangelisch-Lutherischen Landeskirche Mecklenburgs und den staatlichen Organen zu würdigen und zugleich einen Schritt kirchenpolitischer Differenzierungsarbeit zu praktizieren, wäre es möglich - so ergab eine Absprache mit dem Staatssekretär für Kirchenfragen, Genossen Kurt Löffler -, ihn zur Verleihung der Ehrendoktorwürde vorzuschlagen."[341]

Offensichtlich überprüfte man dieses Anliegen in der SED-Bezirksleitung, denn in deren Aktenbestand findet sich eine undatierte Notiz, wonach die Verleihung der Ehrendoktorwürde in den Fächern Theologie, Journalistik oder Geschichte erwogen werden solle. Diesmal fiel die Begründung etwas ausführlicher aus:

> „Schnoor vertrat in seinen verschiedenen Funktionen konsequent und beharrlich gegenüber der sozialistischen Staats- und Gesellschaftsordnung realistische Positionen, setzte sich kontinuierlich für sachliche und konstruktive Staat-Kirche-Beziehungen ein und gilt als führender Vertreter der progressiven Kräfte innerhalb der Landeskirche. Das wurde besonders deutlich während seiner Tätigkeit als Chefredakteur der MKZ, einschließlich des damit verbunden gewesenen positiven Auftretens von Schnoor in Wort und Schrift während überregionaler und internationaler kirchenpolitischer Aktivitäten. Durch Schnoor wurde maßgeblich auf die Verhinderung des Mißbrauchs des Informationsdienstes für lutherische Minderheitskirchen (IdL) im Zusammenhang mit dessen Gründung eingewirkt. Gegenwärtig fungiert Schnoor als Herausgeber der Studienhefte zur Mecklenburgischen Kirchengeschichte, die unabhängig von Einflüssen kirchenleitender Gremien der ELLKM's erscheinen und mit deren

[341] LHA Schwerin, RdB Schwerin, Z 10/90, 23, n. p.

> Herausgabe und Verbreitung ein theologisch fundierter Beitrag, auch über den Rahmen der Landeskirche hinaus, zur Aufarbeitung und kritischen Analyse kirchenpolitisch bedeutsamer Entwicklungsprozesse innerhalb der ELLKM's geleistet wird."[342]

Die Wende machte diese Pläne hinfällig, und Werner Schnoor verstarb im Jahr 1991, ohne sich zu den damals noch unbekannten Verbindungen zum Staatssicherheitsdienst geäußert zu haben. Entsprechende Verdachtsmomente hatte es jedoch auch im Oberkirchenrat schon Ende der siebziger Jahre gegeben. Hintergrund waren die „Mecklenburgischen Studienhefte", für deren Veröffentlichung Werner Schnoor ohne erkennbaren Verhandlungsaufwand die Lizenz erhalten hatte. Diese Lizenzerteilung auf dem höchst sensiblen Gebiet der Pressearbeit erregte das Misstrauen so mancher Kollegen – ohne dass dem weiter nachgegangen werden konnte.[343]

### *Ulrich Warnow – „Soll ich für Sie Spitzeldienste leisten?"*

Ulrich Warnow wurde 1975 als IM „Peter Beyer" angeworben. Zu diesem Zeitpunkt war er Mitarbeiter des Oberkirchenrates und bearbeitete für Oberkirchenrat Hermann Timm den Bereich des katechetischen Dienstes in der Landeskirche. Sein Führungsoffizier Lothar Pfeufer begründete die Werbung mit Warnows beruflicher Stellung und Persönlichkeit:

> „Der Kandidat ist Angestellter des OKR Schwerin und wird in der Perspektive als leitender Mitarbeiter eingesetzt. Der Kandidat ist ein ausgebildeter Katechet und mit vielen Personen bekannt, die im Mittelpunkt der Arbeit des MfS stehen. Der Kandidat ist voraussichtlich von der Persönlichkeit her für die inoff. Arbeit geeignet. Ausnutzbare Gewinnungsmöglichkeiten sind vorhanden."[344]

Das erste Mal trafen Pfeufer und Warnow im Mai 1975 zusammen. Pfeufer hatte sich offensichtlich beim Katecheten Warnow angemel-

---

342 LHA Schwerin, SED BPA Schwerin, IV F – 2/14/774, Bl. 205.

343 Vgl. Interview mit Sibrand Siegert am 12. 12. 2000.

344 BStU, MfS, BV Schwerin, AIM 036/89, Bd. II/1, Bl. 13.

det, um dessen Stimmungslage zu eruieren. Zuvor hatte er vom IM „Kaltenhofer", Reinhard Gransee, den Hinweis erhalten, dass Warnow einem Gespräch aufgeschlossen gegenüberstehen könne.[345] Es kam zu einem längeren Gespräch, in dem Warnow vor allem persönliche Probleme (Wohnung) vortrug und deutlich machte, dass er einen großen Abstand zur Kirche habe und sofort seine kirchliche Tätigkeit beim Oberkirchenrat aufgeben würde, wenn sich etwas anderes anbiete. Warnow erfasste den Sinn des Gespräches sofort. Wie Pfeufer später in seinem Bericht notierte, sprach er ihn unmittelbar auf das Interesse des MfS an ihm an:

> „Auf die Frage, welche Überlegungen und Absichten wir mit der Aussprache verfolgen, sagte ich ihm, daß wir uns gerne mit ihm über uns interessierende Probleme unterhalten möchten. Herr Warnow reagierte daraufhin wörtlich folgendermaßen: 'Hart ausgedrückt, soll ich für Sie Spitzeldienste leisten?'"[346]

Warnow ging nicht nur auf das Ansinnen des MfS-Mannes ein, sondern stellte auch eine Bedingung: er brauche eine neue Wohnung. Dies war die Grundlage für die vier Jahre währende Zusammenarbeit zwischen Ulrich Warnow und dem MfS. Warnow ahnte nicht, dass Pfeufer über die privaten Verhältnisse Warnows bereits Erkundigungen eingezogen hatte und wusste, dass das Wohnungsproblem in absehbarer Zeit gelöst sein würde. Pfeufer notierte in seinem Bericht, „ich versprach Herrn Warnow Unterstützung bei der Beschaffung einer Wohnung, da ich davon Kenntnis hatte, daß er sowieso eine Wohnung bekommt".[347] Obwohl im kirchlichen Bereich ganz und gar unüblich, unterschrieb Ulrich Warnow am 28. August 1975 die Verpflichtungserklärung.[348] In der „Begründung der Werbung aus operativer Sicht" hielt Pfeufer fest:

> „Der Kandidat hat durch seine Einführung in den kirchlichen Dienst durch den reaktionären Oberkirchenrat Timm sowie seine Ausbildung und zwei Jahrzehnte währende Tätigkeit als Katechet genügende Referenzen, um die not-

---

[345] Vgl. ebd., Bd. I/1, Bl. 56.

[346] Vgl. ebd., Bl. 57.

[347] Vgl. ebd., Bl. 58.

[348] Vgl. ebd., Bl. 77.

wendigen Kontakte zu operativ interessanten Personen der Linie XX/4 herzustellen. Darüber hinaus hat der Kandidat auf Grund seiner Zugehörigkeit zum Vertrauensausschuss des Oberkirchenrates und der kommenden leitenden Position eine Entwicklungspotenz. Durch die berufliche Situation und perspektivischen Einsatzbereiche ist der Kandidat objektiv in der Lage, schwerpunktmäßig zur Lösung operativer Aufgaben beizutragen."[349]

Den Beweis seiner Bereitschaft zur Zusammenarbeit lieferte Warnow prompt. Sein erster mündlicher Bericht befasste sich mit dem gerade in sein Amt eingeführten Oberkirchenrat Walter Schulz, „der sehr davon angetan war", so „Peter Beyer", „daß seine Wohnungsfrage so schnell und so gut gelöst wurde."[350] Am 9. Oktober 1975 fand das nächste Treffen statt. Der IM erhielt den Auftrag zur „Aufklärung des Persönlichkeitsbildes des OKR Schulz".[351]

Betrachtet man die vier Jahre bis 1979, in denen Warnow für das MfS arbeitete, so ergeben sich einige Schwerpunkte seiner Tätigkeit: Neben den Kontakten zur EKD, die für die BV Schwerin von besonderem Interesse waren, bestand Warnows eigentliche Bedeutung in der Weiterleitung internen kirchlichen Materials aus der Münzstraße 8–10, dem Haus des Oberkirchenrates, zum MfS. Schenkt man der Akte Glauben, dann hatte Warnow diesen Botendienst von sich aus und bereits im November 1975 angeboten:

„Entsprechend seines Auftrages übergab der IMS Aufstellungen über die Katecheten und katechetische Arbeit der Meckl. Landeskirche. Über den OKR Schulz konnte der IMS noch keine wesentlichen Aufklärungsergebnisse erbringen, weil Schulz derzeitig viel unterwegs ist und kaum persönliche Kontakte vorhanden sind. In bezug auf die Unterlagen der geführten Verhandlungen in strittigen Fragen zwischen Kirche und staatl. Organen teilte mir der IMS mit, daß es eine Akte über Probleme katechetischer Arbeit und Schule gibt, die er uns ohne weiteres zur Verfügung stellen kann. Die Akte mit den

349 Vgl. ebd., Bl. 75.

350 Vgl. ebd., Bd. II/1, Bl. 13.

351 Vgl. ebd., Bl. 16.

Niederschriften über Verhandlungen zwischen Kirche und Staat befindet sich nicht in seinem Besitz. Er könnte sie jedoch unter Umständen für kurze Zeit an uns zur Einsicht übergeben, bemerkte aber, daß diese Akte unvollständig ist und Vermerke über laufende Probleme sich bei den einzelnen OKR befinden."[352]

Von Interesse für das MfS war Warnow auch auf Grund seiner Funktion als Sekretär der Landessynode, denn, so Führungsoffizier Pfeufer in einem internen Bericht: „Der IMS bedient während der Synode die Aufnahmetechnik und ist dadurch im Besitz der Tonbänder über den gesamten Verlauf der Synode. Der IMS ist bereit, die uns interessierenden Aufnahmen zu übergeben, und er ist in der Lage, uns allseitig über die Synode zu informieren."[353] Zahlreiche Unterlagen von der Synode belegen, dass Warnow dies auch umgesetzt hat.[354]

Im Januar 1976 konnte Pfeufer melden, der IM habe auftragsgemäß „die Akten mit den Niederschriften des Bischofs Rathke, verschiedenen Oberkirchenräten u. Pastoren über Gespräche mit staatl. Organen bzw. dessen Vertretern an sich gebracht und zur Übergabe an das MfS vorbereitet".[355] Die Aktenübergabe erfolgte im Kreuzgang des Schweriner Domes morgens um 6.00 Uhr. „Der IMV hatte dort eine Tasche mit den Akten bereitgehalten und übergab sie mir in einem geeigneten Moment des Vorbeigehens. Die Tasche enthielt zwei gebundene Akten, [...]."[356] Am nächsten Tag hatte der Offizier die Akten gelesen, fotokopiert und dem IM um 6.45 Uhr zurückgegeben. „Der IMV ging an diesem Tage etwas früher zum Dienst, um die Akten unbemerkt wieder an die entsprechende Stelle zu legen."[357]

Die Unverfrorenheit des IM überzeugte Pfeufer davon, dass dieser es ernst meinte. Das nächste Gespräch fand deshalb schon im Februar 1976 statt mit dem Ziel, den Aktentransport aus der Münzstraße exakt abzustimmen:

„Der Treff wurde hauptsächlich genutzt, um eingehend die Probleme der Beschaffung von wichtigen Arbeitsunterlagen

---

[352] Vgl. ebd., Bl. 17.

[353] Vgl. ebd., Bl. 18.

[354] Vgl. ebd., Bl. 19 ff.

[355] Vgl. ebd., Bl. 73.

[356] Vgl. ebd.

[357] Vgl. ebd.

des Bischofs und der Oberkirchenräte zu beraten und zu erörtern, was im Rahmen der Möglichkeiten des IMV liegt. Konkret kann der IMV die Vorbereitung und Durchführung von Synoden kontrollieren und alle dazu notwendigen Materialien beschaffen. Die Kontrolle der Vorbereitung des Bischofs oder der OKR für Gespräche und Tagungen mit staatlichen Vertretern ist ebenfalls möglich, aber von bestimmten Umständen abhängig."[358]

Pfeufer wurde das Pflaster augenscheinlich bald zu heiß. Ungewöhnlicherweise beruhigte ihn der IM „Peter Beyer": Eine Dekonspiration sei im Oberkirchenrat nicht zu befürchten, so Warnow im April 1976. Ihm vertraue man im Oberkirchenrat „bedenkenlos".[359]

Ungestört leitete Warnow Akten aus der Münzstraße an seinen Führungsoffizier weiter. Dieser „bestellte" bestimmte Aktentitel, Warnow nahm sie spätabends mit nach Hause und händigte sie im Morgengrauen Pfeufer aus. Dieser fertigte Kopien an und übergab die Originale am nächsten Morgen wieder Warnow. Auf diese Weise sind die zahlreichen Kopien aus den Personalakten, die sich in den MfS-Akten befinden, erklärlich. Warnow besorgte auch den Dienstplan von Oberkirchenrat Schulz, Protokolle des Vertrauensausschusses des Oberkirchenrates und Berichte von Neueinstellungen. Protokolle der Sitzungen der Kirchenleitung gelangten ebenfalls auf diesem Weg zum MfS.[360] Pfeufers „Wunschliste" wurde im Laufe der Zeit immer länger. Bei dem Treffen am 10. Januar 1978 erhielt der IM den Auftrag, Möglichkeiten der Beschaffung von Unterlagen über Pastoren zu prüfen.[361]

Ob Ulrich Warnow tatsächlich eine neue Wohnung erhielt, geht aus den Akten nicht hervor. Deutlich ist aber, dass er spätestens seit 1978 150 Mark monatlich erhielt.[362] Zudem wurde er technisch geschult; mit einem Gerät, das er für diesen Zweck erhielt, sollte er im Oberkirchenrat Kopien anfertigen. Pfeufer waren die morgendlichen Treffen im Kreuzgang offenbar zu gefährlich geworden, und so wurde Warnow angehalten, selbst Kopien anzufertigen, damit die Akten nicht mehr herausgeschafft werden müssten. Zum nächsten Treffen solle er „Kopien der

[358] Vgl. ebd., Bl. 75.

[359] Vgl. ebd., Bl. 139.

[360] Vgl. ebd., Bl. 204.

[361] Vgl. ebd., Bl. 288.

[362] Vgl. ebd., Bl. 318.

wichtigsten Unterlagen aus den Personalakten von uns interessierenden MA und Pastoren" mitbringen.[363]

Die Unregelmäßigkeiten beim Aktenumlauf waren im Oberkirchenrat nicht unbemerkt geblieben. Im August 1978 führte deshalb Oberkirchenrat Siegert ein Gespräch mit Warnow, in dem er diesen offen auf eine mögliche Zusammenarbeit mit dem MfS ansprach. Warnow äußerte sich dazu nicht. Er berichtete jedoch Pfeufer davon und schloss mit den Worten: „Alles Gute für Ihre Arbeit, herzlichen Gruß Ihnen und Ihren Mitarbeitern".[364]

Die Auswirkungen von Warnows Zuträgerdiensten für das kirchenpolitische Klima zwischen dem Staat und der mecklenburgischen Landeskirche sind kaum abzuschätzen. Pfeufer konnte über seinen IM „Peter Beyer" das Archiv der Landeskirche nutzen, als wäre es ein MfS-Archiv. Er konnte sich als ungebetener Gast in den Aktenumlauf einschalten und auf Bestellung Personendossiers zur Verfügung stellen.[365] Zufrieden notierte Pfeufer deshalb im Februar 1979:

> „Der IM hatte die Personalakten des Krankenhausseelsorgers [geschw.] durchgearbeitet und alle wesentlichen Faktoren zur Person auf Tonband aufgesprochen. Dasselbe erfolgte über Pastor [geschw.] aus Neustrelitz, der im Strafvollzug eingesetzt werden soll. Weiterhin überprüfte der IM die Akten des Pastors [geschw.], um die Gründe seiner Versetzung von Slate nach Witzin zu ermitteln. Der IM prüfte die Akten Kirche/Staat und berichtete über zwei Vorgänge aus Lalchow und Basse. Insgesamt übergab der IM Tonbandaufzeichnungen für 8 wertv. op. Informationen, die vollkommen seiner Einsatzrichtung entsprechen."[366]

Aus welchen Gründen Warnow schließlich seine Tätigkeit für das MfS 1979 einstellte, ist nicht zu klären. Aus der Akte „Peter Beyer" geht lediglich hervor, dass Warnow im April 1979 seine Zusammenarbeit mit dem MfS aufkündigte. Pfeufer und seine Vorgesetzten hatten Gefallen an diesem IM gefunden und wollten ihn nicht aus dem „Dienst" entlas-

363 Vgl. ebd., Bl. 210.

364 Vgl. ebd., Bd. I/1, Bl. 128.

365 Vgl. ebd., Bd. II/1, Bl. 333.

366 Vgl. ebd., Bl. 336.

sen. Warnow zeigte sich aber hartnäckig, so dass die Akte im Juni 1980 endgültig geschlossen wurde. Pfeufer begründete dies wie folgt:

> „Aus bisher nicht erklärbaren Gründen ersuchte der IM um die Einstellung der Zusammenarbeit. Äußerlich betrachtet erschien die Reaktion des IM als Kapitulation vor der weiteren Zusammenarbeit, die aber nicht als kategorisch zu betrachten ist. Aufgrund einer leitungsmäßigen Entscheidung wurde die Zusammenarbeit mit dem IM zeitweilig eingestellt. Aus diesen Gründen erfolgt die Umregistrierung zum IMS. [...]
> Eine Überprüfung ergab, daß sich die Einstellung des IM zu einer erneuten inoff. Zusammenarbeit bisher nicht geändert hat. Er lehnt sie weiterhin ab. Aus diesem Grund wird die Zusammenarbeit eingestellt und der IM-Vorgang in der Abt. XII gesperrt archiviert."[367]

Die Akte umfasste zu diesem Zeitpunkt drei Bände mit insgesamt 514 Blättern.

## *IM „Jurist" – Siegfried Rossmann*

Siegfried Rossmann kam 1965 in den mecklenburgischen Oberkirchenrat. Er hatte sich auf eine Juristenstelle in der Kirche beworben, nachdem er zunehmend Schwierigkeiten mit seiner Tätigkeit als Richter am Kreisgericht Hagenow bekommen hatte. Davon hatte auch das MfS erfahren. Aus Berlin wurde schon im Juni 1965 die Bitte an die Kreisdienststelle Hagenow gerichtet, konspirative Ermittlungen zu Rossmann anzustellen, weil bekannt geworden sei, dass dieser Verbindung zu christlichen Kreisen habe. Vor allem wurden Informationen über persönliche Verhältnisse, seine politische, militärische und berufliche Vergangenheit, seine politische Haltung zum Staat, eventuelle Mitgliedschaften in Parteien und Organisationen und die konkreten kirchlichen und sonstigen Verbindungen erbeten.[368] Noch vor Dienstaufnahme Rossmanns am 1. Januar 1966 berichtete Müller dem MfS über den neuen Kollegen aus Hagenow, dessen Einstellung in den

---

[367] Vgl. ebd., Bd. I/1, Bl. 29 f.

[368] Vgl. BStU, MfS, BV Schwerin, AIM 9262/78, Bd. I/1, Bl. 39.

kirchlichen Dienst schon so gut wie sicher sei.[369]

Was er im staatlichen Bereich geschafft hatte, sich nämlich bestimmter staatlicher Erwartungshaltungen zu erwehren, gelang ihm nun im kirchlichen Bereich nicht. Ganz oben, in der Hauptabteilung XX/4 in Berlin, war man auf diesen Kirchenmann aufmerksam geworden. Der Kontakt zu Rossmann wurde hergestellt, als sich abzeichnete, dass er die besten Aussichten im Oberkirchenrat hatte,[370] Nachfolger von Konrad Müller zu werden. Dieser würde 1969 in den Ruhestand gehen und dann nicht mehr über die Konferenz der Kirchenleitungen und die mecklenburgische Kirchenleitung berichten können.[371] „Die Verankerung in der Kirchenleitung der Landeskirche Mecklenburg durch einen weiteren IM, der eine perspektivvolle Entwicklung vor sich hat, ist deshalb von großer operativer Bedeutung."[372]

In einer „Einschätzung des IM 'Jurist'" aus dieser Zeit heißt es, die Einstellung von Rossmann sei insbesondere durch Beste betrieben worden „und konnte durch zwei weitere IM unterstützt werden".[373]

> „R. wurde 1965 durch einen Hinweis des GM 'Konrad'[374] bekannt. R. bewarb sich zu diesem Zeitpunkt um die freigewordene Stelle eines juristischen Mitarbeiters beim Oberkirchenrat in Schwerin.
> Nachdem Ermittlungen über R. durchgeführt worden waren, wurde dem GM vorgeschlagen, den R. einzustellen. Seitens des MfS bestand dabei von vornherein die Zielstellung, zu R. eine inoffizielle Verbindung herzustellen.
> Nach seiner Einstellung bei der Kirchenleitung erfolgte eine ständige Beobachtung von R. durch die IM 'Konrad', 'Wilhelm' und 'Bastler'."[375]

Zwei Jahre später, 1967, wurde Siegfried Rossmann als IM „Jurist" mit der Begründung registriert: „Der Kandidat ist Mitglied einer wichtigen

---

[369] Vgl. ebd., Bl. 40.

[370] Vgl. ebd., Bl. 11.

[371] Vgl. ebd., Bl. 14.

[372] Vgl. ebd., Bl. 9.

[373] Vgl. BStU, MfS, BV Schwerin, AIM 036/89, Bd. I/1, Bl. 57.

[374] Bis 1970 lautete der Deckname von Oberkirchenratspräsident Konrad Müller „Konrad", danach erst „Schmitt".

[375] Vgl. BStU, MfS, BV Schwerin, AIM 9262/78, Bd. I/1, Bl. 11.

Zentrale auf der Linie XX/4/1. Bei der Kontaktaufnahme erklärte er sich für weitere Gespräche bereit."[376]

Die Anwerbung Rossmanns erfolgte vor dem Hintergrund der Auseinandersetzungen zwischen Staat und Kirche um die Evangelische Kirche in Deutschland (EKD): Das MfS wollte in den Rat der EKD zuverlässige Mitglieder lancieren. Klaus Roßberg hat dies in seiner Darstellung der MfS-Kirchenpolitik wie folgt formuliert:

> „So entwickelten wir bereits 1961/62 taktische Überlegungen zum Aufbau von Kräften und Gruppierungen in Opposition zur EKD-Hierarchie, dachten darüber nach, wie sie entweder in den kirchlichen Strukturen entwikkelt oder in sie hineingeschleust werden könnten und wie wir - etwa über das Außenministerium - auch die ökumenische und internationale Arbeit der Kirche für verdeckte Operationen nutzen konnten. [...] alle kirchlichen Schaltstellen sollten perspektivisch mit Offizieren im besonderen Einsatz besetzt werden."[377]

Einen hauptamtlichen Mitarbeiter der Staatssicherheit in den Oberkirchenrat einzuschleusen gelang dem MfS jedoch nicht – anders als zum Beispiel in der Kirchenprovinz Sachsen.[378]

Siegfried Rossmann lebte in einem Zwiespalt: Er offenbarte sich dem Präsidenten des Oberkirchenrates, Konrad Müller, der ihn auf Geheiß des MfS in diesen Kontakten bestärkte. In einem Bericht Ende der sechziger Jahre hieß es, Müller solle Rossmann so beeinflussen, „daß er in diesem Kontakt etwas ganz Normales sehen muß u. sein Vorgesetzter darüber nicht informiert [zu] werden braucht. So war es möglich, daß der Bischof bisher nichts von der Verbindung erfahren hat."[379]

Trotzdem versuchte Rossmann wenig oder gar nichts zu sagen und sich den Kontakten zu entziehen.[380] Als der MfS-Mann Roßberg ihn nicht zu einer besseren Kooperation bewegen konnte, schaltete er seinen Berliner Vorgesetzten Sgraja ein. Der sollte den Schweriner

---

376 Ebd., Bl. 3.

377 Roßberg/Richter 1996, S. 34.

378 In der Kirchenprovinz Sachsen waren seit 1976 Detlef Hammer, OibE „Günter", und seit 1979 Marion Staude, HIM „Anke Köhler", in leitenden Positionen beschäftigt.

379 Vgl. BStU, MfS, BV Schwerin, AIM 9262/78, Bd. II/1, Bl. 55.

380 Vgl. ebd., Bd. I/1, Bl. 4.

Oberkirchenratspräsidenten dazu bringen, nach allen Seiten über seine Kontakte zum MfS zu schweigen.[381] Aus einem „Aktenvermerk" vom April 1968 geht hervor, dass Roßberg und Sgraja in Schwerin waren, um weiter darauf hinzuwirken, dass der Kirchenmann nicht mehr seine Vorgesetzten informierte. Der habe zwar, so der Vermerk, Einwände vorgetragen, dann aber nachgegeben. Anschließend habe man mit „Jurist" private Dinge besprochen, wobei der IM entspannter geworden sei. Ein weiteres Treffen abzulehnen, habe er nicht gewagt.[382]

1969 stellte sich immer stärker die Frage nach einem Nachfolger für Konrad Müller. Roßberg und Sgraja versuchten, Rossmann davon zu überzeugen, er solle dessen Funktion übernehmen. Rossmann sah sich jedoch fachlich dazu nicht in der Lage und – so berichtet Roßberg nach dem Gespräch – wolle den Neid der älteren Kollegen nicht heraufbeschwören.[383] Er notierte im Anschluss an dieses Gespräch im April 1969, dass Rossmann sich sehr widerspenstig gebe: „Der Treff fand in seinem Dienstzimmer statt. Er war nicht bereit, einer Einladung zu einem anderen Ort Folge zu leisten. Seine Schwerfälligkeit u. Einsilbigkeit wirken sich sehr ungünstig auf die Treffdurchführung aus. Es konnte jedoch erreicht werden, daß der IM sich bereit erklärte, ein weiteres Gespräch zu führen."[384] Wollte Rossmann dekonspiriert werden, weil er sich nicht in der Lage sah, aus eigener Kraft die Kontakte zum MfS abzubrechen?

Als Rossmann 1970 Präsident des Oberkirchenrates wurde, setzte Roßberg keine übermäßigen Hoffnungen mehr in „seinen" IM. Zu lange schon hatte dieser versucht, sich den Treffen zu entziehen. Der MfS-Offizier fasste zusammen:

> „In der Zusammenarbeit hat es keine wesentliche Aufwärtsentwicklung gegeben. Der IM ist sehr verschlossen u. von der charakterlichen Veranlagung her wenig entgegenkommend u. initiativvoll. Durch seine relativ kurze Berufserfahrung als Hintergrund ist er sehr ängstlich und dem Bischof gegenüber sehr unterwürfig. Der Bischof schätzt jedoch besonders diese Eigenschaften, weil er selbst sehr herrschsüchtig und geltungsbedürftig ist. Der IM ist keine Kämpfernatur. Über die bisher

[381] Vgl. ebd.

[382] Vgl. ebd., Bd. II/1, Bl. 4.

[383] Vgl. BStU, MfS, BV Schwerin, AIM 9262/78, Bd. II/1, Bl. 5.

[384] Ebd., Bl. 6.

geführten Gespräche hat er dem IM 'Konrad' Mitteilung gemacht. Es ist abzuwarten, ob er jetzt in seiner neuen Dienststellung dem Bischof gegenüber wie bisher Stillschweigen bewahrt. Er ist zu Treffs im Dienstgebäude jederzeit bereitwillig gewesen. Treffs in der Wohnung, die 2x bisher stattfanden, versuchte er mit allen möglichen Ausflüchten aus dem Weg zu gehen [...]
Während der Zeit seit der Kontaktaufnahme wurden weitere Ermittlungen über seine Vergangenheit geführt. Dabei wurden Hinweise erarbeitet, die den Verdacht entstehen ließen, daß der IM evtl. neg. Handlungen aus der Nazizeit zu verbergen sucht. Die Ermittl[un]g[en] werden hierzu weitergeführt u. evtl. sind op. Maßnahmen in Erwägung zu ziehen, um auf Anhaltspunkte zu stoßen u. evtl. die Bindung an das MfS zu erhöhen.
Durch regelmäßige monatliche Treffs ist vor allem der persönl. Kontakt zu ihm zu verbessern."[385]

„Der IM ist keine Kämpfernatur" – diese Einschätzung Rossmanns durch die Berliner MfS-Mitarbeiter zieht sich durch die gesamte Akte zwischen 1965 und 1975. Tatsache ist, dass Siegfried Rossmann in dieser Zeit zahlreiche Gespräche mit hochrangigen MfS-Offizieren aus Berlin – nie aus Schwerin – geführt hat. Bis 1969 hat er davon Konrad Müller informiert, niemanden darüber hinaus. Dennoch hat er immer wieder Klagen auf sich gezogen: er würde nicht genügend berichten, den Gesprächen ausweichen, keinen anderen Gesprächsort akzeptieren.

Die MfS-Akten erhellen nicht, welche Informationen Rossmann an das MfS weitergegeben hat; klar ist jedoch: Nicht eine Information von Rossmann wurde durch das MfS als wertvoll eingestuft. Vor diesem Hintergrund verwundert es zunächst, dass Siegfried Rossmann im April 1969 zum „IMV"[386] befördert wurde, obwohl seine bisherige Berichtstätigkeit dagegen gesprochen hätte. Aber nicht die tatsächliche Kooperation war ausschlaggebend, sondern die Hoffnung auf eine bessere Zusammenarbeit in der Zukunft. Der berichtende Offizier Roßberg schrieb in seinem „Vorschlag zur Neueinstufung", der IM werde „auf Grund seiner Perspektive eine wichtige Rolle spielen sowohl in der

385 Vgl. ebd., Bd. I/1, Bl. 57.

386 IMV ist die alte Bezeichnung für IMB: IM mit vertraulichen Beziehungen zu den im Vorgang bearbeiteten Personen.

Kirchenleitung Schwerin als auch später in dem geplanten Bund der Evangelischen Kirchen. Die Verbindung muß deshalb zielstrebig ausgebaut werden".[387]

Erstmals im Dezember 1970, im Zusammenhang mit der Neuwahl des mecklenburgischen Landesbischofs, vermerkte der MfS-Offizier, Rossmann scheine ihm entgegenzukommen: „Der Treff verlief zum ersten Mal in einer weniger krampfhaften Situation. Der IM war von sich aus gesprächiger, schnitt Probleme an u. stellte auch Fragen. Bei vorangegangenen Treffs hatte er nie eigene Aktivitäten gezeigt. Es muß deshalb weiter kontinuierlich mit ihm gearbeitet werden."[388] Zugleich habe Rossmann die Ungleichbehandlung von Christen und Nichtchristen in Schule und Ausbildung sowie die Verdrängung christlicher Eltern aus Elternaktiven kritisiert.[389]

Diese mutmaßliche Veränderung im Verhalten Siegfried Rossmanns scheint aber nicht von Dauer gewesen zu sein. Im April 1974 schätzte man in Berlin noch einmal die weitere Verwendbarkeit des Schweriner Kirchenmannes ein:

> „Er ist ein sehr zurückhaltender und verschlossener Typ. Es ist sehr schwer, zu ihm ein vertrauensvolles, persönliches Verhältnis herzustellen. Trotzdem konnte erreicht werden, daß er begann, Geschenke anzunehmen und zu Treffs nach Berlin zu kommen.
> Von dem IM wurden bisher Informationen zu internen Vorgängen innerhalb des Bundes und innerhalb der Landeskirche Mecklenburg gegeben. Er legt dabei jedoch nicht alle Probleme offen dar. In letzter Zeit konnte im Zusammenhang mit einer Republikflucht eines Pfarrers der Landeskirche Mecklenburg die Zusammenarbeit intensiviert werden [...] Der IM ist weiterhin aufzubauen, daß er zur effektiven Beeinflussung seines Bischofs und zur Zurückdrängung reaktionärer Kräfte im Bund des Evangelischen Kirchen in der DDR eingesetzt werden kann."[390]

---

[387] Vgl. BStU, MfS, BV Schwerin, AIM 9262/78, Bd. II/1, Bl. 55 f.

[388] Ebd., Bl. 19.

[389] Vgl. ebd., Bl. 18.

[390] Vgl. ebd., Bl. 21.

Es ist kaum zu vermuten, dass es dem MfS gelang, über Rossmann Einfluss auf Landesbischof Rathke zu nehmen. Vielmehr macht die IM-Akte „Jurist" deutlich, dass der Berliner MfS-Offizier den größten Teil der Zeit darauf verwandte, Rossmann von einem totalen Abbruch der Beziehungen abzuhalten, denn nach der Amtsübernahme Rathkes lockerte sich der Kontakt zwischen Rossmann und Roßberg merklich. Siegfried Rossmann hatte Rathke über seine Kontakte zum MfS informiert, worauf dieser Rossmann aufforderte, die Kontakte so schnell wie möglich zu beenden. Trotzdem gab es noch weitere Gespräche, so im Jahr 1973, als die Bundessynode in Schwerin tagte. Angesichts der Tatsache, dass Rossmann schon auf der Schweriner Ebene versuchte, sich dem Drängen des MfS zu entziehen, ist es mehr als fraglich, ob er auf Bundesebene jemals aktiv wurde. Offenbar ist dies nicht geschehen, denn bereits ein Jahr später lag ein „Beschluß zum Einstellen eines IM-Vorganges" vor. Unter „Gründe für das Einstellen" hieß es: „Die Zusammenarbeit ist nicht effektiv. Der IM zeigt keine Bereitschaft, interne Informationen zu liefern."[391]

Für die staatliche Seite war Rossmann kein „Glücksgriff". In der „Konzeption" zur Kirchenpolitik im Norden aus dem Jahr 1974[392] hieß es in einem Ton des Bedauerns, der Oberkirchenrat habe seit der Einrichtung der Kirchenleitung 1972 stark an Einfluss verloren. Dies hänge mit Siegfried Rossmann zusammen, der „von Anfang an nicht für dieses Amt geeignet [war]. Er leitet zu wenig, entscheidet selbst fast nichts und ist zu viel von der Haltung und Meinung anderer abhängig. Aus diesem Abhängigkeitsverhältnis heraus vermied er es auch von Anfang an, ein persönliches, gutes Verhältnis mit dem Rat des Bezirkes Schwerin einzugehen, das ihm mehrfach vertrauensvoll angeboten worden ist. Er hat wohl stets dabei nur befürchtet, dass ein solches Verhältnis von anderen nicht gutgeheißen werden könnte."[393]

Siegfried Rossmann verstarb am 15. Juni 1975, dennoch gelangte die Akte „Jurist" erst im April 1978 in das Archiv. Im „Abschlußbericht" beurteilte der MfS-Offizier Roßberg die Zusammenarbeit wesentlich posi-

---

391 Ebd., Bd. I/1, Bl. 4.

392 Der vollständige Titel lautet „Konzeption zur Gestaltung der Staatspolitik in Kirchenfragen gegenüber der Evangelisch-Lutherischen Landeskirche Mecklenburgs, der katholischen Kirche im Bereich des Bischöflichen Amtes Schwerin sowie den Religionsgemeinschaften in den Bezirken Schwerin, Rostock und Neubrandenburg". Vgl. LHA Schwerin, SED BPA Schwerin, IV C-2/14/548, Bl. 28 ff.

393 Vgl. ebd.

tiver, als dies durch die Akte „Jurist“ belegt ist: Der Schweriner Kirchenmann sei immer sehr ängstlich gewesen und habe daher dem Bischof über seine Kontakte zum MfS berichtet. „Er wurde daher mehr und mehr als Einfluß-IM eingesetzt u. weniger für die Informationsgewinnung. Während seiner langen Krankheit erfolgte keine op. Nutzung mehr.“[394] Das ist eine sehr verwunderliche Bewertung, denn ein IM, der sich den Gesprächen zu entziehen versuchte und als „Informations-IM“ nicht geeignet war, konnte schwerlich ein „Einfluß-IM“ sein.

Siegfried Rossmann war keine „Kämpfernatur“, dies hatte das MfS richtig erkannt. Hätte es Rossmann geholfen, wenn er von Heinrich Rathke und seinen Kollegen massiv zur Aufgabe des Kontaktes gedrängt worden wäre? Heinrich Rathke behielt das Wissen um diese Kontakte für sich und vertraute darauf, dass sein Oberkirchenratspräsident diese Gespräche selbst abbrechen würde. Dieser Fall wurde bewusst nicht zum Gesprächsgegenstand in der Münzstraße gemacht, so Rathke im Rückblick. Der Schaden wäre größer gewesen als der Nutzen: Tratsch und Klatsch, von dem sich eine Person wie Rossmann nicht wieder erholt hätte.[395] In anderen Fällen wie dem von Reinhard Gransee ging man anders vor und machte dies im Oberkirchenrat öffentlich.

### *„Magda“, „Kaltenhofer“ und „Mike“*

„Magda“, „Kaltenhofer“ und „Mike“ – das waren Charlotte Süße, die Sekretärin Peter Müllers, Reinhard Gransee, der in der Registratur arbeitete, und Uwe Hildebrandt, der in der zweiten Hälfte der achtziger Jahre wissenschaftlicher Mitarbeiter im Oberkirchenrat war. Anders als die IM „Schmitt“ und „Jurist“ konnten sie keinen Einfluss auf innerkirchliche Entscheidungen nehmen. Für das MfS waren sie aber als Zuträger wichtig, denn sie lieferten Stimmungsbilder und Informationen aus der Münzstraße 8-10.

Ihre Tätigkeit für das MfS zu bewerten ist schwierig, da sowohl die Akten zu „Kaltenhofer“ als auch die zu „Magda“ in der Wendezeit vermutlich vernichtet worden sind. Aus anderen Aktenbeständen geht jedoch hervor, dass beide Material aus dem Oberkirchenrat herausgeschleust haben. Entsprechende Verdächtigungen gab es bereits lange vor der Wende. Reinhard Gransee wurde Ende der achtziger Jahre von Peter Müller befragt und stritt Verbindungen zum MfS damals ab. Peter

394 Vgl. BStU, MfS, BV Schwerin, AIM 9262/78, Bd. I/1, Bl. 71.

395 Vgl. Interview mit Heinrich Rathke am 8. 6. 2000.

Müller sagte über Gransee:

> „Wir waren uns eigentlich immer bewusst, dass es im Hause des Oberkirchenrates Zuträger gibt. Den Begriff IM kannten wir nicht. Also wir waren uns bewusst, dass es die gab. Wir hatten auch einen konkreten Verdacht. [...] Es ist immer wieder passiert, dass Akten, und zwar Akten in sensiblen Bereichen, verschwanden. Personalakten, vor allem aber Sachakten, zum Beispiel Akten zur AGF [Arbeitsgemeinschaft Frieden]. Solche Akten verschwanden und tauchten nach einer Weile wieder auf. Der Verdächtige war in der Registratur tätig, und er war immer derjenige, der diese Akten dann in dem einen oder anderen Aktenstapel bei irgendeinem Bearbeiter wieder gefunden hat. [...]
> Wir haben aber immer nach der Maxime gehandelt: Wir wissen, dass wir Spitzel im Haus haben, aber weil wir nicht genau wissen, wer, handhaben wir die Sache so, dass derjenige, mit dem wir es gerade zu tun haben, es nicht ist, sondern richten uns in unserem allgemeinen Verhalten so ein, dass wir wissen: Wir werden beobachtet."[396]

„Kaltenhofer" war seit 1975 im Einsatz gegen die Landeskirche und wurde von Claus-Dieter Wulf geführt.[397] Seit den siebziger Jahren war Gransee auch in der Münzstraße tätig und dort zuständig für die Registratur. Er regelte den Eingang und Ausgang der Post, führte die Akte „Valuta-Mittel" und hatte durch die Verwaltung der laufenden Akten Einsicht in alle Vorgänge, die das MfS interessierte. Dennoch ist seine Tätigkeit für das MfS schwierig einzuschätzen, weil die Akte des IM „Kaltenhofer" bis jetzt nicht gefunden wurde. Einzelne Berichte dieses IM liegen jedoch vor, beispielsweise in der OPK „Doppelzüngler" zu Heinrich Rathke. Außerdem finden sich in zahlreichen MfS-Akten Dokumente, die aus der Registratur des Oberkirchenrates oder aus einzelnen Diensträumen stammten. Es ist nicht auszuschließen, dass sie durch Gransee an das MfS „ausgeliehen" wurden, wie seinerzeit schon in der Münzstraße vermutet worden war. So ist etwa in der Akte OV „Rekurs", in der unter anderem Ulrich von Saß verfolgt wurde, dessen gesamte Personalakte aus dem Oberkirchenrat enthalten.[398]

---

396 Interview mit Peter Müller am 25. 8. 2000.

397 BVfS Schwerin ZMA AKG, 3822, Bl. 9.

398 Vgl. Interview mit Ulrich von Saß am 7.4.2000.

Umgekehrt finden sich im Landeskirchlichen Archiv immer wieder handschriftliche Notizen aus den achtziger Jahren, dass dieses oder jenes Schriftstück vermisst werde.

Charlotte Süße kam 1978 oder 1979[399] aufgrund einer in der Kirchenzeitung ausgeschriebenen Stellenanzeige in die Münzstraße, erinnerte sich Peter Müller später:

> „Sie hatte angegeben, als Kind getauft und konfirmiert worden zu sein, sich dann aber von der Kirche getrennt zu haben nach ihrer Eheschließung mit einem SED-Genossen. Als Witwe habe sie wieder den Kontakt zur Kirche gesucht und gehöre nun zu einem Kreis in ihrer Ortsgemeinde. Sie suche schon seit einiger Zeit nach einer Alternative zu ihrer Tätigkeit im VEB und würde gern nach Schwerin umziehen und bei der Kirche arbeiten".[400]

Diese Biografie war nicht ungewöhnlich. Aufgrund der besonderen Vertrauensstellung, die eine leitende Sekretärin im Oberkirchenrat einnahm, reichte Peter Müller das von Charlotte Süße vorgelegte „Pfarramtliche Zeugnis" jedoch nicht aus. Nachdem er nähere Erkundigungen über die Bewerberin bei deren Ortspastor eingezogen hatte und sich keine Verdachtsmomente gegen sie ergeben hatten, wurde Charlotte Süße zunächst in der Kanzlei des Oberkirchenrates angestellt, einem zentralen Schreibbüro, das allgemeine Arbeiten erledigte. Aufgrund ihrer ausgezeichneten fachlichen Leistungen qualifizierte sie sich jedoch sehr schnell zur Sekretärin von Oberkirchenrat Walter Schulz bevor sie Chefsekretärin des Oberkirchenratspräsidenten wurde. In dieser Funktion bearbeitete sie auch den Postein- und -ausgang von Synodalpräses Wahrmann.

Ob sie zum Zeitpunkt ihrer Einstellung bereits Inoffizielle Mitarbeiterin des MfS war, d.h. zielgerichtet in den Oberkirchenrat eingeschleust worden war, konnte bisher nicht geklärt werden, da die Akten zu IM „Magda" nicht mehr existieren. Lediglich einzelne Berichte, die in anderen Akten abgelegt wurden, sind bisher bekannt. Charlotte Süße selber schrieb im Januar 2001 dazu, sie sei nicht bereits IM des MfS gewesen, sondern habe den ersten Besuch eines MfS-Mitarbeiters erst nach ihrem Arbeitsbeginn erhalten, wenn auch sehr schnell.[401] In den

---

[399] Das exakte Datum konnte nicht ermittelt werden.

[400] Schreiben von Peter Müller an d. Verf. vom 16.2.2006.

[401] Telefonisches Interview mit Charlotte Süße am 25. 1. 2001.

kommenden Jahren wurde sie zu einer der wichtigsten innerkirchlichen Informationsquellen der Staatssicherheit in Mecklenburg. Dass „Magda“ ebenso kompetent wie fleißig war, schützte sie lange Zeit vor Zweifeln an ihrer Integrität.

Als die Chefsekretärin im Dezember 1988 von Oberkirchenratspräsident Peter Müller der geheimdienstlichen Arbeit für den Staatssicherheitsdienst überführt wurde, hatten sich die Verdachtsmomente gegen sie bereits gehäuft. Nicht nur Peter Müller, sondern auch eine weitere Sekretärin hatte mehrfach beobachtet, wie sie gelegentlich mehr Kopien als notwendig gemacht und dies mit der schlechten Qualität der überzähligen Exemplare begründet hatte. Mehrfach war sie dabei beobachtet worden, wie sie vor Arbeitsbeginn, wenn sie sich ungestört geglaubt hatte, Notizen angefertigt hatte, die sie anschließend nicht in die Akten des Oberkirchenrates einordnete. Als Müller im Dezember 1988 tatsächlich Frau Süße mit einer entsprechenden Notiz antraf, diese zur Rede stellte und keine befriedigende Auskunft erhielt, bewies dies ihre Zuträgerschaft für das MfS endgültig. Müller beurlaubte sie umgehend und legte ihr nahe, aus dem Urlaub einen Antrag auf Aufhebung ihres Arbeitsvertrages zu stellen. Entsprechend kündigte „Magda“ den Dienst „aus persönlichen Gründen“ zum 31. Dezember 1988. Zusammen mit Christoph Stier informierte Peter Müller nicht nur den Präses der Landessynode, der seinerseits IM „Lorenz“ war und erst nach der Wende „enttarnt“ wurde, sondern auch den Bischofskonvent und den Vorstand der Konferenz der Kirchenleitungen des Kirchenbundes der DDR. Zugleich erbat die mecklenburgische Landeskirche ein Gespräch bei Staatssekretär Löffler, das am 13. Januar 1989 stattfand. Stier und Müller wiesen derartige Aktivitäten des MfS im kirchlichen Raum nachdrücklich zurück.

Von „Magda“ sind insgesamt nur sehr wenige Berichte erhalten geblieben. Sie finden sich in der Regel in OPK und OV von Personen, über die sie Material weitergegeben hat. Einer dieser Berichte stammt vom August 1982. Darin berichtete Süße, dass der Rechtsanwalt [geschw.] aus Berlin in der vergangenen Woche im Oberkirchenrat angerufen und mitgeteilt habe, dass das Gesuch des Oberkirchenrates zwecks Entlassung von Eckart Hübener aus der Haft von der Generalstaatsanwaltschaft positiv entschieden worden sei. Landesbischof Rathke habe Hübener in Brandenburg in der Strafvollzugsanstalt besucht und im Anschluss daran durch Oberkirchenrat Schulz ein Gesuch um vorzeitige Entlassung abfassen lassen. Hübener solle im August entlassen werden und das

Vikariat in Schwerin absolvieren.[402] „Magda" wurde damals vom Leiter der Bezirksverwaltung Schwerin geführt, was ausgesprochen ungewöhnlich war und die Bedeutung widerspiegelt, die sie als IM hatte.[403] Andere in dem Übersichtsbogen genannte IM wie „Kaltenhofer" wurden von Reinschmiedt, Leiter des Kirchenreferates in der Schweriner Bezirksverwaltung, und dessen Nachfolger Wulf geführt, nicht aber vom Leiter der Bezirksverwaltung, Korth, selbst.

Einem Gespräch, das ihre Sicht der Dinge hätte beleuchten können, wollte sich Charlotte Süße nicht aussetzen. In einem Brief vom Januar 2000 bat sie um Verständnis: Die letzten Jahre seien für sie nicht sehr glücklich verlaufen, und „[a]uch Selbstvorwürfe, Einsichten und bittere Erkenntnisse können sehr schmerzhaft sein." In wenigen Worten beschrieb sie ihre damaligen Kontakte zum Staatssicherheitsdienst:

> „Zu meiner Person ist zu sagen, daß ich 78 Jahre alt bin, also der sogenannten 'Kriegsgeneration' entstamme und demzufolge auch durch diese Zeit geprägt wurde. Erst 1978 begann ich eine Tätigkeit im Oberkirchenrat, damals hauptsächlich, um in eine humane Arbeitswelt zu kommen. In den letzten Jahren (bis Ende 1988) war ich als Sekretärin bei Herrn Präsident Müller tätig und auch Sekretärin der Landessynode (Präses Wahrmann). Ich selbst habe keine Gespräche mit staatlichen Stellen geführt, war aber über den Inhalt der Gespräche zwischen staatlichen Stellen und Oberkirchenrat durch meine Tätigkeit informiert. Angesprochen wurde ich von einem Vertreter des MfS, der mich in meiner Wohnung aufsuchte und mir erklärte, daß Interesse an Informationen bestünde, und zwar mit der Begründung, im Interesse eines guten Verhältnisses zwischen Staat und Kirche wäre es notwendig, sich abzeichnende Konflikte und Schwierigkeiten im Voraus zu wissen, um entsprechend reagieren zu können. Ich muß sagen, daß ich staatstreu und DDR-gläubig war und vor allem an die Friedenspolitik des Staates geglaubt habe. Erste Zweifel kamen mir nach der Aktion 'Schwerter zu Pflugscharen', bittere Erkenntnisse nach der Wende. Ich muß bekennen, daß ich mich für manches schäme, zumal ich die Arbeit im OKR gern gemacht habe und mir auch insbesondere vom Bischof Stier und dem

[402] Vgl. PA Eckart Hübener. „Bericht zu Einzelproblemen" vom 17. August 1982, Bl. 62 (alte MfS-Zählung).

[403] Vgl. PA Eckart Hübener. „Zur Person Hübener", Bl. 142 (alte MfS-Zählung).

Präsidenten großes Vertrauen entgegengebracht wurde. Die Wahl des Bischofs Stier habe ich persönlich als großen Fortschritt für die Landeskirche – insbesondere für die Verwaltung – angesehen."[404]

Ein weiterer Zuträger des MfS war IM „Mike" alias Uwe Hildebrandt. Seine Aktivitäten begannen im Schweriner „Paulskirchenkeller", einem Treffpunkt der evangelischen Jugendarbeit. Schon 1984 berichtete er über ein „Johannesfest" in Cramon. Das MfS notierte, „feindlich-negative" und klerikale Kräfte würden die offene kirchliche Jugendarbeit unter dem Deckmantel religiöser Kulthandlungen bestimmen. Sie würden bewusst langfristige Konzeptionen zur Durchführung von Veranstaltungen im letzten Moment umstoßen, um die Sicherheitsorgane und andere staatliche Stellen zu irritieren und deren Einflussnahme zu verhindern. Der Bericht fand sich in dem OV zu dem damaligen Leiter des Paulskirchenkellers, Claus Wergin.[405] „Mike" war damals besonders wichtig für das MfS, weil er das Vertrauen sowohl der kirchlichen Mitarbeiter als auch der Jugendlichen genoss. Er wurde vor allem eingesetzt, um Zersetzungsmaßnahmen zu organisieren, damit bestimmte Jugendveranstaltungen nicht stattfanden.[406] Er hatte die Aufgabe, Veranstaltungen schon in deren Vorbereitung politisch zu entschärfen. Im Operativen Vorgang „Fluchtpunkt" zum Paulskirchenkeller und dessen Leiter Wergin liegt außerdem eine sehr detaillierte Zeichnung der dortigen Räumlichkeiten vor, die von „Mike" stammt.

Uwe Hildebrandt war einer der wenigen IM, die zum inneren Kern des Paulskirchenkellers gehörten. Im „Abschlußbericht zum OV 'Fluchtpunkt'" vom 21. Januar 1987, unterzeichnet unter anderem von Hauptmann Claus-Dieter Wulf und Oberstleutnant Röbke, bekam „Mike" gute Noten:

„Als äußerst effektiv erwies sich für die erfolgreiche OV-Bearbeitung die Gewinnung und langfristig angelegte Profilierung des IMB 'Mike'. Dieser konnte im Rahmen einer gezielten Blickfeldarbeit zu einer Führungspersönlichkeit im Leitungskreis des von W. als Modell für die 'offene' Jugendarbeit innerhalb der

---

404 Schreiben von Charlotte Süße an d. Verf. vom 14. 1. 2001.

405 Vgl. PA Claus Wergin, OV „Fluchtpunkt", BV Schwerin, AOP 499/87, Bl. 1194 f. (alte MfS-Zählung).

406 Vgl. ebd., Bl. 453 f. (alte MfS-Zählung).

Republik geschaffenen sogenannten Paulskirchenkellers sowie zu einer Vertrauensperson W.'s entwickelt werden und entscheidende Einflußmöglichkeiten erringen.
Durch den IMB 'Mike' wurden aussagekräftige, die Persönlichkeit W.'s charakterisierende Informationen als wesentliche Voraussetzung für weitere zielgerichtete Maßnahmen erarbeitet. Durch 'Mike' sowie andere peripher eingesetzte IM, u. a. IMS 'G. Lange' XX/4, IMS 'Markus Kirst'/XX/4, IMS 'Erich Harden'/XX/4, IMB 'Ingeborg'/ XX/4, IMS 'M. Schulz'/XX/2 war die inoffizielle Kontrolle der OV-Person durchgängig gewährleistet, so daß auf deren Pläne, Absichten und Vorhaben rechtzeitig durch gezielte operative Maßnahmen reagiert und Rückschlüsse auf deren Wirksamkeit gezogen werden konnten."[407]

Claus-Dieter Wulf und Karl-Heinz Röbke schrieben, die Informationen von „Mike“ hätten Maßnahmen zur gezielten „Desorganisierung von bestimmten Vorhaben der OV-Person [ermöglicht], in deren Ergebnis sich Resignations- und Verfallserscheinungen abzeichneten“. Dies sei ein wichtiger „Aspekt [gewesen], der wesentlich das gesamte weitere operative Vorgehen bestimmt [hätte], da sich hier Möglichkeiten [ge]boten [hätten], die von W. im PKK [Paulskirchenkeller] hierbei geführte politisch-negative Personenkonzentrationen und die von ihm im sogenannten PKK-Leitungskreis profilierten Führungskader zu desorientieren, zu zersplittern und von innen heraus zu zersetzen.“[408] Tatsächlich zerfiel der Leitungskreis des Paulskirchenkellers. Auf Grund seiner „Erfolge“ im kirchlichen Bereich kamen Wulf und Röbke zu dem Schluss, dass die Einsatzrichtung dieses IM generell überarbeitet werden müsse. „Mike“ habe nun die Möglichkeit, in kirchenleitende Gremien zu gelangen.[409]

1986 kam Uwe Hildebrandt als wissenschaftlicher Mitarbeiter mit der Unterstützung Claus Wergins in den Oberkirchenrat. Junge Menschen, die in den kirchlichen Dienst strebten, waren selten. Hildebrandt war in der Jugendarbeit bekannt und hatte sehr gute Referenzen. Mit der Wende ist er aus dieser Funktion ausgeschieden. Die Bedeutung von „Mike“ für das MfS lag zum einem darin, dass er in der stark fluktuieren-

---

[407] PA Claus Wergin, OV „Fluchtpunkt“, BV Schwerin, AOP 499/87, Bl. 341 (alte MfS-Zählung).

[408] Vgl. ebd.

[409] Vgl. ebd., Bl. 348 (alte MfS-Zählung).

den Jugendarbeit über viele Jahre zum inneren Kreis gehörte; er machte ein Stück der personellen Kontinuität aus. „Mike“ war zudem in seiner IM-Arbeit sehr akribisch. Er gehörte zu den Inoffiziellen Mitarbeitern, die auch Grundrisse von Räumlichkeiten – hier des Paulskirchenkellers – lieferten. In allen wichtigen OPK und OV aus der Jugendarbeit finden sich seine Berichte wieder.

Die „Mecklenburgische Kirchenzeitung" (MKZ) erschien erstmals am 21. April 1946.[410] Sie war eine von fünf Kirchenzeitungen der DDR[411] und unterlag der Lizenzpflicht durch die SMAD bzw. später durch das Presseamt beim Ministerrat der DDR. Sie war ein Gemeindeblatt mit einer Auflagenstärke von 15 000 Stück pro Woche.[412] Die regelmäßig vorgetragene Bitte der mecklenburgischen Kirchenführung, die Auflage erhöhen zu können um den Leserkreis zu erweitern, wurde nicht gewährt. Die MKZ nahm in den siebziger und achtziger Jahren unter den ostdeutschen Publikationen eine Sonderstellung ein: Kaum ein anderes kirchliches Blatt berichtete so offen über die Friedens- und Umweltbewegung in der DDR wie sie. So überraschte es nicht, dass der Kirchenreferent beim Rat des Bezirkes Schwerin, Rudolf Franze, im Juli 1982 der SED-Bezirksleitung berichtete, es gebe erhebliche Probleme mit der Kirchenzeitung:

> „In der Mecklenburgischen Kirchenzeitung mehren sich Veröffentlichungen, in denen zum Teil direkt, zum Teil indirekt Kritik an staatlichen Maßnahmen, insbesondere der Verteidigungspolitik, geübt wird. Es werden darüber hinaus auch Tendenzen spürbar, mit der kirchlichen Presse ideologisch Einfluß auf Bürger zu nehmen, der staatlichen Politik auch im Blick auf die Volkswirtschaft, den Umweltschutz, die Volksbildung kritisch zu begegnen. In einigen Fällen wurde anhand konkreter Artikel unsererseits - nach vorheriger Absprache mit dem Presseamt - das Gespräch mit dem Verantwortlichen der Mecklenburgischen Kirchenzeitung bzw. seinem Stellvertreter geführt mit dem Ergebnis,

[410] Die kirchliche Pressearbeit war wesentlich älter. Bereits seit 1913 bestand in Mecklenburg ein evangelischer Presseverband.

[411] Neben der MKZ gab es noch „Der Sonntag" in der Sächsischen Landeskirche, „Die Kirche" in der Berlin-Brandenburgischen Kirche, „Glaube und Heimat" in der Thüringischen Landeskirche, „Potsdamer Kirche" in Potsdam und den „Evangelischen Nachrichtendienst Ost".

[412] Anfang der fünfziger Jahre hatte die MKZ für kurze Zeit eine Auflagenstärke von 20 000 Exemplaren. Sie wurde jedoch 1952 wieder auf 15 000 Stück gesenkt; vgl. ELLKM, LKA, Bestand OKR, II 37 a4, Bd. 1., Dok. 139 II 37 a4.

daß bestimmte von uns beanstandete Formulierungen gestrichen bzw. geändert wurden."[413]

Wesentlichen Anteil an der „Anstößigkeit" hatte der damalige Chefredakteur Gerhard Thomas. Unter seiner Leitung erhielt die Kirchenzeitung in Mecklenburg ein jüngeres Gesicht. Thomas sagte dazu im Gespräch, er habe „die Vielfalt dessen, was Kirche ausgemacht hat, zur Sprache bringen [wollen]. Auch mit Kontroversen und Themen, die die Kirchenleitung oder die Synode nicht gerne sahen. Auch Tabuthemen sollten gebracht werden, beispielsweise Homosexualität. An dieser Vielfalt lag mir sehr, Kommunikationsmöglichkeiten über die Kirchenzeitung zu bieten und umfassend zu informieren über das, was in den Gemeinden und leitenden Gremien geschah, das Gespräch untereinander vermitteln, soviel wie möglich die Leute in der Zeitung zu Wort kommen lassen in O-Tönen".[414]

Anfang der achtziger Jahre intensivierte er die Berichterstattung zu Friedensthemen und baute einen neuen Redaktionskreis „Kirche – Welt – Jugend" auf. Verstärkte Auseinandersetzungen mit dem Presseamt der DDR bis hin zur Nichtauslieferung der Zeitung und die Androhung des Lizenzentzugs waren die Folge. Von staatlicher Seite argumentierte man, die Kirchenzeitung mische sich in die Angelegenheiten des Staates und der Gesellschaft ein. Dies toleriere man nicht, denn „[e]in kirchliches Publikationsorgan kann nicht eine der staatlichen Grundlinie zuwiderlaufende politische Position vertreten".[415]

Als Chefredakteur der „Mecklenburgischen Kirchenzeitung" war Thomas sehr erfolgreich. Staatlicher Einfluss auf das Kirchenblatt war nicht spürbar. Ganz im Gegenteil: Gerade unter diesem Chefredakteur wurde die MKZ zu einem Sprachrohr der sich entfaltenden Opposition. Umso mehr erstaunt es, dass Gerhard Thomas seit 1976 als IM „Schulz" beim MfS registriert war und Gespräche mit dem Leiter des Referates XX/4 der BV Schwerin geführt hat. Die Akte des IM „Schulz" umfasste im November 1989 drei Berichts- und zwei Personalbände. Ein Quittungsband liegt nicht vor. Ihr Inhalt ist heute weit gehend unbekannt, da er nach derzeitigem Kenntnisstand auf Anordnung der

413 LHA Schwerin, Z 10/90-8, n. p. „Informationsbericht Reg.-Nr. 7900/2/812" vom 22. Juli 1982.

414 Vgl. Interview mit Gerhard Thomas am 4. 1. 2001.

415 Vgl. LHA Schwerin, RdB Schwerin, Z 10/90, 26, n. p., „Information" über das Gespräch zwischen Rathke, Müller, Schwoerke und Franze am 28. 11. 1980.

Hauptabteilung XX/4 Ende 1989 vernichtet wurde. Lediglich die Karteikarte F 22 ist erhalten geblieben, aus der hervorgeht, dass der Vorlauf-IM unter dem Decknamen „Schulz" am 6. Juli 1976 angelegt wurde, dass der IM „Schulz" im März 1981 zum IMB umregistriert wurde und dass Fritz Reinschmiedt der Führungsoffizier bis zu Thomas' Wechsel in die brandenburgische Landeskirche war.[416] Es stellt sich die Frage, ob die Anordnung zur Aktenvernichtung explizit dieser Akte auf einen besonders heiklen Inhalt schließen lässt. Vereinzelte Berichte des IM „Schulz" finden sich in anderen Akten.

In der geschlossenen Gesellschaft der DDR hatten die Medien eine besondere Aufgabe: Sie sollten nicht die Wirklichkeit widerspiegeln, sondern diese im Spiegel des Marxismus-Leninismus interpretieren. Die kirchliche Presse unterlag nicht nur einer strengen Kontrolle, sondern auch einer gezielten und intensiven Unterwanderung durch das MfS. Das galt vor allem für die Chefredakteure. In der „Mecklenburgischen Kirchenzeitung" war das MfS in diesem Punkt erfolgreich: Sowohl Werner Schnoor (IM „Schütz") als auch dessen Nachfolger Gerhard Thomas (IM „Schulz") und dessen zweiter Pressepastor Jürgen Kapiske (IM „Walter") waren als IM für das MfS registriert.

Gerhard Thomas nimmt unter diesen jedoch eine Sonderstellung ein. Seine Anwerbung fiel in das Jahr 1976. Als absehbar war, dass Werner Schnoor die Redaktionsleitung der „Mecklenburgischen Kirchenzeitung" an ihn abgeben würde, sprach Reinschmiedt Thomas an. Es ging um die Absicherung und Kontrolle dieses kirchenpolitisch wichtigen Bereiches. Aufschluss über die damaligen Hintergründe könnte die Akte von Schnoor geben – wäre sie nicht seit Herbst 1989 verschwunden. Immerhin aber liegt eine Einschätzung vor, die der IM „Schmitt" (Konrad Müller) über Thomas angefertigt hat. Müller berichtete, Thomas sei vor einigen Monaten als Vertreter von Chefredakteur Schnoor und ökumenischer Beauftragter nach Schwerin gekommen. Er habe gute Arbeit als Pastor in Burg Stargard geleistet. Thomas sei selbstbewusst, scheine aber nicht der richtige Mann für die Pressearbeit zu sein, weil er dazu neige, „Dinge zu überspitzen und bei Dingen zu beharren, die sich nicht durchhalten lassen. Er ist ein [guter] Gesprächspartner, er hört auch gut zu, aber er ist schwer einsichtig, wenn er nicht will".[417]

In den folgenden Jahren entwickelte sich zwischen Thomas und Reinschmiedt ein unregelmäßiger Kontakt. Dieser rief an und schlug ei-

---

[416] Vgl. Kopie BStU AR 2 vom 25. 4. 2000 zur Reg.-Nr. II/8/76.

[417] Vgl. BStU, MfS, BV Schwerin, AIM 747/78, Bd. II/1, Bl. 175.

nen Termin vor, für den es in der Regel einen konkreten Anlass gab. Nach eigenem Bekunden verweigerte Thomas mitunter eines der Treffen, die in seiner Privatwohnung, aber auch in konspirativen Wohnungen stattfanden. Er habe jedoch, so Thomas im Gespräch, „nie das Gefühl gehabt, dass ich unter Druck stand und den Druck loswerden musste. [...] Mein Gedanke war, dass solche Gespräche nützlich sein könnten, um den Freiraum der Kirchenzeitung zu erhalten oder zu erweitern."[418] In den Gesprächen mit MfS-Offizier Reinschmiedt sei es allgemein um die Friedens- und Umweltthematik in der MKZ gegangen, die das MfS zurückdrängen wollte, aber auch um konkrete Beiträge und Autoren. Ihm sei es damals wichtig gewesen, „solche Autoren zu schützen. Das war paternalistisch und hätte ich besser lassen sollen."[419] Eine Einflussnahme Reinschmiedts auf die Berichterstattung in der MKZ wies Thomas zurück.[420]

Wie schwierig es für die staatliche Seite war, die kirchliche Pressearbeit auf dem Boden der Verfassung der DDR zu drangsalieren, schilderte der Schweriner Bezirksreferent für Kirchenfragen, Rudolf Franze, im Gespräch:

> „Es war klar, dass die Debatte verfassungsrechtlich äußerst problematisch war. Die Zeitung wurde ja gedruckt im Haus der SVZ [Schweriner Volkszeitung]. Ein Exemplar ging an die SED-BL und wurde dort gelesen. So wurde das bis 1970 praktiziert. Aber zunehmend war es so, dass die BL die Zeitung weitergab an den Rat des Bezirkes und die am Ende bei mir landete. Die haben gesagt: 'Guck dir das mal an, und wenn du was findest, was nicht gedruckt werden kann, dann sag Bescheid. Wir informieren dann das Presseamt.' Das Presseamt hat mich dann später aufgefordert, die notwendigen Gespräche zu führen, ich durfte aber nach außen hin nie im Auftrag des Presseamtes handeln. Zuerst wurde der Leiter der Druckerei angerufen und veranlasst, dass die Druckerei streikt. [...] Ich habe mich dagegen gewehrt. [...] Und ich habe auch einmal mit Blecha gesprochen: 'Ich mache das nicht mehr mit. Wenn ihr das machen wollt, dann ohne mich. Wir machen uns hier alles kaputt.'
>
> Selbst wenn ich diese Mistarbeit mit dem Presseamt machte

418 Vgl. Interview mit Gerhard Thomas am 4. 1. 2001.

419 Vgl. ebd.

420 Vgl. Döbler 1996, S. 5

> – die ließen ja nicht davon ab –, ich habe immer versucht, mit den Leuten vernünftig zu reden. Das war für mich eigentlich das Schlimmste, muss ich sagen: Ich hätte mit ihnen nach Ansicht von Blecha gar nicht hart genug reden können. Blecha wollte immer, dass ich den größten Knüppel nehme und draufschlage." [421]

Franze lud die kirchlichen Vertreter vor, wenn er aus Berlin die Weisung erhalten hatte, eine Änderung der Druckfahnen der Kirchenzeitung zu erzwingen. Weil die Chefredaktion – seit 1986 wurde diese von Hermann Beste, dem Sohn des vormaligen Landesbischofs Niklot Beste geleitet – mitunter nicht nachgab, kam es vor allem im Jahr 1988 wiederholt zu weißen Flecken in der Zeitung oder zu einem generellen Auslieferungsstopp. Er habe, so Franze im Gespräch, immer versucht, „mit den Leuten vernünftig zu reden". Das Presseamt aber habe durch seine Härte das Verhältnis zur mecklenburgischen Landeskirche gefährdet.

Ganz anders äußerte sich der damalige Staatssekretär für Kirchenfragen, Klaus Gysi, 1982 zur Problematik der Kirchenzeitungen. Vermutlich vor Absolventen der SED-Parteihochschule in Kleinmachnow bei Berlin sagte er im März 1982:

> „Es gibt bei uns 30 theologische und Kirchenzeitungen. Sie machen uns Kummer, aber im allgemeinen haben wir sie im Griff. Wir müssen das alles sehr ernst nehmen. Die Gefahr besteht darin: Die Kirche ist die einzige nicht integrierte Organisation. Es besteht die Gefahr, daß sich alle Unzufriedenen darauf orientieren. Es ist also kein kleiner Bereich. Er kann ruckartig ansteigen, wenn sich die Unzufriedenheit unter der Schirmherrschaft der Kirche etabliert."[422]

Die „Mecklenburgische Kirchenzeitung" stand insofern besonders stark im kirchenpolitischen Kreuzfeuer, weil sie in die Zuständigkeit sowohl des Presseamtes unter Kurt Blecha als auch in die von Staatssekretär Gysi fiel. In Bezug auf die MKZ gab es einen ständigen „Draht" zwischen dem Schweriner Bezirksreferenten Franze, der SED-Bezirksleitung, dem Staatssekretariat und dem Presseamt.

---

421 Interviews mit Rudolf Franze am 30. 11. und 13. 12. 2000.

422 BStU, MfS, BV Neubrandenburg, S III 0201/ 92, Bl. 281.

Ein Beispiel aus dem März 1982 spiegelt dieses komplizierte Kontrollgeflecht wider: Im März 1982 sollte in der Kirchenzeitung ein Artikel über die Evangelische Studentengemeinde erscheinen. Die Druckfahnen gelangten zu Franze, der diesen Artikel entdeckte, rot markierte und an das Presseamt meldete. Das Presseamt informierte die Arbeitsgruppe Kirchenfragen beim ZK der SED, die sich wiederum in einer internen Hausmitteilung an Paul Verner wandte, der von 1971 bis 1984 im Politbüro unter anderem für Kirchenfragen zuständig war. Er sollte entscheiden, was zu tun sei. Kraußer von der Arbeitsgruppe Kirchenfragen hatte zuvor mit Staatssekretär Gysi gesprochen und berichtete nun Verner, sie seien sich einig gewesen, „daß diese Kirchenzeitung wegen des genannten Artikels nicht erscheinen sollte, da er eine regelrechte Anleitung zur Bildung sogenannter Friedensgruppierungen darstellt und weit über das tragbare Maß kritischer Meinungsäußerung, wie es gerade bei dieser Kirchenzeitung schon oft der Fall war, hinausgeht."[423] Zugleich aber könne man diese Ausgabe nicht beschlagnahmen, weil die Leipziger Messe bevorstehe, man befürchte negative Schlagzeilen im Ausland. Deshalb solle man, so Kraußer, „zum gegebenen Zeitpunkt" mit Landesbischof Rathke sprechen und deutlich darauf hinweisen, „daß Chefredakteur Thomas nicht länger als ein akzeptabler, den gesetzlichen Bedingungen gerecht werdender Partner des Presseamtes gelten kann. Das liegt auch im ureigensten Interesse der Mecklenburgischen Landeskirche".[424] Tatsächlich erschien der fragliche Artikel mit dem Titel „Friedensgottesdienste in Rostock. Eine Initiative der Evangelischen Studentengemeinde" auf Seite 1 der Ausgabe vom 14. März 1982.

Zahlreiche entsprechende Vorgänge sind belegt. In anderen Fällen gab die kirchliche Seite den staatlichen Wünschen nach und änderte Artikel oder strich sie ganz, um einer möglichen Konfrontation aus dem Weg zu gehen. In den achtziger Jahren wurde die MKZ auch mehrfach beschlagnahmt, weil die Landeskirche die beanstandeten Passagen oder Artikel nicht veränderte. Die angebliche Pressefreiheit der DDR wurde so ad absurdum geführt – durchaus wahrnehmbar auch für die eigene christliche Bevölkerung.

Thomas legitimierte seine Kontakte zum MfS damit, dass er sie zu nutzen versuchte, um jenseits der Ämterhierarchien schnell, auf dem „kurzen Dienstweg", Erfolge zu erzielen, wenn es Auseinandersetzungen

---

423 SAPMO-BArch, DY 30/ IV 2/2.036/ 40, Bl. 151.

424 Vgl. SAPMO-BArch, DY 30/ IV 2/2.036/ 40, Bl. 151 f.

um die Zeitung gab. Haben diese Kontakte ihren Sinn erfüllt? Im Gespräch war Thomas skeptisch:

> „Ich muss aus heutiger Sicht sagen, ich weiß es nicht. Ich sehe das heute aber eher skeptisch. Weil ich heute auch weiß, was man damals so nicht einschätzen konnte oder was ich zumindest nicht so eingeschätzt habe, dass die verschiedenen Staatsorgane sehr für sich entschieden. Heute weiß man auch, dass selbst die Beratungsfunktion, die die Stasi für politische Entscheidungen der SED hatte, oft nicht akzeptiert worden ist. Insofern, denke ich, hat es überhaupt nichts gebracht."[425]

Die staatlichen Einsprüche hätten, so Thomas, trotz des unmittelbaren Drahtes zum MfS ständig zugenommen. Am Ende bleibe jedoch die Verantwortung für konspirative Gespräche mit dem MfS, „was ich auch aus heutiger Sicht als etwas sehr Schwieriges empfinde und etwas, was besser doch anders gelaufen wäre".[426]

### *„Er ordnet sein gesamtes Leben den Zielen und Aufgaben des MfS unter" – Jürgen Kapiske*

Zu den Mitarbeitern im Oberkirchenrat, die Kontakte zum Ministerium für Staatssicherheit unterhielten, gehörte auch Jürgen Kapiske. Er kam 1976 direkt aus dem Studium in die mecklenburgische Landeskirche. Zu diesem Zeitpunkt war er schon drei Jahre als IM „Walter" beim MfS registriert. Zwischen 1976 und 1984 war er Mitglied des Redaktionskollegiums der „Mecklenburgischen Kirchenzeitung", 1978 bis 1983 zweiter Pressepastor, eine Zeit lang war er außerdem Persönlicher Referent von Heinrich Rathke. 1984 verließ er Mecklenburg und ging als Leiter der Kirchlichen Pressestelle in die Kirchenprovinz Sachsen nach Magdeburg. Seine Kontakte zum MfS führte er auch dort weiter und wurde im Jahr 1988 von der HVA übernommen.

Der erste Kontakt zum Ministerium für Staatssicherheit ergab sich während des Theologiestudiums. Damals sei er, so Kapiske, in ein Sperrgebiet geraten und dort beim Fotografieren von Grenztruppen aufgegriffen worden; daraufhin habe ein Gespräch mit einem MfS-Offizier stattgefunden. Wie viele andere auch, habe er damals das MfS als die

---

[425] Interview mit Gerhard Thomas am 4. 1. 2001.

[426] Vgl. ebd.

einzige Institution angesehen, die etwas in der DDR habe verändern können, und habe die Gelegenheit sofort ergriffen, als man ihm dort entgegengekommen sei:

> „Mich hat es immer danach gedrängt, etwas zu machen. Ich kann nicht sitzen und nur darüber reden. Es muss was passieren. Vielleicht ist das was Positives. [...] Aber es hat natürlich auch andere Auswirkungen: dass man immer auf Aktionen aus ist, etwas unternehmen will. Und diese Möglichkeit, etwas zu erreichen, gab es beim MfS am ehesten für mich. Jedenfalls habe ich keine andere gesehen, um das Land meinen Vorstellungen entsprechend zu verändern. Und dazu kam: Ich wollte den Leuten einfach auch zeigen, dass es in der Kirche nicht nur Leute gibt, die sie ablehnen, sondern auch welche, die dem sozialistischen Gedanken nicht negativ gegenüberstehen. [...] Das waren natürlich ein bisschen verwaschene Ideale, die dahintersteckten."[427]

Das Motiv, etwas verändern zu wollen und im MfS den einzigen kompetenten Gesprächspartner zu suchen findet sich häufig in den IM-Akten. Auch eine Sinnkrise in Studium, Beruf oder Familie nutzten erfahrene MfS-Offiziere bei der Werbung aus. Kapiskes langjähriger Führungsoffizier Heydel von der Bezirksverwaltung Frankfurt/Oder schrieb 1977 über seine Strategie:

> „'Walter' ist ein treuer, zuverlässiger, ehrlicher dem MfS ergebener IM. Er wurde 1973 für die Zusammenarbeit gewonnen, zu einer Zeit, als er an der Richtigkeit der Theologie zu zweifeln begann und ernsthafte Überlegungen zum Abgang vom Theologiestudium bestanden. In dieser Situation wurde er überzeugt, aufbauend auf seinen eigenen Erkenntnissen, im Interesse des MfS das Studium zu Ende zu führen und seine Kenntnisse einzusetzen für die Entlarvung feindlicher Kräfte, die unter dem Deckmantel kirchlicher Arbeit wirken. Er ordnet sein gesamtes Leben den Zielen und Aufgaben des MfS unter."[428]

---

[427] Vgl. Interview mit Jürgen Kapiske am 15. 9. 2000.

[428] Vgl. Krone/Schult 1992, S. 84.

Bei Jürgen Kapiske kam ein weiteres Motiv hinzu, das möglicherweise typisch ist für eine bestimmte Gruppe von IM in der mecklenburgischen Landeskirche: die bewusste Abwendung vom Rathke-Kurs, dessen Eindeutigkeit in Bezug auf Kontakte zur SED, zum MfS und zur CDU keinen Interpretationsspielraum bot. Auf der einen Seite erleichterte dieser Kodex das Miteinander in der Landeskirche wesentlich, weil nicht jeder alle Entscheidungen neu für sich treffen und sich gegenüber dem Staat abgrenzen musste – das tat die Landeskirche für ihn. Das Ergebnis war eine breite – wenn auch nicht vollständige – Geschlossenheit gegenüber der SED und den staatlichen Stellen. Zugleich aber gab es immer wieder Einzelne, die sich dieser „verordneten" Haltung zum Staat nicht fügen wollten, weil sie sie für falsch hielten. Dazu gehörte auch Kapiske. Wenn solche „Sonderwege" auch noch Erfolge zeitigten, schien diese Grenzüberschreitung gerechtfertigt – für manch einen auch heute noch. In gewisser Weise standen sich beide landeskirchlichen Gruppen einander ausschließend gegenüber, „Grenzgänger" gab es nur wenige.

Kapiske bezeichnete sich als Außenseiter, als jemand, der nie im Zentrum, sondern immer am Rand stand und diese Position auch bewusst suchte: „Ich fand das immer gut", sagte er im Gespräch, „und habe das nicht als Mangel erlebt. Aus einer gewissen Distanz und mit einem gewissen Abstand zu beobachten, das war für mich immer gut und wichtig [...]. Ich habe in der Pressestelle gesessen und habe manche Dinge nur gehört. Und ich glaube, das entsprach dem, was ich konnte und kann: zuhören, analysieren und meine Schlüsse daraus ziehen: also nicht mitdiskutieren." Jürgen Kapiske war ein stiller Beobachter, als unauffälliger Mensch passte er sich gut in die mecklenburgische Landeskirche ein – stets eine gewisse innere Distanz einhaltend. Diese Distanz zur Kirche sei schon während des Theologiestudiums entstanden, „als ich gemerkt habe, dass das, was ich im Konfirmandenunterricht an wichtigen Punkten gelernt habe, Legenden waren." Damals habe er eine Kluft zwischen dem kirchlichen Selbstverständnis und der kirchlichen Wirklichkeit erlebt, infolge derer er sich von der Kirche ab- und dem MfS zugewandt habe.[429]

Offensichtlich war bereits der Beginn seiner Arbeit in der Landeskirche durch das MfS gesteuert worden. Fest steht, dass Werner Schnoor, 1976 Chefredakteur der „Mecklenburgischen Kirchenzeitung" und IM „Schütz" des MfS, Kapiske zu einem Praktikum nach Mecklenburg holte und dass Kapiske dieses Praktikum mit seinem Führungsoffizier

---

[429] Vgl. Interview mit Jürgen Kapiske am 15. 9. 2000.

abgesprochen hatte.[430] Kapiske, der inzwischen seit drei Jahren für das MfS tätig war und darin vollkommen „aufging", war nun im kirchlichen Bereich tätig und musste sich entsprechend „getarnt" äußern. Dass er diese Tarnung gut beherrschte, zeigt das Zeugnis, das ihm sein Führungsoffizier im September 1976 ausstellte:

> „Der IM profilierte sein Auftreten im Interesse des MfS derart, daß es ihm immer stärker dringlich erscheint, seine offiziell vertretenen Auffassungen mit uns abzustimmen. 'Walter' ist ein dem MfS treu ergebener IM, der bedingungslos darum ringt, tiefer in die Konspiration gegnerischer und reaktionärer kirchlicher Kräfte einzudringen. Er hat dazu gute Positionen und Verbindungen geschaffen, die auch weiterhin ein abgestimmtes Vorgehen ermöglichen.
> In der gegenwärtigen Situation zeigen sich eine Reihe Unsicherheiten, die unseren [sic!] Rat bedürfen. So versuchte 'Walter' seinen Standpunkt zum Selbstmord von Brüsewitz darzustellen (Anlage). Diese Darstellungsweise entspricht nicht den wahren Auffassungen des IM, jedoch blieb ihm, um nicht 'abgestempelt' zu werden, kein anderer Ausweg."[431]

Die Akten belegen jedoch auch, dass der MfS-Offizier Heydel keinerlei Vorstellungen vom kirchlichen Leben hatte. Die Offenheit kirchlicher Strukturen war nicht nur für Heydel, sondern für viele seiner Kollegen unvorstellbar. Daher wertete er jede Teilnahme an einer Beratung oder Konferenz als Einweihung in einen inneren, vermeintlich geheimen kirchlichen Kreis und als Beweis des konspirativen Vordringens seines IM. Beispielsweise vermerkte er im März 1976, „Walter" sei in die Mitarbeiterkonferenz „aufgenommen" worden – dabei handelte es sich um eine jährlich stattfindende Zusammenkunft der mecklenburgischen Kirchenmitarbeiter, die keinerlei konspirativen Charakter hatte.[432]

Zahlreiche Berichte des IM „Walter" liegen vor: über die Stimmung im Oberkirchenrat, über Ansichten von Landesbischof Rathke, über Beobachtungen in der Landeskirche, die Kapiske als Redakteur der

---

430 Vgl. Krone/Schult 1992, S. 87.

431 Vgl. BStU, MfS, BV Frankfurt-Oder, AIM 1446/88, Bd. II/2, Bl. 54.

432 Vgl. ebd., Bl. 4.

Kirchenzeitung gemacht hatte. Einer seiner ersten Berichte aus der mecklenburgischen Landeskirche betraf einen Gemeindebrief zum Tod des Pastors Oskar Brüsewitz, der sich wenige Wochen zuvor im August 1976 im anhaltinischen Zeitz auf dem Marktplatz öffentlich selbst verbrannt hatte. Sein Tod sollte ein Fanal sein, und so verstanden es auch die evangelischen Landeskirchen – wenngleich sie sich vom Freitod distanzierten. Kapiske war damals gerade Mitglied der Kirchenzeitungs-Redaktion geworden und berichtete seinem Führungsoffizier in Frankfurt/Oder, die evangelische Kirche plane einen Angriff auf den Staat mittels der Briefe an die Gemeinden. Sie wollten den Fall Brüsewitz instrumentalisieren, um den Staat zu destabilisieren:

> „Meines Erachtens ist völlig klar, daß die verantwortlichen Leute der Konferenz der Kirchenleitung wissen, daß ein solcher ultimativer Brief, zumal wenn er an den Fall Brüsewitz anknüpft, keinen positiven Einfluß auf das Gespräch zwischen Staat und Kirche haben kann. Deshalb kann dies nur als eine bewußte und gezielte Verschärfung des Verhältnisses Staat-Kirche gewertet werden. [...] Meiner Ansicht nach ist es das Ziel aller dieser Aktivitäten, sowohl der kirchlichen als auch der westlichen Sender, in dieser gespannten Situation unter Ausnutzung der hochgespielten Empörung der kirchlichen Bevölkerungsteile (soweit sie sich in dieser Weise haben manipulieren lassen) so etwas wie einen 'verstärkten Druck von unten' zu mobilisieren, anzuheizen und zu verstärken. Daß dies alles in der Zeit nach der Selbstverbrennung von Pfarrer Brüsewitz in so verstärktem Maße in Gang gekommen ist, ist kein Zufall. Dieser Fall bietet sich als Anlaß und emotionale Basis geradezu für solche Kampagnen an, wie sie in konsequenter Parallelität zwischen westlicher Propaganda und Kirchenleitungsverlautbarungen uns vorliegen. Somit wird gegenwärtig auf dem Sektor der Bildung und Erziehung meiner Ansicht nach der Hauptangriff auf unseren sozialistischen Staat geführt."[433]

Das Verhältnis zwischen IM und Führungsoffizier war eng – zumindest

[433] Vgl. ebd., Bl. 66 f.

empfand es Jürgen Kapiske so.[434] Die Vertraulichkeit spiegelt sich auch in der Tatsache wider, dass Kapiske seinen Führungsoffizier duzte, wie beispielsweise im folgenden Brief vom 23.5.1979:

> „Lieber [geschw.]!
> Nachdem ich nun eine neue Schreibmaschine habe, will ich mich wieder einmal melden. Es gibt ja inzwischen einige interessante Entwicklungen in Seelow und Umgebung. Aus der Entfernung war bisher nicht viel drin. Vielleicht klappt es am kommenden Dienstag. Ich würde dann mit dem Auto runterfahren und ein oder zwei Besuche machen. Ich rufe Dich auf jedem Fall noch vorher an.
> Wie ich erfahren habe, hat sich unser Bischof mit 'uns' [im Original handschriftliche Anführungszeichen] beschäftigt! Offensichtlich gibt es Anlaß dazu, denn er hat bei der ihm bekannt gewordenen Telefonnr. Protest eingelegt, wie mir berichtet wurde. Jedenfalls herrscht einige Aufregung unter den höheren Chargen.
> Im übrigen beschäftige ich mich mit unserem Projekt. Mir liegen aus meinen Archivbeständen einige TV-Bilder vor, die unsere Kandidaten zeigen. Als 'Nebenprodukt' der Reise soll eine Reportage abfallen; Du siehst, es geht bisher alles einigermaßen nach Wunsch. [...]
> Für die vor unserem Urlaub liegende Tagung im Süden sind die Quartiere noch nicht fest, meine Kollegen meinten, die Unterbringung ist in dieser Region jedesmal ein Problem. Ich denke aber, das wird uns nicht stören. Aus Westberlin wird diesmal der [geschw.] vom Zentrum dabeisein.
> Bis bald und herzliche Grüße, Dein Walter."[435]

Kapiske galt als ein wichtiger Informant, so wichtig, dass der Frankfurter Stasi-Mann Heydel sein Führungsoffizier blieb, auch als Kapiske schon in Schwerin beschäftigt war. Dennoch ist die Bedeutung von Inoffiziellen Mitarbeitern immer relativ zu sehen. So erscheint es aus heutiger Sicht wenig geheimdienstlich, dass Kapiske seinem Führungsoffizier 1980 das Handbuch der mecklenburgischen Landeskirche, Zeitungsartikel aus

434 Interview mit Jürgen Kapiske am 15. 9. 2000.

435 Vgl. Krone/Schult 1992, S. 89.

kirchlichen Presseorganen und den Kirchlichen Veranstaltungskalender übergab und für diese Weitergabe innerkirchlicher Dokumente ausgezeichnet wurde.[436]

Von Bedeutung waren jedoch Kapiskes Berichte aus dem unmittelbaren Umfeld des Bischofs. Als die DDR-Regierung 1980 die Umtauschsätze für Einreisen in die DDR erhöhte, protestierten breite kirchliche Kreise gegen diese indirekte Einschränkung des deutsch-deutschen Reiseverkehrs. Nachdem Klaus Gysi ein bereits angesetztes Gespräch mit dem Vorsitzenden des Kirchenbundes, Albrecht Schönherr, wieder abgesagt hatte, herrschte Empörung unter den Bischöfen. In dieser Situation trug Kapiske Heydel zu, Heinrich Rathke habe gegenüber Gerhard Thomas, dem Chefredakteur der „Mecklenburgischen Kirchenzeitung", vertraulich geäußert, „er sei fest gewillt, seine ganze Autorität einzusetzen, damit in dieser Sache eine scharfe Reaktion der KKL zustande kommt. Rathke hat Thomas gebeten, diesen Kurs, dem die mecklenburgische Kirchenleitung zugestimmt hat, publizistisch zu unterstützen. Thomas hat dies zugesagt".[437]

Ähnlich umfassend berichtete Kapiske ein Jahr später aus der Landeskirche, als es um den Sozialen Friedensdienst (SoFd) ging. Dieser Initiative, die von den Dresdener Pastoren Wonneberger, Wetzel und Burkhardt begründet worden war und sich für einen sozialen Wehrersatzdienst neben dem Dienst an der Waffe und dem Bausoldatendienst einsetzte, begegnete die SED mit massiven Beobachtungs- und Unterwanderungsmaßnahmen. Offen forderten die Räte der Kreise und Bezirke die Kirchen auf, jegliche Nachahmung zu unterlassen bzw. bestehende SoFd-Gruppen zu unterbinden. In der Redaktion der MKZ sitzend hatte Kapiske Einblick in die kircheninterne Sichtweise auf die Dresdener Initiative und berichtete seinem Führungsoffizier detailliert: In Schwerin gebe es eine SoFd-Gruppe um Diakon Wergin, die eine Unterschriftenaktion vorbereite, ebenso in Güstrow eine Gruppe um Heiko Lietz. Im Raum Rostock-Ribnitz sei der Diakon Ingo Barz aktiv, außerdem der Kessiner Pastor Dieter Nath und wiederum Heiko Lietz. Die Gruppe in Rostock-Ribnitz plane noch in diesem Monat ein Seminar zum SoFd in Steffenshagen. Den genauen Termin wolle er noch nennen. Auch das Landesjugendpfarramt unter Pastor Roettig beabsichtigte, den SoFd-Text aus Dresden an alle Mitarbeiter und Pastoren weiterzuleiten. Dadurch würde, so Kapiske,

---

[436] Vgl. BStU, MfS, BV Frankfurt-Oder, AIM 1446/88, Bd. II/4, Bl. 50.

[437] Vgl. ebd., Bl. 141.

diese Initiative noch vor der mecklenburgischen Landessynode neue Impulse erhalten. Landesbischof Rathke erwarte, dass das Thema SoFd auf der Landessynode eine Rolle spielen werde. Seiner Ansicht nach solle die Synode darauf reagieren, ebenso die Bundessynode und die anderen landeskirchlichen Synoden.[438]

Kapiske war ebenfalls auf der Gründungsversammlung der Arbeitsgruppe Frieden (AGF) am 25. Januar 1981 in Rostock anwesend, die in den Jahren bis zur Wende eine entscheidende koordinierende Funktion der verschiedenen Basisgruppen in Mecklenburg ausüben sollte. Der entsprechende interne Vermerk über die Veranstaltung aus dem Oberkirchenrat findet sich heute in der Akte des IM „Walter".[439]

„Walter" war es auch, der 1983 dem MfS von dem Fortgang der Bischofswahlen berichtete: Nachdem ein weiterer Kandidat abgesagt habe, bleibe nur noch Joachim Wiebering übrig.[440] Solche Informationen waren für das MfS – so es sie nicht schon von den IM „Magda" oder „Kaltenhofer" erhalten hatte – von einiger Bedeutung, denn immerhin konnte es versuchen, die bevorstehende Wahlen zu beeinflussen.

1988 übernahm die Hauptverwaltung Aufklärung des MfS den IM „Walter". Zu diesem Zeitpunkt bestanden bereits ein Personalband, neun Berichtsbände und ein Band mit Quittungsbelegen. Kapiske war damals in Wien tätig.

In Kapiskes redaktioneller Tätigkeit spiegelte sich die Anbindung an das MfS jedoch nicht sichtbar wider. Er berichtete häufig über die Friedens- und Umweltbewegung und damit über die Anfang der achtziger Jahre neuralgischen Themen. Der „kurze Draht zur Macht" habe ihn sogar ermutigt, über die kirchenpolitischen Spannungsfelder zu schreiben:[441]

> „In Mecklenburg ist mir das zunehmend deutlich geworden, weil es einem Ängste genommen hat, die ein DDR-Bürger normalerweise gespürt hat, wenn er etwas getan hat, was nicht konform ging. Und die hatten wir nicht, wir beide nicht [gemeint sind Gerhard Thomas und Jürgen Kapiske, d. Verf.]. Ich weiß ja jetzt auch, warum er sie auch nicht hatte. Das, was wir geschrieben haben, das haben wir aus voller Überzeugung geschrieben. Es ist nicht so, dass wir

---

438 Vgl. ebd., Bl. 250–252.

439 Vgl. ebd., Bd. II/5, Bl. 16.

440 Vgl. ebd., Bd. II/6, Bl. 52.

441 Vgl. Klaus 2000.

Auftragsjournalismus betrieben haben. Dass wir die Ökobewegung gemocht haben, sie unterstützt haben und in unserer Zeitung zuerst etwas darüber geschrieben haben – das war unser Anliegen, ohne dass wir voneinander wussten, dass es da Kontakte zum MfS gibt. Da waren wir uns beide ganz einig."[442]

Dennoch gab es nach eigenem Bekunden auch Zweifel an der Tätigkeit für das MfS. Er habe, so sagte er im Gespräch, über bestimmte Personen ausdrücklich keine Berichte geliefert.

Die Auflösung der Hauptverwaltung Aufklärung (HV A) 1990, von der er seit 1988 als Auslandsagent in Wien eingesetzt worden war, bedeutete für Kapiske auch beruflich einen Neuanfang. 1991 kehrte er nach Mecklenburg zurück – diesmal als Chefredakteur der „Mecklenburgischen Kirchenzeitung". Nachträglich betrachtet mutet der Kommentar, den Chefredakteur Kapiske 1991 über die Überprüfung der Mitarbeiter der Landeskirche durch die Gauck-Behörde geschrieben hatte, kurios an: Unter der Überschrift „Im Bewußtsein eigener Anfälligkeit" war auf Seite eins der „Mecklenburgischen Kirchenzeitung" zu lesen, der Beschluss der Synode komme der Glaubwürdigkeit der Kirche zugute. Immerhin stecke der Fall des Rechtsanwaltes Wolfgang Schnur, „der jahrzehntelang intensiv für die Staatssicherheit gearbeitet hatte, vielen Synodalen in Mecklenburg und weit darüber hinaus bis heute noch in den Knochen. Der Fall dieses Mitbruders war wohl der entscheidende Auslöser für die intensive Beschäftigung der mecklenburgischen Landessynode mit dieser Thematik". Der Beschluss erneuere das Vertrauen innerhalb der Landeskirche und gebe ihr die Handlungsfähigkeit zurück, die sie im Sinne „einer glaubwürdigen Verkündigung dringend braucht". Schließlich habe fast jeder etwas zu bewältigen. Waren die folgenden Zeilen nun schon Worte in eigener Sache?

Die Gespräche auf der Synode, so Kapiske, hätten „deutlich gemacht, wie eng beieinander Opfer und Täter sind."[443] Abschließend hieß es in dem Kommentar: „Hoffentlich bewahren wir uns den langen Atem, der dabei nötig sein wird, und hoffentlich bleiben die Engagierten früherer Jahre und von heute so nahe beieinander, daß man sich zur Not noch gegenseitig daran erinnern kann, daß wir Täter und Opfer zugleich sind, oder um es in biblischen Worten zu sagen, daß wir alle der Erlösung bedürfen."[444]

---

[442] Interview mit Jürgen Kapiske am 15. 9. 2000.

[443] Vgl. MKZ Nr. 24 vom 30. Juni 1991, S. 1.

[444] Vgl. ebd.

Ähnliche Kommentare zum Thema folgten – bis der SFB im März 1992 Kapiske in einem Interview mit seiner Tätigkeit für die Staatssicherheit konfrontierte. In einem im April 1992 an die Redaktion der MKZ gerichteten Brief rechtfertigte er nun seinerseits seine jahrelange Zusammenarbeit mit dem Staatssicherheitsdienst wie folgt:

> „Meine Loyalität hat immer zuerst Menschen gehört und nicht Institutionen, auch nicht Gruppen. Das ist die einzige Rangfolge der Loyalitäten, die für mich wichtig war und ist. So nahe wie ich diesem und jenem unter Euch war, war ich auch diesem und jenem im MfS. Und im Laufe der Zeit hat sich herausgestellt, wo dies seinen Sinn hatte. Natürlich hat es auch Distanz und Abbruch von Beziehungen gegeben, hier und dort. [...] Ich bin der Meinung, daß es nicht überall möglich ist, aus dem Schutz einer Gruppe und mit dem Einverständnis vieler zu handeln. [...]
> Ich höre den Vorwurf 'Selbstüberschätzung'. Aber wären nicht ein paar unter uns Leuten der Kirche auch diesen Leuten mit dem Grundbestand an Hoffnung begegnet, der jedem Menschen zusteht, dann hätte die schwarz-weiße Welt, wie sie der Kalte Krieg hervorbrachte, gesiegt. Für mich standen lange Zeit eben auch die Kirchen in der Gefahr, sich auf die 'weiße Seite' in diesem Krieg zu stellen. In den 80er Jahren nahm diese Gefahr ab und meine Berichte sahen entsprechend aus. Heute habe ich das Gefühl, daß die Kirchen wieder abdriften. [...]
> Für mich war damals klar, es gibt nur eine Chance, gegenseitiges Verstehen im Verhältnis zu den politisch Mächtigen zu fördern, wenn sich dies auf Wissen gründet. [...] Klare Sicht gewinnen zu helfen habe ich damals als meinen Auftrag verstanden. Und so ist das, was wir dort taten, von vielen ebenso verstanden worden. Bei denen, die ich im MfS deshalb als meine Freunde empfand und es noch tue, habe ich keinen Anlaß, Gegenteiliges zu behaupten."[445]

[445] Vgl. LStU-MV, Ordner „Erklärungen und Weisungen".

17 Jahre hatte er zum Staatssicherheitsdienst gehört. In diesen Jahren habe es Zweifel gegeben, auch Verzweiflung, „weil vieles nicht so lief, wie ich es mir vorgestellt hatte", sagte er im Gespräch im Herbst 2000. Es sei aber nicht alles falsch gewesen.[446] Der Verrat an Personen habe für ihn mit dazu gehört, denn er habe „gewollt, dass das MfS diese Leute durchschaut, sie kennt, und ich habe fast alles gemacht, damit man wusste, wes Geistes Kind die Leute sind".[447]

## *IM „Hesekiel" – ?*

„Hesekiel" – dieser IM mit dem alttestamentlichen Namen gibt der Forschung Rätsel auf. Nach wie vor ist ungeklärt, wer oder was „Hesekiel" war. Die Akte zu dieser Quelle, angelegt 1985, existiert nicht mehr. Feststeht, dass alle Erwähnungen aus den Jahren 1985 bis Ende 1987 stammen und in einem Zusammenhang zu Personen oder Ereignissen im Bezirk Schwerin stehen. Möglicherweise bewegte sich „Hesekiel" an der Peripherie der Schweriner Jugendarbeit.

Gegenwärtig sind nur ein Bericht „Hesekiels" und einige wenige Verweise auf ihn in anderen Akten bekannt. Der Bericht stammt aus der OPK „Konflikt" gegen den damaligen Landesjugendpastor Johannes Lohmann. Er ist datiert auf den 4. März 1986 und wurde durch Hauptmann Wulf in der konspirativen Wohnung „Ecke" entgegengenommen. „Hesekiel" berichtete darin über den Reiseplan des Landesjugendpfarramtes im Jahr 1986. Dieser Reiseplan sei mit dem Kirchenverwaltungsrat abgestimmt worden und besage, dass Johannes Lohmann zusammen mit einem anderen Mitarbeiter des Landesjugendpfarramtes in der zweiten Septemberhälfte nach Plön/Schleswig-Holstein fahren würde.[448]

Im Mai 1987 sollte „Hesekiel" zur „Sicherstellung kircheninternen Materials" eingesetzt werden. Eine entsprechende Erwähnung findet sich in der OPK „Biologe" zu Annette Beleites.[449] „Kircheninternes Material" sagt jedoch nichts über die Position des IM „Hesekiel" aus; jeder öffent-

---

446 Vgl. Interview mit Jürgen Kapiske am 15. 9. 2000.

447 Vgl. ebd.

448 Vgl. BStU, MfS, AOPK 563/87, Bd. 1, Bl. 282. Einen „Kirchenverwaltungsrat" gab es nicht. „Hesekiel" meinte vermutlich den Oberkirchenrat als kirchliche Verwaltungsbehörde. Dass er hier einen falschen Begriff gebrauchte, spricht dafür, dass „Hesekiel" kein „Insider" war.

449 Vgl. BStU, MfS, BV Schwerin, ZMA 5464, Bd. I/1, Bl. 16.

lich zugängliche Gemeindebrief konnte damit gemeint sein.

Bereits ein Jahr zuvor wurde „Hesekiel“ im OV „Komplott“ erwähnt. Dieser Operative Vorgang war unter anderem gegen Heiner Möhring gerichtet, der damals Mitglied der Arbeitsgruppe Frieden war. „Hesekiel“, der im OV „Komplott“ als „IM in kirchenleitenden Gremien“ bezeichnet wird, sollte zusammen mit den IMB „Magda“ und „Kaltenhofer“ die relevanten Aktivitäten von Möhring beobachten und verhindern, dass dieser kirchenleitende Gremien erfolgreich um Unterstützung in Friedensfragen bitte.[450] Die Nähe zu „Magda“ (Charlotte Süße) und „Kaltenhofer“ (Reinhard Gransee) könnte zwar bedeuten, dass auch „Hesekiel“ im Oberkirchenrat angesiedelt war. Dagegen spricht jedoch, dass er in den für diese Arbeit eingesehenen operativen Akten, Jahresarbeitsplänen und Analysen nur wenige Male erwähnt wird, Süße und Gransee damit verglichen sehr oft. War „Hesekiel” also unbedeutend?

Anfang Januar 1988 wird „Hesekiel“ ein weiteres Mal erwähnt.[451] In der OPK „Heide“ zum damaligen Landesjugendpastor Heydenreich findet sich ein Auftrag für ihn, kircheninternes Material zu organisieren und eine „umfassende[ ] Persönlichkeitseinschätzung des H.“ zu geben.[452] Dieser Auftrag verrät jedoch nichts über seine mögliche berufliche Stellung.

Die letzte bekannte Erwähnung von „Hesekiel“ findet sich in der OPK „Währung“ gegen den mecklenburgischen Kirchenarchivrat Erhard Piersig. Im Februar 1988 heißt es darin, „Hesekiel“ solle zusammen mit dem IMB „Kaltenhofer“ und dem IMS „Werner Zeise“ eingesetzt werden, um „Aussagen zum Persönlichkeitsbild, zur politisch-ideologischen Grundeinstellung des P.“[453] sowie zu seiner Position zu „Staat und Gesellschaft“ zu machen.[454] Einerseits legt die gleichzeitige Erwähnung von „Kaltenhofer“ und „Hesekiel“ wiederum eine Nähe zum Oberkirchenrat nahe, andererseits ist unklar, wer sich hinter „Werner Zeise“ verbirgt und somit auch, ob „Hesekiel“ nicht doch an einem anderen Platz zu verorten ist.

Auf Grund der derzeitigen Aktenlage ist die Frage, wer oder was sich

---

450 Vgl. AOPK 785/ 88, Bd. I, Bl. 50.

451 Vgl. BStU, MfS, BV Schwerin, II/ 49/88, Bl. 6.

452 Vgl. BStU, MfS, BV Schwerin, ZMA 5638 AKG, Bl. 12.

453 Vgl. PA Piersig, Maßnahmeplan zur Bearbeitung der OPK „Währung“ vom 3.2.1988.

454 Vgl. ebd.

hinter dem Decknamen „Hesekiel“ verbirgt, nicht zu klären. Es ist aber anzunehmen, dass „Hesekiel“ ein insgesamt eher unwichtiger Baustein in der Kirchenpolitik des MfS war.

## Zusammenfassung

> „Die gesamte Stasi-Debatte läuft immer wieder auf einen springenden Punkt zu: Wie steht es in der Kirche mit dem Vertrauen und der Verläßlichkeit untereinander? Auf vielfache Weise ist Vertrauen mißbraucht und zerstört worden. [...] An diesem Prozeß waren die IM beteiligt. Deshalb bleibt es ein wesentliches Anliegen unseres Ringens um Offenlegung und Versöhnung, Vertrauen und Verläßlichkeit untereinander zu stärken."[455]

Mit diesen Worten stimmte Christoph Stier die mecklenburgische Landessynode im Frühjahr 1993 auf die Sitzungstage ein. „Kirche inmitten von Konflikten. 'Wer glaubt, weicht nicht aus'" war der Bischofsbericht überschrieben. Zwar waren die Auseinandersetzungen um ehemalige Zuträger des MfS innerhalb der Kirche nur ein Problem unter vielen nach der Wende, aber dennoch ein besonders dringendes: Zum einen wollte die Öffentlichkeit wissen, wie sich die Kirchen gegenüber dem Staat verhalten hatten. Man war also in einer gewissen Erklärungsnot. Zum anderen hatten die Überprüfungen durch die Gauck-Behörde ergeben, dass es der mecklenburgischen Landeskirche genauso wenig wie den anderen sieben evangelischen Landeskirchen der ehemaligen DDR gelungen war, ihre Verwaltungsstrukturen vor äußerer Einflussnahme vollkommen zu bewahren. Das gegenseitige, jahrelange Vertrauen in der Münzstraße 8-10 war nicht mehr vorbehaltlos gegeben. Stier lenkte den Blick der Landessynode in seinem Bericht jedoch weg von der Frage, wer sich schuldig gemacht habe, denn „Schuldzuweisungen an einzelne greifen nicht tief genug."[456]

Die aufwändige Beobachtung der Mitarbeiter im Oberkirchenrat – vor allem durch das MfS – diente der Klärung der Frage „Wer ist wer?", wer ist Freund, wer Feind? Letztlich ging es der staatlichen Seite darum zu erkennen, welche unterschiedlichen politischen, moralischen und psychologischen Dispositionen es innerhalb einer Gruppe gab, um sie

---

[455] ELLKM, LKA, Handakten Kirchenarchivrat Piersig, Unterlagen der Landessynode 1991–1994, Vorlagen zur 11. Tagung der XI. Landessynode der Evangelisch-Lutherischen Landeskirche Mecklenburgs vom 18.–21.3.1993, Bericht des Landesbischofs: „Kirche inmitten von Konflikten. Wer glaubt, weicht nicht aus", Bl. 9 d. Dok.

[456] Vgl. ebd.

anschließend so zu beeinflussen, dass die Vorstellungen der SED durch die führenden Mitglieder von sich aus umgesetzt wurden bzw. dass diejenigen zu führenden Köpfe wurden, die „progressiv" oder zumindest „realistisch" eingestellt waren. Kurz: Es ging um die Schaffung von staatsloyalen Mehrheiten. Die zahlreichen Analysen, Einschätzungen und Konzeptionen der Räte der Bezirke, der SED-Leitungen und der MfS-Dienststellen belegen dies: „Progressiv", „realistisch", „loyal", „schwankend" und „feindlich-negativ" waren jeweils sehr relative Verortungen eines Amtsträgers, die mit jedem Wechsel in einer Personengruppe neu vorgenommen wurde.

Der Oberkirchenrat als Verwaltungszentrale war ein besonders wichtiges Objekt staatlicher Einflussnahme, weil über seine Tische wichtige Papiere liefen und in seinen Konferenzen zentrale Entscheidungen getroffen, Entwicklungslinien der Landeskirche besprochen und nicht zuletzt Personalfragen geklärt wurden. Entsprechend viele Inoffizielle Mitarbeiter konnte das MfS im Laufe der Jahre in seinen Reihen installieren, wenngleich sich in den siebziger Jahren Änderungen in der Anwerbung abzeichneten: Siegfried Rossmann war der letzte leitende Mitarbeiter in der Münzstraße, der als IM des MfS registriert werden konnte – wenn man einmal vom Amt des Synodalpräses absieht, das großes Gewicht hatte, aber nicht hauptamtlich besetzt wurde. Ab Mitte der siebziger Jahre sind die IM vor allem im Mittelbau sowie in der dem Oberkirchenrat benachbarten Redaktion der „Mecklenburgischen Kirchenzeitung" zu finden. Die Anzahl von so genannten „Informations-IM" war gegenüber den „Einfluß-IM" erheblich gestiegen. Auf staatlicher Seite war man besser denn je über kirchliche Interna informiert, jedoch hatte man kaum Möglichkeiten, auf konkrete Entscheidungen Einfluss zu nehmen. In dieser Hinsicht standen die Dinge im Konsistorium der Greifswalder Landeskirche besser, wo 1989 außer dem Bischof drei von vier Oberkirchenräten intensive Kontakte zu Offizieren des Staatssicherheitsdienstes unterhielten.[457]

Die Hintergründe, die zu Kontakten des Einzelnen zum Staatssicherheitsdienst geführt haben, liegen überwiegend im Privaten. Unsicherheit im Umgang mit den staatlichen Funktionären spielte ebenso eine Rolle wie der Wunsch nach einer Aufwertung der eigenen Tätigkeit durch einen Außenstehenden. Hinzu kam jedoch – wie die folgenlose

---

457 Gemeint sind Bischof Horst Gienke (IM „Orion"), Konsistorialpräsident Hans-Martin Harder (IM „Dr. Winzer"), Oberkonsistorialrat Siegfried Plath (IM „Hiller") und Oberkonsistorialrat Christoph Ehricht (IM „Ingolf Seidel").

Dekonspiration Siegfried Rossmanns im Oberkirchenrat Anfang der siebziger Jahre zeigte –, dass die Führungskraft des Bischofs, die in der Landeskirche unbestritten war, in der Münzstraße an ihre Grenzen stieß: Heinrich Rathke und sein Nachfolger Christoph Stier vermochten es augenscheinlich nicht, die gleiche Entschlossenheit und Geschlossenheit innerhalb wie außerhalb des Oberkirchenrates zu erzeugen. Walther Bindemann, der 1980 bis 1981 Referent von Heinrich Rathke war, sagte dazu:

> „Ich habe Heinrich Rathke im Oberkirchenrat immer ganz anders erlebt, als wenn er in der Landeskirche unterwegs war. Da war er ein Motivator, eine im besten Sinn kirchenleitende Persönlichkeit. Im Oberkircherat war er oft gehetzt, gestresst und nervös. Es gab Mitarbeiter, die das ausnutzten und hinter dem Rücken des Landesbischofs ihre eigene policy betrieben."[458]

Den persönlichen Voraussetzungen, die Kontaktaufnahmen und Werbungen unter den Mitarbeitern des Oberkirchenrates erleichterten, stand jedoch eine Reihe von strukturellen Gegebenheiten entgegen, die diese erschwerten: Im Unterschied zu anderen Landeskirchen gab es in der mecklenburgischen Kirchenverwaltung eine klare Kompetenzverteilung zwischen dem Landesbischof und dem Oberkirchenratspräsidenten. Dadurch wurde die Landeskirche durch eine Doppelspitze geführt, auch wenn es keinen Zweifel daran gab, dass der Landesbischof dem Oberkirchenratspräsidenten übergeordnet war. Wie das Beispiel der Berlin-Brandenburgischen Landeskirche zeigt, in der es mit Manfred Stolpe als Konsistorialpräsident und Gottfried Forck als Bischof auch eine Doppelspitze gab, schützte diese Struktur nicht automatisch. Aber sie war ein Baustein einer Kirchenleitung, die sich als brüderlich verstand.

Stützend wirkte sich auch aus, dass der Oberkirchenrat nur aus wenigen leitenden Mitarbeitern bestand, unter denen eine hohe personelle Kontinuität herrschte. Man kannte sich. Dass dies allein noch keine Stärkung der Kirche gegenüber dem Staat bedeuten musste, zeigte das Evangelische Konsistorium in Greifswald, das auch nur aus fünf langjährig amtierenden Oberkonsistorialräten bestand. Entscheidend war, dass jeder dieser Amtsträger seinem eigenen, in Mecklenburg sehr ausgedehnten Dezernat vorstand. Die Kompetenzen waren verteilt, dies war in

---

[458] Schreiben von Walther Bindemann an d. Verf. vom 12. 1. 2001.

Greifswald nicht so. Insbesondere zwischen dem dortigen Bischof Horst Gienke und dem leitenden Juristen Hans-Martin Harder, der damals nicht der Verwaltungsbehörde vorstand, gab es ein stetig schwelendes Kompetenzgerangel, das das MfS für sich nutzen konnte.

Auch die Sitzungspraxis im Oberkirchenrat trug dazu bei, dass das interne Klima insgesamt vergleichsweise gut war. Peter Müller führte ein, dass die „großen Sitzungen", an denen die Referenten des Oberkirchenrates teilnahmen, an Bedeutung gewannen und nur vertrauliche Dinge innerhalb der „kleinen" Sitzung behandelt wurden, bei denen lediglich der Bischof und die Oberkirchenräte anwesend waren. Die interne Transparenz stieg.

Zusammenfassend ergibt sich folgendes Bild: Der Grad der möglichen Einflussnahme auf den Oberkirchenrat nahm von den siebziger zu den achtziger Jahren ab, wichtige Informationen wurden jedoch über IM im Mittelbau stärker denn je nach außen getragen. Dass dies dennoch einen wertvollen Einfluss-IM nicht ersetzen konnte, bestätigte Claus-Dieter Wulf im Interview mehr als zehn Jahre nach der Wende ebenso direkt wie unfreiwillig: Die „Notwendigkeit der Einflussnahme", so Wulf, habe „auch in den letzten Jahren [bestanden], aber nicht um jeden Preis. Es wäre sicher richtig gewesen, dass perspektivisch wichtige Positionen aufgebaut worden wären."[459] Das ist dem MfS nicht gelungen.

## Die Landessuperintendenten

Die acht Landessuperintendenten bildeten ein kleines, aber äußerst wichtiges Organ innerhalb der mecklenburgischen Landeskirche: den Konvent. „Der Konvent der Landessuperintendenten war das Scharnier zwischen den Gemeinden und der offiziellen Landeskirche. Wenn dieses Scharnier quietscht oder hängt, dann geht es schief." Mit diesem Bild beschrieb der ehemalige Doberaner Landessuperintendent, Traugott Ohse, die Bedeutung der Landessuperintendenten als Mittler zwischen den Gemeinden und der Schweriner Leitungsebene.[460] Sein ehemaliger Kollege Axel Walter wurde noch deutlicher: Landesbischof, Landessynode und Oberkirchenrat seien das eine, aber die Durchsetzung landeskirchlicher Gesetze sei Sache der Landessuperintendenten gewesen: „Was von den Landessuperintendenten nicht befürwortet wurde,

---

[459] Vgl. Interview mit Claus-Dieter Wulf am 3. 11. 2000.

[460] Vgl. Interview mit Traugott Ohse am 3. 11. 2000.

passierte auch nicht in der Landeskirche", so Walter.[461] Was ein wenig nach Selbstüberschätzung klingt, hatte ein reales Fundament.

Zum einen waren die Landessuperintendenten in die verschiedenen Gremien der Landeskirche eingebunden: Sie entsendeten jeweils einen Vertreter in die Kirchenleitung[462] und in die Landessynode. Sie führten alle acht Wochen gemeinsame Konvente mit dem Landesbischof und ebenso regelmäßig mit Mitgliedern des Oberkirchenrates durch. Daher hatten sie Einblick in Entscheidungswege auf den unterschiedlichen Ebenen. Darüber hinaus war der Konvent der Landessuperintendenten im Diakonischen Werk vertreten.

Zum anderen hatten die Landessuperintendenten Einfluss auf Verwaltungsentscheidungen. Sie konnten Beschlüsse des Oberkirchenrates oder der Landessynode in ihren Kirchenkreisen durchsetzen oder verzögern.

Drittens waren sie die „Außenposten" des Bischofs: Sie berichteten ihm regelmäßig über die Lage in ihren Kirchenkreisen und bildeten damit die Klammer in der Kirchenhierarchie. Als beispielsweise Landessuperintendent Wellingerhof auf einem Konvent der Pastoren mitteilte, einer seiner Pastoren im Kirchenkreis sei durch das MfS angesprochen worden, erteilte Landesbischof Rathke allen Landessuperintendenten die Weisung, dieses Vorkommnis in ihren Kirchenkreisen auszuwerten und ihn im Falle entsprechender Wiederholungen sofort davon in Kenntnis zu setzen.[463] Zur starken regionalen Verankerung der Landessuperintendenten gehörte auch das Recht, die jungen Vikare zu ordinieren und in ihrem Kirchenkreis Visitationen durchzuführen, was in anderen Landeskirchen allein dem Landesbischof zustand. Der ehemalige Malchiner Landessuperintendent Rüdiger Timm sagte über das Miteinander im Konvent der Landessuperintendenten:

> „Der Konvent war sehr wichtig für uns, weil wir uns gerade in diesen politischen Dingen genau absprachen [...]. Einmal in zwei Monaten tagten wir mit dem Oberkirchenrat, dazwischen waren wir unter uns. Ich habe den brüderlichen Kontakt mit den anderen immer sehr wichtig gefunden. Es ging auch nicht nur um politische Dinge. Ich denke, wenn wir uns mit dem Oberkirchenrat trafen, gab es schon oft Situationen, wo wir dachten, wir müssten

---

461 Interview mit Axel Walter am 13. 7. 2000.

462 Das waren: Günter Goldenbaum (1972–75), Traugott Ohse (1976–81), Kurt Winkelmann (1982–87) und Horst Blanck (seit 1988).

463 Vgl. BStU, MfS, BV Schwerin AIM 1446/88, II/3, 218, Bd. II/3, Bl. 218.

> da unsere Meinung sagen, die doch oft anders aussah als die des Oberkirchenrates. Wir waren schon der Ansicht, ich selbst vielleicht weniger, dass der Oberkirchenrat den Superintendenten einen viel größeren Einfluss einräumen müsste. Schwerin war weit vom Schuss, und der Bischof konnte auch nicht überall sein, und so waren wir doch wohl „Regionalbischöfe", wie man in Bayern sagen würde. Ich habe damals nie das Gefühl gehabt, dass ich Bischof meines Kirchenkreises hätte sein wollen, aber in gewisser Weise ist es wohl so gewesen. [...] [W]ir sind alle recht gut miteinander ausgekommen, besonders die, die in meiner Generation waren. Ein Zeichen dafür ist, dass wir bis zum heutigen Tag immer noch einmal im Jahr zusammenkommen." [464]

Aus diesen Gründen – Kompetenzanhäufung, Nähe zum Bischof und Aufsicht über die Verwaltung in den Kirchenkreisen – befasste sich das MfS seit Anfang der achtziger Jahre besonders intensiv und erfolgreich mit den mecklenburgischen Landessuperintendenten.[465]

Insgesamt waren zwischen 1971 und 1989 sechzehn Landessuperintendenten in Mecklenburg tätig. Auf Grund eines Generationswechsels unterlag diese Gruppe von Amtsträgern Anfang der siebziger Jahre einem starken Wandel. Die zwischen 1900 und 1910 Geborenen – zu ihnen gehörten Gotthard Stegen, Martin Lippold, Hans-Detlof Galley und Wilhelm Gasse[466] – gaben ihr Amt weiter an die Generation der um 1930 Geborenen: Friedrich-Karl Sagert, Christoph Pentz, Rüdiger Timm, Kurt Winkelmann, Horst Blanck, Traugott Ohse und Joachim Wiebering.[467]

Der Konvent der Landessuperintendenten war stets darauf bedacht, seine historisch gewachsene Position nicht begrenzen zu lassen. Immerhin hatte es Landessuperintendenten schon Jahrhunderte vor dem Amt des Landesbischofs gegeben,[468] das in den evangelischen Kirchen

---

464 Vgl. Interview mit Rüdiger Timm am 12. 12. 2000.

465 Vgl. BStU, JHS MfS 20130, Bl. 35.

466 Werner Gasse war in Personalunion Oberkirchenrat und Landessuperintendent von Schwerin.

467 Zwischen diesen beiden Generationen standen die Landessuperintendenten von Parchim und Rostock, Otto Schröder bzw. Günter Goldenbaum, die 1921 bzw. 1922 geboren waren.

468 Die ersten Landessuperintendenturen wurden unmittelbar nach Einführung der Reformation in Mecklenburg im Jahr 1549 eingerichtet.

Deutschlands erst in der Weimarer Republik eingeführt wurde.

Wohl kein anderes mecklenburgisches kirchenleitendes Organ war so durch Persönlichkeiten bestimmt. Für die Geschlossenheit der Landeskirche barg das eine spezifische Gefahr: Wo ein schwacher Landessuperintendent regierte, ergaben sich ebenso leicht Abweichungen von der bischöflichen „Generallinie" wie dort, wo ein starker Amtsträger agierte. Der Landesbischof war demnach gehalten, ein möglichst gutes Auskommen mit seinen „Regionalbischöfen" zu finden. Das gelang nicht immer. Zwischen Heinrich Rathke und Otto Schröder beispielsweise herrschte neben einem guten kollegialen Verhältnis durch die Jahre hindurch auch eine gewisse Spannung, seit sie beide 1971 als Kandidaten bei der Bischofswahl gegeneinander angetreten waren.[469]

Die Haltung des Konvents der Landessuperintendenten war ein Barometer für die Haltung der Landeskirche zum Staat. Entsprechend häufig wurde der Konvent durch das MfS und die Räte der Bezirke auf seine politische Zusammensetzung und eventuelle Mehrheitsverhältnisse hin taxiert. Diese Einschätzungen hatten den Charakter von Momentaufnahmen und sind deshalb nicht überzubewerten. In ihrer „Launenhaftigkeit" jedoch sind sie interessante Zeugnisse einer provinziellen Kirchenpolitik. Beispielsweise vermerkte der Bezirk Neubrandenburg 1974 über die politische Situation in seiner Region, dass sich zwar immer mehr Pastoren positiv zur Friedenspolitik der DDR stellten, aber:

> „Ein Teil reaktionärer Amtsträger, vor allem in der Berlin-Brandenburgischen und in der Mecklenburgischen Landeskirche, die leitende Stellungen innehaben (Lippold, [...]) ist jedoch bestrebt, die Konfrontation mit dem Staat geschickt zu verstärken und die in Fluß gekommene Diskussion zu Grundfragen unserer Politik negativ zu bestimmen. Diese lehnen den Sozialismus ab, fördern die Konfrontation mit dem Staat, vertreten antikommunistische und antisowjetische Positionen, sind Wortführer des antikommunistischen Mißbrauchs der Menschenrechtsdiskussion, Anhänger der 'Nationalen Einheit', fordern ein Mitspracherecht der Kirche und versuchen, die Rolle der Partei herabzuwürdigen."[470]

---

[469] Vgl. Interview mit Heinrich Rathke am 8. 6. 2000.

[470] Vgl. LHA Schwerin, RdB Neubrandenburg, Z 24/90-1563, n. p.

Welchen Weg der einzelne Landessuperintendent auch beschritt, über kurz oder lang geriet er in das Visier des MfS. 1984 eröffnete die Kreisdienststelle des MfS in Malchin die OPK „Glöckner" gegen den dort tätigen Rüdiger Timm. Zum Parchimer Landessuperintendenten Horst Blanck eröffnete die dortige Kreisdienststelle 1988 die OPK „Synodal I".[471] Auch der Güstrower Axel Walter wurde in der OPK „Intendant", angelegt ca. 1988, beobachtet.[472]

Zu dem Güstrower Landessuperintendenten Friedrich-Karl Sagert legte das MfS bereits 1979 die OPK „Täuscher" an. Diese Akte belegt, wie relativ die jeweilige Sicht auf die kirchlichen Vertreter war. Im „Eröffnungsbericht" vermerkte die Bezirksverwaltung Schwerin lediglich, dieser sei Landessuperintendent des Kirchenkreises Güstrow. Augenscheinlich war es jedoch etwas anderes, was das MfS beunruhigte: „Obwohl Sagert selbst gemäßigt und loyal sich gegenüber der Politik von Partei und Regierung zeigt, toleriert er feindliche und negative Angriffe gegenüber dem Staat von Geistlichen unterer Ebene aus seinem Verantwortungsbereich."[473] So habe er 1976 eine Protesterklärung gegen die Berichterstattung des „Neuen Deutschland" zum Freitod von Pastor Brüsewitz unterzeichnet, was man von ihm, der bisher höchstens als „schwankend", im allgemeinen jedoch als „loyal" eingestuft worden war, nicht erwartet hatte. Das Ziel einer Operativen Personenkontrolle war die „weitere Vervollständigung des Persönlichkeitsbildes", die „Kontrolle und Überwachung der Vorbereitungen u. Kontakte in die BRD" sowie die „Kontrolle und Überwachung der Verhaltenstendenzen in bezug auf das Verhältnis Staat-Kirche".[474] Die einzige auf Sagert angesetzte Inoffizielle Mitarbeiterin des MfS war zu dem Zeitpunkt „Ingeborg".[475]

Im gleichen Jahr notierte die Kreisdienststelle des MfS in Güstrow: „Seit seiner Einsetzung als Landessuperintendent in Güstrow erscheint bemerkenswert, daß Sagert über alle geführten Gespräche mit staatlichen Leitern und Einrichtungen sowie über Erscheinungen im Verhältnis Staat-Kirche und Schule-Kirche und selbst über erhaltene Glückwunschkarten konkrete schriftliche Aufzeichnungen bzw.

[471] Vgl. BStU, MfS, BV Schwerin, OPK II 933/88.

[472] Vgl. BStU, MfS, BV Schwerin, 3648, Bl. 80.

[473] BStU, MfS, BV Schwerin, AOPK 1176/84, Bd. 1, Bl. 8.

[474] Vgl. BStU, MfS, BV Schwerin, AOPK 1176/84, Bd. 1, Bl. 8.

[475] Ebd.

Mitteilungen an den Landesbischof zur Auswertung übergibt."[476] Diese Verhaltensweise machte es der staatlichen Seite sehr schwer, Sagert auf ein ständiges Entgegenkommen zu verpflichten, wie sie es vorgehabt hatte.

Angesichts des kirchenpolitischen klaren Kurses Sagerts scheint nicht erklärlich, weshalb dessen OPK den Decknamen „Täuscher" erhielt. Weshalb glaubte man beim MfS, Sagert habe die staatliche Seite getäuscht, und worin sah man sich getäuscht?

Hintergrund für diese Einschätzung war Sagerts teilweise unkonventionelles Verhalten: In „Friedenszeiten" pflegte er seine eigenen „Trampelpfade", in „Kriegszeiten" schloss er sich vorbehaltlos der Position seines Landesbischofs an. Dies verwirrte die staatlichen Stellen. Hinzu kam, dass Sagert zu den wenigen mecklenburgischen Pastoren – neben den Landessuperintendenten Wellingerhof und Blanck – gehörte, die zu den so genannten „Schweriner Gesprächen" fuhren. Die halbjährlichen Gespräche mit Vertretern von der staatlichen Seite unter Leitung der Nationalen Front[477] wurden anschließend im Konvent der Landessuperintendenten besprochen. Irritiert hat staatlicherseits auch der gute Kontakt zwischen Sagert und dem Stellvertretenden Oberbürgermeister für Inneres, Reichelt. Mit diesem führte Sagert zahlreiche Gespräche vor allem über Heiko Lietz, der bis 1980 Pastor in Güstrow und seitdem Organisator von Friedensgruppen in und um Güstrow war. Auch wenn die Aktenlage bestätigt, dass Friedrich-Karl Sagert in diesen Gesprächen Lietz vorbehaltlos unterstützte – die Tatsache, dass er bereit war, sich über einen Pastor seines Kirchenkreises Fragen stellen zu lassen, ließ ihn aus staatlicher Sicht „zugänglich" erscheinen.

Einige Landessuperintendenten jedoch gingen aus unterschiedlichen Gründen im Laufe ihrer Dienstzeit wissentlich Kontakte zum Ministerium für Staatssicherheit ein, so Günter Goldenbaum, den das MfS als IM „Schramm" führte, und Christoph Pentz, zu dem die Akte des IM „Gabriel Krenz" und später „Buda" angelegt wurde.

Im Folgenden sollen zwei unterschiedliche Haltungen unter den mecklenburgischen Landessuperintendenten zur SED-Kirchenpolitik nä-

---

[476] Ebd., Bl. 66.

[477] Die Nationale Front wurde 1949 gegründet und war ein Dachverband von Massenorganisationen der DDR. Sie bestand theoretisch unabhängig von der SED, wurde faktisch jedoch durch diese angeleitet, unter anderem durch die Mitgliedschaft von Mitgliedern des ZK der SED im Präsidium der Nationalen Front.

her betrachtet werden, die sich der einfachen Alternative von Anpassung und Verweigerung entziehen und die man als „kritische Distanz“ und „kritische Loyalität“ bezeichnen kann.

## In kritischer Distanz – Die konservativ-kirchliche Haltung zum Staat

Unter den leitenden Amtsträgern der mecklenburgischen Landeskirche gehörte Traugott Ohse zu den zurückhaltenden. Nicht die harten Töne habe er gegenüber dem Staat angeschlagen, sondern „gekämpft wie ein Lamm".[478] Jahrgang 1928, steht Ohse für die Generation der Kinder des Kirchenkampfes. Sein Vater, Hans-Werner Ohse, war einer der führenden Pastoren der mecklenburgischen Bekennenden Kirche. Traugott Ohse sagte dazu im Gespräch:

> „Wir waren die Kinder der Leute aus dem Kirchenkampf. Wir waren gewarnt durch unsere Väter. Als ich fünf Jahre alt war, 1933/34, wurde mein Vater abgesetzt. Das prägt sich bei einem kleinen Kind ein. Vor dem Haus und hinter dem Haus SA-Leute, die sich aufschrieben, wer rein- und rausging. Und so ging es den Timms und allen anderen auch. Wir waren geprägt durch die Kessiner Bruderschaft, wir haben uns aber merkwürdigerweise dort nicht eingereiht. Aber wir haben die Grundideen kapiert: Wie gehen wir miteinander in einer schwierigen Situation um?" [479]

Ohse legte das Abitur in Rostock ab und studierte dort und in Leipzig Theologie. Bei Martin Lippold besuchte er das Predigerseminar, und nach einer langen Zeit in seiner ersten Gemeinde in Döbbersen bei Hagenow wurde er 1966 Nachfolger von Otto Schröder im Amt für Gemeindedienst. In die Kessiner Bruderschaft, die die kirchliche Gemeinschaft der dreißiger Jahre am Leben zu halten suchte, trat er nicht ein. Das war typisch für die Generation der Nachgeborenen. 1970 kam er als Landessuperintendent nach Bad Doberan in den Kirchenkreis Rostock-Land, gleichzeitig wurde Christoph Pentz Landessuperintendent in Wismar. Kurze Zeit später, im Jahr 1972, wurde Friedrich-Franz Wellingerhof sein Kollege im Kirchenkreis Schwerin.

Was Ohses Amtsführung kennzeichnete, das waren eine stark nach innen gerichtete Perspektive und ein Festhalten an liturgischen Traditionen – zwei Merkmale, die scheinbar keine geeignete Basis für eine gestärkte Position gegenüber dem Staat waren. Und dennoch wirkte

[478] Vgl. Interview mit Traugott Ohse am 3. 11. 2000.

[479] Interview mit Traugott Ohse am 3. 11. 2000.

sich gerade diese äußere Einflüsse abwehrende Haltung in kirchenpolitischer Hinsicht positiv auf den Kirchenkreis aus. Um die Gemeinschaft innerhalb der Landeskirche zu fördern, hatte Ohse bereits in seiner Funktion als Leiter des Amtes für Gemeindedienst den Pröpstetag eingeführt, der die rund 40 Pröpste der Landeskirche jährlich einmal zusammenführte.[480]

Der Kirchenkreis Rostock-Land mit dem Amtssitz Bad Doberan vereinigte einige typische Kennzeichen der mecklenburgischen Landeskirche. Das einstmals blühende kirchliche Leben war in den fünfziger und sechziger Jahren stark reduziert worden: Die in den fünfziger Jahren erfolgte Kollektivierung in der Landwirtschaft hatte die Gemeinden auseinander getrieben. Zudem galt der Norden der DDR immer als „rot", hier war die Kirchlichkeit seit 1949 rapide gesunken. Übrig geblieben waren die kleinen Dorfgemeinschaften und zahlreiche, kaum instand zu haltende Dorfkirchen, Dorfkapellen und Dorffriedhöfe.

In diesem Klima prägte sich ein Amtsstil aus, der vor allem die Interessen der Gemeinden vertrat und versuchte, die Bedrängungen – soweit diese bekannt wurden – ohne allzu große Publizität abzuwehren. Das Verhältnis zu den staatlichen Stellen war dementsprechend freundlich-distanziert. Er habe immer versucht, so Ohse, „die Gesprächssituation offen zu halten".[481] Wie unterschiedlich eine solche Haltung beurteilt werden konnte, zeigen die Selbst- und Fremdeinschätzungen der damaligen Gesprächskontakte. In Ohses Augen bestand das Gefährliche nicht in den oft sehr heißen Themen, die diskutiert wurden, sondern in der ständigen Wiederholung der Gespräche, denn „[w]enn man in fast regelmäßigen Abständen mit dem 'Stellvertreter des Vorsitzenden für Inneres des Rates des Kreises' verhandeln musste, stellte sich mechanisch ein gewisser leichter Umgangston ein".[482] Das hatten auch die Pastoren im Kirchenkreis bemerkt, die ihrem Landessuperintendenten zwar durchaus einen starken Friedenswillen attestierten, ihn sich aber mutiger gewünscht hätten. Staatlicherseits hingegen – und das war aus kirchlicher Sicht das Entscheidende – schätzte man Ohse als gewieften Taktiker ein, der seine Pastoren hinter sich zwinge und gegen den Rat des Kreises Front mache. Wenige Wochen nach seinem Amtsantritt notierte das MfS in Bad Doberan:

---

[480] Vgl. Ohse 2000, S. 4.

[481] Vgl. ebd.

[482] Ebd., S. 13.

„Seit Anfang des Jahres, seitdem Ohse im Kirchenkreis Rostock-Land tätig ist, zeichnet sich unter den Pfarrern eine politische Reserviertheit ab. Nach unserer Kenntnis ist Ohse unter allen Umständen bestrebt, die Pfarrer zur Durchsetzung einer straffen kirchlichen Tätigkeit anzuhalten und seinen Einfluß als Landessuperintendent überall geltend zu machen.

Bei Aussprachen, die die staatlichen Organe in der Vergangenheit führten, war es möglich, daß durch die politische Aufgeschlossenheit der Geistlichen zu politischen Grundfragen gesprochen wurde. Seit der Tätigkeit Ohses zeichnet sich dagegen ab, daß sie wohl zu den Aussprachen erscheinen, jedoch zu politischen Fragen Zurückhaltung üben und dort aktiv werden, wenn es gilt, Forderungen gegenüber dem Staat geltend zu machen (mehr Unterstützung beim kirchlichen Friedhofswesen, großzügigeres Verhalten der Schulen gegenüber christlich gebundenen Schülern, mehr Möglichkeiten zur Unterbringung von emeritierten Pfarrern u. a.)."[483]

An dieser Einschätzung änderte sich bis 1989 wenig. 1981 charakterisierte die MfS-Kreisdienststelle in Bad Doberan Ohse als „streng gläubige[n], politisch negativ eingestellte[n] Christen [...], dessen Grundhaltung voll der Linie des Landesbischofs Rathke entspricht und von diesem gebilligt wird".[484]

Ohses Loyalität gegenüber dem Landesbischof wurde jedoch ab Ende der siebziger Jahre auf eine harte Probe gestellt, da Heinrich Rathke – wie auch sein Nachfolger Christoph Stier – neue Bewegungen wie die Friedens- und Umweltgruppen vorbehaltlos unterstützte und die gleiche Unterstützung auch von seinen Landessuperintendenten und Gemeindepastoren verlangte. Traugott Ohse stand diesen Gruppen innerlich sehr fern, aber seine Loyalität zu Rathke und Stier verlangte sein Engagement – auch wenn ihn Heinrich Rathke gelegentlich persönlich und unmissverständlich auffordern musste, sich mehr für diese neuen und randständigen, deshalb auch immer gefährdeten kirchlichen Kreise

---

483 BStU, MfS, BV Rostock, AOPK 2706/84, Bd. 1, Bl. 31.

484 Vgl. ebd., Bd. 2, Bl. 36.

einzusetzen. Trotz dieser innerlichen Distanz fühlte er sich auf Grund seines Amtes verpflichtet, auch für diese Kreise bis zu einem gewissen, klar definierten Grad einzutreten.[485] 1973 bereits stellte der Referent für Kirchenfragen beim Rat des Kreises Bad Doberan, Fischer, fest:

> „O. gehört zu jenen Würdenträgern, die Ziel und Richtung der Tätigkeit Bischof Rathkes absolut billigen. Er ist bestrebt, im Kirchenkreis diese Richtung konsequent zu vertreten. [...] Wir sind der Meinung, daß O. nicht in jedem Fall Handlungen der Pastoren billigt, aber bei Aussprachen immer ihre Partei annimmt. Das hat ihn des öfteren schon in eine offensichtlich von ihm nicht gewünschte negative Stellung zu staatlichen Organen gebracht."[486]

Die staatliche Seite war sichtlich irritiert. 1978 entstand in der Schweriner SED-Bezirksleitung daher eine Analyse der kirchenpolitischen Entwicklung, in der es hieß, Ohse sei wendig und verschlossen. Er habe „eine politisch negative Grundeinstellung zu unserer sozialistischen Entwicklung" und gebe sich „in seinen politischen Aussagen in offiziellen Gesprächen zwar gemäßigt, zählt aber zu denen, die der ideologischen Beeinflussung des Gegners am meisten unterliegen und den gegnerischen Ansichten mehr Aufmerksamkeit widmen als der Erläuterung unserer Politik".[487] Zusammen mit Christoph Pentz und Friedrich-Franz

---

[485] Auch in Mecklenburg galt gegenüber den staatlichen Stellen immer: keine Provokation. Sobald diese Grenze überschritten wurde bzw. der zuständige Landessuperintendent oder Pastor meinte, sie sei überschritten worden, zeigten sich die Grenzen der innerkirchlichen Solidarität. So etwa im Falle von Ingelore Rödl, 1982 Vikarin in Bad Doberan und anschließend Pastorin in Gadebusch. Sie war schon in ihrer Doberaner Zeit den staatlichen Stellen aufgefallen, weil sie öffentlich die Diskriminierung der Christen in der DDR und das Unrechtsregime der SED im Ganzen thematisierte. Rödl hatte zum Beispiel in Mühlen-Eichsen an einem 17. Juni die Glocken läuten lassen. Dies ging nicht nur Ohse, sondern auch dem Gadebuscher Propst Hermann Beste zu weit. Beide disziplinierten Ingelore Rödl, die 1984 einen Ausreiseantrag stellte. Wenig später wurde sie in einer Nacht- und Nebelaktion von der Staatssicherheit in Gadebusch abgeholt und nach Westberlin übergesiedelt.

[486] Vgl. BStU, MfS, BV Rostock, AOPK 2706/84, Bd. 1, Bl. 53.

[487] Vgl. LHA Schwerin, SED BPA Schwerin, IV D-2/14/526, Bl. 12.

Wellingerhof zähle er zu den „antisozialistischen Kräften".[488]

Aus staatlicher Sicht kaum nachzuvollziehen war Ohses Unterstützung einzelner kirchlicher Mitarbeiter, die besonders stark im staatlichen Kreuzfeuer standen. Diese waren meist in der Jugendarbeit tätig, wie beispielsweise der Ribnitzer Jugendwart Ingo Barz, der im Rückblick sagte:

> „Ich habe Landessuperintendent Ohse beim Lesen in meinen Stasi-Akten durchgängig als sehr positiv erfahren. Es ist schon beeindruckend, wenn man sich das noch einmal bildlich vorstellt – wir waren ja nun auch äußerlich zwei sehr unterschiedliche Typen. Und wenn Landessuperintendent Ohse dann bei einem Gespräch mit dem Rat des Kreises auf Angriffe gegen mich mit dem Satz konterte: 'Das ist mein bester Mann!', kann ich mir die Gesichter seiner 'Gesprächspartner' auch heute noch gut vorstellen. Solchen Schutz habe ich durchaus gespürt. Wir konnten im Blick auf die Jugendarbeit manchmal schon sehr verschiedener Meinung sein. Aber das war die eine Seite. Und die andere Seite war: Jetzt gilt es Front zu machen gegen die Abteilung Inneres."[489]

Landessuperintendent Ohse steht für einen bestimmten Typus unter den mecklenburgischen Amtsträgern, der eine eindeutige, zugleich aber die Konfrontation vermeidende Haltung einnahm und dessen Loyalität zum Landesbischof nicht nur auf der persönlichen Wertschätzung, sondern auch auf einem bestimmten Amtsverständnis basierte. Traugott Ohse verstand sich weder als „Manager", dem es um das prinzipielle Lösen von Problemen ging, noch war er ein „Fuchs" im Umgang mit den staatlichen Stellen wie sein Rostocker Kollege Goldenbaum.

Die mehr oder weniger kollektive distanzierte Haltung zum Staat, wie sie sich in der Gesprächsverweigerung oder in der solidarischen Haltung mit der Landeskirche in diesen Gesprächen widerspiegelte, war ein Kräftemessen. Sie führte in gewisser Weise zu einer Stärkung der mecklenburgischen Landeskirche.

---

488 Vgl. ebd., Bl. 13.

489 Interviews mit Ingo Barz am 14. und 23. 8. 2000.

## In kritischer Loyalität – „Trampelpfade" zwischen Staat und Kirche

Die acht Landessuperintendenten hatten in ihren Kirchenkreisen einen großen persönlichen Spielraum im Umgang mit den staatlichen Stellen. Ob und wie sie ihn nutzten, bestimmten das jeweilige Temperament und die Gegebenheiten im Kirchenkreis. Verhandlungsbedarf über Baufragen, die Belegung kircheneigener Wohnungen, die Benachteiligung christlicher Kinder in der Schule oder die Finanzierung der kirchlichen Friedhöfe bestand überall. Damit war auf der Ebene der Kirchenkreise eine ähnliche Gefahr wie auf der Ebene des Kirchenbundes gegeben, nämlich dass die Landessuperintendenten vom Hauptweg abwichen und ihre eigenen „Trampelpfade" schufen, um ihre regionalen Angelegenheiten möglichst effektiv zu regeln.

Gerade weil in Mecklenburg eine restriktive, klar abgesprochene Gesprächspolitik durch den Bischof vorgelebt und durch die leitenden Amtsträger in der Regel auch befolgt wurde, wurden die Abweichungen vom MfS sehr genau registriert und in der Tendenz überbewertet. Vor allem individuelle Profilierungsbedürfnisse griff man seitens der Räte der Kreise und Bezirke gern auf, um „Sonderwege" zu fördern. Ein Bespiel dafür ist der Güstrower Kirchenkreis unter Friedrich-Karl Sagert. Im Hinblick auf den sich im Laufe der Jahre entwickelnden Umgangston mit den jeweiligen staatlichen Vertretern, meinte Sagert, sei der Weg von „Vertrauen" zu „Vertraulichkeit" manchmal sehr kurz gewesen. Fast mit den gleichen Worten wie sein Doberaner Kollege Ohse bewertete Sagert die Gespräche:

> „Vertrautheit oder vertraulich sein. Das ist ein ganz großes Problem, dass in dem Augenblick, in dem Sie öfter mit den gleichen Leuten reden, sich Vertrauen herausbildet und in Vertraulichkeit umschlägt. So nach dem Motto: Wollen wir einen Schnaps zusammen trinken, Herr Sagert? Und wenn das dann losgeht, ist das ein Problem. Deshalb bin ich immer gerne mit einem zweiten Mann gegangen. […] Damit ich mich auch vor mir selbst schütze, habe ich gerne jemanden dabeigehabt, der sagen konnte: So und so ist es gewesen."[490]

Auch der Kirchenkreis Parchim unter Leitung von Landessuperintendent Otto Schröder folgte der Strategie, die durch den Landesbischof und

[490] Vgl. Interview mit Friedrich-Karl Sagert am 29. 9. 2000.

den Konvent der Landessuperintendenten autorisiert war. Unterschiede ergaben sich aus staatlicher Sicht aber dennoch. Sie lagen in der Art, wie die kirchlichen Vertreter die Gespräche mit der staatlichen Seite führten.

Schröder, Jahrgang 1921, hatte in Bethel und Bielefeld Theologie studiert und war 1948 nach Mecklenburg zurückgekehrt. 1966 wurde er zum Landessuperintendenten in Parchim berufen, drei Jahre später legte das MfS zu ihm die IM-Vorlauf-Akte „Kurt Schmidt " an, weil dieser „gute perspektivische Voraussetzungen aufgrund seiner Stellung u. Möglichkeiten [habe], wertvolle Informationen zu erarbeiten. Er besitzt Vertrauen u. ist in der Perspektive für eine höhere kirchliche Funktion vorgesehen."[491]

1984 wurde die Akte archiviert, nachdem Otto Schröder in die Bundesrepublik übergesiedelt war. Sie war damals immer noch ein IM-Vorlauf, zu einer Werbung war es nie gekommen.

Schon die Umstände der ersten Kontaktierung verwunderten die Offiziere der Schweriner Bezirksverwaltung. Aus dem über das erste Gespräch im April 1969 angefertigten Bericht geht hervor, dass Otto Schröder von Hauptmann Reinschmiedt, Mitarbeiter der Abteilung XX/4 der Schweriner Bezirksverwaltung, besucht worden war. Schröder reagierte auf seinen Besuch nicht erschreckt, obwohl er sich als MfS-Offizier zu erkennen gegeben hätte, so Reinschmiedt im Bericht. Ganz im Gegenteil habe er erklärt, „daß solche Aussprachen, die persönlich geführt werden, doch immer von Nutzen sind und zum besseren Verstehen beitragen würden".[492] Der Offizier fühlte sich ermutigt, noch deutlicher zu werden:

> „Ich erklärte Schröder, daß unser Prinzip darin bestehe, uns mit solchen Persönlichkeiten des kirchlichen Lebens zu unterhalten und Gespräche zu führen, die in der Lage sind, eine reale und umfassende Einschätzung über das kirchliche Leben und besonders über die Landeskirche Mecklenburg geben zu können. Außerdem mit solchen Geistlichen, die die Entwicklung in unserem Staat realistisch einschätzen, [mit denen] Gespräche im Vertrauen geführt werden können und ein Nutzeffekt ersichtlich wird."[493]

---

[491] Vgl. BStU, MfS, BV Schwerin, AIM 426/84, Bd. I/1, Bl. 5.

[492] Vgl. ebd., Bl. 98.

[493] BStU, MfS, BV Schwerin, AIM 426/84, Bd. I/1, Bl. 98.

In Reinschmiedts Augen verlief das erste Gespräch erfreulich, zumal Schröder mehrfach einräumte, dass er solche Gespräche für sinnvoll erachte und auch auf gegenseitige Verschwiegenheit rechne. Er sprach über seine Biografie und Einstellung zur DDR und Reinschmiedt lenkte über zu aktuellen Entwicklungen in der mecklenburgischen Landeskirche, zur anstehenden Bischofswahl. Auf direkte Nachfrage, ob er selbst neben Rektor Gienke, den man sich als Bestes Nachfolger vorstellen könne, nicht auch Chancen habe, reagierte Otto Schröder ungewöhnlich offen. Folgt man dem Bericht, dann gab er zu verstehen, dass er dem nicht abgeneigt gegenüberstehe.[494] Man sprach noch über die bevorstehende Bildung des Kirchenbundes in der DDR, um dann – ein besonders heikler Punkt – die Frage eines möglichen zweiten Gespräches zu erörtern. Otto Schröder verhielt sich wiederum ungewöhnlich freimütig. Reinschmiedts Bericht zufolgte bedankte man sich wechselseitig für das Gespräch, und Schröder bat um telefonische Benachrichtigung, wenn man sich wieder treffen wolle: „Er machte den Vorschlag, falls seine Sekretärin am Telefon wäre, mich nicht mit Namen zu melden, sondern hier ist Schwerin, und ich hätte Herrn Schröder privat gesprochen. Des weiteren wäre ihm daran gelegen, die Gespräche im Vertrauen zu behandeln."[495]

Reinschmiedt hatte nicht damit gerechnet, Schröder schon beim ersten Besuch für einen – wie auch immer gearteten – Kontakt zum MfS gewinnen zu können. In einem Auswertungsbericht vom Mai 1969 schrieb daher sein Vorgesetzter, Major Freyer, das Gespräch sei zwar gut verlaufen, man dürfe aber nicht vergessen, dass sich Schröder taktisch verhalte, um an interessante Informationen zu gelangen. Weil sich Freyer nicht sicher war, welche Motive Schröder leiteten, sicherte er sich ab: Schröder sollte in Gespräche mit Reinschmiedt verwickelt werden, die im günstigen Fall positiv genutzt werden könnten, im ungünstigen Fall aber auch dazu, Schröder zu kompromittieren. Daher ordnete er an, beide Varianten im Blick zu behalten und in der weiteren Arbeit Folgendes zu beachten:

„1. Durch die Entwicklung des Kontaktes und die gezielte Erarbeitung operativ interessanter Hinweise durch Sch. ist er systematisch zu kompromittieren. Hierbei ist darauf zu achten, daß Sch. unsere Zielstellung nicht

---

[494] Vgl. ebd., Bl. 102.

[495] Ebd., Bl. 103.

erkennt oder Informationen für sich sammelt, die für die Taktik der Kirche im Verhältnis zum Staat bedeutsam sind.
2. Das Problem des Studienplatzes für die Tochter [...] ist ein ausgezeichnetes Kompromat und sollte unter allen Umständen ausgenutzt werden.
(Einbau des IM 'Friedel' des Genossen Oberleutnant KORTH zum Aufbau dieses Kompromates prüfen).
3. Es erscheint zweckmäßig, die weitere Entwicklung des Kontaktes auf Grundlage eines Auskunftsberichtes und einer Konzeption mit der HA XX/4 zu beraten.
4. Das Interesse des Sch. an der eigenen Sicherheit und Geheimhaltung für den Aufbau des konspirativen Kontaktes nutzen und in unserem Sinne entwickeln.
5. Die weiteren Zusammenkünfte mit Sch. sind gründlich und konstruktiv vorzubereiten und bestätigen zu lassen. Alle Informationen sind gewissenhaft auf Wahrheitsgehalt zu überprüfen."[496]

Tatsächlich erhielt keine seiner beiden Töchter die Zulassung zur Erweiterten Oberschule.[497]

Obwohl die Akte keine weiteren Gespräche verzeichnet, verlor der Staatssicherheitsdienst sein Interesse an Otto Schröder nicht. 1970 wurde gegen ihn wie gegen Horst Gienke und andere Pastoren eine „gezielte politische und ideologische Differenzierungsarbeit" eingeleitet, durch die diese Amtsträger, die damals als besonders reaktionär galten, in der Landeskirche isoliert werden sollten.[498] 1971 wurde er dementsprechend zusammen mit Rathke und Gienke als einer der „rechten Vertreter"[499] der Landeskirche und zwei Jahre später als „kluger Mann, der aber energisch die Rechte der Kirche vertritt", beschrieben.[500]

Die seit der Wahl zum Landesbischof 1970 nicht zu übersehenden Spannungen zwischen Schröder und Rathke sind mit Sicherheit auch

---

496 Vgl. BStU, MfS, BV Schwerin, AIM 426/84, Bd. I/1, Bl. 105 f.

497 Vgl. Schreiben von Christa Schröder a.d. Verf. vom 15. 8. 2004

498 Vgl. LHA Schwerin, RdB Schwerin, 21922/2, n. p. „Ergebnisse der Arbeit auf dem Gebiet der Staatspolitik in Kirchenfragen im Bezirk Schwerin im Jahre 1970".

499 Vgl. LHA Schwerin, RdB Neubrandenburg, Z 24/90-1650, „Analyse der gegenwärtigen Lage in den evangelischen Kirchen in der DDR", 1971.

500 Vgl. BStU, MfS, AP 4879/92, n. p.

dem MfS nicht verborgen geblieben. Es ist nirgendwo belegt und ist doch wahrscheinlich, dass man sich erhoffte, den erfahrenen, in Mecklenburg sehr beliebten charismatischen Pastor gegen den jungen Landesbischof Heinrich Rathke auszuspielen. Sowohl Otto Schröder als auch Heinrich Rathke haben sich jedoch, so die Aktenlagen auf allen staatlichen Ebenen und auch im Kirchenarchiv, nicht vor diesen Karren spannen lassen.

Dass das MfS dennoch nicht die Akte „Kurt Schmidt" schloss, mag auch daran gelegen haben, dass Otto Schröder 1973 in der Kirche Karriere machte: Er wurde Präses der Bundessynode. War man im Staatssekretariat für Kirchenfragen zunächst über den neuen Präses nicht erfreut, da dieser in seiner Heimatkirche als klarer Gegner des Staates bekannt war,[501] setzte man bald auf Formen der Bestechung. Gut geeignet schienen hierfür Baufragen zu sein, vor allem, weil der Bezirk Schwerin über zwei kirchliche Anträge zu entscheiden hatte. Ein Projekt befand sich im Kirchenkreis Güstrow, das andere im Kirchenkreis Parchim. Die Entscheidung fiel laut Schreiben des Stellvertreters für Inneres an das Staatssekretariat für Kirchenfragen vom 24. Dezember 1974 für Parchim und gegen Güstrow aus:

> Zu Güstrow:
> „Das Vorhaben [Rekonstruktion der Heilig-Geist-Kirche plus Schaffung von Wohnraum] sollte keinesfalls in den Plan aufgenommen werden, da wir in Güstrow alles unterlassen müssen (einschließlich Baumaßnahmen), was den Einfluß der Kirche in diesem Zentrum der kirchlichen Arbeit stärken könnte."
> Zu Parchim:
> „Dieses Vorhaben [Instandsetzung der Marienkirche] sollte in den Plan aufgenommen werden, auch aus der Erwägung heraus, daß in Parchim der Präses der Synode des Bundes der evangelischen Kirchen in der DDR, Otto Schröder, als Landessuperintendent wirkt."[502]

---

[501] Vgl. BArch, DO-4/ 417, n. p. Beispielsweise hieß es in einer „Information zur politischen Situation in den evangelischen Landeskirchen in der DDR im Jahre 1973", erstellt im Staatssekretariat für Kirchenfragen im Dezember 1973: „Der neue Präses der Synode, Landessuperintendent Schröder, zählt nicht zu den realistisch denkenden Kräften. Seine Vertreter, die Präsides Wahrmann und Johannes Cieslak, vertreten die gegensätzlichen politischen Richtungen in der Kirche."

[502] LHA Schwerin, RdB Schwerin, Z 65/91, 31750, n. p. Schreiben des Stellv. Inneres

Die Strategie der SED-Kirchenpolitik bestand nun nicht mehr darin, Otto Schröder durch offensichtliches staatliches Entgegenkommen zu kompromittieren, sondern darin, vor dem Hintergrund der staatlichen Zusage zum Sonderbauprogramm ein verbessertes Verhältnis zwischen Staat und Kirche vorzutäuschen. Es gibt jedoch keinen Hinweis darauf, dass sich Otto Schröder davon als Bundespräses beeinflussen ließ.

Man war sich staatlicherseits unsicher, wie man Otto Schröder beurteilen sollte. In einer 1978 bei der SED-Bezirksleitung in Schwerin entstandenen Analyse schätzte man auch die Landessuperintendenten ein. Nur bei fünfen war man sich sicher: Sagert und Goldenbaum galten als „positiv", Ohse, Wellingerhof und Pentz als „antisozialistische Kräfte".[503] Schröder in Parchim habe sich gegenüber den staatlichen Organen „relativ loyal" verhalten und strebe gute Beziehungen zwischen Staat und Kirche in seinem Kirchenkreis an. Allerdings bestehe sein ehemals strenges Regiment im Kirchenkreis auf Grund der Arbeitsbelastung in der Bundessynode nicht mehr: „Er bremst auch nicht mehr das politische und gesellschaftliche Engagement seiner Amtsträger; er hat allerdings auch nicht mehr die Kraft dazu", hieß es dort.[504]

Außerdem war Schröder seit längerem Vorsitzender des Kirchentagsausschusses der DDR und damit eine außerordentlich einflussreiche Persönlichkeit, unter anderem deshalb, weil er über die Kirchentagsarbeit zahlreiche Kontakte in die Bundesrepublik unterhielt. Die Übernahme dieser Ämter setzte nicht nur fachliches Können und entsprechendes Ansehen im Kirchenbund voraus, sondern auch die Bereitschaft, in engeren Kontakt zum Staat zu treten. Diese Bereitschaft zeigte Otto Schröder und tauschte vor allem in Bezug auf die Kirchentagsarbeit seine raue, aber klare mecklenburgische Gangart mit den staatlichen Stellen gegen eine sehr viel diplomatischere in Berlin ein. So war man beim Staatssekretär für Kirchenfragen 1982 von Otto Schröder sehr angetan, weil dieser bei einem Gespräch zwischen Staatssekretär Klaus Gysi und der Konferenz der Landesausschüsse der Kirchentage der DDR im November 1982 „die volle Übereinstimmung der kirchlichen Standpunkte mit den staatlichen Positionen und Erwartungen zum Ausdruck" gebracht habe. Schröder habe dieses Gespräch eine „'herausragende Zäsur' in der Kirchentagsarbeit in der DDR" genannt und seine Dankbarkeit für die „umfassende und verständnisvolle Förderung durch die

des Rates des Bezirkes Schwerin, Hintz, an das Staatssekretariat für Kirchenfragen vom 24. Dezember 1974.

503 Vgl. LHA Schwerin, SED BPA Schwerin, IV D-2/14/526, Bl. 2–17, hier Bl. 13.

504 Vgl. ebd., Bl. 13 f.

Staatsorgane" beim Kirchentag 1983 betont.[505]

Vermerke wie diese, die die Kirchentagsarbeit betrafen, finden sich mehrfach. Sie weisen darauf hin, dass Otto Schröder zumindest auf der DDR-Ebene vorsichtiger verhandelte als in Mecklenburg. Gespräche mit dem MfS führte er dennoch augenscheinlich nicht. Auf dessen Seite hoffte man jedoch weiterhin auf den entscheidenden Schritt Schröders, den auch Siegfried Wahrmann getan hatte. Schröder vollzog ihn nicht, aber er lavierte auf vielen Ebenen. Aussagen wie die 1975 beim Rat des Bezirkes Schwerin, „daß man mit Landesbischof Dr. Rathke Geduld haben muß, da ihm jede Entscheidung sehr schwer falle", weil Rathke „von seinem Charakter her nicht sehr entscheidungsfreudig und jederzeit darauf bedacht [sei], seine Kirchenleitung zu hören", waren für einen Landessuperintendenten ungewöhnlich. Rathke brauche Zeit, soll Schröder gesagt haben, „da er oft sehr unschlüssig ist. Er habe nicht den Mut, seine Kirchenleitung einfach vor fertige, von ihm geschaffene Tatsachen zu stellen. Rathke sei sehr auf die Basis bedacht. Er legt außerordentlich großen Wert auf seine Beziehungen zu den Kirchgemeinden. Er will ein gutes Verhältnis zum Staat vor allem von unten her, weil ihm ein gutes Verhältnis zwischen Kirchenleitung und Staat nicht genügt."[506]

Otto Schröder sprach bei diesem Treffen im Juli 1975 jedoch nicht nur über die mecklenburgische Haltung zum SED-Staat, sondern auch über die bevorstehende Bundessynode. Diese werde „wahrscheinlich nicht das Thema 'Volksbildung' anschneiden" und „Abstriche an den erreichten positiven Aussagen und Stellungnahmen" seien nicht zu befürchten.[507] Solche Äußerungen, auch wenn sie aus der Perspektive des älteren, erfahrenen Kirchenmannes über einen jungen Landesbischof gesprochen worden waren und daher im Grunde Rathke entlasten sollten, wirkten wie eine Entsolidarisierung. Ob sich Schröder tatsächlich in dieser Weise geäußert hat, ist aus der derzeitigen Aktenlage nicht schlüssig zu beweisen.

Im November 1980 ging Otto Schröder in den Ruhestand. Auf seine Dienste wollte die Landeskirche jedoch nicht verzichten und betraute

---

505 Vgl. LHA Schwerin, Rat des Bezirkes Schwerin, Z 10/90 – 4, n. p. Informationsschreiben von Hans Wilke, Staatssekretariat für Kirchenfragen, an die Stellv. Inneres bei den Bezirken über ein Gespräch von Klaus Gysi mit der Konferenz der Landesausschüsse der Kirchentage der DDR am 26. November 1982.

506 Vgl. LHA Schwerin, SED BPA Schwerin, IV C – 2/14/ 549, Bl. 99.

507 Vgl. ebd.

ihn mit der Verwaltung der Pfarre Alt Jabel. Bis 1983 blieb er Mitglied der Bundessynode und bis Anfang 1984 Vorsitzender der Kirchentags-Arbeit, die im Laufe seines Berufslebens eine immer wichtigere Rolle spielte. Im November 1983 archivierte die Staatssicherheit die Akte. Zu diesem Zeitpunkt war bekannt geworden, dass Otto Schröder zusammen mit seiner Frau in die Bundesrepublik übersiedeln und dort den gemeinsamen Ruhestand verbringen wollte. Der „Beschluß über die Archivierung des IM-Vorlaufs" vom 24. November 1983 hält nur eine kurze und wenig befriedigende Begründung für die Schließung der Akte bereit: „Sch. ist nicht mehr als Landesuperintendent tätig. Auf Grund seines hohen Alters und nicht mehr vorhandener Möglichkeiten im Sinne einer effektiven operativen Nutzung besitzt der IM-Vorlauf keine Perspektive mehr."[508]

Die Akte umfasste damals einen Band mit 170 Blättern. Keines dieser Blätter hätte dem MfS hinreichend Grund geboten, von einer „operativen Nutzung" Schröders zu sprechen. Der endgültige Abschlussbericht ein Vierteljahr später fiel entsprechend differenziert aus:

> „Abschlußbericht zum IM-Vorlauf 'Kurt Schmidt' II 286/69" vom 9.3.1984
> 'K. Schmidt' wurde seit 1969 in einem IM-Vorlauf bearbeitet, um ihn in seiner Funktion als Landessuperintendent für eine Werbung als IMS im Wirkungsbereich der Ev. Luth. LK Mecklenburg aufzuklären. Als Amtsträger der Kirche trat Sch. pol. indifferent bis negativ in Erscheinung.
> Im Ergebnis von erarbeiteten op. Ausgangsmaterialien wurde 'K. Schmidt' mehrmals kontaktiert, wobei sich, trotz seines Alters, eine gewisse Perspektive zur op. Nutzung abzeichnete.
> Nach Schröders Rücktritt als Landessuperintendent waren keine Möglichkeiten mehr vorhanden, 'K. Schmidt' effektiv operativ zu nutzen, so daß der gesamte IM-Vorlauf keine Perspektive mehr hat. Aus genannten Gründen wurde entschieden, den IM-Vorlauf zu archivieren."[509]

In seinem Abschlussbericht zum Vorgang „Kurt Schmidt" versuchte der MfS-Offizier die Tatsachen zu banalisieren. Eine gewisse „operati-

508 BStU, MfS, BV Schwerin, AIM 426/84, Bd. I/1, Bl. 194.

509 Vgl. ebd., Bl. 195.

ve Nutzbarkeit", die es nach 1969 gegeben haben soll, hätte bei ihrem Nachlassen zur Einstellung der Akte führen müssen – wie in anderen Fällen auch geschehen.

## Das MfS fasst Fuß: Anwerbungen

Die Landessuperintendenten waren „Schlüsselpositionen" in der Auseinandersetzung zwischen der mecklenburgischen Landeskirche und den staatlichen Stellen. Besonders „aktiv" im Hinblick auf die Landessuperintendenten war die Bezirksverwaltung Rostock, in deren Gebiet die drei Landessuperintendenturen Rostock-Stadt, Rostock-Land und Wismar lagen. Einer der drei Amtsträger, so 1980 in einem internen Arbeitspapier, sollte bis 1982 verpflichtet werden.[510]

### *„Fuchs im Hintergrund" – Günter Goldenbaum*

Günter Goldenbaum, Jahrgang 1922, wurde 1971 als Nachfolger Heinz Pflugks Landessuperintendent im Kirchenkreis Rostock-Stadt. Bereits seit 1954 war er Pastor an der Rostocker Luthergemeinde.[511]

Rostock war mit rund 250 000 Einwohnern in den achtziger Jahren die größte Stadt im Norden der DDR. Mit seinem aufgeblähtem Verwaltungs- und Parteiapparat und seinen großen Industriebetrieben und Wissenschaftseinrichtungen zog es eine junge, atheistisch erzogene Nomenklatur an. Die ausgedehnten Neubauviertel waren aus kirchlicher Sicht Neuland, das es zu missionieren galt. Aber auch die übrige Bevölkerung war tendenziell weniger kirchlich orientiert als auf dem Land. Diese Stadt, die sich in die drei Propsteien Nord, Süd und Ost gliederte,[512] etwa 40 Pastorinnen und Pastoren und eine noch größere Anzahl kirchlicher Mitarbeiter umfasste und in der die einzige Universität auf dem Gebiet der mecklenburgischen Landeskirche beheimatet war, erforderte einen starken Landessuperintendenten.

Goldenbaum wurde als Landessuperintendent geschätzt. Arvid Schnauer, Pastor in Rostock Groß-Klein, sagte über ihn, er sei ein „Fuchs im Hintergrund"[513] gewesen, der sich zurückhaltend bei Weisungen nach unten

---

[510] Vgl. BStU, MfS, BV Rostock, AIM 1602/86, Bd. I/1, Bl. 46 f.

[511] Vgl. Willgeroth 1983, S. 6.

[512] Die drei Propsteien wurden in Rostock erst 1976 eingeführt. Zuvor bestand Rostock nur aus einer Propstei, die aber zu groß wurde.

[513] Interview mit Arvid Schnauer am 26. 5. 2000.

zeigte und das diplomatische Spiel liebte. Auch Walther Bindemann, wie Schnauer damals Pastor in Rostock, sagte, er habe Landessuperintendent Goldenbaum „immer als fair empfunden. Ich hielt ihn für konservativ, doch war er liberal genug, um die Verschiedenheiten von Gemeinden, Pfarrern und Mitarbeitern zu tolerieren."[514] Beide gehörten zu den aktiven Pastoren in der Stadt und hätten alle Grund gehabt, in massive Konflikte mit Goldenbaum zu geraten. Augenscheinlich war das jedoch – von Ausnahmen abgesehen – nicht der Fall. Das Verhältnis sei aufrichtig gewesen, so Bindemann, Goldenbaum habe sich nicht in seine Belange eingemischt.[515] Ähnlich wurde Günter Goldenbaum von vielen seiner Kollegen gesehen, nicht nur unter seinen Rostocker Kollegen,[516] sondern auch im Konvent der Landessuperintendenten.[517]

Diesem unspektakulären Bild entsprechen auch die Umstände, unter denen Günter Goldenbaum 1979 in das Blickfeld des MfS kam: Damals suchte die Abteilung XX/4 der Rostocker Bezirksverwaltung für Staatssicherheit einen IM im leitenden Bereich der mecklenburgischen Landeskirche. Der Grund hierfür ist aus den Akten nicht ersichtlich. Möglicherweise handelte es sich, wie in vielen anderen Zusammenhängen auch, lediglich um eine Planvorgabe aus Berlin. Die ranghöchsten Amtsträger im Bezirk Rostock waren die Landessuperintendenten, und unter ihnen schien Günter Goldenbaum die günstigsten Voraussetzungen für eine Anwerbung als IM zu bieten.[518]

Goldenbaum war bereits vor seiner Zeit als Landessuperintendent als „politisch loyal"[519] eingeschätzt worden und durch „progressive" Äußerungen im Vier-Augen-Gespräch aufgefallen. So vermerkte der Rat der Stadt Rostock im Juni 1967, es hätten Gespräche mit Pflugk und mit Goldenbaum stattgefunden. Letzterer sei in dem Gespräch sachlich aufgetreten, so der stellvertretende Oberbürgermeister von Rostock, Pohlmann:

„Ich habe Herrn Goldenbaum zu verstehen gegeben, daß wir seine Zusammenarbeit mit uns in Vorbereitung des

514 Vgl. Schreiben von Walther Bindemann vom 12. 1. 2001.

515 Vgl. Interview mit Arvid Schnauer am 26. 5. 2000.

516 Beispielsweise auch von Bernhard Raudszus im Interview am 4. 8. 2000.

517 Friedrich-Karl Sagert bezeichnete Günter Goldenbaum im Interview am 29. 9. 2000 als einen der „Stillen" im Konvent.

518 Vgl. BStU, MfS, BV Rostock, AIM 1602/86, Bd. I/1, Bl. 46.

519 Vgl. ebd., Bl. 30.

Kirchentages in Rostock positiv einschätzen. [...] Goldenbaum machte eine interessante Äußerung: Herr Pohlmann, Sie können sich gar nicht vorstellen, mit welchen Mitteln und Methoden in unseren Kreisen gearbeitet wird. Wenn jemand versucht, einen real-politischen Standpunkt zu beziehen, umso mehr, wenn es sich um ein Bekenntnis zur DDR handelt, dann fällt man über ihn her wie die Habichte. Es gehört ziemlicher Mut dazu, einen anderen Standpunkt zu vertreten. Im Laufe des Gespräches äußerte sich Goldenbaum, daß er auch den Eindruck habe, daß sich Pflugk in seiner Haltung zu den örtlichen Organen völlig verkrampft hätte und daß es an der Zeit sei, sich aus dieser Verkrampfung zu lösen. Denn es wäre doch wohl im gegenseitigen Interesse, wenn zwischen der Kirche und den staatlichen Organe[n] eine gute Zusammenarbeit vorhanden wäre. [...] Goldenbaum bestätigte unsere Meinung, daß Pflugk an keinerlei Gesprächen zwischen der Arbeitsgruppe 'Christliche Kreise' und Vertretern der Evangelischen Kirche interessiert sei. Er versprach mir, daß er trotzdem nach Rücksprache mit seinem Amtsbruder, Pastor Busecke, und den Kirchgemeinderatsmitgliedern eine gemeinsame Aussprache mit uns vorbereiten wird."[520]

Etwa zeitgleich stellte der Rat der Stadt Rostock fest, dass Pastor Goldenbaum, damals noch tätig an der Luthergemeinde, „einer der wenigen Pastoren [sei, der] ehrlich bemüht [sei], ein echtes Streitgespräch mit Vertretern des Staatsapparates zu führen." Goldenbaum sei innerkirchlich dafür eingetreten, das Misstrauen gegenüber dem Staat abzubauen.[521]

Im Konvent verhielt er sich später wesentlich zurückhaltender.[522] Dass es intern zu keinen nennenswerten Auseinandersetzungen kam, deutet darauf hin, dass Goldenbaum sich den dort formulierten Standpunkten anschloss, um in verschiedenen Punkten dann doch anders als seine Kollegen zu handeln: zum Beispiel hinsichtlich der neuen Veranstaltungsverordnung vom November 1971, die zu erheblichen

---

520 Vgl. AHR, 2.1.1./ 7247, n. p.

521 Vgl. ebd., Bl. 2 d. Dok. „Einschätzung zum Stand des politischen Bewußtseins kirchlicher Amtsträger, Mitarbeiter und ehrenamtlicher Funktionäre" vom 24. Januar 1967.

522 Vgl. Interview mit Friedrich-Karl Sagert am 29. 9. 2000.

Auseinandersetzungen zwischen Staat und Kirche in der DDR geführt hatte. Mecklenburg hatte sich der Haltung des Kirchenbundes angeschlossen und seine Pastoren aufgefordert, die neue Verordnung außer Acht zu lassen. Über Goldenbaum vermerkte das ZK der SED, dieser habe seine Pfarrer angewiesen, die Veranstaltungsverordnung einzuhalten. Es falle ihm aber schwer, sich mit seiner Meinung in der Kirchenleitung durchzusetzen. Noch seien die Kräfte stärker, die auf die Nichteinhaltung der Verordnung drängen. Er, Goldenbaum, wolle sich aber in seinem Bereich das sich anbahnende gute Verhältnis zu den staatlichen Organen nicht verbauen lassen.[523] Dieses und andere Beispiele führten dazu, dass das MfS auf Goldenbaum aufmerksam wurde.

Eine erste direkte Kontaktierung durch das MfS erfolgte im Zusammenhang mit der Durchsuchung der kirchlichen Baudienststelle in Rostock im Mai 1979. Bei dieser Gelegenheit ergab sich ein Gespräch über die Antragsteller auf Übersiedlung, so ein Bericht der Bezirksverwaltung Rostock. Goldenbaum habe sich aufgeschlossen gezeigt. Im Dezember 1980 begründete die Bezirksverwaltung die geplante Werbung wie folgt:

> „Die kirchenpolitische Entwicklung der Landeskirche Mecklenburg zeigt in den letzten Jahren zunehmend negative Züge und ist auf eine Konfrontation mit dem Staat ausgerichtet. Diese negative Entwicklung wird in erster Linie durch den Landesbischof Dr. Rathke, die Oberkirchenräte und den Landessuperintendentenkonvent bestimmt. [...]
> Der Kirchenkreis Rostock ist neben der Stadt Schwerin der Konzentrationspunkt kirchlicher Aktivitäten. Die Haltung des Landessuperintendenten Goldenbaum hat entscheidenden Einfluß auf die Verhaltensweisen der Pfarrer in Rostock sowie auf den inhaltlichen Gehalt der kirchlichen Jugendarbeit. Außerdem können über ihn kaderpolitische Fragen im Bereich der Pfarrerschaft und im Michaelshof durchgesetzt werden."[524]

Hinzu käme, notierte man in der Bezirksverwaltung Rostock, dass die Landessuperintendenten im Wechsel Mitglieder der Kirchenleitung

---

[523] Vgl. SAPMO-BArch, DY 30/IV B 2/14/130, Fiche 1, Bl. 18.

[524] Vgl. BStU, MfS, BV Rostock, AIM 1602/86, Bd. I/1, Bl. 47/49.

und der Landessynode seien und daher „objektive[ ] Möglichkeiten der Einflußnahme auf innerkirchliche[ ] Prozesse" besäßen. Eine Werbung von Goldenbaum verspreche „Aufklärung" über Pläne und Absichten des Konvents und ermögliche die kurzfristige Einflussnahme auf innerkirchliche Prozesse. Außerdem böten sich Möglichkeiten der Differenzierung.[525] Zuvor hatte man sich allerdings gründlich über ihn informiert. Eine positive Einschätzung erhielt Goldenbaum beispielsweise vom IM „Heinz Graf", dem Rostocker Theologieprofessor Gert Wendelborn:

> „Was schließlich Superintendent Goldenbaum betrifft - so habe ich aufs Ganze gesehen eine recht günstige Beurteilung zu geben, zumindest was sein Verhältnis zur Gesellschaft betrifft. Er gehört in der Mecklenburgischen Landeskirche offenbar zu den Amtsträgern eines höheren Grades, die am stärksten nach einem normalen, freundschaftlichen Verhältnis zum Staat streben.
> Ich möchte ihn da nämlich neben Präses Wahrmann in Wismar stellen: was sonst in der Mecklenburgischen Landeskirche aus dem Rahmen fällt. Er strebt also letztlich, denke ich, Beziehungen an, wie sie für Bischof Gienke und für andere Amtsträger der Greifswalder Kirche typisch sind.
> Wie weit das seiner inneren, vollen Überzeugung entspricht, ist natürlich eine andere Frage, es ist sicher größtenteils taktisch bedingt.
> Aber er äußerte sich mir gegenüber mehrfach sehr kritisch über solche Amtsträger, die Konflikte suchen, und dies möchte er sicher auf alle Fälle verhindern, zumal er ja auch in Rostock das Erbe von Pflugk anzutreten hatte, der ein ausgesprochener kalter Krieger war."[526]

Das erste Gespräch fand am 14. August 1980 in Goldenbaums Wohnung statt,[527] bis zum Oktober desselben Jahres folgten vier weitere. Diese Gespräche werfen ein anderes Licht auf die Frage, warum das MfS gerade Günter Goldenbaum aufsuchte – weil er sich gesprächig zeigte. So

[525] Vgl. ebd., Bl. 49.

[526] BStU, MfS, BV Rostock, AIM 1602/86, Bd. I/1, Bl. 54.

[527] Vgl. ebd., Bl. 63.

teilte Goldenbaum laut Akte mit, dass der Rostocker Pastor Gauck aus Evershagen Jugendpastor werde. Im Oktober 1980 klagte Goldenbaum – traut man den MfS-Akten – über die Arbeitsgruppe Kirchenbau. Diese Gruppe sollte den Standort des neuen Gemeindezentrums bestimmen und hatte eine andere Vorstellung in diesem Punkt als der Landessuperintendent: „Dem LS wurde Unterstützung zugesagt in dem Sinne, daß seine Vorstellungen, die sich mit den staatlichen decken, durchgesetzt werden“, hieß es an dieser Stelle der Akte.[528] Allerdings ist nicht bekannt, ob das MfS tatsächlich in diese Diskussion eingriff und mit welchem Ergebnis.

Auch die Rostocker Jugendarbeit war mehrfach Thema bei diesen Treffen. So forderte MfS-Offizier Kufahl Goldenbaum Ende 1980 auf, „Einfluß auf die Mitarbeiterklausur der kirchlichen Mitarbeiter im Jugenddienst [...] zu nehmen.“ Insbesondere der Stadtjugendwart Reifenstein sei negativ aufgefallen, weil er den ehemaligen Güstrower Pastor Heiko Lietz für einen Vortrag zur Friedensthematik eingeladen hatte. Lietz war für alle staatlichen und manche kirchlichen Stellen ein „rotes Tuch“. Es ist daher vorstellbar, dass die Rostocker MfS-Dienststelle versuchte, dessen Wirken auf den Bezirk Schwerin zu begrenzen und ihn von Rostock fern zu halten. Kufahl bat Goldenbaum, das Auftreten von Lietz zu verhindern. In diesem Zusammenhang vermerkte Kufahl auch, dass Goldenbaum in seinem Beisein mit Reifenstein telefoniert und diesen für den gleichen Tag einbestellt habe, um mit ihm über dieses Problem zu sprechen. Außerdem habe er erklärt, „daß L[ietz] auf eigenen Antrag aus dem kirchlichen Dienst ausgeschieden ist, um sich der Friedensarbeit voll zuwenden zu können. Im Grunde ist der OKR froh, diesen Mann aus dem kirchlichen Dienst entlassen zu haben, weil er für die Kirche nicht planbar ist.“[529]

Tatsächlich war Lietz nicht aus eigenem Antrieb aus dem kirchlichen Dienst ausgeschieden, sondern hatte im September 1980 einen Antrag auf Beendigung des Dienstverhältnisses als Pastor und gleichzeitig um Zuweisung einer anderen Tätigkeit im Bereich der Jugendarbeit unter Belassung seiner Ordinationsrechte gebeten.[530] Lietz begann im Dezember 1980 als kirchlicher Mitarbeiter in einem Rostocker Neubaugebiet und schied endgültig aus dem mecklenburgischen Kirchendienst aus, als

---

[528] Vgl. ebd., Bl. 68 f.

[529] Vgl. BStU, MfS, BV Rostock, AIM 1602/86, Bd. I/1, Bl. 68.

[530] Vgl. PA Heiko Lietz, Schreiben von Heiko Lietz an den mecklenburgischen Oberkirchenrat vom 5. September 1980.

dieser Vertrag nach einigen Monaten im Frühjahr 1981 nicht verlängert wurde. Die Nicht-Verlängerung des Arbeitsvertrages hing unter anderem damit zusammen, dass die Rostocker Gemeinde Lietz für eine weitere Vertragsverlängerung eine Wohnung hätte zur Verfügung stellen müssen. Für derartige praktische Fragen war jedoch nicht die Gemeinde allein verantwortlich, sondern in erster Linie der zuständige Landessuperintendent, in diesem Fall Günter Goldenbaum.[531] Warum Oberkirchenrat Siegert, der Lietz' Antrag vom September 1980 bearbeitet hatte, diesen gleich ganz aus dem Dienst der Landeskirche entließ, geht aus den Akten nicht hervor.

Heiko Lietz war zwar kein hauptamtlicher Mitarbeiter der Landeskirche mehr, genoss aber dennoch – als Laie – weiterhin deren Schutz. Deshalb unterstützte der Oberkirchenrat, wie Goldenbaum Kufahl bei dieser Gelegenheit mitteilte, dessen Bemühungen um einen Arbeitsplatz auf dem Rostocker Michaelshof.[532] Kufahl berichtete zu diesem Punkt: „G. hat diese Einstellung abgelehnt, weil er der Meinung ist, daß auf dem Michaelshof schon ausreichen[d] Querköpfe vorhanden sind."[533]

Die bis zum Dezember 1980 durchgeführten fünf Gespräche reichten aus Sicht des MfS-Offiziers Kufahl aus, um die Werbung Goldenbaums vorzubereiten. Den Ausschlag für den sehr schnellen Abschluss der Werbung gab möglicherweise das fünfte und letzte Gespräch. Das Treffen muss kurz gewesen sein, denn der Bericht Kufahls darüber enthält nur wenige Notizen: Goldenbaum habe die Stellung der Landessuperintendenten in Mecklenburg als herausragend bezeichnet. Sie seien vom Landesbischof unabhängig. Er, Goldenbaum, müsse schon goldene Löffel klauen, wolle er seine Stellung gefährden, so der Bericht. Der Bischof jedenfalls habe keine Gewalt über ihn.[534] Weiter notierte Kufahl: „Zum Ende des Gespräches bedankte sich der Kand. und erklärte, daß er mit dem Mitarbeiter in Verbindung bleiben möchte und sich bei Problemen telefonisch melden wird".[535]

Goldenbaum kannte, so seine Akte, seinen Decknamen „Schramm",[536] weil er sich in dringenden Angelegenheiten unter diesem Namen bei Kufahl melden sollte. Ob dies jemals geschehen ist, ist nicht belegt.

---

531 Interview mit Heiko Lietz am 5. 12. 2005

532 Vgl. BStU, MfS, BV Rostock, AIM 1602/86, Bd. I/1, Bl. 68.

533 Vgl. ebd.

534 Vgl. ebd., Bl. 71.

535 Ebd., Bl. 72.

536 Vgl. ebd., Bl. 74.

Kufahl jedenfalls führte in seiner Begründung der Werbung aus, die „Aufklärung" habe gezeigt, dass „Landessuperintendent Goldenbaum über die erforderlichen subjektiven Voraussetzungen und objektiven Möglichkeiten verfügt, um die Zielstellung der Zusammenarbeit zu erreichen." Traut man den MfS-Berichten, so ist es gelungen, Goldenbaum zu instrumentalisieren. „Auf Grund seiner Funktion war es während der Kontaktphase möglich", schrieb der MfS-Offizier, „ihn zielgerichtet zur positiven Einflußnahme auf innerkirchliche Prozesse einzusetzen. Die gestellten Aufträge hat er gut erfüllt." Das Erfüllen einfacher Aufgaben war im ersten Stadium der Verbindungsaufnahme ein Ritual, das die Standhaftigkeit des Kandidaten überprüfen sollte. Da jedoch aus der Akte nicht hervorgeht, worauf Goldenbaum Einfluss nehmen sollte, welche Aufgaben er erfüllte und worauf er Einfluss genommen haben soll, bleibt diese Feststellung zumindest unbewiesen.

Nachdenklich muss die Formulierung stimmen, Goldenbaum habe „ein tragfähiges Motiv für die Zusammenarbeit mit dem MfS" und „ein persönliches Versprechen abgegeben, über die Zusammenarbeit mit dem MfS zu schweigen."[537] Welcher Art war dieses „tragfähige Motiv"? Ein ebenfalls im Dezember 1980 entstandenes Dokument nennt vage die „Unterstützung zur Sicherung einer progressiven kirchenpolitischen Linie".[538] Nur wenig ausführlicher ist der „Vorschlag zur Werbung eines IMS" vom 5. Dezember 1980:

> „Das Motiv einer Zusammenarbeit mit dem MfS besteht in dem Interesse, Ruhe und Ordnung in seinem Kirchenkreis zu haben. G. möchte keine Konfrontation mit den staatlichen Organen. In der Zusammenarbeit mit dem MfS sieht er für sich die Möglichkeit, einerseits über Probleme informiert zu werden und andererseits über innerkirchliche Zusammenhänge zu informieren, um dadurch Spannungen zwischen seinem Kirchenkreis und den staatlichen Organen abzubauen.
> In Vorbereitung des geplanten Besuches von Bundeskanzler Schmidt hat sich herausgestellt, daß G. bereit ist, das MfS über kircheninterne Probleme zu informieren. Gestellte Aufträge wurden konsequent erfüllt. Die Bereitschaft, das MfS zu unterstützen, zeigt sich

[537] Vgl. ebd., Bl. 73.

[538] Vgl. ebd., Bl. 15.

auch darin, daß er nach Aufforderung sofort bereit war, den Stadtjugendwart Reifenstein in seinen geplanten Aktivitäten anläßlich der Mitarbeiterklausur am 14./16.11.80 einzuschränken.
Durch den IME 'Lorenz' [Wahrmann] konnte herausgearbeitet werden, daß G. über seinen Kontakt zum MfS gegenüber dem Oberkirchenrat in Schwerin schweigt. Es liegen keine Informationen vor, daß G. mit anderen Personen darüber gesprochen hat. Der Wille zur Verwirklichung der Konspiration ist gegeben. G. wird als kluger und taktisch versierter Mann im Bereich der LK Mecklenburg eingeschätzt. [...]
Die Aufgabenstellung in der I. Phase der Zusammenarbeit wird sich auf die Einschätzung des realen Kräfteverhältnisses im leitenden Bereich der LK Mecklenburg beziehen.
Im Besonderen ist das Verhältnis zwischen Konvent der LS und dem Oberkirchenrat herauszuarbeiten mit der Zielstellung, Angriffspunkte für eine offensive Einflußnahme auf negative Kräfte zu finden. Die Durchsetzung des Differenzierungsprozesses wird mit den staatlichen Organen gemeinsam durchzuführen sein."[539]

Ruhe und Ordnung, das waren nicht nur erklärte Ziele des Rostocker Landessuperintendenten, sondern sie waren in evangelischen Kreisen traditionell weit verbreitet. Auch in Mecklenburg schieden sich zum Beispiel an Heiko Lietz die Geister: Unruhestifter oder aufrechter Friedensaktivist – die Frage wurde sehr unterschiedlich beantwortet. Der Landesbischof stand jedoch hinter Lietz, zuerst hinter dem Pastor und nach seinem Ausscheiden aus dem kirchlichen Dienst hinter dem Laien Lietz. Vor diesem Hintergrund hatte ein Gespräch, das Günter Goldenbaum im Juni 1981 mit dem Rostocker Referenten für Kirchenfragen führte und das als Aktennotiz auch beim MfS einging, eine besondere Bedeutung. Goldenbaum soll darin dem Kirchenreferenten des Rates der Stadt Rostock zugesichert haben zu verhindern, dass Heiko Lietz eine Anstellung im kirchlichen Bereich in Rostock erhalte.[540] Belegt ist dies nicht. Tatsache ist lediglich, dass Heiko Lietz in Rostock auf Dauer nicht

[539] Vgl. ebd., Bl. 319.

[540] Vgl. BStU, MfS, BV Rostock, AIM 1602/86, Bd. I/1, Bl. 274.

Fuß fassen konnte. Für eine Festanstellung hätte ihm die Kirchgemeinde Wohnraum stellen müssen, dessen Bereitstellung wesentlich in den Händen des dortigen Landessuperintendenten lag.[541] Dazu kam es jedoch nicht. Lietz erhielt schließlich bei der Volkssolidarität Rostock Arbeit. Sieben Jahre lang trug er dort das Essen für ältere Bürger aus. Parallel dazu war er in Rostock in verschiedenen kirchlichen Gruppen aktiv.

Goldenbaums Wunsch nach einer „Sicherung der progressiven Linie" entsprang nach Aktenlage weniger aktuellen Vorkommnissen als vielmehr einer allgemeinen Auseinanderentwicklung des mecklenburgischen und des speziellen Rostocker Weges. Zu einem offenen Konflikt zwischen Landesbischof Heinrich Rathke und dem Rostocker Landessuperintendenten ist es aber nicht gekommen, obwohl schon in den frühen siebziger Jahren, als Günter Goldenbaum Vertreter des Konvents in der Kirchenleitung war, deutliche Differenzen zwischen beiden bestanden. Staatlicherseits notierte man damals, der Bischof wolle Goldenbaum aus der Kirchenleitung katapultieren, weil er ihm zu „links" sei.[542] 1973 beispielsweise stellte das ZK der SED in einer Einschätzung der kirchenpolitischen Lage im Bezirk fest, Goldenbaum sei in die Kirchenleitung gewählt worden, brauche aber Unterstützung in diesem Gremium: „Zu politischen Problemen und kirchenpolitischen Fragen vertritt er einen realistischen Standpunkt. Die Differenziertheit in der Kirchenleitung macht es ihm schwer, immer seine positiven Gedanken durchzusetzen. Ihm muß mehr Unterstützung gegeben werden, daß er mutiger in der Kirchenleitung auftritt, weil sein Wort bei vielen Pfarrern Gewicht hat."[543]

Geschenke von größerem Wert anzunehmen gestattete das Pfarrerdienstrecht in der DDR nicht. Was sich hinter der Quittung vom 26. Juni 1982 über ein „Präsent im Werte von 288,– M"[544] verbarg, bleibt unklar und ebenso, ob Goldenbaum dieses Geschenk, das zu seinem 60. Geburtstag gedacht war, entgegengenommen hat.

Im Januar 1986 archivierte die Rostocker Bezirksverwaltung die Akte „Schramm". Sie umfasste zu diesem Zeitpunkt zwei Bände von insgesamt ca. 360 Blättern.[545] Der „Abschlußvermerk" von Hauptmann Fiedler fiel kurz aus:

---

541 Vgl. Interview mit Heiko Lietz am 5. 12. 2005.

542 Vgl. BArch, DO-4/ 543. „Aktenvermerk" von Steinbach vom 23. Mai 1975.

543 Vgl. SAPMO-BArch, DY 30/IV B 2/14/130, Fiche 1, Bl. 14.

544 Vgl. BStU, MfS, BV Rostock, AIM 1602/86, Bd. I/1, Bl. 302.

545 Vgl. ebd., Bl. 5.

„Der IMS 'Schramm' wurde 1980 als IM registriert. Die Registrierung erfolgte ohne schriftliche Verpflichtung auf der Grundlage des gemeinsamen Interesses zur Unterbindung des politischen Mißbrauches der Kirche und der Ausgestaltung des Staat-Kirche-Verhältnisses entsprechend der Verfassung der DDR.
In der Zusammenarbeit konnte eine Reihe positiver Ergebnisse bei der Zurückdrängung feindlicher Aktivitäten erreicht werden.
Mit Wirkung vom 1.1.86 erfolgte die Versetzung des IM in den Ruhestand und damit verbunden die Abgabe seiner kirchlichen Funktionen. Der Ruhestand ist sowohl altersmäßig als auch gesundheitsmäßig begründet. Aus diesem Grund erfolgte 1985 der letzte Treff mit der Verabschiedung des IM. [...] Der IM wurde nicht in IMK getroffen."[546]

Kann daraus geschlossen werden, dass Goldenbaum vor allem beobachtet wurde, aber kaum berichtete und kein Schaden für Einzelne oder die Landeskirche daraus folgten? Die staatlichen Akten werfen ein widersprüchliches Licht auf Günter Goldenbaum. In vielem unterschied sich seine Haltung gegenüber dem Staat nicht grundsätzlich von der seiner Kollegen. Und dennoch: Wenn der Schaden auch nur in einer partiellen Illoyalität gegenüber der Landeskirche bestünde, so stimmt das nachdenklich.

### *„Auf der Basis der Wiedergutmachung" – Christoph Pentz*

Zeitgleich mit Traugott Ohse in Bad Doberan und Günter Goldenbaum in Rostock wurde Christoph Pentz 1970 Landessuperintendent im Kirchenkreis Wismar. Pentz, geboren 1927 in der mecklenburgischen Kleinstadt Ludwigslust, gehörte zu jener Generation von Pastoren, die nach dem Zweiten Weltkrieg nach Westdeutschland gegangen waren und dort studiert hatten. Nach einigen Semestern Physik in Rostock war Pentz nach Erlangen zum Theologiestudium gegangen, ein weiteres Studienjahr in Belfast folgte, anschließend ein Jahr in Traunstein in Oberbayern als Vikar. 1952 kehrte Christoph Pentz in die DDR zurück und absolvierte zusammen mit Heinrich Rathke, Horst Gienke, Walter Schulz und anderen das Predigerseminar in Blücher bei Martin Lippold.

[546] Vgl. ebd., Bl. 321.

Dieser Lebensweg war staatlicherseits sehr aufmerksam verfolgt worden. Auf Grund seines Studiums in der Bundesrepublik und in Nordirland gehörte Pentz zu den „Rückkehrern" und galt damit politisch als höchst unsicher, war er doch der so genannten „politisch-ideologischen Diversion" über Jahre hinweg ausgesetzt gewesen.

Anders als Goldenbaum wurde Pentz in den siebziger Jahren aus staatlicher Perspektive als treuer Gefolgsmann Rathkes und politischer Feind der DDR eingeordnet. 1978 beispielsweise zählte er in einer SED-Konzeption neben Ohse und Wellingerhof zu den „antisozialistische[n] Kräfte[n]".[547] Umso überraschender erscheint es, dass Christoph Pentz 1982 für eine Zusammenarbeit mit dem MfS verpflichtet wurde. Der IM-Vorlauf trug den Decknamen „Christ", die IM-Akte die Decknamen „Gabriel Krenz" und „Buda".

Im September 1982 griff das MfS zu. Vor welchem Hintergrund Christoph Pentz zu Gesprächen mit dem Staatssicherheitsdienst gedrängt werden konnte, ist nicht bekannt. Allerdings geht aus seiner Akte hervor, dass seine „Werbung" unter massivem Druck stattgefunden hat, als er zu einem Gespräch beim Volkspolizei-Kreisamt in Wismar vorgeladen worden war. Pentz hatte sein Portemonnaie verloren, das man ihm dort wiedergab. Das Gespräch führten keine Volkspolizisten, sondern Pentz traf auf Major Krull, Leiter der Abt. XX der Bezirksverwaltung Rostock, und Major Reinschmiedt, Abteilungsleiter XX/4 der Bezirksverwaltung Schwerin. Beide wiesen sich als MfS-Mitarbeiter aus[548] und präsentierten dem Wismarer Landessuperintendenten Material, das ihn unter Druck setzen sollte. Damit verbanden Krull und Reinschmiedt zwei mögliche „Konsequenzen". Die erste ist nicht überliefert; die zweite Konsequenz „wäre die Möglichkeit der Unterstützung und regelmäßige Gesprächsführung mit dem Mitarbeiter des MfS zu operativ interessierenden Problemen und Sachverhalten."[549] Pentz war wohl sehr erschrocken, denn in dem anschließend angefertigten Bericht heißt es:

> „In vollem Umfang brachte P. seine Bereitschaft zur Wiedergutmachung und Unterstützung des MfS zum Ausdruck. Er erklärte sich zu ständigen, kontinuierlichen und vertrauensvollen Gesprächen mit dem MfS bereit. [...]
> Er versicherte mehrfach, daß er gegenüber jedermann

---

547 Vgl. LHA Schwerin, SED BPA Schwerin, IV D-2/14/526, Bl. 2–17, hier Bl. 13.

548 Vgl. BStU, MfS, BV Rostock, AIM 4321/90, I/1, Bl. 63.

549 Vgl. ebd., Bl. 64.

über alle bisherigen und weiteren Gespräche mit dem MfS Stillschweigen bewahren wird. Er bat um die Realisierung derartiger Zusammenkünfte in Rostock, um seine Sicherheit gegenüber kirchlichen Mitarbeitern und seiner Familie voll zu gewährleisten.
Es kann eingeschätzt werden, daß die Gesprächsführung und die Lösung der Konflikte das volle Einverständnis von P. fanden. Er äußerte mehrfach Dankbarkeit für das Verständnis und für den eingeschlagenen Lösungsweg."[550]

Dankbarkeit brachte Christoph Pentz den beiden MfS-Offizieren sicherlich nicht entgegen, denn das Wesen dieser Art von Werbung basierte auf Erpressung. In der Sprache des MfS hießen die Gründe für solche Erpressungsversuche „Kompromate"; sie sollten die davon betroffene Person in eine subjektiv als ausweglos erlebte Lage bringen. Das MfS nannte dies „motivierende Wirkung".[551] Im „Wörterbuch des MfS" findet sich folgende Definition von „Kompromat":

„Kompromat
Sachverhalt aus dem Leben einer Person, der im Widerspruch zu gesellschaftlichen (juristischen, moralischen) Normen und Anschauungen steht, bei seinem Bekanntwerden zu rechtlichen oder disziplinarischen Sanktionen, zu Prestigeverlusten, zur öffentlichen Bloßstellung, zur Gefährdung des Rufes im Bekannten- und Umgangskreis führen würde und aufgrund dessen bei der betreffenden Person das innere Bedürfnis entsteht bzw. geweckt werden kann, die daraus resultierenden negativen Folgen von sich abzuwenden bzw. eingetretenen Schaden wiedergutzumachen."[552]

In einer MfS-internen Liste gehörten zu den „Kompromaten" „nicht geahndete Gesetzesverletzungen, Verletzungen von Pflichten, Begünstigung von Fehlverhalten und Schädigung, Übertretung moralischer und politisch-ideologischer Normen [und die] Verheimlichung belastender persönlicher Verbindungen [und] Fälschungen".[553] Wenn es

[550] Vgl. ebd., Bl. 65.
[551] Vgl. Suckut 1996, S. 214.
[552] Ebd., S. 213.
[553] Vgl. ebd., S. 214.

ein „Kompromat“ nicht gab, konnte es in der technischen Abteilung „OTS“[554] der Bezirksverwaltung „entwickelt“ werden.

Auch das „Motiv der Wiedergutmachung“ war ein terminus technicus des MfS. Es meinte solche Beweggründe des IM, „die [...] aus seinem Verlangen entstehen, negative Folgen von begangenen Normverletzungen von sich abzuwenden bzw. eingetretene Schäden durch eigene Leistungen zu ersetzen.“[555] Notwendig waren allerdings Tatsachen oder angebliche Tatsachen, „die als kompromittierendes Material geeignet sind, dem Kandidaten die Normverletzung bewusst zu machen, sein Gewissen anzusprechen, Schuldgefühle zu wecken, Unsicherheit zu erzeugen und sein Moral- und Rechtsbewusstsein für positive Gegenleistungen zu nutzen“.[556]

Kompromittierendes Material gegen eine im kirchlichen Bereich tätige Person zu finden war also durchaus das Ziel des MfS. Im „Wörterbuch des MfS“ konnten sich die Offiziere darüber informieren, auf welchen Ebenen sie ansetzen konnten:

> „Die motivierende Wirkung eines K.[ompromats] ist immer gebunden an die jeweilige Person. Die Wirkung ist vor allem abhängig von
> - den ideologisch-moralischen Einstellungen, dem Rechtsbewußtsein, der Ansprechbarkeit und charakterlichen Feinfühligkeit,
> - der gesellschaftlichen Stellung der Person und dem damit verbundenen öffentlichen Ruf,
> - der beruflichen Position und den Verhaltensnormen, die für die jeweilige Berufsgruppe, der die Person angehören, gelten,
> - der Normen der Gruppe oder des Personenkreises, zu denen sich die Person zugehörig fühlt,
> - der Rolle der Familienbeziehungen und der Stellung der Person zu ihren Angehörigen."[557]

Mit der Formulierung „Motiv der Wiedergutmachung“ versuchte das

---

[554] Operativ-technischer Sektor, zuständig für die Bereitstellung von Material für die jeweils operativ arbeitenden Diensteinheiten wie beispielsweise versteckte Kameras usw.

[555] Vgl. Suckut 1996, S. 194.

[556] Vgl. ebd.

[557] Vgl. ebd., S. 214.

MfS euphemistisch die schlichte Tatsache der Erpressung zu verdecken. Der ursprüngliche Begriff der „Werbung auf Druck“ findet sich deshalb auch nur noch in den siebziger Jahren in den MfS-Unterlagen. Diese Form der Anwerbung wurde jedoch nur in Ausnahmefällen angewandt, weil sie große Risiken barg: Zum einen konnte der subjektiv empfundene Druck so groß werden, dass sich der derart Geworbene gegenüber einer Vertrauensperson offenbarte. Zum anderen hatte es sich erwiesen, dass Informationen aus Werbungen auf der „Basis der Wiedergutmachung“ oft weniger „wertvoll“ waren als aus einer freiwilligen Zusammenarbeit. Diese IM berichteten häufig zurückhaltend und versuchten, sich der Zusammenarbeit mit dem MfS zu entziehen.

Diesen Weg sah auch Christoph Pentz für sich. Er meinte, die MfS-Offiziere würden das Interesse an ihm verlieren, wenn er nebensächliche Informationen liefere und keine konkreten Personen benenne.[558] Hinzu kam, dass sich erpresste IM oft nicht schnell genug in ihre Lage finden konnten, sich auffällig verhielten und sich deshalb unfreiwillig dekonspirierten. Der Staatssicherheitsdienst versuchte daher in einem ersten Schritt, das Motiv der „Wiedergutmachung“ in eines der „politischen Überzeugung“ umzuwandeln. Dem IM sollte immer weniger der Ursprung seiner Verbindung zum MfS in Erinnerung sein und stattdessen das gemeinsame politische Ziel vor Augen stehen.[559] Davon zeugen auch die gegen Christoph Pentz gerichteten „Maßnahmen in der 1. Phase der Zusammenarbeit“:

> „Ausgehend davon, daß der IM auf der Grundlage der Wiedergutmachung für eine Zusammenarbeit mit dem MfS gewonnen wurde, muß [mit] dem IM weiter politisch gearbeitet und [dieser] von [der] Notwendigkeit einer Zusammenarbeit überzeugt werden. Dabei sind dem IM weitere Kenntnisse über politische und politisch-operative Zusammenhänge zu vermitteln, um seine Fähigkeiten zum Erkennen politisch operativ bedeutsamer Hinweise zu vertiefen.
> Das vertrauensvolle Verhältnis zwischen Mitarbeiter und Kandidat muß weiter vertieft werden mit der Zielstellung, daß der IM offen über alle bekannt werdenden operativen Hinweise berichtet."[560]

---

[558] Vgl. Interview mit Christoph Pentz am 19. 9. 2002.

[559] Vgl. BStU BV Rostock, AIM 4321/90, I/1, Bl. 73 ff.

[560] Ebd., Bl. 61 f.

Aus der Akte „Gabriel Krenz" ist ersichtlich, dass sich Pentz in den ersten Monaten seiner erzwungenen Zusammenarbeit in einem Zustand innerer Zweifel und seelischer Bedrängnis befand. Er sagte im Gespräch, er habe geglaubt, diese Kontakte unbeschadet zu überstehen und niemandem dadurch zu schaden. Er habe aber keine Möglichkeit gesehen, dem auf ihm lastenden Druck durch eine Offenbarung zu entgehen. Gerade weil in der Landeskirche ein unbedingtes Nein zu Gesprächen mit der Staatssicherheit galt, habe er sich nicht offenbaren können.[561]

Der MfS-Offizier Fiedler, der den Kontakt zu Christoph Pentz führte, wartete ab, ob dieser tatsächlich zur Zusammenarbeit mit dem MfS bereit wäre. Erst im Juni 1983 machte Jürgen Fiedler den „Vorschlag zur Werbung eines IMS", bisher war Christoph Pentz in einem IM-Vorlauf geführt worden.[562]

Gleichzeitig ließ er den Landessuperintendenten beobachten und damit kontrollieren, ob sich dieser dekonspirieren, also sich jemandem anvertrauen würde. In einem der ersten Berichte vom September 1982 stellte er fest, dass Pentz nicht alle Fragen „vorbehaltlos" beantworte.[563]

Trotz dieser Vorbehalte war das MfS an diesem Kontakt sehr interessiert, weil Pentz als Landessuperintendent auf Lebenszeit gewählt war und damit einen „starken Einfluß auf die Entwicklungsrichtung der Landeskirche, der Leitungsgremien als auch auf andere leitende Amtsträger einschließlich dem Bischof der Landeskirche" haben würde.[564] Dementsprechend sah seine Einsatzkonzeption vor, dass er die innerkirchliche Lage vor allem im Kirchenkreis Wismar unter den Pastoren und Gremien beobachten und kontrollieren sollte. Auch die „Pläne u. Absichten neg.[ativ]-feindlicher Kräfte" meinte das MfS durch Pentz in Erfahrung bringen und durchkreuzen zu können.[565] Im Einzelnen liest sich das so:

„Festlegung der generellen und individuellen Einsatzrichtung
Der Kandidat wird im Schwerpunktbereich Landeskirche Mecklenburg, kirchenleitende Gremien, eingesetzt. Der Einsatz erfolgt mit folgender Zielstellung:

---

561 Interview mit Christoph Pentz am 19. 9. 2002.

562 Vgl. BStU, MfS, BV Rostock, AIM 4321/90, Bd. I/1, BL. 59 f.

563 Vgl. ebd., Bl. 67 f.

564 Vgl. ebd., Bl. 59.

565 Vgl. ebd.

- Erarbeitung von Informationen für den Klärungsprozeß 'Wer ist wer' zu leitenden Amtsträgern, Kirchenleitungsmitgliedern und Synodalen, um die Differenzierung und Einflußnahme zu forcieren,
- zielstrebige Zurückdrängung des Einflusses reaktionärer Kräfte, Stärkung der progressiven Kräfte bei der Herausbildung eines wirksamen innerkirchlichen Widerstandes gegen provokative, feindlich neg. Kräfte der Landeskirche.
- Erarbeitung von Informationen zu den Partnerschaftsbeziehungen der Landeskirche, deren Charakter, Zielstellung sowie zum konkreten personellen Zusammenwirken."[566]

Wie aus den Akten hervorgeht, ergaben sich in gewissen Bereichen Übereinstimmungen mit den staatlichen Zielen. So verband Pentz mit dem Rat des Bezirkes Rostock der Wunsch nach „Ruhe und Ordnung" im Kirchenkreis Wismar, wenngleich die entsprechende Erwartungshaltung durch Roland Macht und Jürgen Haß keineswegs verbindlich, sondern drohend und unnachgiebig vorgetragen wurde, so Pentz.[567]

Die „Einsatz- und Entwicklungskonzeption für den IMS 'Gabriel Krenz', Reg. Nr. I 1426/82" vom Mai 1985 fasste denn auch zusammen, „Krenz" habe seit seiner Werbung 1983 über die Lage im Kirchenkreis und einzelne operativ interessante Pastoren und Aktivitäten der Evangelischen Studentengemeinde berichtet. Die Informationen seien im OV „Begegnung" gegen den langjährigen Studentenpastor Egbert Lippold verwertet worden. Das Verhältnis zwischen Mitarbeiter und IM sei gut, der IM sei auch bereit, über „operativ interessierende Fragen" zu sprechen und halte sich bei der Realisierung von Aufträgen an die Anweisungen. „Krenz" habe zu seiner eigenen Sicherheit um Treffen in Rostock gebeten und habe entsprechendes Stillschweigen darüber zugesagt. Er berichte nur mündlich, anderes sei auf Grund seiner religiösen Überzeugung und kirchlichen Stellung auch nicht zu erwarten.[568]

Im Oktober 1987, fünf Jahre nach den ersten Gesprächen, damals noch mit Kufahl, fasste Führungsoffizier Fiedler zusammen:

---

566 Ebd., Bl. 59 f.

567 Schreiben von Christoph Pentz an d. Verf. vom 1. 4. 2003.

568 Vgl. BStU BV Rostock, AIM 4321/90, I/1, Bl. 73 ff.

> „Der IME ist an der Aufrechterhaltung eines guten Verhältnisses zwischen Staat und Kirche interessiert. In diesem Sinne ist er bereit, entsprechende in der Zusammenarbeit mit dem MfS festgelegte Maßnahmen um- und durchzusetzen. Bisher gibt es keine Hinweise auf Unzuverlässigkeit und Ehrlichkeit, jeweils unter Beachtung seiner kirchlichen Tätigkeit."[569]

Im gleichen Jahr wurde Christoph Pentz, von ihm selbst unbemerkt, vom IMS zum IME befördert. Als Begründung führte sein Führungsoffizier an, das Vertrauensverhältnis habe vertieft werden können, „Krenz“ habe „teilweise über kircheninterne Probleme und zu kirchlichen Personen“ berichtet. Die Zusammenarbeit mit dem MfS erfolge zunehmend aus „politischen Gründen“.[570]

Hintergrund waren die Aktivitäten des Ökumenische Zentrums für Umweltarbeit (ÖZU) und eines sehr aktiven Kreises von Antragstellern auf Übersiedlung um Pastor Möller. Deshalb war 1987 Wismar zu einem „Schwerpunktgebiet“ der politisch-operativen Arbeit geworden. Dazu vermeldete der MfS-Offizier konkrete Erfolge:

> „In Abstimmung mit dem MfS trug das aktive Handeln des IMS wesentlich dazu bei, daß der 'Friedenskreis Wismar' [...] stark in die evangelische Kirche eingebunden, diszipliniert und letztendlich zerschlagen wurde. Darüber hinaus trug sein aktives Handeln im Auftrag des MfS dazu bei, weitere Personen seines Kirchenkreises, die mit negativen Aktivitäten in Erscheinung traten bzw. die Absicht dazu hatten, zu disziplinieren.
> Im Zusammenhang mit den ÜSE [Übersiedlungsersuchenden] in seinem kirchlichen Bereich kommt deutlich die politische Haltung des IMS zum Tragen. Der IMS lehnt jede Form der ÜSE ab. Diesbezüglich wirkt er auch im Auftrag des MfS auf die ÜSE in seinem Bereich (kirchlich gebundene Bürger, in OPK 'Berg' u. OPK 'Mühle' der KD Wismar) ein und verhindert eine negative Einstellung dieser Personen. So entband er die in der OPK 'Mühle' bearbeitete Person von einer kirchlichen Funktion.

---

569 Ebd., Bl. 96.

570 Vgl. ebd., Bl. 78.

Das Auftreten und Verhalten des IMS in seinem Verantwortungsbereich wird von den ihm unterstellten Personen unterschiedlich gewertet. Der größte Teil der Personen befürwortet sein konsequentes Eintreten für die Aufrechterhaltung der Grundsätze des Gespräches vom 6.3.1978. Einige wenige Personen fordern vom IMS ein stärker forderndes Auftreten gegenüber den staatlichen Organen."[571]

Tatsächlich konnte die Umweltgruppe durch die Staatssicherheit letztlich nicht zerschlagen, sondern lediglich in ihrer Arbeit behindert werden. Pentz stand mit seiner Ablehnung der Antragsteller nicht allein, sondern teilte sie mit vielen seiner Amtsbrüder in der Landeskirche und im Kirchenbund. Die Ausreisewilligen waren in Wismar besonders aktiv. Allerdings ging das Engagement von Pentz in dieser Frage – zumindest nach Aktenlage – über die persönliche Ablehnung hinaus: Dokumente aus dem Rat des Bezirkes Rostock und dem MfS legen die Kontrolle der Basisgruppen in Absprache mit der staatlichen Seite und in Kooperation mit anderen Wismarer Amtsträgern sehr nahe. Sowohl der Jahresarbeitsplan der Bezirksverwaltung Rostock für das Jahr 1987 als auch für 1989 hielten fest, dass der IM „Krenz" bzw. „Buda", wie er seit 1987 hieß, gegen die Wismarer Szene eingesetzt werden sollte.

1987 sollte „Krenz" zusammen mit „Hiller" (Siegfried Plath), „Titus" (Siegfried Bohl) und „Orion" (Bischof Horst Gienke) aus Greifswald sowie Siegfried Wahrmann („Lorenz") und Hans-Joachim Bartsch („Johannes") so eingesetzt werden, dass sie „die weitere positive Gestaltung des Verhältnisses Staat-Kirche, die offensive Zurückdrängung feindlicher Handlungen, die Unterbindung des politischen Mißbrauchs der kirchlichen Partnerschaftsverbindungen und die Beschlußfassungen in den Synoden der Landeskirchen Greifswald und Mecklenburg zielgerichtet" beeinflussen würden.[572] Der Jahresarbeitsplan für 1989 sah lediglich eine Wismarer Allianz der IM „Lorenz", „Buda", „Rena" (Heidelore Czerny) und „Egon Liebich"[573] „zur innerkirchlichen Disziplinierung der Verdächtigen" vor.[574] Das Ziel bestand in der Auflösung des ÖZU, nachdem die „feindlich-negativen" Kräfte herausgelöst seien. Mehr als

[571] Vgl. ebd., Bl. 78 ff.

[572] Vgl. BStU, MfS, BV Rostock, BdL, Nr. 2933, Bl. 53.

[573] Der Klarname dieses IM ist der Autorin unbekannt.

[574] Vgl. BStU, MfS, BV Rostock, BdL Nr. 3269, Bl. 22.

zehn Jahre nach der Wende erinnerte sich Christoph Pentz an seine damalige Haltung zur Wismarer Umweltgruppe:

> „Gegenüber dem ÖZU ging es mir nicht um ein Kontrollieren. Ich blieb mit der Basisgruppe im Gespräch und trat für sie ein in all den Schwierigkeiten, die es mit dem Staat einerseits, aber auch mit den Kirchgemeinden gab. Die Anklage gegen diese Gruppe und die Erwartung, gegen sie einzuschreiten, kamen vom Bezirk. In dem Gespräch mit dem Führungsoffizier kam das ÖZU eher weniger vor, sieht man von den Auseinandersetzungen zu Umweltfragen ab, die einen relativ großen Raum einnahmen. Freilich hatte die Staatssicherheit genügend Quellen, um über die Aktivitäten dieser Gruppe informiert zu sein.“[575]

Dabei war die Haltung von Christoph Pentz zur Gruppe der Antragsteller auf Ausreise nicht so eindeutig wie die Stasi-Unterlagen dies nahe legen. So setzte sich Pentz auch für Antragsteller und deren Familien in Notlagen ein, indem er in Wismar ein DDR-weites Treffen von Ärzten, die einen Antrag auf Übersiedlung gestellt hatten, ermöglichte. Das ÖZU aufzulösen, schafften MfS und Rat des Bezirkes nicht. Es war sogar in den Wendemonaten 1989/1990 am Wismarer Runden Tisch vertreten.[576]

Wie eng in Wismar die Zusammenarbeit zwischen der Staatssicherheit und den Schweriner und Rostocker Bezirksfunktionären war, zeigt die Bearbeitung von Pastor Möller aus Wismar. Dieser sollte durch innerkirchliche Disziplinierung zur sofortigen Übersiedlung veranlasst werden. „Geeignete Informationen“ wollte das MfS dem Rat des Bezirkes Schwerin mitteilen, der seinerseits die IM „Buda“ und „Lorenz“ benachrichtigen würde.[577] Diesen Sachverhalt lohnt es noch einmal genau anzusehen: Das MfS hätte die Informationen auch direkt an Pentz und Wahrmann in Wismar herantragen können, beide führten seit Jahren inoffiziell Gespräche mit dem Staatssicherheitsdienst. Aus bisher unbekannten Gründen wurden jedoch in Bezug auf die Wismarer Situation die beiden Bezirksreferenten für Kirchenfragen in Schwerin und Rostock im Sinne des MfS instrumentalisiert. Sowohl Christoph Pentz als auch Siegfried Wahrmann sprachen also mit ihren offiziellen staatlichen

---

575 Ebd.

576 Vgl. Schreiben von Christoph Pentz an die Verf. vom 1.4.2003.

577 Vgl. BStU, MfS, BV Rostock, Jahresarbeitsplan 1989, Bl. 1.

Gesprächspartnern. Allerdings hätte beiden bewusst sein müssen, dass sie dem Anliegen, das in diesen Gesprächen an sie herangetragen wurde, ablehnend hätten gegenüber stehen müssen. Darauf findet sich jedoch weder in den Akten der Räte der Bezirke in Schwerin und Rostock noch bei den dortigen Bezirksverwaltungen der Staatssicherheit ein Hinweis.

### *„Ich muss sagen, ich habe mich überschätzt" – Udo Struck*

Als Udo Struck 1986 kommissarisch das Amt von Günter Goldenbaum übernommen hatte, wurde er für die Rostocker Kreisdienststelle des MfS interessant. Zwar hatte Struck, der bereits seit 1976 Leiter des Michaelshofes, einer diakonischen Einrichtung für körperlich und geistig behinderte Menschen am Rostocker Stadtrand, war, in dieser Funktion schon zuvor Begegnungen mit dem Ministerium für Staatssicherheit gehabt, jedoch nur, wenn einzelne Mitarbeiter des Michaelshofes in Konflikt mit dem Staat gekommen waren.[578] 1986 ergab sich für das Rostocker MfS jedoch die unerwartete Chance, den Kontakt zu intensivieren. Im Januar 1986 sprach MfS-Offizier Stegemann Udo Struck das erste Mal in seiner neuen Funktion an, ein weiteres Treffen im Februar folgte, und im Mai desselben Jahres hieß es in einer „Konzeption zur Fortführung des Kontaktes mit dem amtierenden Landessuperintendenten des Kirchenkreises Rostock":

> „In operativer Wertung der beiden geführten Gespräche kann eingeschätzt werden, daß St[ruck] bemüht ist, in seinem Verantwortungsbereich alles zu tun, um das Verhältnis Staat-Kirche nicht zu belasten. Es zeigte sich eindeutig, daß er sich in seinem Kirchenkreis auskennt und Einflüsse ausüben kann.
> St[ruck] reagierte aufgeschlossen auf die aufgeworfenen Probleme, war ein kooperativer Dialogpartner, erschien umgänglich und sehr selbstbewußt. [...]
> Es erscheint perspektivvoll, den Prozeß der Kontaktfortführung gemäß der Schlüsselposition des amtierenden LSI STRUCK, seiner Kenntnisse und Einflußmöglichkeiten fortzusetzen."[579]

---

[578] Interview mit Udo Struck am 4. 9. 2000.

[579] Vgl. BStU, MfS, BV Rostock, AIM 1433/90, Bd. I/2, Bl. 32/33.

Im Gespräch erinnerte sich Udo Struck an die ersten Begegnungen mit MfS-Offizieren wie folgt:

> „Die direkte und offene Begegnung mit diesen Organen, die ist das erste Mal, ich denke, im Sommer 1986 passiert. Der Superintendent war schon längere Zeit krank, ich vertrat ihn kommissarisch. Ich sah nun diese „Heimsuchung" als ein Abfallprodukt dieses Amtes und muss sagen, ich habe mich damals vielleicht auch nicht ganz so glücklich verhalten. Heute würde ich es anders machen. Auf jeden Fall klingelte es am Nachmittag, es war ein sonniger Tag, und da stand ein gut gekleideter Herr. Der holte aus seinem Mantel eine Plakette und einen Ausweis und sagte, er käme vom Ministerium für Staatssicherheit und fragte, ob er nicht mit mir sprechen könne. Er besuchte mich in meinem Dienstzimmer im Michaelshof. Sein Anliegen war es, sich darüber zu beklagen, dass ich so viele Mitarbeiter hätte, die das Land verlassen wollten."[580]

Weil man sich nicht sicher war, wie Struck auf dieses Interesse an ihm reagieren würde, beobachteten ihn in dieser Zeit mehrere IM, wurde sein Telefon abgehört und seine Post kontrolliert.[581] Immer wieder ging es um Antragsteller auf Ausreise, die am Michaelshof beschäftigt waren oder beschäftigt werden wollten. Udo Struck erinnerte sich im Herbst 2000 wie folgt:

> „Nach etwa einem Vierteljahr kam er wieder. Ich war froh darüber, dass längere Zeit Ruhe war, aber dann kam leider ein neuer Offizier. Das war ein Herr Terpe. Herr Terpe war gebildet. Er versuchte dadurch etwas Vertrauen zu erreichen, dass er einleitend sagte, der schlechte Ruf des Ministeriums für Staatssicherheit wäre unberechtigt. Sie wollten die Kirche nicht schädigen. 'Na gut', sagte ich, 'das glaube ich nicht. Und dass Sie nicht von der Heilsarmee kommen, das ist ja klar. Worum geht es?' Na ja, es ging um Ausreisekandidaten. Sie wollten Geheimnisse herausbekommen, aber damit konnte ich nicht dienen. Die Liste der Ausreisekandidaten hatten sie ja selber, denn wer bei der Stadt den Antrag stellte, der musste durch alle Organe durch. Sie wollten, dass ich keinen einstelle, der das Land verlassen will. […]

---

580 Interview mit Udo Struck am 4. 9. 2000.

581 Vgl. BStU, MfS, BV Rostock, AIM 1433/90, Bd. I/2, Bl. 35.

Die Gespräche dauerten oft eine ganze Weile, weil gleichzeitig versucht wurde, das ganze Feld Staat-Kirche 'abzugrasen'. Bei vielen Dingen habe ich keine Geheimniskrämerei betrieben, weil ich der Auffassung war, dass sie vieles wissen, weil die Bezirksvertreter an den Synoden teilnahmen, alle Papiere geliefert bekamen und sich ihr Bild über alles machen konnten, so dass sie also keine Geheimnisse mehr abfangen konnten.[582]

Der MfS-Offizier hielt fest, Struck habe sich in der Kontaktphase „auskunftsbereit" gezeigt und zu operativen Vorgängen berichtet.[583] Folgt man den Akten, dann waren unter anderem Joachim Gauck (OV „Larve") und Heiko Lietz (OV „Zersetzer") Gesprächsthema.[584] Was genau Udo Struck über diese gesagt hatte, geht jedoch aus der Akte nicht hervor.

Offensichtlich ergab sich bei den Treffen recht schnell eine gemeinsame Interessenlage, die Terpe wie folgt beschrieb:

> Als Motive für die Kontakthaltung des St[ruck] zum MfS kann Folgendes eingeschätzt werden
> - christlich-humanistische Grundposition, verbunden mit dem Willen, einen Beitrag zur Erhaltung des Friedens zu leisten
> - Anerkennung der 'Kirche im Sozialismus'
> - Wille zur 'Sauberhaltung' der Kirche von politisch-negativen Kräften ohne religiöse Bindung."[585]

Struck hingegen sagte über seine Motivation:

„Eigentlich wollte ich versuchen, dass mir keine Vorschriften gemacht werden, wen ich anstelle und wen nicht. Zweitens wollte ich sagen: Ich bin dafür, dass die Leute bleiben und nicht gehen. Drittens bildete ich mir ein, von dem Einzelnen womöglich Schaden abwenden zu können, wenn ich ihn in ein anderes Licht stelle, und habe im Grunde genommen mir auch dieses und jenes weitere Gespräch auf den Hals gezogen, indem ich gesagt habe:

---

582 Interview mit Udo Struck am 4. 9. 2000.

583 Vgl. BStU, MfS, BV Rostock, AIM 1433/90, Bd. I/2, Bl. 174.

584 Vgl. ebd.

585 Vgl. ebd., Bl. 174 f.

> Eigentlich möchte ich dieses Gespräch nicht haben, aber bevor sie diesen oder jenen einsperren, wäre es doch besser, wir würden darüber reden."[586]

Auf dieser Grundlage registrierte er Udo Struck 1987 als IMS „Michael". Allerdings hatten sich inzwischen auch die Grenzen der Mitteilsamkeit Strucks gezeigt. Er sei aus Gewissensgründen nicht bereit, heißt es in einem Bericht aus diesem Jahr, „konkret an Personen operativ zu arbeiten sowie umfassend zu berichten".[587]

Wie zwiespältig die innere Haltung Strucks zu den Gesprächen war, spiegelt eine Aktennotiz aus dem Jahr 1987 wider. Terpe hatte Struck zu dessen 25. Ordinationsjubiläum ein „Sachgeschenk im Werte von 400 M" überreicht.[588] Folgt man der Akte, dann nahm Struck das Geschenk mit den Worten entgegen, „daß er in der Überreichung dieses Geschenkes nicht eine 'konstruierte Bindung` mit Abhängigkeiten an das MfS sieht, sondern dies als eine persönliche Wertschätzung betrachtet".[589]

Die nachträgliche Sicht auf die MfS-Akten und die Diskussion um die Vergangenheit der mecklenburgischen Landeskirche führten auch bei Udo Struck zu einer neuen Bewertung seiner damaligen Gespräche mit den MfS-Offizieren. Das Verhalten einer ganzen Generation von kirchlichen Mitarbeitern und Pastoren in Frage stellend, sein eigenes eingeschlossen, fiel das Resümee nachdenklich aus.

> „Ich würde nicht mehr ganz so blauäugig sein und sagen: Ein Gespräch mit der Staatssicherheit macht Sinn und bringt einen weiter. Ich würde mir auch nicht einbilden, dass ich ein Ergebnis beeinflussen könne. Ich habe mich überschätzt, muss ich sagen.
> Im Nachhinein sage ich mir, wir hätten vielleicht auch etwas mehr auf unsere Vorgänger hören sollen, wie sie in Zeiten der Bekennenden Kirche ihre Probleme gelöst haben und wie sie sich in diesen Bruderschaften gegenseitig gestützt haben. Wir haben gedacht: Wir machen das anders, wir machen das besser, wir machen das klüger, wir machen das offener. "[590]

---

586 Interview mit Udo Struck am 4. 9. 2000.

587 Vgl. BStU, MfS, BV Rostock, AIM 1433/90, Bd. I/2, , Bl. 175.

588 Vgl. ebd.

589 Vgl. ebd.

590 Ebd.

Tatsächlich sind auch in Mecklenburg die Lehren aus der Geschichte oft ignoriert worden, weil ein Teil der Pastorenschaft meinte, die von der Bekennenden Kirche einst geübte Konfrontationspolitik gegenüber dem NS-Staat sei nicht übertragbar auf die DDR. Man setzte lieber auf die Reformwilligkeit der SED.

## Zusammenfassung

In ihrem Selbstverständnis waren die Landessuperintendenten die eigentlichen Herren der Landeskirche. Friedrich-Karl Sagert, ehemals Landessuperintendent im Kirchenkreis Güstrow, drückte dieses Selbstwusstsein so aus:

> „Die Kirchenleitung, der Oberkirchenrat und der Landesbischof sind im Grunde genommen nicht die prägenden Gestalten in der Landeskirche Mecklenburg, sondern es ist mehr die Propsteiebene. Und der einflussreichste Leitungspastor ist der Landessuperintendent. Das ist immer so gewesen. Der Oberkirchenrat, der Bischof, der Präsident und das Kollegium sind eigentlich weit weg. Und das ist auch in der DDR-Zeit so gewesen: Die Propstei ist der Punkt gewesen, und der Landessuperintendent konnte in einem überschaubaren Bereich immer dabei sein, der machte überall Besuche und war unterwegs."[591]

So übersteigert es auf den ersten Blick erscheinen mag, hatte dieses Selbstbewusstsein doch ein historisches Fundament: Immerhin war das Amt des Landessuperintendenten in der Reformationszeit entstanden und damit das älteste leitende Amt der Landeskirche. Vor allem in der Gemeinschaft mit dem Bischof, dessen Amt es in Mecklenburg erst seit 1921 gibt, lag die Stärke der Landessuperintendenten.

Aus staatlicher Sicht lag die Bedeutung der Landessuperintendenten in ihrer Mittlerstellung zwischen der Kirchenführung und der Gemeindeebene. Sie gaben ebenso Anordnungen nach unten weiter wie sie die Entwicklungen und Nöte der acht Kirchenkreise nach Schwerin meldeten. Der Konvent der Landessuperintendenten stellte eine wichtige Kommunikations- und Entscheidungsebene dar. Wesentliche Leitlinien für seine Tätigkeit bestanden spätestens seit den fünfziger Jahren und

---

591 Interview mit Friedrich-Karl Sagert am 29. 9. 2000.

wurden durch die Generation von Martin Lippold, Landessuperintendent im Kirchenkreis Malchin, seinem Schweriner Kollegen Friedrich-Franz Wellingerhof und Oberkirchenrat Hermann Timm wesentlich bestimmt. Zeugnis davon legt ein Schreiben des mecklenburgischen Oberkirchenrates an die Landessuperintendenten aus dem Jahr 1959 ab. Einleitend heißt es darin, der Staatssekretär für Kirchenfragen Eggerath weigere sich, die Kirchenkanzlei der EKD-Ost als Vertretung der evangelischen Kirchen anzuerkennen und würde stattdessen Anliegen der Landeskirche an untergeordnete Stellen verweisen. Daher sei es notwendig, „für Zusammenkünfte mit staatlichen Stellen folgende Grundsätze aufzustellen“:

> „a) Wenn eine staatliche Stelle (Bezirk, Kreis) den Wunsch nach einem Gespräch mit kirchlichen Amtsträgern äußert, prüft der zuständige Landessuperintendent, ob eine Zusammenkunft angebracht ist und entscheidet - evtl. nach Fühlungnahme mit dem Oberkirchenrat.
> b) Die Einladung der Amtsbrüder und ihre Auswahl geschieht allein durch den Landessuperintendenten. [...] Die Leitung der Zusammenkunft liegt in der Hand des Landessuperintendenten.
> c) Vor der Zusammenkunft versammelt der Landessuperintendent soweit möglich, die Amtsträger zur Festlegung und Besprechung der Punkte, die behandelt werden sollen. Dabei ist zu bestimmen, von wem die einzelnen Punkte zur Sprache gebracht werden sollen. Es ist darauf hinzuwirken, daß in der Beurteilung der einzelnen Angelegenheiten Einmütigkeit besteht und zum Ausdruck kommt.
> d) Bewirtung ist nicht erwünscht.
> e) Von allen Zusammenkünften ist der Oberkirchenrat rechtzeitig zu benachrichtigen, damit er Gelegenheit hat, evtl. einen Vertreter zu entsenden.
> f) Über jede Zusammenkunft ist dem Oberkirchenrat ein Bericht (drei Stücke) einzureichen.“[592]

Dieses Beispiel macht deutlich, dass Landessuperintendenten durch ihre gefestigte regionale Verankerung sehr einflussreiche kirchliche Amtsträger

[592] ELLKM, LKA, II 10, Bd. 4, 473, Dok. 576/ II 1o.

waren, die den inneren Zusammenhalt erheblich befördern konnten und damit auch ein geschlossenes Auftreten nach außen hin ermöglichten. Sie waren „Multiplikatoren“ zwischen dem Oben und Unten in der Landeskirche, oder wie der Doberaner Landessuperintendent Ohse sagte: „Scharniere“.[593]

Wie stark der Konvent der Landessuperintendenten gefährdet war, durch die staatliche Seite beeinflusst und in Opposition zum Landesbischof wie auch zur Gemeindebene gebracht zu werden, zeigt ein Blick auf die achtziger Jahre. Mit Christoph Pentz, Günter Goldenbaum und Udo Struck[594] konnte die staatliche Seite drei von acht Landessuperintendenten in eine konspirative Gesprächsebene einbinden, in die keine dritte Person Einblick hatte.

Zugleich zeigen die hier aufgeführten Beispiele, wie differenziert die Werbungen des MfS – nicht nur im kirchlichen Raum – betrachtet werden müssen: Christoph Pentz, Günter Goldenbaum und Udo Struck waren sehr vielseitige Persönlichkeiten und fungierten keineswegs nur als „verlängerter Arm“ der Staatssicherheit. Eine Gefahr bestand deshalb nicht nur in Gestalt einer verdeckten Gruppenbildung innerhalb des Konvents, sondern in der Interessenübereinstimmung zwischen den MfS-Offizieren und dem Landessuperintendenten bei konkreten Ereignissen oder Fragen der Stellenbesetzung im jeweiligen Kirchenkreis.
Die gemeinsame politische Ausrichtung, aber auch die menschliche Wertschätzung für Heinrich Rathke, waren wichtige Gründe dafür, dass es zwischen dem Konvent der Landessuperintendenten und dem Landesbischof lange Zeit nicht zu einem Bruch kam. Eine Episode, die Friedrich-Karl Sagert mit Heinrich Rathke erlebte, mag dies beleuchten.

> „Da saß ich in der Sitzung und kriege auf einmal einen Zettel von ihm zugeschoben, da steht drauf: ‘Du Niete’. Und ich denke: ‘Na, was soll denn das?’ Dann kam ein zweiter Zettel, da stand drauf: ‘Das Schiff Christi wird zusammengehalten durch Nieten. Du bist eine der größten.’ Das war Rechtfertigungslehre in Aktion. Und ich denke, das ist auch wichtig.“[595]

---

[593] Interview mit Traugott Ohse am 3. 11. 2000.

[594] Udo Struck wird hier aufgeführt, obwohl er nur eine begrenzte Zeit kommissarischer Landessuperintendent des Kirchenkreises Rostock-Stadt war, nämlich 1986 als Interims-Landessuperintendent zwischen Günter Goldenbaum und Joachim Wiebering.

[595] Interview mit Friedrich-Karl Sagert am 29. 9. 2000.

Mit dem Amtswechsel von Rathke zu Stier 1984 begann nicht nur im Verhältnis zwischen dem Rat des Bezirkes Schwerin und der mecklenburgischen Landeskirche eine neue Phase, sondern auch auf der kirchlichen Leitungsebene zeigten sich Veränderungen. Zwar setzte Christoph Stier die von seinem Vorgänger geführte politische Linie gegenüber dem Staat fort, aber mit eigenem Stil. Eine wichtige Rolle spielte, dass Stier anders als Rathke kein Freund schneller Entscheidungen war und damit interne Kritik herausforderte. Dennoch erreichte die staatliche Seite ihr Ziel nicht, langfristig die Gemeinden von der Kirchenführung zu trennen. Die Landessuperintendenten blieben das verbindende Glied. Menschliche Auseinandersetzungen mit den Landessuperintendenten, die kirchenpolitisch relevant waren, gab es auch in Mecklenburg. Diese Spannungen resultierten vor allem aus einem allgemeinen Generationskonflikt und fanden insbesondere zwischen der jungen Pastorengeneration, konservativen Gemeinden und ebenso konservativen Landessuperintendenten statt. Die zwischen 1971 und 1989 im Dienst befindlichen Landessuperintendenten gehörten überwiegend der Generation der zwischen 1920 und 1930 Geborenen an. Viele von ihnen waren noch auf Lebenszeit in ihr Amt gekommen und übten es dementsprechend lange aus, was einen zügigen Generationswandel verhinderte. In den achtziger Jahren waren sie die „Senioren“ der Landeskirche, allesamt wesentlich älter als der 1984 ins Amt gekommene Landesbischof Christoph Stier. Viele von ihnen konnten der in den fünfziger und sechziger Jahren geborenen Pastorengeneration in ihrem Friedens- und Umweltengagement nicht folgen.

## Die Landessynode

Die Landessynode war in allen Landeskirchen kirchenrechtlich der Souverän. Welche Stellung sie tatsächlich einnahm, hing wesentlich von den jeweiligen landeskirchlichen Traditionen und der Haltung des amtierenden Bischofs ab. Der Greifswalder Bischof Horst Gienke beispielsweise distanzierte sich im Februar 1984 anlässlich eines Gespräches beim Rat des Bezirkes Rostock von seiner Landessynode. Die Synoden seien in der Weimarer Republik entstanden und hätten damit die innerkirchliche Rangordnung durcheinander gebracht, sagte er dort. Man könne zwar nicht vom synodalen Prinzip abweichen, sondern müsse dies akzeptieren. Dennoch sei in seiner Landeskirche klar, wer die „politische Linie bestimme". Das sei ausschließlich er, und insofern könnten einige Synodale, die sich profilieren wollten, übergangen werden.[596] Unter diesen Umständen konnte das MfS auf eine flächendeckende Bearbeitung der Greifswalder Synode verzichten.[597]

Anders in Mecklenburg. Dort wurde die Synode im Juni 1921 per Kirchenverfassung eingerichtet und hatte in den siebziger und achtziger Jahren durchschnittlich 57 Mitglieder[598] Sie war das Bindeglied zwischen den Gemeinden und der Leitungsebene der Landeskirche und legitimierte damit Landesbischof und Oberkirchenrat nicht nur in Verwaltungsentscheidungen, sondern auch in allen Fragen, die das Verhältnis zum Staat betrafen. Insbesondere Aussagen der Synode zu diesem Bereich wurden deshalb auf staatlicher Seite äußerst sensibel wahrgenommen. Die staatlichen Stellen fürchteten nicht nur die politische Unabhängigkeit der Diskussionen auf den Tagungen. In den achtziger Jahren kam hinzu, dass westliche Medien die Synoden gerade wegen ihrer relativ großen Freiheit und Unabhängigkeit vom System als Indikator für die Systeminstabilität entdeckt hatten und die Landes- und Bundessynode ein nicht gekanntes Medieninteresse auf sich zogen. Für Journalisten wie Wolfgang Hauptmann vom ARD-Hörfunk, Hans-Jürgen Röder vom „epd"[599] und Peter Wensierski vom „Spiegel" waren die Synoden das Schlüsselloch, durch das sie die DDR-Gesellschaft unverfälscht betrachten konnten – für Rudolf Franze und Roland Macht

---

[596] Vgl. LAG, BL Rostock IV E/2.14, Nr. 614, Bl. 132.

[597] Die einzelnen, angeblich profilierungssüchtigen Synodalen hingegen wurden intensiv durch den Staatssicherheitsdienst kontrolliert.

[598] Vgl. dazu auch Schnoor 1984, S. 29.

[599] Evangelischer Pressedienst.

waren sie hingegen der alljährliche Albtraum, der sie ihren Stuhl kosten konnte. Über den Umweg der bundesdeutschen Medien erfuhr auch die Bevölkerung in der DDR von den Diskussionen und Beschlüssen auf diesen Synoden.

Daher wurde kein anderer Bereich der mecklenburgischen Landeskirche staatlicherseits so aufmerksam verfolgt wie die Tagungen der Landessynode. Und die Offiziere des MfS, die Kirchenreferenten der Bezirke sowie die SED-Bezirksleitungen haben die Tagungen auf ihre Weise langfristig „präpariert", mit gespannter Aufmerksamkeit verfolgt und anschließend ausgewertet. Aus ihrer Sicht war es besonders wichtig, so früh wie möglich die Themen der bevorstehenden Tagung in Erfahrung zu bringen und ihre Gewährsmänner vorzubereiten. Aus dem Jahr 1976 findet sich eine Notiz der Bezirksleitung der SED in Schwerin, die den Aufwand deutlich macht, mit der sich die staatliche Seite auf die bevorstehende Synode vorbereitete:

> „In den drei Bezirken ist festgelegt, wer mit den verantwortlichen Vertretern der Kirchenleitung sowie der Synodalleitung von Seiten des Staatsapparates in Vorbereitung der Synode spricht. Gleichfalls ist vorbereitet, daß über jeden zur Wahl vorgesehenen Synodalen eine Einschätzung (in den Kreisen) erarbeitet wird. Für die Vorbereitung und Durchführung der Synode ist eine Konzeption erarbeitet. Um die notwendige operative Einflußnahme und Sicherung der Information über den Verlauf der Synode zu garantieren, ist eine Arbeitsgruppe gebildet [worden], der der Genosse Franze, Genosse Reinschmiedt vom MfS und ich angehören und die ständig während der Synode tätig ist."[600]

Die Schweriner Landesynode war das Arbeitsfeld des dortigen Rates des Bezirkes und der Bezirksverwaltung für Staatssicherheit. Die Dienststellen in den anderen Bezirken arbeiteten den Schweriner Genossen lediglich zu. Vor den zweimal im Jahr stattfindenden Synoden entwarf Rudolf Franze einen „Maßnahmeplan zur Einflußnahme", so geschehen auch in Vorbereitung der Frühjahrssynode im März 1977. Diese Tagung war aus staatlicher Sicht eine besondere, da man befürchtete, die Synode könnte sich zum Tod von Oskar Brüsewitz im August

---

[600] LHA Schwerin, SED BPA Schwerin, IV C– 2/14/550, n. p.

1976 äußern.[601] Die Synodalen sollten in Einzelgesprächen aufgefordert werden,[602] dieses Thema nicht zum Anlass zu nehmen, um Kritik am Staat zu üben. Stattdessen, so stellte man es sich beim Rat des Bezirkes und beim MfS in Schwerin vor, sollten sie die bevorstehende „Weltkonferenz religiöser Friedenskräfte" im Juni 1977 thematisieren und jegliche Belastung des Verhältnisses zwischen Staat und Kirche unterlassen: „Dem Landesbischof ist zugleich deutlich zu machen, daß es notwendig und für die weitere Entwicklung des Verhältnisses zwischen Staat und Kirche nützlich wäre, wenn von der Synode eine Reihe innen- und außenpolitischer Fragen positiv reflektiert würden."[603] Hintergrund war die Anwesenheit des Generalsekretärs des Lutherischen Weltbundes, Carl Mau, als Gast der Synode. Heinrich Rathke hatte jedoch keinerlei Veranlassung, sich auf derartige Wünsche des Schweriner Referenten einzulassen. Deshalb bereitete Rudolf Franze ein Gespräch mit Rathke und Siegert für den 4. Februar vor. „In diesem Gespräch geht es vorrangig darum", schrieb er dem Vorsitzenden des Rates des Bezirkes Schwerin, „auf den Landesbischof einzuwirken, daß sowohl er als auch die Mitglieder seiner Kirchenleitung [...] eine loyale Position zum Staat beziehen".[604] Anderes war für Werner Schnoor, IM „Schütz", vorgesehen, dem in Vorbereitung der Synode erklärt werden sollte, „daß wir an einer Berichterstattung über die Tagung der Synode interessiert sind, in der besonders politisch positive Aussagen zum Ausdruck kommen."[605]

Parallel zur dreitägigen Sitzung der Synode tagte beim Rat des Bezirkes Schwerin eine eigene Arbeitsgruppe mit Vertretern der SED und des MfS.[606] Sie verfolgte den Synodenverlauf, um bei überraschenden Entwicklungen sofort einsatzbereit zu sein. Ihre Informationen erhielt sie von den Referenten für Kirchenfragen, die an den öffentlichen Sitzungen teilnahmen. Aus nichtöffentlichen Sitzungen berichtete eine ganze Reihe von IM.

---

[601] Oskar Brüsewitz, Pastor der Kirchenprovinz Sachsen, nahm sich im August 1976 durch Selbstverbrennung auf dem Marktplatz von Zeitz das Leben. Mit seinem Tod machte Brüsewitz auf die Situation der Kirchen in der DDR aufmerksam.

[602] Vgl. LHA Schwerin, SED BPA Schwerin, IV D-2/14/525, Bl. 9.

[603] Vgl. LHA Schwerin, SED BPA Schwerin, IV D-2/14/525, Bl. 10.

[604] Vgl. ebd., Bl. 15.

[605] Vgl. ebd., Bl. 11.

[606] Vgl. ebd., Bl. 12.

## „Als ich Synodaler wurde, war ich für die Stasi interessant"

> „Bestimmte Bereiche wurden auf Grund eines langfristigen Konzeptes unter Beobachtung gestellt [...]. Auch die Synodalen sollten beobachtet und im Sinne der Ein- oder Übernahme staats- und gesellschaftsbejahender Positionen beeinflusst werden. Es gab folgendes Konzept: Jeder Synodale, der ja nun aus unserer Sicht langfristig sehr wichtig war, sollte eigentlich über die AG Kirchenfragen Gesprächspartner aus dem beruflichen und staatlichen Bereich erhalten. Das hat ja nie funktioniert. Ganz einfach, weil wir es nicht umsetzen konnten."[607]

Claus-Dieter Wulf erinnerte sich im Herbst 2000 an eine Stasi-Strategie, die sich zwar in zahlreichen MfS-Unterlagen wieder findet, aber auf Grund des enormen Personalaufwands nie realisiert werden konnte. So kann von einer differenzierten staatlichen Vorgehensweise gegenüber der Landessynode weder in den siebziger noch in den achtziger Jahren gesprochen werden. Synodale wie Mitarbeiter und Pastoren wurden nach dem Schema „progressiv – realistisch – loyal – schwankend – feindlich-negativ" beurteilt. Die Einordnung der Synodalen in dieses sehr grobe und subjektive Raster diente dazu, Mehrheitsverhältnisse in der Synode zu erkennen und der staatlichen Zielstellung entsprechend zu festigen bzw. zu verändern. Die „progressiven Kräfte" sollten durch ihr koordiniertes Auftreten in die Lage versetzt werden, Meinungsbildungsprozesse in der Synode nachhaltig zu beeinflussen. Dabei waren es immer nur Einzelne, die uneingeschränkt der staatlichen Linie folgten. So blieb es meist bei allgemeinen Einschätzungen des so genannten „Kräfteverhältnisses", wie sie beispielsweise 1976 das Staatssekretariat für Kirchenfragen vorgenommen hat:

> „Das Kräfteverhältnis ist unausgewogen. Der relativ kleinen Anzahl von negativen Kräften, die allerdings keine Gruppierung bilden, stehen etwa nur sieben positive Kräfte gegenüber, während die Mehrheit der Synodalen als schwankend eingeschätzt werden muß. Die positiven Kräfte

---

[607] Interview mit Claus-Dieter Wulf am 3. 11. 2000.

können also nur wirksam werden, wenn es gelingt, sie zusammenzuführen und ihnen die Verantwortung für die Entwicklung der Synode vom Beginn ihrer Tätigkeit an bewußt zu machen."[608]

Ihren Höhenpunkt erreichte die Bearbeitung der Landessynode Mitte der achtziger Jahre: Ab 1984 muss von einer flächendeckenden Bearbeitung gesprochen werden.[609] Gegen viele Synodale wurden Operative Personenkontrollen eröffnet, um zu klären, ob sie für eine „politisch-operative Zusammenarbeit genutzt", das heißt als IM angeworben werden könnten. Hintergrund waren die entstehenden Friedens- und Umweltgruppen, denen überdurchschnittlich viele Synodale und Kinder von Synodalen angehörten. MfS und SED befürchteten eine „Instrumentalisierung" der Synode durch diese Gruppen. Claus-Dieter Wulf befasste sich 1984 in seiner Diplomarbeit explizit mit dieser Thematik und schrieb:

„Vorliegende Aufklärungs- und Bearbeitungsergebnisse weisen aus, daß
gegenwärtig mehrere Synodale in Operativen Vorgängen (5) und OPK (6) bearbeitet werden;
eine Reihe von Synodalen langjährig mit umfangreichen feindlich-negativen Aktivitäten gegen die sozialistische Staats-, Gesellschafts- und Rechtsordnung in Erscheinung getreten sind;
ein Teil, besonders der theologischen Mitglieder, ständig als Wahlverweigerer in Erscheinung treten;
alle Synodalen umfangreiche Kontakte und Verbindungen zu Amtsträgern, Mitarbeitern und Laien der Kirchen der EKD in der BRD unterhalten und der überwiegende Teil an der Organisierung und Ausgestaltung der sogenannten 'Ost-West-Partnerschaftsarbeit' aktiv mitwirkt;
einzelne Synodale wegen Begehung von Staatsverbrechen inhaftiert bzw. wegen krimineller Delikte strafrechtlich zur Verantwortung gezogen worden sind.

608 BArch, DO-4/ 1935, n. p. Bezirksbeauftragter für den Bezirk Schwerin. „Kurzbericht über die Beratung mit Gen. Franze zur Vorbereitung der Synode" vom 16. 3. 1976.

609 Vgl. BStU, MfS, BV Rostock, BdL Nr. 1468, Bl. 43 f.

> Darüber hinaus liegen erste Erkenntnisse vor, daß die Kinder mehrerer Synodaler, auch solcher, die bisher nicht negativ in Erscheinung getreten sind, führende Funktionen in sogenannten 'Basisgruppen', 'Friedenskreisen', 'Ökologiekreisen' und analogen Personenzusammenschlüssen einnehmen und zum Teil ihrer diesbezüglichen feindlich-negativen Aktivitäten wegen vorgangsmäßig bearbeitet werden bzw. unter OPK stehen."[610]

Beispiele für versuchte Anwerbungen finden sich viele. So schilderte etwa Berndt Seite, mecklenburgischer Synodaler von 1976 bis 1994 und späterer Ministerpräsident Mecklenburg-Vorpommerns, wie die Staatssicherheit versuchte, den Kontakt zu ihm aufzubauen:

> „Von dem Tage an, als ich Synodaler wurde, war ich für die Stasi interessant. Sie versuchte mich anzuwerben, um aus der Synode die entsprechenden Informationen zu erhalten. [...] Die Treffen waren konspirativ. Das erste Mal hatten sie mich in das Volkspolizei-Kreisamt einbestellt zur 'Klärung eines Sachverhaltes'. Diesen Kontakt habe ich bald beendet, nachdem ich dem Bischof davon Mitteilung machte. Er riet mir, diese Sache zu beenden, denn wenn man denen den kleinen Finger gibt, nehmen sie bald die ganze Hand. Rathke sagte damals: 'Die Entscheidung liegt bei Ihnen, ansonsten wird es sehr schwierig für Sie. Sie sollten öffentlich erklären, dass eine Mitarbeit für Sie nicht infrage kommt.' So habe ich es dann auch getan. Ich könnte unter dieser Belastung mit meiner Familie nicht leben, und außerdem hätte ich dem Bischof die Angelegenheit vorgetragen. Wir ahnten schon damals, wenn man die Aktivitäten der Stasi öffentlich machte, dann trat sie bald den Rückzug an. Auf diese Weise habe ich mich freigeschwommen."[611]

In ähnlicher Weise wurden viele Synodale im Laufe der Zeit angesprochen. Die erste Stufe waren oft Gespräche mit dem Brigade- oder Betriebsleiter, dem LPG-Vorsitzenden, dem Dorfbürgermeister oder dem Referenten für Kirchenfragen beim Kreis. Fanden diese Gespräche in einer gewissen Regelmäßigkeit statt, versuchte das MfS für gewöhnlich, sie zu übernehmen. Dem einzelnen Synodalen war die Intensität

---

610 BStU, MfS, JHS, 20130, Bl. 71 f.

611 Interview mit Berndt Seite am 15. 11. 2000.

und Aggressivität der staatlichen Stellen nicht bewusst, weil er nur seinen eigenen Fall kannte. Die Kirchenführung war durch die bisweilen gehäuften Kontaktversuche gewarnt. Im Gespräch sagte Heinrich Rathke, es sei ihm als Landesbischof bei jeder Synodaltagung aufs Neue bewusst geworden, dass die Laien ein bevorzugtes Objekt der staatlichen Annäherungsversuche seien. Es sei keine Synode vergangen, auf der nicht einer oder mehrere Synodale zu ihm gekommen seien und ihm gesagt hätten, sie seien angesprochen worden. Er habe ihnen immer dazu geraten, die Kontakte abzubrechen und anzukündigen, sie würden von dem Gespräch ihrem Bischof Mitteilung machen. Wenn die Staatssicherheit sich nicht habe abschütteln lassen, dann habe er den Betroffenen gesagt: „Lasst einen schönen Gruß bestellen vom Bischof, dann war die Sache aus. Ich hab's ihnen ja oft schriftlich gegeben, und zwar habe ich dann eigentlich immer drei Sätze geschrieben – auf Bischofsbögen natürlich und mit allem, was ich zu bieten hatte. Erstens: Herr oder Frau XY hat mir das und das erzählt, ich weiß davon. Zweitens: Ich empfinde es als einen massiven Vertrauensbruch in unserer Gesellschaft, hintenherum Leute zu werben. Drittens: Wenn das nicht sofort beendet wird, werde ich alle Wege nutzen, um diesen Kontakt bekannt zu machen." Es gab auch Fälle, in denen Landesbischof Rathke selbst zu anberaumten konspirativen Treffen erschien und damit jeden weiteren Kontaktversuch der Staatssicherheit vereitelte.[612]

Tatsächlich waren es vor allem die Laiensynodalen und Laienmitglieder in kirchlichen Gremien, die für das MfS von Interesse waren. Es ging davon aus, diese leichter unter Druck setzen zu können, weil sie nicht Mitarbeiter der Kirche oder diakonischer Einrichtungen waren und daher vermeintlich weniger kirchlichen Schutz genossen. Karin Degner beispielsweise, langjähriges Mitglied der Landessynode und der mecklenburgischen Kirchenleitung, arbeitete zum Zeitpunkt des Anwerbungsversuchs in einem Hotel an der Ostsee:

> „Das erste Mal, als ich Besuch vom MfS bekam, da wusste ich noch gar nicht, dass es das Ministerium für Staatssicherheit gab. Da war ich als Beauftragte von Mecklenburg zur bayerischen Landessynode geschickt worden. Eigentlich gingen die Einladungen immer an den Bischof, und damals war das Bischof Rathke. Der war immer sehr interessiert, solche Reisen auch an Laien zu vergeben. Der Einladung der bayerischen Landeskirche konnte er selber nicht Folge leisten

[612] Vgl. Interview mit Heinrich Rathke am 8. 6. 2000.

und fragte daher in der Kirchenleitung, wer sonst fahren könnte. Einer der Oberkirchenräte sagte mehr im Spaß: 'Dann schicken wir mal Frau Degner hin', und alles lachte, weil wir wussten, ich bekäme sowieso keine Ausreise. Aber Heinrich Rathke sagte: 'Ach, das versuchen wir mal!', und ich erhielt tatsächlich die Genehmigung, als Gast an der bayerischen Landessynode teilzunehmen. Ich bin also nach Bayern gefahren und habe alle Aufträge der Kirchenleitung erledigt. Als Gastgeschenk bekam ich dort große Kalender, für jedes Mitglied der Kirchenleitung einen, insgesamt 15 Stück. Im Zug zurück in die DDR wurde ich kontrolliert, die Kalender wurden gleich eingezogen, zusammen mit anderen Unterlagen der bayerischen Synode. Ich verlangte einen Beleg für die eingezogenen Sachen. Einige Wochen später klingelte es. Zwei Herren standen vor der Tür und sagten: 'Wir kommen vom MfS.' Ich fragte: 'Wo kommen sie her?' – 'Vom Ministerium für Staatssicherheit, von einer Dienststelle in Berlin. Wir bringen Ihnen Ihre Unterlagen, die man im Zug konfisziert hat. Wir haben das geprüft, Sie haben angegeben, das sei für die Kirchenleitung.' Sie waren hier, haben ein bisschen geredet und sind wieder gegangen. Das war das erste Mal, dass ich mit solchen Leuten in Berührung kam."[613]

So wie in diesem Fall suchte die Staatssicherheit Anlässe, um Synodale und besonders Mitglieder der Kirchenleitung anzusprechen. Andere Berührungspunkte ergaben sich auf den Landes- und Bundessynoden. Gerade die Laien in den Gremien waren jedoch sehr gut darüber informiert, wie sie sich zu verhalten hatten:

„Meistens reichte es, wenn man im Gespräch unter vier Augen dem Bischof davon berichtete, dass man besucht worden war. Auch Präsident Müller war für solche Gespräche ein Ansprechpartner. Aber Versuche des MfS, an jemanden heranzutreten, wurden ab und zu auch in der Kirchenleitung behandelt, und zwar wenn mehrere Fälle aufgetreten waren. [...]
Vor allem sollten wir keine Informationen weitergeben. In dem Sinne verraten konnten wir eigentlich gar nichts, denn was in den Kirchenleitungssitzungen und in den geschlossenen Sitzungen der Landessynode besprochen wurde, war sowieso nicht nach außen zu tragen. Man sollte, wenn man von staatlichen Stellen an-

[613] Interview mit Karin Degner am 4. 9. 2000.

gesprochen wird, die Ruhe bewahren. In der DDR sei es nichts Ungewöhnliches, der Staat versuche, auf diese Weise Kirchenpolitik zu machen. Ganz klar war, dass wir immer versuchen sollten, Distanz zu bewahren. Aber manchmal sprachen sie einen sogar auf der Bundessynode in der Pause an. Man konnte dem nicht immer ausweichen, oft hat man auch gar nicht erkannt, woher derjenige kam, der einen angesprochen hatte. Sie haben oft erst einmal sehr unverfängliche Sachen gefragt. Man kannte die Leute nicht, und ob jemand vom Rat der Stadt oder vom MfS kam, war demjenigen auch nicht anzusehen.[614]

Zwar signalisierte Karin Degner durch ihr Verhalten, dass sie nicht willens war, auf die Gespräche mit den MfS-Offizieren einzugehen. Die Staatssicherheit verfügte aber über Möglichkeiten, die Laien, an denen sie interessiert war, unter Druck zu setzen. Bei Karin Degner – wie bei vielen anderen Laienchristen auch – geschah das in Bezug auf das berufliche Fortkommen:

„Ich habe zuerst im Reisebüro gearbeitet und dann später bei der Diakonie. Ich hatte zwar mein Büro in Schwerin, aber ich bin vor allem über Land gefahren in die verschiedenen Heime. Zuerst war ich im Robert-Koch-Hotel an der Rezeption. Und da war es ja ganz massiv. Man konnte da nicht weiterkommen. Ich war einmal eine kurze Zeit stellvertretender Direktor. Aber auch das durfte ich nicht bleiben, nicht mal stellvertretender Direktor. Ich durfte überhaupt keine höhere Funktion einnehmen. Das hätte mir Spaß gemacht, denn für die Arbeit an der Rezeption hat man Hotelverwaltung gelernt und kann auch das Hotel leiten. Ich bin gut mit den Mitarbeitern ausgekommen [...]. Aber ich war nicht in der Partei und ich war auch nicht willens, in die Partei einzutreten. Das war ein Manko. Und dann wurde eben gesagt: 'Wenn Sie das nicht tun, dann lassen Sie wenigstens die kirchlichen Funktionen. Und wenn Sie das nicht mal wollen, dann tragen Sie das Kreuz nicht, das passt nun wirklich nicht.' Na ja, dann wurde es eben nichts. Das hat mir, außer finanziellen Nachteilen, sonst keine Nachteile gebracht. Und ich habe mich wohler gefühlt. Ich habe gemacht, was ich für richtig hielt."[615]

---

614 Ebd.

615 Ebd.

1988 häuften sich die Anwerbungsversuche, weil die mecklenburgische Landeskirche immer öffentlicher die innenpolitische Situation in der DDR kritisierte. Die Art und Weise, in der die Staatssicherheit sich den Gemeindegliedern und Synodalen näherte, unterschied sich aber wesentlich von der der siebziger Jahre: Das MfS ging nun verdeckter als früher vor, so auch der MfS-Offizier, der zu Eckhart Weiß, Mitglied der Landessynode, kam:

> „Etwa ein Jahr vor der Wende bin ich von einem Mitarbeiter der Staatssicherheit aufgesucht worden. [...] Er hat mich drei oder viermal insgesamt aufgesucht, etwa ein Jahr lang, dann war Schluss. Er hatte jedes Mal ein Thema und auch jedes Mal vorher gesagt, worum es gehen sollte. Das war alles sehr interessant, weil er seinerseits sehr viel erzählt hat. Er hat sich auch mit seinem richtigen Namen vorgestellt: Er hieß Piehl. [...] Wir haben uns gewissermaßen gegenseitig belauert: Ich versuchte herauszufinden, was er eigentlich wollte, und nichts zu sagen, was ihn nichts anging. Und er wollte natürlich auch aus mir etwas rausholen. Ich weiß nicht und weiß es bis heute nicht, ob er nun schlauer war als ich, ob einer aus dem anderen etwas rausbekommen hat? [...] Am Ende des ersten Gespräches sagte er: 'Wir pflegen solche Gespräche diskret zu behandeln. Wie Sie das machen, ist Ihnen überlassen.' Ich hatte ja von einigen Kollegen gehört, die auch im Betrieb von Stasi-Leuten zu irgendwelchen Sachen vernommen wurden, dass hinterher gesagt worden war: 'Ich verpflichte Sie zum Stillschweigen' – worauf es natürlich nur eine Antwort gab: 'Sie haben mich überhaupt nicht zu verpflichten.' Das hat der Piehl nicht gemacht. Darauf sagte ich ihm, ich hätte keinen Grund, das an die große Glocke zu hängen. 'Aber um nicht als ein Mitwisser von Ihnen zu gelten, werde ich es doch dem Bischof melden. Ich werde es absichtlich nicht geheim halten.' Später habe ich gemerkt, dass man das Dekonspiration nennt. Um diese Zeit wurden ja viele Synodale und Gemeindeglieder aufgesucht, auch von Seiten der Kirche wurde der Rat gegeben, dies so zu handhaben. Und so habe ich es auch gehalten. Ich habe es entweder dem Landessuperintendenten oder dem Bischof oder beiden gesagt."[616]

Der Aufwand, den die flächendeckende Bearbeitung der Synodalen nach sich zog, war erheblich.

---

[616] Interview mit Eckhart Weiß am 16. 7. 2000.

## „Diener zweier Herren" – IM in der Landessynode

Wie sich nach der Wende 1989 herausstellte, haben nicht alle Synodalen dem MfS ablehnend gegenübergestanden. Die Überprüfungen der Synodalen durch den Bundesbeauftragten für die Unterlagen der Staatssicherheit im Jahr 1992 ergaben, dass von den damals amtierenden 56 Synodalen vier als IM geführt worden waren. Mit allen Betroffenen wurde gesprochen, in keinem Fall sah die Landessynode die Notwendigkeit einer Amtsniederlegung.[617]

Die Überprüfungen des Jahres 1992 haben jeweils nur die amtierenden hauptamtlichen Mitarbeiter und die Landes- sowie Bundessynodalen zum Gegenstand gehabt. Wie viele Mitglieder der Landessynode tatsächlich zwischen 1971 und 1989 Gespräche mit Mitarbeitern des MfS führten, kann im Nachhinein kaum rekonstruiert werden. Einige Veröffentlichungen sprechen von bis zu 25 Prozent der Synodalen, die als IM des MfS registriert waren.[618] Eventuell muss diese Größe auch für die mecklenburgische Landessynode angenommen werden. Prominentester IM war der langjährige Präses der mecklenburgischen Landessynode, Siegfried Wahrmann.

### *„Er möchte gerne zwischen Staat und Kirche vermitteln" – Siegfried Wahrmann*

Die 12. Tagung der X. Landessynode vom 22. bis 25. Oktober 1987 war die letzte, die Siegfried Wahrmann als Präses leitete. Er war in der mecklenburgischen Landeskirche außerordentlich angesehen. Bereits 1958 wurde er in die mecklenburgische Landessynode gewählt und blieb deren Mitglied bis 1988.[619] Zwischen 1970 und 1987 war er der Präses der VIII., IX. und X. Landessynode. Seit 1973 war er auch stellvertretender Präses der Bundessynode, deren Leitung er 1977 als Nachfolger des Parchimer Landessuperintendenten Otto Schröder übernahm. 1985 gab er das Amt des Präses der Bundessynode an seinen Nachfolger Gaebler ab.

---

617 Vgl. Wulf 1992, S. 2.

618 Vgl. dazu Neubert 1996, S. 338.

619 Kirchenrechtlich war Siegfried Wahrmann nur bis 1987 Mitglied der Kirchenleitung. Als Präses der Landessynode hatte er jedoch bis 1988 noch einen Sitz in ihr.

Der Wismarer Kaufmann[620] war ein engagierter Laie, der es als Präses verstand, die Synode souverän durch hitzige Diskussionen zu steuern und sie zusammenzuhalten. Er stand in dem Ruf, die Geschäftsordnung „aus dem Effeff" zu beherrschen, und hatte ein gutes Verhältnis zu den anderen beiden Mitgliedern des Präsidiums der Landessynode.[621]

Welche Bedeutung hatte das Amt des Präses aus kirchenpolitischer Sicht? Es war zum einen das höchste Amt in der Landeskirche Mecklenburg, das ein Laie bekleiden konnte, denn der Präses war qua Amt Mitglied der Kirchenleitung. Die wirkliche Stärke des Präses-Amtes lag jedoch in der Vorbereitung und Leitung der Landessynode. Kein anderer Amtsträger außer dem Landesbischof war in der Lage, mögliche Konfrontationen, die auf einer Tagung vorfallen konnten, durch eine geschickte Planung der einzelnen Sitzungen, ihrer Themen und der dazugehörigen Materialien zu steuern und unmittelbar in eine Diskussion einzugreifen. Diese „Exekutivgewalt" machte Präses Wahrmann aus staatlicher Perspektive so interessant. Hinzu kam, dass er eine sehr eigenständige Persönlichkeit war, die auch von den leitenden Amtsträgern anerkannt wurde. Mit ihm schien dem MfS die Möglichkeit gegeben, die synodalen Entscheidungen und solche des Oberkirchenrates zu beeinflussen – so geschehen beispielsweise Ende 1975.

Kurz zuvor hatte Bischof Rathke vor der Landessynode seinen Vortrag „Der öffentlich verantwortete Weg der Kirche" gehalten. Er hatte darin auf die Diskrepanz zwischen der Synode und dem Gemeindeleben hingewiesen; über die synodale Arbeit dürften nicht die Sorgen und Nöte der Kirchgemeinden vergessen werden. Kirchenleitendes Handeln diene dazu, das Ziel der Kirche nicht zu verfehlen.[622]

> „Manches Christenlehrekind hat sich schon vor einer ganzen Schulklasse verantworten müssen. […] Es sind heute nicht nur wir Mitarbeiter, sondern gerade unsere Gemeindeglieder, angefangen bei den Kindern, die den Glauben öffentlich verkündi-

---

620 1907 geboren, hatte er nach dem Zweiten Weltkrieg das Konfektionsgeschäft seines Vaters in Wismar übernommen und führte es auch in der DDR als einen der wenigen Privatbetriebe weiter.

621 Vgl. Interview mit Eckhart Weiß am 16. 7. 2000.

622 Vgl. ELLKM, LKA; Handakten Piersig, „Der öffentlich verantwortete Weg der Kirche". Vortrag von Landesbischof Rathke bei der Herbsttagung der Landessynode der Evangelisch-Lutherischen Landeskirche Mecklenburgs vom 13.–16. 11. 1975, Bl. 1 d. Dok.

gen. [...] Es wird uns gut tun, ihnen sehr nahe zu bleiben. Sie haben diese Stärkung in der Gemeinschaft nötig. [...] Wir brauchen Gemeindenähe!"

Rathke plädierte außerdem dafür, dass die Kirche das offene und öffentliche Wort pflegt. „Sind wir in der Gefahr, eine schweigende Kirche zu werden?"[623] Wenn es auch sinnvoll sei, bestimmte Fragen mit dem Staat intern zu besprechen, um Lösungen zu finden, dann dürfe das aber nicht das offene Wort ersetzen; die Gemeinden sollten wissen, dass die Kirche auch Kritisches mit dem Staat bespreche.[624]

Diese Äußerungen waren im Rahmen dessen, was die SED-Kirchenpolitik zuließ, explosiv. Bereits am 18. November 1975, zwei Tage nach der Beendigung der Landessynode, wurde deshalb Siegfried Wahrmann zu einem Gespräch beim Rat des Bezirkes Schwerin gebeten. „Das Ziel dieses Gespräches mit Wahrmann bestand darin", so heißt es in einem Bericht von Franze, „ihm seine Verantwortung als Präses der Landessynode für diesen Bericht bewußt zu machen und ihn für ein Gespräch beim Rat des Bezirkes Schwerin zu gewinnen, zu dem der Landesbischof eingeladen werden sollte und auf dem Wahrmann seinen Einfluß geltend machen sollte, den Bischof dazu zu bewegen, die im Bericht gemachten Aussagen zurückzunehmen bzw. richtigzustellen." Franze notierte weiter, Wahrmann, habe sich zu dem gemeinsamen Gespräch mit dem Landesbischof beim Rat des Bezirkes Schwerin bereit erklärt, habe allerdings zu verstehen gegeben, „daß wir nicht von ihm 'einen Dolchstoß' gegen Rathke erwarten dürften."[625]

Dieses Beispiel macht die schwierige Lage deutlich, in der sich Siegfried Wahrmann befand: Einerseits war er bestrebt, jegliche Konfrontation mit der staatlichen Seite zu vermeiden. Andererseits wollte er aber auch seine Loyalität gegenüber der Kirche wahren; jedenfalls wollte er nicht erkennbar Einfluss auf seinen Bischof nehmen. Insofern traf die Einschätzung zu, die die Bezirksleitung der SED Schwerin 1978 zu ihm anfertigte: Wahrmann sei zwar politisch loyal eingestellt, verhalte sich aber oftmals schwankend. Daher sei „[m]it ihm [...] das Gespräch möglich und gleichzeitig notwendig, um seine politische Position in positiver Hinsicht zu stärken".[626]

---

[623] Vgl. ebd., Bl. 3 d. Dok.

[624] Vgl. ebd., Bl. 4 d. Dok.

[625] Vgl. LHA Schwerin, SED BPA Schwerin, IV C – 2/14/ 549, Bl. 121.

[626] Vgl. LHA Schwerin, SED BPA Schwerin, IV D-2/14/526, Bl. 2–17, hier Bl. 11.

Das erste Mal sprach die Bezirksverwaltung Rostock Siegfried Wahrmann im Februar 1959 an. Wahrmann erhielt eine Aufforderung zu einem Gespräch beim Rat des Bezirkes Rostock, erschien und sah sich einem Mitarbeiter gegenüber, der sich als Herr Wilken vorstellte. Es folgte ein Gespräch zu verschiedenen Konflikten zwischen Staat und Kirche. Was für Wahrmann damals nicht ersichtlich war, geht aus den Akten des MfS eindeutig hervor: Wilken hieß eigentlich Oldenburg und war Mitarbeiter des MfS. Er hatte den Auftrag abzuklären, ob Wahrmann als Inoffizieller Mitarbeiter zu gewinnen sei. Wilken alias Oldenburg bestätigte dies,[627] obwohl Wahrmann Vorbehalte geäußert hatte: „Uns zu informieren will ihm nicht sehr schmecken, da doch auf den Sitzungen gesagt werden könnte, daß alles vertraulich zu behandeln ist. Nach meiner Meinung könnte man W. für eine Zusammenarbeit gewinnen."[628] Bei einem weiteren Gespräch soll Wahrmann lediglich darum gebeten haben, „daß dies nicht zu oft geschehen soll, da es doch in kirchlicher Hinsicht wenig Dinge zu besprechen gibt und er als Laie die in ihn gesetzten Erwartungen nicht erfüllen kann." Man erklärte ihm, es gebe immer Fragen, die man besprechen müsse, und alle vier Wochen sei ausreichend. Bis zum nächsten Gespräch solle er sich einen passenden Decknamen wählen.[629]

Auch wenn Siegfried Wahrmann eine deutliche Grenze zog – sein Gegenüber notierte, es sei bei dieser Aussprache „gelungen, den W. für eine Zusammenarbeit zu gewinnen. W. konnte sich bisher jedoch nicht entschließen, sich einen Decknamen zu wählen. Es wäre jetzt von unserer Seite falsch, auf einen selbstgewählten Decknamen zu drängen, da W. abspringen könnte. Es wird vorgeschlagen, den W. trotzdem zu registrieren."[630] Bei diesen Rostocker Treffen blieb es jedoch zunächst.

Warum Siegfried Wahrmann letztlich noch nicht als IM verpflichtet wurde, geht aus den Akten nicht hervor. Auffällig ist aber die Koinzidenz mit dem Dienstbeginn des damals aus Dresden kommenden Oberkirchenratspräsidenten Konrad Müller. Dieser brachte aus der Sächsischen Landeskirche Kontakte zum Staatssicherheitsdienst mit, die in Schwerin fortgeführt wurden. Möglicherweise war das Interesse an Wahrmann als Laien damit erlahmt und lebte erst wieder auf, als

---

627 Vgl. BStU, MfS, BV Rostock, AIM 272/91, Bd. I/1, Bl. 68 f.

628 Ebd., Bl. 67.

629 Vgl. ebd., Bl. 70 f.

630 Vgl. ebd.

sich 1967 ankündigte, dass Konrad Müller in wenigen Jahren in den Ruhestand gehen würde.

Zwischen dem abrupten Ende der Gespräche mit Oldenburg 1959 und dem „Vorschlag zur Werbung" vom 24. November 1967 liegen keine Berichte vor. Dennoch enthält dieser „Vorschlag zur Werbung" eine Beurteilung Wahrmanns, wonach dieser seit 1958 ununterbrochen in der Landessynode sitze, 1965 in das Präsidium der Landessynode und 1967 in die Bundessynode gewählt worden sei und ein vertrauensvolles und gutes Verhältnis zu Bischof Beste und zu vielen Pastoren der Landeskirche habe. Wahrmann, hieß es weiter, gehöre zu den einflussreichsten Personen in der Landeskirche Mecklenburgs und habe eine gute Perspektive in der Landeskirche. Das Entscheidende aber kam zum Schluss: „Er spricht offen über die Belange der Kirche und ist sehr bemüht, daß es zwischen dem Staat und der Kirche keine Auseinandersetzungen gibt. Er ist bereit, in solchen Fällen als Vermittler aufzutreten."

Im November 1967 fand die Werbung statt. Oberleutnant Thode, der Wahrmann von diesem Zeitpunkt bis 1989 führte, berichtete auch über die technischen Details der Zusammenarbeit:

„Mit dem Kandidaten wurde jetzt über die weitere Zusammenarbeit gesprochen. Wahrmann ist bereit, sich laufend mit einem Angehörigen des MfS zu unterhalten, wenn es erforderlich sein sollte. Ich schlug ihm einen Zeitabstand von 4-6 Wochen vor, womit er einverstanden ist. Er bat jedoch darum, daß jetzt die große Geschäftszeit zu Weihnachten anläuft und er dann wenig Zeit hat, damit wir uns unter normalen Bedingungen vor Weihnachten nicht mehr unterhalten. Ich habe diesem Wunsch entsprochen, jedoch haben wir uns geeinigt, bei wichtigen Ereignissen uns gegenseitig anzurufen. Der Kandidat versprach, sich konkret an unsere Abmachungen zu halten. Er gab mir das Versprechen, über seine Verbindungen zu unserem Organ nicht zu sprechen. Wahrmann will auch die Gelegenheit benutzen, wenn er in Rostock ist, [unleserlich] bei mir anzurufen. [...] Am Telefon wird zwischen uns der Name 'Lorenz' gebraucht. Der GI hat gute Möglichkeiten, für uns auf der Linie Ev. Kirche Mecklenburgs tätig zu sein. In den weiteren Treffs ist mit dem GI so zu arbeiten, daß sein Vertrauen zu uns weiter gefestigt wird. Es muß weiter erreicht werden, daß die Treffs nicht in seiner Wohnung stattfinden. Zum nächsten Treff wird der GI telefonisch in Wismar angerufen."[631]

Die Unterlagen aus dem MfS geben nur indirekt Auskunft darüber, welcher Art das Verhältnis zwischen Siegfried Wahrmann und dem MfS war. Der Berichtsteil der Akte „Lorenz" ist derzeit nicht auffindbar.[632] Lediglich Teil I, die Personalakte, und Teil III, die Quittungsbelege, sind erhalten geblieben.[633] Dennoch sind Rückschlüsse auf die Art des Kontaktes möglich, wie die 1987 von der Bezirksverwaltung Rostock erstellte „Beurteilung" Wahrmanns zeigt:

„Der IME wurde nach einer relativ langen Aufklärungsperiode am 16.11.1967 für eine inoffizielle Zusammenarbeit mit dem MfS auf freiwilliger Grundlage geworben. Die Zusammenarbeit zu Beginn war sehr sporadisch und entwickelte sich nur zögernd. Im Laufe der Zusammenarbeit festigte sich aber das Vertrauensverhältnis mehr und mehr und ging der IME aus sich heraus. Durch die Zusammenarbeit mit dem IME konnte erreicht werden, daß er wichtige Leitungsfunktionen im Raum der Kirche übernahm. So entwickelte sich der IME zum Präsidenten der Landessynode der evangelischen Landeskirche Mecklenburgs. Auch als in der DDR die Bildung des Bundes der Evangelischen Kirchen vollzogen wurde, war es möglich, durch gute Zusammenarbeit den IME in das Präsidium dieser Synode zu bekommen. [...] Bei allen Tagungen der Synode ist der IME bereit, über alle Fragen ausführlich zu berichten und wichtiges Material zu übergeben. Als Teilnehmer an der EKiD-Synode in Kassel war es uns möglich, von ihm das gesamte interne Synodenmaterial zur Auswertung zu bekommen. [...]
Mit dem IME erfolgt eine regelmäßige Trefftätigkeit. Dabei zeigte sich in den letzten Jahren eine zunehmende Bereitschaft zur Übergabe kircheninterner Informationen und Materialien. Die Treffs erfolgen in der Wohnung. Der

631 Vgl. ebd., Bl. 31 f.

632 Möglicherweise ist dieser Teil der Akte 1989 vernichtet worden.

633 Teil I, die Personalakte, besteht bei Siegfried Wahrmann aus zwei Bänden.

IM ist bereit, seinen Einfluß geltend zu machen, um negative Kräfte in die Schranken zu weisen. In diesem Sinne hat er maßgeblichen Anteil an der guten Entwicklung des Staat-Kirche-Verhältnisses in den letzten Jahren im Verantwortungsbereich. Zu Personen und Sachverhalten berichtet der IM nur auf Befragen, wobei er dann recht ausführlich informiert. Hinweise auf Dekonspiration gibt es nicht."[634]

Dabei hatten sich die „Gründe für die Zusammenarbeit mit dem MfS" seit 1974 nicht geändert: Damals hatte die Staatssicherheit notiert, Wahrmann habe eine loyale Einstellung zur DDR und „möchte gerne zwischen Staat und Kirche vermitteln".[635] Lediglich das „gerne" fiel in der MfS-Beurteilung von 1987 weg.[636]

Besondere Aufmerksamkeit verdient die Passage: „Der IM ist bereit, seinen Einfluß geltend zu machen, um negative Kräfte in die Schranken zu weisen. In diesem Sinne hat er maßgeblichen Anteil an der guten Entwicklung des Staat-Kirche-Verhältnisses in den letzten Jahren im Verantwortungsbereich." Zahlreiche Dokumente aus den Räten der Bezirke Rostock und Schwerin belegen, dass Siegfried Wahrmann in den achtziger Jahren weniger im Hinblick auf die Landessynode als im Bick auf seine Heimatstadt Wismar instruiert wurde. Das dortige Ökumenische Zentrum für Umweltfragen (ÖZU) war dem Rat der Stadt und dem Rat des Bezirkes ein Dorn im Auge. Wahrmann hatte den Auftrag, die Auflösung dieser Gruppe zu forcieren.[637]

Aus dem vorhandenen Material geht hervor, dass Siegfried Wahrmann bereit war, auch während der Tagungen der Landes- und Bundessynoden Gespräche mit seinem Führungsoffizier zu führen.[638] Das MfS zumindest war zufrieden: „Durch diese Arbeit und Bereitschaft des Kandidaten konnten gute Informationen, die letztlich zur Verselbständigung der Evangelischen Kirchen in der DDR beigetragen haben, erarbeitet werden.[639]

Von Anfang an standen neben den Gesprächen mit MfS-Mitarbei-

---

634 BStU, MfS, BV Rostock, AIM 272/91, Bd. I/1, Bl. 22 f.

635 Vgl. ebd., Bl. 20.

636 Vgl. ebd., Bl. 23.

637 Vgl. BStU, MfS, BV Rostock, AIM 272/91, Bd. I/2, Bl. 159 f.

638 Vgl. ebd., Bd. I/1, Bl. 171.

639 Vgl. ebd.

tern auch Treffen mit den Kirchenreferenten von Rostock und Schwerin in Wahrmanns Kalender. Diese Gespräche unterlagen keinem Geheimhaltungszwang, da die Räte der Kreise und Bezirke die offiziellen Ansprechpartner der Kirche waren und Wahrmann als Präses der Landes- und Bundessynode durchaus autorisiert war, derartige Gespräche zu führen. Dennoch gibt es keine Hinweise in den staatlichen oder kirchlichen Akten, dass er den Landesbischof oder eine andere Person über die in den achtziger Jahren intensiven Gesprächsverbindungen zu Rudolf Franze und Roland Macht informierte. Diese Gespräche unterschieden sich jedoch wesentlich von solchen, die beispielsweise Heinrich Rathke mit beiden Referenten für Kirchenfragen führte. Es war ungewöhnlich, dass Franze oder Macht „Hausbesuche" machten. Beide kamen mit konkreten Bitten, denen sich Wahrmann nach Aktenlage nicht grundsätzlich widersetzte. Er konnte zwar nicht wissen, dass weder Franze noch Macht aus eigenem Antrieb zu ihm gekommen waren; angesichts der klaren Erwartungshaltungen, die beide in den Gesprächen vortrugen, hätte ihm jedoch sehr schnell deutlich werden können, dass das Ministerium für Staatssicherheit versuchte, ihn zu instrumentalisieren. Beispielsweise suchten ihn im Februar 1981 Rudolf Franze und der Stellvertreter für Inneres in Schwerin, Fred Schwoerke, auf.[640] Anlass war die bevorstehende Landessynode im Vorfeld des X. Parteitages. Wahrmann solle persönlich dafür sorgen, dass es zu keinen Angriffen gegen den Staat komme und eine „politisch saubere Berichterstattung" über die Synode erfolge.[641] Wahrmanns Entgegnung, es gebe keine Veranlassung, politisch brisante Äußerungen zu erwarten, er werde aber alles tun, um Spannungen zwischen Staat und Kirche zu vermeiden, erscheint glaubwürdig, ebenso wie seine Einschränkung, „daß es mitunter recht schwerfällt, bestimmte negative Äußerungen und Aktivitäten während der Synode zu verhindern. Er gab zu bedenken, daß weder er noch das Präsidium ähnliche Mittel wie der Staat besitzen, um mit möglichst ausgewogenen Meinungen und Haltungen in den Tagungen aufzuwarten. Im Übrigen könne der Versuch, durch etwas mehr Reglementieren politisch negative Haltungen auszuschließen, eventuell gerade ins Gegenteil umschlagen."[642]

Es finden sich mehrfach Hinweise darauf, dass Siegfried Wahrmann durch taktische Winkelzüge versuchte, politisch brisante Themen aus den öffentlichen Sitzungen herauszuhalten oder so in der Tagesordnung zu

---

640 Vgl. LHA Schwerin, SED BPA Schwerin, IV D-2/14/529, Bl. 8.

641 Vgl. ebd.

642 Vgl. ebd., Bl. 9.

platzieren, dass ihnen weniger Aufmerksamkeit zuteil wurde. Politische Konfrontation wollte er um jeden Preis vermeiden.[643] Auch die staatlichen Stellen bemerkten dies und bilanzierten nach der Herbstsynode 1986: „Die Einflußnahme progressiver kirchenleitender Amtsträger, insbesondere die des Präses Wahrmann, bewirkte, daß einige der Synode vorliegende Eingaben, die potentiell zu politischen Angriffen führen konnten, so behandelt wurden, daß es im Plenum zu keinen politisch negativen Diskussionen und Beschlussfassungen kam. Das betrifft z. B. eine Eingabe mit ca. 20 Unterschriften aus dem Raum Wismar, die sich für einen Sozialen Friedensdienst und gegen Raketen in der DDR ausspricht, eine weitere, in der es um Fragen des Strafvollzugs in der DDR geht."[644] Die Arbeit mit Wahrmann war jedoch nicht so einfach wie mit anderen IM: „Der IME hat es nicht gern, wenn er in der Öffentlichkeit als progressiver Christ und Kirchenlaie auftreten soll. Er möchte lieber in der Konspiration diese Aufgaben als progressiver Christ durchführen."[645]

Dass Siegfried Wahrmann die Anliegen des MfS nicht grundsätzlich ablehnte, sondern vor allem deren offensichtliche Ausführung, bezeugt auch eine andere Episode. Oberleutnant Thode fertigte im Oktober 1967 einen „Bericht über die Kontaktaufnahme" mit Siegfried Wahrmann an, aus dem hervorgeht, dass das Gespräch nach telefonischer Vereinbarung in Wahrmanns Wohnung stattfand und er, Thode, sich mit seinem richtigen Namen vorgestellt hatte. Wahrmann sei „von Anbeginn an sehr gesprächig" gewesen, auch als ihn Thode auf einen Pastor der Landeskirche hinwies, der sich in Wehrdienstfragen engagierte. Nicht die Tatsache, dass Wahrmann in diesem Gespräche laut Bericht Thodes gesagt hatte, seine Verbindungen zum MfS seien schon zehn Jahre alt, und er habe bereits mit dem betreffenden Pastor gesprochen und ihn zur Mäßigung angehalten, ist hier von Interesse.[646] Wichtiger als dieser versteckte Stolz ist, dass er laut Bericht ausführte, er habe in dieser Angelegenheit nicht direkt eingreifen können, da dies Sache des Oberkirchenrates sei. „Der Kandidat würde aber jederzeit", so Thode, „wenn es unser Wunsch ist, mit [geschw.] oder anderen Pastoren sprechen, ohne zu sagen, daß er

643 Vgl. Interview mit Matthias Burkhardt am 27. 5. 2000.

644 LHA Schwerin, RdB Neubrandenburg, Z 77/90, 818a, n. p. „Information über die 9. Tagung der X. Ordentlichen Landessynode der Evangelisch-Lutherischen Landeskirche Mecklenburgs", Bl. 2 d. Dok.

645 BStU, MfS, BV Rostock, AIM 272/91, Bd. I/1, Bl. 213.

646 Vgl. ebd., Bl. 74.

es auf Wunsch des MfS macht."[647] Thode stellte Wahrmann abschließend ein respektables Zeugnis aus: „Bemerkung zum Kandidaten: Der Kandidat war aufgeschlossen und sprach alle Fragen ohne Scheu oder Hemmungen an. Er ist ein typischer Geschäftsmann und alter Mecklenburger, der auch Plattdeutsch spricht, was wir teilweise auch getan haben. Ich halte den Kandidaten für geeignet, für uns als G.I.[648] zu arbeiten. Jedoch würde ich von einer schriftlichen Verpflichtung abraten."[649]

Wahrmann fasste offensichtlich schnell Zutrauen zu den Offizieren des Staatssicherheitsdienstes. So notierte der Führungsoffizier, dieser habe anfangs „immer nur auf die gestellten Fragen des operativen Mitarbeiters eine Antwort [gegeben]". Inzwischen werfe er „von sich aus Fragen und Probleme auf […], die dann gemeinsam besprochen und geklärt werden". Der Kontakt sei nunmehr so weit gereift, dass Wahrmann auch bereit sei, sich an den jeweiligen Tagungsorten der Bundessynode mit ihm zu treffen und zu berichten.[650]

So traf er sich auch während des Spitzengespräches mit dem MfS, wie aus einem Quittungsbeleg hervorgeht: „Zur Vorbereitung und Durchführung des Spitzengespräches des Bundes der ev. Kirchen mit dem Staatsratsvorsitzenden am 6.3.1978 wurden bei der Treffdurchführung mit dem IME 'Lorenz' (5.3. – 6.3.78 in Berlin) 75,– M ausgegeben."[651]

Zwischen 1972 und 1988 erhielt Siegfried Wahrmann bei 23 Treffen Geschenke in Form von Büchern, Geldprämien und Blumen, deren Summe sich nach heutigem Kenntnisstand auf fast 4000 Mark belief. Das wertvollste Präsent erhielt er, folgt man den Akten, im August 1982 für die Beobachtung der damaligen Bundessynode: 500 Mark und im gleichen Jahre eine Auszeichnung vom Ministerium für Staatssicherheit. In dem entsprechenden Vorschlag wurde diese Belobigung wie folgt begründet:

> „In der Zusammenarbeit mit dem MfS zeigte der IME eine vorbildliche Einsatzbereitschaft. Zu zentralen kirchlichen Veranstaltungen und über geplante und durchgeführte Aktivitäten der 'Mecklenburgischen Landeskirche'

647 Vgl. ebd., Bl. 75.

648 Geheimer Informator, später ersetzt durch die Bezeichnung Inoffizieller Mitarbeiter.

649 BStU, MfS, BV Rostock, AIM 272/91, Bd. I/1, Bl. 77 f.

650 Vgl. ebd., Bl. 169 ff.

651 Vgl. ebd., Bd. III/1, Bl. 23.

erarbeitete der IM operativ bedeutsame Informationen, die eine gute Grundlage für die Einleitung weiterer operativer Maßnahmen bildeten.
Durch sein Auftreten, seinen persönlichen Einfluß und von ihm ausgehende Aktivitäten trug der IME wesentlich zur Durchsetzung progressiver Auffassungen in leitenden kirchlichen Gremien bei.
Besondere Verdienste erwarb sich der IME im Zusammenhang mit der Vorbereitung des Spitzengespräches zwischen dem Generalsekretär der Sozialistischen Einheitspartei Deutschlands und Vorsitzenden des Staatsrates der DDR, Genossen Erich Honecker, und den Mitgliedern des Vorstandes des Bundes der evangelischen Kirchen in der DDR am 6. März 1978."[652]

Zwar wurde Wahrmann von der Bezirksverwaltung Rostock geführt, im Zusammenhang mit dem Spitzengespräch 1978 aber meldete auch die Zentrale in Berlin Interesse an: Sie hatte ihre eigenen Pläne mit diesem Kirchenmann. Im Zeitraum von 1977 bis 1981 sollte „'Lorenz' in Richtung Konferenz der Kirchenleitungen und Bundessynode eingesetzt werden." Alle konzeptionellen Fragen waren fortan mit der Hauptabteilung XX/4 abzustimmen. Wahrmann sollte in speziellen Schulungstreffs auf bestimmte Probleme vorbereitet werden und für sein Engagement eine materielle Vergütung und Auszeichnungen enthalten, „um die Bindung an das MfS noch weiter zu vertiefen".[653]

Abschließend bleibt zu klären, welche Folgen die Kontakte zwischen Siegfried Wahrmann und den verschiedenen staatlichen Stellen für die Landeskirche hatten. Hat er durch seine zahlreichen Gespräche zu einer Verbesserung des Verhältnisses zwischen Staat und Kirche beigetragen? Hat er der Landeskirche oder einzelnen Personen seiner Umgebung Schaden zugefügt? Beide Fragen sind schwierig zu beantworten.

Die Bedeutung Siegfried Wahrmanns im Verhältnis zwischen Staat und Kirche ergibt sich nicht nur aus dessen IM-Akte, sondern auch aus seiner relativ singulären Stellung innerhalb der mecklenburgischen Landeskirche. Nachdem Oberkirchenratspräsident Siegfried Rossmann verstorben war, gab es in der Landeskirche keinen hochrangigen Inoffiziellen Mitarbeiter mehr, der Leitungsentscheidungen treffen

---

[652] BStU, MfS, ebd., Bd. I/1, Bl. 217.

[653] Vgl. ebd., Bl. 228 f.

konnte. Wahrmann als Präses der Landes- und Bundessynode konnte immerhin indirekt entscheiden, indem er wichtige Diskussionen auf den Synoden und in Vorbereitung der Synode so lenkte, dass mögliche Konfrontationen zwischen Staat und Kirche gemildert oder verhindert wurden.

Es verwundert nicht, dass das MfS Wahrmann besonders schätzte, da die Haltung der Landeskirche in puncto Kontakte zum Staat eindeutig war und Wahrmann sich zumindest partiell davon distanzierte. Es ist daher nur konsequent, wenn die Bezirksverwaltung Rostock Siegfried Wahrmann in einem Jahresarbeitsplan für das Jahr 1978 neben solche IM wie „Hiller" (Siegfried Plath), „Orion" (Horst Gienke) und „Torsten" (Wolfgang Schnur) stellte und festhielt, durch diese sei der Einfluss progressiver Kräfte in kirchenleitenden Gremien innerhalb der Evangelischen Landeskirche Greifswald und der mecklenburgischen Landeskirche weiter zu festigen und auszubauen.[654]

Außerdem wurde Wahrmann staatlicherseits konkret zur Beeinflussung seiner Landeskirche und des Kirchenbundes „eingesetzt". Dabei lassen sich drei Phasen unterscheiden: Zwischen 1959 und 1973 war er aus staatlicher Sicht in Bezug auf die Landeskirche von Bedeutung. Zwischen 1973 und 1987 verlagerte sich das Interesse des MfS vor allem auf Wahrmanns Tätigkeit auf der Bundesebene. Dies stellte jedenfalls die im März 1978 erarbeitete „Konzeption für die Erhöhung der operativen Wirksamkeit des IME 'Lorenz' in der Haupteinsatzrichtung Synoden des Bundes der ev. Kirchen in der DDR für den Zeitraum bis 1981" fest. Die Bezirksverwaltung für Staatssicherheit in Rostock übertrieb in diesem Papier aber, wenn sie schrieb, „Lorenz" sei durch „die zielstrebige und kontinuierliche Erziehung und Befähigung" des MfS in Leitungsfunktionen gebracht worden.[655] Dass Wahrmann seit 1973 Bundessynodaler war und nach seiner Mitwirkung am Spitzengespräch vom März 1978 eine einflussreiche Persönlichkeit geworden war, lag an seinem persönlichen Einsatz und seinem großen innerkirchlichen Ansehen. Nachdem Wahrmann 1985 nicht erneut zum Präses der Bundessynode gewählt worden war und auch sein Amt als Präses der Landessynode 1987 an Hans-Joachim Bartsch weitergegeben hatte, sank seine Bedeutung als Gesprächspartner auf der landeskirchlichen Ebene rapide.

Für die Staatssicherheit von Interesse war er allerdings weiterhin in Bezug auf das Ökumenische Zentrum für Umweltfragen in Wismar.

---

[654] Vgl. BStU, MfS, BV Rostock, BdL Nr. 1328. GVS 001 Nr. 91/78, Bl. 1.

[655] Vgl. BStU, MfS, BV Rostock, AIM 272/91, Bd. I/1, Bl. 225.

Bemerkenswert sind die diesbezüglichen Gespräche, weil sie zwar im Auftrag der MfS-Bezirksverwaltung in Rostock durchgeführt wurden, nicht jedoch durch die Wahrmann bekannten MfS-Offiziere. Stattdessen suchte ihn der Rostocker Referent für Kirchenfragen, Roland Macht, auf und trug ihm das MfS-Anliegen als sein eigenes an.[656] Konnte Wahrmann wissen, dass das MfS dahinter stand? Es war – das haben zahlreiche Gespräche mit Zeitzeugen aus der Landeskirche klar ergeben – innerkirchlich bekannt, dass die Referenten für Kirchenfragen auf Kreis- und Bezirksebene einen engen „Draht“ zum MfS hatten. Man ging also davon aus, dass das MfS auch bei Gesprächen mit diesen Referenten indirekt immer anwesend war. Dem erfahrenen Wahrmann kann also kaum verborgen geblieben sein, dass er mit seiner Tätigkeit einer staatlichen Allianz als Erfüllungsgehilfe diente. Wahrmann hat diese Gespräche ohne Wissen anderer kirchenleitender Personen geführt. Das Anraten von staatlicher Seite, die Tätigkeit kirchlicher Gruppen zu unterbinden, hätte er ablehnen und seinem Bischof gegenüber anzeigen müssen. Dies tat Wahrmann nicht. Beispielhaft ist das Gespräch, das Siegfried Wahrmann am 24. Februar 1989 mit dem stellvertretenden Leiter des Staatssekretariates für Kirchenfragen, Wilke, führte. Dieser fertigte folgenden Bericht für das MfS an:

„Vermerk über ein Gespräch mit Präses i.R. Siegfried Wahrmann in Wismar am 24.2.1989“
„Präses i.R. Siegfried Wahrmann ist nach wie vor kirchenpolitisch und innerkirchlich aktiv tätig.
Mit seiner Hilfe ist es gelungen, die Tätigkeit der Gruppe von Übersiedlungsersuchenden, die sich in Wismar etabliert hatte, in ihrer Tätigkeit erheblich einzuschränken. [...] Siegfried Wahrmann wirkt hier zielstrebig mit den Genossen des Rates des Bezirkes Rostock und verurteilt auch in der Kirche die feindliche Tätigkeit dieser Gruppen.
Er fühlt sich von seiner Kirchenleitung verlassen. Der Bischof Stier hat noch keinen Versuch gemacht, seine reichen Erfahrungen weiter für die Landeskirche zu nutzen, gegenseitige Besuche gibt es nicht, und so reißt offensichtlich ein Faden der Kommunikation ab, der mit der konstruktiven Ausgestaltung des Verhältnisses von

[656] Vgl. ebd., Bd. I/2, Bl. 165.

Staat und Kirche verbunden war.
Siegfried Wahrmann wäre bereit, seine Erfahrungen bei einem Gespräch oder durch einen Artikel einzubringen, wenn es um die Vorbereitungen des 40. Jahrestages der DDR geht. Er war am 6.3.78 als Präses beim Staatsratsvorsitzenden dabei und weiß sich in guter Übereinkunft mit Altbischof Schönherr. Er versteht seine Kirche nicht, daß sie das gute Verhältnis zum Staat und ihr Wirken in der Gesellschaft aufs Spiel setzt und sich dafür mit politisch negativen Gruppen einläßt. Er ist der Auffassung, daß das der Kirche nichts nützt, auch nicht hinsichtlich der Mitgliederzahlen, sondern ihr letztendlich schadet. [...]
Siegfried Wahrmanns Möglichkeiten zur Hilfe für unsere Arbeit sind sehr differenziert zu sehen. Örtlich ist er noch sehr aktiv, für zentrale Möglichkeiten müßten Wege überdacht und beraten werden."[657]

Die mecklenburgische Öffentlichkeit erfuhr von Wahrmanns MfS-Kontakten erst nach der Wende. Der Heidelberger Historiker Gerhard Besier stellte 1995 in seiner sofort heftig umstrittenen Darstellung „Der SED-Staat und die Kirche“ die Grundzüge dieser Kontakte dar und äußerte sich auch zu den Motiven von Wahrmann: Wahrmann sei kein politischer Mensch gewesen, sondern vor allem ein privater Kaufmann unter sozialistischen Produktionsbedingungen. Eine gewisse kaufmännische Weltsicht habe dazu geführt, sich und das MfS als zwei „Verhandlungspartner“ anzusehen.[658] Hinzugekommen seien die Sorge um sein Konfektionsgeschäft und ein bürgerlicher Lebenswandel, durch die er für das MfS und andere staatliche Organe „erreichbar“ gewesen sei. Diese Bewertung scheint nahe liegend, aber trifft sie zu? In den MfS-Unterlagen, die Auskunft geben könnten über die Motivation Wahrmanns und mögliche, für eine Erpressung geeignete Lebensumstände, spielt das Konfektionsgeschäft keine Rolle. In keinem einzigen Dokument wird erwähnt, dass man Wahrmanns wirtschaftliches Fortkommen als Erpressungsgrund nutzen wollte oder gar nutzte. Diese „Motivationsebene“ scheint daher keine Rolle gespielt zu haben.

---

657 Dieser Bericht liegt im Original in den Akten des Staatssekretärs für Kirchenfragen, BArch, DO-4/ 979, n. p.

658 Vgl. Besier 1995a, S. 484.

Wahrmann wurde nicht mit seinem Geschäft erpresst.

Vielmehr wurde sein „Geschäftssinn“ angesprochen; der „Gewinn“ bestand in einer vermeintlichen Vorrangstellung, denn immerhin entschied er, welche staatlichen Aufträge er für berechtigt und wichtig hielt und wie er sie ausführte. Zum anderen, das hat Thode sicher richtig erkannt, schuf er sich als Geschäftsmann „Förderverbindungen“, wie es das MfS genannt hätte.

Vorstellbar ist, dass sich Wahrmanns etwas unsichere und der Position Rathkes noch sehr verbundene Haltung mit seiner Teilnahme an dem Gespräch vom 6. März 1978 änderte, durch die er eine ungeheure Aufwertung seiner Person erfuhr und in dieser Wahrnehmung staatlicherseits auch bestärkt wurde. Die Landeskirche hingegen verhielt sich im Hinblick auf das so genannte „Spitzengespräch“ sehr zurückhaltend. Möglicherweise lag hier auch der Anfang eines Bruches zwischen Wahrmann und der mecklenburgischen Kirche, der sich mit dem Wechsel im Bischofsamt von Heinrich Rathke zu Christoph Stier noch erheblich verstärkte.

Siegfried Wahrmann, der 1992 nicht mehr durch die Landeskirche überprüft worden war, weil er keine kirchliche Funktion mehr ausübte, stritt zunächst die Kontakte ab. Angesichts der eindeutigen Aktenlage musste die mecklenburgische Öffentlichkeit jedoch bald zur Kenntnis nehmen, dass er entsprechende Gespräche geführt hatte, ohne sie mit dem Landesbischof abzustimmen. Da Siegfried Wahrmann 1996 verstarb, ist eine gemeinsame Aufarbeitung des Geschehenen nicht mehr möglich. Gleichwohl ist die Frage des Warum noch umstritten.

> „Es gab manchmal Entscheidungen, bei denen man merkte, dass auch von Seiten des Präsidiums versucht wurde, zu blocken oder ein bisschen zu relativieren. Aber nicht – den Eindruck zumindest habe ich nicht – weil es von außen gelenkt war, sondern aus kirchenpolitischen Gründen. Man wollte die Konfrontation nicht herbeiführen, aber auch nicht mit aller Konsequenz vermeiden. Man wollte sie abschwächen. […] Und – das würde ich auch heute noch sagen – das ist auch die Absicht von Herrn Wahrmann gewesen. Es ist sicher nicht seine Absicht gewesen, gezielt und bewusst, weil von staatlichen Stellen so gewollt, so zu reagieren. Da würde man ihm Unrecht tun.“[659]

[659] Interview mit Heiner Möhring am 1. 8. 2000.

Wie Heiner Möhring haben sich viele in der Landeskirche ausgesprochen. Der langjährige Synodale und spätere Ministerpräsident von Mecklenburg-Vorpommern, Berndt Seite, fasste es so zusammen: „Wir hätten ihn uns etwas mutiger gewünscht."[660]

## *„Ich habe zu Anfang versucht, das mit mir selber abzumachen" – Christoph Gürtler*

Als Siegfried Wahrmann 1987 seinen Rückzug aus der Synode ankündigte, hatte man beim Rat des Bezirkes Neubrandenburg schon einen geeigneten Nachfolger im Auge. Seit 1965 war Christoph Gürtler den staatlichen Stellen bekannt, damals als Mitglied des Synodalausschusses, später als Mitglied der ersten Kirchenleitung. 1971 wurde er Vizepräses der Landessynode und verblieb in dieser Position bis zu seinem Ausscheiden aus der Synode 1987.[661] Seit 1983 war Gürtler außerdem Synodaler der Bundessynode.

Von 1971 bis 1981 führte Gürtler als IM „Christian" Gespräche mit dem MfS Neubrandenburg, das 1981 die IM- in eine GMS-Akte umwandelte. Kontakte zur Staatssicherheit hatte er auch weiterhin, jedoch seltener und im beruflichen Rahmen.

Das erste Gespräch mit dem MfS fällt in das Jahr 1971. Weshalb der Staatssicherheitsdienst in dieser Zeit auf Christoph Gürtler, Forstmeister auf einem kirchlichen Forstgut und damit Angestellter der Kirche, kam, geht aus der Akte „Christian" nicht hervor – wahrscheinlich aber, weil Gürtler gerade Vizepräses der Landessynode geworden war. Der Neubrandenburger Bezirksreferent für Kirchenfragen, Schiller, hatte Major Baenz zum Gespräch mit Gürtler mitgebracht und dazu gesagt, dieser würde Gürtler von nun an „betreuen".[662] Im November 1971 erschien MfS-Offizier Baenz von der Kreisdienststelle Neustrelitz, stellte sich als solcher vor und wartete ab, ob er direkt zur Tür geleitet würde oder bleiben dürfte. Er durfte bleiben. In seinem Bericht über diesen ersten Kontakt vermerkte er später, das Gespräch habe sich zuerst um berufliche Dinge gedreht; erst im Verlauf der Unterhaltung sei er auf Gürtlers Engagement in der Kirchenleitung und der Bundessynode zu sprechen gekommen. Vielleicht um ein neues Gespräch zu vereinbaren, vielleicht auch als Test, wie weit Gürtler ihm entgegenkommen würde, bat Baenz

660 Interview mit Berndt Seite am 15. 11. 2000.

661 Vgl. Willgeroth 1993, S. 6

662 Vgl. Interview mit Christoph Gürtler am 12. 11. 2002.

um Material über die kirchliche Forstwirtschaft, das er sich beim nächsten Mal abholen wolle. Zuversichtlich beendete er das Gespräch.[663]

Anfang Januar 1972 besuchte der MfS-Mann Gürtler nach vorheriger telefonischer Absprache, um sich wie besprochen das Material über die Kirchenforste abzuholen: „Über Fragen der Kirche wurde absichtlich vorerst nicht gesprochen, um das Vertrauen des Kandidaten zu erringen und um ihn konkreter zu studieren." Nach diesem Gespräch legte Baenz eine Vorlaufakte an. Er hatte vor allem vor, mit Gürtler über die Bundessynode zu sprechen.[664] Das tat er jedoch erst ein Jahr später, im Mai 1973.

Diesmal kam er gleich auf die Bundessynode zu sprechen und vermerkte darüber in seinem „Treffbericht", Ziel sei es gewesen, Informationen über deren bevorstehende Tagung in Schwerin zu erhalten. Damit sei Gürtler einverstanden gewesen und habe die vorgesehenen Themen der Synode dargelegt.[665] Bei dieser Gelegenheit habe sich der IM-Kandidat bereit erklärt, den bestehenden Kontakt zum MfS auch in Zukunft aufrechtzuerhalten und darüber zu schweigen: „Auf dieser Basis ist der Kandidat mit einer Zusammenarbeit einverstanden."[666]

Daraufhin veranlasste Baenz, zu Gürtler einen IM-Vorgang anzulegen. In der Begründung für die Werbung hieß es, er sei Mitglied der Landessynode, der Kirchenleitung und der Bundessynode und habe ein gutes Verhältnis zu Heinrich Rathke. Im Sinne einer „weitere[n] Festigung des Vertrauens" werde Gürtler nicht um eine Verpflichtungserklärung und einen Decknamen gebeten.[667] Im Juli 1974 fand die Werbung statt.[668] Hinweise auf eine Dekonspiration hatte es bis dahin nicht gegeben, so jedenfalls die MfS-Akte. Baenz beschreibt das Werbungsgespräch als positiv: Gürtler habe alle an ihn gestellten Fragen aufrichtig beantwortet und auch „Bereitschaft [gezeigt], Auskunft zu geben, ohne daß dabei der Eindruck entstand, daß ihm gewisse innerkirchliche Fragen peinlich sind." Er habe lediglich um Diskretion gegenüber anderen gebeten, habe aber „keine Einwände, gelegentlich an einem anderen Ort eine Zusammenkunft durchzuführen". Gürtler sei operativ sehr wertvoll und zeige auch „persönliche Bereitschaft zur Zusammenarbeit". Daher

---

[663] Vgl. BStU, MfS, BV Neubrandenburg, AIM III 132/81, Bd. I/1, Bl. 35.

[664] Vgl. ebd., Bl. 39 f.

[665] Vgl. ebd., Bl. 36.

[666] Vgl. ebd., Bl. 38.

[667] Vgl. ebd., Bl. 44.

[668] Vgl. ebd., Bl. 10.

müsse die „Methode des weiteren zielstrebigen Abschöpfens praktiziert werden".[669]

Zwischen 1973 und 1981 fanden ca. 15 Gespräche statt. Gegenstand waren jeweils die bevorstehenden Landes- oder Bundessynoden und Gespräche der Kirchenleitung mit der staatlichen Seite. Als Mitglied der mecklenburgischen Kirchenleitung nahm Christoph Gürtler an allen in den siebziger und achtziger Jahren mit dem Rat des Bezirkes geführten Treffen teil. Eine Einflussnahme auf den Verlauf dieser Gespräche im Sinne des MfS geht jedoch weder aus der Akte „Christian" noch aus anderen Quellen hervor. Hinweise auf „Komplikationen" gibt eine „Einschätzung des IMS 'Christian'" vom September 1978, in der es hieß:

> „Es bedurfte einiger Jahre, den IM zu kontaktieren und eine Vertrauensbasis herzustellen. Dennoch kann diese Vertrauensbasis noch nicht als abgeschlossen beurteilt werden.
> Obwohl der IM bei Zusammenkünften offen über kirchliche und innerkirchliche Probleme spricht und bereitwillig Informationen übermittelt, ist noch ein gewisser Abstand zu erkennen. Er ist jedoch bereit, im Interesse des guten Verhältnisses zwischen Staat und Kirche mit dazu beizutragen, hemmende Faktoren auszuräumen oder darauf aufmerksam zu machen. Dies ist auch ein Motiv der Zusammenarbeit. [...]
> Der IM ist bereit, entsprechende Aufträge entgegenzunehmen, jedoch ist dabei zu beachten, daß gestellte Aufgaben nicht als direkte Aufträge des MfS an den IM herangetragen werden. [...]
> Ferner ist zu beachten, daß die Informationsgewinnung beim IM Abschöpfungscharakter trägt. Der IM darf nicht gezwungen werden, über solche Probleme zu berichten, die seitens der Kirchenleitung internen Charakter tragen. [...]
> Aus den bisherigen Ergebnissen der Zusammenarbeit war es möglich, operative Lageeinschätzungen über den Bereich der Mecklenburgischen Landeskirche anzufertigen.
> Nicht gelungen ist es bisher, aus den Informationen OPK's oder Vorgänge zu entwickeln."[670]

---

[669] Vgl. BStU, MfS, BV Neubrandenburg, AIM III 132/81, Bd. I/1, Bl. 46.

[670] Vgl. ebd., Bl. 70 ff.

Christoph Gürtler traf sich mit seinem Führungsoffizier auch während Synodaltagungen, weil das MfS vor und während dieser Tagungen besonders um solche Treffen bemüht war. Er habe sich, so Gürtler dazu im Gespräch, jedoch nur einmal während einer Synode mit Major Baenz getroffen, und zwar in einem Hotel in Eggesin.[671]

In den kommenden Jahren änderte sich die Situation offensichtlich nicht wesentlich, so dass die IM-Akte „Christan“ im Februar 1981 in eine GMS-Akte umgewandelt wurde. Als „Gesellschaftlicher Mitarbeiter Sicherheit“ waren oftmals Betriebsleiter und andere Funktionäre im staatlichen Bereich registriert. Sie unterhielten dann qua Amt Kontakte zum MfS. Im kirchlichen Bereich war eine solche Registrierung sehr ungewöhnlich. Als Begründung führte MfS-Offizier Baenz an, der IM entspreche nicht den Anforderungen gemäß der Richtlinie 1/79. Kern dieser Richtlinie war, dass der IM ein „Vertrauensverhältnis“ zu seinem Führungsoffizier aufbaute.[672] Baenz notierte weiter, der Kontakt werde als GMS-Kontakt fortgeführt, da „der IM [...] eine operativ bedeutsame kirchliche Funktion bekleidet“.[673]

Dies ist der einzige bisher bekannte Fall im Bereich der mecklenburgischen Landeskirche, in dem ein IM- in einen GMS-Vorgang umgewandelt wurde. Entsprechend schwierig ist seine Bewertung. Sicher erscheint, dass die Gespräche mit Christoph Gürtler komplizierter waren als mit vielen anderen IM. Gürtler nahm direkte Aufträge von Baenz nicht an, führte sie aber offenbar unter abgemilderten Umständen dennoch aus. Und weiter:

> „Es muß eingeschätzt werden, daß in der Folgezeit keine kontinuierliche Zusammenarbeit mit dem IM erreicht wurde. Die Zusammenarbeit mit dem IM beruhte im wesentlichen auf gelegentlichen Konsultationen zur Abschöpfung dem MfS [sic!] interessierenden Problemen aus dem innerkirchlichen Bereich. Dazu ist der IM bereit und gibt bereitwillig Auskunft."[674]

Im August 1988 schied Christoph Gürtler aus der Landessynode aus

[671] Vgl. Interview mit Christoph Gürtler am 12. 11. 2002.

[672] Vgl. dazu Müller-Enbergs 1996, S. 117 ff.

[673] Vgl. BStU, MfS, BV Neubrandenburg, AIM III 132/81, Bd. I/1, Bl. 11.

[674] Vgl. ebd., Bl. 80.

und wurde damit für das MfS uninteressant.[675] Die Bezirksverwaltung Neubrandenburg schloss die GMS-Akte. Wie wenig erfolgreich die Gespräche aus Sicht der Staatssicherheit waren, zeigt sich daran, dass nach bisherigem Kenntnisstand keine Operativ-Informationen auf ihrer Grundlage angefertigt wurden. Im Gespräch sagte Christoph Gürtler, er habe versucht, drei Dinge bei den Gesprächen einzuhalten:

> „Erstens: Wenn ich was erzählt habe – und ich habe meistens von mir aus was erzählt, das geht ja auch aus den Berichten hervor –, dann nur etwas zu sagen, was die Stasi schon wusste. [...]
> Das Zweite war, dass ich niemals persönliche Sachen mit hineingebracht habe oder irgendwelche Anliegen. Sowohl was unsere Kinder betrifft, die damals in der Schule ziemliche Schwierigkeiten hatten, als auch was irgendwelche Reisen betrifft, habe ich diese Sachen niemals mit diesen Gesprächen in Verbindung gebracht.
>
> Das Dritte ist: Ich habe einmal eine Aufstellung abgegeben – die habe ich auch absichtlich nicht unterschrieben –, welche Gemeinde wie viel Kirchenforst hatte. Das war ja auch allgemein bekannt. Ich war der Meinung, dass diese Leute sich für den Kirchenforst überhaupt nicht interessierten – das war hauptsächlich eine Ablenkung.“[676]

Gürtler war zu Gesprächen mit der Staatssicherheit bereit, weil er – wie manch ein anderer in der mecklenburgischen Landeskirche auch – der dortigen Linie gegenüber dem Staat nicht folgen wollte. Als Mitglied der Kirchenleitung und Vizepräses der Landessynode fügte er sich den Mehrheitsbeschlüssen und der allgemeinen Linie, keine Gespräche mit der SED und dem MfS zu führen, sondern nur mit den Referenten für Kirchenfragen auf Kreis- und Bezirksebene. In seinem eigenen, von Schwerin weit entfernt liegenden Bereich in Ost-Mecklenburg jedoch schien die Greifswalder Linie aussichtsreicher:

> „Ich hatte mit beiden Landeskirchen zu tun, mit Greifswald und mit Mecklenburg. Ich hatte auch sehr viel mit Herrn Harder zu tun, der damals unter anderem Referent für die kirchliche Land- und Forstwirtschaft war. Dessen Meinung war: Man muss sich

---

[675] Vgl. BStU, MfS, BV Neubrandenburg, AIM III 942/88, Bd. I/1, Bl. 133.

[676] Interview mit Christoph Gürtler am 12. 11. 2002.

gleich mit den wirklich maßgeblichen Leuten treffen, und dies war eben die Parteileitung. Die Mecklenburger hatten gewiss was für sich, indem sie sagten, wir treffen uns nicht mit der Partei, das ist nicht unser Gesprächspartner. Wir treffen uns mit der staatlichen Leitung."[677]

Gürtler hatte als Leiter des kirchlichen Forstamtes beruflich viel mit der Greifswalder Landeskirche zu tun, die im Verhältnis zum Staat andere Prioritäten setzte und Gespräche mit den Stellen führte, die „das Sagen hatten", so Gürtler. Die SED war deshalb unter Horst Gienke ein akzeptierter offizieller Gesprächspartner, das MfS ein inoffiziell akzeptierter. Gürtler sagte zu seiner Position zwischen der Greifswalder und der Schweriner Linie:

„Ich habe mehr der Greifswalder Linie zugeneigt, dass man mit den Leuten spricht, die auch wirklich das Sagen haben. In meinem Beruf als Kirchenförster war es wichtig und auch richtig – das sage ich auch heute noch –, ein gutes Verhältnis zu den Leuten zu haben, denn die Existenz der eigenbewirtschafteten Kirchenforsten hing ja wesentlich an einem Satz einer recht nebensächlichen Verordnung der DDR, nämlich dass die Religionsgemeinschaften – dem Sinne nach – ihre Beförsterung auch mit eigenen Fachkräften ausüben können. Das war der einzige Satz, der auf der gesamten Kirchenforst-Strecke maßgeblich war. Und da wir unser gesamtes Holz an die staatlichen Forstbetriebe verkaufen mussten und von denen auch das Geld bekamen, waren wir natürlich auch an einem guten Verhältnis interessiert – was auch der Fall war."[678]

Christoph Gürtler sagte über sein damaliges Verhalten, er habe anfangs versucht, das mit sich selber abzumachen. Christoph Gürtler:

„Als die Sache dann aber auch in der Landessynode bedrohlicher wurde, habe ich das später, den Termin weiß ich nicht mehr, dem Landesbischof schriftlich mitgeteilt. Außerdem wusste es natürlich auch Winkelmann, der schon verstorben ist, unser Superintendent, und es wusste auch Wahrmann [...]. Die Sache war also nicht geheim, jedenfalls nicht später. Zu Anfang, jedenfalls die erste Zeit,

677 Ebd.

678 Ebd.

> habe ich immer noch gedacht: Na ja gut, das muss ich eben über mich bringen."[679]

Auf die Frage, ob der Preis für die Gespräche mit Baenz, die damit verbundenen Alleingänge und innere Distanz zur mecklenburgischen Landeskirche, nicht zu hoch gewesen sei, sagte er, er wisse es nicht.

> „[...] aber es war für mich eine große Belastung, und ich musste das immer mit mir herumschleppen. [...] Auch Mitarbeiter des MfS waren damals für mich Staatsmacht, der man mit Vorsicht begegnen musste. Das muss ich so sagen. Wir haben uns ja später auch im Präsidium der Synode öfter über dieses Problem unterhalten. Und da wurde als einzige Möglichkeit gesehen, gleich bei der ersten Möglichkeit zu sagen: Das teile ich aber meiner Kirchenleitung oder meinem Bischof mit. Das habe ich zu Anfang versäumt. Das hätte ich damals eher machen und ihm auch gleich sagen sollen. [...] Unter welchem Druck man damals stand – man hat ja damals nicht mit der Wende gerechnet –, das kann man heute schlecht nachvollziehen."[680]

### *„Erst allmählich wurde ich deutlich ablehnender" – Hans-Joachim Bartsch*

Auch den Nachfolger Siegfried Wahrmanns, den Rostocker Physiker Hans-Joachim Bartsch, sprach das Ministerium für Staatssicherheit an. Es war der 2. April 1985, als ein MfS-Offizier erstmals Hans-Joachim Bartsch aufsuchte. Bartsch, damals Mitglied der Landessynode und der Kirchenleitung, arbeitete im Rechenzentrum der Universität Rostock. Dort fand das Gespräch statt, wie er sich im Interview erinnerte:

> „Eines Tages erschien, nachdem sich ein Kunde angemeldet hatte, anstelle des Kunden ein höflicher und freundlicher Herr, der sich mit dem Namen 'Schreiber' vorstellte und auch sagte, dass er vom Staatssicherheitsdienst käme. Ich fühlte mich in der Situation sehr unwohl und setzte mich erst einmal hin. Der Herr Schreiber sagte, wir hätten ja beide dasselbe Ziel, nämlich das gute Verhältnis zwi-

[679] Ebd.

[680] Ebd.

schen Staat und Kirche. Es gibt Leute, die dann gleich sagen: ›Herr Schreiber, wir haben nichts miteinander zu schaffen, bitte gehen Sie.‹ Ich konnte das nicht."[681]

Offizier Piehl betrachtete die Kontaktaufnahme als Erfolg. In seiner „Einschätzung" notierte er, Bartsch habe sich „aufgeschlossen und gesprächsbereit" gezeigt und sei von dem unerwarteten Besuch nicht überrascht gewesen. Er habe vielmehr den Eindruck erweckt, selber Interesse an dem Gespräch zu haben, so die MfS-Akte.[682] Und weiter heißt es über den von nun an als „Kandidaten" beschriebenen Bartsch:

> „Er äußerte, daß er solche Gespräche ganz normal findet. Dabei ist ihm auch bewußt, daß das MfS spezifische Aufgaben zu erfüllen hat im Vergleich zum Rat des Bezirkes oder der Bezirksleitung der SED.
> Der Kandidat steht auf dem Standpunkt, daß ein direktes persönliches Gespräch beiden Seiten am besten hilft, Vorurteile auszuräumen und sich besser kennenzulernen.
> Er äußerte, daß er wisse, daß das MfS die Möglichkeit hat, sich auch anderweitig zu informieren. Es sind aber Informationen, die nicht auf dem direkten Wege zwischen den Partnern bzw. betreffenden ‚Parteien' erarbeitet wurden. Es kann daher auch nicht eingeschätzt werden, ob sie ein richtiges Bild wiedergeben."[683]

Abschließend vermerkte Piehl, Bartsch habe ungefragt die Fortsetzung der Kontakte angeboten. Es müsse jedoch damit gerechnet werden, dass Bartsch seinen Bischof von dem Gespräch informieren werde, da er dazu als Mitglied der Kirchenleitung verpflichtet sei.[684]

Piehl war in den achtziger Jahren für zahlreiche Inoffizielle Mitarbeiter im kirchlichen Bereich verantwortlich, beispielsweise für die IM „Frank Zander", „Gabriel Krenz", „Vener", „Frank", „Isaak" und „Goldberg". Er wusste, dass alle Mitglieder der Kirche gehalten waren, sich nicht auf Gespräche mit dem Staatssicherheitsdienst einzulassen. Daher hatte er mit einer klaren und deutlichen Zurückweisung durch Bartsch gerech-

---

681 Interview mit Hans-Joachim Bartsch am 16. 1. 2001

682 Vgl. BStU, MfS, BV Rostock, AIM 1845/88, Bd. I/1, Bl. 133.

683 Vgl. ebd., Bl. 134.

684 Vgl. BStU, MfS, BV Rostock, AIM 1845/88, Bd. I/1, Bl. 134.

net, zumindest damit, dass dieser überrascht wäre und sich abwartend verhalten würde. Entsprechend lag die Überraschung auf Seiten Piehls, als das nicht geschah.[685]

Bartschs Verhalten – folgt man der Akte – war nicht ungewöhnlich. Auch der damalige Synodalpräses Siegfried Wahrmann hatte seine Kontakte zum Ministerium für Staatssicherheit damit begründet, „zwischen Staat und Kirche […] vermitteln [zu wollen], damit die Kirche kein Hindernis in der sozialistischen Entwicklung in der DDR ist".[686]

Bartsch hingegen beschrieb seine damalige Motivation in einem Schreiben an den Bundesbeauftragten für die Stasiunterlagen aus dem Jahr 2001 anders: Das erste Gespräche habe er aus Angst und Höflichkeit nicht abgebrochen. „Erst allmählich – gestärkt durch die Gespräche mit Freunden und in der Kirchenleitung – wurde ich deutlich ablehnender."[687]

Am 5. September 1985 erschien Piehl das zweite Mal bei Bartsch und notierte anschließend, er habe sich mit diesem über die „Arbeitsgruppe Frieden" in der mecklenburgischen Landeskirche und die Rolle von Heiko Lietz unterhalten.[688] Piehl wollte erfahren, wie die Kirchenleitung zu Lietz stünde, der 1985 einer der Hauptakteure der mecklenburgischen Friedensszene und daher eine der wichtigsten „Zielpersonen" des MfS war. Bartschs Ausführungen zu Lietz waren für Piehl als Insiderinformationen wertvoll, weil sie „sich auf den Standpunkt der Kirchenleitung [beziehen] und [ ] gleichzeitig die Haltung des Bischofs zu diesen Problemen wieder[geben]",[689] notierte er.

Hans-Joachim Bartsch war zum Zeitpunkt dieses Treffens noch kein Inoffizieller Mitarbeiter des MfS, sondern lediglich ein „IM-Kandidat". Weil er jedoch unmittelbaren Einblick in die Leitungsebene der Landeskirche hatte, war er für die Staatssicherheit interessant. Als Zeichen einer bewussten Zusammenarbeit wertete Piehl Bartschs Hinweis, dass

> „er noch im September zwei Arbeitskollegen ins Dienstzimmer dazu bekommen wird. Dementsprechend muß das bei

[685] Vgl. ebd.

[686] Vgl. BStU, MfS, BV Rostock, AIM 272/91, Bd. I/1, Bl. 20.

[687] Schreiben von Hans-Joachim Bartsch an den Bundesbeauftragten für die Stasi-Unterlagen, Außenstelle Görslow, vom 1. 12. 2000.

[688] Vgl. BStU, MfS, BV Rostock, AIM 1845/88, Bd. I/1, Bl. 139.

[689] Vgl. ebd., Bl. 140.

weiteren Gesprächen beachtet werden. Auf die entsprechende Frage des unterzeichneten Mitarbeiters antwortete der Kandidat, daß sich diesbezüglich schon eine Möglichkeit finden wird. [...] Die Äußerungen des Kandidaten bringen zum Ausdruck, daß er über den Kontakt zum MfS zumindest am Arbeitsplatz Stillschweigen bewahrt."[690]

Da fiel es aus Piehls Sicht nicht mehr ins Gewicht, dass Bartsch zwar die Tätigkeit des MfS als notwendig bezeichnet hatte, aber hinzugefügt hatte, „er sei wahrscheinlich aber nicht zum Informanten geeignet“[691].

Das dritte Gespräch fand Ende Januar 1986 statt. Piehls Bericht zufolge setzte es sich dort fort, wo es im September 1985 geendet hatte: bei der Arbeitsgruppe Frieden und dem Verhältnis zwischen der Kirchenleitung und Heiko Lietz. Auch die damals aktuelle Neubesetzung der Rostocker Landessuperintendentur war Gesprächsthema, und so erfuhr Piehl von Bartsch, dass diese schon so gut wie abgeschlossen sei – allerdings ohne dass Bartsch den Namen des neuen Landessuperintendenten nannte.[692] Dieses dritte Gespräch verfestigte bei Piehl den Eindruck, Bartsch sei ein verlässlicher Gesprächspartner. Er sei „locker und aufgeschlossen“ gewesen, weshalb „gute Voraussetzungen vorhanden sind, um den Kandidaten zur Werbung zu bringen“.[693]

Im März 1986 fand das vierte Gespräch statt, bei dem Bartsch deutlich zurückhaltender war. Allerdings lehnte Bartsch auch bei dieser Gelegenheit die Gespräche noch nicht kategorisch ab, wie es allen Synodalen der Landeskirche wiederholt von der Kirchenleitung und dem Bischof angeraten worden war:

„Wir waren als Synodale im Prinzip auf solche Gespräche vorbereitet, aber wenn es dann so weit ist, ist es doch etwas ganz anderes. [...]
Alle drei oder vier Monate meldete er sich wieder an. Zunächst ging es immer um Friedensfragen oder später um Gorbatschow. Er wollte wissen, wie ich zur Rolle der Kirche im Staat stünde, und ich habe meine Meinung dazu auch geäußert. Aber sehr schnell habe ich ihm gesagt, dass ich kein Interesse an seinen Besuchen hätte.

690 Vgl. ebd., Bl. 141.
691 Vgl. ebd., Bl. 138.
692 Vgl. ebd., Bl. 143.
693 Vgl. ebd., Bl. 145.

Wenn er sich dann meldete, sagte ich ihm, dass ich nicht der Mann sei, mit dem er sprechen müsse, aber er kam."[694]

Piehl verschwieg die Haltung seines IM-Kandidaten nicht, sondern machte darüber mehrfach Notizen. So habe Bartsch ihm gegenüber im März 1986 gesagt,

> „daß eine andere Person [unles.] aussagefähiger zur Friedensproblematik ist als er. Er ist ein einfacher Synodaler.
> Die Gespräche finden nach seinem Empfinden zu häufig statt.
> Die Notwendigkeit der Tätigkeit des MfS, der Informationsgewinnung, sieht der Kandidat ein. Ihm wäre es aber lieber, wenn der Kontakt zum MfS nicht bestehen würde. Die Gründe dafür kann er gegenwärtig nicht in ‚Worten ausdrücken'."[695]

Bartsch's zögerliches, aber nicht prinzipiell ablehnendes Verhalten führte dazu, dass Piehl den Kontakt zu dem Kirchenmann nicht beendete. Immerhin war Bartsch keineswegs nur „einfacher Synodaler", sondern seit 1983 auch Mitglied der mecklenburgischen Kirchenleitung. Dennoch kam Piehl dem Kirchenmann entgegen: „Hauptinhalt" der folgenden Treffen sollte nun dessen Person sein.[696]

Nach diesem Gespräch ließ Piehl ein dreiviertel Jahr verstreichen und meldete sich erst am 3. November 1986 erneut. Auch bei diesem fünften Treffen verhielt sich Bartsch, folgt man den Berichten des MfS-Offiziers, zwiespältig. Zunächst habe Hans-Joachim Bartsch den Eindruck erweckt, er stehe dem Gespräch positiv gegenüber. Als es um die Fortführung des Kontaktes gegangen sei, habe Bartsch jedoch abwehrend reagiert: Er habe,

> „nach dem letzten Gespräch eigentlich damit gerechnet[...], daß der Kontakt nicht weitergeführt wird. Nach wie vor bereitet ihm der inoffizielle Status des Kontaktes Probleme. Die offiziellen Gespräche mit dem

---

[694] Interview mit Hans-Joachim Bartsch am 16. 1. 2001.

[695] Vgl. BStU, MfS, BV Rostock, AIM 1845/88, Bd. I/1, Bl. 152.

[696] Vgl. ebd., Bl. 153.

Staatsapparat reichen seiner Meinung nach aus, um die anstehenden Fragen zu klären und zu erörtern. Er ist sich nicht darüber schlüssig, was das MfS noch dabei soll, zumal bekannt ist, wie über die Tätigkeit des MfS in der Bevölkerung gedacht wird."[697]

Da Hans-Joachim Bartsch die Gespräche nicht grundsätzlich abgelehnt, sondern vielmehr Piehl zugesagt hatte, dass auch weitere Treffen im Rechenzentrum der Rostocker Universität stattfinden könnten,[698] schlug Piehl seinem Vorgesetzten nun vor, Bartsch als IM zu registrieren.[699]

Der „Vorschlag zur Werbung eines IMS" entstand knapp drei Wochen später am 22. November 1986 und basierte auf „eine[r] gewisse[n] Aufgeschlossenheit"[700] in Bezug auf die Tätigkeit des MfS, die Bartsch bisher gezeigt habe und aufgrund derer sich aus den bisherigen Gesprächen operativ wertvolle Informationen ergeben hätten. Aufgrund dieser Erkenntnisse hätten Einzelinformationen und Ergänzungen zu laufenden Operativen Vorgängen angefertigt werden können.[701] Welche, führte Piehl nicht an.

Diese Formulierung fiel vergleichsweise vorsichtig aus. Die Informationen von Bartsch hätten bereits vorliegende Erkenntnisse bestätigt – um neue Informationen handelte es sich offensichtlich nicht. Auch die Tatsache, dass Piehl die Operativen Vorgänge, in die Bartschs Informationen eingeflossen sein sollen, ungenannt ließ, lässt offen, ob sie möglicherweise nicht von Bedeutung waren. Ungewöhnlich war jedoch eine ausführliche Bemerkung Piehls zur inneren Einstellung des IM-Kandidaten zum MfS: Er habe Bartsch nach vorhergehenden Vorbehalten beim letzten Gespräch von einer Fortsetzung der Gespräche überzeugen können. Verabredet worden sei nun die „Führung sachbezogener Gespräche (kirchliche Tätigkeit)".[702] Der „Vorschlag zur Werbung" schloss daher mit dem Fazit: „Der Kandidat ist somit weiterhin bereit, den op. MA [operativen Mitarbeiter] zu Gesprächen zu empfangen."[703] Die Standardformulierung – „Der Kandidat ist überprüft

697 Vgl. BStU, MfS, BV Rostock, AIM 1845/88, Bd. I/1, Bl. 162/163.

698 Vgl. ebd., Bl. 163.

699 Vgl. ebd., Bl. 164.

700 Vgl. ebd., Bl. 170.

701 Vgl. ebd.

702 Vgl. ebd.

703 Vgl. ebd.

und zuverlässig" – verwendete er im Falle Bartsch's nicht.

Laut Akte trafen sich Bartsch und Piehl das nächste Mal am 9. Dezember 1986. Bei diesem sechsten Treffen, so notierte Piehl einen Tag später, habe er Bartsch als IM geworben.[704] Der IM habe „Einsicht in die Notwendigkeit der Tätigkeit des MfS" [gezeigt], weil ein „[b]eiderseitiges Interesse an der Aufrechterhaltung eines guten Verhältnisses zw[ischen] Staat/Kirche"[705] bestehe. Oder in den standardisierten Formulierungen des MfS:

> „Der IM ´Johannes` bringt gegen den Kontakt zum MfS Vorbehalte zum Tragen, die er aber offen und ehrlich dargelegt hat. Er ist bereit, sich dieser Situation zu stellen und den Kontakt zum MfS weiter aufrecht zu erhalten. Aufgrund dieser Situation ist seine Zuverlässigkeit nur bedingt gegeben."[706]

Eine schriftliche Verpflichtungserklärung habe er von Bartsch nicht verlangt und auch der Deckname „Johannes" sei Bartsch nicht bekannt, so Piehl in seinem Bericht.[707] Hans-Joachim Bartsch bestreitet, dass dieses Gespräch und die Werbung durch Piehl jemals stattgefunden hätten.[708]

Bereits in einem Arbeitsplan für das Jahr 1987 wurde Hans-Joachim Bartsch alias IM „Johannes" als einer von sechs hochrangigen IM innerhalb der beiden evangelischen Landeskirchen im Norden aufgeführt: „Hiller", „Titus", „Orion", „Lorenz", „G. Krentz" und „Johannes" sollten 1987 „in Schlüsselpositionen [...] auf die weitere positive Gestaltung des Verhältnisses Staat-Kirche, die offensive Zurückdrängung feindlicher Handlungen, die Unterbindung des politischen Mißbrauchs der kirchlichen Partnerschaftsverbindungen und die Beschlußfassungen in den Synoden der Landeskirchen Greifswald und Mecklenburg zielgerichtet Einfluß [...[ nehmen".[709] Als Mitglied der mecklenburgischen Kirchenleitung stand Bartsch damit aus Sicht des MfS in einer Reihe mit dem Greifswalder Bischof Horst Gienke („Orion"),

---

704 Vgl. BStU, MfS, BV Rostock, AIM 1845/88, Bd. I/1, Bl. 4/5.

705 Vgl. ebd., Bl. 5.

706 Vgl. ebd., Bl. 13.

707 Vgl. ebd., Bl. 175.

708 Vgl. Schreiben von Hans-Joachim Bartsch an den Bundesbeauftragten für die Stasi-Unterlagen, Außenstelle Görslow, vom 1. 12. 2000.

709 Vgl. BStU, MfS, BV Rostock, BdL, Nr. 2933, Bl. 53.

dem dortigen Oberkonsistorialrat Siegfried Plath („Hiller"), dem Grimmener Superintendenten Siegfried Bohl („Titus"), dem Wismarer Landessuperintendenten Christoph Pentz („G. Krentz") und dem mecklenburgischen Präses Siegfried Wahrmann („Lorenz").

Erst eineinhalb Jahre später, Ende Mai 1988, meldete sich Piehl erneut bei Bartsch, der inzwischen Präses der mecklenburgischen Landessynode geworden war. Der Grund für die ungewöhnlich lange Unterbrechung des Kontaktes erschließt sich nur indirekt aus der Akte „Johannes", da weder Dokumente aus der Zwischenzeit noch ein Bericht über das siebente und letzte Gespräch am 31. Mai 1988 vorliegen. Lediglich aus dem „Vorschlag zur Archivierung" des Vorgangs „Johannes" vom 13. Juli 1988 geht hervor, dass Bartsch im Mai 1988 weitere Treffen abgelehnt hatte.[710] Piehl hatte seither keinen Versuch mehr unternommen, seinen IM zurück zu gewinnen, sondern ließ den gesamten Vorgang archivieren.

Vermutlich war jedoch nicht Bartschs Gesprächsverweigerung im Mai 1988 entscheidend für den Abbruch. Schon im Sommer 1987 hatte IM „Lorenz" seinem Führungsoffizier mitgeteilt, Hans-Joachim Bartsch habe im Juni 1987 auf einer Sitzung der Kirchenleitung von seinen Kontakten zum MfS berichtet. „Lorenz", der damalige Synodalpräses Siegfried Wahrmann, war Zeuge dieser Offenbarung gewesen:

> „In der Sitzung der Kirchenleitung der Evangelisch-Lutherischen Landeskirche Mecklenburgs Ende Juni 1987 informierte das Mitglied der Kirchenleitung, Dr. Bartsch/ Rostock, darüber, daß er ein Gespräch mit dem MfS hatte. Zu den inhaltlichen Fragen äußerte er sich dabei nicht. Ihm ging es hauptsächlich um sein weiteres Verhalten. Von sich aus wolle er sich solchen Gesprächen nicht unbedingt verschließen, möchte aber auch die Möglichkeit des Abbruchs haben, falls es ihm zuviel wird."[711]

Der Führungsoffizier von Siegfried Wahrmann, Leutnant Thode, gab den Bericht seinem Kollegen Piehl, der ihn in der Akte „Johannes" abheftete. Hans-Joachim Bartsch war als Inoffizieller Mitarbeiter für Piehl nun nicht mehr interessant. Zu viele Mitwisser – nicht zuletzt „Lorenz", der die Interessen und Methoden des MfS aus eigener Anschauung seit

710 Vgl. BStU, MfS, BV Rostock, AIM 1845/88, Bd. I/1, Bl. 190.

711 Vgl. ebd., Bl. 178.

vielen Jahren kannte – gab es nun in der Landeskirche. Dies führt Piehl auch in seiner Anordnung zur Archivierung an: mit Bartsch habe „nicht konkret gearbeitet werden“[712] können. Die Archivierung ist möglicherweise auch durch ein Schreiben forciert worden, das Hans-Joachim Bartsch Anfang 1988 an das Staatssekretariat für Kirchenfragen gerichtet hatte und in dem er darum gebeten hatte, weitere Besuche des MfS bei ihm zu unterbinden.[713]

Registrierte die Staatssicherheit Hans-Joachim Bartsch zu Recht als Inoffiziellen Mitarbeiter? In einem Schreiben an den Bundesbeauftragten für die Unterlagen des Staatssicherheitsdienstes der ehemaligen DDR vom 1. Dezember 2001 legte Hans-Joachim Bartsch Widerspruch gegen die Klassifizierung als IM ein. Er führte unter anderem an, er habe niemals eine Verpflichtungserklärung unterschrieben oder in anderer Weise seine Bereitschaft zur Zusammenarbeit mit dem Staatssicherheitsdienst ausgedrückt und sei lediglich aus Angst den Gesprächen mit dem MfS-Offizier nicht ausgewichen. Die Gespräche habe er nicht gewollt, sondern „erduldet und erlitten“.[714] Die Zustimmung zu einem Gespräch sei aber nicht gleichzusetzen mit der Bereitschaft, Informationen zu liefern. Und weiter:

> „Andererseits ist allgemein klar, daß jedes Gespräch – also auch das mit ´Schreiber` – Informationsaustausch bedeutet. Den Gesprächswünschen bin ich zunächst nicht scharf genug entgegengetreten, so dass die stets von ´Schreiber` initiierten Gespräche zustande kamen und u. U. als konkludentes Handeln [...] gewertet werden könnten.“[715]

Tatsache ist, dass zumindest Piehl die Treffen als „konkludentes Verhalten“ wertete. Dennoch wies Hans-Joachim Bartsch seine Einordnung als Inoffizieller Mitarbeiter des MfS mit der Begründung zurück, er habe die Konspiration nicht eingehalten, sondern seine Frau zum Gespräch hinzugezogen sowie Bischof Stier, Oberkirchenratspräsident Müller und die Kirchenleitung davon informiert. Er habe dem MfS zu kei-

---

712 Vgl. ebd., Bl. 189.

713 Vgl. Schreiben von Hans-Joachim Bartsch an den BStU, MfS, Außenstelle Görslow, vom 1. 12. 2000

714 Vgl. ebd.

715 Ebd.

nen innerkirchlichen Erfolgen verholfen[716] und: „Die innerkirchlichen Informationen (z.B. in Verbindung mit Namen oder Vorgängen) stellen meine Auffassung dar und sind m. E. ohne besonderen Wert."[717]

Nichts Wichtiges bzw. nur seine Meinung gesagt zu haben, wie Hans-Joachim Bartsch zu seiner Entlastung anführt, stand weder im Ermessen des kirchlichen Gesprächspartners noch legitimierte es innerkirchlich sein Handeln. Schon die banalste Information konnte durch die Staatssicherheit instrumentalisiert werden – wie auch das Zusammentreffen mit einem MfS-Mitarbeiter an sich den kirchlichen Gesprächspartner erpressbar machte. Bartsch selber hatte es erfahren: erst als Piehl ihn mit den Treffen unter Druck setzte, löste Bartsch sein Abhängigkeitsverhältnis zum MfS-Mann. „Da erpresste er mich", so Bartsch im Interview, „und sagte, dass das MfS dann in die Öffentlichkeit bringen könne, dass der Präses der Landessynode mit dem MfS verhandele."[718] Aus eben diesem Grund galt in der mecklenburgischen Landeskirche die Regel: Keine Gespräche mit dem MfS.

Auch das Argument, niemals eine Verpflichtungserklärung unterschrieben zu haben, hat keine entlastende Wirkung, denn gegenüber kirchlichen Gesprächspartnern verzichtete die Staatssicherheit in der Regel auf diese Erklärung. Das MfS ließ den Akt der Unterzeichnung bewusst aus, um die Zusammenarbeit mit kirchlich gebundenen IM, die durch ihre jeweilige Kirche oftmals sehr gut über die Praktiken der Staatssicherheit Bescheid wussten, nicht zu gefährden. Piehl notierte in seinem Bericht über die Werbung daher ausdrücklich, er habe aufgrund der kirchlichen Bindung des IM-Kandidaten auf die Unterzeichnung einer schriftlichen Verpflichtung verzichtet.[719]

Zwar hatte der MfS-Offizier Piehl immer wieder notiert, dass Bartsch den Treffen zögerlich gegenüberstehe. Zugleich hatte er vom ersten Kontakt zu Bartsch an erwartet, dass dieser seiner ablehnenden Haltung Taten folgen lassen und die Gespräche abbrechen würde. Als dies mehrfach hintereinander nicht geschah, sondern Bartsch ihn lediglich um eine Eingrenzung der Gesprächsthemen bat, betrachtete der MfS-Offizier dieses Übereinkommen als beiderseitig und registrierte Hans-Joachim Bartsch als IM.

Hans-Joachim Bartsch hingegen versteht sich als Leidtragenden und

---

[716] Vgl. ebd.

[717] Vgl. ebd.

[718] Vgl. Interview mit Hans-Joachim Bartsch am 16. 1. 2001.

[719] Vgl. BStU, MfS, BV Rostock, AIM 1845/88, Bd. I/1, Bl. 175.

weist der Landeskirche die Schuld zu, weil sie sich nicht für ihn eingesetzt habe:

> „Da ist immer gesagt worden: 'Sehen Sie bitte zu, dass Sie das abbrechen.' Aber mir ist es nicht so gegangen wie Johanna Schmidt, für die sich Landessuperintendent Ohse eingesetzt und die Besuche des MfS-Mitarbeiters sofort beendet hat. Niemand ist zu einer staatlichen Stelle gegangen und hat gesagt: 'Herr Bartsch wünscht diese Gespräche nicht!' Meine Ablehnung hat der MfS-Offizier nicht akzeptiert. In den Berichten heißt es, ich hätte zwar abgelehnt und sei nicht der richtige Gesprächspartner, aber im Grunde würde ich doch Gesprächsbereitschaft zeigen."[720]

Folgt man an dieser Stelle dem oben zitierten Bericht von IM „Lorenz", Siegfried Wahrmann, dann hatte Bartsch im Sommer 1987 diese Hilfe seitens der Kirchenleitung ausgeschlagen und sich selber die Entscheidungsfreiheit über den Fortgang der Gespräche mit Piehl vorbehalten.

Johanna Schmidt, langjähriges Mitglied der Kirchenleitung, war ebenfalls vom MfS angesprochen worden und hatte sich schnell an den Bad Doberaner Landessuperintendenten Traugott Ohse mit der Bitte gewendet, bei den staatlichen Stellen umgehend für die Beendigung dieser Besuche zu sorgen. Sie handelte damit so, wie es innerkirchlich immer wieder allen geraten wurde, die durch die Staatssicherheit bedrängt wurden:

> „Es gab bestimmte Regeln: 1. nichts unterschreiben, 2. nichts über Personen berichten und 3. nichts versprechen. Sie versuchten, einen zur Verschwiegenheit zu verpflichten. Man sollte sofort sagen, dass man von diesem Gespräch natürlich seinem Bischof berichten würde. Grundsätzlich sollte man sich keinen Gefallen tun lassen, weil das verpflichtet. Die MfS-Offiziere wussten, dass auch Angst eine Rolle spielte, und manch einem fiel es dann schwer zu sagen: ›Bitte gehen Sie wieder.‹ Die Mitarbeiter des MfS nutzen aus, dass Angst bei den Gesprächen eine wichtige Rolle spielte. Angst vor der unbekannten Macht des MfS, Angst davor, zu viel zu sagen, anderen zu schaden, Angst auch vor eigenen Nachteilen. Manchmal nutzten sie diese Angst so, dass sie gleich im ersten Telefongespräch sagten: ›Ich

---

720 Interview mit Hans-Joachim Bartsch am 16.1.2001

würde gerne zum Gespräch kommen, aber mancher hat ja Angst, wenn das MfS sich meldet.‹ Dann war man viel leichter geneigt zu sagen: ›Vor Ihnen habe ich doch keine Angst!‹, und schon hatte man ihnen die Tür geöffnet."[721]

Warum entschied sich Bartsch so spät für einen Abbruch? Im Interview sagte er dazu, es sei unter anderem deshalb „nicht gleich zu einem Abbruch der Gespräche gekommen", weil er nicht geahnt habe, „dass es gleich zu einer Registrierung mit Vergabe eines Decknamens kommen würde".[722]

## Zusammenfassung

„Die Synode bekennt, daß auch im Rahmen der Kirche Betroffenen nicht immer die nötige Unterstützung gegeben wurde, daß in dem Bemühen um ein erträgliches Verhältnis zum Staat der Eindruck entstehen konnte, als wäre dieses Verhältnis wichtiger als die Anliegen einzelner engagierter Christen."[723]

Unter den Vorlagen zur 8. Tagung der Landessynode im März 1991 befand sich auch die Vorlage 2, in der die Synode das Verhältnis zwischen Staat und Kirche bis 1989 kritisch beleuchtete. Das „Bemühen um ein erträgliches Verhältnis zum Staat" spiegelte sich auf vielen kirchlichen Ebenen wider, war jedoch besonders an der Tätigkeit der Landessynode ablesbar: So einig man sich unter den Synodalen in politischer Hinsicht war, so uneinig war man sich oft in der Frage, wie weit man dieser Meinung in öffentlichen Papieren Ausdruck verleihen sollte. Ein Beispiel dafür war das 1987 veröffentlichte Papier „Als Christ leben in der sozialistischen Gesellschaft".

Es benannte auf der einen Seite deutlich die Diskriminierung kirchlichen Lebens in der DDR, auf der anderen Seite jedoch forderte es die Christen der Landeskirche dazu auf, sich auch in der Öffentlichkeit

---

721 Gespräch mit Johanna Schmidt am 16. 1. 2001.

722 Interview mit Hans-Joachim Bartsch am 16. 1. 2001.

723 ELLKM, LKA, Handakten Kirchenarchivrat Piersig, Unterlagen der Landessynode 1991-1994.

zu ihrem Glauben zu bekennen, die positiven Seiten der sozialistischen Gesellschaft nicht zu verkennen und sich in ihr zu engagieren. Entsprechend viel Kritik fand die synodale Vorlage, denn diese Sicht auf den realexistierenden Sozialismus war realitätsfern. Zu offensichtlich war die Benachteiligung christlicher Kinder und Jugendlicher in Schule und Ausbildung, zu offensiv die staatlichen Versuche, kirchliche Großveranstaltungen wie die Jugendtreffen in Kirch Kogel bei Güstrow zu behindern, und zu offensichtlich war die Bedrängung zahlreicher Mitglieder von Friedens-, Umwelt und Menschenrechtsgruppen. Entsprechend deutlich musste Christoph Stier vier Jahre später vor der Landessynode in Bezug auf eben dieses Papier fragen: „Durften und konnten wir auf eine Reform des Stasi-Sozialismus hoffen? Wie konnte es geschehen, daß wir so lange das Ausmaß der Zerstörung übersahen?“[724]

Das staatliche Interesse an den Landessynoden war sehr unterschiedlich. Die mecklenburgische Synode zog zum einen große Aufmerksamkeit auf sich, weil sie innerhalb der Landeskirche einen hohen Stellenwert hatte. Insbesondere der Landesbischof verstand sie als Vertretung der Gemeinden und die Synodalen als Multiplikatoren. Immer wieder nutzten diese auch die Synode, um besonders schwere Störungen zwischen Staat und Kirche vor Ort in ihren Gemeinden öffentlich zu machen und auf diesem Weg Druck auf den Staat auszuüben. Diese Offenheit im Benennen von Konfliktfeldern weckte das Interesse der bundesdeutschen Medien an der mecklenburgischen Synode.

Die Landessynode nachhaltig zu beeinflussen, gelang jedoch weder den Räten der Bezirke noch dem MfS. Die Überprüfungen 1991/92 haben dennoch eine Anzahl von Inoffiziellen Mitarbeitern innerhalb der Synode festgestellt. Es war zu jeder Zeit nur eine Hand voll, jedoch gehörte der Präses der Synode, Siegfried Wahrmann, zu ihnen.
Die weit gehende politische Homogenität der Landessynode löste sich mit der Wende auf. Bartsch, der diese Zeit als Präses der Landessynode erlebte, sagte dazu:

> „Das Übereinstimmen in politischen Fragen hielt eigentlich bis 1989 an. Dann erst merkten wir, dass es auch unter uns bestimmte politische Schattierungen gab zwischen stark rechts und weit links. Bis dahin hatten die Ketten, die um uns lagen, uns zusammengehalten, ganz egal, wie der Einzelne dachte. Das spiegelte sich auch

[724] ELLKM, LKA, Bericht des Landesbischofs vor der 6. Tagung der XI. Landessynode vom 1.–4. 11. 1990, Bl. 5 d. Dok.

in der Landessynode wider und erschwerte die Arbeit zum Teil sehr, weil wir unsere Position hinsichtlich der Frage, wie es mit der DDR und mit der Kirche weitergehen sollte, erst finden mussten. Die Bekümmerung der Synodalen lag sowohl bei der Zukunft von Land als auch von Kirche, den Zusammenbruch der DDR ahnte anfangs niemand. Die Hoffnungen wurden nur in kleinerem Kreis geäußert, sie waren durchaus sehr unterschiedlich."[725]

Viele der Synodalen traten im September und Oktober 1989 in das Neue Forum ein. Spätestens mit den Kommunalwahlen im März 1990 trennten sich ihre Wege. Gemeinsame Streiter wie Berndt Seite und Gottfried Timm schlugen nun entgegengesetzte politische Richtungen ein: Berndt Seite wurde Mitglied der CDU und 1994 als Nachfolger von Alfred Gomolka Ministerpräsident in Mecklenburg-Vorpommern. Gottfried Timm trat in die SDP/SPD ein und wurde nach dem Regierungswechsel 1998 Innenminister des Landes in der ersten SPD-PDS-Regierung der Bundesrepublik Deutschland.

---

[725] Interview mit Hans-Joachim Bartsch am 16. 1. 2001.

## Die Gemeinden

Vermutlich stärker als in anderen Landeskirchen standen in der mecklenburgischen Kirche die Pastoren, kirchlichen Mitarbeiter und Kirchgemeinderäte im Mittelpunkt staatlicher Repression. Zum einen, weil die Strategie, die Landeskirche durch Vereinnahmung ihrer Spitze fügsam zu machen, bereits in den siebziger Jahren im Wesentlichen fehlgeschlagen war. Zum anderen, weil sich in den achtziger Jahren an der Basis jene Friedens-, Umwelt-, Frauengruppen usw. bildeten, die aus staatlicher Perspektive „politisch-ideologische Diversion" gegen die DDR betrieben und Unruhe in das Verhältnis zwischen Staat und Kirche brachten. Nicht nur diese Gruppen, sondern auch die ab 1984 zunehmende Anzahl von Antragstellern auf Übersiedlung, eine aktive Jugendarbeit und intensive Kontakte zu Partnergemeinden in der Bundesrepublik führten dazu, dass die Gemeinden im letzten DDR-Jahrzehnt sehr viel stärker als zuvor beobachtet wurden.

Durchschnittlich beschäftigte die Landeskirche seit den siebziger Jahren 280 bis 300 ordinierte Theologen in 320 Gemeinden. Diese Gemeinden waren in 38 Propsteien zusammengefasst. Der Propst hatte zwar keine dienstrechtlichen Befugnisse, dennoch war die Propstei eine wichtige Arbeitsebene der Pastoren. Hier entstand der Zusammenhalt, der die Landeskirche auch nach außen kennzeichnete, und hier setzten wesentliche Strategien gegen den einzelnen kirchlichen Mitarbeiter an.[726]

Die „Differenzierung" blieb bis 1989 die bevorzugte Methode, um innerkirchliche Entwicklungen zu beeinflussen. Differenzierung meinte das Ausnutzen oder Verstärken vorhandener bzw. das Schüren neuer Widersprüche innerhalb einer Gruppe und bot der staatlichen Seite die Gelegenheit, den Gruppenzusammenhalt zu schwächen und die Mitglieder zu vereinzeln. Sowohl das MfS als auch die Räte der Bezirke wandten diese Methode an. Entsprechende Maßnahmepläne legten genau fest, gegen wen sich die Maßnahme richtete und welches Ergebnis angestrebt wurde.

Eine Analyse der kirchenpolitischen Situation in den drei Nordbezirken aus dem Jahr 1986 gibt einen guten Einblick in die damalige Differenzierungspolitik. Darin heißt es, die Mehrzahl der Pastoren nehme nur eine „politisch schwankende" Haltung ein. Weil die „realis-

[726] Unter besonders schwierigen Bedingungen lebten die Gemeinden im Grenzgebiet. Sie sollen im Folgenden jedoch nicht näher beleuchtet werden.

tischen“ Amtsträger jedoch genau so verstreut seien wie die „politisch-negativen“ Amtsträger, sei deren wirksame Zusammenführung sehr schwierig. Weiter heißt es:

> „Nur wenige Amtsträger beziehen ausgesprochen politisch negative bzw. gegnerische politische Positionen. [...] In der Auseinandersetzung mit diesen politisch negativen Kräften wurden Fortschritte erreicht, indem vor allem staatlicherseits verstärkt auf kirchenleitende Amtsträger Einfluß genommen wurde, die Disziplinierung dieser negativen Kräfte innerhalb der Kirche selbst vorzunehmen. Dadurch konnten mit Hilfe innerkirchlicher Auseinandersetzungen viele Aktivitäten unterbunden werden, die sonst als Konflikte zwischen Staat und Kirche auszutragen gewesen wären. Zugleich hat sich damit der politische Differenzierungs- und Polarisierungsprozeß in der Kirche verstärkt fortgesetzt, und es gelang, stärker auch innerhalb der Kirche loyale und politisch realistische Kräfte zusammenzuführen, die dadurch an politischem Einfluß gewonnen haben.“[727]

Zu den „realistischen Amtsträgern“ gehörte laut einer Vorlage für das Sekretariat der Bezirksleitung Schwerin der SED aus dem Jahr 1977 eine Gruppe von Pastoren, die loyal zum Staat stand, unter anderem die Pastoren Scheidung (Boizenburg) und Arndt (Bützow). Auch einige Pröpste und Landessuperintendenten würden positive Züge erkennen lassen; mit diesen solle weiter gearbeitet werden.[728]

Derartige Einschätzungen hatten nur eine kurze Lebenszeit. Sie wurden für die achtwöchentlichen „Informationsberichte über die kirchenpolitische Lage“ der Referenten für Kirchenfragen jeweils neu geschrieben, schon die geringste personelle Veränderung konnte eine „Umetikettierung“ aller Personen nach sich ziehen. „Politisch-realistisch“, „loyal“, „schwankend“ oder „feindlich-negativ“ – das waren die Schubladen, nach denen Kirchenpolitik beurteilt wurde.

Auf einzelne Pastoren traf die festgestellte Außenseiterrolle, „politisch-realistisch“ zu sein, durchaus zu. Ihr Verhalten wurde durch vielfache Ehrungen, ehrenamtliche Posten im Kulturbund oder der

---

727 Vgl. LHA Schwerin, RdB Neubrandenburg, Z 77/90, 813, Bl. 5.

728 Vgl. SAPMO-BArch, DY 30/IV B/14/65, Fiche 1, Bl. 57.

Bezirkswahlkommission, Reisen mit der CDU in die Sowjetunion und Ähnliches honoriert. Diese Außenseiterpositionen nutzten die Kirchenreferenten bei den Kreisen und Bezirken zur Polarisierung unter den Pastoren, indem sie bestimmte Pastoren als Vorbild hinstellten und die übrigen zur Positionierung zwangen. Daraus ergab sich – bei individuellen Unterschieden – zwangsläufig eine Mehrheit unter den Pastoren, die sich an einer Minderheit wie Erich Arndt oder Karl Kleinschmidt rieb. Insofern nötigte die Differenzierungspolitik die Landeskirche, ihren Weg ständig neu zu überprüfen.

Mitunter kompensierten Pastoren, die eine besondere Affinität zum Referenten für Kirchenfragen entwickelten, damit ihre Außenseiterposition innerhalb der Propstei oder des Kirchenkreises. Außenseiter waren für den Staat nur bedingt von Interesse. Eigentlich suchten die staatlichen Stellen, und hier federführend das MfS, nach Insidern, die durch ihr Charisma ihre Amtsbrüder beeinflussen konnten, gleichwohl aber lenkbar waren. Das war ein vergleichsweise unrealistisches Persönlichkeitsprofil.

Die innerkirchliche Disziplinierung beruhte auf zwei Umständen: auf dem menschlichen und auf dem sachlichen Dissens. Letzteren, also unterschiedliche Ansichten und Verhaltensweisen in Bezug auf den Staat, konnte eine Landeskirche durch einen intensiven Gesprächskontakt, also Überzeugungsarbeit, oder durch Weisungen versuchen zu vermeiden. Den menschlichen Dissens als Basis der Differenzierungspolitik konnte niemand ausschließen, auch die Landeskirche nicht.

Ein Beispiel dafür ist ein Gespräch zwischen dem Rat der Stadt Schwerin und Pastor Jürgen Hebert im März 1988. Hebert wollte eine Reiseangelegenheit vortragen und benutzte die Gelegenheit – traut man den Akten – aus dem Konvent zu erzählen. Es ging um die Stimmung dort, nachdem die Staatssicherheit am Sonntag zuvor eine Veranstaltung im Dom beschattet und Gottesdienstbesucher fotografiert hatte. Hebert berichtete demnach,

> „daß diese Problematik auch in den Morgenstunden im Stadtkonvent zur Debatte gestanden habe. Dies sei jedoch nicht der Hauptschwerpunkt im Konvent gewesen. Ihm sei auch zu Ohren gekommen, daß sich einige Gläubige durch das Aufgebot an Sicherungskräften beeinträchtigt gefühlt haben sollen, […] er sei jedoch der Auffassung, daß in solchen Situationen kooperatives Zusammenwirken geboten sei. In der Zeit, wo er selbst geschäftsfüh-

render Pastor der Domgemeinde gewesen sei, habe es auch Fälle gegeben, wo Offiziere des MfS ihn über anstehende Probleme informiert hätten und sie gemeinsam Maßnahmen zur Unterbindung von Störungen festgelegt hätten. Er betrachte solche Formen des Zusammenwirkens mit den Sicherheitsorganen ebenfalls als eine Form des vertrauensvollen Miteinanders und habe sich seinerzeit nie dadurch in der Ausübung seines kirchlichen Amtes beeinträchtigt gefühlt. Auch in vielen anderen Zusammenhängen distanzierte sich Hebert vom Schweriner Pastorenkonvent."[729]

Zu einzelnen besonders „progressiven" Pastoren sollte ein so enger Kontakt aufgebaut werden, dass diese in „Krisenfällen" auch gezielt eingesetzt werden konnten. Ein Beispiel dafür ist eine Tagung der mecklenburgischen Pastorenkonferenz im Jahr 1976. Der Schweriner Kirchenreferent Rudolf Franze telefonierte einige Tage vor dem Treffen Mitte November mit dem Abteilungsleiter im Staatssekretariat für Kirchenfragen, Horst Dohle, über den Charakter der Veranstaltung. Sorgen machte beiden der Vortrag von Bischof Fränckel zum Thema „Der Mensch und seine Rechte", aber:

„Propst Scheidung und Pastor Arndt werden an der Veranstaltung teilnehmen und sind bereit, nötigenfalls progressiv aufzutreten. Gen. Franze wird sich in der verbleibenden Zeit darum bemühen, noch weitere progressive Pfarrer aus seinem Bezirk, die daran teilnehmen, zu dieser Bereitschaft zu veranlassen. [...] Die Gen. Franze und Schieske werden am 12.11. in Güstrow sein und haben sich mit Arndt und Scheidung bereits über Treffpunkte während der Veranstaltung verständigt."[730]

Zum so genannten „vertraulichen Gespräch" luden nicht nur die Referenten für Kirchenfragen regelmäßig ein. Zuweilen wurde das vertrauliche Gespräch auch von pastoraler Seite gesucht. Von den staatlichen Stellen wurden solche erbetenen Vier-Augen-Gespräche als Beweis einer

---

[729] Vgl. LHA Schwerin, IV F-2/14/772, Bl. 99.

[730] Vgl. BArch, DO-4/ 441, n. p. „Mitteilung des Gen. Rudi Franze über R-Leitung am 9.11., 16.00 Uhr" von Horst Dohle.

erfolgreichen Differenzierungspolitik gewertet und entsprechend gern bewilligt. Erstens konnte der Kirchenreferent bei dieser Gelegenheit die politische Linie der Partei vortragen, zweitens interne Schwierigkeiten aus dem Kirchenkreis in Erfahrung bringen und damit Politik betreiben, und drittens konnte der Referent sein Gegenüber instrumentalisieren, indem er drohte, die Tatsache eines Vier-Augen-Gespräches öffentlich zu machen und damit für Unruhe im Konvent zu sorgen.

Diese „Integrations-Falle" wirkte nahezu unabhängig vom Inhalt des jeweiligen Gespräches. Diese Form von Gesprächen war keine Repressionsmaßnahme mehr; sie war eine Maßnahme zur Unterstützung von freiwilliger Kollaboration.

## „Dobbertiner Konferenzen" und „Schweriner Gespräche"[731]

Die Kirchenpolitik der SED gegenüber der mecklenburgischen Landeskirche basierte wesentlich auf dem Gespräch – auf Einzel- und Gruppengesprächen, aber auch auf den regelmäßigen „Dobbertiner Konferenzen" für Mitglieder von Kirchgemeinderäten und den „Schweriner Gesprächen" auf der Ebene der Pastoren. Sie sollten der Entwicklung des „staatsbürgerlichen Bewußtseins"[732] und der politisch-ideologischen Differenzierung dienen.

Die so genannten „Dobbertiner Konferenzen" wurden erstmals im November 1965 durchgeführt. Sie fanden zweimal jährlich im gleichnamigen Kloster statt und führten Mitglieder aus den Kirchgemeinderäten, ausdrücklich immer Laien, mit staatlichen Vertretern zusammen. Diese direkten Gespräche mit der kirchlichen Basis sollten dem Staat den Weg zur landeskirchlichen Leitung ebnen. Sie dienten aber auch dazu, Hintergrundwissen aus dem kirchlichen und persönlichen Bereich der engagierten Laien zu erlangen, um gezielten Druck auf den Einzelnen ausüben zu können, wie ein Dokument aus dem Rat des Bezirkes Schwerin von 1978 belegt:

---

[731] Der Vollständigkeit halber sei erwähnt, dass es in Neubrandenburg auch die „Neubrandenburger Gespräche" gab. Diese erreichten jedoch bei weitem nicht den Bekanntheitsgrad wie die „Schweriner Gespräche" und die „Dobbertiner Konferenzen". Sie fanden einmal jährlich statt; wie in Schwerin ging auch in Neubrandenburg die Einladung vom Rat des Bezirkes aus. In der Intention entsprachen sie den vorgenannten Gesprächen.

[732] Vgl. LHA Schwerin, SED BPA Schwerin, IV C-2/14/547, Bl. 71 ff.

„Die politischen Gespräche - verbunden mit taktischer Flexibilität - waren darauf gerichtet, der Masse der kirchlichen Amtsträger in unserem Bezirk die Grundfragen unserer Politik zu erläutern, sie zur Einnahme realistischer Positionen und zu staatsbürgerlicher Loyalität zu erziehen und so die Basis für normale, kontinuierliche und vertrauensvolle Beziehungen zu schaffen. Die Maßnahmen der politischen Beeinflussung der kirchlichen Amtsträger wurden ergänzt durch administrative Formen der Arbeit wie zum Beispiel die Erteilung oder Verweigerung staatlicher Genehmigungen sowie staatliche Einsprüche gegen kirchliche Vorhaben oder Entscheidungen, Verhängung von Ordnungsstrafen gegen kirchliche Amtsträger usw."[733]

In der Landeskirche Mecklenburg wurden diese Treffen sehr kritisch gesehen, weil der Eindruck entstand, dass die Kirchgemeinderäte durch die staatliche Seite beeinflusst werden sollten. Pastor Lutz Jastram sagte jedoch dazu:

„Diese Dobbertiner Gespräche fanden zu der damaligen Zeit schon gar nicht mehr regelmäßig statt, uns erschien es so, dass sie fast bedeutungslos waren. [...] Dann und wann sind Kirchenälteste aus der Gemeinde mitgefahren, das heißt, sie wurden abgeholt. Man musste sie sehr hofieren, um sie dahin zu bewegen. Diese Kontakte und Gespräche hatten keine Bedeutung für die Kirchgemeindearbeit. Es wurde auch nicht 'zurücktransportiert' in die Kirchgemeinden, was sie von uns wollten."[734]

Die letzte „Dobbertiner Konferenz" fand am 12. April 1989 statt und stand unter dem Motto „Kommunalwahlen im 40. Jahr des Bestehens der DDR – Aufruf an alle: Arbeite mit, plane mit, regiere mit!"[735]

Komplementär dazu fanden zweimal im Jahr im Hotel „Stadt Schwerin" die so genannten „Schweriner Gespräche" statt. Der Rat des Bezirkes Schwerin und der Bezirksausschuss der Nationalen Front luden dazu erstmals 1970 ein, in den folgenden Jahren kamen meistens zwi-

---

733 LHA Schwerin, SED BPA Schwerin, IV D-2/14/526, Bl. 3.

734 Interview mit Lutz Jastram am 20. 7. 2000.

735 Vgl. LHA Schwerin, RdB Schwerin, Z 10/90, 22.

schen 30 und 40 Personen.[736] Mitunter wurden einzelne Teilnehmer auch ausgeladen bzw. nicht wieder eingeladen, wenn sie es „an Sachlichkeit und Konstruktivität fehlen ließen".[737] Deshalb waren die „Schweriner Gespräche" von Anfang an auf der Leitungsebene umstritten. Hinzu kam, dass sie in ihrer Themenstellung die Teilnehmer allzu offensichtlich indoktrinierten. So lautete das Thema im September 1978: „30 Jahre Deutsche Demokratische Republik – 30 Jahre gemeinsamer Kampf für Frieden, Sicherheit und Abrüstung gegen die unverändert aggressiven Ziele des Imperialismus".[738] Auf der anderen Seite konnte bei diesen Veranstaltungen offener als anderswo gesprochen werden. Das machte die „Schweriner Gespräche" für manch einen attraktiv. Friedrich-Karl Sagert sagte dazu:

> „Sie waren nicht unbedingt unbeliebt – es ist ein großer Teil von Pastoren hingefahren – aber sie waren bei den Landessuperintendenten umstritten. Otto Schröder war zum Beispiel der Meinung: Dies ist ein Gespräch, zu dem nur die hingehen, die von uns geschickt werden. Wir lehnen es ab, dass die aussortieren und einige nicht zu den Gesprächen einladen. Historisch gesehen waren die Gespräche durch Gienke und Wienke, dem Vorgänger von Franze, initiiert worden und liefen unabhängig von der Kirche über Einzelpersönlichkeiten. Das wollte Otto Schröder zurückdrehen und es stärker mit dem Mandat durch den Kirchenkreis verbinden."[739]

Das konnte jedoch nicht umgesetzt werden, weil die Superintendenten unterschiedlicher Meinung waren. Lutz Jastram berichtete über die Gespräche:

> „Es war nicht so, dass die Pastoren wie die begossenen Pudel da saßen und sich anhören mussten, was verordnet wurde, sondern das Gespräch war möglich mit freiem Melden und vorher nicht abgesprochenen Beiträgen. Das war sogar für die DDR-Verhältnisse,

---

736 Vorläufer war eine Veranstaltung „Mensch und Gesellschaft" im Oktober 1969, die der damalige Rektor des Schweriner Predigerseminars, Horst Gienke, initiiert hatte.

737 Vgl. BArch, DO-4/ 441, n. p. Schreiben von Schwoerke an Gysi vom 22. Februar 1982.

738 Ebd.

739 Interview mit Friedrich-Karl Sagert am 29. 9. 2000.

> würde ich einschätzen, relativ offen. Das war wohl aber auch eine Entwicklung der letzten Jahre. […] Ich habe von dem 'Schweriner Gespräch', auch von den Gesprächen auf der Propsteiebene, immer den Eindruck gehabt: Lassen wir uns gegenseitig etwas in Ruhe und gehen wir moderat miteinander um."[740]

Staatlicherseits bemerkte man sehr wohl, dass Bischof und Oberkirchenrat die „Schweriner Gespräche" nicht schätzten. Die Bezirksleitung der SED in Schwerin notierte 1982 in einem internen Vermerk: „Dem Oberkirchenrat und dem Bischof sind diese Gespräche, die der Rat des Bezirkes und der Bezirksausschuß der Nationalen Front mit dieser Gruppe kirchlicher Amtsträger führt, ein Dorn im Auge, und sie möchten solche Gespräche am liebsten verhindern."[741]

## „Das ist ja immer der Unterschied: Vertrauen haben oder vertraulich sein" – Die Referenten für Kirchenfragen

Die Referenten für Kirchenfragen bei den Räten der Städte, Kreise und Bezirke waren neben den jeweiligen Bürgermeistern auf Ortsebene die wichtigsten Ansprechpartner für die Kirche. Hier fanden die jährlichen Gespräche mit den Konventen statt, vor allem aber wurden hier die alltäglichen Kirchenbelange vorgebracht.

Das Verhältnis zu den jeweiligen Referenten war je nach deren Ausbildung sehr unterschiedlich: Viele waren Offiziere der NVA gewesen, bevor sie dort verabschiedet und in die Kirchenreferate versetzt wurden. Sie alle hatten funktionale Kontakte zum MfS und berichteten in der Regel unmittelbar der jeweiligen Dienststelle der Staatssicherheit. Dass die Referenten zumeist auch als IM geführt wurden, hat den einen oder anderen von ihnen nach der Wende überrascht, die meisten aber wohl kaum.

In der mecklenburgischen Landeskirche rechnete man damit, dass die Kirchenreferenten dem Staatssicherheitsdienst berichteten. Deshalb gab es für den Umgang mit ihnen strenge Regeln: Die Pastoren und kirchlichen Mitarbeiter sollten zu zweit gehen, sich Notizen machen, über das Gespräch im Konvent berichten, keine Gefälligkeiten annehmen usw., um sich nicht von den Kirchenreferenten abhängig zu machen und ih-

---

740 Interview mit Lutz Jastram am 20. 7. 2000.

741 LHA Schwerin, SED BPA Schwerin, IV E – 2/14/ 1 388, Bl. 24.

nen eventuell die Möglichkeit zu geben, die Pastoren gegeneinander auszuspielen. Der ehemalige Landessuperintendent von Güstrow, Friedrich-Karl Sagert, sagte dazu im Gespräch:

> „Das ist ja immer der Unterschied: Vertrauen haben oder vertraulich sein. Vertrautheit oder vertraulich sein. Das ist ein ganz großes Problem. In dem Augenblick, in dem Sie öfter mit den gleichen Leuten reden, bildet sich Vertrauen heraus, das dann in Vertraulichkeit umschlägt, so nach dem Motto: 'Wollen wir einen Schnaps zusammen trinken, Herr Sagert?' Und wenn das losgeht, ist das ein Problem. Deshalb bin ich immer gerne mit einem zweiten Mann gegangen, [...] damit ich mich auch vor mir selbst schütze, habe ich gerne jemanden dabeigehabt, der sagen konnte: So und so ist es gewesen."[742]

Dennoch gab es auch in der mecklenburgischen Landeskirche schwer wiegende Fälle von „Vertraulichkeit" zum Referenten für Kirchenfragen, mitunter auch zu dessen Vorgesetztem, dem Stellvertreter für Inneres. Ein solches Beispiel ist der Güstrower Pastor Jürgen Taetow, der zum Stellvertreter für Inneres beim Rat des Kreises Güstrow, Reichelt, ein enges Verhältnis aufbaute. Reichelt, IM „Horst Bauer", lieferte über alle Gespräche mit Taetow Berichte an das MfS. Auf dieser Grundlage entstand die OPK „Bischof".[743]

Taetow spielte mit Reichelt nicht nur gelegentlich Schach, sondern – folgt man den Akten – berichtete diesem auch von internen Diskussionen im Güstrower Pastorenkonvent. Demnach gab er seinem Gegenüber Ratschläge, wie dieser mit diesem oder jenem Pastor umgehen solle, und scheute sich auch nicht, ungebeten im Namen seines Landessuperintendenten zu sprechen. Die Gespräche mit Reichelt, die sich in Taetows Akte befinden, waren immer Vier-Augen-Gespräche. Dass das MfS den Kontakt zu Jürgen Taetow nicht direkt aufnahm, sondern weiter über den Mittelsmann Reichelt laufen ließ, belegt, dass sich die staatliche Seite auf die mecklenburgische Haltung eingestellt hatte: Sie rechnete damit, dass Jürgen Taetow ein offizielles Gespräch mit einem MfS-Mitarbeiter ablehnen würde. Aus diesem Grund wurde sein Akte als Operative Personenkontrolle geführt, der sie inhaltlich nicht entsprach.

---

742 Interview mit Friedrich-Karl Sagert am 29. 9. 2000.

743 Vgl. BStU, MfS, BV Schwerin, AOPK 408/90.

Andere Pastoren haben ebenfalls in dieser Weise Gespräche mit den jeweiligen Referenten geführt und entzogen sich dadurch der Kontrolle durch ihre Amtskollegen. Das Motiv war oft das Gleiche: Sie strebten eine selbst gewählte Mittlerfunktion zwischen den Amtsbrüdern und dem Staat an, etwa nach dem Motto, ihre Vorgesetzten hätten eine ähnliche Meinung wie sie, könnten aber nicht aus ihrer Haut. Die „Information" des Stellvertretenden Vorsitzenden für Inneres über ein Gespräch mit Pastor Taetow am 3. Januar 1986 sagt eben dies aus. Reichel berichtete darin, Taetow habe den Eindruck gemacht, als wolle er nur mal die Lage sondieren, und zum Ausdruck gebracht, dass

> „er und andere Pastoren großen Wert darauf legten, daß das Verhältnis trotz möglicher Reibungspunkte ungetrübt bleibe. Es gäbe in der Kirche natürlich Störenfriede, aber mit denen würde man fertig. Diese würden auch in der Kirche stören, weil sie unglückliche Persönlichkeitsstrukturen hätten. Er nannte hier [geschw.] und [geschw.]. In diesem Zusammenhang sprach er auch den Friedenskreis an und forderte wiederum doch Vertrauen für sich und Sagert. Er nahm für sich in Anspruch, dafür gesorgt zu haben, daß der Friedenskreis während der Friedensdekade '85 entschärft wurde.
> Er betonte die um ständigen Ausgleich betonte Politik Sagerts [...] Taetow [sagte] immer wieder demonstrativ: Wir wollen Kirche im Sozialismus sein, wir wollen keine Konfrontation, der L[andessuperintendent] und ich können nicht anweisen, aber wir nehmen Einfluß. 'Wenn die Störenfriede [...] bei den Gesprächen mit Ihnen nicht anwesend sind, ist es für Sie und uns besser. Wir werden keine politischen Bewegungen dulden, aber wo sollen wir mit Lietz und seinen Leuten hin? Wenn wir sie verstoßen, gehen sie ganz auf die andere Seite und werden womöglich Gehilfen von Geheimdiensten.'"[744]

Taetow habe sich anschließend demonstrativ herzlich verabschiedet und noch in der Tür gesagt, dass Sagert Ende 1986 sein Amt niederlege, „aber angewiesen habe, nicht darüber zu sprechen, wo er hinginge. [...]

[744] Vgl. BStU, MfS, BV Schwerin, 3648, Bl. 45 ff.

Die Nachfolge Sagerts sei noch nicht entschieden, er selbst käme aus Altersgründen nicht in Frage." [745]

## Sonderwünsche, Sonderkonten, Sonderwege – die Macht der Verwaltung

Persönliche Vorteile waren oder wurden im Verlaufe intensiver Kontakte oftmals ein wichtiges Motiv für Gespräche mit staatlichen Stellen. Reisen in das so genannte „nichtsozialistische Ausland" weckten Begehrlichkeiten bei manch einem Amtsträger. Sich für Gemeindeglieder einsetzen – das konnte man auch im gemeinsamen Gespräch mit den Amtsbrüdern. Aber für sich selbst? Das wurde kaum akzeptiert.

Die Gehälter der Pastoren und noch stärker die der kirchlichen Mitarbeiter lagen weit unter dem Durchschnitt der DDR-Bevölkerung. Oftmals gingen die Frauen, im Unterschied zum säkularen Bereich, keinem eigenen Beruf nach, denn die Landeskirche sah dies nicht gerne. Sie arbeiteten stattdessen unentgeltlich für die Gemeinden, kümmerten sich um die oft ausgedehnten Gärten und zogen die Kinder auf. Geld war knapp. Aus diesem Grund richtete das Büro für Kirchenfragen unter Otto Nuschke schon 1953/54 die so genannten Sonderkonten Kirchenfragen ein. Die Gelder von diesen Konten, die von den jeweiligen Referenten auf der Bezirks- und Kreisebene verwaltet wurden, dienten der monetären Unterscheidung zwischen „Staatsfeind" und „Staatsfreund".[746]

Der schnelle Erfolg jedoch blieb aus. „Was erreicht wurde", so Peter Beier in seiner ausführlichen Studie über die Sonderkonten, „war lediglich eine Besitzstandswahrung. Es gelang nicht, der Pfarrerschaft im ganzen ihre vermeintliche Furcht vor den Kirchenleitungen zu nehmen und sie zur freien und ungezwungenen Unterstützung des 'demokratischen Neuanfangs' in der DDR zu bewegen. Es blieb ein lediglich kleiner Kreis von Amtsträgern, der uneingeschränkt bereit war, mit den staatlichen Organen zusammenzuarbeiten."[747]

Ende der fünfziger Jahre hatte sich zwar herausgestellt, dass eine direkte Bezahlung einzelner Pfarrer nichts eingebracht hatte, man blieb aber prinzipiell bei dieser Art von „Vergütung". Schnell jedoch stellten die Kirchenreferenten fest, dass Geld allein nicht ausreichte, um einzelne

---

[745] Vgl. ebd.

[746] Peter Beier hat die Gründung und Verwendung dieser Konten genauer untersucht; vgl. dazu Beier 1997.

[747] Vgl. Beier, S. 70 f.

Pastoren zu binden, denn die Mangelwaren in der DDR waren auch mit Geld nicht zu kaufen. Dennoch liefen diese finanziellen Aktionen bis zum Ende der DDR weiter;[748] ihren Höchststand erreichten sie im Bezirk Rostock im Jahr 1987 mit etwa 33 000 Mark.[749]

Diese Zahlen dürfen nicht täuschen: Ein großer Teil der Pastorenschaft hat niemals etwas vom Staat erhalten, ein weiterer Teil nur in einem auch im zwischenmenschlichen Bereich üblichen Rahmen. Der dritte und kleinste Teil erhielt Zuwendungen in einem „überdurchschnittlichen" Rahmen, so Beier. „Überdurchschnittlich" waren Geschenke von mehr als 50 Mark für Pastoren und Laien bzw. mehr als 100 Mark für kirchenleitende Amtsträger.[750] Hinzu kamen begehrte Urlaubsplätze an der Ostsee oder im Thüringer Wald, Porzellanservice und Kornbrand, den die Kirchenreferenten hier und dort auf ihren Landfahrten für entsprechendes Verhalten verteilten.

Um kirchliche Aktivitäten hingegen einzuschränken gab es die so genannten „administrativen Maßnahmen". Sie umschrieben ein ganzes Bündel an Winkelzügen, mit deren Hilfe die Bürgermeister und die Räte der Städte, Kreise und Bezirke kirchliche Aktivitäten noch in der Planung behindern bzw. unterbinden konnten. „Administrative Formen der Arbeit" waren beispielsweise die „Erteilung oder Verweigerung staatlicher Genehmigungen, staatliche Einsprüche gegen kirchliche Vorhaben oder Entscheidungen, Verhängung von Ordnungsstrafen gegen kirchliche Amtsträger usw."[751] Sie wurden in den siebziger und achtziger Jahren breit gefächert angewandt. Allerdings waren der administrativen Behinderung dort Grenzen gesetzt, wo sie auch für das Ausland offensichtlich geworden wäre.

Unmittelbar die kirchliche Tätigkeit betrafen die Ordnungsstrafen, die zumeist auf Grund eines (angeblichen) Verstoßes gegen die so genannte „Veranstaltungsverordnung" verhängt wurden. Auf Grund der Novellierung der Veranstaltungsverordnung vom 26. November 1971 mussten mit Ausnahme normaler Gottesdienste, Andachten, Veranstaltungen im Diakonischen Werk und der Christenlehre beinahe alle anderen Veranstaltungen angemeldet und zum Teil genehmigt werden. Das betraf vor allem Bibelrüstzeiten und Jugend-Freizeiten, die auf Grund ihres starken Zulaufs zu einer ernsthaften Konkurrenz für die FDJ-

[748] Vgl. ebd., S. 85 ff.

[749] Vgl. ebd., S. 245.

[750] Vgl. ebd., S. 263 f.

[751] Vgl. LHA Schwerin, SED BPA Schwerin, IV D-4/09/144, Bl. 5 f. d. Dok.

Jugendarbeit geworden waren. In dieser Situation stellte sich der Bund der Evangelischen Kirchen in der DDR auf die Seite der Gemeinden und beschloss, Bibelrüstzeiten und Ähnliches nicht bei der Volkspolizei anzumelden.

Zwischen November 1971 und Januar 1972 wurden allein in Mecklenburg Ordnungsstrafverfahren gegen 31 Personen, überwiegend Pastoren, eingeleitet; die Strafen lagen zwischen 30 und 300 Mark und wurden – bis auf einen Fall – alle durch die Landeskirche zurückgewiesen.[752] Diese Aktion, die von allen evangelischen Landeskirchen einmütig getragen wurde, hatte einen Solidarisierungseffekt zur Folge: 1972 wurden von 1350 bekannten Rüstzeiten nur 250 angemeldet. Staatsekretär Verner lenkte im März 1973 ein und schlug Honecker die Wiedereinführung der alten Regelung vor.[753] Man hatte aus den Erfahrungen gelernt und ging in Zukunft mit Ordnungsstrafverfahren vergleichsweise vorsichtig um.

## „Es war notwendig, junge Pastoren anzuwerben"

Dass es in der mecklenburgischen Pastorenschaft Inoffizielle Mitarbeiter gegeben hat, ist spätestens seit der Sondersitzung der mecklenburgischen Synode im Juni 1992 bekannt. Damals trug Landesbischof Christoph Stier den Abschlussbericht zur Überprüfung der 1991 noch im Dienst befindlichen hauptamtlichen Angestellten der Landeskirche vor: Acht Pastoren wurden als Inoffizielle Mitarbeiter geführt, ohne dass die landeskirchliche Kommission, die die disziplinarische Bewertung der Fälle vornahm, disziplinarische Maßnahmen empfahl.[754] Vier der Pastoren lebten damals schon im Ruhestand, so hieß es in dem Bericht.[755] Neben

---

752 Vgl. EZA 101/ 96. Zusammenstellung der Ordnungsstrafverfahren im Zusammenhang mit der neuen Regelung der VAVO vom 10. November 1972 von Oberkirchenratspräsident Rossmann an das Sekretariat des Bundes.

753 Vgl. Pollack 1994, S. 263.

754 Die bekannten Fälle von Inoffiziellen Mitarbeitern unter den Pastoren sind nur die, welche die Überprüfungen 1991 ergaben. Die damals bereits in den Ruhestand getretenen oder in eine andere Landeskirche verzogenen Pastoren und kirchlichen Mitarbeiter wurden nicht mit einbezogen, ebenso wenig wie die Laien, die bis dahin in der Landes- oder Bundessynode und in der Kirchenleitung Mitglied gewesen waren.

755 Vgl. Stier 1996, S. 422.

diesen acht weniger schwer wiegenden Fällen gab es zwei IM unter den Pastoren, deren Kontakte nach der Wende nicht folgenlos geblieben sind. Es handelte sich dabei um Hermann Pietsch (IM „Klaus Kruse“) aus Strasen, und Heinz Pulkenat (IM „Herbert Puchalla“) aus Basedow. Hermann Pietsch wurde durch Entscheidung der Landeskirche aus dem Dienst entfernt. Dieses Urteil wurde jedoch durch eine Kirchengerichtsentscheidung der EKD wieder aufgehoben und durch eine fünfjährige Wartezeit ersetzt. Diese ist inzwischen abgelaufen und Pietsch konnte wieder in den landeskirchlichen Dienst zurückkehren. Seit dem 1. Juli 2007 befindet sich Hermann Pietsch im Ruhestand.[756] Heinz Pulkenat befindet sich ebenfalls inzwischen im Ruhestand, ein rechtskräftiges Urteil, das im Wesentlichen eine Geldstrafe beinhaltete, ist gegen ihn ergangen.

Auch der Warnemünder Pastor Rolf Grund hatte seit 1983 Kontakte zum Ministerium für Staatssicherheit unterhalten.[757] Grund ist jedoch ein Sonderfall: Er selbst war seit 1980 in der OPK „Musiker“ erfasst worden, weil die Kreisdienststelle des MfS in Rostock festgestellt hatte, Grund gehöre zu den „feindlich-negativen“ Kräften unter den dortigen Pastoren. Ausgangspunkt für die „operative Bearbeitung“ war eine Elternversammlung 1978, auf der er sich gegen die Einführung des Wehrkundeunterrichtes an den Schulen ausgesprochen hatte. Dementsprechend hieß es im Eröffnungsbericht, Grund habe eine „feindlich-negative“ Einstellung zur DDR. „Es besteht weiterhin der Verdacht, daß G. die Mitglieder seiner Kirchgemeinde in seinem Sinne politisch-negativ beeinflußt und er seinen negativen Einfluß auch im staatl. Sektor [...] ausdehnen will.“[758]

Die OPK „Musiker“ wurde 1982 mit der Begründung eingestellt, Grund habe zwar eine „feindlich-negative“ Haltung, beeinflusse jedoch die Jugendarbeit nicht negativ.[759] Diese Begründung scheint vorgeschoben, denn im gleichen Jahr hatte Grund von sich aus den Kontakt zur Staatssicherheit gesucht und damit deutlich gemacht, dass er nicht als Feind betrachtet werden wollte. Grund forcierte den Kontakt zur Staatssicherheit, weil er der Ansicht war, man müsse mit den „richtigen“ Leuten ins Gespräch kommen, um Fragen der Kirche zu klären. „Die

---

756 Vgl. Personalmeldungen 2007 auf: http://www.kirche-mv.de/Personalmeldungen-2007.12212.0.html.

757 Vgl. BStU, MfS, BV Rostock, AIM 1444/90, Bd. I/1, Bl. 79.

758 Vgl. ebd., Bl. 66.

759 Vgl. ebd., Bl. 73.

Gespräche mit dem MfS waren für mich eine logische Folge meiner Arbeit", sagte er im Interview.

> „Man kann nach meiner Erfahrung mit dem System des Sozialismus nur fertig werden durch den Versuch der Veränderung des Denkens bei den Leuten, die das System gemacht haben. Und das war ziemlich hoffnungslos bei den Verantwortungsträgern im Rathaus – es sei denn, man hatte Glück, wie ich mit Herrn Lingk. Aber bei den Leuten vom Staatssicherheitsdienst handelte es sich ja um Mitarbeiter, die Berichte zu machen hatten über ein Gespräch und unabhängig von ihren Berichten ja auch noch eine persönliche Meinung entwickeln konnten. Und dass es zu diesen Gesprächen kam, war insofern logisch, als wir hier viele Ausreiseleute hatten. [...] Die hatten ihre Probleme, die besprochen wurden – und das musste man dann ja so oder so weiterleiten. Manchmal konnte man das beschleunigen, insofern waren die Gespräche wichtig und nötig.
> Ich habe dieses Staatssystem im Laufe meiner Entwicklung ziemlich gut kennen gelernt, ohne direkte Kontakte gehabt zu haben. [...] Ich wusste, wenn ich etwas erreichen will, dann kann ich erstmal zu den Stellen gehen, die dafür zuständig sind. Wenn die mich dann abblocken, dann bin ich aufgeschmissen. Dann hilft die Partei jedenfalls nicht weiter, das hat keinen Sinn."[760]

Tatsächlich erschien im März 1983 ein Mitarbeiter der Staatssicherheit bei Grund, um mit ihm über ein Mädchen aus der Warnemünder Jugendarbeit zu sprechen.[761] Grund zeigte Interesse an dem Gespräch. Landessuperintendent Goldenbaum wusste jedoch Bescheid. Folgt man Grund, dann fand Goldenbaum „überhaupt nichts Bedenkliches, sondern sagte: 'Ja, Bruder Grund, dann machen Sie das.'"[762] Anderen gegenüber offenbarte er seine Kontakte nicht, wohl wissend, dass diese zumindest auf sehr unterschiedliches Echo gestoßen wären. „Für mich spielten", so Grund zur Erläuterung, „Gespräche insofern eine Rolle, als dass nur Gespräche eine gegenseitige Veränderung der Standpunkte hervorrufen können. Und da braucht man natürlich auch eine Bestätigung, Weiterführung und Beratung. Ich wusste, dass einige Kollegen damit

---

760 Interview mit Rolf Grund am 14. 3. 2001.

761 Vgl. BStU, MfS, BV Rostock, AIM 1444/90, Bd. I/1, Bl. 79.

762 Interview mit Rolf Grund am 14. 3. 2001.

große Schwierigkeiten haben."[763] Dennoch hätten die Gespräche nicht den erhofften Erfolg gehabt, weil die staatlichen Gesprächspartner stärker unter Druck gestanden hätten, als sie nach außen zu erkennen geben wollten.

Das entscheidende Motiv für Rolf Grund wie für manch anderen Pastor, der Kontakte zur Staatssicherheit hatte, war wohl ein anderes, nämlich die Weigerung, eine weit gehend verbindliche Weisung der Landeskirche zu befolgen, die kaum Spielraum für eigene politische Wege zuließ. Grund formulierte es als Spannung zwischen Amt und Persönlichkeit:

> „Ich bin nie ein Amt gewesen, sondern ich war immer nur ein Mensch. Und ich habe auch nie eine kirchliche Haltung einfach so übernommen, weil sie vorgegeben wurde – das ging mir gegen den Strich. Ich habe mich damit für meine Begriffe auch nicht schuldig gemacht. Ich kann nicht erkennen, dass das […] irgendwelchen Schaden angerichtet haben sollte. Ich kann nur erkennen, dass es für die Gesamtsituation eher nützlich war. Ich würde das trotzdem heute nicht mehr machen, sondern würde heute anders ansetzen und würde sagen: Wenn wir uns schon als Gesprächspartner verweigern wollen, dann müssen wir das aber auch konsequent machen und sagen: Wir reden überhaupt nicht mit euch. Nur, dazu hatten wir damals schon keine Chance mehr, weil wir unsere ersten Verluste in der Auseinandersetzung um die Jugendweihe gemacht haben. Wir haben ja so viel verschenkt! Wie lächerlich die Kirche damals reagiert hat! Genau mit der gleichen Methode hat man uns dann in der AGCK[764] behandelt und zwar mit Recht: Die Kirche hält ja doch nicht durch."[765]

Diese Selbstcharakterisierung stimmt in vielem mit der Einschätzung seines Führungsoffiziers überein. Der IM-Vorlauf jedenfalls, der seit April 1984 bestand, wurde ein Jahr später in eine IM-Akte umgewandelt, der Deckname „Konrad" blieb.[766] Unter „Gründe des IM

---

763 Ebd.

764 Arbeitsgruppe Christliche Kreise. Diese staatlich organisierte Vereinigung sollte engagierte Christen auf der Ortsebene zusammenfassen und für die SED-Politik gewinnen.

765 Ebd.

766 Vgl. BStU, MfS, BV Rostock, AIM 1444/90, Bd. I/1, Bl. 20.

für eine Zusammenarbeit mit dem MfS" schrieb er, Grund bejahe die humanistischen Ziele des Sozialismus, weil diese konform gingen mit dessen religiöser Einstellung. Außerdem bilde dessen „logisch-rationale Einstellung zur 'Sauberhaltung seiner Kirche' [...] die Grundlage für die Zusammenarbeit mit dem MfS. Er lehnt die Organisierung von antistaatlichen Aktionen in der Kirche generell ab, da dadurch logischerweise die Religionsausübung staatlicherseits eingeschränkt werden könnte." Er sei ein „Pastor mit realistischen Aussichten zur Stellung und Entwicklung der Kirche im Sozialismus". Man erwartete von Grund, dass er antistaatliche Aktionen in seiner Gemeinde „und darüber hinaus" verhindere und kirchliche Arbeitsgruppen in seinem Bereich kontrolliere und diszipliniere.[767]

Rolf Grund erhielt – folgt man den MfS-Akten – wiederholt Zuwendungen von seinem Führungsoffizier. Die „Aufstellung über ausgezahlte Beträge und geleistete Sachwerte" enthält für Dezember 1984 ein 98 Mark teures Buch und für März 1986 ein Kaffeeservice für 223,30 Mark. Es folgten drei weitere kleinere Geschenke im Wert von insgesamt 161,50 Mark.[768] Im Vergleich mit anderen IM nimmt sich diese Liste freilich eher schmal aus.

Augenfällig ist an der Akte „Konrad", dass Rolf Grund die Gespräche mit dem Stasi-Offizier vor allem deshalb führte, weil er Sanktionen des Staates gegen die Kirche im Vorhinein verhindern wollte, falls kirchliche Gruppen den Staat provozieren würden. Dies hatte auch MfS-Offizier Portwich erkannt, als er 1987 Grund beurteilte:

> „Der IMS ist ein Pastor mit realistischen Ansichten zur Stellung und Entwicklung der Kirche im Sozialismus: Nach meiner Auffassung/Überzeugung ist die Kirche durchschaubar wie ein Glaskasten. Aus diesem Grund darf die Kirche sich nicht gegen den Staat stellen, da das erkennbar ist und Sanktionen für die Kirche zur Folge hätte.
> In der zweijährigen inoffiziellen Zusammenarbeit war der IMS bemüht, den MA des MfS ehrlich zu unterstützen, da er keine Probleme zwischen Staat und Kirche wünscht. Es ist die Tendenz erkennbar, daß der IMS zunehmend stärker zu kircheninternen Fragen und Problemen berichtet, die die staatlichen Interessen berühren. Zwischen dem

767 Vgl. ebd., Bl. 27.

768 Vgl. ebd., Bl. 5.

IMS und dem oper. Mitarbeiter besteht ein gutes operatives Vertrauens-Verhältnis auf dessen Grundlage die operativen Ziele und Aufgabenstellungen realisiert wurden. Portwich, Major."[769]

Im rückblickenden Gespräch äußerte sich Rolf Grund offen, zugleich aber auch befremdlich zu seinen Kontakten mit Portwich. Die Frage, ob es etwas gebe, das er im Nachhinein bereue, bejahte er: „Ja, das gibt es. Es gibt das Bedauern darüber, dass ich mich beruflich an die Kirche gebunden hatte. Das hört sich eigenartig an. Ich hätte sonst wahrscheinlich das tun können, was mir mehr gelegen hätte: Widerstand. [...] Ich habe ja auch den Fahneneid verweigert und damit den Wehrdienst."[770] Die Kirche war für ihn kein Ort des Widerstands mehr. Die Frage bleibt, wem der Widerstand gegolten hatte: dem Staat oder der Kirche?

Worin bestand der Wert einzelner IM in der Pastorenschaft, wenn sie doch nur „vereinzelt in den Konventen" saßen und also keine Mehrheit bildeten? Claus-Dieter Wulf, ehemals Leiter des Referates XX/4 der Bezirksverwaltung Schwerin, hat in einem Gespräch im November 2000 die Antwort gegeben:

> „Man musste darauf verzichten, entsprechende IM zu kontaktieren. Wozu brauche ich einen Oberkirchenrat [...], wenn ich das, was ich von ihm kriegen kann, schon von anderer Seite habe, zum Teil schon, bevor er das hat? Es war notwendig, junge Pastoren anzuwerben. Wir haben eher langfristig gearbeitet im Unterschied zu Greifswald. Es war auch egal, ob einer unterschrieben hat oder nicht. Es war wichtig, dass die Informationen kamen, dass unsere Interessen umgesetzt wurden."[771]

„Wir haben eher langfristig gearbeitet" – das bedeutete zum einen, dass das MfS junge Pastoren so „fördern" wollte, dass diese eines Tages leitende Ämter bekleiden würden. Zum anderen waren inoffizielle Kontakte zu Pastoren in den achtziger Jahren interessant, weil diese in der Lage waren, indirekten Einfluss auf Basisgruppen in ihren Gemeinden auszuüben, indem sie diesen Gruppen Räumlichkeiten verweigerten bzw. den Kirchgemeinderat beeinflussen konnten, dies zu tun. Diese IM konnten

---

769 Vgl. ebd., Bl. 33.

770 Interview mit Rolf Grund am 14. 3. 2001.

771 Interview mit Claus-Dieter Wulf am 3. 11. 2000.

auch von ihren Kollegen und Mitarbeitern berichten und bei größeren Veranstaltungen auf ein staatsfreundliches Verhalten eingestimmt werden. Über sie hatte das MfS die Möglichkeit, Gerüchte in der Landeskirche in Umlauf zu bringen. Es konnte zudem – aber nicht alle IM waren dazu bereit – direkt schriftliches Material aus dem kirchlichen Raum erhalten. Sowohl Grund als auch Pulkenat und Pietsch und wohl auch die meisten der acht oben nicht namentlich genannten IM waren an der Basis tätig. Sie überblickten aller Wahrscheinlichkeit nach nur ihre jeweilige mehr oder weniger kleine Gemeinde.

Viele Pastoren sind in den achtziger Jahren „operativ bearbeitet" worden. Die konkrete Form der „Bearbeitung" hing von der jeweiligen „Zielperson" ab. Besonders oft streute das MfS Gerüchte über einen angeblich unmoralischen Lebenswandel, weil die Kirche in Bezug auf ethische Normen konservativer als weite Teile der Bevölkerung reagierte. Moralische Verstöße wurden unmittelbar dienstlich geahndet, eine staatliche Strategie wandelte sich damit unbemerkt um in eine interne kirchliche Angelegenheit. Zu diesem Zweck verwendete der Staatsicherheitsdienst auch Fotomontagen[772] oder lancierte „im Namen besorgter Christen" fingierte Schreiben an Kirchgemeinderäte und den Oberkirchenrat.[773] Beispiele für diese Strategie gibt es viele: Bereits in den sechziger Jahren hatte es in der Landeskirche ein anonymes Schreiben – angeblich von Güstrower Pastoren – an Landesbischof Beste gegeben. Die Absender warfen Beste Amtsmissbrauch und Vetternwirtschaft vor.[774] Beste war klug und hielt das Schreiben unter Verschluss. Unter anderen Umständen hätte es zu einer erheblichen Unruhe in Güstrow führen können, bis sich herausgestellt hätte, dass das Schreiben aller Wahrscheinlichkeit nach eine Fälschung war.

Von einem ähnlichen Schreiben berichtet Günter Pilgrim in seiner Autobiografie: Eines Tages habe er einen Brief als unzustellbar zurückerhalten, dessen Absender die Georgen-Gemeinde in Parchim gewesen sein soll. Ihm sei jedoch von diesem Brief nichts bekannt gewesen. Inhaltlich war in diesem Brief eine harsche Kritik am Oberkirchenrat enthalten, der bei der Renovierung des Gebäudes des Oberkirchenrates in der Münzstraße Westgelder verschwende. Weder Pilgrim noch der Kirchgemeinderat hätten diesen Brief je geschrieben. Er habe sich sofort an die leitenden Stellen gewandt und sich von dem Inhalt distanziert.

---

[772] Vgl. Pingel-Schliemann 2002, S. 257 ff.

[773] Vgl. ebd., S. 252 ff.

[774] Vgl. BArch, DO-4/ 2939, Bl. 33 f.

Es habe eine offizielle kirchliche Richtigstellung gegeben. Einige Tage später sei ein Mitarbeiter des MfS zu ihm gekommen und habe seine Mithilfe bei der Suche nach dem Urheber des Briefes angeboten, die Pilgrim abgelehnt hätte."[775]

Vor allem die Pastoren, die sich in den Basisgruppen engagierten oder eine intensive Jugend- bzw. Studentenarbeit betrieben, gerieten ins Visier des MfS. Zu ihnen gehörte auch der Güstrower Pastor Heiko Lietz. Viele Jahre lange führte das MfS gegen Lietz den OV „Zersetzer". Heiko Lietz sagte dazu in einem Gespräch lakonisch: „Zwei IM mussten immer um mich herum sein, ich war immer eine Gruppe."[776] Vielen erging es ähnlich.

## „Die Basis ist bisweilen realistischer" – Das MfS in den Kirchgemeinden

Seit der Kirchenverfassung vom Juni 1921 bestehen in den mecklenburgischen Gemeinden Kirchgemeinderäte. Sie haben die Aufgabe, zusammen mit dem Pastor oder der Pastorin die Gemeindegeschäfte zu leiten. Die Bearbeitung dieses Gremiums, insbesondere durch das MfS, setzte in Mecklenburg schon Anfang der siebziger Jahre ein, erreichte aber Ende der achtziger Jahre ihren Höhepunkt. Worin aus Sicht von SED und MfS die Bedeutung dieses Gremiums bestand, hat Claus-Dieter Wulf in seiner Stasi-Diplomarbeit 1984 beschrieben:[777] Er betrachtete die Kirchgemeinderäte in erster Linie als Entscheidungsebene und „IM-Reservoir". Genauere Vorstellungen hatte er nicht. Dabei hatte der Rat des Bezirkes Schwerin bereits 1978 eine kirchenpolitische Analyse vorgelegt, die wesentlich konkreter formuliert war:

> „Die Kirchgemeinderäte und ihre Mitglieder nehmen wesentlichen Einfluß auf die politische Haltung und Entwicklung der Gemeindepastoren und anderer kirchlicher Kräfte und Gremien. Deshalb kommt der politisch-ideologischen Arbeit mit ihnen eine große Bedeutung zu. [...] Im Zusammenhang mit den Dobbertiner Konferenzen und deren Auswertung in den Kreisen gibt es eine Reihe guter Erfahrungen der

[775] Vgl. Pilgrim 1998a, S. 91 ff.

[776] Interview mit Heiko Lietz am 1. 8. 2000.

[777] Vgl. BStU, MfS, JHS, 20130, Bl. 31 f.

Befähigung der Kirchgemeinderatsmitglieder zur politischen Arbeit mit kirchlichen Amtsträgern."[778]

Allein die Tatsache, dass diese Analyse es für möglich hielt, Kirchgemeinderatsmitglieder zur politischen Arbeit mit den Pastoren zu befähigen, zeigt die Unkenntnis der wirklichen „Machtverhältnisse". Zwar durften in Mecklenburg seit Inkrafttreten der Kirchgemeindeordnung im März 1969 auch Laien den Vorsitz im Kirchgemeinderat führen – was nicht für alle Landeskirchen galt –, dennoch wurde davon nur selten Gebrauch gemacht. Die Pastoren hatten nach wie vor gegenüber den Mitarbeitern und Kirchgemeinderäten das Sagen. Insofern war es vermessen zu glauben, Kirchgemeinderäte könnten ihre Pastoren und über diese die Landeskirche auf einen „realistischeren" Weg bringen.

Kirchgemeinderäte wurden in den achtziger Jahren auch gezielt unterwandert, um einzelne Personen, meist Jugendmitarbeiter und Mitglieder von Basisgruppen, zu beobachten. Anhand der Akte „Prediger" zu Ingo Barz beispielsweise lässt sich dies nachweisen. Barz wurde unter anderem durch den IM „Gärtner" beobachtet, der dem Ribnitzer Kirchgemeinderat angehörte.[779] Offiziell las sich das dann so:

„Im Zusammenwirken mit den Ausschüssen der Nationalen Front der DDR und deren Arbeitsgruppen Christliche Kreise ist zu sichern, daß eine ständige und wirkungsvolle politische Einflußnahme auf die Mitglieder der Kirchgemeinderäte genommen wird. Dabei muß die Arbeit insbesondere auf ausgewählte Mitglieder der Kirchgemeinderäte ausgerichtet werden, die durch ihr Handeln und ihr Verhalten ihren festen Platz als Staatsbürger und zugleich als anerkannte und geachtete Glieder ihrer Kirchgemeinde einnehmen. Diese sollten dann das innerkirchliche Kräfteverhältnis zugunsten der loyalen Positionen beeinflussen."[780]

---

[778] LHA Schwerin, SED BPA Schwerin, IV D-2/14/526, Bl. 2–17, hier Bl. 15.

[779] Vgl. PA Ingo Barz, BV Rostock, AOP I 261/82, Bd. I/1, Bl. 171.

[780] LHA Schwerin, RdB Neubrandenburg, Z 77/90, 813. „Konzeption zur weiteren Gestaltung der Staatspolitik in Kirchenfragen gegenüber der Evangelisch-Lutherischen Landeskirche Mecklenburgs sowie der Katholischen Kirche im Bereich des Bischöflichen Amtes Schwerin in den Jahren 1987–1990 (1. Entwurf)", Bl. 11 f. d. Dok.

1974 stellte der Rat des Bezirkes Neubrandenburg in einem Arbeitsplan zur Durchsetzung der SED-Kirchenpolitik fest, es sei notwendig, die Mitglieder der Kirchgemeinderäte intensiver zu beeinflussen, „um den Druck von unten, der mehr oder weniger vorhanden, aber fast nicht genutzt wird, zu verstärken".[781]

In welchem Umfang es dem MfS gelang, Kirchenälteste als Inoffizielle Mitarbeiter zu werben bzw. Inoffizielle Mitarbeiter in die Gemeindeleitung einzuschleusen, kann kaum abgeschätzt werden. Einen Anhaltspunkt zumindest über das angestrebte Ausmaß bietet der Jahresarbeitsplan der Bezirksverwaltung Rostock vom 20. Dezember 1984. Darin ist festgelegt, dass 1985 im Bezirk Rostock vier Kreisdienststellen 9 IM in Kirchgemeinderäten anwerben sollten.[782]

Die staatlichen Stellen interessierten sich dementsprechend auch für die Kirchgemeinderatswahlen. So entstand etwa im Bezirksreferat Kirchenfragen Schwerin eine „Einschätzung der Ergebnisse der Kirchgemeinderatswahlen der Evangelisch-Lutherischen Landeskirche Mecklenburgs 1986 mit Schlußfolgerungen für die politische Arbeit" Das Papier enthält die üblichen Maßnahmen einer intensiven Gesprächsführung mit den Mitgliedern der Kirchgemeinderäte, damit „mit ihrer Hilfe langfristig auf die Entwicklung des politischen Kräfteverhältnisses unter den Geistlichen der Mecklenburgischen Landeskirche zugunsten der politisch realistischen und staatsbürgerlichen loyalen Kräfte Einfluß genommen wird." Um den Einfluss auf die Wahl „realistischer" Kirchgemeinderatsmitglieder verstärken zu können sollte die Zahl der Berufungen gesenkt und die Anzahl der Gemeinden, in denen Wahlen stattfanden, erhöht werden.[783]

Einen eklatanten Fall der Instrumentalisierung eines Kirchgemeinderates gab es in den achtziger Jahren in der Gemeinde Rambow-Schwinkendorf an der Müritz. Seit 1985 war dort Eckart Hübener Pastor. Drei Jahre zuvor war er für die unerlaubte Einfuhr von Solidarność-Material zu achtzehn Monaten Haft verurteilt worden, hatte diese in der Justizvollzugsanstalt Brandenburg abgesessen und war in dieser Zeit intensiv von seiner mecklenburgischen Heimatkirche betreut worden. Auf Betreiben Rathkes machte Hübener in Schwerin dann auch das Vikariat. Hübener war in den Augen der staatlichen Stellen auch im weit entfernten und ruhigen Rambow ein „Störenfried".

---

781 Vgl. LHA Schwerin, RdB Neubrandenburg, Z 24/90-1562, Bl. 5 f. d. Dok.

782 Vgl. BStU, MfS, BV Rostock, BdL Nr. 2456, Bl. 60 f.

783 Vgl. LHA Schwerin, SED BPA Schwerin, IV F-2/14/771, Bl. 67 ff.

Die Bezirksverwaltung Neubrandenburg eröffnete deshalb 1985 die Operative Personenkontrolle (OPK) „Alternative" gegen ihn und verschärfte ein Jahr später Hübeners Bearbeitung durch Umregistrierung in einen Operativen Vorgang (OV). Ziel war Hübeners Versetzung.

Die Zersetzungsmaßnahmen begannen, als das MfS Inoffizielle Mitarbeiter im Kirchgemeinderat vom Rambow-Schwinkendorf beauftragte, die Gemeinde gegen Hübener zu mobilisieren: Dieser kümmere sich nicht ausreichend um die Gemeinde, sei zu häufig in Berlin, finde kein positives Verhältnis zu den Leuten. Dies wurde dem zuständigen Landessuperintendenten in Malchin, Rüdiger Timm, zu Ohren gebracht. Eingespannt wurde auch einer von Hübeners Amtsbrüdern, der Strasener Pastor Hermann Pietsch alias IM „Klaus Kruse". Dieser sollte laut Akten den Kontakt zum Gemeindekirchenrat Rambow weiter unterhalten und ihn in seiner Haltung gegen Hübener bestärken.[784] „Kruse" berichtete dem MfS anschließend, dass sich der Kirchgemeinderat Rambow bei Landessuperintendent Timm über Hübener beschwert habe, weil dieser sich nicht genügend seiner Gemeinde widme. Der Gemeindekirchenrat habe mit Rücktritt gedroht, falls Timm bei Hübener keine positive Wende erziele. Traut man den Geheimdienstakten, teilte „Kruse" bei dieser Gelegenheit seinem Führungsoffizier außerdem mit, er habe von Landessuperintendent Timm persönlich erfahren, dass dieser an eine Abberufung Hübeners aus dieser Gemeinde denke. „Durch die Quelle wurde Sup. Timm bedrängt, um des Vertrauens willen, das die Gläubigen der Kirche entgegenbringen, klare Verhältnisse zu schaffen."[785] Die Einbeziehung des Amtsbruders Pietsch alias „Klaus Kruse" wie auch des Kirchgemeinderates und des Landessuperintendenten in Malchin zeigt der folgende Bericht der Bezirksverwaltung Neubrandenburg vom Oktober 1985 sehr anschaulich:

„Wie aus der beiliegenden Information deutlich wird, ist durch eine gezielte Einflußnahme der Quelle auf Sup. Timm, Malchin, und GKR der angestrebte Prozeß einer innerkirchlichen Auseinandersetzung mit H. erfolgreich in Gang gesetzt worden. Diese Methode der Disziplinierung 'aus den eigenen Reihen' erweist sich erfahrungsgemäß als eine sehr wirksame Maßnahme zur Zurückdrängung politisch-negativer Aktivitäten der Zielpersonen im kirch-

[784] Vgl. PA Hübener, KD Waren, AOPK III/622/85, Bl. 61 (alte MfS-Zählung).

[785] Ebd., Bl. 62 (alte MfS-Zählung).

lichen Bereich. [...]

Als Ergebnis der Maßnahmen kann gegenwärtig eingeschätzt werden, daß

durch den Sup. Timm offen eine Konfrontationsstellung zu H. eingenommen und vertreten wird und dadurch ein Verbleiben des H. als Pastor der Gemeinde bereits in Frage gestellt ist;

durch das permanente Einwirken der Quellen sich zwischenzeitlich auch weitere Geistliche (Dr. Kuske, Teterow, Sup. Sagert, Güstrow) von den Aktivitäten des H. distanzieren;

bei H. erste Wirkungserscheinungen der Auseinandersetzungen sichtbar werden. "[786]

Zu dem geplanten Disziplinierungsverfahren, das Timm gegen Hübener anstrengen solle, kam es jedoch nicht.[787] Dennoch vermeldete IM „Barbara Krüger" wenige Monate später, daß sich inzwischen die Stimmung im Kirchgemeinderat deutlich gegen Pastor Hübener gerichtet habe.[788] Sie habe ihren Austritt erklärt, ein anderes Mitglied des Kirchgemeinderates habe mit Landessuperintendent Timm gesprochen. Beide seien sich einig, „dass Hübener als Pastor untragbar" sei. Es fehle jedoch an Beweisen, „um Hübener zu versetzen", so der Bericht.[789] Offensichtlich war die Strategie, Kirchgemeinderat und Landessuperintendent gegen Hübener in Stellung zu bringen, erfolgreich, denn im Juli 1987 kam das MfS in einem „Sachstandsbericht" zu der Schlussfolgerung:

„Es bestanden erhebliche Diskrepanzen zu ihm und seiner Kirchgemeinde und dem GKR, die durch den Prozeß der Disziplinierung zielgerichtet gesteuert und beeinflußt wurden. Es war bisher damit eine Einschränkung der Aktivitäten zu verzeichnen. H. versucht, das Verhältnis zu verbessern, um die Pfarrstelle zu behalten."[790]

[786] Ebd., Bl. 55 ff. (alte MfS-Zählung).

[787] Vgl. ebd., Bl. 56 (alte MfS-Zählung).

[788] Ebd., Bl. 105 (alte MfS-Zählung).

[789] Vgl. ebd.

[790] Ebd., Bl. 202 ff. (alte MfS-Zählung).

In diesem Fall ist es dem MfS gelungen, durch eine Beeinflussung des Kirchgemeinderates das Leben in den Kirchgemeinden Rambow und Schwinkendorf erheblich zu beeinflussen. Eine Vielzahl von Inoffiziellen Mitarbeitern, unter ihnen IM „Barbara Krüger“[791], „Karl Nestler“, „Cony“, „A. Harms“ und „Tobias“, initiierten zwischen dem jungen Pastor und der Gemeinde Spannungen, die, weil ihre Herkunft unbekannt war, kaum zu lokalisieren und dadurch schwierig zu beheben waren. Hinzu kam, dass es dem Kirchgemeinderat gelang, den Vorgesetzten Hübeners zu beeinflussen. Landessuperintendent Timm, das wusste das MfS, hatte große Schwierigkeiten mit der Generation junger Pastoren in seinem Kirchenkreis, die wie Markus Meckel, Martin Gutzeit und Eckart Hübener neben der traditionellen Gemeindearbeit neue Themen wie beispielsweise die Friedensarbeit in die Gemeinden holten. Genauer gesagt fußten die Differenzen auf der Tatsache, dass diese neuen Themen kaum von den Gemeinden akzeptiert wurden, sondern eine oftmals sehr kleine Gruppe am Rande oder gänzlich außerhalb der Gemeinden ansprachen. Diese bekannten Vorbehalte aufgreifend, etablierte die Staatssicherheit eine Koalition zwischen dem Kirchgemeinderat und dem Landessuperintendenten und drängte Hübener dadurch in eine schwierige Position. Rüdiger Timm ahnte nichts von seiner Rolle in dieser Inszenierung, ebenso wenig wie Eckart Hübener den Ursprung der Auseinandersetzungen kannte. Gegen diese Art von „Differenzierungspolitik“ konnte sich der Einzelne kaum wehren. Auf die Frage, wie er das Verhalten Rüdiger Timms heute sieht, sagte Hübener:

> „Timm war seit den fünfziger Jahren Pastor und wusste, wie man als Pastor unter Beschuss geraten kann. Es war bekannt, wie die staatlichen Stellen arbeiteten, und er hat mich dennoch hintergangen. Er hat sich hinter meinem Rücken mit den Kirchenältesten getroffen, jedenfalls mit einem Teil. Aus den Stasi-Akten weiß ich, dass das geplante Aktionen des MfS waren. Timm kam damals aufgebracht zu mir und fragte: ‘Was ist bei Ihnen los, Bruder Hübener? Der Kirchgemeinderat beschwert sich über Sie.’ Ich hatte keine Chance, ihm die Lage vor Ort zu erklären, geschweige denn, dass er, bevor er mit dem Kirchgemeinderat spricht, sich mit mir zusammensetzt. Er hat den Boden der Fairness verlassen und mich als jungen

---

[791] Die Schreibung dieses Decknamens ist nicht einheitlich, bisweilen heißt er auch „Barbara Krieger“.

Pastor als Schuldigen abgestempelt. Ihm war wichtig, was ihm einige Personen aus dem Kirchgemeinderat gesagt haben. Heute ist klar, dass das IM waren.“[792]

Dennoch bleibt festzuhalten, dass die Differenzen zwischen Timm und Hübener nicht das Schutzverhältnis zwischen der kirchenleitenden Ebene und den Gemeinden grundsätzlich in Frage stellten. „Sobald sich staatliche Stellen erkennbar politisch über mich oder auch über andere Pastoren, beispielsweise über Meckel, beschwerten“, so Hübener, „war der innerkirchliche Schutz gegeben.“ Rüdiger Timm habe aber nicht bemerkt, dass der Staatssicherheitsdienst versuchte, den Kirchgemeinderat zu beeinflussen, ihn zu instrumentalisieren.[793]

Eine geeignete Person aus einem Kirchgemeinderat auszuwählen, um sie anzuwerben, nannte das MfS in seiner eigenen Sprache jemanden „herausbrechen“.[794] Die semantische Gewalt spiegelt wider, dass dieser Vorgang nicht einfach war. Kirchgemeinderatsmitglieder waren zu DDR-Zeiten in der Regel engagierte Laien, die sich nicht scheuten, ihre Kirchenzugehörigkeit auch durch die Übernahme eines Amtes zu dokumentieren. Sie arbeiteten überwiegend in staatlichen Betrieben und riskierten auf Grund des kirchlichen Engagements durchaus ihre nächste Beförderung, das schulische Weiterkommen ihrer Kinder und Ähnliches. Aus diesen Kreisen jemanden anzuwerben, war schwierig, wenn der Staatssicherheitsdienst nicht gerade etwas in den Händen hatte, das für eine Erpressung geeignet schien. Daher ist es nicht überraschend, dass das MfS versuchte, IM in Kirchgemeinderäte „einzuschleusen“.

Dass es solche extremen Fälle dennoch nur selten gegeben hat, lag möglicherweise daran, dass die Superintendenten mehr auf diese und ähnliche Strategien des MfS vorbereitet waren, vielleicht aber auch daran, dass die Kirchgemeinderäte in der Regel keine starke Position hatten und es für das MfS daher schwierig war, durch diese innerkirchlich etwas zu bewirken. Hübener hatte noch Glück im Unglück. Ihm half in dieser Situation auch, dass er aus einer traditionsreichen mecklenburgischen Pastorenfamilie stammte:

> „Ich weiß nicht, was aus mir geworden wäre in der schweren Zeit, wäre ich nicht aus einer altehrwürdigen mecklenburgischen

---

792 Interview mit Eckart Hübener am 17. 1. 2000.

793 Vgl. Interview mit Eckart Hübener am 17. 1. 2000.

794 Vgl. Müller-Enbergs 1996, S. 38.

> Pastorenfamilie gekommen und hätte entsprechende Unterstützung bei meinen Eltern und einigen aus der Landeskirche gefunden. Mein Vater wusste aus Zeiten der Bekennenden Kirche, in welche Probleme mit dem Staat man hineingeraten konnte. In einem anderen Umfeld hätte mir diese Zeit vielleicht viel mehr anhaben können."[795]

Verstärkt wurden die IM in den Kirchgemeinderäten in den Wendewochen mobilisiert. Sie sollten verhindern, dass Gruppen wie das Neue Forum Gemeinderäume für ihre Veranstaltungen nutzen durften. Dies vermochten sie in der Regel nicht. Ganz im Gegenteil: Die Kirchgemeinderäte wurden in vielen Regionen zu einem wesentlichen Motor für die Wende. Die Pastoren öffneten nach Absprache mit dem Kirchgemeinderat oder sogar auf dessen ausdrückliche Aufforderung hin die Kirchen für die lokalen Wendeveranstaltungen. Die Kirchgemeinderäte verwandten sich – zum Teil – für das Neue Forum, so geschehen in Schwerin in der Paulskirche und in Kühlungsborn, wo der Kirchgemeinderat am 11. Oktober ein Schreiben an den Innenminister der DDR richtete. Er bat darin um Zulassung des Neuen Forums, um den dringend notwendigen gesellschaftlichen Dialog zu fördern.[796]

Wie erfolgreich war das MfS bei der Unterwanderung der Kirchgemeinderäte? Diese Frage kann im Rahmen dieser Arbeit nicht hinreichend beantwortet werden, denn das würde eine flächendeckende Recherche zu allen Mitgliedern aller 300 Kirchgemeinderäte der Landeskirche in rund 20 Jahren voraussetzen. Möglich ist es jedoch, einige allgemeine Schlussfolgerungen zu ziehen:

Zwischen 1970 und 1989 wurden die engagierten Laien in den Kirchgemeinderäten zunehmend durch das MfS bedrängt. Der Staatssicherheitsdienst versprach sich davon, unliebsame Pastoren und Pastorinnen zu disziplinieren, und verkannte dabei die Tatsache, dass in der Mehrzahl der mecklenburgischen Gemeinden traditionell der Pastor auch den Kirchgemeinderat leitete. Dies führte dazu, dass staatliche Annäherungs- und Differenzierungsversuche unter den Laien vielfach sofort durch die Gemeindepastoren und Landessuperintendenten unterbunden wurden.

Eine gewisse Schutzfunktion hatten zudem die Kirchenältestentage in der Landeskirche. Sie fanden nach einigen Jahren Pause seit 1975 wieder

---

795 Interview mit Eckart Hübener am 17. 1. 2000.

796 Vgl. PA Matthias Burkhardt.

regelmäßig statt. Diese Rüstzeiten, die nicht umsonst „Aufrüstungen" hießen, waren in der Regel sehr gut besucht, 1982 beispielsweise von mehr als 1000 Kirchenältesten,[797] und dienten der Schulung der Kirchgemeinderäte auch in kirchenpolitischer Hinsicht.

---

[797] Vgl. MKZ Nr. 26 vom 27. Juni 1982, S. 1: „Der Landeskirchenältestentag in Güstrow. Wer glaubt, denkt weiter".

## Zusammenfassung

> „Wenn ich mir die Hierarchie in Mecklenburg angucke, dann muss man sagen: Was gibt`s? Es gibt einen Pastor. Und eigentlich hat jemand anders nicht allzu viel zu sagen."[798]

Was Martin Gutzeit, lange Jahre Pastor in Schwarz und späterer Landesbeauftragter für die Unterlagen der Staatssicherheit in Berlin, im Gespräch in wenigen Sätzen zusammenfasste, beschreibt zugleich die Stärke wie die Schwäche der mecklenburgischen Gemeinden: Die Pastoren vereinigten und vereinigen bis heute auf sich die Leitungsfunktionen in einer Gemeinde. Die Kirchgemeinderäte, die sie hätten entlasten können, standen nicht annähernd gleichberechtigt neben ihnen. Kirchenpolitisch gesehen wirkte sich dieses Ungleichgewicht überraschenderweise jedoch nicht ungünstig aus: Dies lag zum einen daran, dass die Pastoren durch die Arbeit in den Propsteien, auf der Ebene des Kirchenkreises und durch den Kontakt zum Landesbischof in einem weit gehenden kirchenpolitischen Konsens standen, zum anderen daran, dass die Unterwanderung der Kirchgemeinderäte durch das MfS im Großen und Ganzen fehlschlug.

In welchem Ausmaß es dem MfS und den anderen staatlichen Organen gelang, Einfluss auf die Gemeinden auszuüben, lässt sich derzeit nicht endgültig sagen. Landesweit bemühten sich die MfS-Dienststellen, Räte der Bezirke und Kreise und Städte sowie die SED-Leitungen auf allen Ebenen darum, möglichst direkt den Weg der Landeskirche zu beeinflussen. Mit dem Entstehen der Basisgruppen rückten die Kirchgemeinderäte stärker in den Blick. „Allein im Bezirk Rostock", so Christoph Vollnhals, „war den Kreisdienststellen neben der Bearbeitung diverser OPK und OV für 1989 die Anwerbung von elf Kirchgemeinderäten aufgegeben."[799] Sie wandten eine Vielzahl von Methoden an, um den Anteil der so genannten „positiv-realistischen" und loyalen Kräfte für sich zu gewinnen, allerdings auf die gesamte Zeit gesehen ohne durchschlagenden Erfolg. Es waren nur Einzelne, die sich aus der innerkirchlichen Solidarität und Gemeinschaft herauslösten und engeren Kontakt zum Staat suchten. Im Folgenden sollen die wichtigsten kirchlichen Strategien zur Abwehr der äußeren Einflussnahme aufgeführt werden. Sie machen deutlich, war-

---

798 Interview mit Martin Gutzeit am 20. 7. 2000.

799 Vgl. Vollnhals 1997a, S. 67.

um die Landeskirche Mecklenburg trotz der massiven Angriffe auf ihre Pastoren gestärkt in das Jahr 1989 gehen und im Norden der DDR zu einem tragenden Pfeiler der Wende werden konnte.

Von grundlegender Bedeutung waren die zahlreichen Bruderschaften unter den Pastoren: die Michaelis-, Johannes-, Dobbertiner- und nicht zuletzt die Kessiner Bruderschaft. Sie wirkten zwar kaum nach außen und wurden vor allem von der älteren, in den achtziger Jahren oftmals schon emeritierten Generation getragen, aber innerhalb dieser Gruppe stärkten sie erheblich das Zusammengehörigkeitsgefühl. Sie bildeten Mikrokosmen, die der „Differenzierung" etwas entgegenzusetzen hatten, weil man sich schon lange kannte und in politischer Hinsicht einmütig war. Die nachfolgende Generation der zwischen 1950 und 1960 geborenen Pastoren erlebte diese Bruderschaften zu einem guten Teil immerhin noch in ihren Elternhäusern. Sie selbst wandte sich jedoch stärker überregionalen Gruppen zu, vor allem den Friedens- und Umweltinitiativen. Ein wichtiges Bindeglied innerhalb der mecklenburgischen Pastorenschaft war auch die Mecklenburgische Pastorenkonferenz, die einmal im Jahr tagte.

Diese horizontalen Strukturen begünstigten entscheidend die Ausbildung eines innerkirchlichen „Konsenses" in Bezug auf den Staat. Ähnlich wie Lutz Jastram, heute Pastor in Schwerin, beschrieben viele Gesprächspartner die politische Leitlinie in Mecklenburg:

> „Es gab einen Konsens landeskirchenweit: Es gibt keine Kontakte zum MfS, alle Kontakte haben wir zum Staat, nicht zur SED. [...] Wenn Kontakte angebahnt werden von Seiten der Staatssicherheit, ist das sofort publik zu machen im Konvent. [...] Das war für mich ein Prinzip und eine Erfahrung, die ich schon kennen gelernt hatte, als ich noch nie daran dachte, Pastor zu werden. Das war in meiner Zeit der Jungen Gemeinde, ich war gerade konfirmiert, und unser Pastor in Grabow sagte uns: 'Wenn an der Stelle irgendwann mal jemand an euch herantritt und euch aushorchen will, was wir hier machen, sagt mir sofort Bescheid, und ich sage das weiter. Wir als Kirche unternehmen etwas, damit ihr nicht unter Druck kommt.' [...] Dieses Prinzip habe ich immer wieder kennen gelernt, wenn ich mit jemandem aus der Landeskirche zusammen war. Ganz deutlich habe ich es von Bischof Rathke gehört, wenn er mit Theologiestudenten zusammen war. Wir hatten unsere regelmäßigen Treffen mit dem Bischof: Einmal auf Landesebene, er kam aber auch nach Leipzig ans Theologische Seminar und sagte

das dort auch: 'Wenn sich die Leute an euch heranmachen, dann meldet mir das sofort und gebt mir die Telefonnummer, die sie euch gesagt haben, und dann rufe ich dort an.' Und das, fand ich, war eine unglaubliche Entlastung. Das Verhalten der kirchenleitenden Leute aus der Landeskirche hatte eine entlastende Funktion für die Basis. [...] Und zwar nicht nur für kirchliche Mitarbeiter, die wir als Studenten ja auch schon waren, sondern wenn ich dies als Mitglied der Jungen Gemeinde schon wusste und dann täglich in den roten Raum meiner EOS gehen musste, dann wusste ich: Die Kirche steht hinter mir mit dem Pastor und der Kirchenleitung – die ich damals aber noch gar nicht richtig kannte. Da habe ich Schutz. Es wird mir vielleicht schwer fallen, mich dahin zu wenden. Aber ich weiß, die stehen für mich ein. Das hat einen ganz starken seelsorgerischen, hilfreichen Aspekt. Diesen Konsens gab es auch auf der Propsteiebene: Alle staatlichen Kontakte erzählen wir uns gegenseitig weiter, damit auch nicht einer da hineinschlittert."[800]

Der Konsens bezog sich nicht nur auf Gespräche mit Mitarbeitern des MfS, sondern auch auf solche mit der CDU und allen anderen Parteien und Organisationen. Folker Hachtmann, zuletzt Pastor am Güstrower Dom, hat zur Beschreibung der kirchlichen Gemeinschaft das Bild der Zugvögel herangezogen:

„Wie kam die Gemeinschaft innerhalb der Landeskirche zustande? Das ist wie eine Art Instinkt, wie man es bei Flügen von Zugvögeln beobachten kann [...]. Im Rückblick will mir das so erscheinen, dass da ein innerer Konsens in der Landeskirche war. Die anderen, wenigen, sind immer draußen vor gewesen: Arndt – Bützow, Schmidt – Neustadt-Glewe, Kleinschmidt – Schwerin, Riege – Kirch Jesar, Scheidung – Boizenburg. Aber man kann diese im Grunde an einer Hand aufzählen."[801]

Eine Unterteilung in die überwiegende Mehrheit der mecklenburgischen Pastoren „drinnen" und die kleine Minderheit „draußen" bliebe jedoch sehr schematisch, weil sie die Meinungsvielfalt in den Gemeinden nicht berücksichtigt. Zwar gab es tatsächlich eine gewisse Übereinstimmung, wie sich die Pastoren gegenüber staatlichen Stellen zu verhalten hatten

[800] Vgl. Interview mit Lutz Jastram am 20. 7. 2000.

[801] Interview mit Folker Hachtmann am 30. 11. 2000.

– und aus diesem Grund gab es auch bestimmte Regeln nach innen, die ein Mindestmaß an Kommunikation mit den Amtsbrüdern und Vorgesetzten vorsahen. Dennoch bestand eine große Bandbreite an politischen Meinungen und Haltungen in der Landeskirche. Erst wenn aus einer Meinung eine Haltung und aus dieser eine Tat wurde, sollten die Propstei, der Landessuperintendent oder der Bischof korrigierend eingreifen. Was der Einzelne im stillen Kämmerlein tat, blieb daher oft unbekannt, auch wenn es von der verbindlichen Linie abwich. Ein Beispiel dafür ist eine Abhandlung des mecklenburgischen Pastors B. mit dem martialischen Titel „'An dem Priester ist ein General verloren gegangen'. Eine militärgeschichtliche Skizze zur Vorgeschichte der Volksbewegung der Befreiungskriege 1813–1815". Er hatte sie Heinz Hoffmann, dem Minister für Nationale Verteidigung der DDR, gewidmet.[802] Weniger die Schrift als das Huldigungsschreiben verdient Beachtung, das heute im Bundesarchiv in Berlin lagert. Es ist datiert auf den 10. November 1983 und fällt damit in die Hochzeit der internationalen Aufrüstung. Vielerorts entstanden Friedensgruppen, die an Hoffmann Bittbriefe ganz anderer Art schickten: Sie wollten die Aufstellung von Atomraketen auf dem Gebiet der DDR verhindern. Nicht so dieser Pastor.

> „Sehr verehrter Herr Armeegeneral,
> gestatten Sie mir bitte, Ihnen zu sagen, wie sehr mich Ihr Buch 'Mannheim, Madrid, Moskau' beeindruckt und bewegt. Seitdem ich das Werk vor 1 1/2 Jahren las, denke ich über Ihre Memoiren oftmals nach und sehe ständig klarer in diesem Weg eines Kommunisten die Geschichte der Arbeiterbewegung und unsere deutsche Geschichte. Lebensvoll und konsequent erscheint alles und wird zum bleibenden Bekenntnis und Lebenszeugnis. In Ihren Ausführungen atmet Wärme und Innigkeit für die Sache des Volkes und zu jedem einzelnen Menschen; auch sind Sinn und Liebe zur Heimat zu spüren. [...]
> Als ein sichtbares Zeichen meines Dankes an Sie, sehr verehrter Herr Armeegeneral, erlaube ich mir, Ihnen zu Ihrem Geburtstag am 28. November eine militärgeschichtliche Skizze aus meiner Feder zu widmen. [...]
> Es würde mich freuen, wenn Sie meinen Aufsatz als ein Resultat Ihres umfassenden Vortrages über die Bedeutung der Militärgeschichte

---

[802] Vgl. BArch, DO-4/1233. Schreiben von Pastor B. an Armeegeneral Heinz Hoffmann vom 10. 11. 1983.

> am 24. März 1983 in Potsdam […] aufnehmen. 8 Monate später wird Ihre Aufforderung, fortschrittliche militärische Traditionen für die patriotische und internationalistische Erziehung zu erschließen, durch meinen Beitrag gleichsam 'aus der Reserve' erfüllt im Karl-Marx-Jahr noch. […] So meldet sich mit mir hier nun ein Kirchenhistoriker zur Stelle. […] Ich darf Ihnen mitteilen, daß aus meiner Arbeit weitere militärgeschichtliche 'Reserven' zu erschließen sind. […]
> Abschließend darf ich bemerken, sehr verehrter Herr Armeegeneral, daß mein ältester Sohn […] – Baufacharbeiter – als Maat bei der Hubschraubereinheit unserer Volksmarine in Parow seinen Wehrdienst mit Hingabe und Freude leistet (Unteroffizier auf Zeit). Der andere Sohn […] hat sich kürzlich als erster Schüler seiner 11. Klasse der hiesigen EOS [geschw.] für den späteren Dienst als Unteroffizier auf Zeit gemeldet."[803]

Solch eine starke Abweichung von der allgemeinen „Linie" der mecklenburgischen Landeskirche stellt zwar die Ausnahme dar, sie war aber nicht singulär. Naivität und politische Überzeugungen spielen dabei weniger eine Rolle als eine allgemeine Sinnkrise unter kirchlichen Mitarbeitern und Pastoren, hervorgerufen durch den beständigen Mitgliederschwund und die abflauende christliche Jugendarbeit. Die Gemeinden „vergreisten" und die Kirchen verwaisten. Die staatliche Seite konnte an diesem Punkt ansetzen und die fehlende Bestätigung geben: durch Unterstützung bei der Ausübung privater Liebhabereien, durch die Befriedigung der Reiselust oder auch durch die Anerkennung eines Hobbyhistorikers durch einen Armeeoffizier und anerkannten Kirchenfeind. Hinzu kam ein starker Individualismus unter den Pastoren, der sich in diesem Beruf besonders ausprägen konnte und Alleingänge mehr als anderswo begünstigte.

Auch generationsspezifische Eigenheiten beeinflussten das kirchenpolitische Klima. So herrschten, wie das Schreiben an Armeegeneral Heinz Hoffmann zeigt, hier und dort noch der alte Korpsgeist, ein militärisches Verständnis vom Stand eines Pastors und ein hierarchisches Verhältnis zur Kirchenleitung. Krieg und Gefangenschaft hatten ihre Spuren auch in den Biografien der Einzelnen hinterlassen.

Wie gefährlich die interne „Differenzierung" war, zeigt die unterschiedliche Entwicklung der beiden Kirchenkreise Rostock-Stadt und Schwerin.

---

[803] Vgl. ebd.

Sie waren die Zentren in der mecklenburgische Landeskirche und standen von jeher in einer internen Konkurrenz zueinander: die größere, industriell entwickelte Universitätsstadt Rostock gegenüber dem konservativen Schwerin. Diese Entwicklung setzte sich auch in der DDR-Zeit fort. In den achtziger Jahren, unter anderem hervorgerufen durch die intensiven Verhandlungen zu den beiden Kirchentagen 1983 und 1988, zeigte sich jedoch eine relativ neue Entwicklung: der Rostocker Kirchenkreis differenzierte sich in politischer Hinsicht immer stärker aus. Anders als in Schwerin – dessen Konvent auch wesentlich kleiner war – entwickelte sich dort eine starke Fraktion innerhalb der Rostocker Pastorenschaft, die die Annäherung an die staatlichen Stellen suchte. Die aus kirchlicher Sicht gefährliche Entwicklung erfreute jedoch die staatlichen Stellen. Nicht ohne Grund schrieb der Rostocker Kirchenreferent im Juni 1986, Rostock entwickele sich „zu einem der gewichtigsten Schwerpunkte der kirchlichen Tätigkeit der MLK". Dies sei auf die „politische Arbeit der verantwortlichen staatlichen Organe" und die „günstigeren Bedingungen durch das realistische Wirken des Landessuperintendenten der Stadt" zurückzuführen und zeige sich insbesondere bei den Wahlen, die schon genau so gut wie in der Greifswalder Landeskirche besucht würden.[804] Eine ähnliche Entwicklung zeigte sich in den achtziger Jahren mehr oder weniger überall, in Rostock nur besonders deutlich. Über den Pastorenkonvent in Neubrandenburg beispielsweise sagte Ulrich von Saß:

> „Es gab natürlich an bestimmten Punkten einen ganz offensichtlichen Dissens. Zum Beispiel hatten wir vor der Kommunalwahl 1989 im Konvent eine Diskussion, in der es darum ging, wie wir uns verhalten würden. Ich sehe diesen Konvent noch vor mir: Einer sagte: ´Ich stelle mir vor, Honecker würde nicht gewählt werden, dann würde es noch schlimmer kommen.` Der andere sagte: ´Ich wähle aus Solidarität mit allen, die wählen müssen. Der Dritte sagte: ´Ich will in die Schweiz, mal ganz ehrlich.` Der vierte sagte: ´Ich werde demonstrativ in die Kabine gehen.` Und andere sagten: ´Es gibt nur die Wahl hinzugehen oder nicht hinzugehen – mehr Wahl haben wir nicht.` Das war die Bandbreite."[805]

Aber auch ein schwieriges menschliches und berufliches Umfeld innerhalb der Landeskirche führte in einigen Fällen zu engen Kontakten

---

[804] Vgl. LAG, BL IV E/ 2.14/ 613, Bl. 136 f.

[805] Interview mit Ulrich von Saß am 7. 4. 2000.

zu staatlichen Stellen, die individuelle Schwächen und Interessen ausnutzten und die jeweiligen Pastoren gezielt in Opposition zu ihren Amtsbrüdern brachten. Das Ministerium für Staatssicherheit, so Heinrich Rathke, habe schnell erkannt, ob Einzelne isoliert von der kirchlichen Gemeinschaft lebten. MfS-Offiziere hätten diesen gegenüber häufig die Rolle eines „Ersatz-Seelsorgers" übernommen. Unmittelbar damit sei jedoch die Frage verknüpft, ob sich die Kirche genügend um diese randständigen Pastoren und Mitarbeiter gekümmert habe.[806]

Nach Pollack war es das zentrale Anliegen der SED-Kirchenpolitik, „einen Keil zwischen Kirchenleitung und Pfarrerschaft zu treiben, [...] um die eigenen Herrschaftsansprüche besser durchsetzen zu können".[807] In der mecklenburgischen Landeskirche bestanden Strukturen, die den innerkirchlichen Zusammenhalt von Pastor und Gemeinde und unter den Pastoren erheblich gefördert haben. Neben der relativ überschaubaren Größe der Landeskirche förderte eine Vielzahl von Begegnungsmöglichkeiten unter Pastoren und Mitarbeitern die interne Gemeinschaft: Bei der jährlichen Quasimodogeniti-Rüste konnte sich die Pastorenschaft aus den entferntesten Ecken der Landeskirche kennen lernen; in einigen Propsteien gab es darüber hinaus auch private Zusammenkünfte, beispielsweise in Rostock die so genannten „Monatskonferenzen".[808] Auch die bereits genannten Bruderschaften stärkten das Miteinander. Diese Strukturen machten es dem MfS schwerer, die Pastorenschaft nachhaltig zu spalten.

Die staatlichen Stellen reagierten darauf, indem sie zunehmend auf die Laien Druck ausübten. Sie, die in staatlichen Betrieben beschäftigt waren, konnten vor allem über ihr berufliches Fortkommen und das Wohl ihrer Kinder erpresst werden. Allerdings bereitete die Landeskirche ihre Mitglieder auch darauf vor, vom Staatssicherheitsdienst angesprochen zu werden. Der Leitung der mecklenburgischen Landeskirche war bewusst, dass sie den einzelnen Christen vor staatlichen Vereinnahmungsversuchen zwar nicht wirksam schützen konnte, ihn aber darüber informieren konnte, wie er sich wirksam dagegen wehren konnte. Abschließend soll

---

806 Vgl. Interview mit Heinrich Rathke am 8. 6. 2000.

807 Pollack 1994, S. 102.

808 Die Monatskonferenzen wurden Anfang der siebziger Jahre eingestellt. Durch die steigende Anzahl von Pastoren waren die Treffen unübersichtlich geworden und hatten ihren eigentlichen Zweck, Kommunikation zu erleichtern, eingebüßt. In Rostock wurden stattdessen drei Propsteien eingerichtet, die jede für sich einen eigenen Mikrokosmos bilden sollten.

daher das Beispiel von Sabine von Saß dargestellt werden. Sie war Mitte der siebziger Jahre in einer kleinen Kirchgemeinde an der Ostsee engagiert, war geschieden und hatte zwei kleine Kinder. Ihre persönliche Situation, den kirchlichen Hintergrund und die verwandtschaftlichen Beziehungen nach Westberlin ausnutzend meinte die Staatssicherheit, aus ihr eine besonders unverdächtige Auslandsagentin machen zu können. Dies gelang nicht. Sabine von Saß erinnert sich:

> „Im Mai 1976 kamen eines Abends zwei Herren zu mir, zeigten auch eine Marke, Kriminalpolizei, glaube ich, und sagten, sie wollten mit mir sprechen. Sie haben das erste Gespräch mit mir in meiner Wohnung geführt und mir gesagt, mein geschiedener Mann würde wollen, dass ich ohne meine Kinder nach drüben gehe. Ich hätte doch sicherlich bemerkt, dass mir wichtige Urkunden und Dokumente fehlen würden, die für eine Übersiedlung notwendig seien. Das hatte ich bemerkt. Wie sie zu den Dokumenten gekommen waren, weiß ich nicht, aber sie hatten offensichtlich genaue Kenntnisse über die familiären Verhältnisse und räumlichen Gegebenheiten in der ehemaligen gemeinsamen Wohnung. Wie ich nach einem Gespräch mit meinem damals geschiedenen Mann sehr schnell herausgefunden habe, hatte er nichts mit dieser ganzen Sache zu tun. Das MfS nutzte die private Situation für seine Interessen aus.
> In dieser Zeit musste ich jeden Tag im Rahmen der Facharztausbildung nach Rostock fahren. Die Staatssicherheit holte mich mehrfach entweder von zu Hause ab oder aus dem Zug heraus und sagte: ‘Wir müssen uns über die Sache noch einmal unterhalten.’ Das schien mir damals auch noch glaubwürdig. Ich wurde nach Rostock in eine konspirative Wohnung gefahren. Da war bereits ein Herr Wenzlawski[809], den ich schon früher bei Geburtstagsempfängen meines Chefs im Krankenhaus gesehen hatte und der der Leiter der Kreisdienststelle des MfS in Doberan war. […] Er sagte: ‘Ich verste-

[809] Gerfried Wenzlawski, Major, Leiter der Kreisdienststelle Bad Doberan, hatte 1977 eine Diplomarbeit zum Thema „Aufgaben der Kreisdienststelle zur Aufdeckung der subversiven Tätigkeit der Funktionäre der WTG [Wachturm-Gesellschaft] mit dem Ziel ihrer Einschränkung und der Entwicklung von Ausgangsmaterialien für die operative Vorgangsbearbeitung“ zusammen mit Major Hans-Jochen Kleinow geschrieben und war daher „Spezialist“ auf dem Gebiet der Bearbeitung von Religionsgemeinschaften und Sekten.

he ja Ihre schwierige Situation, dass Sie nach drüben gehen sollen und Ihre Kinder hier bleiben sollen.' Ich habe ihm dann gesagt, dass ich die Geschichte mit der Übersiedlung nicht glauben würde. Und nun forderte er von mir, dass ich im Interesse des Staates die Kinder in der DDR lassen und selber in die Bundesrepublik gehen sollte. Ich habe ihnen gesagt, das käme für mich überhaupt nicht in Frage. Ich würde die Kinder nie verlassen.[810]

Als die Ärztin nicht einlenkte, wurden Wenzlawski und seine Kollegen deutlicher. Sie boten einerseits an, sie könne jederzeit ihre Eltern in Westberlin besuchen, und als dies nichts half, wurde sie in unregelmäßigen Abständen auf dem Weg zur Arbeit von zwei Staatssicherheitsoffizieren abgepasst und in einem Auto mit zugezogenen Vorhängen durch Rostock gefahren. Die Drohungen wurden verschärft:

> „Sie haben gesagt: 'Wenn Sie zur Mitarbeit mit der Staatssicherheit nicht bereit sind, müssen Sie mit Konsequenzen rechnen. Das kann Ihre berufliche Zukunft betreffen, das kann auch eine Verhaftung sein. Die Erziehung der Kinder wird in diesem Fall vom Staat übernommen.' Da war ich natürlich sehr geschockt. Sie haben mich dann wieder nach Hause gefahren. Ich bekam ganz erhebliche Angst, als sie anfingen zu drohen, die Erziehung der Kinder würde vom Staat übernommen und mir mit Haft drohten. 'Übernahme der Erziehung vom Staat' hieß Adoption oder Kinderheim."[811]

Es folgten unruhige Wochen. Die Staatssicherheit ging nun zu psychischem Terror über. An einem Sonnabend im Herbst 1976 erhielt sie alle dreißig Minuten einen Telefonanruf, und eine unbekannte Stimme sagte: „Ich komme heute Nacht und töte Sie." Ein anderes Mal wurde sie spätabends von zwei Männern unter dem Vorwand aus dem Haus gelockt, draußen liege ein schwer Verletzter, dem sie als Ärztin helfen müsse. Aber da war niemand, und die Männer wollten ihr wohl nur Angst einjagen und demonstrieren, dass man sie jederzeit allein aus dem Haus locken könnte, um ihr vielleicht etwas anzutun:

> „In dieser Zeit haben sie mich mehrfach spät abends aus meiner Wohnung geholt, meine Kinder, 2 und 4 Jahre alt, schliefen schon.

---

810 Interview mit Sabine von Saß am 3. 11. 2000.

811 Ebd.

Ich habe gesagt: 'Die Kinder sind alleine. Das geht nicht.` Sie sagten: 'Darum werden wir uns kümmern.` Ich weiß nicht, ob jemand nachts in der Wohnung war.
Nachdem ich auch beim dritten Gespräch gesagt hatte, eine Zusammenarbeit mit dem Ministerium für Staatssicherheit käme für mich überhaupt nicht Frage, drohten sie mir mit dem berüchtigten Frauengefängnis Hoheneck. Ich hatte damals eine unbeschreibliche Angst. Nicht meinetwegen, sondern wegen meiner Kinder."[812]

Als engagierte Christin wandte sie sich an ihre Familie und an den Ortspastor, der zunächst nicht verstand, was in ihrem Leben passierte und worum sie ihn bat. Dann aber telefonierte er mit dem Landessuperintendenten in Bad Doberan, der seinerseits mit dem Stellvertreter für Inneres beim Rat des Kreises Doberan, Fischer, sprach und ihn aufforderte, unverzüglich dafür zu sorgen, dass diese Christin in Ruhe gelassen würde. Fischer war zugleich als IM „Wolf" registriert und informierte die dortige MfS-Kreisdienststelle.[813]

„Daraufhin änderte sich die Situation sofort. Ich wurde noch einmal zur Polizei bestellt und musste eine Erklärung unterschreiben, dass ich Stillschweigen bewahren würde. Und das habe ich auch getan und bin von Stund an nicht mehr belästigt worden. In dem Moment, wo sich die Kirche eingeschaltet hatte, war das vorbei. [...] Ob sie mich dann noch später beobachtet haben? Haben sie wahrscheinlich. Es sind ja noch Blätter aus der Zeit des Neuen Forums in meiner Akte. [...]
Die Stasi dachte, sie hätte mit mir leichtes Spiel. Sie ging davon aus, dass ich als Laie nicht unter dem Schutz der Kirche stünde oder rechnete nicht damit, dass ich diesen auch als Laie in Anspruch nehmen würde. Die Intervention meines Bruders, des Gemeindepastors und des Landessuperintendenten haben dem Zugriff der Staatssicherheit auf mich ein Ende gemacht.[814]

Die Repressionen gegen Sabine von Saß waren kein Einzelfall; in den achtziger Jahren hat die Bezirksverwaltung für Staatssicherheit in Schwerin eine junge Ärztin so sehr bedrängt, sie isoliert und massiv ver-

---

812 Ebd.

813 Vgl. BStU, MfS, BV Rostock, AOPK 2706/84, Bd. 2, Bl. 7.

814 Interview mit Sabine von Saß am 3. 11. 2000.

unsichert, dass sie sich unter diesem Eindruck 1990 das Leben nahm.[815] Insgesamt gelang es den staatlichen Stellen jedoch nicht in dem angestrebten Maß, in die Gemeinden einzudringen, um zum einen „von unten" Druck auf die Landeskirche auszuüben und damit die SED-Kirchenpolitik durchzusetzen und zum anderen zwischen die kirchliche Basis und die Kirchenleitung einen Keil zu treiben, um diese Politik zu beschleunigen.

[815] Vgl. Pingel-Schliemann 2002, S. 277 f.

Abb. 1: Heinrich Rathke predigt vom alten Zirkuswagen aus in der Gemeinde Rostock-Südstadt, ca. 1966.

Abb. 2: Amtseinführung von Landesbischof Heinrich Rathke am 27. März 1971 vor dem Schweriner Dom; rechts: Niklot Beste; im Hintergrund: Albrecht Schönherr und Friedrich-Wilhelm Krummacher.

Abb. 3: Heinrich Rathke, ca. 1990

Abb. 4: Oberkirchenräte Hermann Timm und Johann-Georg Schill, Oberkirchenratspräsident Siegfried Rossmann, Oberkirchenrat Wilhelm Gasse und Landesbischof Niklot Beste, ca. 1971.

Abb. 5: Oberkirchenrat Hermann Timm, Oberkirchenratspräsident Siegfried Rossmann, Landesbischof Heinrich Rathke, Anfang der siebziger Jahre.

Abb. 6: Konvent der Landessuperintendenten, ca. 1983.
V.l.n.r.: Friedrich-Karl Sagert (Güstrow), Christoph Pentz (Wismar), Günter Goldenbaum (Rostock-Stadt), Rüdiger Timm (Malchin), Hans de Boor (Schwerin), Kurt Winkelmann (Neubrandenburg), Traugott Ohse (Rostock-Land), Horst Blanck (Parchim).

Abb. 7: Landessuperintendent Otto Schröder (Parchim), 1976.

Abb. 8: Tagung von Kirchenleitung und Oberkirchenrat und Ehepartnern, vor 1975. 1. Reihe, links außen: S. Siegert, 3. von links.: C. Bunners; 2. Reihe, links außen: S. Wahrmann; 3. von links. A. Möller, 4. von links: I. Gratopp; 2. von rechts: H. Rathke; 3. Reihe, links außen: J.-G. Schill, G. Goldenbaum, S. Rossmann, H. Timm, F.-K. Sagert, C. Gürtler; hinten rechts, erhöht r. stehend: A. Siegert .

Abb. 9: Begrüßung von Helmut Schmidt und Erich Honecker im Güstrower Dom durch Heinrich Rathke am 13. Dezember 1981.

Abb. 10: Landesbischof Christoph Stier nach seiner Amtseinführung am 30. Juni 1984 neben seinem Amtsvorgänger Heinrich Rathke vor dem Schweriner Dom.

Abb. 11: Der Schweriner Bezirksreferent Rudolf Franze wird von Kirchenrat Werner Schnoor bei der Feierstunde zum 30jährigen Jubiläum der Mecklenburgischen Kirchenzeitung am 17. April 1976 begrüßt. Im Vordergrund links: Landesbischof Heinrich Rathke.

Abb. 12: Gerhard Thomas und Jürgen Kapiske, 1983.

Abb. 13: Taufe von Mitgliedern der Rostocker ESG mit Christoph Kleemann am Strand, ca. 1979.

Abb. 14: Studenten der Evangelischen Studentengemeinde Rostock beim traditionellen Einführungsritual der Vertrauens-Studenten.

Abb. 15: Das V. Schweriner Ökologie-Seminar fand vom 11. bis 14. April 1986 in der Petrus-Gemeinde auf dem Großen Dreesch unter dem Motto „Den Müll vermeiden - vermindern - verwerten - beseitigen“ statt. *(Quelle: Mathias-Domaschk-Archiv)*

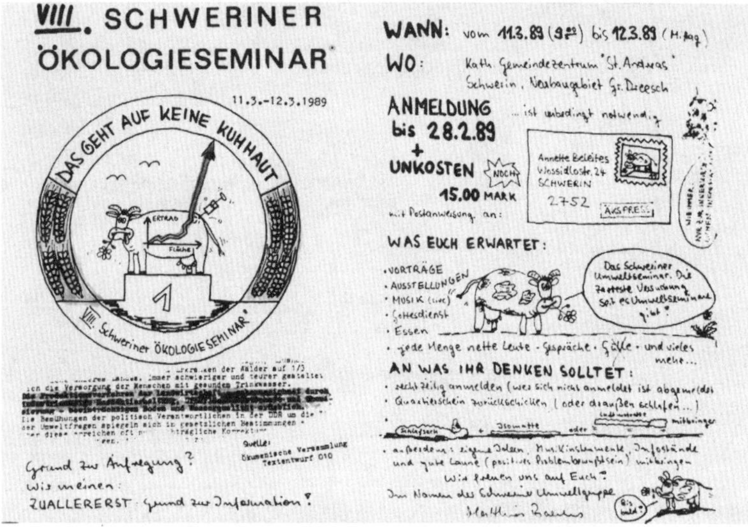


Abb. 16: Einladung zum VIII. Schweriner Ökologieseminar 1989.
*(Quelle: Matthias-Domaschk-Archiv)*

Abb. 17: Eine während der ersten Schweriner Baumpflanzaktion 1979 gepflanzte Baumreihe im Jahr 1998.
*(Quelle: Privatarchiv)*

# V. Kirche in der Gesellschaft – Konfliktfelder mit dem Staat

War es das zentrale Anliegen der SED-Kirchenpolitik, die Kirchen in der DDR aus der Öffentlichkeit zu verdrängen, so ist sie – insbesondere mit Blick auf die Jugendarbeit – gescheitert. Nicht nur die kirchliche Arbeit mit Jugendlichen und Studenten, sondern auch die thematische Beschäftigung mit Frieden und Umweltschutz, mit Themen der Gleichstellung von Mann und Frau in der Gesellschaft, mit politischer Philosophie, mit gesellschaftlichen Minderheiten wie Homosexuellen signalisierten ein weit verbreitetes Informations- und Betätigungsbedürfnis, dem der Staat DDR nur sehr eingeschränkt nachkam. Erst im Herbst 1989 hatte man dies erkannt. In einem Entwurf zur „Konzeption zum künftigen Verhältnis von Staat und Kirche in der DDR" vom November 1989 hieß es nun, „auf verschiedenen Ebenen" habe in den letzten Jahren die „die illusorische Vorstellung an Einfluß [gewonnen], daß sich kirchliche Aktivitäten auf reine Kulthandlungen und auf politische Akklamation begrenzen ließen. Übertriebene Besorgnis über einen möglichen Mißbrauch verhinderten das notwendige offensive Eingehen auf Fragen und Anliegen der kirchlichen Seite."[816]

Die Betätigungsfelder der evangelischen Kirchen in der DDR ließen sich in der Tat nicht auf „kultische Handlungen" eingrenzen. Einige dieser Bereiche werden im Folgenden vorgestellt.

## Aktion „Dialog" – der Besuch von Helmut Schmidt in Güstrow am 13. Dezember 1981

Mit dem Decknamen „Dialog" bezeichneten der Rat des Bezirkes Schwerin und die dortige MfS-Dienststelle alle Maßnahmepläne und Konzeptionen, die den Besuch des damaligen Bundeskanzlers Helmut Schmidt und dessen Treffen mit DDR-Staatschef Erich Honecker in Güstrow am 13. Dezember 1981 betrafen.[817] Wenn auch sonst die Decknamen oftmals keinen erkennbaren Zusammenhang zu ihrem jeweiligen Gegenstand erkennen ließen – in diesem Fall traf die Aktion „Dialog" sowohl innen- als auch außenpolitisch das Anliegen aller Beteiligten. Denn obwohl es sich vordergründig um ein deutsch-deut-

---

[816] Vgl. BArch, DO-4, 1455, Bl. 4.

[817] Vgl. LHA Schwerin, SED BPA Schwerin, IV D-2/14/529, Bl. 256.

sches Treffen handelte, das durch den von Schmidt ausdrücklich gewünschten Besuch im Güstrower Dom und durch die Begegnung mit Heinrich Rathke auch kirchenpolitisch von höchster Bedeutung war – stand im Vordergrund dennoch die polnische Krise, die eben an diesem 13. Dezember 1981 mit der Verhängung des Kriegszustandes durch General Jaruzelski ihren Höhepunkt erreichte.

Der Deckname „Dialog“ spiegelt die doppelte Motivlage der SED-Führung gut wider. Vordergründig scheint er sich auf die im Sommer 1981 nach erheblichen Unruhen um den Aufkleber „Schwerter zu Pflugscharen“ entstandene Krise zwischen Staat und evangelischer Kirche in der DDR zu beziehen. Von weitreichenderer Bedeutung war jedoch der in Gefahr geratene Dialog zwischen Ost- und West, der sich in den unterschiedlichen Positionen von DDR-Führung und der bundesdeutscher Regierung widerspiegelte.[818]

Die Bundesrepublik wollte eine Deeskalation der innerpolnischen Lage und damit eine internationale Einmischung verhindern, während die DDR einen Einmarsch der Truppen des Warschauer Paktes für das geeignete Mittel hielt, um die innenpolitische Stabilität zu erzwingen.[819] Die Gründung der freien Gewerkschaft in Polen war für die DDR-Führung ein „Erdbeben“[820], dessen Auswirkungen hätten weit reichend sein können, so Olschowsky. Die DDR-Führung befürchtete einen erheblichen Druck zur innenpolitischen Liberalisierung, an dessen Ende die monopolistische Stellung von Staat und Partei in Gefahr wären.[821] Sie sorgte sich bereits seit Monaten, die DDR-Bevölkerung könne sich mit der Solidarność-Bewegung solidarisieren und ebenfalls die Gründung einer unabhängigen Gewerkschaft fordern. Insofern betrachtete sie das harte Durchgreifen der polnischen Führung unter General Jaruzelski nicht als Bedrohung, sondern als Schritt zur Befriedung der polnischen Bevölkerung und damit als indirekte Sicherheitsmaßnahme für die DDR.[822] Honecker vertrat mit seinem Ansinnen, Truppen des Warschauer Vertrages nach Polen zu entsenden, eine bundesdeutschen Interessen entgegenstehende Position und nahm daher bewusst eine Verschlechterung der deutsch-deutschen Beziehungen in Kauf.[823] Vor

---

[818] Vgl. Olschowsky, S. 634

[819] Vgl. ebd.

[820] Vgl. Olschowsky, S. 633.

[821] Vgl. Olschowsky, S. 633.

[822] Vgl. ebd., S. 125.

[823] Vgl. Olschowsky, S. 633.

diesem Hintergrund hatte das Güstrower Treffen eine besondere außenpolitische Bedeutung.

Der bundesdeutsche Gast hatte sich kurzfristig angemeldet. Anfang Dezember fanden deshalb in kurzer Folge mehrere Gespräche beim Stellvertreter für Inneres des Rates des Bezirkes Schwerin, Schwoerke, statt. Dabei ging es um ein Weihnachtskonzert, das abgesagt werden sollte. Rathke lehnte dies ab und es wurde dann lediglich auf 20 Uhr verschoben.[824] Eine Bitte Rathkes hingegen erfüllte man staatlicherseits nur allzu gerne, hatte man doch, wenn auch aus anderen Gründen, die gleiche Idee gehabt: Rathke bat um Teilnahme des Vorsitzenden des Kirchgemeinderates der Domgemeinde, Norbert Karsten. Was er nicht wissen konnte, war, dass Karsten als IM „Norbert" für das MfS registriert war.

Am 11. Dezember 1981 lud der Rat des Bezirkes Schwerin die kirchliche Seite noch einmal ein, um Einzelheiten zu besprechen und die staatliche Erwartungshaltung zu formulieren. So teilte man Bischof Rathke und seinen Mitarbeitern mit, es dürfe am 13. Dezember kein Gottesdienst im Dom stattfinden, Schmidt solle nicht das Gästebuch angeboten werden und der Bischof müsse seine Rede kurz halten. Rathkes Wunsch, dass Pressepastor Gerhard Thomas als Berichterstatter akkreditiert würde, lehnte man ab, ebenso die Idee, Schmidt die „Mecklenburgische Kirchenzeitung" als Geschenk zu überreichen.[825] Dass Thomas trotzdem dabei war und auch die Kirchenzeitung übergeben wurde, verschweigen die Akten.

Mit dem Güstrower Landessuperintendenten Friedrich-Karl Sagert verhandelte das MfS über die notwendige Sicherheitskontrolle im Dom.[826] In Güstrow lebte Heiko Lietz, ehemals mecklenburgischer Pastor, der aus dem kirchlichen Dienst ausgeschieden war, aber immer noch unter dem besonderen Schutz Rathkes stand. Lietz, der mit einer intensiven Jugendarbeit in Güstrow und seinem Engagement in der kirchlichen Friedensbewegung schon seit Anfang der siebziger Jahre Aufmerksamkeit auf sich gezogen hatte, hatten die staatlichen Stellen im Verdacht, sich eventuell zu Schmidt vordrängen zu wollen, um ihm eine Petition zu überreichen. Rathke weigerte sich, im staatlichen

---

824 Vgl. LHA Schwerin, SED BPA Schwerin, IV D-2/14/529, Bl. 255.

825 Vgl. LHA Schwerin, RdB Schwerin, Z 10/90, 26, n. p. „Aktenvermerk" über ein Gespräch von Schwoerke mit Rathke am 11. 12. 1981 über den bevorstehenden Besuch von Honecker und Schmidt in Güstrow, Bl. 1 f. d. Dok.

826 Der Oberkirchenrat hatte Sagert damit beauftragt, diese Verhandlungen zu führen.

Auftrag direkten Einfluss auf Lietz auszuüben. Wie sich schon zuvor mehrfach gezeigt hatte, ließ sich Rathke bei Begegnungen mit westlichen Politikern auch diesmal nicht vom DDR-Staat beschränken. Ganz im Gegenteil: Mitunter nutzte er diese Gelegenheiten, um Beschwerden, die andere Bischöfe vertraulich vorbrachten, in die Öffentlichkeit zu bringen. Entsprechende Befürchtungen wurden in letzter Minute noch verstärkt. Am 12. Dezember berichtete IM „Walter", der Redakteur der Kirchenzeitung und Rathkes persönliche Referent Jürgen Kapiske, dass Rathke einige Probleme vorbringen wolle, etwa die „Behinderung junger christlicher Bürger bei der Aus- und Weiterbildung" und „Vorfälle, bei denen Jugendlichen Aufkleber und Abzeichen der so genannten Friedensdekade abgenommen wurden bzw. sie zum Abnehmen aufgefordert wurden".[827] Kapiske schätzte die Lage als ernst ein, denn „Rathke ist zur Zeit außerordentlich aufgebracht und erregt".[828] Tatsächlich beschrieb Rathke in seiner kurzen Ansprache dann auch deutlich die schwierige Situation der Christen in der DDR:

> „Ich stehe heute vor Ihnen für die Christen in diesem Land, die in einer neuen Situation neue Erfahrungen gemacht haben. Wir haben erneut gelernt, daß unser Glaube trägt und daß wir auch oder gerade ohne andere Stützen unser Zeugnis und unseren Dienst glaubwürdig ausrichten können. Wir haben als Kirche in einer sozialistischen Gesellschaft gelernt, was es heißt, durch das Evangelium frei zu sein zum Dienst am Menschen in unserer Gesellschaft. Wir wissen, welche entscheidende Bedeutung Gleichberechtigung und Gleichachtung für unser Zusammenleben haben."[829]

Die Öffentlichkeit hat von diesen Worten nichts erfahren. Für sie waren die äußeren Umstände des Schmidt-Besuches in Güstrow Zeichen genug, dass die SED dem Gast hohe Bedeutung beimaß. Jegliche Störung sollte vermieden werden. Heiko Lietz war durch die Staatssicherheit mit Hausarrest belegt worden, ebenso einige andere Bürger der Stadt, die als „unzuverlässig" galten. Dazu zählte die Staatssicherheit 664 Personen in

---

[827] Vgl. BStU, MfS, BV Frankfurt-Oder, AIM 1446/88, Bd. II/4, Bl. 281.

[828] Vgl. ebd.

[829] Vgl. LHA Schwerin, RdB Schwerin, Z 10/90, 26, n. p. „Begrüßungsworte beim Besuch des Staatsratsvorsitzenden Erich Honecker zusammen mit Bundeskanzler Helmut Schmidt am 13. Dezember 1981 im Dom zu Güstrow".

und um Güstrow.[830] Diese wurden vor allem verdächtigt, sich möglicherweise in der Öffentlichkeit positiv zu dem westlichen Staatsmann zu äußern und damit auch medienwirksam in Erscheinung zu treten.[831] Einige Alkoholiker und angebliche Asoziale wurden unter fadenscheiniger Begründung aus dem Stadtbild entfernt. Viertägige Reservistenübungen wurden einberufen und mehrere Betriebe luden zu ihrer Weihnachtsfeier in die Güstrower Stadthalle ein.[832] Auf dem weiträumig abgesperrten Domplatz fanden sich zahlreiche als Weihnachtsmarktbesucher verkleidete MfS-Angehörige und nur wenige „Normalbürger" ein. Ansonsten schien die Stadt menschenleer. Vor diesem Hintergrund hatte Rathkes Ansprache, auch wenn sie vergleichsweise zurückhaltend formuliert war, eine große Bedeutung.

Beim „Nachtreffen" mit der mecklenburgischen Landeskirche am 21. Dezember zeigte sich der Stellvertretende Vorsitzende des Rates des Bezirkes Schwerin über das kirchliche Engagement erfreut und wertete den Aufenthalt der beiden Staatsmänner in der Barlach-Stadt als Erfolg. Er begann mit einer Würdigung des Besuches von Erich Honecker – Schmidt erwähnte er nicht – und fuhr fort, „daß der mecklenburgischen Landeskirche eine bedeutende politische Verantwortung zugefallen war, die man nur dem zugesteht, dem man vertraut."[833] Offensichtlich war man auch in staatlichen Kreisen überrascht, dass Heinrich Rathke mit Kritik zurückhaltender gewesen war, als man befürchtet hatte.

Die Güstrower Stunden sind ein gutes Beispiel für das Kräftemessen zwischen der Landeskirche und dem Staat Anfang der achtziger Jahre. Die Landeskirche konnte sich der Bitte des Staatssekretariates für Kirchenfragen um Unterstützung bei diesem Besuch nicht entziehen, ohne Schmidt zu brüskieren. Gleichzeitig sah sie den Besuch aber auch als Möglichkeit, Probleme öffentlich anzusprechen. Sie konnte die innerkirchliche Disziplinierung ablehnen, aber nicht die faktische Arrestierung ihrer Mitglieder abwenden. Sie konnte die weiträumige Absperrung der Stadt nicht verhindern, aber sie konnte das abendliche Konzert im Dom, das aus Sicherheitsgründen abgesagt werden sollte, gegen den staatlichen Wunsch durchsetzen. Für die mecklenburgische

---

830 Vgl. Wolle, S. 167.

831 Vgl. ebd.

832 Vgl. LHA Schwerin, RdB Schwerin, Z 10/90, 26, n. p. Schreiben von LSI Friedrich-Karl Sagert an den Stellv. Inneres beim RdB Schwerin, Schwoerke, vom 18. Dezember 1981.

833 Vgl. LHA Schwerin, SED BPA Schwerin, IV D-2/14/529, Bl. 37.

Landeskirche hatte Schmidts – nicht Honeckers – Besuch auch konkrete Folgen. Im Sommer 1982 kam Heinrich Rathke Schmidts Einladung, die dieser im Güstrower Dom ausgesprochen hatte, nach.

## Die Jugendarbeit

1969 entstand im Berliner Amt für Jugendfragen, angesiedelt beim Ministerrat der DDR, eine vertrauliche „Information über Probleme des Verhaltens von Jugendlichen, die lange Haarfrisuren tragen“, in der es hieß:

> „Ein Teil der Jugendlichen, die bei weitem nicht die Mehrheit darstellen, fallen durch extrem lange Haarfrisuren auf. Altersmäßig sind das in der Mehrheit junge Menschen zwischen 16 und 21 Jahren. Darunter und darüber fällt die Häufigkeit stark ab."[834]

Hinter der Ablehnung der „Langhaarigen“ verbarg sich keineswegs nur ein Generationskonflikt, sondern eine ideologische Auseinandersetzung: Die Jugend in der DDR unterlag einem Konformitätsanspruch wie kaum eine andere Bevölkerungsgruppe. Das äußere Erscheinungsbild war davon ebenso betroffen wie die ideologische Ausrichtung der Schüler, Lehrlinge und Studenten. Auch in den achtziger Jahren wurden solche Gruppen von Jugendlichen, die sich in ihrem Äußeren abgrenzten, als Träger „politischer Untergrundtätigkeit“ klassifiziert. Punker, Rocker, jugendliche Anhänger des Heavy Metal und des New Romantic sahen sich politischen Repressionen ausgesetzt.

In keinem anderen innenpolitischen Bereich hielt die SED bis 1989 so starr an ihren Positionen fest wie in der Jugendpolitik. Eine zentrale Rolle spielte dabei die 1954 eingeführte Jugendweihe. 1958 absolvierten erstmals mehr als 50 Prozent der Jugendlichen eines Jahrgangs die Jugendweihe.[835] Das bedeutete im Umkehrschluss, dass die evangelische Kirche den Kampf um die Jugend in einem wesentlichen Punkt verloren hatte: Sie hatten Eltern und Schüler vor die Wahl „Jugendweihe oder Konfirmation“ gestellt – und unter dem staatlichen Druck war die Entscheidung vielfach für die Jugendweihe gefallen. Das Jugendgesetz von 1974[836] entzog den Eltern schließlich wesentliche Erziehungsaufgaben und übertrug diese dem Staat. Im Mittelpunkt der SED-Jugendpolitik

[834] LHA Schwerin, RdB Neubrandenburg, Z 14/88, 3835, n. p.

[835] Vgl. Onnasch 1997, S. 22 ff.

[836] 1974 wurde das dritte Jugendgesetz der DDR verabschiedet. Es wertete die Jugend im sozialen Gefüge der DDR auf, betonte das Erziehungsziel der „sozialistischen Persönlichkeit“ und der Wehrerziehung; vgl. dazu Ohlemacher/Blühm 1997, S. 127 f.

stand fortan die Erziehung zur „sozialistischen Persönlichkeit". Die kirchliche Jugendarbeit erreichte fortan nur noch einen Teil der Schüler, Lehrlinge und Studenten, allerdings den Teil, der sich bewusst in die Spannungen zwischen Staat und Kirche hineinbegab.

Eine offene ideologische Auseinandersetzung mit dem Marxismus-Leninismus hat es in der DDR nicht gegeben. Ein Teil der Jugend nutzte daher die kirchliche Jugendarbeit als Alternative zur verordneten Gleichschaltung und stellte damit aus Sicht der SED die Machtfrage. Auch die Kontakte in das nichtsozialistische Ausland, die die Jungen Gemeinden und Studentengemeinden durch die gesamte DDR-Zeit hindurch pflegten, waren der SED ein Dorn im Auge.

Nicht alle kirchlich gebundenen Jugendlichen waren gleichermaßen von Bedeutung für die staatlichen Stellen. Vor allem die Leistungsspitzen, EOS-Schüler und Schüler, die eine Berufsausbildung mit Abitur absolvierten, wurden auf ihre ideologische Linientreue hin geprüft. Bei leistungsschwächeren Schülern spielte eine kirchliche Bindung kaum eine Rolle, sie würden aller Voraussicht nach keine führenden Positionen in der sozialistischen Gesellschaft einnehmen und daher niemals zur Nomenklatur gehören. Schüler, die die Jugendweihe verweigert hatten, standen ebenfalls in der Regel nicht im Mittelpunkt staatlicher Beobachtung. Viel interessanter war der Kreis von Schülerinnen und Schülern, die neben der Jugendweihe auch die Konfirmation erhalten hatten. Sie schienen mit der Verweigerung der Zulassung zur Abiturstufe oder der Delegierung zum gewünschten Studium „erpressbar".

Beobachtet wurde auch jener Kreis von Jugendlichen, der erst durch die Jugendarbeit Kontakt zur evangelischen Kirche bekam, also aus nichtchristlichen Elternhäusern stammte. Durch diese Randgruppen wurde der SED vor Augen geführt, dass die Kirche an ihrer missionarischen Dimension festhielt.

Im Kampf um die Jugend gab es zwischen 1945 und 1989 verschiedene Phasen, die in der Literatur schon hinlänglich beschrieben wurden:[837] Zwischen 1945 und 1949 bestand eine scheinbare Kooperation von Besatzungsmacht und Kirche im Bemühen um eine Entnazifizierung der Jugend; von 1949 bis 1953 spitzte sich die Auseinandersetzung um die Junge Gemeinde und die Studentengemeinden zu. 1953/54 folgte eine Phase der Beruhigung, die jedoch abgelöst wurde durch die Einführung der Jugendweihe. Erst zu Beginn der siebziger Jahre legte die Kirche den

[837] Vgl. dazu Besier 1993, 1995 a und 1995b; Dähn 1982; Heydemann/Kettenacker 1993.

Konflikt stillschweigend bei, indem sie auch solche Jugendlichen konfirmierte, die die Jugendweihe erhalten hatten. Von nun an ging es vor allem um Koexistenz von Staat und Kirche. Ende der siebziger Jahre setzte mit der sozialdiakonischen Jugendarbeit eine neue Verschärfung des Kampfes um die Jugend ein.

Diese allgemeine Entwicklung wirkte sich in den evangelischen Landeskirchen je nach den historischen und personellen Gegebenheiten unterschiedlich aus. Beispielsweise bestand in einigen evangelischen Landeskirchen schon vor 1945 eine ausgedehnte kirchliche Vereinstätigkeit, in der auch Jugendliche organisiert waren. In Mecklenburg war dies kaum der Fall. Dort entstand die kirchliche Jugendarbeit im Wesentlichen erst nach dem Zweiten Weltkrieg. Zwar gab es seit 1920 in der mecklenburgischen Landeskirche ein Landesjugendpfarramt,[838] dieses konnte jedoch seine Arbeit zwischen 1933 und 1945 nur eingeschränkt durchführen. Sein erster Nachkriegsleiter wurde Friedrich-Franz Wellingerhof (1946–1956); unter der Leitung von „PW" – wie er genannt wurde – erfuhr die Jugendarbeit in den folgenden Jahren einen ungeahnten Aufschwung: Landesjugendsonntage fanden statt, Bibelrüstzeiten und Spielscharen. Kirchliche Theatergruppen entstanden und fanden vergleichsweise großen Zulauf, ebenso die nun regelmäßig stattfindenden Landesjugendsonntage: Der erste dieser Landesjugendsonntage im Jahr 1949 zog bereits 4000 Jugendliche an.[839] Auch die jährlichen Dorfmissionswochen, die die kirchliche Jugend wesentlich mitgestaltete, prägten Generationen späterer Pastoren.[840] Die jährlichen Schülertreffen jeweils zum Reformationstag waren auch noch in den achtziger Jahren ein Magnet für die evangelische Jugend im Norden. So urteilte Peter Voß, später Pastor an der Schweriner Schlossgemeinde, über seinen früheren Lehrer:

> „Ich denke, es war ein enormer Glücksfall für unsere Landeskirche, dass Friedrich-Franz Wellingerhof nach 1945 der Erste war, der unser Landesjugendpastor wurde, und dass er wirklich eine enorme Begabung hatte. Sein Anliegen war es: Wenn Jugendarbeit funktionieren soll, dann kann sie nicht von Hauptamtlichen abhängen. […] Er hat dafür gesorgt, dass wir geschult wurden. Er hat uns zu Pfingsten nach Ivenack [zur Jugendrüste] eingeladen. Er hat uns

---

838 Vgl. Willgeroth 1993, S. 58.

839 Vgl. Schnoor 1984, S. 62.

840 Vgl. ebd., S. 63.

erste Schritte historisch-kritischer Bibelarbeit nahe gebracht. Ihm lag sehr am kirchlichen Nachwuchs."[841]

Zum wichtigsten Element in der überregionalen Jugendarbeit der mecklenburgischen Landeskirche aber wurden die zahlreichen Rüstzeiten. Besondere Höhepunkte waren die seit 1984 in Kirch Kogel bei Güstrow stattfindenden jährlichen Jugendtreffen, eingeführt vom damaligen Landesjugendpastor Johannes Lohmann. In der bevölkerungs- und mitgliederschwachen Landeskirche bedeuteten die übergemeindlichen Veranstaltungen eine ungeheure Stärkung der Jugendarbeit. Die Jugendlichen wurden aus der mit den Jahren immer stärker werdenden Vereinzelung in ihren Klassen und Schulen herausgeholt und konnten kirchliche Gemeinschaft mit Gleichaltrigen erleben. Diese Treffen waren bis 1989 ein wichtiger Pfeiler der mecklenburgischen Jugendarbeit.

Das zweite „Standbein" war die regionale Jugendarbeit in Gestalt der Jungen Gemeinden vor Ort. Diese Gruppen wurden in der Regel durch den Gemeindepastor oder den Diakon mehr oder weniger mühsam zusammengehalten. Die Themen, die in den Jungen Gemeinden diskutiert wurden, waren so unterschiedlich wie die Pastoren und Diakone, die die Jugendlichen betreuten. Sie reichten von der Bibelarbeit über Faschingsfeiern bis zum friedens- und umweltpolitischen Engagement.

Ende der siebziger Jahre bildete sich eine dritte Ebene der Jugendarbeit in Mecklenburg heraus: die sozialdiakonische Jugendarbeit, auch „offene Jugendarbeit" genannt. Sie bestand ohne unmittelbaren Kontakt neben den Jungen Gemeinden und zentralen Jugendveranstaltungen und sprach eine ganz eigene Klientel an: Jugendliche am Rande der Gesellschaft, oft ohne kirchliche Bindung und mit sozialen Problemen wie Alkoholmissbrauch, Arbeitslosigkeit und Kleinkriminalität. „Offen" nannte sich diese Form der Jugendbetreuung deshalb, weil die Betreuer nur ein Mindestmaß an Voraussetzungen bei den Jugendlichen erwarteten, um die Schwelle zum Betreten der Räume, die die Landeskirche ihnen zur Nutzung zur Verfügung stellte, möglichst niedrig zu halten. Die offene Jugendarbeit war das jüngste Arbeitsfeld der kirchlichen Jugendarbeit in Mecklenburg und war 1978 durch einen Beschluss der Landessynode als Schwerpunktgebiet nach sächsischem und Berliner Vorbild begründet worden. Vor allem die Sozialdiakone Claus Wergin in Schwerin und Detlef Borchardt in Neubrandenburg entwickelten hier intensive Aktivitäten.

---

841 Vgl. Interview mit Peter Voß am 3. 11. 2000.

Die SED setzte mit ihren staatlichen Organen auf folgende vier Methoden, um die kirchliche Jugendarbeit, die sie als Konkurrenz zur FDJ verstand, zurückzudrängen:

- Die Jugendlichen selbst werden von ihren Schulen und Ausbildungsstätten bedrängt, den Kontakt zur Kirche aufzugeben. Ihnen wird mit der Nichtzulassung zur Erweiterten Oberschule oder zum Studium gedroht.
- Die kirchlichen Mitarbeiter in der Jugendarbeit werden gedrängt, ihre Arbeit religiösen Themen zuzuwenden.
- Kirchliche Vorgesetzte werden aufgefordert, unliebsame Mitarbeiter zu disziplinieren.
- Jugendgruppen werden durch Inoffizielle Mitarbeiter unterwandert mit dem Ziel, die Gruppen zu behindern.

Diese und zahlreiche weitere Strategien waren eng miteinander verzahnt. Ein besonders wichtiges Instrument bei ihrer Umsetzung war das MfS, da es im Unterschied zu anderen staatlichen Organen verdeckt arbeiten konnte. Als die angestrebte Gleichschaltung der Jugend wider Erwarten nicht problemlos gelang, griff die SED zu einem besonders perfiden Mittel: Sie gab dem Staatssicherheitsdienst die Anweisung, mindestens zehn Prozent aller Jugendlichen als Inoffizielle Mitarbeiter anzuwerben.[842]

## Das Landesjugendpfarramt als „feindlich-negative" Agentur

Als IM „Schmitt" 1973 nach Hamburg reiste, hatte er einen umfangreichen Fragenkatalog im Gepäck. Vor ihm, dem ehemaligen Oberkirchenratspräsidenten Konrad Müller, lag ein Treffen mit Vertretern des Hamburgischen Landeskirchenamtes. Im Auftrag des MfS sollte Müller den Kontakt nach Hamburg festigen und die dortige Kirchenführung zu bestimmten Fragestellungen „abschöpfen". Besonders interessierte das MfS, ob eine Zusammenarbeit zwischen den Landesjugendpfarrämtern Schwerin und Hamburg geplant sei.[843]

---

[842] IM, die das 18. Lebensjahr noch nicht erreicht hatten, wurden oft nicht als „IM", sondern als „IM-Kandidaten" geführt. Faktisch bestand jedoch kein Unterschied zwischen beiden Kategorien. Unter Ausnutzung von familiären und schulischen Abhängigkeitsverhältnissen wurden diese Jugendlichen dazu gedrängt, über ihre Schulkameraden und Freunde zu berichten. Aus diesem Grund versteht das Stasi-Unterlagen-Gesetz diese Gruppe von jungen IM als Betroffene und nicht als Täter.

[843] Vgl. BStU, MfS, BV Schwerin, AIM 747/78, Bd. II/1, Bl. 134.

Dem mecklenburgischen Landesjugendpfarramt kam eine besondere Bedeutung zu, weil dieses die Fachaufsicht über alle in der Jugendarbeit beschäftigten Mitarbeiter hatte.[844] Diese Kompetenzhäufung innerhalb der Landeskirche, aber auch die Kontakte des Landesjugendpfarramtes über die Grenzen der DDR hinaus, machten seinen jeweiligen Leiter zur „Zielperson" des MfS.

1982 war Johannes Michael Lohmann als zwölfter Leiter des Landesjugendpfarramtes in die Schweriner Graf-Schack-Allee eingezogen. Er trat seinen Dienst in einer besonders bewegten Zeit an. Zwar hatten auch Lohmanns unmittelbare Vorgänger im Amt, Friedrich-Karl Sagert (1969–1975) und Ernst-Friedrich Roettig (1976–1982), entsprechende Spannungen auszutragen, jedoch nicht in dieser Schärfe. Harte Auseinandersetzungen um das Abzeichen „Schwerter zu Pflugscharen", das auch in Mecklenburg viele Jugendliche trugen, hatten das Verhältnis zum Staat erheblich getrübt. So schrieb Claus-Dieter Wulf in seiner Diplomarbeit, die Jugendarbeit in Mecklenburg sei innerhalb der Landeskirche besonders aufmerksam zu verfolgen, denn:

> „Trotz der in den Jahresberichten des Oberkirchenrates 1981/82 konstatierten umfangreichen personellen, finanziellen und organisatorischen Probleme [...] kann eingeschätzt werden, daß die vom Landesjugendpfarramt ausgehenden Aktivitäten, insbesondere seit 1980, hinsichtlich der Planung, Organisierung und Durchführung landeskirchlicher Großveranstaltungen, aber auch im Hinblick auf die Realisierung der sogenannten 'offenen Jugendarbeit', das heißt konkret der Mißbrauch der legalen Möglichkeiten der Jungen Gemeinden zur Zusammenführung von negativ-dekadenten, asozial-oppositionellen negativ-feindlichen Jugendlichen, wesentlich zugenommen hat."[845]

Das erste Gespräch mit dem Schweriner Kirchenreferenten, Rudolf Franze, hatte bereits wenige Wochen nach Lohmanns Amtsantritt stattgefunden. Franze bat Lohmann um einen vorsichtigen Umgang mit

[844] Seit Februar 1973 gehörten zum Landesjugendpfarramt die Jungmännerarbeit, die Mädchenarbeit und das kirchliche Rüstzeitheim Damm. Auch der für die Jugendarbeit zuständige Kirchenmusiker Karl Scharnweber war an das Landesjugendpfarramt angebunden.

[845] Vgl. BStU, MfS, JHS 20130, Bl. 42.

dem Abzeichen zur Friedensdekade; außerdem sollte er auf Konzerte des sehr populären Ingo Barz Einfluss nehmen und bei Auftritten von Liedermachern generell vorher Einblick in deren Liedtexte nehmen, damit man „Zweideutigkeiten" vermeiden könne. Lohmann lehnte dies entschieden ab. Dies sei im kirchlichen Raum nicht üblich, und Barz habe er vor kurzem erst kennen gelernt und sei beeindruckt von dessen Liedern und Texten.[846]

Dies war nur der Auftakt einer langen Reihe von Auseinandersetzungen mit dem Rat des Bezirkes Schwerin und dem MfS. Vor dem Hintergrund der staatlichen Repressalien im Zusammenhang mit dem Abzeichen „Schwerter zu Pflugscharen" und der spürbaren Aktivierung auch in Mecklenburg wurde Lohmanns Ablösung aus Sicht des MfS zu einer vordringlichen Aufgabe. Zu diesem Zweck sollte ein Konflikt zwischen ihm und der Landeskirche initiiert werden, der entweder zur Kündigung durch Lohmann selbst oder durch die Landeskirche führen sollte – daher auch der Deckname „Konflikt" für die OPK, die 1984 gegen Lohmann eröffnet wurde. Die Begründung lautete, Lohmann habe „gleich zu Beginn seiner Amtsübernahme die aktive Verbindung zu den Organisatoren, Inspiratoren und Initiatoren der feindlich klerikalen und politisch negativen Aktivitäten innerhalb der ELLKM her[gestellt]" und deren Aktivitäten unterstützt. Er habe sich außerdem besonders für die Schweriner offene Jugendarbeit im Paulskirchenkeller eingesetzt:[847]

> „Von dieser Institution, welche unter Leitung der Jugenddiakone Wergin (OV 'Fluchtpunkt') und [geschw.] (OPK 'Sekundant') steht, gehen seit 1980 konzentriert feindlich klerikale und politisch negative Aktivitäten aus, die auch seit der Amtseinführung L.'s kontinuierlich weitergeführt und forciert werden. [...]
> L. stellte sich seit seiner Amtseinführung immer wieder vor die feindlich-negativen Aktivitäten der Schlüsselpersonen in seinem Amtsbereich und versuchte, deren Handlungen zu rechtfertigen."[848]

Lohmann war den staatlichen Stellen schon seit Ende der fünfziger Jahre ein Dorn im Auge, als er als Schüler der 11. Klasse wegen Verteilens

[846] Vgl. ELLKM, LKA, Bestand OKR, II 1o, Bd. IX, 479, Dok. 1288 II 1o.

[847] Vgl. BStU, MfS, BV Schwerin, AOPK 563/87, Bd. 1, Bl. 12.

[848] Ebd., Bl. 13 f.

von Flugblättern in den Jahren 1959/60 zu einem Jahr Gefängnis verurteilt worden war. Drei Monate im MfS-Untersuchungsgefängnis am Demmlerplatz in Schwerin folgten. Obwohl das Urteil in eine Bewährungsstrafe umgewandelt wurde, war an eine reguläre berufliche Ausbildung im staatlichen Bereich nicht mehr zu denken. Lohmann besuchte daher das kirchliche Proseminar in Naumburg und ging als Pastor nach Mecklenburg.[849] In seiner Zeit als Propst von Stavenhagen galt er dem MfS später als enger Vertrauter des Malchiner Landessuperintendenten Timm und als Freund von Oberkirchenrat Schwerin. Damit hatte er sich „verdächtig" gemacht. So berichtete der Rat des Kreises Malchin der SED-Kreisleitung im September 1983, in den letzten Jahren zeichne sich eine Tendenz in der evangelischen Kirche zur „verstärkten Arbeit mit Kindern und Jugendlichen" ab, was sich auch in der Ernennung des früheren Stavenhagener Propstes Lohmann zum Landesjugendpfarrer deutlich zeige. Die Kirche rüste sich augenscheinlich „mit speziell für diese Arbeit ausgebildeten Kadern mehr und mehr aus".[850] Diese Einschätzung, wonach die mecklenburgische Jugendarbeit in der ersten Hälfte der achtziger Jahre besonders intensiv betrieben wurde, bestätigt sich auch in der Rückschau. Eine Statistik des mecklenburgischen Landesjugendpfarramtes aus dem Jahr 1983 belegt, dass in diesem Jahr in der bevölkerungs- und mitgliederschwachen Landeskirche 46 Rüstzeiten mit durchschnittlich 19 Teilnehmern durchgeführt worden sind.[851]

Auch das 1984 erstmals stattfindende Jugendtreffen in Kirch Kogel bei Güstrow spielte bei der Eröffnung der OPK eine Rolle. Es war in den achtziger Jahren das größte Jugendtreffen in Mecklenburg und sorgte einmal im Jahr für einen Sitzungsmarathon auf staatlicher Seite, die versuchte, dieses Treffen mit der so genannten „Veranstaltungsverordnung" zu verhindern. Johannes Lohmann erinnerte sich im Sommer 2000 an die Entstehung dieser Treffen:

> „Ausgangspunkt waren die Bluesmessen in Berlin. Zusammen mit Passauer und Eppelmann haben wir überlegt, ob wir zur Entlastung von Berlin in den Regionen nicht irgendetwas machen können. Diese Überlegungen haben wir in Mecklenburg aufgegriffen. Es sollte völlig frei angelegt sein und von den Jugendlichen

[849] Vgl. Interview mit Johannes Michael Lohmann am 17. 7. 2000.

[850] Vgl. LHA Schwerin, RdB Neubrandenburg, Z 77/90, 575, n. p.

[851] Vgl. Überschär 1998, S. 170.

gestaltet werden, ohne dass Themen vorgegeben werden. Das Landesjugendpfarramt stellte nur eine Musikanlage zur Verfügung. Essen, Trinken, Zelte und die Inhalte sollten die Jugendlichen mitbringen. Am Sonntagvormittag fand dann abschließend ein ökumenischer Gottesdienst statt, dafür haben wir Spiza[852] gewonnen. [...] Die erste Aktion in Kirch Kogel stand – da waren wir 160 Leute – unter starker staatlicher Kontrolle. Der halbe Rat des Bezirkes reiste an. [...] Die bekamen also Wind und holten mich kurz nach der Eröffnung zum Bürgermeister und befahlen, die Veranstaltung aufzulösen. Ich hatte noch Sagert aus Güstrow mit dabei. [...] Er hat in dieser Diskussion sehr loyal zu mir gestanden, ihn habe ich als sehr hilfreich erlebt. [...] Es folgte noch eine Reihe von Versuchen, mit Hilfe von vorgeschobenen Argumenten Kirch Kogel zu behindern: Brandschutz und Hygiene zum Beispiel. Wir haben in dieser Hinsicht auch eine Menge nachgeholt."[853]

Den Sachverhalt einer intensiven kirchlichen Jugendarbeit konnten weder das MfS noch die Gerichte der DDR als hinreichenden Grund für eine Strafverfolgung ansehen. Daher führte der „Einleitungsbericht" zur OPK „Konflikt" als belastend an, Lohmann sei in der Friedensarbeit der Landeskirche engagiert und habe bisher nicht an Wahlen teilgenommen. Er strebe die Aktivierung der offenen Jugendarbeit im Stadtgebiet von Schwerin unter Wergin und Mühlichen an, deren Arbeit er offen unterstütze und rechtfertige. Lohmann unterhalte zahlreiche Kontakte in die BRD.[854] Greifbares aber hatte man gegen den Landesjugendpastor Lohmann nicht in der Hand. Deshalb schlug man im August 1984 eine neue Richtung ein. Aus den Akten geht hervor, dass die Abteilungen für Post- und Telefonkontrolle damals an das Referat XX/4 der Bezirksverwaltung Schwerin meldeten, sie hätten Material, aus dem geschlossen werden könne, dass Lohmann eine geplante Reise nach Plön dazu benutzen wolle, in der Bundesrepublik Deutschland zu bleiben.[855]

Die Operative Personenkontrolle „Konflikt" sollte nun den Beweis einer strafbaren Handlung im Sinne des § 213 der Strafprozessordnung

[852] Franz-Peter Spiza, Jugendseelsorger der katholischen Kirche in Teterow, später in Schwerin. Er hatte eine äquivalente Funktion wie der evangelische Landesjugendpastor.

[853] Interview mit Johannes Michael Lohmann am 17. 7. 2000.

[854] Vgl. BStU, MfS, BV Schwerin, AOPK 563/87, Bd. 1, Bl. 17.

[855] Vgl. ebd., Bl. 49.

(„Ungesetzlicher Grenzübertritt") erbringen.[856] Dass die Bezirksverwaltung für Staatssicherheit tatsächlich einen derartigen Hinweis erhalten hatte, ist jedoch mehr als fragwürdig. Im Sommer 1984 war keine Reise nach Plön geplant, denn die Kontakte nach Plön zum dortigen Jugendamt der Schleswig-Holsteinischen Landeskirche waren allgemeiner Natur. Erst zwei Jahre später, im Herbst 1986, reiste Lohmann nach Schleswig-Holstein – und kam wieder, weil er keinerlei Absichten hatte, die DDR zu verlassen.[857] Viel wahrscheinlicher ist es, dass die Bezirksverwaltung für Staatssicherheit im Sommer 1984 den vermeintlichen und in der Akte „Konflikt" auch nicht belegten Hinweis auf eine geplante Republikflucht konstruierte, um die Einleitung der Bearbeitung problemlos begründen zu können. Dass Lohmann im Januar 1987 tatsächlich einen Antrag auf Entlassung aus der DDR-Staatsbürgerschaft stellte, war eher die Folge als die Ursache der Repressionen durch den Staatssicherheitsdienst.

Die Bezirksverwaltung Schwerin hatte keinen IM in der unmittelbaren Umgebung Lohmanns. Lediglich „Magda" (Charlotte Süße), „Kaltenhofer" (Reinhard Gransee), „Peter Beyer" (Ulrich Warnow) und „Peter Schneider" (Rudolf Franze) standen zur Verfügung, um Belastendes gegen den Landesjugendpastor zu sammeln.[858] Direkten oder indirekten Einfluss auf Johannes Lohmann konnte jedoch keiner von ihnen nehmen. So erklärt es sich, dass zwischen der Eröffnung der Akte und der intensiven Bearbeitung fast zwei Jahre vergingen: man fand keinen Ansatzpunkt, um gegen den unliebsamen Landesjugendpastor vorzugehen.

Das änderte sich erst im Juni 1986. Mittels einer „operativen Kombination" sollte Lohmann kriminalisiert werden, um ihn dann strafrechtlich zu verfolgen. Durch Post- und Telefonkontrolle hatte man in Erfahrung gebracht, dass Lohmann eine Reise nach Dresden und anschließend weiter nach Prag plante. Diesen Umstand ausnutzend, sollte die Abteilung XX/4 sein Auto in der Nacht konspirativ öffnen und in einer Ablage unter der Fußmatte „kompromittierendes Material" verstecken. In Bad Schandau an der Grenze würden die Zöllner „zufällig" verbotene Schriften finden.[859] Dabei sollte es sich um „ausgewählte Materialien, die […] geeignet sind, […] eine offensive Diskreditierung

856 Vgl. ebd., Bl. 14.

857 Telefonisches Interview mit Johannes Michael Lohmann am 15. 12. 2002.

858 Vgl. BStU, MfS, BV Schwerin, AOPK 563/87, Bd. 1, Bl. 44.

859 Vgl. ebd., Bl. 136 ff.

und Diskriminierung des L. gegenüber der Gesellschaft, seiner Familie und der ELLKM" zu erreichen, handeln.[860] Eine intensive Zollkontrolle bei der Einreise in die CSSR sollte das Material zutage fördern, um „somit die Grundlagen für die Durchführung eines Zollverfahrens bzw. weiterer politisch-operativer und [...] strafrechtlicher Maßnahmen" zu schaffen".[861] Die Akte „Konflikt" lässt jedoch offen, ob die Staatssicherheit tatsächlich versuchte, Lohmann auf diese Weise zu kriminalisieren. Tatsache ist, dass er die geplante Reise nach Prag mit einem anderen Wagen unternahm.[862] Bezeichnenderweise fehlt ein Bericht über diese Niederlage in der Akte „Konflikt".

Das MfS setzte jedoch die Bearbeitung Lohmanns fort. Im September 1986 lud der Schweriner Bezirksreferent Franze Lohmann zu einem Gespräch vor – auf Anweisung Wulfs. Er sollte Lohmann zu solchen Äußerungen veranlassen, die „ein wirkungsvolles kompromittierendes Material gegen L. [...] schaffen [...], das entsprechend der operativen Vorgangslage für die angestrebte Gewinnung des L. bzw. zur umfassenden Diskriminierung und Diskreditierung desselben gegenüber der Kirchenleitung der ELLKM's genutzt werden kann".[863] Falls sich Lohmann erpressen lasse, sollte das Gespräch außerdem dazu genutzt werden, diesen langfristig als IM zu werben.[864] Durch diese Strategie scheint schon die „eigentliche" hindurch: Lohmann kompromittierend mit Äußerungen zu zitieren, die er im Gespräch nicht gemacht hatte.

Das Gespräch fand am 19. September 1986 im Dienstzimmer der Abteilung Inneres beim Rat des Bezirkes Schwerin statt und dauerte eine Stunde. Augenscheinlich begrüßte Rudolf Franze Lohmann, leitete diesen aber zu dessen Verwunderung an zwei Mitarbeiter des MfS weiter: Wulf und Egert. Sie drohten Lohmann mit angeblich vorliegendem Material, das ihn moralisch diskreditieren würde.[865] Lange Zeit ging es in diesem Gespräch um die Frage, ob Lohmann vorhabe, die DDR zu verlassen, was dieser verneinte.[866] Wulf und Egert waren mit ihrer Strategie, Lohmann zu kriminalisieren, ins Leere gelaufen: Weder hatte er Schriften unerlaubt in die CSSR mitgenommen noch hatte er vor, die DDR zu verlassen, also

[860] Vgl. ebd., Bl. 133.

[861] Vgl. ebd., Bl. 134.

[862] Telefonisches Interview mit Johannes Michael Lohmann am 15. 12. 2002.

[863] Vgl. BStU, MfS, BV Schwerin, AOPK 563/87, Bd. 1, Bl. 171.

[864] Vgl. ebd., Bl. 152.

[865] Vgl. ebd., Bl. 162.

[866] Vgl. ebd., Bl. 165.

einen Antrag auf Übersiedlung zu stellen. Damit war er weder kriminalisierbar noch moralisch diskreditierbar.

Als nächstes ordnete Wulf an, Rudolf Franze solle Oberkirchenratspräsident Peter Müller zu einem Gespräch bitten. Die Konzeption für dieses Gespräch erhielt Franze direkt von Wulf. Müller und die Kirchenleitung sollten zur „Durchsetzung innerkirchlicher Disziplinierungsmaßnahmen gegenüber feindlich-negativen klerikalen Amtsträgern“ veranlasst werden.

Müller sollte von Franze erfahren, dass Lohmann mehrfach Dienstreisen dazu genutzt hätte, sich in Prag mit Bundesbürgern zu treffen, um seine Ausreise aus der DDR vorzubereiten. Lohmann habe versucht, seine Kontakte und Absichten sowohl vor seiner Familie als auch im dienstlichen Bereich geheim zu halten.[867] Außerdem sei Material in Lohmanns Auto gefunden worden, das ihn belaste.[868] Lohmann habe bereits alle Anschuldigungen bestätigt und „umfangreiche Angaben zu seiner persönlichen Situation und zu Widersprüchen und Problemen [gemacht], die er gegenwärtig als Landesjugendpastor mit der ELLKM's insgesamt, deren Strukturen, Wirkungsweise und kirchenleitender Amtsträger im Detail hat, die letztendlich bei ihm Erwägungen, aus dem Pfarrdienst auszuscheiden, nach sich ziehen würden.“[869] Franze sollte also bewusst falsche Informationen in Umlauf bringen, um Lohmann in ein äußerst ungünstiges Licht zu setzen. Er sollte den Eindruck erwecken – und tat dies offensichtlich im Gespräch mit Peter Müller auch –, als habe sich Johannes Lohmann gegenüber dem MfS offenbart und seine eigene Landeskirche kritisiert. Lohmann habe sich, so sollte Franze Müller gegenüber ausführen, mit den staatlichen Stellen über innere Differenzen der Arbeitsgruppe Frieden, über die Jugendarbeit im Paulskirchenkeller sowie über illegale Treffen von Mitarbeitern der Jugendarbeit der mecklenburgischen Landeskirche und der Nordelbischen Landeskirche unterhalten.[870]

Tatsächlich hatte Lohmann weder „Anschuldigungen“ vorgebracht noch bestätigt, sondern in dem Gespräch im September 1986 Wulf und Egert gegenüber gesagt, er verzichte auf jede weitere Reise in das westliche Ausland, um nicht den Eindruck zu erwecken, er wolle in den Westen ausreisen.[871] Die Diskreditierung Lohmanns gegenüber

867 Vgl. ebd., Bl. 187.

868 Vgl. ebd., Bl. 188.

869 Vgl. ebd.

870 Vgl. ebd., Bl. 191.

871 Vgl. ebd., Bl. 189.

Peter Müller war aus Sicht der Staatssicherheit „vollkommen", als Franze dem Oberkirchenratspräsidenten offenbarte, Lohmann beabsichtige „im Ergebnis der seelsorgerlichen und medizinischen Beratung [...], seinen Dienst als Landesjugendpastor sowie als Amtsträger der Landeskirche überhaupt" aufzugeben und werde einen Antrag auf Entlassung aus der Staatsbürgerschaft der DDR stellen.[872] Ziel war es, bei Müller den Eindruck zu erwecken, Lohmann habe sich endgültig von seiner Landeskirche abgewandt. Lag dieser Gedanke nicht nahe, da Rudolf Franze von den angeblichen Ausreisewünschen wusste, Müller als Vorgesetzter Lohmanns aber nicht?

Das Gespräch mit Peter Müller fand am 20. November 1986 statt.[873] Franze notierte später darüber, er habe den Oberkirchenratspräsidenten, der sich überrascht gezeigt habe, „vereinbarungsgemäß" informiert. Franze fügte hinzu: „Ich habe Müller bei der Gelegenheit noch gesagt, daß ja doch Lohmann für die Kirche und auch in gewisser Weise für die staatlichen Organe zu einem Risikofaktor geworden ist."[874]

Franze berichtete dem MfS später, Müller habe auf ihn unsicher gewirkt. Er habe versucht, Lohmann in Schutz zu nehmen und behauptet, dieser habe sich möglicherweise Oberkirchenrat Schwerin gegenüber ausgesprochen, und Schwerin habe ihn, Müller, aus seelsorgerischen Gründen darüber nicht informieren können. Müller habe versucht, Lohmanns Verhalten zu erklären, jedoch die Verdächtigungen gegen diesen letztlich nicht eindeutig von sich gewiesen. Und Franze fügte hinzu:

> „Ich habe ihm auch mehrfach nahegelegt, er möchte jetzt aktiv werden, und daß natürlich aus diesem Grunde ich auch diese Informationen der zuständigen staatlichen Organe an ihn weitergegeben habe, weil es ja doch zu vermeiden gilt, daß sich diese Sache weiter zuspitzt und möglicherweise dann auch noch sowohl die Kirche in Mißkredit gebracht wird, unter Umständen ist sie das in einem gewissen Grade ohnehin schon, aber daß es möglicherweise auch weitere Belastungen gibt für die Kirche und möglicherweise auch für die Staat-Kirche-Beziehungen.
> Er bedankte sich zwei- oder dreimal für diese Infor-

---

872 Vgl. ebd., Bl. 190.

873 Vgl. ebd., Bl. 192.

874 Ebd.

> mationen. Mir schien wirklich, daß ihm das bis dahin unbekannt gewesen ist. Nach seinen Reaktionen war auf alle Fälle für mich zu erkennen, daß jetzt etwas gegen Lohmann unternommen wird. Müller zeigte absolut kein Verständnis für diese Sache, wie sie Lohmann sich selbst zuzuschreiben hat, für diese Lage, in der er sich gegenwärtig befindet."[875]

Rudolf Franze hatte sich nie als „Hardliner" zu erkennen gegeben, mit ihm konnte man, da war man sich im Oberkirchenrat einig, relativ offen reden. Aber wie Peter Müller im Gespräch im August 2000 richtig sagte: „Man war sich nie sicher, welcher gefährlicher war: Rudolf Franze oder Roland Macht aus Rostock, der zugängliche Franze oder der Betonkopf Macht."[876] Insofern empfand auch Peter Müller die Gesprächssituation mit Rudolf Franze als schwierig, wie er sich zwanzig Jahre später erinnerte, denn er war zum Termin in der Annahme gekommen, es gehe um eine Reise Lohmanns in die Bundesrepublik, für die sich die Landeskirche beim Rat des Bezirkes kurz zuvor eingesetzt hatte:

> „So war es zunächst nicht überraschend, dass mir Herr Franze dazu eine Erklärung geben wollte. Als der Inhalt deutlicher wurde, war ich sehr unsicher, ob ich mir das überhaupt anhören oder das Gespräch abbrechen sollte. Ich habe es mir schließlich angehört und auch dem Kollegium von der Tatsache des Gespräches Mitteilung gemacht, den Inhalt aber für mich behalten, weil ich es nicht für angemessen hielt, auf diese Weise mitgeteilte Tatbestände kirchlicherseits gegen einen Pastor zu verwenden."[877]

Was genau in den letzten Monaten im Jahr 1986 in der Landeskirche geschah, lässt sich aus den Akten nicht rekonstruieren. Möglicherweise versperrten innerkirchliche Spannungen zwischen dem Landesjugendpastor, dem Landesbischof und dem Oberkirchenrat allen Beteiligten den Blick auf die Strategie der Staatssicherheit, einen Keil zwischen diese Parteien zu treiben Aus Lohmanns Sicht hielt die evangelische Kirche in einer Zeit, in der sich die Jugend schon längst von den Zielen des Sozialismus abgewandt habe, immer noch an der Vorstellung fest, das Verhältnis

[875] BStU, MfS, BV Schwerin, AOPK 563/87, Bd. 1, Bl. 193.

[876] Interview mit Peter Müller am 25. 8. 2000.

[877] Vgl. Schreiben von Peter Müller an den LStU M-V vom 30. Mai 2005

zum Staat verbessern zu können. Lohmann hingegen votierte dafür, den Begriff „Kirche im Sozialismus“ fallen zu lassen, weil er nicht mehr dem Lebensgefühl der Christen entspreche. Die Lebensrealität der DDR-Bürger sei vielmehr durch die „Markierungspunkte Datsche, Auto, Schrankwand, Farbfernseher und Alkoholkonsum“ gekennzeichnet sowie durch das deutlich erkennbare Bestreben, durch Anpassung nach außen Ruhe nach innen zu gewinnen.[878]

In der Landeskirche folgte man ihm nicht so weit. Inhaltliche Differenzen und persönliche Infragestellungen prägten zunehmend das Verhältnis zwischen dem Landesjugendpastor und der kirchlichen Leitungsebene. Ein Aktenvermerk aus dem Oberkirchenrat belegt, dass das Kollegium des Oberkirchenrates in einer außerordentlichen Sitzung am 2. Januar 1987 beschloss, es müsse „[a]ufgrund der dem Oberkirchenrat bekannt gewordenen Tatsachen [...] überprüft werden, ob ein weiterer Dienst von Landesjugendpastor Lohmann im Landesjugendpfarramt möglich ist oder wie gegebenenfalls das weitere Dienstverhältnis gestaltet wird. Auf Grund dessen wird eine vorläufige Beurlaubung von Landesjugendpastor Lohmann gemäß § 45 (2) des Pfarrerdienstgesetzes [...] durch den Oberkirchenrat vorgenommen.“[879] Ob die zunehmende Isolierung allein ein Ergebnis des OV „Konflikt“ war, lässt sich aber nicht mit Gewissheit sagen. Eine entscheidende Rolle spielte aus kirchenleitender Sicht die Ehescheidung des Landesjugendpastors, die in der mecklenburgischen Landeskirche prinzipiell mit einer Versetzung von der aktiven Dienststelle einherging und in diesem Fall die Beurlaubung Lohmanns erheblich forciert haben dürfte.

Mit der Akte „Konflikt“ war jedoch nicht nur das Ziel verbunden gewesen, einen Keil zwischen Lohmann und die mecklenburgische Landeskirche zu treiben. Claus-Dieter Wulf und seine Mitarbeiter wollten Lohmann außerdem als IM anwerben.[880] Dazu kam es nicht. Drittens wollte man über den Fall Lohmann einen Kontakt zu Landesbischof Stier herstellen; auch dies gelang ihnen nicht.

Im Januar 1987 bat Johannes Lohmann überraschend um seinen Abschied aus der Landeskirche und stellte einen Antrag auf Übersiedlung in die Bundesrepublik Deutschland. Bereits am 4. Februar hatten Wulf und Egert einen „Vorschlag zur Übersiedlung in die BRD aus politisch-operativen Gründen“ verfasst. Der Vorschlag führte Lohmanns inten-

---

878 Vgl. Dorgerloh, S. 253.

879 Vgl. BStU, MfS, BV Schwerin, AOP 563/87, Bd. V/1, Bl. 205.

880 Vgl. ebd., Bl. 171.

sives Engagement in der offenen Jugendarbeit, seine Mitarbeit in der Arbeitsgruppe Frieden und sein Eintreten für eine eigenständige und unabhängige Friedensarbeit in Ost und West an.[881] Er habe bisher nicht an Wahlen teilgenommen und bemühe sich, die DDR ungesetzlich zu verlassen. Dem Antrag Lohmanns solle stattgegeben werden, um die Ergebnisse „für die weitere offensive Ausgestaltung der Politik in Kirchenfragen gegenüber leitenden Amtsträgern der evangelischen Kirche" nutzen zu können, denn am Beispiel Lohmanns ließe sich der innerkirchliche Differenzierungsprozess weiter vorantreiben. Man könne dabei prüfen, ob mittel- und langfristig „inoffizielle Positionen" gewonnen werden könnten.[882]

Noch im selben Jahr reiste Johannes Lohmann aus; dass er diesen Schritt vollzog, weil er durch zahlreiche Gerüchte innerhalb der Landeskirche dort für sich keine Zukunft mehr sah, ging unter. Das MfS verbuchte dies – wohl nicht zu Unrecht – als Erfolg seiner Strategie. Im Abschlussbericht des OV „Konflikt" hieß es zusammenfassend:

> „Durch den gezielten Einsatz ausgewählter IM im kirchlichen Bereich und in anderen Schlüsselpositionen sowie durch die vielfältigen operativ-technischen Kontrollmaßnahmen wurde erreicht, daß mit Lohmann ein seit Jahren, insbesondere aber in seiner Funktion als Landesjugendpastor der Evangelisch-Lutherischen Landeskirche Mecklenburgs in vielfältiger Form negativ in Erscheinung getretener kirchlicher Amtsträger [...] mit den angestrebten und realisierten Maßnahmen veranlaßt wurde, sein kirchliches Amt zur Verfügung zu stellen und somit zur Ausübung regionaler und überregionaler Funktionen nicht mehr zur Verfügung steht.
> Laut vorliegenden inoffiziell bestätigten Informationen war Lohmann für eine kirchenleitende Funktion beim Ökumenischen Jugenddienst/Kommission für kirchliche Jugendarbeit im Bund der Evangelischen Kirchen der DDR vorgesehen."[883]

---

[881] Vgl. ebd., Bl. 294 f.

[882] Vgl. ebd., Bl. 299.

[883] Vgl. BStU, MfS, BV Schwerin, AOP 563/87, Bd. 1, Bl. 309.

Wulf mag es als besonderen Erfolg betrachtet haben, dass man Lohmann eine bevorstehende Karriere im Kirchenbund dauerhaft verbaut hatte, denn auch nach der Wende ist dieser nicht wieder in die mecklenburgische Landeskirche zurückgekehrt.

Lohmanns Nachfolger Georg Heydenreich trat seinen Dienst im November 1987 an. Bereits 1982 war die Bezirksverwaltung des MfS in Neubrandenburg auf ihn aufmerksam geworden und legte die erste Akte „Störenfried" an.

Im Januar 1988 leitete die Bezirksverwaltung Schwerin gegen ihn die OPK „Heide" ein. In der Begründung hieß es, Heydenreich sei seit dem 1. November 1987 Landesjugendpastor in Mecklenburg und habe damit eine Schlüsselposition inne. Er unterhalte Kontakte zu zahlreichen „feindlich-negativen" Personen innerhalb der Landeskirche und in der Bundesrepublik. Die Zielstellung dieser OPK belegt, dass das MfS Heydenreich prophylaktisch „ins Visier nahm". Sie umfasste „die weitere Aufklärung d. Persönlichkeitsbildes u. seiner politisch-ideologischen Grundhaltung einschließlich d. differenzierten Einschätzung seiner kirchlichen Tätigkeit als Landesjugendpastor" sowie die „zielgerichtete u. langfristige Einflußnahme auf H. mit d. Zielstellung der Herausbildung staats- und gesellschaftsbejahender Positionen bei diesem und [die] Gewährleistung der Verhinderung öffentlichkeitswirksamer Aktivitäten, d.h., die das Verhältnis Staat-Kirche im Territorium belasten könnten."[884]

Zu seiner Bearbeitung wurden verschiedene IM eingesetzt: „Peter Schneider" und „Volker Wahl" sollten Heydenreich so beeinflussen, „daß er staats- und gesellschaftsbejahende Positionen einnimmt bzw. dazu veranlaßt wird, bei der Gestaltung des Staat-Kirche-Verhältnisses im Verantwortungsbereich einen konstruktiven Beitrag zu leisten". Daraus kann geschlossen werden, dass „Volker Wahl" genau wie „Peter Schneider" (Rudolf Franze) im staatlichen Bereich arbeitete. Die IMB „Magda", „Hesekiel" und „Kaltenhofer" sollten für die „Sicherstellung kircheninterner Materialien und Dokumente, die im Sinne der ausgewiesenen Zielstellung der OPK-Bearbeitung von operativem Interesse sind" sorgen. „Hesekiel" und „Felix" waren zusätzlich für die „Erarbeitung einer umfassenden Persönlichkeitseinschätzung des H."[885] zuständig. Die IMB „Mike" und „Reiner" sollten die „Operative Kontrolle und Dokumentierung des Verhaltens und Auftretens

---

884 Vgl. PA Heydenreich, OPK „Heide", Reg.-Nr. II/ 49/88, Bd. 1, Bl. 6.

885 Vgl. BStU, MfS, BV Schwerin, ZMA 5638 AKG, Bd. I/1, Bl. 12.

während der Vorbereitung und Durchführung von kirchlichen Jugendveranstaltungen" sichern.[886] IM „Reiner" war Jugendwart im Kirchenkreis Schwerin-Land. „Mike" alias Uwe Hildebrandt war ein Jugendlicher, der bereits aus dem Paulskirchenkeller berichtet hatte und 1986 eine Stelle im Oberkirchenrat als Wissenschaftlicher Mitarbeiter erhalten hatte.

## „Rufmord mit Langzeitwirkung" – die Jugendarbeit im Kirchenkreis Rostock-Land

Ende der siebziger Jahre wuchs das Interesse des MfS an der evangelischen Jugendarbeit. Das spezielle Augenmerk der Staatssicherheit richtete sich dabei auf die so genannte „offene Jugendarbeit", die sich mit sozialen Randgruppen in der DDR, den „Problembürgern" bis Mitte Zwanzig, befasste.

In den acht mecklenburgischen Kirchenkreisen waren zur Anleitung der Jugendarbeit eigene Diakone und Jugendwarte angestellt. Zu ihnen gehörten unter anderem Ingo Barz, Claus Wergin und Detlef Borchardt, die die Aufmerksamkeit des Staates auf sich zogen, weil sie über ihre Heimatgemeinden hinaus Jugendgruppen betreuten und damit eine Vernetzungsfunktion hatten. Entsprechend intensiv war die „Begleitung" durch das MfS. Die OPK „Gemeinde" und der OV „Prediger" zu Ingo Barz (Ribnitz), der OV „Fluchtpunkt" zu Claus Wergin (Schwerin) und der OV „Verführer" zur Detlef Borchardt (Neubrandenburg) belegen dies.

Ingo Barz wurde von 1979 bis 1988 nahezu durchgehend vom Ministerium für Staatssicherheit beobachtet. Er war nicht nur umgeben von einer Vielzahl unterschiedlichster Inoffizieller Mitarbeiter, sondern auch das Objekt zahlreicher Maßnahmepläne. Das Interesse der Staatssicherheit konzentrierte sich dabei nicht nur auf seine kirchliche Arbeit mit Jugendlichen, sondern auch auf seine Tätigkeit als Liedermacher, die ihn weit über die Grenzen der mecklenburgischen Landeskirche hinaus führte. Der populäre Dichter und Sänger, der bereits Anfang der siebziger Jahre eine Jugendband im Kirchenkreis Rostock-Land anleitete und 1977 als Kreisjugendwart in den hauptamtlichen Dienst der Kirche ging, baute in dieser neuen Funktion umgehend eine rege evangelische Jugendarbeit auf. Schnell war er der staatlichen Seite ein Dorn im Auge, bewies er doch, dass die Kirche auf die junge Generation durchaus anziehend wirken

---

[886] Vgl. ebd.

konnte. Dies zeigte sich schon 1979 in der östlich von Rostock gelegenen Kreisstadt Ribnitz. Deren Junge Gemeinde erfuhr innerhalb kurzer Zeit erheblichen Zulauf. Schnell fanden sich zahlreiche Jugendliche, die einen engen Kontakt zur evangelischen Kirche hielten und eine feste Gruppe bildeten. Daher stellte das MfS im Eröffnungsbericht zur Operativen Personenkontrolle „Gemeinde" gegen Ingo Barz vom 21. August 1979 fest, es erweise sich „als notwendig, die Aktivitäten der Jungen Gemeinde Ribnitz genau unter Kontrolle zu halten, um im gegebenen Fall durch Unterwanderung des Personenkreises die führenden Mitglieder zu isolieren."[887] Dabei ging die Staatssicherheit grundsätzlich davon aus, dass feindliche Aktivitäten in der DDR durch gegnerische Kräfte aus dem westlichen Ausland, insbesondere aus der Bundesrepublik, angeleitet würden. Dass die Ribnitzer Gemeinde eine Partnergemeinde in Cuxhaven hatte und im Sommer 1978 ein Treffen von Jugendlichen beider Gemeinden in Ribnitz stattgefunden hatte, hatte die örtlichen MfS-Offiziere in Alarmbereitschaft versetzt. Der „Maßnahmeplan" vom August 1979 hielt deshalb auch fest, das Ziel bestünde in der „Aufklärung der Tätigkeit der Jungen Gemeinde Ribnitz unter besonderer Berücksichtigung ihrer führenden Mitglieder und Klärung der umfangreichen persönlichen und postalischen Verbindungen in die BRD".[888] Tatsächlich beobachtete die Kreisdienststelle Ribnitz schon wenige Monate später eine Liebesbeziehung zwischen zwei Jugendlichen aus Ribnitz und Cuxhaven und versuchte, diese in der Operativen Personenkontrolle „Verband" zu beenden.[889]

Anders als beispielsweise bei der übergemeindlichen Jugendarbeit stand in Bezug auf die örtlichen Jungen Gemeinden in der Regel nicht die Zerstörung der Strukturen im Vordergrund, sondern deren Kontrolle und Begrenzung: „Eine Zerschlagung der Gruppierung ist nicht vorgesehen", hieß es daher auch im September 1979 in Bezug auf die Ribnitzer Gruppe, „da die Tätigkeit der Jungen Gemeinde legal erfolgt und eine solche Maßnahme das Verhältnis Staat–Kirche trüben würde. Eine Unterwanderung des Personenkreises mit der Isolierung der führenden Mitglieder erscheint für die Perspektive zweckmäßiger."[890] Die Aktivitäten im Kreis sollten lediglich ausgekundschaftet und „staatsfeindliche Handlungen" vorbeugend verhindert werden.[891]

---

887 Vgl. PA Ingo Barz, OPK „Gemeinde", Reg.-Nr. 5142/79, Bd. I/1, Bl. 28.

888 Vgl. ebd., Bl. 29.

889 Vgl. ebd., Bl. 127.

890 Vgl. ebd.

891 Vgl. ebd., Bl. 30.

Dass sich die Sicht auf Barz und dessen Jugendarbeit innerhalb der kommenden zwei Jahre erheblich verschärfte, belegt ein „Auskunftsbericht" vom 20. November 1981. Darin betrachtete die Staatssicherheit diese Jugendlichen und ihren Leiter als Staatsfeinde und vermerkte, Ziel der OPK „Gemeinde" sei es, den Nachweis zu erbringen, dass es sich bei der von Barz gestalteten Jugendarbeit um eine Tätigkeit im Sinne der „PUT" handele, der „politischen Untergrundtätigkeit".[892] Darunter fasste das Ministerium für Staatssicherheit alle diejenigen Aktivitäten zusammen, die „von hoher Gesellschaftsgefährlichkeit"[893] waren, also tatsächliche oder angebliche Versuche Einzelner oder einer Gruppe, eine gesellschaftliche Opposition gegen die sozialistische Gesellschaft aufzubauen. Ein zentraler Aspekt dieser „politischen Untergrundtätigkeit" war im MfS-Denken wiederum die Annahme, dass diese oppositionellen Kräfte durch Kräfte außerhalb der DDR unterstützt würden.[894]

Die Zuordnung zur „PUT" zog zwangsläufig eine intensive Bearbeitung der Ribnitzer Jungen Gemeinde nach sich. Hintergrund war zum einen Barz' gemeindeübergreifende Arbeit: 22 Jugendgruppen im Kirchenkreis Rostock-Land besuchte er regelmäßig und band sie in Veranstaltungen auf der Stadt-, Propstei- und Kirchenkreisebene ein. In Ribnitz selber traf er sich wöchentlich mit der Jungen Gemeinde. Auch Veranstaltungen auf landeskirchlicher Ebene wurden von „seinen" Jugendlichen besucht. Entscheidend aber waren für den Verdacht der „PUT" die Kontakte zu Jugendlichen aus der Cuxhavener Partnergemeinde. Hier witterte die Staatssicherheit politische Infiltration und Anleitung durch den Klassenfeind. So hieß es in der Begründung für die Einleitung der OPK „Gemeinde" im August 1979, die Ribnitzer Junge Gemeinde unterhalte „umfangreiche persönliche und postalische Verbindungen in die BRD. Unter Leitung ihres Jugendwartes B. und der Hilfe dessen Ehefrau bemühe sie sich, diese Verbindungen systematisch auszubauen."[895]

Trotz dieser intensiven Beobachtung endete die OPK „Gemeinde" im Februar 1981 aus MfS-Perspektive nahezu ergebnislos. Im „Abschlußbericht" heißt es, Barz' Arbeit sei nicht einzuschätzen, obwohl er operativ bearbeitet worden sei. Eine einjährige Postkontrolle habe lediglich den Nachweis erbracht, „daß B. keine politischen Meinungen

---

892 Vgl. ebd., Bl. 60.

893 Vgl. Suckut 1996, S. 377.

894 Vgl. ebd.

895 Vgl. PA Ingo Barz, OPK „Gemeinde"/Reg.-Nr. 5142/79, Bd. I/1, Bl. 21.

mit Kontaktpersonen aus der BRD/WB austauschte".[896] Mit anderen Worten: Das MfS in Ribnitz konnte den vermuteten West-Ost-Transfer an feindlichen Aktivitäten nicht belegen. Die Einordnung als politische Untergrundtätigkeit war damit zwar nicht prinzipiell in Frage gestellt, denn immerhin trat Barz Ende der siebziger Jahre verstärkt als Liedermacher und Sänger in Erscheinung und bot damit genügend „feindliches" Profil, aber in Bezug auf seine Tätigkeit als Jugendwart sah die Staatssicherheit Anfang 1981 keine Möglichkeit, gegen den unliebsamen Jugendwart wegen staatsfeindlicher Aktivitäten vorzugehen. Alles, was er tat, war im Rahmen seiner kirchlichen Tätigkeit legitim gewesen.

Wenige Monate später veränderten die Ribnitzer MfS-Offiziere ihre Herangehensweise und legten eine neue Akte zu Ingo Barz an: Möglicherweise in Anlehnung an die Beobachtungsaktion „Predigt 79" eröffneten sie im Oktober 1981 das Operative Ausgangsmaterial (OAM) „Prediger", das schnell in eine Operative Personenkontrolle und schließlich im Mai 1982 in einen Operativen Vorgang mit dem Decknamen „Prediger" umregistriert wurde.[897] Ausgangspunkt für diese neue Erfassung war nicht die Jugendarbeit im Kirchenkreis Rostck-Land, sondern Barz' Kontakt zur Gruppe „Erziehung zum Frieden" in der Rostocker Studentengemeinde und deren vermutete Rückwirkungen auf die Jugendarbeit im Kreis. Unter dem Eindruck des Kriegszustandes in Polen und der internationalen Aufrüstung betrachteten SED und MfS das kirchliche Friedensengagement per se als staatsfeindlich. Barz' politische Haltung wurde nun eindeutig als „politische Untergrundtätigkeit" klassifiziert. Das Ziel des OV „Prediger" bestand darin, „das Wirksamwerden des B. einzuschränken sowie durch eine kontinuierliche operative Kontrolle der Jungen Gemeinde Ribnitz" zielgerichtet Zersetzungs- bzw. Verunsicherungsmöglichkeiten zu erarbeiten.[898]

Der OV „Prediger" dokumentiert – wie viele andere Akten aus MfS-Kreisdienstellen auch – die realen Probleme der Staatssicherheit gegenüber der evangelischen Kirche. Mitunter waren die zuständigen Mitarbeiter des MfS in den Kreisdienststellen nicht in der Lage, eine Situation angemessen einzuschätzen und machten Staatsfeinde aus, wo sich Jugendliche zusammengefunden hatten, um sich mit Fragen der internationalen Abrüstung zu befassen. Oder sie stellten eine Fülle tatsächlich staatskritischer Aktivitäten fest, sahen aber keinen legalen Weg,

---

[896] Vgl. ebd., Bl. 293.

[897] Vgl. PA Ingo Barz, BStU, MfS, 1885/88, Bd. I/1, Bl. 11 ff.

[898] Vgl. ebd., Bl. 19.

diese zu kriminalisieren und strafrechtlich zu unterbinden. Einziges Mittel war dann der gehäufte Einsatz Inoffizieller Mitarbeiter, im Fall von Ingo Barz beispielsweise der IM „Gärtner“, „Kurt“, „Paul“, „Petra“, „E. Scherbe“ oder „Christian“, der als Gesellschaftlicher Mitarbeiter Sicherheit[899] über Barz berichtete, sowie vieler weiterer verdeckter Zuträger.[900] Nur die wenigsten der Barz beschattenden Zuträger, nämlich „Kurt“ und „Norbert“, gehörten zur Ribnitzer Jungen Gemeinde. Beide waren Schüler der Erweiterten Oberschule und berichteten aus nächster Nähe über Barz. So hatte IM „Kurt“ der Staatssicherheit Ende 1981 mitgeteilt, Barz habe Aufnäher „Schwerter zu Pflugscharen“ an Jugendliche verteilt, plane die Gründung eines Friedenskreises in Ribnitz und die Herausgabe eines innerkirchlichen Informationsblattes zum Thema Frieden.[901] Anders als „Kurt“ hatte „Norbert“ durch eine Freundin Zugang zur Familie von Ingo Barz, so dass die Staatssicherheit von ihm mitunter auch sehr familiäre Informationen erhalten konnte. Von „Kurt“ und „Norbert“ abgesehen, hatte die Staatssicherheit jedoch große Schwierigkeiten, Jugendliche von einer inoffiziellen Tätigkeit gegen ihren Kreisjugendwart zu überzeugen. Das Gros der IM stammt daher aus dem weiteren Umfeld von Ingo Barz. So war der IM „Gärtner“ Mitglied des Ribnitzer Kirchgemeinderates und berichtete über Barz' Stand in der Gemeinde, und „Gisela“ war Theologiestudentin in Rostock und schätzte Liederabende von Ingo Barz in der Evangelischen Studentengemeinde ein. Auch Funktionäre aus dem Kreis Ribnitz gehörten zu den Zuträgern der Staatssicherheit, hier sind die IM mit den Decknamen „E. Scherbe“ und GMS (Gesellschaftlicher Mitarbeiter Sicherheit) „Christian“ zu verorten. Sie alle trugen von unterschiedlichen Positionen aus Informationen zusammen, die Ingo Barz als Staatsfeind auswiesen. In der Begründung zur Einleitung des Operativen Vorgangs „Prediger“ vom Mai 1982 hieß es deshalb, Barz betreibe in Ribnitz eine sich ausdehnende Jugendarbeit, die sich intensiv mit Friedensthemen befasse. Er beziehe Jugendliche in „sogenannte[ ] ′Friedenskreise‵[902] ein, übe auf diese Weise einen negativen Einfluss auf diese aus und stelle „nichtlizensiertes Material in größeren Mengen“[903] her. Er sei sich „der Tragweite seines Handelns voll

[899] Gesellschaftlicher Mitarbeiter Sicherheit ist ein leitender Funktionär gewesen, der qua Amt Kontakte zum MfS unterhielt und geführt wurde wie ein IM.

[900] Vgl. PA Ingo Barz, OV „Prediger“, BStU, MfS, 1885/88, Bd. 1, Bl. 86 f.

[901] Vgl. ebd., Bl. 12.

[902] Vgl. ebd., Bl. 16 f.

[903] Vgl. ebd.

bewusst und entwickelt besonders intensive Aktivitäten im Sinne oben genannter Bewegung".[904] Die Staatssicherheit sah den Tatbestand der „öffentlichen Herabwürdigung", im Strafgesetzbuch der DDR § 220, gegeben und hatte damit zugleich das Ziel der Bearbeitung von Barz formuliert: eben diese öffentliche Herabwürdigung nachzuweisen, zu der wenige Wochen später der „Straftatbestand" der „staatsfeindlichen Hetze" laut § 106 hinzukommen sollte.[905]

Diesen Nachweis zu erbringen, war jedoch für die Staatssicherheit schwierig, denn das DDR-Strafrecht kriminalisierte das Friedensengagement im kirchlichen Raum nicht, obgleich es dies inoffiziell anstrebte. Eine gesetzliche Grundlage für eine Kriminalisierung bestand lediglich über solche Paragraphen wie § 106 (staatsfeindliche Hetze) oder § 220 (öffentliche Herabwürdigung), ohne die eine Bearbeitung durch die Staatssicherheit sehr erschwert war. Dementsprechend bestand in vielen Fällen wie auch im Fall von Ingo Barz das Ziel des OVB „Prediger" in einer aufwändigen Nachweisführung krimineller Verhaltensweisen.

Dass es objektive Schwierigkeiten in der Bearbeitung des OV „Prediger" gebe, stellte auch die Bezirksverwaltung Rostock, die der Kreisdienststelle Ribnitz unmittelbar übergeordnet war, bereits nach wenigen Wochen fest: Im Juni 1982 schrieb sie in einer „Stellungnahme zum Vorschlag der KD Ribnitz-Damgarten zum Anlegen des OV ‚Prediger'", Barz könne nicht kriminalisiert werden, weil er dazu keine Handhabe biete,[906] und weiter: „Zu beachten ist weiterhin, daß das Friedensengagement der Kirche legitim ist. Die Wertung bestimmter Handlungen des Verdächtigen muß differenzierter als im Eröffnungsbericht erfolgen. So kann z. B. die Arbeit des B. als Kreisjugendwart mit bestimmten Materialien des Bundes der Evangelischen Kirchen in der DDR bzw. anderer kirchlicher Gremien, die auch negative Aussagen bzw. pazifistisches Gedankengut enthalten, ihm nicht angelastet werden, wenn sie nicht über die Aussagen der Papiere hinausgeht."[907] Die Stellungnahme sprach von einer „hohen Gesellschaftsgefährlichkeit"[908] des Kreisjugendwartes. Weil jedoch „der Abschluß eines OV [Operativer Vorgang] im Bereich Kirche gem[äß]

---

[904] Vgl. ebd.

[905] Vgl. ebd., Bl. 203.

[906] Vgl. ebd., Bl. 22.

[907] Vgl. ebd.

[908] Vgl. ebd.

§106 StGB in der gegenwärtigen rechtspolitischen Lage schwierig ist",[909] solle er nicht offiziell kriminalisiert werden, sondern durch intensive Zersetzungsmaßnahmen an seiner Arbeit mit Jugendlichen gehindert werden.[910]

Das Problem des MfS in Bezug auf Ingo Barz bestand also nicht darin, dessen „feindliches Profil" zu erkennen: Dies belegten aus Sicht der Staatssicherheit sowohl dessen Jugendveranstaltungen als auch dessen Tätigkeit als freier Liedermacher. Die Akten „Gemeinde" und „Prediger" spiegeln vielmehr die Spannung wider, in der sich die Aktivitäten des MfS im kirchlichen Raum bewegten: zwischen einer offensichtlichen und konfrontativen Auseinandersetzung mit einzelnen Personen, die in der Regel kriminalisiert werden sollten, nach dem Strafgesetzbuch der DDR dazu aber keine Handhabe boten, und verdeckt agierenden, heimtückischen Zersetzungsmaßnahmen. Beide Pole stellten die Ribnitzer MfS-Offiziere im Januar 1983 ebenfalls fest und verfügten in einer „Konzeption zum weiteren Vorgehen in der politisch-operativen Bearbeitung des OV ‚Prediger'", Barz sei „einer der Inspiratoren und Verbreiter des Pazifismus".[911] Alle Aktivitäten, die offiziell auch gegenüber der Kirche kritisiert werden könnten, sollten erfasst werden. Wohl wissend, dass diese Strategie nicht erfolgreich sein würde, hielt die Konzeption auch fest, Barz solle gezielt in einen Widerspruch zu seinen Amtskollegen, insbesondere zur Kirchenleitung, gebracht werden, um anschließend zu kontrollieren, wie beide Seiten auf diese Diskreditierung reagieren würden.[912]

Aber auch Barz' Familien- und Freundeskreis wurde zum Ziel des MfS, das nun die „Durchdringung des engsten Freundeskreises des 'Prediger` und [die] operative Kontrolle des B. im Raum Marlow" beschloss.[913] Ob eine 1984 geplante konspirative Wohnungsdurchsuchung der Familie Barz stattfand, ist aus den Akten nicht ersichtlich.[914] Andere Strategien wie die offensichtliche Verunsicherung Barz' durch die wiederholte Vorladungen bei der Polizei wegen angeblicher Geschwindigkeitsüberschreitung oder durch Unbekannte, die ihn offenkundig fotografierten, bemerkte Barz, ohne dies jedoch als Teil einer

---

909 Vgl. ebd.

910 Vgl. ebd.

911 Vgl. ebd, Bl. 242.

912 Vgl. ebd., Bl. 243.

913 Vgl. ebd., Bl. 244.

914 Vgl. ebd., Bl. 345/346.

staatlichen Repressionsstrategie zu sehen, womit die Staatssicherheit das damit verbundene Ziel, Barz zu verunsichern, verfehlte.

Nachdem diese offenen und verdeckten Maßnahmen keinen erkennbaren Erfolg zeigten, stand die Kreisdienststelle des MfS in Ribnitz-Damgarten vor der Frage, wie sie das „feindlich-negative Verhalten" dieses Jugenddiakons erfolgreicher eindämmen könnte. Wegen Missbrauchs der Vervielfältigungsgeräte war Barz nicht angreifbar, wie Hauptmann Lindemann aus Ribnitz in einem internen Aktenvermerk im Juli 1985 notierte.[915] Deshalb sollte der Bezirksreferent für Kirchenfragen, Roland Macht, ein Gespräch mit dem Doberaner Landessuperintendenten führen und ihn zu disziplinierenden Maßnahmen gegen Barz auffordern.[916] Landessuperintendent Ohse ging darauf nicht ein, sondern machte deutlich, dass Barz sein Mitarbeiter und damit unter seinen amtlichen Schutz gestellt sei. Diese „Fürsorgefunktion",[917] wie sie auch der Neubrandenburger Jugenddiakon Detlef Borchardt durch seinen Landessuperintendenten Kurt Winkelmann erlebte, war für den kirchlichen Zusammenhalt überaus wichtig. Sie entlastete zum einen den angegriffenen kirchlichen Mitarbeiter, Pastor oder Laien, indem der jeweilige Vorgesetzte sich – in der Regel – vor ihn stellte und signalisierte, dass man innerkirchlich genau verfolge, wie der Staat mit den Christen in der DDR umgehe. Die „Fürsorgefunktion", auch wenn sie mitunter den Beinamen „patriarchalisch" verdiente, weil sie die Einordnung in kirchliche Hierarchien voraussetzte, entlastete aber auch den Landesbischof und den Oberkirchenrat von ihrer Omnipräsenz in der Landeskirche. Die so erreichte „Regionalisierung" von Kirchenpolitik führte überdies zu einer kirchenpolitischen Profilierung des einzelnen Landessuperintendenten. Vor allem aber verhielt sich die staatliche Seite gegenüber kirchlichen Mitarbeitern, Pastoren und Laien vorsichtiger, wenn sie wusste, dass sich eine höhere kirchliche Ebene einschalten und gegebenenfalls bei einer noch höher angesiedelten staatlichen Ebene beschweren würde. Barz erinnert sich an die vielfältigen Strategien der staatlichen Seite gegen ihn:

> „In meiner Akte gibt es eine ganze Liste mit IM und konkreten Aufgabenstellungen, wie und wo mein Ruf im Raum der Kirche zu beschädigen sei. Es war genau festgelegt, an welcher Stelle wer bohren musste. So war zeitweise – ob sich nun ein Kommunalvertreter

[915] Vgl. ebd., Bd. V/2, Bl. 55.

[916] PA Ingo Barz. BStU, MfS, AOP 1885/88, Bd. V/2, Bl. 55.

[917] Interview mit Detlef Borchardt am 23. 1. 2001.

mit jemandem aus dem Kirchgemeinderat unterhielt, der Rat-des-Kreises-Referent für Kirchenfragen Pastoren aufsuchte oder der Bischof zum Gespräch beim Rat des Bezirkes weilte – immer Barz als 'Schwarzer Peter' ins Spiel zu schummeln. Dass dieses zumindest bei Pastoren und Mitarbeitern in meinem Arbeitsbereich und bei Vorgesetzten keinen Erfolg hatte, ist ebenfalls schön nachzulesen. "[918]

Parallel dazu initiierte die Staatssicherheit Ende Dezember 1985 über die CDU-Blockpartei die gezielte Einbindung von Ingo Barz in staatliche Strukturen, um ihn auf diese unauffällige Weise „ruhig stellen" zu können. IM „Adam", der Kreisvorsitzende der CDU, erhielt in diesem Zusammenhang den Auftrag, „'Prediger' behutsam in Aktivitäten und Maßnahmen der CDU einzubeziehen"[919] – allerdings ohne Erfolg.
Nicht alle derartigen Denunziationen und Versuche, das innerkirchliche Miteinander zu stören, verhallten im Nichts. Ingo Barz erinnerte sich im Gespräch auch an die „erfolgreichen" Methoden der staatlichen Seite, ihn zu isolieren:

„Zwar scheint einerseits die Erfolgsquote der Stasi recht gering, aber letztendlich hat es doch funktioniert. Ich begegne auch heute noch Leuten im Raum der Kirche, die sich mir gegenüber verhalten, als hätte ihnen die Stasi gestern gerade Angst vor mir gemacht. Das war Rufmord mit Langzeitwirkung."[920]

Die Strategie der innerkirchlichen Differenzierung scheiterte im Wesentlichen, denn die Jugendwarte in den Kirchenkreisen hatten ein klares kirchliches Mandat, über die Grenzen der traditionellen Jugendarbeit bewusst hinauszugehen. Dieses Mandat hatten sie vor allem auf Grund der Unterstützung von Landesbischof Rathke, die sich in der Regel auch in der Unterstützung der Landessuperintendenten widerspiegelte. Als etwa Heinrich Rathke vom Rat des Bezirkes Rostock auf Ingo Barz angesprochen und ihm nahe gelegt wurde, dessen „Treiben" zu kontrollieren, ging Rathke über diese Äußerung einfach hinweg, als hätte er sie nicht gehört.[921] Die Staatssicherheit vermerkte vor diesem Hintergrund

918 Interviews mit Ingo Barz am 14. und 23. 8. 2000.

919 Vgl. PA Ingo Barz. BStU, MfS, AOP 1885/88, Bd. V/2, Bl. 96.

920 Vgl. ebd.

921 Vgl. Interviews mit Ingo Barz am 14. und 23. 8. 2000.

in ihren Akten, Barz könne „mit stiller Duldung der Kirchenleitung" arbeiten.[922]

Bis zur Archivierung des Operativen Vorgangs „Prediger" im August 1988 hatte die Ribnitzer Staatssicherheit nichts unversucht gelassen, Ingo Barz aus dem kirchlichen Leben zu verdrängen. Die Methode des „Rufmords" stand im Vordergrund, war jedoch nicht die einzige. Im März 1987 hatte die Staatssicherheit Ribnitz die „kurzfristige Liquidierung" von Ingo Barz beabsichtigt, sollte es „die politische Situation erforder[n]",[923] wobei unklar bleibt, welche Tragweite dieser Befehl hatte und vor welchem Hintergrund er ausgestellt worden war.

Dazu kam es nicht mehr. Als IM „Gärtner" im Sommer 1988 seinem Führungsoffizier übereilt berichtete, Barz werde in absehbarer Zeit seine kirchliche Tätigkeit aufgeben, schloss die Staatssicherheit die Akte „Prediger". Sie verstand diese Ankündigung als direkte Auswirkungen der vorangegangenen verdeckten MfS-Aktivitäten gegen den unliebsamen Kreisjugendwart, der sich nun zurückziehe. Ganz in ihrem Sinne fasste sie im „Abschlußbericht" zusammen, durch einen „Disziplinierungsprozeß" habe Barz positiv beeinflusst und zu „politisch-realistischen Denk- und Verhaltensweisen" angeregt werden können.[924] An der Festlegung, Barz im Falle des Kriegszustandes als besonders gefährlichen Staatsfeind zu internieren, hielt das MfS jedoch fest.[925]

Waren die Aktivitäten der Ribnitzer Kreisdienststelle gegen Ingo Barz erfolgreich, wie der Abschlussbericht suggeriert? In Bezug auf die angebliche innerkirchliche Disziplinierung und politische Einflussnahme von Barz sicher nicht. Die Aktenlage zeigt vielmehr, dass weder der Doberaner Landessuperintendent Ohse noch die beiden Landesbischöfe Rathke und Stier sich jemals bei offiziellen Gesprächen von Ingo Barz distanziert und damit Illoyalität zu erkennen gegeben hätten. Barz war ein sehr geschätzter Jugendwart, dessen Arbeit auch eine erkennbare politische Dimension haben durfte. Auf der anderen Seite machte Barz über die Jahre zunehmend die Erfahrung, dass man ihm in etlichen Gemeinden der Landeskirche sowohl als Kreisjugendwart als auch als Liedermacher und Sänger distanziert begegnete. Dieser „Rufmord mit Langzeitwirkung" wurde für ihn Ende der achtziger Jahre besonders spürbar, als er nach zehn erfolgreichen Jahren in der Jugendarbeit

---

922 Vgl. PA Ingo Barz. BStU, MfS, AOP 1885/88, Bd. V/2, Bl. 96.

923 Vgl. ebd., Bl. 290.

924 Vgl. BStU, MfS, 1885/88, Bd. 2, Bl. 391.

925 Vgl. ebd., Bl.394.

1988/1989 nach einer neuen Aufgabe in der Landeskirche suchte – und keine fand.[926] Im März 1990 schied er deshalb aus dem Dienst der mecklenburgischen Landeskirche aus.

## „Das Feld war vorbereitet wie von einem Gärtner" – Die offene Jugendarbeit in Schwerin

1979 beschloss die mecklenburgische Landessynode, die sozialdiakonische Jugendarbeit zu einem Schwerpunkt der kirchlichen Jugendarbeit zu machen. Vorausgegangen war eine intensive Arbeit mit Alkoholkranken durch Diakon Joachim Dugge in Schwerin, die die Dringlichkeit einer besonderen Beschäftigung mit Jugendlichen am Rande der Gesellschaft deutlich gemacht hatte. Die Landeskirche erklärte sich in der Folge dazu bereit, zunächst drei und in einem weiteren Schritt sechs Stellen in der sozialdiakonischen Arbeit bereitzustellen.

Die sozialdiakonische Jugendarbeit begann in Schwerin noch im Jahr 1979 mit dem Amtsantritt von Claus Wergin. Wergin gehörte zu der Generation von Jugenddiakonen, die ihre Ausbildung in Berlin-Weißensee erhalten hatten. Ihm folgten 1980 Detlef Borchardt (Neubrandenburg) und 1982 Bernhard Mühlichen (Wismar). Kurzzeitig war Jochen Schwarz als Sozialdiakon in Rostock angestellt. Aber nicht alle sechs Stellen konnten besetzt werden, denn die Ausbildung zu Sozialdiakonen in Berlin-Weißensee stand noch am Anfang.

Die Kirchenleitung richtete nicht nur die Stellen ein, sondern forderte die Gemeinden auch auf, sich dieser Thematik verstärkt anzunehmen. Claus Wergin hat also Recht, wenn er sagte, dass seitens der Landeskirche Ende der siebziger Jahre auch ein gewisser Erwartungsdruck bestand.

> „Die Arbeit war angelegt, wie von einem Gärtner ein Feld angelegt worden ist. Da erwartete man nun auch, dass irgendetwas passiert und wächst. [...] Die Jungen Gemeinden haben mich oft eingeladen, ich habe Abende in den Jungen Gemeinden gehalten, es gab Monatsrüsten, also die traditionelle Stadtjugendarbeit konnte ich gut übernehmen. Im April 1979 bin ich sehr viel auf der Straße unterwegs gewesen und traf in Schwerin viele Jugendliche an bestimmten Straßenecken und Plätzen. Ich kann mich daran erinnern, dass ich mir damals auf dem Stadtplan diese Orte der Jugendlichen

[926] Vgl. Interviews mit Ingo Barz am 14. und 23. 8. 2000.

eingezeichnet habe. […] Eine solche Gruppe gab es z. B. in der Müllerstraße. Gerade diese Straßengruppe ist aufgefallen durch ihre Kleinkriminalität, durch sehr viel Ärger mit den Anwohnern, und es muss damals auch sehr viel Ärger mit der Polizei gegeben haben. […]. In meinem Tagebuch von damals steht unter diesem Datum: 'Gespräche auf der Straße mit vier Jugendlichen. Frage, wie es ihnen geht und was sie machen. Anschließend in die Kneipe.' An dieser Straßengruppe bin ich lange dran geblieben […]. Es waren Jugendliche im Alter von 13 bis 17 Jahren. Das Gesamtadressenverzeichnis vom Frühjahr 1979 enthält ungefähr 65 Namen."[927]

Bis 1981 fand die Jugendarbeit in der Apothekerstraße in den Räumen der „Oase" statt. Weil die Gruppe schnell größer wurde, begannen Verhandlungen mit der St. Pauls-Gemeinde, deren Kellergewölbe die Jugendlichen nutzen wollten. Sie bauten die Räumlichkeiten unter der Paulskirche in eigener Arbeit aus, und 1981 zog die offene Jugendarbeit in den „Paulskirchenkeller" (PKK) um.[928] Trotz des Ortswechsels setzte sich die Arbeit nahtlos fort. Die erste Gruppe schied in den folgenden Monaten langsam aus dem Paulskirchenkeller aus, andere Jugendliche folgten nach. Wergin baute mit der Zeit einen Kreis von ehrenamtlichen Helfern auf, das waren zumeist Jugendliche, die die abendliche Betreuung der Räumlichkeiten übernahmen. Er verstand es, die Interessen der Jugendlichen nicht nur gegenüber dem Kirchgemeinderat der Paulskirche zu vertreten, sondern auch gegenüber den Pastoren im Konvent, die nicht immer Verständnis für die offene Jugendarbeit hatten. Ein Schritt auf dem Weg in eine auf breiter Basis getragenen Jugendarbeit war die Einrichtung eines Kuratoriums, dem außer Wergin auch Oberkirchenrat Eckart Schwerin, Pastor Peter Voß und Landesjugendpastor Johannes Lohmann angehörten. Unterstützung erfuhr Claus Wergin vor allem von Hans-Jürgen Rietzke, dem Pastor an der Paulskirche, aber nötigenfalls auch von Landessuperintendent Hans de Boor.

Die „Oase" und der Paulskirchenkeller erregten schnell die Aufmerksamkeit staatlicher Stellen, denn eine unabhängige Jugendarbeit neben der der FDJ war ihnen ein Dorn im Auge. Hinzu kam, dass sich die Jugendlichen – wenn auch wenig – mit religiösen Fragen beschäftigten

---

927 Vgl. Interview mit Claus Wergin am 26. 6. 2000.

928 Vgl. ebd.

und eine andere Kirche als die in der Schule propagierte („Religion ist Opium für das Volk") kennen lernten. Es ging der staatlichen Seite nicht darum, diese Jugendlichen für den Sozialismus zurückzugewinnen, denn sie waren unangepasst, sie hatten sich nicht zur FDJ gehalten und würden dies auch in Zukunft nicht tun. Aus staatlicher Sicht war mit dem Paulskirchenkeller jedoch die Gefahr verbunden, dass die Jugendlichen auch außerhalb der Kirchenmauern von ihren Erfahrungen berichten und andere dafür gewinnen könnten.

Versuche von Seiten des Staates, die offene Jugendarbeit in der „Oase" und später im Paulskirchenkeller zu kontrollieren, gingen zuerst vom Schweriner Kirchenreferent beim Bezirk, Rudolf Franze, aus. Er brachte bei Gesprächen mit Landesbischof Rathke, Oberkirchenratspräsident Müller oder Landesjugendpastor Lohmann regelmäßig Beschwerden über Wergin und dessen Arbeit vor. Die intendierte innerkirchliche Disziplinierung erfolgte jedoch nicht. Gleichmäßig lautete die Antwort, die offene Jugendarbeit sei eine schwierige, aber notwendige Aufgabe der Kirche. Claus Wergin genieße das volle Vertrauen der Landeskirche.

Gleichzeitig versuchte das MfS, den Kreis der Jugendlichen zu unterwandern, indem es IM einschleuste – was sich als äußerst schwierig erwies. Zum einen war die Gruppe der regelmäßig erscheinenden Jugendlichen relativ stabil und ein unauffälliges Einschleusen neuer Gesichter daher problematisch. Zum anderen akzeptierten diese Jugendlichen und jungen Erwachsenen nur sehr schwer Autoritäten und waren kaum unter Druck zu setzen. Anders als EOS-Schüler, deren Studienzulassung auf dem Spiel stand, hatten sie nichts mehr zu verlieren – und für eine Sonderaufgabe im Interesse der SED war im Paulskirchenkeller sicher kaum ein Jugendlicher zu begeistern. Nicht zuletzt war das Vertrauensverhältnis zu Claus Wergin und Reinhart Schult sowie zum Helferkreis relativ groß, und das Thema „Kontaktaufnahme durch das MfS" wurde offensiv im Paulskirchenkeller angesprochen. Dennoch gelang es dem MfS, dort einen wichtigen IM zu platzieren: „Mike" alias Uwe Hildebrandt.[929] Er besuchte den Paulskirchenkeller regelmäßig und fertigte genaue Berichte über Veranstaltungen, Pläne und Besucher an. Von „Mike" liegt auch eine handschriftliche Skizze der Räumlichkeiten unter der Paulskirche vor._

Es war sicherlich kein Zufall, dass sich in Schwerin die Stimmen häuften, die sagten, im Paulskirchenkeller werde regelmäßig Alkohol ge-

[929] Vgl. PA Claus Wergin, OV „Fluchtpunkt", BV Sn. AOP 499/87, Bl. 453 (alte MfS-Zählung).

trunken und Wergin schreite nicht ein.[930] Diese Form der Zersetzung war kaum als staatliche Strategie erkennbar. Aus Sicht des MfS erwies es sich auch als wirkungsvoll, die Mitglieder des Helferkreises bei staatlichen Stellen oder ihren Schuldirektoren vorzuladen und so zu verängstigen. Einigen Mitgliedern wurde der Personalausweis abgenommen und ein „PM 12“ – ein vorläufiger Ausweis, der nicht zur Ausreise aus der DDR berechtigte und von jedermann sofort zu erkennen war – ausgehändigt. Dieser Ausweis diskreditierte seinen Inhaber auf besondere Weise, weil er in der Regel Strafgefangenen und Häftlingen auf Bewährung ausgestellt wurde.[931] Diese und andere Maßnahmen sind im OV „Fluchtpunkt“ gegen Claus Wergin festgehalten. Dessen Akte wurde im Januar 1982 eröffnet und 1987 mit dem Ausscheiden Wergins aus dem kirchlichen Dienst geschlossen.

Der OV „Fluchtpunkt“ bezog seinen Namen von zwei Jugendveranstaltungen in Sternberg und Güstrow 1981, die das Wort Fluchtpunkt in ihrem Titel führten. Der eigentliche OV jedoch wurde gegen Wergin wegen des Verdachts der staatsfeindlichen Hetze laut §106 StGB eingeleitet. Der vorgangsführende Offizier war Claus-Dieter Wulf. Wulf begründete den OV damit, dass Wergin seit 1979 im Kirchenkreis Schwerin verantwortlich sei für die Arbeit und seelsorgerliche Begleitung junger Menschen.[932] Er bemühe sich, Kontakt zu solchen Jugendlichen herzustellen, die „in ihrer persönlichen und beruflichen Entwicklung in unterschiedlicher Form mit der sozialistischen Staats- und Gesellschaftsordnung in Konflikt geraten sind bzw. die aus anderen Gründen für das MfS von operativem Interesse sind.“[933]

Der Jahresarbeitsplan der Schweriner Bezirksverwaltung des MfS für 1983 sah deshalb vor, den OV „Fluchtpunkt“ schwerpunktmäßig zu behandeln und nannte als gegen Wergin einzusetzende IM „Ingeborg“, „Peter Schneider“, „Mike“, „Michael Schulz“, „Michael Rumpf“ und „Markus“. Sie sollten Beweise gemäß § 106 StGB (staatsfeindliche Hetze) zusammentragen mit dem Ziel, Wergin aus dem kirchlichen Dienst zu entfernen.[934] Es stellt sich jedoch die Frage, ob diese Inoffiziellen Mitarbeiter überhaupt in der Lage dazu waren: Hinter

---

930 Vgl. Wergin 1996, S. 290.

931 Vgl. ebd., S. 291.

932 Vgl. PA Claus Wergin, OV „Fluchtpunkt“, BV Schwerin, AOP 499/87, Bl. 10 (alte MfS-Zählung).

933 Vgl. ebd., Bl. 11 (alte MfS-Zählung).

934 Vgl. BStU, MfS, BV Schwerin, BdL Dok. 400578, Bl. 39 (alte MfS-Zählung).

„Ingeborg“ verbarg sich ein Mitglied der Landessynode, das naturgemäß kaum Kontakt zu Wergin haben konnte. Und auch „Peter Schneider“ alias Rudolf Franze führte als Referent für Kirchenfragen beim Rat des Bezirkes in Schwerin nie ein persönliches Gespräch mit Wergin. Konnte „Mike“ alias Uwe Hildebrandt Einfluss auf den OV nehmen? Als Mitglied des Paulskirchenkellers war er sicher am ehesten dazu in der Lage. Die beiden IM „Michael Schulz“ und „Michael Rumpf“ tauchen nur ein Mal in einem Maßnahmeplan vom September 1984 auf und waren daher aller Wahrscheinlichkeit nach nicht von Bedeutung.[935] Im gleichen Maßnahmeplan wird der IMS „Markus“ zusammen mit IM „Ingeborg“ erwähnt. Beide sollten Wergins Auftreten auf der Synode beeinflussen.[936] Der Klarname zu „Markus“ ist derzeit nicht bekannt. Betrachtet man diese Aufstellung von IM, dann hatte das MfS keine besonders wirkungsvollen Helfer.

Auch die Berichte von Rudolf Franze über Gespräche mit Rathke und Müller belegen den Schutz der Landeskirche. Eine äußere Einflussnahme wurde erstens durch die Tatsache erschwert, dass der Paulskirchenkeller seit Anfang der achtziger Jahre ein Kuratorium hatte, in dem neben Wergin Oberkirchenrat Schwerin, Pastor Voß und Landesjugendpastor Lohmann saßen. Die Einbindung des Paulskirchenkellers in den Konvent durch das Kuratorium bewirkte zusätzlich, dass verschiedentliche Differenzierungsversuche von staatlicher Seite schwerer Fuß fassen konnten, denn der Konvent unterstützte dessen Arbeit – obgleich es auch von dieser Seite immer wieder Kritik am Paulskirchenkeller gab. Vor allem war es die Rückendeckung durch Landesbischof Rathke und dessen Nachfolger Stier sowie durch Oberkirchenratspräsident Peter Müller, die die Intervention von außen immer wieder zurückwies.

Ein Beispiel für die Unterstützung, die Wergin und seine Mitarbeiter durch Heinrich Rathke erhielten, war das Gespräch im November 1982, in dem der Stellvertreter für Inneres beim Rat des Bezirkes Schwerin, Fred Schwoerke, den Paulskirchenkeller massiv angriff. Franze berichtete darüber wie folgt:

„Rathke ging dann auf die vom Genossen Schwoerke gemachten Ausführungen bezüglich des Wirkens des Sozialdiakons Wergin im 'Paulskirchenkeller' ein. Nachdem diese An-

---

935 Vgl. PA Claus Wergin, OV „Fluchtpunkt“, BV Schwerin, AOP 499/87, Bl. 31 (alte MfS-Zählung).

936 Vgl. ebd.

gelegenheit bereits im Zusammenhang mit der Friedensdekade vor einem Jahr in einem Gespräch mit dem Landesbischof besprochen worden war und die staatlichen Organe Forderungen erhoben hatten, die darauf gerichtet waren, daß Wergin politisch negative Aktivitäten gegenüber Jugendlichen von kirchenleitender Seite untersagt werden, habe sich der Landesbischof selbst einen Einblick in diese Dinge verschafft. Die Arbeit mit sozial gefährdeten Leuten sei dringend notwendig. Die Jugendlichen, die dorthin kommen, kommen zu einem großen Teil von der Straße, unter ihnen sind viele junge Alkoholiker. Wer kümmert sich um sie? Ihm täte es leid, wenn diese 'Auffangstelle' immer wieder so belastet wird. Natürlich kämen da, wo junge Leute zusammenkommen, auch Fragen der vormilitärischen Ausbildung, des Wehrdienstes, der Zivilverteidigung usw. zur Sprache. Diese Fragen seien konkret ja auch auf der letzten Bundessynode angesprochen worden, und sie sollten deshalb insgesamt in der Kirche auch eine Rolle spielen, nicht nur im Paulskirchenkeller. Er selbst habe bei der Eröffnung der Friedensdekade im Dom diese Fragen auch behandelt, wobei er aber nicht etwa einseitig für die Bausoldaten plädiert habe. Die Kirche sei der Auffassung, daß sie gemäß der Gewissensentscheidung des einzelnen Christen sowohl für die da sein müsse, die den Dienst mit der Waffe leisten, aber auch für die, die sich zum Dienst ohne Waffe entschieden haben. [...]
Rathke bat darum, den Paulskirchenkeller nicht da anzugreifen, wo es auf die Kirche als Ganzes ankommt, z.B. in der Frage der Verteidigungspolitik u.a."[937]

Rathke lehnte die Kritik an Wergin nicht nur prinzipiell ab, sondern übernahm sogar dessen Argumente und leitete das Gespräch zu allgemeinen Beschwerden der Landeskirche und des Kirchenbundes über. Wergin war nun nicht mehr ein einzelner Jugenddiakon, sondern ein Vertreter der evangelischen Kirche, der für diese spreche. Das machte es der staatlichen Seite schwer, ihn weiter anzugreifen. Rudolf Franze hatte dies durchaus bemerkt und fasste am Ende seines Berichtes zusammen:

[937] LHA Schwerin, RdB Schwerin, Z 10/90, 26, n. p. „Information" über ein Gespräch des Landesbischofs Rathke mit Müller bei Schwoerke und Franze am 30. 11. 1982.

„Es war auch nicht zu übersehen, daß er sich nach wie vor hinter Wergin stellte und den Versuch unternahm, unsere offensive Position gegen Wergin dadurch abzufangen, daß er in Verbindung mit Wergin und dem Paulskirchenkeller prinzipiell die Fragen der Verteidigungspolitik als Gesprächsgegenstand aufwerfen wollte."[938]

Ein parallel angelegter Aktenvermerk von Peter Müller gibt das Gespräch in allen Einzelheiten so wieder, wie es auch Schwoerke in seinem Bericht an die SED-Bezirksleitung beschrieben hatte.[939]
Der Schutz der Landeskirche kam besonders zum Tragen, als durch Verschulden von Jugendlichen des Paulskirchenkellers bei einer Autofahrt unter Alkoholeinfluss ein Radfahrer in der Nähe von Prestin tödlich verunglückte. Das MfS sah in diesem Verkehrsunfall, in den Wergin nicht unmittelbar verwickelt war, eine Chance, diesen innerkirchlich zu diskreditieren, sodass er langfristig aus dem Dienst der Landeskirche entfernt würde. Diese Aktion nannte das MfS „Contra". Der IM „Michael Schulz" bekam den Auftrag, kompromittierende Fotos von Wergin zu beschaffen, die ihn beim Alkoholgenuss zeigten.[940] Andere IM waren eingesetzt, um die genauen Umstände des Unfalls zu ergründen, um damit den Prozess gegen die Jugendlichen zu verschärfen. Im „Zusammenfassende[n] Bericht zur Realisierung der Aktion 'Contra' zur Person Wergin" hieß es, das Ziel sei gewesen,

„W. weiter zu diskreditieren, ihm über eine gezielt initiierte innerkirchliche Disziplinierung die Fähigkeiten zur wirksamen sozialdiakonischen Arbeit mit Jugendlichen abzusprechen, seinen derzeitigen Einfluß auf breite Kreise jugendlicher Personen umfassend zurückzudrängen und seine Verbindungen/Einflußmöglichkeiten zu anderen feindlich-negativen, in OV/OPK bearbeiteten, klerikalen Personenkreisen einzuschränken."[941]

---

[938] Ebd.

[939] Vgl. ELLKM, LKA, Bestand OKR, II 1o, Bd. IX, 479, Dok. 12911 II 1o.

[940] PA Claus Wergin, OV „Fluchtpunkt", BV Schwerin, AOP 499/87, Bl. 400 f.

[941] Vgl. ebd., Bl. 461.

Darüber hinaus sollten dieser Unfall und der sich anschließende Prozess dazu genutzt werden, den Paulskirchenkeller zu schließen und unter den kirchlichen Amtsträgern in Schwerin einen Differenzierungsprozess in Gang zu setzen.[942] Gerade in dieser Situation benötigte Wergin den Schutz seiner Landeskirche und insbesondere seines Landesbischofs – und erhielt ihn, wie er sich erinnerte:

> „Von Heinrich Rathke wusste ich, dass man auch bei großen Problemen zu ihm gehen konnte. […] Mein einprägsamstes Erlebnis mit Heinrich Rathke hatte ich nach einem Todesfall auf einer Rüstzeit. Nachdem ich die Polizei angerufen hatte, habe ich auch sofort mit Heinrich Rathke telefoniert. Bevor die Polizei am Ort war, war schon Heinrich Rathke anwesend. Und das erste, was er tat, war, dass er auf mich zuging, mich zur Seite nahm und sagte: 'Bruder Wergin, egal was hier passiert ist – ich stehe jetzt mindestens ein, zwei Stunden neben Ihnen, damit Sie das durchstehen.' Da wurde mir warm ums Herz. Das ist ein Erlebnis, das hätte ich vielleicht auch anderen Leuten gewünscht. Daran wird deutlich, dass er für die Arbeit und für das, was ich da gemacht habe, ein Herz hatte."[943]

Es folgte ein Aufsehen erregender Prozess, der in der „Schweriner Volkszeitung" ausführlich dargestellt wurde. Im Rahmen der Zusammenarbeit mit der Kreisdienststelle des MfS in Schwerin wurden Eingaben initiiert, in denen diese die „konsequente Bestrafung der am Tode ihres Mitbürgers Schuldigen forderten, ein Aspekt, der u. a. auch die Gerichtsverhandlung am 03.06.1985 mitbestimmte."[944] Zur endgültigen Zersetzung des Paulskirchenkellers sollten weitere IM angeworben werden und in dessen Leitungskreis vorhandene Widersprüche genutzt werden.[945] Wulf als Leiter des Referates XX/4 war vermutlich mit sich zufrieden. Sein Referat jedenfalls glaubte, seine Ziele weit gehend erreicht zu haben: Wergin habe „nachweisbar verunsichert und gezielt desorientiert werden [können]". Die Amtskirche hielt zu Wergin, dennoch war unter den Jugendlichen selbst starke Unruhe entstanden. Nicht alle staatlichen Stellen stuften den Paulskirchenkeller derart feindlich ein.

---

942 Vgl. ebd.

943 Interview mit Claus Wergin am 26. 6. 2000.

944 Vgl. PA Claus Wergin, OV „Fluchtpunkt", BV Schwerin, AOP 499/87, Bl. 462.

945 Vgl. ebd., Bl. 264 f.

Die Kriminalpolizei hatte regelmäßig mit einigen Jugendlichen zu tun, die im Paulskirchenkeller aktiv waren, und schrieb im April 1986 einen im Detail sehr viel positiveren Bericht.

> „Durch Befragung Vorbestrafter und kriminell-gefährdeter Personen, die zum Teil regelmäßig im Paulskeller verkehren und zum kriminellen Untergrund gehören, wurden nachstehende Auffassungen zu verschiedenen Problemen sichtbar: [...]
> Führungskräfte im Paulskeller distanzieren sich von Alkoholikern. Sie sind aber verpflichtet, diese aufzunehmen, obwohl sie sich nicht erziehen lassen. Im Rahmen der evangelischen Jugendarbeit widmen sie sich verstärkt den Sucht- und Alkoholkranken. Auf diesem Gebiet leistet der Betreuer Peter Grosch eine sehr gute Arbeit. Viele sind durch seine vielschichtigen Initiativen 'trocken' geworden.
> Einige der Befragten sagten hierzu, daß dieses, was eine Person leistet, nicht ausreicht, und man müßte mehr gute Betreuer haben.
> Vom Stadtbüro für evangelische Jugendarbeit und insbesondere von dem Diakon Claus Wergin wird sehr stark die Wiedereingliederung Haftentlassener beachtet. Den Personen, die mit der Umwelt nicht fertig werden und bei der evangelischen Kirche um Unterstützung vorstellig werden, wird Hilfe angeboten, und gleichzeitig versucht der Diakon Wergin zu ergründen, wie die Wiedereingliederung war und ob die staatlichen Organe irgendwelche Fehler gemacht haben."[946]

Im Sommer 1987 waren sich auch der Rat des Bezirkes und die SED-Leitung in Schwerin nicht mehr sicher, ob der Paulskirchenkeller tatsächlich geschlossen werden sollte, so wie es das MfS wollte – allerdings aus anderen Gründen. Auf einer Dienstberatung in der Schweriner SED-Zentrale hieß es: „Wenn wir den Kirchen untersagen, mit Gruppen sozial und politisch problematischer Jugendlicher zu arbeiten, drücken wir diese Gruppen völlig in die Illegalität. Wenn diese Jugendlichen zur Kirche gehen, machen wir die Kirche dafür verantwortlich, daß nichts

---

[946] Vgl. MfS, BV Schwerin, AKAG 19/90, Bl. 52.

Sozialismusfeindliches geschieht."[947]

Der Prestiner Unfall bedeutete einen tiefen Einschnitt in der Arbeit des Paulskirchenkellers, er war aber wohl nicht der Auslöser für den langsamen Zerfall dieser Jugendgruppe. Claus Wergin schied 1987 auf eigenen Wunsch aus der landeskirchlichen Jugendarbeit aus. Er fühlte sich „verbrannt".[948] Nach acht Jahren in der sozialdiakonischen Jugendarbeit war dies eine typische Erscheinung. Das MfS gab sich in seinen Berichten zufrieden: Mittels Inoffizieller Mitarbeiter sei es gelungen, „Ansätze dazu rechtzeitig zu unterbinden und den Zustand der Unsicherheit und Konzeptionslosigkeit als Dauererscheinung auszuprägen".[949] Die abschließende Einschätzung mag zutreffend gewesen sein:[950]

> „Ohne daß kirchliche Mitarbeiter und Amtsträger offen darüber sprechen, ist eine unterschwellige Zufriedenheit mit dem jetzigen Zustande zumindest im Stadtkonvent feststellbar. Das Thema 'PKK' war für die Amtsträger sehr unbequem, da es immer wieder durch staatliche Stellen zur Disziplinierung genutzt wurde. [...] Insgesamt ist einzuschätzen, daß die gegen Wergin eingeleiteten Zersetzungsmaßnahmen nicht nur hinsichtlich der Person Wergins Wirkungen zeigten, sondern die 'offene Jugendarbeit' insgesamt wesentlich einschränkten."[951]

Eingriffe von kirchlicher Seite in die Arbeit des Paulskirchenkellers gab es ebenfalls, wenn auch nur sehr vereinzelt. Einer davon betraf den vom Paulskirchenkeller im Sommer 1985 veranstalteten „Kleidermarkt". Wergin und der Helferkreis hatten bereits mehrfach Altkleider gesammelt und an einem Wochenende deren Verkauf in den Räumen unter der Paulskirche organisiert. Mit dem eingenommenen Geld finanzierte sich die offene Jugendarbeit. 1985 jedoch ordnete Landessuperintendent de Boor am zweiten Verkaufstag den Abbruch der Veranstaltung an. Der stellvertretende Oberbürgermeister von Schwerin, Heydrich, hatte de

947 LHA Schwerin, SED BPA Schwerin, IV F – 2/14/776, n. p. „Referat für die Dienstberatung mit den Stellv. Inneres und Mitarbeitern für Kirchenfragen am 11. Juni 1987".

948 Vgl. Interview mit Claus Wergin am 26. 6. 2000.

949 Vgl. BStU, MfS, BV Schwerin, ZMA 21987, SN, Bl. 31.

950 Vgl. ebd.

951 Vgl. Ebd., Bl. 32.

Boor dazu aufgefordert: Es handele sich nicht um eine genuin kirchliche Veranstaltung, die deshalb hätte angemeldet werden müssen. Da dies nicht geschehen sei, müsse sie abgebrochen werden. Die Verärgerung unter den Mitarbeitern des Paulskirchenkellers und im Schweriner Konvent war groß. De Boor sagte auf die Frage, wie er seine Zusammenarbeit mit der Schweriner offenen Jugendarbeit erlebt habe:

> „Ich denke, dass der Abbruch des Kleidermarktes das Einzige ist, wo ich einmal das getan habe, was der Staat von mir erwartete. Für mich sind zwei Gesichtspunkte wichtig gewesen: Einmal ist das Verhältnis zu Herrn Heydrich kein so kontroverses gewesen. [...] Das Verhältnis war vielleicht nicht vertrauensvoll, aber sein Verhalten ermöglichte es mir zu sagen: Gut, es ist keine Veranstaltung, die im engeren Sinne kirchlich ist. Hier übernehme ich die Verantwortung dafür, dass ich es nicht vorher angemeldet habe und dass ich sie absagen muss. [...] Andere Veranstaltungen sind dadurch geklärt worden, dass ich die Bitte an den Oberkirchenrat herangetragen habe oder mit den verantwortlichen Pastoren gesprochen habe und dass wir dann zusammen gesagt haben: Es findet trotzdem statt."[952]

Es gab in der mecklenburgischen Landeskirche, darauf verwies auch Hans de Boor im Gespräch, eine Grundregel für Auseinandersetzungen mit staatlichen Stellen: Wenn der Staat etwas verbietet, dann soll er das Verbot auch selbst durchsetzen.[953] Daran hat sich Hans de Boor in diesem Fall nicht gehalten, und das war der Grund für die Verärgerung in weiten Teilen der Jugendarbeit.

## „Nachträglich hat mir das Angst gemacht" – Der OV „Verführer" zur Neubrandenburger Jugendarbeit

1981 berichtete der Rat des Bezirkes Neubrandenburg in einem Jahresrückblick, in den letzten Monaten seien – anders als in der Greifswalder Landeskirche, wo Bischof Gienke und seine Kollegen „die Position der Loyalität, des Realismus, die Ablehnung der Konfrontation mit dem Staat" bezögen – die Landessuperintendenten Timm und Winkelmann

[952] Interview mit Hans de Boor am 14. 8. 2000.

[953] Vgl. ebd.

„bestrebt, Konfrontationen zum Staat zu beleben und wirksam zu halten."[954]
Besonderen Niederschlag finde diese unterschiedliche Ausrichtung in der Jugendarbeit:

> „Nach wie vor konzentriert sich die Kirche und ein gewisser Teil der Pastoren auf eine systematische Arbeit mit Jugendlichen und Kindern.
> Die verstärkte kirchliche Jugendarbeit geschieht vor allem in Rüstzeitveranstaltungen und in überörtlichen Jugendtreffen. [...]
> Bei allen größeren kirchlichen Veranstaltungen finden spezielle Veranstaltungen mit Jugendlichen statt, wobei jeder teilnehmen kann. Die Basis bildet der Kirchenkreis.
> Dabei werden Formen angewandt, in denen der Gottesdienst nicht mehr das Wesentliche ist. Hier muß 1981 eine gründliche Analyse vorgenommen werden, mit dem Ziel, die Veranstaltungsverordnung richtig in Anwendung zu bringen und den kirchlichen Einfluß auf die Jugend einzuschränken."[955]

Neubrandenburg war eine junge Stadt. Nach dem Zweiten Weltkrieg im Stil einer sozialistischen Großstadt aufgebaut, erstreckten sich ausgedehnte Neubaugebiete im Osten und Norden der Stadt. Die Bevölkerung war im Durchschnitt sehr jung, entsprechend jung war das kirchliche Leben der Stadt, als Detlef Borchardt 1982 nach Neubrandenburg kam und die dort eingerichtete Stelle eines Sozialdiakons übernahm.[956]

In seiner sozialdiakonischen Jugendarbeit beschäftigte er sich hauptsächlich mit jugendlichen Randgruppen, insbesondere mit alkoholgefährdeten Jugendlichen und Haftentlassenen. Zuerst übernahm Borchardt die Junge Gemeinde an der Marienkirche von Pastor Martins, baute dann schnell Kontakt zu Straßengruppen auf. Es begann eine thematische Jugendarbeit, die übergemeindlich organisiert war und parallel zu den Jungen Gemeinden an den einzelnen Kirchgemeinden stattfand. Allgemeiner Treffpunkt war der „Montagsclub" als offene Veranstaltung

[954] Vgl. LHA Schwerin, SED BPA Neubrandenburg, IV D-2/14/381, Bl. 163 f.
[955] Vgl. ebd., Bl. 158 ff.
[956] Vgl. Interview mit Detlef Borchardt am 23. 1. 2001.

in der Großen Wollweberstraße.

Mit dem Aufbau der sozialdiakonischen Jugendarbeit in Neubrandenburg wurde 1982 die OPK „Charly" gegen Borchardt eröffnet,[957] die 1983 in einen Operativen Vorgang „Verführer" umgewandelt wurde.[958] Der Deckname leitet sich aus der zentralen Strategie des MfS gegen Borchardt ab: der Diskreditierung im kirchlichen Bereich durch das Gerücht, auf Borchardts Rüstzeiten sei es zu sexuellen Ausschweifungen gekommen. Wie auch im Falle Wergins wurde der OV 1986 beendet. Einen erkennbaren Grund liefert die Akte nicht. Es kann lediglich darauf geschlossen werden, dass eine weitere Bearbeitung keinen Erfolg versprach.

Das MfS führte den OV „Verführer" mit der Begründung gegen den Jugenddiakon, dieser würde „unter Nutzung der kirchlichen sozialdiakonischen Tätigkeit [...] verstärkte Aktivitäten zur Formierung oppositioneller Zielgruppen in Neubrandenburg" unternehmen. Ziel war unter anderem dessen „Disziplinierung und Verunsicherung [...] sowie [die] zielgerichtete[ ] Zersetzung sich formierender Gruppierungen um B".[959]

Die vom MfS durchgeführten Maßnahmen waren vielfältig. Die Jugendlichen, die Borchardts Veranstaltungen besuchten, wurden als „Kriminelle" öffentlich verunglimpft, um sie davon abzubringen, weiterhin an ihnen teilzunehmen. Gleichzeitig wurde damit die Jugendarbeit auch im Pastorenkonvent diskreditiert, der seinerseits gegen Borchardt aufgebracht werden sollte. In diesem Sinne wurde 1984 in einem Operativplan auch der IMB „Klaus Kruse" eingesetzt.[960] Darüber hinaus versuchte man, jugendliche IM in die Gruppen hineinzuschleusen, um Informationen zu gewinnen. Der Erfolg hing im Wesentlichen vom Engagement der jeweiligen IM ab. Anzeichen dafür gab es, so Borchardt, schon früh:

> „Es gab einige, [die interessiert waren an der Jugendarbeit], die waren ständig zur Mitarbeit bereit und ließen einen dann hängen. [...] Die Methode war 'Mitmachen – Einmischen – Verantwortung übernehmen – Hängen lassen'. Jürgen Tiedt, IM 'Salow', war je-

---

[957] Vgl. BV Neubrandenburg, AOP 1448/86, Bd. 2, Bl. 394.

[958] Vgl. ebd., Bl. 11 f.

[959] Vgl. PA Borchardt, OV „Verführer", BV Neubrandenburg, AOP 1448/86, Bd. 1, Bl. 18.

[960] Vgl. ebd., Bl. 178.

mand, der bei mir und bei den Jugendlichen sehr beliebt war und der mich regelmäßig hängen ließ. [...] Durch den Misserfolg, der bei den jungen und intelligenten Leuten Frust auslöste, gingen die Jugendlichen weg. Ich konnte diese Entwicklung nicht kompensieren, weil ich die Referenten nicht ersetzen konnte, die plötzlich und wiederholt absagten."[961]

Das entscheidende Instrument, das das MfS gegen Borchardt einsetzte, war jedoch dessen öffentliche Diskreditierung. Das heißt, die Bezirksverwaltung Neubrandenburg streute Gerüchte gegen Borchardt in der Landeskirche, das erste Mal 1984. Der damals angelegte „Entscheidungsvorschlag zur Einleitung von Maßnahmen der Verunsicherung und Zersetzung in der Bearbeitung des OV 'Verführer'" vom 27. November 1984 sah folgendes Vorgehen vor:

„Zur Forcierung der innerkirchlichen Auseinandersetzung sowie zur schrittweisen Disziplinierung des Borchardt und zur Destabilisierung der von B. organisierten Arbeit unter Jugendlichen wird folgende Maßnahme [...] vorgeschlagen:
Durch den IMB 'Salow' werden während der Rüste vom 30.11. bis 2.12.1984 konspirativ pornografische Abbildungen in den Wohnraum der Familie [geschw.] lanciert, wobei situationsbedingt gewährleistet werden muß, daß [geschw.] diese vorfindet und an sich nehmen kann.
Aufgrund der bisherigen Kenntnis über die Persönlichkeit des [geschw.] [...] sowie seiner distanzierten Haltung gegenüber Borchardt und dessen Gruppe erfolgt mit hoher Wahrscheinlichkeit ein sofortiges empörtes Reagieren."[962]

Die Person, welche die Abbildungen vorfinde, werde wahrscheinlich die Sache unverzüglich aufklären wollen, das Gespräch mit der Gruppe und mit Borchardt suchen, Winkelmann davon unterrichten und ihn hinzu bitten. „In allen Fällen wird dadurch eine die gesamte Gruppe erfassende Reaktion ausgelöst und Konfliktstoff geschaffen, der zur inneren

---

961 Interview mit Detlef Borchardt am 23. 1. 2001.

962 Vgl. PA Borchardt, OV „Verführer", BV Neubrandenburg, AOP 1448/86, Bd. 1, Bl. 301/302.

Zersetzung der Gruppe beitragen soll." „Salow" solle auf eine sofortige Klärung dringen, damit die „zu erwartenden Auseinandersetzungen in der Gruppe geschickt forciert" werden können.[963] Beobachtet werden sollte diese Aktion durch den IM „Schöbler". Handschriftlich steht unter dem „Entscheidungsvorschlag": „Hat geklappt! Maßnahme wurde wie erwartet wirksam."[964] Tatsächlich jedoch hatte der Abend nicht den „geplanten" Verlauf genommen. Zwar führte die Reise nach Prillwitz zu erheblichen innerkirchlichen Auseinandersetzungen, aber nicht aufgrund der angeblich pornografischen Fotografien, sondern aufgrund des Gerüchtes, die Jugendlichen hätten zusammen mit ihrem Leiter auf der Rüstzeit „gezecht".

Drahtzieher war IM „Salow", der als Hauptreferent der Rüste an ihr teilgenommen und die Jugendlichen offensichtlich gezielt zu einem „netten" Abend animiert hatte, um dann nach Mitternacht Borchardt, der bereits zu Bett gegangen war, zu alarmieren. Im Beisein des Heimleiters in Prillwitz behauptete Jürgen Tiedt alias „Salow" nun, Borchardt verletze seine Aufsichtspflicht, während die Jugendlichen pornografische Bilder bei sich hätten und einen ausschweifenden Abend bei Rotwein und Zigaretten verbrächten. Am kommenden Tag informierte der damalige Heimleiter Müller Winkelmann von den ungeheuren „Ausschweifungen", der Borchardt daraufhin in der kommenden Woche zu sich bestellte und nachdrücklich aufforderte, weitere Reisen nach Prillwitz nach Möglichkeit zu vermeiden.[965] Auch unter den Neubrandenburger Pastoren zog diese Geschichte Kreise, so dass Borchardt auch zum Rat der Stadt, Abteilung Inneres, vorgeladen und verwarnt wurde. Insofern war die „Maßnahme" zwar nicht dem Maßnahmeplan entsprechend abgelaufen, wurde aber dennoch wirksam, wie der Stasi-Offizier in der Akte abschließend vermerkt hatte.

Der zweite Diskreditierungsversuch erfolgte 1986. Dieses Mal sollte eine beantragte Reise des Ehepaars Borchardt ausgenutzt werden, um die Neubrandenburger Gemeinde gegen Borchardt aufzubringen:

> „1986 stellten meine Frau und ich jeweils einen Antrag auf eine Westreise aus privaten Gründen. Wir haben beide die Genehmigung bekommen. Der Preis war uns zuvor nicht klar gewesen, aber wir mussten ihn bezahlen – das MfS setzte in der Zeit, in der wir weg waren, zwei Gerüchte in Umlauf:

---

963 Vgl. ebd., Bl. 302.

964 Ebd.

965 Telefonisches Interview mit Detlef Borchardt am 8. 2. 2006.

Erstens: Borchardt verlässt seine Frau und seine Kinder und bleibt drüben und zweitens: Borchardt arbeitet als Spitzel [für das MfS]. Das Letzte war für die Neubrandenburger schlüssig, weil ich nie Wehrdienst geleistet hatte, sondern immer wieder zurückgestellt worden war. [...]

Als ich zurückkam, war die Jugendarbeit so gut wie tot. Die Jugendlichen haben mich gemieden, sie misstrauten mir bzw. es kamen nicht die Jugendlichen, die ich erwartete. Es dauerte fast ein ganzes Jahr, bis sich diese Stimmung abgebaut hatte."[966]

Die Bezirksverwaltung Neubrandenburg registrierte diese Entwicklung im Dezember 1986 im Abschlussbericht zum OV „Verführer" als Erfolg:

„Im Zusammenhang mit der durchgeführten Reise des B. und dessen Ehefrau vom 4. bis 16.10.1986 wurde operativ durch den zielgerichteten Einsatz von IM angestrebt, diese Tatsache für eine Kompromittierung der bearbeiteten Person gegenüber seinem Umgangs- und Bekanntenkreis hinsichtlich der Glaubwürdigkeit seines bisherigen Verhaltens/Auftretens zu nutzen. Diese Maßnahme erwies sich als politisch-operativ wirksam und löste Vermutungen über eine mögliche Verbindung des B. zum MfS aus. Gestützt wurde diese Annahme fernerhin durch den Fakt der Reisegenehmigung, da B. damit offensichtlich im Widerspruch zu den von ihm verbreiteten Äußerungen über die Aussichtslosigkeit seines Vorhabens und die angeblichen 'Praktiken' der DVP gebracht wurde."[967]

Die sozialdiakonische Jugendarbeit habe nicht mehr die vormalige Relevanz, es gebe „Auflösungs- und Resignationserscheinungen", notierte sie. Zudem habe Borchardt geäußert, sich beruflich verändern zu wollen. Dies sei auch auf den „zweckentsprechenden Einsatz der operativen Kräfte über einen längerfristigen Zeitraum" zurückzuführen. Daher erfolge der Abschluss des OV „Verführer".[968] Eine „wirksame Disziplinierung der bearbeiteten Person sowie die Destabilisierung

---

[966] Interview mit Detlef Borchardt am 23. 1. 2001.

[967] PA Borchardt, OV „Verführer", BV Neubrandenburg, AOP 1448/86, Bd. 1, Bl. 398.

[968] Vgl. ebd.

und Einschränkung der 'Offenen Jugendarbeit'" sei erreicht worden. Verstöße gegen die §§ 107 („Verfassungsfeindlicher Zusammenschluß") und 218 („Zusammenschluß zur Verfolgung gesetzwidriger Ziele") seien „vorbeugend verhindert" worden.[969] Selbst in den Ohren des MfS hätte das merkwürdig klingen müssen, hatte es doch wenige Monate zuvor festgestellt, entsprechende „Tatbestandsmerkmale" könnten nicht ausgemacht werden. Nun hatte es sie also „vorbeugend verhindert".

Der Grund für den Abschluss des Vorgangs mag vielmehr gewesen sein, dass Borchardt innerhalb des Konvents relativ breite Unterstützung fand. Vor allem Kurt Winkelmann, der für Neubrandenburg zuständige Landessuperintendent, stellte sich wiederholt vor ihn. Borchardt erinnerte sich daran:

> „Er pflegte eine ausgeprägte 'Gutsherrenart', er war ein Patriarch und wollte das auch sein. Damit war aber auch eine Fürsorgefunktion verbunden, die ich auch gespürt habe. Ich erinnere mich an Momente, wo ich Information, Rat und Schutz bei ihm suchte, und er hat sich schützend und beratend vor mich gestellt nach dem Motto: 'Bruder Borchardt, das bekommen wir hin!'
> Winkelmann hat mit meiner Person auch Politik gemacht und gesagt: 'Ja, der Borchardt ist unangepasst, das stimmt. Aber der gehört zu uns und ist wichtig für die Kirche.' Ich konnte damit immer umgehen, weil ich auf diese Weise auch Unterstützung erfahren habe, obwohl ich ganz anders war als die Pastoren in der Propstei und auch als Landessuperintendent Winkelmann."[970]

Auf die Frage nach dem Erfolg des MfS antwortete Borchardt:

> „Erfolg kann man schlecht einschätzen, weil man sich oft nicht mehr objektiv erinnert, sondern nur sehr selektiv. Die Bedrohung durch die Stasi habe ich nicht jeden Tag gespürt, dafür war ich wohl zu naiv. Ich habe in der Zeit auch gelitten, aber ich habe auch Spaß an der Jugendarbeit gehabt. Nach der Westreise hatte ich das Gefühl, dass sich die Situation stark zuspitzte, aber zu dem Zeitpunkt wollte ich sowieso aus der offenen Jugendarbeit aussteigen und in einen anderen diakonischen Bereich wechseln. Es dauerte dann einige Zeit, bis sich die Jugendarbeit wieder erholt hatte.

---

[969] Vgl. ebd., Bl. 400.

[970] Interview mit Detlef Borchardt am 23. 1. 2001.

Ich konnte beispielsweise nicht mehr auf meine Ehrenamtlichen aufbauen, weil die nicht mehr wollten. Nach der Wende habe ich mit einigen gesprochen, und da wurde klar, was die Stasi alles machen konnte. Nachträglich hat mir das Angst gemacht. Aber damals wusste ich keine Erklärung für diese Entwicklung."[971]

## Zusammenfassung

Die Jugend in der DDR stand unter einem erheblichen Gleichschaltungsdruck, wie Akten aus dem staatlichen und kirchlichen Bereich hinreichend deutlich belegen. Wie stark Beobachtung und Repression waren, zeigt die folgende Statistik, die den Anteil der Werbungen jugendlicher IM unter den Werbungen von IM insgesamt im Bezirk Neubrandenburg für das Jahr 1983 angibt:

„Informationsbedarf IM/GMS - jugendliche Personenkreise 1984"
- Abteilung XX der BV: 30% [...]
- KD Malchin: 37,83%
- KD Neubrandenburg: 25,80%
- KD Röbel: 36,36 %
- KD Teterow: 36,36 %
- KD Waren: 44,44%.[972]

Solche Zahlen dürfen nicht darüber hinwegtäuschen, dass das Ziel einer Unterwanderung der kirchlichen Jugendarbeit nicht annähernd in dem vom MfS intendierten Ausmaß erreicht wurde. Zum einen war es schwierig, unter den kirchlich gebundenen Jugendlichen geeignete IM zu finden. Zum anderen war die Palette der „feindlichen" Personen und „politisch-negativen" Veranstaltungen so groß, dass der zu observierende Bereich unübersehbar war. „Operativ relevante Jugendliche" waren laut einer Bearbeitungskonzeption aus dem Bezirk Neubrandenburg solche Jugendliche, die sich „gesellschaftswidrig" verhielten.[973] Unter „gesellschaftswidrigen Verhaltensweisen" verstand das MfS „nicht normgerech-

---

[971] Ebd.

[972] Zitiert nach Mothes u.a. 1996, S. 73.

[973] Vgl. BStU, MfS, VVS-o049, 110/82. Sicherungs- und Bearbeitungskonzeption 'Erbe' zur politisch-operativen Abwehrarbeit unter der Jugend" vom 16. 9. 1982. Anlage I, Bl. 6 d. Dok.

tes Verhalten". Dieses gefährde die „Verwirklichung der Jugendpolitik der Partei" und stelle damit eine „Gefährdung oder Störung der staatlichen Sicherheit der DDR" dar.[974] Neben Jugendlichen mit Hafterfahrung galten auch solche als „operativ relevant", die einen großen Bekanntenkreis hatten und in verschiedenen Gruppen gleichzeitig aktiv waren; die Verbindungen zu „negativ-dekadenten Jugendlichen" in der ganzen DDR hatten und selbst überörtlich wirksam waren oder werden könnten; die sich für den Sozialen Friedensdienst einsetzen und den aktiven Wehrdienst bzw. den Dienst mit der Waffe verweigern würden; die eine Mitgliedschaft in gesellschaftlichen Organisationen verweigern würden oder die innerhalb der Organisationen negativ aufgefallen waren. Auch Jugendliche, die kirchlich aktiv waren, vor allem in Jugendgruppen, und dadurch andere negativ beeinflussen könnten, sollten stärker in den Blick genommen werden.

Hintergrund für diese ausufernde Kartei war die Beobachtung der Bezirksverwaltung Neubrandenburg, dass die kirchliche Jugendarbeit starken Zulauf hatte, und zwar vor allem bei solchen Jugendlichen, die vorher keinen Bezug zur Kirche gehabt hatten.[975] Insbesondere seien es EOS-Schüler, die die Kirche an sich binde. Selbst „Bestrebungen, für Haftentlassene, Alkoholiker und asoziale Jugendliche, mittels einer seelsorgerischen Tätigkeit 'Anlaufpunkte' zu schaffen", verstand die Konzeption als strategisches Ziel der Kirche im Kampf um die Jugend.[976] Sie stellte aber auch Mängel in der staatlichen Jugendpolitik fest: Die politisch-ideologische Arbeit mit den Jugendlichen sei unzureichend, es gebe zu wenig jugendliche IM, und zu wenig Jugendliche würden in Operativen Personenkontrollen und Operativen Vorgängen bearbeitet.[977] Außerdem sollte eine einheitliche „Übersicht Jugend" durch die jeweils zuständige KD erstellt werden, die „kirchlich aktive Jugendliche, Tramper, kriminell gefährdete Jugendliche, Quartiergeber, Rädelsführer, Gewalt- und Demonstrativtäter" umfasse.[978]

Um den Anteil jugendlicher IM auf 10 % der IM insgesamt zu steigern, hielt die Konzeption „Erbe" als Ziel die Werbung von zwei bis vier Jugendlichen pro Jahr fest.[979] Aber nicht nur Jugendliche wur-

---

974 Vgl. Ebd, Bl. 15.

975 Vgl. ebd., Anlage I, Bl. 3 d. Dok.

976 Vgl. ebd.

977 Vgl. ebd., Bl. 4 d. Dok.

978 Vgl. ebd., Bl. 9.

979 Vgl. ebd., Bl. 12.

den angeworben, sondern auch viele Mitarbeiter in der kirchlichen Jugendarbeit.

Zahlreiche Berichte aus den Räten der Bezirke, dem Staatssekretariat für Kirchenfragen und den Dienststellen des MfS belegen, dass die kirchliche Jugendarbeit auch in der späten DDR ein Konfliktfeld war. Allerdings hatte sich der Kampf um die Jugend zwischen 1950 und 1989 erheblich gewandelt. Die Kirche hatte zwischen 1955 und 1970 erlebt, wie sich ein aggressiver Kirchenkampf in eine stetige, teilweise hintergründig geführte Auseinandersetzung mit dem Staat verwandelt hatte. Bei allen Erfolgen, die die kirchliche Jugendarbeit errang, geriet die Jugend doch letztlich in den allgemeinen Sog der Säkularisierung. In der breiten Masse entzog sie sich sowohl dem staatlichen als auch dem kirchlichen Werben.

Bisweilen scheinen auch Bewunderung für die Kirche und Verärgerung über die FDJ durch, die es nicht vermochte, der Jugend attraktive Angebote zu machen. Ein Beispiel dafür ist ein ungewohnt offener Bericht, den Rudolf Franze über den Landesjugendsonntag in Güstrow im Juni 1975 schrieb. Zwar lautete der erste Satz standardgemäß: „Insgesamt verlief der Jugendtag ohne besondere Vorkommnisse"; Franze fuhr jedoch fort, es seien 1400 Jugendliche nach Güstrow gereist, einige sogar aus der Berliner und Magdeburger Landeskirche. Die kirchliche Seite würde den Landesjugendsonntag zwar kritisch sehen, weil die Jugend zu wenig von sich aus aktiv geworden sei, staatlicherseits müsse dieser Tag jedoch anders bewertet werden:

> „Die Kirche wird ganz sicher aus der Veranstaltung in Güstrow recht kritische Schlußfolgerungen für ihre eigene Arbeit ziehen. Es wäre gut, wenn wir staatlicherseits und vor allem innerhalb der FDJ zu einer ebensolchen kritischen Wertung unserer Jugendarbeit und entsprechenden Schlußfolgerungen kämen.
> Wer Hunderte junger Menschen unserer Gesellschaft [...] in einem verklärten Zustand auf engem Raum zusammengedrängt sieht, so als ob sie vorher am Haschisch genascht hätten, die Hände gefaltet, die Lippen aufeinandergepreßt, die Augen fast geschlossen, der möchte, daß auch die Verantwortlichen der FDJ sich dieses Bild einmal ansehen und daraus für ihre Arbeit Schlußfolgerungen ziehen. [...] Hier muß man sich selbstkritisch die Frage stellen, wo konkret unsere

Versäumnisse liegen in der Erziehung und Bildung dieser Jugendlichen - und aktiv werden.
Sicher sind 1300 junge Menschen im Verhältnis zur Gesamtzahl der Jugendlichen im Bezirk Schwerin und in Teilen der Bezirke Rostock und Neubrandenburg nicht sehr viel. Andererseits sind über tausend Jugendliche in einem Raum (auf engstem Platz zusammengedrängt) für jeden einzelnen Teilnehmer allein schon ein beeindruckendes Erlebnis. Und sicher ist auch, daß nicht alle Jugendlichen, die Bindungen zur Kirche haben, in Güstrow waren."[980]

Franze konnte sich mit seiner Bewertung nicht durchsetzen, obwohl nicht nur er, sondern auch einzelne Schweriner Lehrer über die Jahre beobachtet hatten, dass die kirchliche Jugendarbeit durchaus eine positive soziale Wirkung auf einen größeren Kreis von Schülern hatte.[981]

Anspruch und Wirklichkeit der Tätigkeit des MfS klafften in den achtziger Jahren zunehmend auseinander: Es hatte den Anspruch, vorbeugend wirksam zu werden, in der Realität aber konnte es meistens nur reagieren.[982] Wie groß der Erfolg des MfS gegen die Jugendarbeit war, ist schwierig einzuschätzen. Claus Wergin sagte auf die Frage, ob das MfS erfolgreich gewesen sei bei dem Versuch, den Paulskirchenkeller zu zerstören:

„Das haben sie nicht geschafft. Es sind keine Freundschaften zerbrochen, Zersetzung und andere Stasi-Methoden haben, die gesamt Arbeit betrachtet, nicht gewirkt. Was jedoch gefruchtet hat, ist die Tatsache, dass ich in staatlichen Kreisen und Organisationen den Ruf hatte, ein Mensch zu sein, der den Jugendlichen nichts Gutes tut. Selbst zu der Zeit, als ich bereits nach 1991 im Jugendministerium arbeitete und eine leitende Position innehatte, war ich immer wieder mit solchen Vorurteilen konfrontiert. Hat der denn nicht damals …? War er nicht …? Die Staatssicherheit hat Mitte der achtziger Jahre ganz gezielt

[980] BArch, DO-4/ 530, n. p. Rat des Bezirkes Schwerin, Kirchenfragen, „Information über den Landesjugendtag der Evangelisch-Lutherischen Landeskirche Mecklenburgs am 21. und 22. Juni 1975 in Güstrow".

[981] Interview mit Jörn Mothes am 17. 1. 2001.

[982] Vgl. Mothes u.a. 1996, S. 54.

> Gerüchte über mich gestreut. Zum Beispiel wurde in kirchlichen Kreisen das Gerücht gestreut, dass ich nicht mit anvertrauten Kollektengeldern umgehen könne und diese persönlich einsteckte. In diesem Bereich kirchlicher Arbeit ist es vernichtend, in dem Ruf zu stehen, Spenden nicht treu zu verwalten. Das sind Beispiele dafür, dass die Stasi in ihrem Sinne teilweise Erfolg hatte. Auf das Ganze hin betrachtet denke ich dennoch, sie hatten keinen Erfolg. Wir hatten auch Ende der achtziger Jahre, von saisonalen Schwankungen mal abgesehen, keinen Einbruch der Zahl der Jugendlichen im Paulskirchenkeller. Unsere Veranstaltungen waren gut besucht."[983]

Ähnliches haben auch Ingo Barz und Detlef Borchardt erlebt.

---

[983] Interview mit Claus Wergin am 26. 6. 2000.

## Die Evangelische Studentengemeinde Rostock

In Mecklenburg bestanden Evangelische Studentengemeinden (ESG) in Rostock, Wismar, Schwerin, Güstrow und Neustrelitz. Die ESG Rostock – 1946 von Gustav Scharnweber gegründet[984] – war die wichtigste und größte Universitätsgemeinde in der Landeskirche und hatte ihre Räume in der Petrikirche in unmittelbarer Hafennähe. Gustav Scharnweber (1946 bis 1967), Joachim Wiebering (1967-1971), Gottfried Siegmund (1971-1976), Christoph Kleemann (1978-1986) und ab 1986 Hartmut Dietrich leiteten sie als Studentenpastoren. Christoph Kleemann wurde 1990 als erstes Mitglied des Neuen Forums Bürgermeister einer Stadt in der DDR.

Seit den großen Auseinandersetzungen zwischen Staat und Kirche um die „Kugelkreuzler" 1952/53 musste die SED die Existenz einer christlichen Jugend in der DDR formal akzeptieren. Die evangelische Kirche legte den Konflikt vorerst bei, indem sie in einem Kommunique im Juni 1953 feststellte, die Evangelischen Studentengemeinden und die Jungen Gemeinden seien keine Organisationen, sondern „Lebensäußerung im Raum der Kirche."[985] Im Dezember 1957 ordnete das Politbüro durch Beschluss die „Unterbindung der Tätigkeit sogenannter Studentenpfarrer und Studentengemeinden an Universitäten, Hoch- und Fachschulen" an.[986] Den Studentengemeinden war es fortan verboten, direkt an den Universitäten und Hochschulen aktiv zu sein.

Die 33 Evangelischen Studentengemeinden der DDR waren der SED als „reaktionäre Überbleibsel" in der sozialistischen atheistischen Gesellschaft ein stetes Ärgernis. Hinzu kam, dass sie über das 1953 gegründete Büro Ost zentral miteinander verbunden waren und Kontakte zum bundesdeutschen Büro der Evangelischen Studentengemeinden unterhielten. Jegliche Art der Vernetzung von Gruppen wurde von staatlicher Seite als Versuch der „politischen Untergrundtätigkeit" gewertet.[987]

Seit Ende der siebziger Jahre ergab sich ein weiterer Konflikt: Die

---

[984] Die Stelle eines Studentenpastors als selbstständige Pfarrstelle wurde erst durch Beschluss der Landessynode vom 28. März 1971 eingerichtet. Vgl. Willgeroth (1983), S. 19. Zuvor war die Stelle eines „Studentenseelsorgers" an die Pfarrstelle der St-Jakobi-Kirche in Rostock gebunden. Eine Studentengemeinde bestand jedoch schon seit 1946. Vgl. Schnoor 1984, S. 62/63.

[985] Zitiert nach Noack 1996, S. 302.

[986] Zitiert nach ebd., S. 303.

[987] Vgl. ebd., S. 306.

Studentengemeinden waren ein fruchtbarer Boden für die Gründung von Gruppen, die sich mit der internationalen Friedenspolitik und der Problematik der Wehrdienstverweigerung auseinander setzten. Die Studentengemeinden knüpften schneller als die so genannten Basisgruppen ein Netz von Kontakten innerhalb der DDR und versuchten, Anschluss an die bundesdeutsche Friedensbewegung zu gewinnen. In der jeweiligen Studentengemeinde entwickelten sich die studentischen Friedenskreise – wie beispielsweise in der Greifswalder ESG unter Harro Lucht[988] und in der Rostocker ESG unter Christoph Kleemann – daher zu eigenen Zentren und wurden besonders intensiv „bearbeitet". Wulf schrieb 1984, kennzeichnend für die Rostocker ESG sei „die zunehmende Ausweitung der Behandlung kirchlich-theologischer Thematik auf gesamtgesellschaftliche Bereiche".[989]

Für das MfS waren die Studentengemeinden auch wegen ihrer strukturellen Einbindung in die jeweilige Landeskirche interessant: Die Studentenpastoren hatten meist einen direkten Kontakt zur Kirchenleitung und zum Bischof, und das Studentenpfarramt war erfahrungsgemäß ein „Karrieresprungbrett".

In den siebziger und achtziger Jahren bestand die Rostocker ESG aus „80 % Studenten, um die 20 % Berufstätigen, ehemaligen Studenten, Leuten von Fachschulen und Auszubildenden. Weithin dominierten Sonderschulpädagoginnen, Mediziner und Techniker." Unter ihnen waren viele, die zwar kirchliche Berührungspunkte hatten, aber nicht aus einem kirchlichen Elternhaus stammten.[990]

Diese Zusammensetzung war nicht untypisch für Studentengemeinden. Die Rostocker ESG bot den Studenten jene geistigen Anregungen, die sie an der Universität vermissten: Christa Wolf, Franz Fühmann, Irmtraud Morgner und Günter de Bruyn sprachen beispielsweise in Rostock, und dann kamen 120 bis 150 Studenten in die ESG. Manch einer von ihnen blieb und engagierte sich in diesem oder jenem Kreis.

Dass das MfS den Studentengemeinden eine große Bedeutung zumaß, lässt sich unter anderem daran ablesen, dass sie ein beliebtes Thema für Diplomarbeiten an der MfS-Hochschule in Potsdam waren. Hier entstanden Arbeiten zu Studentengemeinden in der Kirchenprovinz

---

988 Vgl. dazu Saß 1998, S. 119–139.

989 Vgl. BStU, MfS, JHS 20130, Bl. 42 ff.

990 Vgl. Interview mit Christoph Kleemann am 26. 6. 2000.

Sachsen,[991] in Greifswald,[992] Güstrow[993] und Rostock[994].

In den achtziger Jahren gab es drei Schwerpunkte in der Rostocker ESG, die der Staatssicherheitsdienst besonders intensiv beobachtete: den Friedenskreis, die Partnerschaftsarbeit und Studentenpastor Kleemann.

## Der Arbeitskreis „Erziehung zum Frieden" 1979 bis 1985

Die „Bearbeitung" der ESG Rostock war im Wesentlichen identisch mit der des Arbeitskreises „Erziehung zum Frieden", auch kurz „Friedenskreis" genannt. Diese Gruppe war 1978 entstanden und beschäftigte sich mit der zunehmenden Militarisierung der DDR-Gesellschaft, dem Wehr- und Reservistendienst, der Zivilverteidigung und der internationalen Abrüstung. Der Friedenskreis hatte durchschnittlich zwischen zehn und vierzehn Mitgliedern. Das waren vor allem Sonderschulpädagogen, Studenten der Landwirtschaftlichen Sektion, Mediziner, aber nur wenige Theologen.[995]

Zwischen 1978 und 1980 hat die staatliche Seite diesen Kreis kaum wahrgenommen; dies änderte sich erst mit der internationalen Wiederaufrüstung ab Anfang der achtziger Jahre, vor allem nachdem der Friedenskreis 1981 einen Brief über Landesbischof Rathke an das Staatssekretariat für Kirchenfragen sandte, in dem er sich gegen den Wehrkundeunterricht und für die Einrichtung des Faches „Friedenserziehung" einsetzte. Aus Sicht des MfS hatte der Friedenskreis damit endgültig bewiesen, dass er die Öffentlichkeit suchte. Mit einer Vielzahl von IM versuchte der Staatssicherheitsdienst in der Folgezeit, unmittelbaren Einfluss auf diesen Kreis auszuüben.

Es war Zufall, dass gerade damals drei junge Leute in das Blickfeld des MfS gerieten, die gleichermaßen unauffällig wie engagiert waren und sich in den kommenden Jahren zu „Spitzenquellen" entwickelten: Günther Engel alias „Heinz", Rüdiger Schult alias „B. Kästner" und Ines Fleckstein alias „Gisela". Diese drei IM waren die wichtigsten Informanten in der ESG und deshalb besonders in den OV „Luzifer" gegen Studentenpastor Christoph Kleemann eingebunden. Dieser

---

991 Vgl. BStU, MfS, JHS 20332.

992 Vgl. BStU, MfS, JHS 458/88.

993 Vgl. BStU, MfS, JHS MF VVS 001-360/77.

994 Vgl. BStU, MfS, JHS 001-395/83.

995 Interview mit Hennig Utpatel am 25. 10. 2000.

Operative Vorgang zielte auf die „Vertiefung der hervorgerufenen Widersprüche innerhalb des Friedenskreises zum Verdächtigen und zu anderen Friedenskreisen im Verantwortungsbereich mit dem Ziel der Einschränkung seiner überörtlichen und öffentlichkeitswirksamen Ausstrahlung.“[996]

Neben „Heinz“, „B. Kästner“ und „Gisela“ befanden sich noch andere IM in der ESG. So erwähnte ein Maßnahmenplan gegen Kleemann vom August 1982 zwei weitere IM, nämlich „Uwe Berg“ und „Christa Waller“, die zur „Kontrolle der laufenden ESG-Veranstaltungen“ und zur Überwachung von Kleemann eingesetzt wurden.[997] Die IM „Gisela“, „Kästner“, „Schramm“ und „R. Schmidt “ sollten „zur weiteren Verunsicherung der Mitglieder des Friedenskreises und Erarbeitung offizieller Beweise als Grundlage für eine offensive Auseinandersetzung durch staatliche Organe mit dem Verdächtigen“ beitragen.[998]

Aber auch Kirchenoffizielle wurden in Stellung gebracht, unter anderem die IM „Lorenz“ und „Schramm“, um innerkirchliche Auseinandersetzungen mit Kleemann zu initiieren.[999]

Die in der ESG Rostock tätige Ines Fleckstein, IM „Gisela“, wurde 1982 direkt für einen Einsatz gegen die Evangelische Studentengemeinde geworben. In dem „Vorschlag zur Werbung eines IMS“ heißt es:

> „Im Jahr 1981/82 kristallisierte sich der Friedenskreis der ESG Rostock zunehmend als politisch-operativer Schwerpunkt innerhalb des Bereiches der kirchlich gebundenen bzw. studentischen Jugend heraus. Vorgangsmäßig werden dazu sowohl Pläne und Absichten der verdächtigen Personen als auch Ansatzpunkte für die Einleitung und Durchführung zersetzender Maßnahmen bearbeitet. Aus dieser Sicht ist es weiterhin notwendig, die operative Basis qualifiziert zu verstärken durch geeignete IM-Kandidaten, [...] unter den Bedingungen einer teilweisen Konspiration innerhalb des FK [Friedenskreis]. Für die Erreichung einer Vertrauensstellung müssen reale Voraussetzungen bestehen."[1000]

---

[996] Vgl. BStU, MfS, BV Rostock, BdL Nr. 2305, Bl. 32.

[997] Vgl. BStU, MfS, AOP 180/89, Bd. 2, Bl. 30 (alte MfS-Zählung).

[998] Vgl. BStU, MfS, BV Rostock, BdL Nr. 2305, Bl. 33.

[999] Vgl. BStU, MfS, AOP 180/89, Bd. 2, Bl. 30 (alte MfS-Zählung).

[1000] Vgl. BStU, MfS, BV Rostock, AIM 4164/90, Bd. I/1, 262 f.

Zu der Anwerbung des 19-jährigen Mädchens, das aus Wolgast stammte und zum Studium der Sonderschulpädagogik nach Rostock delegiert war, kam es, weil Studenten aus ihrer Fachrichtung besonders häufig in der ESG verkehrten und dem ein Ende bereitet werden sollte. Ihr erster Auftrag bestand daher in der Kontrolle ihrer Seminargruppe.[1001] Anfang September 1982 erhielt sie dann die Weisung, die Semestereröffnungsveranstaltung der ESG zu besuchen, sich einen Eindruck zu verschaffen und die Teilnehmer des I. Studienjahres namentlich festzustellen.[1002]

Ines Fleckstein war zu diesem Zeitpunkt schon Mitglied der SED, nachdem sie kurz zuvor im Rahmen einer FDJ-Initiative zusammen mit Mitschülern ihrer Klasse Kandidatin geworden war.[1003] Der Abbruch des Partei-Eintritts-Verfahrens war der erste Schritt, um die Biografie dieses Mädchens vollkommen umzumodeln. Auf diesem Weg, den sie sehr bewusst mitging und auch selbst gestaltete, bekam sie „Freunde" an die Hand: ihre Führungsoffiziere Jürgen Lorenz und Jürgen Fiedler, beide Mitarbeiter der Rostocker Bezirksverwaltung für Staatssicherheit. Lorenz war im Alter ihres Vaters, er sollte Eltern-Ersatz sein und Vertrauen zu dem Mädchen aufbauen, allerdings ein Vertrauen, wie das MfS es verstand: durch ein vorgetäuscht positives Verhältnis des Offiziers zum IM dessen echtes und uneingeschränktes Vertrauen gewinnen. Dies gelang auch: „einfühlsam" und „gesprächsbereit", wie Fleckstein ihn heute beschreibt, konnte sie mit ihm ganz private Dinge besprechen, und genau das war das Ziel. „Gisela" sollte im Sinne der Konspiration ihren Freundeskreis so klein wie möglich halten, ihn wenn möglich auf die Mitarbeiter des MfS beschränken. Auf diese Weise würde sich über kurz oder lang ein intensives emotionales Abhängigkeitsverhältnis ergeben.[1004]

Im Gegenzug konnte das MfS der jungen Studentin aber auch etwas anbieten: das Gefühl von Abenteuer und von „Gebraucht-Werden". Auf Drängen des MfS gab Fleckstein das Sonderschulpädagogikstudium auf, orientierte sich ausschließlich auf die ESG und kündigte ihre Mitgliedschaft in der SED. Dass sie Studentenpastor Kleemann um Hilfe beim Aufsetzen des Schreibens bat, gehörte mit zum MfS-Konzept, ihr Glaubwürdigkeit zu verschaffen. Zugleich bemühte sie sich um eine Arbeit im kirchlichen Bereich, zunächst im kirchlichen Erholungsheim

[1001] Vgl. Interview mit Ines Fleckstein am 11. 11. 2000.

[1002] Vgl. BStU, MfS, BV Rostock, AIM 4164/90, Bd. I/1, Bl. 66

[1003] Vgl. Interview mit Ines Fleckstein am 11. 11. 2000.

[1004] Vgl. ebd.

„Haus am Meer" in Kühlungsborn und dann im Michaelshof in Rostock. Fleißig wie sie war, bereitete sie sich parallel auf das Theologiestudium vor. Sie besuchte, sooft sie es einrichten konnte, die Rostocker ESG und nahm an deren Taufkreis teil. Dort war man begeistert von ihrem Engagement, und im ersten Semester des Theologiestudiums fand die Taufe im Kreise der Seminargruppe statt.

Auch auf Seiten der MfS-Mitarbeiter war man erstaunt, wie weit zu gehen dieses Mädchen bereit war. Sie selbst genoss diese Zeit, wie sie im Gespräch im November 2000 gestand: Sie habe ein Jahr lang Zeit gehabt, etwas ganz anderes zu machen. Sie habe viel unternommen und all die Kontakte im kirchlichen Bereich geknüpft, die sie brauchte, um dort „heimisch" zu werden.[1005] Heiko Lietz beispielsweise – auf ihn war sie von Anfang an angesetzt – habe sie kennen gelernt, als sie beide bei der Volkssolidarität arbeiteten.

Innerhalb weniger Monate gehörte eine junge Frau zur studentischen Leitungsebene der ESG, die bekanntermaßen aus einem linientreuen Elternhaus stammte, nie zuvor Kontakte zur Kirche gehabt hatte und Mitglied der SED gewesen war. Ihr Umschwenken vom Sonderschulpädagogikstudium zu dem der Theologie wurde kommentarlos akzeptiert, ebenso ihre Taufe. Ihr Interesse an den brisanten Arbeitskreisen erregte keinen Verdacht, ganz im Gegenteil wurde sie bereits nach wenigen Monaten als Mitglied des Friedenskreises der ESG nach Dresden zu einem DDR-weiten Treffen der Friedensgruppen delegiert. Sie schien der lebendige Beweis dafür zu sein, dass die Kirche ihre missionarische Dimension noch nicht verloren hatte. Zu dieser Zeit notierte das MfS:

> „Seit März/April wurde die IMS 'Gisela' im Rahmen des 'Friedenskreises' der ESG Rostock zur Bearbeitung der OV 'Pazifist', 'Luzifer' und 'Appell' eingesetzt. Die IM konnte zu den Verdächtigen auf der Grundlage vertraulicher Beziehungen operativ bedeutsame und tatbestandsbezogene Informationen entsprechend der Zielstellung erarbeiten. Ausdruck für den erreichten Stand der vertraulichen Beziehungen zu den negativ-feindlichen klerikalen Kräften ist auch ihr Einsatz beim Treffen der ESG-Friedenskreise in Dresden und ihre aktive Mitarbeit in den Vorbereitungsgruppen zu Friedensgottesdiensten."[1006]

---

[1005] Vgl. Interview mit Ines Fleckstein am 11. 11. 2000.

[1006] Vgl. BStU, MfS, BV Rostock, AIM 4164/90, Bd. I/2, Bl. 7.

Deshalb wurde sie mit gleichem Bericht zur IMB befördert. Dort sind auch die „perspektivische[n] Haupteinsatzrichtungen" aufgeführt: Demnach sollte sie „langfristig innerkirchliche Einflusspositionen" besetzen[1007], wofür allerdings Taufe und Konfirmation Voraussetzungen seien.

Befragt nach ihrem damaligen Lebensgefühl, sagte Ines Fleckstein, sie habe sich nie durch das MfS zu irgendetwas genötigt gesehen. Ihre Führungsoffiziere hätten gewusst, dass sie durch Druck nichts erreichen würden. Ihre Motivation habe darin gelegen, selbst zu verstehen, worum es geht, sie habe persönlich überzeugt sein müssen und das Gefühl der Verantwortung gesucht.[1008] Als Neuling in der ESG habe sie viele Fehler gemacht, ohne dass dies Folgen für sie gehabt hätte. Ihre Unsicherheit habe ihr sogar eher geholfen als sie gefährdet, weil sie dadurch an die Hand genommen und in bestimmte, das MfS interessierende Zusammenhänge eingeführt worden sei. In die ESG integriert zu werden sei gerade wegen der hohen Personalfluktuation und der vielen Bezugsmöglichkeiten leicht gewesen. Sie habe Zeit gehabt, sich zu engagieren, und sei deshalb schon im zweiten Semester Vertrauensstudentin geworden.[1009] Besonderes theologisches Vorwissen wurde von ihr nicht verlangt, das Selbstverständnis einer missionierenden Gemeinde ließ es sogar erwünscht erscheinen, wenn viele bis dahin nichtkirchliche Studenten in die ESG kamen und sich „anlernen" ließen.

Auch Günther Engel konnte sich deshalb ohne große Widerstände in der Rostocker ESG etablieren. Während „Gisela" den Friedenskreis auskundschaften sollte, wurde er in die ESG geschickt, um Material für den OV „Luzifer" gegen Christoph Kleemann zu beschaffen. Dies geht aus der „Einsatz- und Entwicklungskonzeption für den IMS 'Heinz'" vom Juni 1981 hervor. Engel sollte demnach fest im Friedens- oder Partnerschaftskreis der ESG „als eine Voraussetzung für die erfolgreiche Bearbeitung des OV 'Luzifer'" verankert werden. Er sollte versuchen, überregional tätig zu werden, um letztlich über die ESG einen Weg in die mecklenburgische Landeskirche zu finden und dort eine feste Anstellung zu erhalten.[1010]

Engel war 1977 im Strafvollzug angeworben und zur Bearbeitung der Zeugen Jehovas, denen er damals angehörte, eingesetzt worden.

---

[1007] Vgl. ebd.

[1008] Vgl. Interview mit Ines Fleckstein am 11. 11. 2000.

[1009] Vgl. ebd.

[1010] Vgl. BStU, MfS, BV Rostock, TA 4369, Bl. 420.

Als Gegenleistung erwirkte das MfS seine vorzeitige Entlassung. Auf Weisung des MfS ließ er sich in Rostock nieder und baute Kontakte zur evangelischen Kirche auf, insbesondere zur ESG. Fortan wurde er zur „Aufklärung“ der Studentengemeinde eingesetzt. In der genannten „Einsatz- und Entwicklungskonzeption“ berichtete Führungsoffizier Jürgen Lorenz über die Entwicklung des IM:

> „In der Folge der Kontaktierung des IM während seines Aufenthaltes in der UHA Greifswald (Juli 1976) wurde im Juni 1977 die Werbung durch die Abteilung VII der BV Frankfurt (Oder) vorgenommen. [...] Seit Mitte 1978 arbeitet er schwerpunktmäßig im Bereich der Jugendarbeit der ev. Kirche Rostock. Operativ bedeutsame Ergebnisse erreichte er u.a. bei der Aufklärung der Pläne und Absichten kirchlicher Kreise im Zusammenhang mit dem 1980 geplanten Besuch des Bundeskanzlers Schmidt in Rostock und der Durchführung der Stadtjugendwoche der Evangelischen Kirche 1979. [...]
> Bis März 1981 bestand die operative Perspektive des IM in
> - der Realisierung eines kirchlichen Fernstudiums für die Jugendarbeit
> - der Übernahme einer ausgewählten Küsterstelle in Rostock.
> Seit März 1981 gelang es dem IM, stabile Verbindungen zum Arbeitskreis 'Erziehung zum Frieden' der ESG Rostock herzustellen. Es bestehen operativ-bedeutsame Kontakte zu dem im OV 'Luzifer' der Abteilung XX/4 bearbeiteten Studentenpfarrer Kleemann. K. wird bearbeitet wegen des Verdachts staatsfeindlicher Tätigkeit im Sinne der Organisierung und Lenkung politischer Untergrundtätigkeit im Bereich der kirchlich gebundenen studentischen Jugend.“[1011]

In den folgenden Jahren entwickelte sich „Heinz“ sowohl zu einem wichtigen als auch zu einem besonders schwierigen IM: Auf der einen Seite fand er sofort Anschluss an einflussreiche Personen innerhalb der ESG und vor allem innerhalb der Friedensgruppen in Rostock. Er wurde zum

---

[1011] Vgl. ebd., Bl. 419 ff.

Schatten von Heiko Lietz, einer zentralen Persönlichkeit in der mecklenburgischen Friedensarbeit. Weil er weder intellektuell noch durch seine Persönlichkeit auffiel und niemand ihm eine Tätigkeit für das MfS zutraute, konnte er jahrelang als Spitzenquelle berichten. Andererseits führte diese Außenseiterrolle dazu, dass sich „Heinz" überschätzte. Ein Hinweis darauf ist, dass sich die Formulierung „der IM ist überprüft und zuverlässig" nur in den ersten Berichten findet, denn zuverlässig war „Heinz" nicht. Je länger er für das MfS arbeitete, desto mehr stellte er sich in seinen oft zehn bis zwanzig Seiten langen Berichten als das intellektuelle Zentrum der mecklenburgischen Friedensszene dar. Sein Führungsoffizier versuchte immer wieder, ihn zu einer realistischeren Berichterstattung zu bewegen, zu kürzeren und lesbareren Berichten, zu mehr Zurückhaltung in der Bewertung – und schrieb die Berichte von „Heinz" regelmäßig um.

Günther Engel versuchte nachdrücklich, Personen seiner unmittelbaren Umgebung durch seine Berichte zu schaden. Die erste „Zielperson", über die er Informationen erbringen sollte, war der Theologiestudent Karl-Matthias Siegert, der 1979 den Arbeitskreis Theologie der ESG begründet hatte und leitete. Im März 1979 berichtete Engel von einem Besuch bei Siegert und lieferte eine sehr genaue Wohnungsbeschreibung. Er habe, berichtet „Heinz", auf dessen Schreibtisch ein Flugblatt oder ein Traktat mit der Aufschrift „Bahro" gesehen.[1012] Bei einem zweiten Treffen habe er ihn gefragt, ob er auch Literatur von Ulrich Plenzdorf besitze, und schließlich auch ein Buch erhalten: „Diese Frage stellte ich deswegen", so „Heinz", „weil ich langsam über Ulrich Plenzdorf usw. bis zur negativen und staatsfeindlichen Literatur vordringen will."[1013]

In den folgenden Jahren war nicht mehr Siegert, sondern waren Christoph Kleemann und Henning Utpatel, der zwischen 1979 und 1982 den Friedenskreis der ESG leitete, die wichtigsten „Zielpersonen" des IM. „Heinz" berichtete über jede Begegnung, über jede Veranstaltung. Seine Berichte waren von Bedeutung, weil sie nach Ansicht des Führungsoffiziers „erstmals inoffizielle Beweise für die staatsfeindliche Tätigkeit des Kleemann" enthielten. Immer wieder erhielt er Prämien, meistens im Wert von 100 Mark. Die Akte belegt, dass die Prämien einen wesentlichen Anreiz für „Heinz" bildeten und vom MfS bewusst verteilt wurden. Dabei war er bei weitem nicht der einzige Kundschafter innerhalb der ESG. Zwei weitere IM, „A. Volkmann" und „John", sollten

[1012] Vgl. ebd., Bl. 18.

[1013] Vgl. ebd., Bl. 19.

Kleemanns Auftreten in der Studentengemeinde und der IM „Martin" den Arbeitskreis Erziehung zum Frieden kontrollieren.[1014]

In der Geschichte des Friedenskreises der ESG Rostock gab es zwei Ereignisse, die die Bearbeitung dieses Kreises durch das MfS erheblich beeinflussten: einen Brief an Erich Honecker vom 3. April 1981 und die Friedensgottesdienste 1982 bis 1984. Obwohl der Brief inhaltlich keineswegs brisant oder gar systemgefährdend war, markierte er den Beginn einer intensiven Bearbeitung durch das MfS. In dem Schreiben hinterfragte der Friedenskreis das Unterrichtsfach „Wehrerziehung", regte die Einrichtung eines Schulfaches „Erziehung zum Frieden" und das Verbot von militärischem Spielzeug an.[1015] Die Absender kritisierten die gestiegenen Ausgaben für die nationale Verteidigung im Staatshaushalt 1981 und baten um Einschränkung der Militärparaden. Außerdem forderten sie Aufklärung darüber, ob die DDR atomare Waffen auf ihrem Gebiet stationiert habe.[1016]

Sowohl „Gisela" als auch „Heinz" waren unmittelbar an der Entstehung des Schreibens beteiligt und berichteten ihrem jeweiligen Führungsoffizier über dessen Entstehung. Dieser Brief war der eigentliche Anlass für die Eröffnung des OV „Luzifer" gegen Studentenpastor Christoph Kleemann.[1017] In dem entsprechenden „Beschluß über das Anlegen eines Operativen Vorgangs" vom 10. April 1981 heißt es als Begründung:

> „Der Bearbeitete nutzt seine Tätigkeit als Studentenpfarrer der ESG Rostock verstärkt zur Beeinflussung von Mitgliedern der ESG gegen staatliche Maßnahmen. Im März 1981 organisierte er in dem von ihm geleiteten Arbeitskreis der ESG 'Erziehung zum Frieden' die Erarbeitung eines Briefes mit provokatorischen Fragestellungen an den Gen. Honecker. Erst durch inoffizielle Warnungen erfolgte eine Veränderung mit Adresse an das Staatssekretariat für Kirchenfragen über den Bischof der Landeskirche Mecklenburg. Der Inhalt des Briefes richtet sich vom Charakter her gegen die Friedenspolitik von Partei und Regierung und stellt eine Einmischung in Belange des Staates dar."[1018]

---

[1014] Vgl. BStU, MfS, BV Rostock, AOP 180/89, Bd. 1, Bl. 11 (alte MfS-Zählung).

[1015] Vgl. BStU, MfS, BV Rostock, TA 4369, Bl. 255.

[1016] Vgl. ebd., Bl. 256.

[1017] Vgl. BStU, MfS, BV Rostock, AOP 180/89, Bd. 1, Bl. 6 (alte MfS-Zählung).

[1018] Ebd., Bd. II/6, Bl. 117 (alte MfS-Zählung).

Der nun aufgestellte Maßnahmenkatalog befasste sich vor allem mit der Frage, wie der Brief zu Honecker gelangen könne. Das MfS arbeitete zwei Varianten aus: Variante 1 sah die die Weiterleitung an das Staatssekretariat für Kirchenfragen vor sowie Gespräche mit Rathke, Siegert, Landessuperintendent Goldenbaum und dem Rektor und den Sektionsdirektoren der Wilhelm-Pieck-Universität durch die jeweiligen Räte der Bezirke, Abteilung Inneres. Variante II: Keine Weiterleitung des Briefes durch Rathke an das Staatssekretariat; zielgerichteter Einsatz des IMS „Schramm“ und GMS „Helmut“.[1019] Eigentlich könne man aber nichts tun, denn es fehle an „geeigneten“ IM, wie Jürgen Fiedler, Leiter des Referates XX/4, feststellte. Das MfS habe zu diesem Zeitpunkt in der ESG nur einen einzigen IM platziert, der aktiv in der ESG mitarbeite und dort eine Führungsposition einnehme. Dies reiche nicht aus. Fünf weitere Werbungen waren daher für das Jahr 1981 angesetzt.[1020]

Aus Sicht der Bezirksverwaltung Rostock verschlechterte sich durch die Friedensgottesdienste die politische Lage in Rostock. Die Friedensgottesdienste waren 1981 aus der Friedensdekade entstanden. Damals hatte die Rostocker Studentengemeinde bereits tägliche Friedensandachten veranstaltet. Diese Tradition wurde in Form von Friedensgebeten bis zur Friedensdekade im November 1982 fortgesetzt und weitete sich zu den sehr gut besuchten Friedensgottesdiensten aus, an denen bis zu 800 Menschen teilnahmen. Die Studentengemeinde in der Petrikirche trug die Verantwortung, sie versuchte aber, weitere Rostocker Gemeinden in die Gottesdienstgestaltung mit einzubeziehen. Die Friedensgottesdienste hatten 1982/83 eine ungeheure Ausstrahlung auf das kirchliche Leben in Rostock. Auf Grund dieser Öffentlichkeitswirksamkeit wurde eine Vielzahl von IM eingesetzt, um Vorbereitung, Verlauf und Wirkung eines solchen Gottesdienstes abzusichern. So waren zum Friedensgottesdienst am 30. April 1982 elf IM im Einsatz: „Gisela“, „M. Schulz“, „Günther“, „Ernst Sommer“, „Uwe Berg“[1021] sowie „Marcus“, „H. Graf“, „Ch. Waller“, „B. Kästner“ und der IM-Kandidat „Berg“.[1022]

Im Mai 1982, die Friedensgottesdienste fanden seit einem halben Jahr sehr erfolgreich statt, sollte Christoph Kleemann massiv an deren weiterem Ausbau gehindert werden. In den MfS-Akten gibt es Hinweise darauf, dass Landessuperintendent Günter Goldenbaum, IM

[1019] Vgl. BStU, MfS, BV Rostock, AOP 180/89, Bd. 1, Bl. 11 ff. (alte MfS-Zählung).

[1020] Vgl. BStU, MfS, BV Rostock, Abt. XX, Archiv-Nr. 1168, Bl. 392.

[1021] Vgl. BStU, MfS, BV Rostock, AIM 4164/90, Bd. II/2, Bl. 290.

[1022] Vgl. ebd., Bd. II/1, Bl. 23.

„Schramm", im Auftrag des MfS aktiv wurde. In dieser Zeit notierte ein Mitarbeiter der Bezirksverwaltung Rostock:

> „Auftragsgemäß informierte sich der IMS bei den Teilnehmern des 'Friedensgottesdienstes' der ESG Rostock am 15.1.1982 über dessen Verlauf. [...] In Auswertung dessen wurde durch den IM eine Aussprache mit dem Studentenpfarrer K. durchgeführt, in der er vom IM darauf hingewiesen wurde, die 'Friedensgottesdienste' in der Perspektive so zu gestalten, daß sich daraus keine Konfrontationspunkte mit dem Staat ergeben. Der Studentenpfarrer brachte seine Verwunderung über die Einschätzung seines 'Friedensgottesdienstes' zum Ausdruck, sicherte dem IM aber zu, die 'Friedensgottesdienste' entsprechend den Forderungen des IM zu gestalten."[1023]

Christoph Kleemann erinnerte sich an derartige Gespräche nicht. Im Zentrum der Gottesdienste standen die Fürbitten. Wie brisant sie waren, zeigt ein Friedensgottesdienst im September 1982. Das Abzeichen „Schwerter zu Pflugscharen" hatte zu harten staatlichen Maßnahmen bis hin zu Relegierungen aus Schulen und Universitäten geführt; Wehrdienstverweigerungen wurden drakonischer als zuvor bestraft. In dieser Situation betete Heiko Lietz öffentlich für diejenigen, so das MfS, „die aus Gewissensgründen mit den staatlichen Organen in Konflikt gekommen sind". Studentenpastor Christoph Kleemann bat für jene, die aus beruflichen Gründen nach der Wahrheit suchen würden, und der damalige Rostocker Stadtjugendpastor Joachim Gauck betete für alle, „die einen Schritt weiter gegangen sind als wir".[1024] Das waren neue Töne in der Kirche.

Die Aufstellung von Atomwaffen in der Bundesrepublik wie in der DDR im Gefolge des NATO-Doppelbeschlusses paralysierte vielerorts die kirchliche Friedensbewegung in der DDR. In der Rostocker ESG löste sich 1984 der Friedenskreis auf.[1025] Das MfS hatte daran unmittelbar keinen Anteil, obwohl die Leiter der ESG-Kreise seit Monaten und Jahren im Kreuzfeuer des Staatssicherheitsdienstes standen. Eine „Einschätzung der Aktivitäten der ESG Rostock im Frühjahrssemester 1982" belegt, dass

---

[1023] Vgl. BStU, MfS, BV Rostock, AOP 180/89, Bd. 1, Bl. 191 (alte MfS-Zählung).

[1024] Vgl. BStU, MfS, BV Rostock, AIM 4164/90, Bd. II/1, Bl. 276.

[1025] Vgl. ebd., Bd. II/3, Bl. 345.

zu diesem Zeitpunkt der OV „Luzifer“ gegen Christoph Kleemann, der OV „Pazifist“ gegen Henning Utpatel sowie der OV „Appell“, die OPK „Wand“ und die OPK „Speiche“ gegen weitere Mitglieder der ESG geführt wurden.[1026] Ihr Ziel war die Kriminalisierung im Sinne der „PID“, der „politisch-ideologischen Diversion“, ein Tatbestand, der durch § 106 des Strafgesetzbuches (Staatsfeindliche Hetze) abgedeckt war.

Zu den für das MfS besonders gefährlichen Studenten in der ESG zählte als zeitweiliger Leiter des Friedenskreises der Theologiestudent Henning Utpatel. Über ihn berichtete „Heinz“ im Abstand von wenigen Tagen. Er hatte sich zum Ziel gesetzt, seinem Führungsoffizier möglichst Belastendes über Utpatels „revolutionäre“ Absichten zu berichten:

> „U. gliedert seine Vorstellungen vom Friedenskampf in zwei Etappen:
> - 'Ideologische' Arbeit im Rahmen von Diskussionen und Gesprächen, um seine Friedensvorstellungen zu verbreiten;
> - Durchführung praktischer Aktionen unter dem Aspekt des 'gewaltfreien Widerstandes'. Dazu zählt U. derzeit folgende Möglichkeiten:
> - dem Staat muß Arbeitskraft entzogen bzw. verweigert werden; generelle Wehrdienstverweigerung;
> - Verweigerung von Steuerzahlungen an den Staat;
> U. ist persönlich darauf eingerichtet, nach den o. g. Vorstellungen tätig zu werden. Er hat jetzt sein Studium für ein Jahr unterbrochen und nahm eine Tätigkeit als Essenausträger bei der Volkssolidarität auf.“[1027]

Offensichtlich auf Grundlage solcher Einschätzungen entstand der „Eröffnungsbericht zum Anlegen des Operativen Vorgangs ‘Pazifist’“ am 10. August 1981. Neben der „Überprüfung aller Handlungen von U. auf strafrechtliche Relevanz“ ging es auch um die „Isolierung des U. zur Einschränkung seines Wirkungsbereiches“ und die „ständige Prüfung eines effektiven Vorgangsabschlusses“.[1028] Was bedeutete das? Utpatel sollte von der Arbeit der ESG fern gehalten werden. Dies gelang ein Jahr später, als sich Utpatel nach einem Jahr Pause wieder immatrikulieren

---

[1026] Vgl. BStU, MfS, BV Rostock, Abt. XX, Archiv-Nr. 1168, Bl. 380 f.

[1027] Vgl. BStU, MfS, BV Rostock, AOP 13571/84, Bd. 1, Bl. 188 ff.

[1028] Vgl. ebd., Bl. 18.

lassen wollte. Die Universität Rostock verweigerte ihm auf Anweisung des MfS die Immatrikulation. Er war damit gezwungen, Rostock zu verlassen.

„Heinz" hatte seinem Führungsoffizier Lorenz auch einen Vorschlag zur „Ausschaltung" Utpatels unterbreitet. Handschriftlich hatte er Folgendes notiert:

> „Vorschlag von mir, um H.U. voll auszuschalten
> ihn [unles.] auffordern (Inneres) eine Arbeit aufzunehmen (sofort).
> falls er nicht sofort (max. 1 Woche später) arbeitet, sollte Inneres ihm eine Arbeit zuweisen, nachweisen bei der Müllabfuhr o. Tierkörperverwertung, Kohlenträger, Transportarbeiter, jedenfalls solch eine Arbeit, die ein H. Utpatel für unter seiner Würde ansieht und bestimmt nicht aufnimmt, daraufhin läßt man ein paar Tage verstreichen u. dann könnte man H.U. wegen P 249 verhaften bzw. erstmal vorläufig festnehmen, ev. sofort eine Hausdurchsuchung in Rostock u. Ribnitz machen - unter dem Vorwand z. B. wovon hat er gelebt?"[1029]

In der Rückschau bewertete Henning Utpatel die Situation weniger folgenreich und belastend, als die Akten dies nahe legen:

> „Die Frage, ob er mir geschadet hat, ist schwierig zu beantworten. Was Günther Engel bewirkt und was meinen Lebensweg verändert hat, ist: er hat verhindert, dass ich wie geplant in Rostock weiterstudieren konnte. Aber Erfolg hatte die Stasi im Grunde genommen wenig. Sicherlich, sie haben durch die Informationen, die ich 'Heinz' gegeben habe, manch andere Leute behindern können, und seien es die Freunde aus Westdeutschland, die oft an der Einreise gehindert wurden. [...] Ich wollte keinen Umsturz, überhaupt nicht. Ich habe mich auch nie so gefährlich empfunden, wie die Stasi mich empfunden hat. Ich habe das als gute Möglichkeit gesehen, mich irgendwo zu engagieren, und hatte da natürlich als Theologiestudent viele Möglichkeiten."[1030]

---

[1029] Vgl. BStU, MfS, BV Rostock, AIM 0192/91, Bd. II/4, Bl. 238.

[1030] Interview mit Henning Utpatel am 25. 8. 2000.

Aus zahlreichen Quittungsbelegen geht hervor, dass „Heinz" ein wichtiger IM war. Dies ist auch abzulesen an den ca. 80 000 M, die er zwischen 1981 und 1989 an Zuschüssen für Benzingeld, als Rückerstattung von Ausgaben und als Prämien erhielt. Das größte Geschenk war ein Trabant, den das MfS „Heinz" auf dem Schwarzmarkt im Mai 1985 besorgt hatte.[1031]

Fast zeitgleich mit „Gisela" und „Heinz" kam der dritte wichtige IM in die Rostocker Studentengemeinde. „Bernd Kästner", mit Klarnamen Rüdiger Schult, wurde 1981 angeworben und gezielt Ende 1981 in die ESG eingeschleust. Wie „Gisela" und Heinz" hatte auch „Kästner" die Schwachstelle der ESG ausgenutzt und sich über eine Legende das Zutrauen des Studentenpastors und der Studenten erschlichen: Er habe Schwierigkeiten mit staatlichen Stellen gehabt und suche jetzt einen Anlaufpunkt. Schult habe sich anfangs, so ein MfS-Bericht über seine Einschleusung in die ESG, zurückgehalten, gerade das habe ihn für die anderen interessant gemacht.[1032] Schult warnte seinen Führungsoffizier Schimnick: In der ESG suche man mögliche Spitzel des MfS. Schimnick hielt es deshalb auch nicht für ausgeschlossen, „daß künftig auf der Ebene der Bezirksverwaltung mit Offizieren im besonderen Einsatz gearbeitet wird".[1033]

1983/84 erlebte der Rostocker Friedenskreis wie überhaupt die Friedensbewegung in der DDR ein Tief. Dies stellte auch das MfS fest. Durch eine Konzentration auf den OV „Luzifer" gegen Kleemann und durch die Einschleusung von Studenten des MfS[1034] in Rostock sollte die Atmosphäre in der ESG Rostock nachhaltig beeinflusst und „damit verbunden [eine] Verstärkung der Verunsicherung und Zersetzung des 'Friedenskreises'" erreicht werden.[1035]

Ende 1984/1985 verabschiedete sich Christoph Kleemann innerlich bereits von Rostock. Das MfS rechnete sich dessen „Ruhigstellung" als eigenes Verdienst an und stellte in einem „Zwischenbericht zum Stand der operativen Bearbeitung des OV 'Luzifer'" im Februar 1985 fest,

---

[1031] Vgl. BStU, MfS, BV Rostock, AIM 0192/91, Bd. I/1, Bl. 134.

[1032] Vgl. BStU, MfS, JHS o001-395/83, Bl. 36.

[1033] Vgl. ebd., Bl. 44.

[1034] Das MfS hatte zwar eine eigene Hochschule in Potsdam-Eiche, es war jedoch auch möglich, als hauptamtlicher Mitarbeiter des MfS an einer anderen Universität zu studieren, auch in Rostock. Dort sollten die MfS-Studenten in die ESG geschickt werden, um die Atmosphäre zu erkunden und zu beeinflussen.

[1035] Vgl. BStU, MfS, BV Rostock, AOP 180/89, Bd. 3, Bl. 20 (alte MfS-Zählung).

Kleemann stehe auch auf Grund der konspirativen Maßnahmen des MfS sehr unter Stress und werde seine Tätigkeit als Pastor in Rostock im Sommer 1985 oder spätestens 1986 beenden.[1036] Das eigentliche Ziel, Kleemann strafrechtlich zu belangen und auf diese Weise aus seinem Amt zu entfernen, hatte es nicht erreicht.[1037]

Immerhin wusste man schon, wohin er gehen würde, nämlich nach Dobbertin bei Goldberg. In einem Zwischenbericht teilte das Referat XX/4 mit, er bewerbe sich um eine Pfarrstelle in einer Gemeinde und: „Die Bemühungen des K., eine Kirchgemeinde aus dem Verantwortungsbereich der Bezirksverwaltung Rostock zu übernehmen, konnten durch eingeleitete operative Maßnahmen bisher vereitelt werden."[1038] Die Kreisdienststelle Lübz übernahm im März 1986 den OV 'Luzifer'" und führte ihn bis zum Februar 1989 weiter.[1039]

## „Das müssen die irgendwie gemerkt haben" – Die Beobachtung der Rostocker Studentengemeinde 1985 bis 1989

Wie stark der Einfluss war, den das MfS auf den Weggang Kleemanns aus Rostock ausgeübt hatte, ist nicht genau zu sagen. Belegbar aber ist, dass der Staatssicherheitsdienst dessen letzte Amtsmonate dazu nutzte, um einen möglichen Nachfolger „auf den Weg" zu bringen. Immerhin werde die Arbeit immer bedeutsamer, so das MfS 1985 in einer Konzeption, „da sie öffentlichkeitswirksamer und feindlich-negativer werde" und es eine „eigenständige Arbeit in Friedens- und Umweltarbeitskreisen" gebe.[1040]

Zunächst einmal nutzte die Bezirksverwaltung des MfS die Interimszeit nach Kleemanns Weggang, um verstärkt in die ESG einzudringen.[1041] Eine direkte Einflussnahme auf die Wahl des neuen Studentenpastors gelang der Bezirksverwaltung Rostock wohl nicht. Die Akten aus der Birthler-Behörde belegen jedoch, dass das MfS sehr genau registrierte, wer sich bewarb und welche Chancen die einzelnen Kandidaten hatten. Markus Meckel, Ernst-Ulrich Affeld und Hartmut Dietrich bewarben sich um

[1036] Vgl. ebd., Bl. 170 (alte MfS-Zählung).

[1037] Vgl. ebd., Bl. 111 (alte MfS-Zählung).

[1038] Vgl. ebd., Bl. 185 (alte MfS-Zählung).

[1039] Vgl. AOP 180/89, Bd. 2, Bl. 274 ff. (alte MfS-Zählung).

[1040] Vgl. BStU, MfS, BV Neubrandenburg, Abt. XX/171, Bl. 76–96, Bl. 10 ff.

[1041] Vgl. BStU, MfS, BV Rostock, Abt. XX, Archiv-Nr. 1168, Bl. 307.

die Stelle. Meckel galt staatlicherseits als die ungünstigste Besetzung. Er war einer der Protagonisten der Friedensarbeit in Mecklenburg und beschäftigte mit seinen sommerlichen Friedenswanderungen durch Ost-Mecklenburg zahlreiche Mitarbeiter der dortigen MfS-Dienstellen. Meckel hatte enge Beziehungen zu Gruppen in der ganzen DDR, er war Mitglied in der mecklenburgischen Arbeitsgruppe Frieden und hatte außerdem angekündigt, er wolle diese Friedensarbeit verstärkt in der ESG fortsetzen. Einziger Hinweis auf eine Beeinflussung der Wahl ist eine Einschätzung der Abteilung XX/4 in Rostock vom November 1985, wonach es einen „koordinierten und abgestimmten Einsatz aller im Bereich der ESG tätigen IM" gegeben habe, wodurch die Wahl „des bekannten feindlichen Pastors Meckel verhindert werden konnte".[1042] Angesichts der Tatsache, dass das MfS zu dieser Zeit höchstens sieben Inoffizielle Mitarbeiter platziert hatte,[1043] erscheint diese Erfolgsmeldung als stark übertrieben.

Es ginge wohl zu weit, die Wahl Dietrichs als fingiert zu betrachten, denn Meckel war im Übrigen auch nicht der Favorit von Landesbischof Stier, der bei einem Besuch in der ESG anscheinend seine Präferenz für Hartmut Dietrich und seine Zweifel an der Eignung Meckels deutlich gemacht hatte.

Auf staatlicher Seite war man, was Hartmut Dietrich als neuen Leiter der ESG betraf, beruhigt. Schon im Vorwege hatte man Erkundigungen an Dietrichs alter Pfarrstelle in Dambeck im Kreis Wismar über diesen eingeholt und dabei festgestellt:

> „Pfarrer Dietrich ist in seiner staatsbürgerlichen Haltung ein loyaler Pfarrer, der politischen Erscheinungen realistisch und aufgeschlossen gegenüber steht. Bindemann und Dietrich sind Pastoren, die gewillt und in der Lage sind, die ESG-Arbeit in Rostock so zu beeinflussen, daß politisch kontroverse Haltungen zur Politik unseres Staates vermieden werden."[1044]

---

[1042] Vgl. ebd., Bl. 260.

[1043] Von den sieben IM waren drei IMB und 4 IMS. Zwei davon konnten jedoch wegen Studienbelastungen kaum eingesetzt werden, unter anderem IMB „Gisela", die sicherlich wichtigste Quelle und ehemalige Vertrauensstudentin. Als Erfolg konnte das MfS jedoch verbuchen, dass auch einer der Vertrauensstudenten als IM „Rolf Kunze" registriert war. Vgl. BStU, MfS, BV Rostock, Abt. XX/4, Arch.-Nr. 626, Bl. 4.

[1044] LAG, BL IV E/ 2.14/ 613, Bl. 134.

Zu den Vorgängen um seine Wahl sagte Hartmut Dietrich im Sommer 2000:

> „Jedenfalls habe ich auch erst nach zwei, drei Jahren mitbekommen, dass meine Wahl nicht ganz sauber gewesen ist, dass vorher bereits seitens des Oberkirchenrates ganz gezielt Informationen gestreut worden sind, die gegen die Wahl von Meckel gerichtet waren. Einige waren sogar sehr verärgert über die Einmischung des Oberkirchenrates. Der Bischof ist da gewesen und hatte in einem internen Kreis erklärt, Meckel wäre erklärter Vertreter politischer Konfrontation, und das könne man nicht gebrauchen. Und das ist in der Tat nicht mein Anliegen gewesen. Ich habe auch keine Angst gehabt vor Konfrontation, aber es ist nicht mein Ziel gewesen, ich wollte auch nicht den Staat aus den Angeln heben, sondern ich wollte theologische Existenz praktizieren. Ich habe niemandem geraten, die DDR zu verlassen oder deutliche Provokation zu begehen, aber ich habe jedem geraten, und das war sozusagen der rote Faden durch die ganzen Jahre, zu versuchen, konstruktiv diese sozialistische Gesellschaft zu verändern. Ich habe sehr deutlich gespürt, dass die Vertreter von Meckel es mir persönlich angelastet haben, dass ich es geworden bin. Und sie vermuteten, ich hätte getrickst. […]. Dass es dann später doch zu allerhand politischen Konfrontationen kam, lag in der Natur der Sache. Wenn ich versuche, theologische Existenz konkret zu praktizieren, dann kann ich nicht anders, als in Konfliktsituationen klar Farbe zu bekennen. Und das war 1988, insbesondere seit Ende Januar des Jahres, und auch 1989 im Mai notwendig.“[1045]

Im Oktober 1986 nahm Hartmut Dietrich seinen Dienst in Rostock auf. In dieser Zeit interessierte sich das MfS, wie aus einer Analyse vom Juli 1986 hervorgeht, vor allem für zwei Arbeitskreise: für den Partnerschaftskreis und den Arbeitskreis Homosexualität.[1046] Beide Kreise wurden – wie schon zuvor beim Friedenskreis geschehen – anhand ihrer führenden Mitglieder beobachtet: die OPK „Begegnung“[1047] und „Baum“[1048] galten dem Partnerschaftskreis und die OPK „Initiator“ dem

---

[1045] Interview mit Hartmut Dietrich am 1. 8. 2000.

[1046] Vgl. BStU, MfS, BV Rostock, Abt. XX, Archiv-Nr. 1168, Bl. 286 ff.

[1047] Vgl. ebd., Bl. 302.

[1048] Vgl. ebd., Bl. 303.

Arbeitskreis Homosexualität.[1049] Über die Operative Personenkontrolle „Femina“ versuchte die Rostocker Bezirksverwaltung, den gerade entstehenden Frauenkreis zu kontrollieren.

Interessant ist, dass die ESG mit dem Amtswechsel von Kleemann zu Dietrich 1986 für die Bezirksverwaltung Rostock einen anderen Status einnahm: Offensichtlich war man davon abgekommen, die Studentengemeinde ausschließlich über OPK und OV zu bearbeiten und strebte einen verbesserten Überblick über die Aktivitäten der Studenten an. Für die Jahre 1985 bis 1989 liegt eine eigene Sachakte „ESG Rostock“ vor, in der sich zahlreiche Analysen, Sachstandsberichte und Maßnahmepläne befinden. Diese Maßnahmepläne weisen zahlreiche neue IM auf: beispielsweise „Dirk“, „Horst Peschke“ und „Katja“,[1050] „R. Schmidt“, „Andrea Volkmann“, „Christa Waller“ und „Uwe Berg“.[1051] Auch Dietrich wurde direkt vom MfS angesprochen. Er erinnerte sich an die erste Begegnung mit MfS-Mitarbeiter Uhlmann Anfang 1986 nach seiner Wahl zum Studentenpastor:

> „Ich bin im Frühjahr 1986, damals noch in meiner alten Gemeinde in Dambeck, von einem sehr freundlichen Herrn besucht worden, der sich vorstellte: ‘Uhlmann, ich komme von der Bezirksverwaltung.’ Ob er mit mir sprechen könne. ‘Ja’, fragte ich, ‘von welcher Verwaltung?’ – ‘Von der Bezirksverwaltung für Staatssicherheit.’ – ‘Ja, was wollen Sie denn von mir? Aber kommen Sie erst mal rein.’ […] Jedenfalls kam er rein und sagte: ‘Ja, ich habe viel Gutes von Ihnen gehört.’ Und ich dachte so bei mir: ‘Die Stasi hat von mir viel Gutes gehört? Merkwürdig!’ Aber ich merkte schon, das war so ihre Art, sie wollten erst mal um Vertrauen buhlen und die Tür öffnen. Und nach ganz kurzer Zeit sagte er: ‘Ich habe erfahren, Sie kommen demnächst nach Rostock, und mir wäre sehr an einer sachlichen, engen Zusammenarbeit gelegen.’ Da habe ich gesagt: ‘Wissen Sie, ich verstehe überhaupt nicht, Ihr Ministerium arbeitet meiner Intention diametral entgegengesetzt. Ich setze voll auf Vertrauen, und Sie arbeiten nach dem Prinzip des Misstrauens.’ […] Herr Uhlmann kam insgesamt in Rostock noch zweimal zu mir. Es waren jeweils lange, sachliche, aber durchaus gereizte Gespräche, weil ich ihm bei meinem ersten Besuch in

---

[1049] Vgl. ebd., Bl. 302.

[1050] Vgl. BStU, MfS, , Bl. 324 f.

[1051] Vgl. ebd., Bl. 355.

Rostock gleich eindeutig gesagt habe: 'Ich möchte nicht, dass Sie mich besuchen.'"[1052]

Hartmut Dietrich galt dennoch als eine erfreuliche Besetzung im Studentenpfarramt. Dies lässt sich unter anderem daran ablesen, dass es keinen Hinweis darauf gibt, er sei durch das MfS beobachtet worden, wie das wohl den meisten seiner Amtskollegen gegangen ist.

In der genannten Sachakte zur ESG befindet sich unter anderem eine „Analyse des Standes der operativen Aufklärung und Bearbeitung der Evangelischen Studentengemeinde (ESG) Rostock" vom Juli 1987. Sie spiegelt wider, dass die ESG zu diesem Zeitpunkt für das MfS an operativer Relevanz verloren hatte. Die Staatssicherheit führte dies darauf zurück, dass Studentenpastor Dietrich „religiösere Schwerpunkte" gesetzt hätte. Abgesehen vom Arbeitskreis Homosexualität war keine weitere Gruppe für das MfS mehr von Interesse. Bereits begonnene OPK und OV wie beispielsweise die OPK „Femina" gegen ein Mitglied im Frauenkreis der ESG bestanden immer noch, waren aber augenscheinlich nicht sehr brisant, da sie in der Analyse keine weitere Aufmerksamkeit fanden.

Die Unterwanderung durch IM hatte spürbar nachgelassen. Laut Analyse waren nun noch sechs IM „im Einsatz", bis auf „Rolf Kunze" waren sie noch nicht lange in der ESG.[1053] Vier der IM wurden von dem Führungsoffizier Hauptmann Uhlmann angeleitet.[1054] Keiner der IM hatte in der ESG eine leitende Funktion, drei der sechs erschienen auch nur gelegentlich bei Veranstaltungen und gehörten demnach nicht zum „Stamm" der Studentengemeinde.[1055] Eine „durchgehende Kontrolle aller Aktivitäten der ESG ist gegenwärtig noch nicht gegeben. Dafür ist die Anzahl der IM sowie der erreichte Erkenntnisstand nicht ausreichend", hieß es.[1056]

Spätere Dokumente zur ESG Rostock liegen in der Sachakte nicht vor. Offenbar setzte unter Dietrich tatsächlich eine „Beruhigung" der ESG ein, die durch die abflauende Friedensthematik begünstigt worden war. Die Themen des konziliaren Prozesses – Frieden, Gerechtigkeit und Bewahrung der Schöpfung – fanden über den entsprechenden Arbeits-

---

[1052] Vgl. Interview mit Hartmut Dietrich am 1. 8. 2000.

[1053] Vgl. BStU, MfS, BV Rostock, Abt. XX, Archiv-Nr. 1168, Bl. 134.

[1054] Vgl. ebd., Bl. 135.

[1055] Vgl. ebd.

[1056] Vgl. ebd.

kreis hinaus wenig Niederschlag und waren damit operativ nicht mehr sehr relevant.

## Zusammenfassung

1983 entstand an der Juristischen Hochschule des MfS in Potsdam eine Diplomarbeit mit dem Titel „Die Hauptaufgaben des Einsatzes inoffizieller Mitarbeiter bei der Aufspürung und Bekämpfung unter dem Decknamen des Pazifismus vorgetragener subversiver Angriffe, dargestellt am Beispiel der ESG Rostock". Als „Aufgaben" der IM in der ESG Rostock führte der MfS-Offizier Rainer Schimnick darin an:

> „- Rechtzeitige und umfassende Aufklärung der Pläne, Absichten und Maßnahmen innerer und äußerer Feinde, insbesondere der in internationalen Zusammenhängen wirkenden feindlichen Kräfte [...].
> - Erarbeitung von operativ aussagekräftigen Informationen zur Forcierung des Differenzierungsprozesses unter kirchlichen gebundenen jugendlichen Personenkreisen innerhalb der ESG.
> - Aktive Einflußnahme auf im Rahmen der Vorgangsarbeit und operativen Personenkontrolle einzuleitenden Zersetzungsmaßnahmen. [...]
> Eine konkrete kirchliche Bindung vor dem Einsatz in der ESG erwies sich bisher als nicht erforderlich. In der Regel konnte die Einführung inoffizieller Mitarbeiter in die ESG über dritte Personen, die bereits Veranstaltungen der ESG besuchen oder zu einem der bereits genannten Arbeitskreise gehören, realisiert werden.
> Um bestimmte Schlüsselpositionen in der ESG besetzen zu können, müssen bereits unter den Oberschülern auch aus traditionell christlichen Elternhäusern IM gewonnen werden, die im Rahmen der kirchlichen Jugendarbeit, insbesondere der 'Jungen Gemeinde', zum Einsatz kommen."[1057]

Dass das MfS insgesamt gesehen nur punktuellen Einfluss auf das Geschehen in der Rostocker ESG nehmen konnte, lag auch daran, dass die ESG einen eigenen Umgang mit dem Thema MfS entwickelt hat-

[1057] Vgl. BStU, MfS, JHS o001-395/83, S. 19 und 22 ff.

te. Studentenpastor Kleemann wie auch dessen Nachfolger Dietrich nahmen die Besucher der ESG sehr genau wahr und klärten in einer Eröffnungsveranstaltung zu Beginn des Studienjahres auch über eventuelle Kontaktversuche des MfS auf. Christoph Kleemann sagte dazu im Gespräch:

> „Ich habe sehr schnell bemerkt, wenn etwas nicht stimmte, vor allem, wenn ich Leute direkt angesehen habe. [...] Ich habe in jedem Semester in der ESG davor gewarnt: 'Die werden zu euch kommen, macht das nicht mit, sondern, sobald die bei euch waren, kommt zu mir, ich hole euch da raus.' Einige haben das nicht geglaubt, und haben gefragt: 'Wie holst du uns da raus?' Und da habe ich gesagt: 'Das einfachste Rezept der Welt: Die zu mir gekommen sind, die waren im Nu frei. Ich habe mit Bischof Rathke verabredet, dass, sobald ein Student zu mir kommt, ich ihn anrufe.' Rathke musste davon ausgehen, dass sein Telefon abgehört wird, ich wusste es auch auf Grund einer anonymen Mitteilung, ich solle am Telefon etwas vorsichtiger sein. Das hat wirklich geklappt, ich habe Rathke angerufen und gesagt: 'Hier ist der Student 'X', 3. Semester Medizin, er wurde angesprochen, der Termin ist dann und dann, bitte tragen Sie das beim nächsten Gespräch beim Staatssekretär für Kirchenfragen vor.' – 'Gut, Bruder Kleemann', sagte Heinrich Rathke. Das war das ganze Gespräch. Und dann kam der Student zu seinem nächsten Gespräch, und niemand war da. Die Konspiration, das habe ich bald verstanden, ist für einen Geheimdienst die einzige Sicherheit."[1058]

In den Akten des MfS finden sich Hinweise darauf, dass immer wieder IM in der ESG enttarnt wurden. Zeugnis davon legt ein Bericht von einer Veranstaltung des Friedenskreises im März 1982 ab, an dem auch IM „Heinz" teilgenommen hatte. Er berichtete seinem Führungsoffizier, eine junge Frau sei verdächtigt worden, vom MfS geschickt worden zu sein. Alle seien gewarnt worden, an diesem Abend offen zu sprechen, man habe den unbekannten Gast sehr genau beobachtet. Er führte weiter aus:

> „Fazit des Abends war, daß das gesamte Programm umgestellt werden mußte. So wurde lediglich der nächste Friedensgottesdienst vorbereitet, was operativ belang-

---

[1058] Interview mit Christoph Kleemann am 1. 12. 2000.

los war. Man kann sagen, die Anwesenheit der [geschw.] sabotierte die Arbeit des FK an diesem Abend. Dazu kam das ständige Unsicherheitsgefühl, nichts zu sagen, was zu weit geht. Es kam vor, daß einige die Warnung vergaßen und plötzlich mit politischen Themen anfingen. Daraufhin wurden sie von den alteingesessenen Mitgliedern des FK sofort unterbrochen. Am Ende wurde auch kein neuer Termin für die nächste Zusammenkunft vereinbart, jedenfalls nicht offiziell. Als die [geschw.] dann zu bereits vorgerückter Stunde - gegen 23 Uhr - ging, fragte sie, ob jemand mitkomme, jedoch hielten sich alle zurück, obwohl einige weitere ebenfalls kurz danach gingen."

Dass die Teilnehmer des Friedenskreises an diesem Abend „ins Schwarze getroffen" hatten, geht aus der handschriftlichen Notiz des Führungsoffiziers hervor. Er hatte unter den Bericht „müssen die irgendwie gemerkt haben" gekritzelt.[1059]

Fälle wie dieser hatten die Unterwanderung der Rostocker ESG schon in der Vergangenheit erheblich erschwert, immer wieder waren die „IM"-Studenten „aufgeflogen". Die Folge war nicht nur, dass sie daraufhin die Studentengemeinde unverzüglich verlassen mussten und in ihrer näheren wie weiteren Umgebung als Zuträger des MfS bekannt waren, sondern auch, dass die Landeskirche auf diesem Weg erfuhr, wofür sich der Staatssicherheitsdienst im Moment interessierte. Insofern fand der Bericht, den der IM „Heinz" im April 1986 schrieb, großes Interesse. Er zählte darin „Gründe, aus denen Personen verdächtigt werden, für das MfS zu arbeiten", auf:

„wenn nach einem längeren Zeitraum über Personen, die in kirchl. u. anderen FK's u.a.m. mitarbeiten, diesen nichts o. nur wenig bekannt ist, wie es um ihre wirkliche Motivation bestellt ist [...]
wenn nichts oder zu wenig über deren Privatleben bekannt ist oder zu wenig transparent scheint, wie ihre sozialen Verhältnisse sind (bes. a. Einkommen [...]
wenn Personen in Gruppen zu viel schweigen u. nur zuhören bzw. viel mitschreiben [...]
wenn Personen in Gruppen 'abwiegeln', bes. dann, wenn

[1059] Vgl. BStU, MfS, BV Rostock, AIM 0192/91, II/3, 387.

sie erst kurz in d. Gruppe sind u. ihre Argumentation nicht o. zu wenig auf die Gruppenerfahr. u. deren vorherrschende ideol. Grundlage beruht

wenn Personen in Gruppen ihre Argumentation zur 'Abwiegelung' zu sehr mit Worten und Wendungen betreiben, die sprachlich nicht dem Niveau der Gruppe entspr., d.h. bes. wenn sie die sprachl. Wendungen benutzen, die unsere Werktätigen gebrauchen bzw. wie in der Zeitung argumentiert wird [...]: der echte Kämpfer muß auch seine klassenmäßige Sprache u. nicht nur seinen Klassenstandpunkt vor d. Gruppe, bes. vor profil. Feinden, verbergen, was mitunter einigen vielleicht nicht immer ausreichend gelingen mag."[1060]

Mitunter reiche es aus, nur einer Person in der Gruppe als vertrauenswürdig zu erscheinen: „z. B. wem H. L. [Heiko Lietz] vertraut, gilt allg. als 'unverdächtig' u. umgekehrt", so „Heinz". Unter Umständen könne es aus operativen Gründen sinnvoll sein, sich besonders weit hervorzuwagen, aber der IM dürfe nicht wagemutiger auftreten, als er dann auch zu handeln bereit sei. Verdächtig werde ein neues Mitglied ebenfalls, wenn es Fotos mache.[1061]

Bereits 1977 hatte MfS-Offizier Gustav Moldt eine Diplomarbeit zur Bearbeitung der Studentengemeinde Güstrow angefertigt, in der er ausführte, warum die Studentengemeinden überhaupt durch das MfS bearbeitet würden, nämlich weil sie für den Feind interessant seien:

„ESG sind deshalb für den Feind von besonderem Interesse, weil

ein Teil ihrer Mitglieder und Funktionäre bereits in wichtigen Operativvorgängen anfielen;

sie als Sammelbecken politisch labiler, negativer und feindlich eingestellter Personen einen besonders günstigen Ausgangspunkt für den Mißbrauch durch den Klassengegner darstellen;

der Gegner der ESG offensichtlich große Bedeutung beimißt und sie in seine feindlichen Konzeptionen mit einbezogen hat."[1062]

---

1060 Vgl. BStU, MfS, BV Rostock, 0192/91, hier aber: TA 5335, Bd. II/9, Bl. 103.

1061 Vgl. ebd., Bl. 104.

1062 BStU, MfS, JHS MF VVS 001-360/77, Bl. 4 ff. (alte MfS-Zählung).

Moldt hielt es für notwendig anzufügen, es sei nicht die Aufgabe des MfS, „die Kirche und ihre Einrichtungen als solche operativ zu bearbeiten, denn der sozialistischen Gesellschaft ist jeglicher Gesinnungsterror fremd". Es gehe lediglich um die Bekämpfung negativer kirchlicher Kräfte.[1063]

Im Umkehrschluss hieße dies, die Studentengemeinden in der DDR wären nur dann beobachtet worden, wenn deren Mitglieder gegen die sozialistische Gesellschaftsordnung verstoßen hätten. Eine Vielzahl von OPK und OV belegt jedoch, dass diese angeblichen Verstöße grundsätzlich angenommen wurden, erst dann versuchte man mühsam, sie zu belegen. Moldts Arbeit verifiziert also, was ohnehin zu vermuten war, nämlich dass das MfS die ESG von vornherein als feindliches Terrain ansah und jeden, der sich darin bewegte, als Feind. Moldt schlug eine Reihe von Zersetzungsmaßnahmen vor, die sich zum einen gegen die Jugendlichen, zum anderen gegen den damaligen Studentenpastor Güstrower Heiko Lietz richteten. Dessen Bearbeitung stand im Zentrum der Zersetzungsmaßnahmen. Diese umfassten:

- „Die Erarbeitung einer möglichst lückenlosen Kette von Beweisen der politisch feindlichen Tätigkeit einschließlich krimineller Handlungen durch diesen Personenkreis. [...]
- Dokumentierung der mündlichen sowie schriftlichen Hetze, ihre strafrechtliche Einschätzung sowie die Beschaffung von Zeugen und anderen Beweisen. [...]
- Aufdeckung krimineller Delikte zur Ausnutzung für Maßnahmen zur Isolierung und Differenzierung zwischen Gruppenmitgliedern und Jugendpfarrer. [...]
- Die Organisierung von Maßnahmen zur Zurückdrängung der Aktivitäten des Jugendpfarrers und der Gruppe der ESG, der Unterbindung sowie zur Isolierung einzelner Personen. [...]
- Der Jugendpfarrer ist am Wohnort in Mißkredit zu bringen, um seine Einflußsphäre zu verkleinern. [...]
- Die Kirchenleitung in Schwerin ist so zu beeinflussen, daß sie sich vom Jugendpfarrer distanzier[t] und disziplinarische Maßnahmen einleitet. [...]

[1063] Vgl. ebd.

- Durch geeignete Maßnahmen ist die Tätigkeit außerhalb der ESG Güstrow ebenfalls einzuschränken."[1064]

Das MfS hatte in der Rostocker ESG auf zwei Ebenen versucht, wirksam zu werden: Seine Absicht, Einfluss auf Entscheidungsprozesse zu nehmen, konnte es nur dort erreichen, wo der eingesetzte IM über persönlichen Einfluss verfügte. Auf IM „Gisela" traf dies in vielerlei Hinsicht zu. Sie war schon im zweiten Semester Vertrauensstudentin und gehörte damit zur Stammbesetzung der Rostocker ESG. Weder „Heinz" noch „B. Kästner" und auch keiner der anderen ca. zwanzig IM, die zwischen 1981 und 1989 auf die Studentengemeinde an St. Petri angesetzt waren, hatte vergleichbaren Einfluss. „Erfolgreich" war das MfS auf der psychologischen Ebene, und hier insbesondere dann, wenn die IM sich „einsatzfreudig" zeigten und geschickt vorgingen. Selbst ein im Sinne des MfS fehlgeschlagener Einsatz eines IM, beispielsweise wenn dieser enttarnt worden war, hatte Auswirkungen auf die Studenten: Sie fühlten sich beobachtet, verhielten sich vorsichtiger, wurden unsicher.

Die Beispiele von „Heinz" und „Gisela" machen aber auch deutlich, dass IM nicht nur Täter waren, sondern auch Opfer. Sie wurden als Jugendliche oder junge Erwachsene für das MfS, eine militärische Organisation, rekrutiert und bewusst in ein Abhängigkeitsverhältnis zu ihren Führungsoffizieren gebracht. Über persönliche Schwierigkeiten ihrer IM setzte sich das MfS mitunter rigoros hinweg.

Auf Grund von familiären Schwierigkeiten erklärte Günther Engel im Sommer 1980, er könne nicht weiter mit dem MfS zusammenarbeiten. Wie intensiv diese Tätigkeit war, zeigt anschaulich eine Übersicht über die Häufigkeit der Treffen aus dem Jahr 1985. Demnach fanden sie alle acht bis zehn Tage statt. Die „Berichtstätigkeit" des IM „Heinz" war beträchtlich:

„Analyse der operativen Entwicklung des IMB 'Heinz', V 532/77 [...]
1981: 53 Treffs, 102 Berichte, 31 Einzelinformationen
1982: 69 Treffs, 125 Berichte, 30 Einzelinformationen
1983: 37 Treffs, 128 Berichte, 18 Einzelinformationen
1984: 38 Treffs, 128 Berichte, 24 Einzelinformationen"[1065]

---

[1064] Vgl. ebd., Bl. 50 ff.

[1065] BStU, MfS, BV Rostock, AIM 0192/91, Bd. I/1, Bl. 127.

„Heinz“ setzte sein zweites und in seiner Perspektive „richtiges“ Arbeitsverhältnis zum MfS trotz der großen zeitlichen Belastung fort,[1066] ebenso „Gisela“.

Das MfS hatte seinen Inoffiziellen Mitarbeitern aber auch etwas zu bieten: Im Falle Günther Engels war es die Aufwertung seiner Persönlichkeit, das Herausheben aus der Masse. Die zahlreichen, fast schon regelmäßigen Prämien reizten Engel zusätzlich. Wie stark er sich mit dem MfS identifizierte, zeigt ein handschriftlicher „Vorschlag zur wesentlichen Verbesserung meiner operativen Arbeit und zur Absicherung meiner Arbeit (z. B. gegenüber [der] Küsterstelle in Güstrow)“ vom 2. September 1981. Die Arbeit als Küster am Güstrower Dom mache ihm keinen Spaß mehr, er suche größere Herausforderungen und schlage deshalb vor, für eine wissenschaftliche Arbeit freigestellt zu werden. Ein Verlag solle ihm einen entsprechenden Auftrag erteilen, dann könne er unter diesem Deckmantel als „freier Schriftsteller“ tätig werden, könne sich frei bewegen und sei niemandem Rechenschaft schuldig. Außerdem würde sein „Ansehen unter Studenten, Pastoren, Kirchenführern usw. [...] stark erhöht werden“.[1067] Er fügte an:

- „[...] für eine offizielle Tätigkeit in einem der kirchl. Friedensarbeit direkt o. indirekt beheimateten Bereich wäre ich geradezu prädestiniert (durch meine 'wissenschaftliche Arbeit' - wir hätten sogar ausreichend Zeit u. auch vielleicht die Möglichkeit der Wahl zw. verschiedenen Bereichen bzw. Angeboten;
- könnte sogar Kurier, Verbindungs-, Koordinierungs- u. ev. auch anbietende Dienste im Bereich der Friedensarbeit (in unserem Sinne) übernehmen
- könnte falls erf. u. gewünscht (von uns) als 'Dienstreisen' getarnte Reisen auch ins kapt. Ausland (z.B. Westberlin, BRD, Holland) durchführen und eine etwaige Schlüsselfigur für [unles.] der Kirchl. Friedensarbeit, in unserem Sinne, werben.
- u. insb. auch wenn Reisen anderer Leute (z.B. auch westl. Leute) irgendwie eingeschränkt werden.“[1068]

[1066] Vgl. ebd., Bl. 81.

[1067] Vgl. ebd., hier TA 4396, Bl. 450-452.

[1068] Vgl. ebd., Bl. 452 f.

Als Nachteil erwähnte er die relativ hohen Kosten für seine materielle Absicherung, und die Tatsache, dass nicht genau voraussehbar sei, wann er „in den kirchlichen Apparat an uns genehmer Stelle einsteigen kann".[1069]

Es bleibt hinzuzufügen, dass Günther Engel einer der wenigen Inoffiziellen Mitarbeiter des MfS in der Rostocker Studentengemeinde war, der nach der Wende das Gespräch mit denen, über die er berichtet hatte, suchte.[1070]

Im Fall von „Gisela" bot das MfS dem Mädchen die Chance, aus der Welt ihrer Eltern auszubrechen. Auf diese Weise verfolgte jede Seite ihr Interesse. Ines Fleckstein sagte zu ihrer Motivation zur Zusammenarbeit mit dem MfS im November 2000, sie habe die Einbindung in das MfS auch als eine Möglichkeit gesehen, einem vorgezeichneten Leben zu entgehen. Sie habe das Abenteuer gesucht und bei den Führungsoffizieren des MfS eine Möglichkeit dazu gefunden. Auf die Frage, ob sie sich – wie die Akten es darstellen – tatsächlich von Anfang an über die Konsequenzen ihres Doppellebens im Klaren war, sagte sie, sie habe geahnt, worauf sie sich einlasse. Allerdings sei einiges anders gekommen, als es geplant gewesen sei: So habe sie eigentlich erst im Studium gemerkt, was es bedeute, Theologie zu studieren. Die damit verbundenen Schwierigkeiten seien für sie aber überwindbar gewesen, weil die Rostocker MfS-Bezirksverwaltung geplant hätte, dass sie nicht in ein normales Gemeindepfarramt geht, sondern eine Stelle im Greifswalder Konsistorium antritt – eine Aufgabe, auf die sie vorbereitet gewesen sei.[1071]

Die Studentengemeinden waren überall in der DDR ein „Einfallstor" für die Staatssicherheit. Die Friedenskreise in der Jugend- und Studentenarbeit waren in den achtziger Jahren besonders betroffen, weil sie der offiziellen Losung „Der Frieden muss bewaffnet sein" die Losung der unabhängigen kirchlichen Friedensbewegung „Frieden schaffen ohne Waffen" entgegensetzten. Um so erstaunlicher war es, dass die Rostocker Friedensgottesdienste, die zeitweise mehrere Hundert Menschen erreichten, durch die Staatssicherheit nicht beeinflusst werden konnten, denn der Vorbereitungskreis bestand aus Mitgliedern des Friedenskreises und Gemeindegliedern der jeweils ausrichtenden Gemeinde. Dennoch darf die Bedeutung des Friedenskreises der ESG

---

1069 Vgl. ebd, Bl. 453.

1070 Interview mit Hennig Utpatel am 25. 10. 2000.

1071 Vgl. Interview mit Ines Fleckstein am 11. 11. 2000.

Rostock nicht überschätzt werden; innerhalb der mecklenburgischen Friedenskreis-Szene spielte er nur eine untergeordnete Rolle.

# „Aufregend wird es am Rande“ – Die Basisgruppen in Mecklenburg

Kein anderes Gebiet zwischen Staat und Kirche hat in der Geschichtsschreibung so starke Verzerrungen und Verfälschungen erfahren wie die Geschichte der Gruppen am Rande der Kirche. Das eine Mal wurden sie als elitäre Randerscheinungen ohne Geschichtsrelevanz gegeißelt, das andere Mal als die entscheidenden Motoren der friedlichen Revolution in der DDR gewürdigt. Die Wirkungsgeschichte der Friedens-, Umwelt-, Menschenrechts- und Frauengruppen ist nach wie vor umstritten.[1072]

Dabei ist die Auffassung, die Gruppen seien das demokratische Gegenstück zur hierarchisch verfassten Kirche gewesen, häufig ein Mythos. Stärker als irgendwo sonst in der Landeskirche prägten Einzelne das Geschehen in den Gruppen. Das Aufeinandertreffen mehrerer profilierter Gruppenmitglieder führte in der Regel zum Auseinanderbrechen der Gruppe, und die hintergründigen Konkurrenzkämpfe erleichterten es dem MfS erheblich, in die Gruppenstrukturen einzudringen und sie für sich zu nutzen.

Fragt man nach der Wirkungsgeschichte der Basisgruppen, so ist damit bereits vorausgesetzt, dass sie über sich hinaus wirken konnten. Die meisten Mitglieder in der mecklenburgischen Landeskirche, die zahlreichen Land- und Kleinstadtgemeinden, würden eine Auswirkung der Friedensbewegung auf ihr Denken bestreiten. Sie haben die Friedensdekaden, Umweltseminare und Andachten in sehr unterschiedlichem Maße wahrgenommen. Dennoch: Die Basisgruppen haben neue Themen in die Landeskirche gebracht und langfristig zu einer Öffnung der Landeskirche in die Gesellschaft beigetragen. Die Basisgruppen wurden geradezu Indikatoren für die politische Ausrichtung der jeweiligen Landeskirche.

In der mecklenburgischen Landeskirche gab es deutlich weniger Friedens-, Umwelt- und andere Gruppen als in anderen Landeskirchen der DDR. Ungefähr zwanzig bestanden im Jahr 1989. Sie können hier nicht alle Erwähnung finden. Beispielhaft sollen im Folgenden die Gruppen näher betrachtet werden, die einer besonderen Bearbeitung durch das Ministerium für Staatssicherheit ausgesetzt waren.

Gemessen am Aufwand war der MfS-Einsatz ineffizient, betrachtet man das Resultat, war er allerdings erfolgreich: Zahlreiche Gruppen wurden durch die Unterwanderung durch das MfS erheblich in ihrer Arbeit

---

[1072] Vgl. Pollack 1990; Neubert 1997.

gestört, so dass auch das Ende dieser Gruppen als nicht frei von Einflüssen der Staatssicherheit betrachtet werden kann. Andere waren, solange sie existierten, in ständige interne und externe Auseinandersetzungen um ihr Selbstverständnis verstrickt. Sie wurden zwar nicht zugrunde gerichtet, aber erheblich in ihrer Wirkung beeinträchtigt, so beispielsweise die Arbeitsgruppe Frieden. Dabei darf nicht übersehen werden, dass die Staatssicherheit nie die Gruppe als solche, sondern stets deren einzelne Mitglieder angriff und damit die Störung der Gruppenarbeit oftmals tief greifende und umfassende Maßnahmepläne gegen deren Mitglieder voraussetzte.

Der „Erfolg“ des MfS in mecklenburgischen Basisgruppen war wesentlich an zwei IM geknüpft: „Gisela“ und „Heinz“. Weitere Inoffizielle Mitarbeiter wie „Bernd Kästner“ und „Torsten“ kamen hinzu. Der Erfolg dieser IM lag vor allem darin begründet, dass sie zeitgleich in verschiedenen Gruppen und Seminaren eingebunden waren und über Mecklenburg hinaus im Sinne des MfS wirkten.

Basisgruppen waren Gruppen, „die über Frieden, Gerechtigkeit und Bewahrung der Schöpfung nachdenken – im engeren und weiteren Sinne.“[1073] So hat es die mecklenburgische Arbeitsgruppe Frieden (AGF) 1987 definiert. Sie bearbeiteten oft gleichzeitig mehrere Themen und waren überkonfessionell und sozial sehr heterogen zusammengesetzt. Die Mitgliederfluktuation war hoch.[1074] Der demokratische Diskurs über die Sachfragen wurde gepflegt, aber die „Richtlinienkompetenz“ lag in der Regel in der Hand eines Einzelnen. Das größte Problem der Basisgruppen war die Gruppendynamik, die sich ergab, sobald mehrere Mitglieder Anspruch auf die Führung des Kreises erhoben. Nicht nur der Kessiner Friedenskreis, der profilierteste und älteste unter den mecklenburgischen Friedenskreisen, wurde erheblich tangiert von internen Differenzen zwischen den führenden Köpfen, die durch das MfS und durch den Rat des Bezirkes Rostock geschickt forciert wurden. Vor diesem Hintergrund wird auch die hohe Mitgliederfluktuation der Basisgruppen im Allgemeinen erklärbar.

Entstanden sind die Basisgruppen der achtziger Jahre aus drei vorhergehenden Bewegungen: aus den Treffen der Wehrdienstverweigerer und Bausoldaten, die 1972 begannen, aus einer linken Opposition, aus der vielfach auch SED-Mitglieder den Weg in die Kirche fanden,

---

[1073] Vgl. ELLKM, LKA, 512.02, Dok. 512.02/76.

[1074] Vgl. Probst 1997, S. 279 f.

und aus der „offenen Jugendarbeit“ der Kirchen.[1075] Die Schlussakte von Helsinki und die im „Korb 3“ festgehaltenen Menschenrechte, die Wiederaufrüstung seit Ende der siebziger Jahre und das gestiegene Bewusstsein für die Umwelt in Ost und West führten dazu, dass sich diese Gruppen auch in der DDR bildeten.

Wie viele Gruppen gab es in der DDR und speziell in Mecklenburg? Das MfS zählte im Frühjahr 1989 ca. 150 kirchliche Basisgruppen in der DDR, darunter 35 Friedenskreise, 39 Ökologiegruppen, 23 gemischte Friedens- und Umweltgruppen, sieben Frauengruppen, drei Ärztekreise, zehn Menschenrechtsgruppen, drei 2/3-Welt-Gruppen und Regionalgruppen von Wehrdienstverweigerern. Außerdem wusste es von zehn Gruppen mit koordinierender Funktion wie dem Fortsetzungsausschuss „Konkret für den Frieden“, dem „Arbeitskreis Solidarische Kirche“ (AKSK) und dessen zwölf Regionalgruppen, dem „Grün-Ökologischen Netzwerk Arche“, der „Initiative für Frieden und Menschenrechte“ und dem „Freundeskreis Wehrdiensttotalverweigerer“.[1076] Das MfS habe, so Pingel-Schliemann in ihrer Arbeit zur „Zersetzung“ der Opposition in der DDR, 2500 Personen zu den aktiven Mitgliedern der Basisgruppen gezählt, von denen es jedoch nur 60 dem „harten Kern“ zurechnete.[1077]

In Mecklenburg gab es 1989 etwa zwanzig Gruppen, von denen die meisten zur Friedensthematik arbeiteten. Bis auf den Parumer Friedenskreis unter Leitung der dortigen Pastorin Ingeborg Bräutigam waren sie alle in den größeren mecklenburgischen Städten zu Hause, vor allem in Rostock, Schwerin, Neubrandenburg, Wismar und Güstrow.[1078]

## Die Haltung des Staates zu den Basisgruppen

In den achtziger Jahren waren die verschiedenen Basisgruppen am Rande der evangelischen Kirche Ausgangspunkt für vielfältige Aktivitäten, die Unruhe in die fest gefügte und geschlossene Gesellschaft der DDR zu bringen schienen. Sie stellten das Meinungs- und Machtmonopol der Staatspartei in Frage, indem sie das lange praktizierte, weit gehend auf Zurückhaltung und Konfrontationsvermeidung basierende Verhältnis

---

[1075] Vgl. Busch 1997, S. 236.

[1076] Vgl. Aufbruch `89 1994, S. 109.

[1077] Vgl. Pingel-Schliemann 2002, S. 77.

[1078] Vgl. Probst 1997, S. 278 f.

zwischen Staat und Kirche gefährdeten. Denn gerade weil es keine langfristige „Politik der Partei in Kirchenfragen" gab, war das Verhältnis zwischen Staat und Kirche vielerorts an Personen gebunden und präzise austariert.

Hinzu kam die Aufhebung des Herrschaftsprinzips der SED durch diese Gruppen. Die SED herrschte über die Bevölkerung der DDR gleichermaßen durch eine Isolierung des Individuums wie durch dessen „Zwangskollektivierung" in Massenorganisationen und Parteien. Der repressive Apparat sorgte für die Isolierung, denn Misstrauen machte sich schnell in der Bevölkerung breit. Schule und Betriebskultur sowie Karrierestreben sorgten für die Eingliederung in zahlreiche Parteien und Organisationen. Die Basisgruppen brachen dieses Prinzip auf: Sie kultivierten eine Kommunikation außerhalb kontrollierter Strukturen und hoben so die Vereinzelung zumindest teilweise auf. Sie fanden zunehmend Gehör bei westlichen Journalisten, die ihrerseits über Funk und Fernsehen die bundesdeutsche wie auch die DDR-Bevölkerung von den neuen Entwicklungen in Kenntnis setzten.

Federführend in der Bearbeitung der Basisgruppen war das MfS. Die SED erhielt lediglich Berichte über den Fortgang der Zurückdrängung der „feindlich-negativen Kräfte". Als Ausführungsgehilfe bezog es die staatlichen Stellen in seine Strategien ein.

Anfang der achtziger Jahre ging es der DDR vor allem um die Bekämpfung pazifistischer Strömungen. Hintergrund waren die Wiederaufrüstung nach dem NATO-Doppelbeschluss 1979, der Afghanistan-Krieg der Sowjetunion seit 1979 und die Ausrufung des Kriegszustandes im Nachbarland Polen 1981. Höhepunkt dieser Konfrontation war das Vorgehen gegen das Abzeichen „Schwerter zu Pflugscharen" 1981/82. „Schwerter zu Pflugscharen" war die erste Kampagne der unabhängigen Friedensbewegung in der DDR und blieb bis 1989 die einzige, die eine echte Breitenwirkung erzielte.

Es folgte eine lange zweite Phase in der Basisgruppen-Geschichte. Sie begann mit dem Abflauen der Friedens- und dem Ansteigen der Umweltbewegung 1983/84 sowie der Entwicklung der Menschenrechtsgruppen 1985/1986. Sie endete mit dem Jahr 1989, als die Inhalte der Basisgruppen schlagartig Eingang in die säkulare Gesellschaft fanden.

Die dritte Phase schließlich dauerte vom Herbst 1989 bis zum Frühjahr 1990. Zahlreiche Basisgruppen gingen in den neuen politischen Parteien wie „Neues Forum", „Demokratischer Aufbruch" und „Demokratie jetzt" auf.

Das MfS unterschied zwei Typen von Gruppen: „staatsfeindliche Gruppen“ und „Gruppen mit staatsfeindlichen Tendenzen“. Innerhalb dieser Gruppen differenzierte es zwischen „hartnäckigen Feinden des Sozialismus“, „Sympathisanten“, „Mitläufern“ und „Irregeleiteten“.[1079]

Eine einheitliche Reaktion von Seiten des Staates und der Partei gab es nicht. Das Staatssekretariat für Kirchenfragen bezog – wie in vielen anderen Zusammenhängen auch – eine besonders liberale Position, konnte damit aber nicht durchdringen. Klaus Gysi, von 1979 bis 1987 Staatssekretär für Kirchenfragen, versuchte immer wieder, die Mitarbeiter auf der unteren staatlichen Ebene davon zu überzeugen, dass die Kirche nicht von vornherein als Feind zu betrachten sei. Zeugnis davon ist das Protokoll einer Dienstberatung vom November 1984. Gysi führte dort aus, dass die Beziehungen zwischen Staat und Kirche „ein neues Schwergewicht bekommen“ hätten:

> „Unser Staat ist kein atheistischer Staat (wie manch ein Genosse im Staatsapparat noch meint). Dieser Gedanke muß überwunden werden. Unser Staat ist ein Arbeiter-und-Bauern-Staat, ein Staat des ganzen Volkes. [...]
> Es gibt politische Feinde - Unverbesserliche - diese sind zu isolieren, aber so, daß sie feindlichen Gruppen nicht zugetrieben werden. Maßnahmen sind so anzuwenden, daß der Kreis politischer Feinde nicht größer wird. [...]
> Wir sind nicht daran interessiert, daß diese Gruppen in den Untergrund gedrängt werden. Wer soll dann mit diesen Bürgern sprechen? Wir können die Kirche nicht beschimpfen, wenn sich diese Gruppen der Kirche anschließen. Wir müssen aber aufpassen, was dort in der Kirche geschieht. Staatsfeindliche Aktivitäten werden nicht geduldet.“ [1080]

Gysi ermahnte die Bezirke, Fragen und Kritik nicht sofort als Provokation abzustempeln, sondern die Fragenden bei entsprechendem Interesse in die staatliche Arbeit zu integrieren.[1081] Als weitere Maßnahme wurde eine „kluge Differenzierungspolitik“ aufgeführt und dafür plädiert,

[1079] Vgl. dazu Pingel-Schliemann 2002, S. 81 ff.

[1080] Vgl. LHA Schwerin, RdB Schwerin, Z 10/90 – 7, n. p. „Inhaltliche Schwerpunkte der Dienstberatung beim Staatssekretär für Kirchenfragen am 8. und 9. 11. 1984“, Bl. 1 f. d. Dok.

[1081] Vgl. ebd., Bl. 3 d. Dok.

„Keine Machtkämpfe, keine Machtproben, keinen Kirchenkampf in den Staat-Kirche-Beziehungen zu[zu]lassen!"[1082]. In keiner anderen Dienststelle wäre der Terminus Kirchenkampf verwandt worden, da er auf den Nationalsozialismus verwies und somit suggerierte, dass der Staat unrechtmäßig versuche, die Kirche zu eliminieren. Klaus Gysi wurde im Herbst 1988 durch Kurt Löffler, bis dahin Staatssekretär im Kulturministerium, ersetzt.

Das wichtigste Instrument des Staates zur Zurückdrängung der Gruppen aus der Öffentlichkeit war die Instrumentalisierung der jeweiligen Kirchenleitung. 1987 hieß es entsprechend in einem Dokument aus der SED-Bezirksleitung Schwerin:

> „Wir sind an einer starken Kirchenleitung auf der mittleren und hohen Ebene interessiert, die auch die disziplinarische Autorität hat, zugesicherte Positionen gegenüber dem Staat in der kirchlichen Praxis zu gewährleisten. Das ist besonders für einige sogenannte Randgruppen in unseren Kirchen wichtig, die klein an Zahl sind, aber mit Hilfe der Westmedien versuchen, sich antisozialistisch zu profilieren. Für uns besteht die Lösung nicht darin, diese Gruppen möglichst schnell aus der Kirche hinaus und damit in den Untergrund zu drücken, sondern sie im kirchlichen Raum unter Disziplin und Kontrolle zu halten."[1083]

Die Wirksamkeit dieses Instrumentes hing jedoch wesentlich davon ab, ob der jeweilige Bischof und seine Mitarbeiter bzw. die Pastoren in den Gemeinden bereit waren, im staatlichen Sinne gegen die Gruppen aktiv zu werden, und ob sie ihre Absicht auch umsetzten.

---

[1082] Vgl. LHA Schwerin, IV F-2/14/772, Bl. 128.

[1083] LHA Schwerin, SED BPA Schwerin, IV F – 2/14/776, Bl. 19 d. Dok.

## „Über das vorgegebene Kirchentum hinaus" – Die Haltung der Landeskirche zu den verschiedenen Gruppen

> „Lutherische Kirche steht einfach, eindeutig und einmütig ein für die alleinige Kraft des rettenden Wortes in Christus. [...] Das gibt der Kirche die Freiheit, unbesorgt um sich selbst dem Menschen nahe zu bleiben und das ihr anvertraute Evangelium über das vorgegebene Kirchentum hinaus immer neu zu entdecken."[1084]

Lange bevor die ersten Basisgruppen existierten, war die Friedenspolitik der Kirchen schon ein „Reizthema" für den Staat. Unter den Bedingungen des Kalten Krieges in den fünfziger und sechziger sowie der atomaren Aufrüstung in den siebziger und achtziger Jahren instrumentalisierte die SED die evangelische Kirche in der DDR als besonders geeigneten Friedensbotschafter: 1955 sollte sie Stellung beziehen gegen die Wiederaufrüstung Westdeutschlands, 1961 für den Bau des antifaschistischen Schutzwalls, 1969 durch die Abspaltung von der Evangelischen Kirche in Deutschland sich eindeutig zum friedensliebenden Sozialismus bekennen usw. In den siebziger Jahren jedoch gewann das friedenspolitische Engagement der Kirchen angesichts des starken Aufrüstungsbestrebens in Ost und West aus Sicht der DDR-Regierung eine besondere Bedeutung. Nach gut zwanzig Jahren staatlichen Drucks auf die Landeskirchen hatte die SED eine kirchliche Landschaft geschaffen, in der sie die Landeskirchen auseinander dividiert hatte. Der Kirchenbund vermochte nur begrenzt die immer wieder gefährdete Einheit herzustellen. Dies spiegelte sich auch in der „Jahresanalyse der Staatspolitik in Kirchenfragen 1976" des Staatssekretariates für Kirchenfragen wider, die von einer weiteren „Polarisierung der ideologischen Auseinandersetzung" zwischen den kirchlichen Amtsträgern sprach.[1085]

> „Die Bischöfe Schönherr, Braecklein und Gienke waren bemüht, den realistisch orientierten Weg der Kirchen in der sozialistischen Gesellschaft weiter zu gehen. [...] Die Bischöfe Krusche, Hempel und Rathke bezogen, wenn

1084 ELLKM, LKA, Heinrich Rathke 1978, Thesen zum Selbstverständnis unserer Kirche.

1085 Vgl. LHA Schwerin, Rat des Bezirkes Schwerin, Z 10/90 – 4, Bl. 4 d. Dok.

> auch in Qualität, Form, Inhalt, Zielstellung und Methode unterschiedlich, dem Sozialismus [gegenüber] feindliche Positionen."[1086]

Ähnlich wie im staatlichen gab es auch im kirchlichen Bereich keine einheitliche Meinung zu den Basisgruppen. Anders als im staatlichen Bereich jedoch konnten sich diese unterschiedlichen Ansätze in den acht evangelischen Landeskirchen weit gehend ungestört nebeneinander ausbilden.

Die Position der mecklenburgischen Landeskirche zu den Friedens- und Umweltgruppen usw. wurde wesentlich durch die beiden Landesbischöfe Heinrich Rathke und Christoph Stier bestimmt. Zwei Aspekte haben zu der offenen Haltung beider gegenüber den Basisgruppen beigetragen: Erstens hatte Heinrich Rathke einen sehr guten persönlichen Draht zu den Exponenten der Gruppen. Trotz aller Auseinandersetzungen in Sachfragen war daher das menschliche Miteinander in der Regel gut und auch in Krisenzeiten tragfähig. Stier konnte auf diesem Fundament aufbauen, wenngleich er selbst eine ungleich größere Distanz zu den Gruppen einhielt. Zweitens leitete die sich mit den Gruppen ankündigende Verschärfung im Verhältnis zwischen Staat und Kirche keine neue Phase in Mecklenburg ein, weil man Konfrontationen mit den Räten der Bezirke Schwerin, Rostock und Neubrandenburg auch bisher nicht aus dem Wege gegangen war. Die Existenz der Basisgruppen erforderte daher keine neue „Strategie" der Kirche, sondern nur die Betonung dessen, was allgemein Geltung hatte. Heinrich Rathke fasste dies in seinen zehn „Thesen zum Selbstverständnis unserer lutherischen Kirche" im Jahr 1978 zusammen. Darin heißt es unter anderem:

> „Die Kirche lebt selbst in der teuflischen Versuchung, sich selbst auf die fromme, die theologische, die 'kirchliche' Art zu rechtfertigen, zu bestätigen, sich darzustellen. [...] Damit sperrt sie sich selbst und andere vom Reich Gottes aus. [...]
> Nennen wir uns 'lutherisch', so sprechen wir damit sehr menschlich von der Kirche: Der Mensch, der am Ende immer wieder wie ein Bettler dasteht und bei sich selbst verlassen ist. Aber auch der Mensch, durch dessen Leben und Erfahrung hindurch Gott den Glauben und die Erkenntnis weiterführt. [...]
> Kirche mit der guten Nachricht für den Menschen ist eine offene

---

[1086] Vgl. ebd.

Kirche. Sie fragt nicht nach der großen Schar, wenn sie zu einzelnen Verlorenen hinausgeht. Sie lebt in keiner fertigen Gestalt, sondern erwartet neue und erneuerte Gemeinde."[1087]

Kirche war für Rathke keine Institution, sondern der Versuch, das Evangelium tagtäglich neu umzusetzen. Sie hatte für ihn kein „Wächteramt"[1088] gegenüber dem Staat, sondern sollte dem Menschen dienen. Dass sich daraus unweigerlich die Auseinandersetzung mit dem atheistischen Staat DDR ergeben musste, wo Menschen – Christen wie Nichtchristen – litten, ergab sich von selbst. Diese Haltung spiegelte sich auch in dem letzten Bischofsbericht wider, den Heinrich Rathke im März 1984 vor der mecklenburgischen Landessynode gab. „Wir werden uns in unserer kirchlichen Arbeit", so Rathke, „nicht auf die herkömmlichen Gliederungen und Kreise beschränken können. Aufregend wird es am Rande, in den lockeren Gruppen. Ganz weit draußen in der zufälligen Begegnung am Wege, da ist mit Jesus zu rechnen, der Gemeinde ganz neu anfangen läßt. Dort wird es aufregend für Atheisten und Theisten." Dann brauche man untereinander das Gespräch über eine wesentliche theologische Grundübereinstimmung.[1089]

Heinrich Rathke scheute sich aber auch nicht, eindeutige politische Positionen zu beziehen und damit die Verhältnisse in der DDR zu kritisieren. Vor der Landessynode im März 1984 gab er seine Interpretation der drei Buchstaben „DDR": Deutsch bedeute für ihn Schuld, aber auch Heimat. Und Heimat sei dort, wo er in Verantwortung leben könne.

„Und damit komme ich auf den zweiten Teil des Namens: Demokratisch. Das kann heißen, die Machtfrage ist geklärt. Ich sage es theologisch zurückhaltender: Es geht auf jeden Fall um die Macht. Macht ist auch zu verantworten. Ich verstehe das Selbstverständnis unseres Staates so, daß er andere in die Verantwortung mit einbezieht, etwa im Sinne des Satzes „Arbeite mit – Plane mit – Regiere mit". Das ist eine Bitte für uns und in diesem Land, daß dies unseren Menschen möglich bleibt, damit sie in der Heimat bleiben. Wir brauchen sie hier. Ich wünsche mir, daß das, was manchmal mit

---

[1087] Vgl. ELLKM, LKA, H. Rathke 1978, Thesen zum Selbstverständnis unserer Kirche.

[1088] Das „Wächteramt" war insbesondere in den sechziger Jahren eine viel diskutierte kirchliche Position zum Staat und wurde insbesondere von Otto Dibelius, Bischof in Berlin, vertreten.

[1089] „die kirche", Jahrgang 39 (1984), S. 2.

Disziplinierung bezeichnet wird, nicht zum Alltag wird, weil es gerade in den kleinen Alltäglichkeiten verhängnisvoll wird, wenn man meint, daß man Menschen, die menschlich durcheinander gekommen sind, durch Disziplinierung wieder in Gang bringen kann. Es ist wichtig, daß die Kirche hier ihre Aufgabe wahrnimmt, solchen Menschen zur Seite zu stehen und ihnen an der Stelle zu helfen, wo sie als Menschen in ihrem Herzen Hilfe nötig haben."[1090]

„Republik" bedeute für ihn, dass man in einer Republik offen und öffentlich seine Angelegenheiten regeln könne. Rathke tat hier etwas nahezu Ungeheuerliches: Er stellte die Machtfrage. Verklausuliert machte er deutlich, dass die DDR weder demokratisch noch eine Republik sei, dass der Staat versuche, die Kirche gegen seine so genannten Feinde zu instrumentalisieren, und dass Christen und andere in der Gesellschaft Zurückgestellte nicht gleichberechtigt behandelt würden. In seinem Vortrag forderte er „Freiraum für brennende Herzen" in der Kirche, damit die Suchenden und Zweifelnden dort ihre Fragen ansprechen könnten. Dieser Bericht fand unmittelbaren Niederschlag in dem Antrag der Landessynode auf Bildung eines synodalen Ausschusses für Friedens- und Umweltfragen. Darüber äußerte sich der Rat des Bezirkes in seinem Bericht nach Berlin sehr besorgt, denn „[m]it der Bildung dieses Ausschusses ist die Problematik des Friedens- und des Umweltschutzes künftig als Gegenstand einer jeden Synodentagung zu erwarten. Damit und angesichts der bedenklichen personellen Zusammensetzung des Ausschusses ist mit einer weiteren Verstärkung kirchlicher Einfluß- und Einmischungsversuche zumindest in diese Teilbereiche der staatlichen Politik zu rechnen".[1091]

Der Rat des Kreises Schwerin beklagte im Juli 1983 in seinem Bericht an den Rat des Bezirkes, dass das Friedensengagement trotz staatlicher Gegenmaßnahmen immer weiter zunehme und eine unabhängige Friedensbewegung in der Landeskirche entstehe.[1092]

Rathkes Nachfolger Christoph Stier setzte dessen Weg fort. Für das Verhältnis zwischen Basisgruppen und Kirchenführung in Mecklenburg war auch das Sendungswort von Bischof Stier bezeichnend: Es gehe nicht darum, bestimmte Institutionen als Zentrum zu bezeichnen,

---

1090 MKZ Nr. 13 vom 25. März 1984, S. 1 ff.

1091 Vgl. LHA Schwerin, RdB Neubrandenburg, Z 77/90, 818a, Bl. 4 d. Dok.

1092 Vgl. LHA Schwerin, RdB Schwerin, Z 10/90, 17a, n. p. „Berichterstattung Reg.-Nr. 7900/2/810" vom 25. Juli 1983.

sondern darum, „'daß dort das Zentrum ist, wo Menschen wirklich Jesus Christus nachfolgen'. Die Gruppen könnten 'manches direkter, deutlicher [...] sagen'" als die Kirche, und sie sollten dies tun, und die Botschaft des Evangeliums hörbar verbreiten.[1093] Stier erkannte die produktive Spannung zwischen Basisgruppen und Landeskirche: Die Gruppen konnten etwas, was den Gemeinden und der Amtskirche verwehrt war, nämlich mutig gesellschaftspolitische Probleme benennen. Die mecklenburgischen Gemeinden standen diesen Fragen schon auf Grund ihrer konservativen Prägung sehr fern, von ihnen wären derartige Anstöße – bis auf wenige Ausnahmen in den Neubaugebieten der Großstädte – nicht gekommen. Stier ermutigte die Gruppen deshalb, sich weiter zu engagieren.[1094] Ein Jahr später sagte er in seinem Bischofsbericht „Nachdenken über den Weg der Kirche: Unser Weg zwischen Leitbildern und Gefährdungen" vor der Landessynode im März 1986, vielfach würde kritisiert, dass sich die Landeskirche in zu viele verschiedene Themen einmische, die sie nichts angingen. Es gebe jedoch „letztendlich kein Anliegen und kein[en] Bereich des persönlichen, gesellschaftlichen und politischen Lebens [...], zu dem die christliche Botschaft nichts beizutragen hätte. Niemand kann und darf Themen von vornherein ausgrenzen. Aber es kommt freilich auf den Wurzelgrund an, von dem her argumentiert wird. Mit einem Schlagwort benannt heißt das für mich: Position aus Glauben, nicht Opposition aus politischen oder anderen Motiven".[1095]

Das Verhältnis der Basisgruppen zu den Gemeindepastoren, Pröpsten und Landessuperintendenten konnte deshalb dennoch schwierig sein. Der allgemeine Generationskonflikt oder persönliche Antipathien führten an manchen Orten dazu, dass sich Basisgruppen, wenn sie Hilfe benötigten, unter Umständen direkt an den Landesbischof wandten. Pastoren, die zwar nicht dem konkreten SED-Regime, wohl aber kommunistischen Ideen nahestanden, waren aber die Ausnahme. Die Mehrheit betrachtete sich als Teil einer Gemeinschaft, die auch in politischer Hinsicht einen gemeinsamen Weg ging.

Vor dem Hintergrund der konservativ ausgerichteten Landeskirche war diese Integrationspolitik durch die landeskirchliche Amtsspitze eine herausragende Leistung. Sie spiegelt sich auch in der Kirchenleitung wider, die auf einer eigens zur Frage der Friedensbewegung einberufe-

---

1093 Vgl. Busch 1997, S. 280.

1094 Vgl. ebd., S. 270 ff.

1095 Vgl. Bericht des Landesbischofs im März 1986 vor der Landessynode, Bl. 2 d. Dok.

nen Sitzung im Januar 1985 zu dem Schluss kam, die Gruppen hätten eine „Kontakt-, Sensor- und Probierfunktion“ und würden die Kirche zur inhaltlichen Auseinandersetzung mit der Friedensbotschaft der Bibel zwingen.[1096]

### *„Hier ist der Feind“ – Staatssicherheit und Friedensgruppen*

Was die Friedensgruppen in den Augen der SED so gefährlich machte, war deren innenpolitische Ausrichtung. Sie beschäftigten sich mit der angeblichen Friedenspolitik der DDR, die 1978 den Wehrkundeunterricht für die 9. und 10. Klassen einführte, seit 1981 so genannte Zivilschutzübungen in den Städten abhielt, und die Pazifismus wie eine staatsfeindliche Haltung strafrechtlich verfolgte.[1097]

Die einzelnen Friedenskreise waren sehr unterschiedlich strukturiert. Die Mitglieder des Vipperower Friedenskreises zum Beispiel kamen im Wesentlichen aus der näheren Umgebung. Die Rostocker Schalom-Gemeinschaft war eine kleine Gruppe von 5 bis 10 Mitgliedern, die keinen Gemeindebezug hatten und nicht einmal alle der evangelischen Kirche angehörten. Der Friedenskreis der St. Pauls-Gemeinde in Schwerin bestand seit 1984 und war zwar formal an diese Gemeinde gebunden, seine Mitglieder kamen jedoch aus unterschiedlichen Schweriner Gemeinden. Es waren vor allem Ärzte, Schauspieler und Musiker, die sich hier engagierten. Mit anderen Friedenskreisen verband ihn die Tatsache, dass eine gewisse Unverbindlichkeit in Bezug auf die Vorbereitung der Treffen und die Durchführung der Beschlüsse sowie interne persönliche Streitigkeiten die thematische Arbeit des Kreises erheblich behinderten.[1098]

Die Gruppen versuchten zu sondieren, wie weit die kirchliche Friedensarbeit kirchlich sein musste und wie weit sie politisch werden

---

[1096] Vgl. ELLKM, LKA, C 12, Protokolle und Berichte der Kirchenleitung 1984 und 1986.

[1097] Robert Goeckel hat in seiner Darstellung der Kirchenpolitik in der DDR die These vertreten, die Friedensbewegung und die damit entstehenden Unruhen hätten die Probleme im Volksbildungsbereich verdrängt. Ganz im Gegenteil waren von den Friedensaktivitäten der frühen achtziger Jahre vor allem Jugendliche und Studenten betroffen, in dieser Zeit kam es zu zahlreichen Relegierungen von den Schulen; vgl. Goeckel 1995, S. 286.

[1098] Vgl. ELLKM, LKA 512.02, Dok. 512.02/9.

durfte. Sie griffen die „Erfahrungen mit dem Dialog in Kirche und Gesellschaft" und die daraus folgenden Enttäuschungen auf. Sie sahen ihre Aufgabe darin, Erkenntnisse der Gesellschaft zu vermitteln und ein entsprechendes Handeln zu initiieren. 1984 verstanden sie zudem die zunehmende Vernetzung und einen verbesserten Dialog mit den Gemeinden und der Landessynode als dringendes Anliegen. Qualität und Quantität der Aktivitäten sollten in ein besseres Verhältnis zueinander kommen und die Ausstrahlung auf die Gesellschaft erhöht werden.

Die Friedenskreise wurden in der ersten Zeit vor allem dadurch beeinträchtigt, dass ihre Mitglieder von staatlichen Stellen in ihrem beruflichen Umfeld angesprochen und gedrängt wurden, ihr Engagement in der Kirche zu beenden. Die meisten Mitglieder der Friedenskreise waren in staatlichen Betrieben angestellt und daher durch ihre Vorgesetzten leicht unter Druck zu setzen. Davon zeugt auch ein Bericht des Stellvertretenden Oberbürgermeisters von Schwerin vom Juni 1984, in dem es heißt:

> „Seit Ende vergangenen Jahres arbeitet in der Stadt Schwerin unter Beteiligung von Pastor Rietzke und Wielepp ein sogenannter 'Friedenskreis'. Eine Konzentration von Mitgliedern dieses 17 Mann starken 'Friedenskreises' gibt es besonders im Gesundheitswesen und im Bereich der Kultur, hier besonders im Stadttheater. Unter Führung der Kreisleitung der SED und durch die Sicherheitsorgane wurden Maßnahmen zur differenzierten Arbeit mit den bekannten Mitgliedern des Friedenskreises eingeleitet."[1099]

Der Kessiner Friedenskreis spielte zwischen 1980 und 1985 eine wichtige Rolle bei der Koordinierung der Friedensgruppen im Norden der DDR. Er wurde 1980 gegründet, von ihm gingen seit 1982 die Kessiner Friedensseminare aus. Bis 1984 hatte Kessin auch als Ausgangsort von Friedenswanderungen Bedeutung. Ins Visier des MfS geriet dieser Kreis vor allem durch die Zusammenarbeit von Dieter Nath als Kessiner Pastor und Heiko Lietz, der 1980 aus dem Pastorendienst der mecklenburgischen Landeskirche ausgeschieden war und zunächst als kirchlicher Mitarbeiter in Rostock gearbeitet hatte. Lietz unterhielt DDR-weite Kontakte zu Friedensgruppen und organisierte zahlreiche Friedensveranstaltungen. Weil er ebenso eigenbrötlerisch wie erfindungs-

[1099] LHA Schwerin, RdB Schwerin, Z 10/90 - 19 a, n. p.

reich war und kompromisslos seine Sache verfolgte, war er für die staatliche Seite – und mitunter auch für die kirchliche – ein „rotes Tuch". Auf verschiedenen Ebenen versuchten daher das MfS, der Rat des Bezirkes Rostock und der Rat des Kreises Güstrow, die jeweiligen „Protagonisten" vor Ort in ihren Aktivitäten einzuschränken.

IM „Heinz", der Küster am Güstrower Dom Günther Engel, spielte in den Konzeptionen des MfS eine große Rolle. „Heinz" stand niemals in der ersten Reihe, sondern war eines von vielen Mitgliedern des Kessiner Kreises. Er galt als vertrauenswürdig und engagiert, blieb aber stets nur ein Mitläufer. Gerade aus dieser Position heraus war es ihm möglich, in viele Zusammenhänge Einblick zu nehmen, an wichtige Informationen zu gelangen und Einschätzungen von Personen anzufertigen, an denen das MfS besonderes Interesse hatte.

Zwar war Günther Engel alias „Heinz" nicht der einzige IM im Umfeld des Kessiner Friedenskreises. Andere Zuträger waren beispielsweise IM „Gisela", die in der Rostocker Studentengemeinde aktiv war, und ein bisher unbekannter IM mit dem Decknamen „Holger". Dennoch war „Heinz" das „Schlüsselloch", durch das das Ministerium für Staatssicherheit blicken und einen – wenn auch letztlich begrenzten – Einblick in diese Gruppe erhalten konnte. Dieter Nath erinnerte sich an die Vorsichtsmaßnahmen des Kreises gegen eine mögliche Unterwanderung durch das MfS:

> „Wir haben den Vorbereitungskreis für das Friedensseminar bewusst klein gehalten, um denen aus dem Weg zu gehen – und wir hatten sie dann doch mit am Tisch: Als es mit der Friedensarbeit losging, war ich zunächst bei Heiko Lietz in der Wohnung. Da saßen schon zwei oder drei Leute, unter anderem Günther Engel. Damals fand ich nichts dabei, Engel war Küster am Güstrower Dom. Ich kannte ihn nicht, aber Heiko Lietz kannte ihn, und damit hatte das für mich alles seine Richtigkeit."[1100]

IM „Heinz" war das „Einfallstor" der Staatssicherheit in den Kessiner Friedenskreis. Er berichtete detailliert über jede Veranstaltung, nahm bereitwillig jeden Auftrag, weitere Informationen zu Projekten der Gruppe zu beschaffen, entgegen und verstand den Kessiner Friedenskreis als sein „Haupteinsatzgebiet". So schlug er im Dezember 1983, in der „Hoch-Zeit" des Kreises, seinem Führungsoffizier vor, die staatlichen Organe

---

[1100] Interview mit Dieter Nath am 30. 11. 2000.

in Rostock und Güstrow sollten mit allen Mitgliedern des Kreises umfangreiche Gespräche führen, um Unsicherheit und Misstrauen zu verbreiten:

„Man sollte zunächst versuchen, Einfluß zu nehmen auf LSI [Landessuperintendent] Sagert, Pastor Hellwig und den KGR-Vorsitzenden Karsten mit der Zielstellung, diese in ihrer ablehnenden Haltung gegenüber Lietz zu bestärken. Außerdem sollte Einfluß genommen werden auf die OKR Schwerin und Müller und eventuell auch auf Bindemann. Außerdem könnte der Druck auf Nath persönlich verstärkt werden, durch Aussprechen betr. der Vorbereitung des FS (Bezug auf vorherige Gespräche: 'wir werden eine weitere solche Veranstaltung zu verhindern wissen'). [...] Auch Kleemann könnte wegen seiner Kontakte zu Lietz angegriffen werden und zwar in dem Sinne, daß [er] sich vor den Karren des L. spannt und sich damit lächerlich macht.

Auch die Tätigkeit der Rostocker Gruppe des Lietz sollte sowohl durch staatliche Maßnahmen als auch über Gesprächsführungen mit dem OKR und LSI Goldenbaum eingeengt werden. Hauptargument müßte sein, daß diese Gruppe kirchlich nicht angebunden ist [...], jedoch immer die Kirche bzw. den Glauben mißbraucht."[1101]

Aus Sicht seines Führungsoffiziers Fiedler jedoch war die wichtigste Aufgabe von „Heinz" die, den Kreis in interne Diskussionen zu verwickeln, die seine Arbeit lähmen und seine Mitglieder entzweien würden. So konnte Fiedler im Oktober 1984 berichten, es sei durch den „offensiven Einsatz des IMB 'Heinz' [...] zwischen den Organisatoren des 'Kessiner Friedenskreises' Diskussionen zu dessen weiterer Existenz ausgelöst [worden]".[1102] Auf Grund dieser internen Missstimmungen – so der Führungsoffizier über seinen angeblich erfolgreichen IM – träfen sich die Mitglieder erst wieder in einigen Wochen; das Kessiner Friedensseminar 1985 würde nicht vorbereitet werden, denn Nath habe sich aus dem Kreis zurückgezogen. Lietz habe dies auf die staatliche Bedrängung von Nath zurückgeführt und wolle nicht aufgeben, sondern handle in dessen

1101 BStU, MfS, BV Rostock, AIM 0192/91, hier aber: TA 4925, Bd. II/5, Bl. 577 f.

1102 Vgl. ebd., Bd. II/7, Bl. 130.

Namen weiter, obwohl Nath davon keine Kenntnis habe.[1103]

Günther Engel gab seinem Führungsoffizier Hinweise, wie das Verhältnis zwischen den zwei Hauptakteuren Nath und Lietz weiter zu belasten sei: Nath solle verschlüsselt mitgeteilt werden, dass sich Lietz des Kreises bemächtige.[1104]

Besonders heftig wurde der Kessiner Friedenskreis 1985 attackiert. Von der damaligen Konzeption zur Zerstörung des Kreises betroffen waren nicht nur Nath und Lietz, sondern auch Pastor Bindemann, der als Leiter der Arbeitsgruppe Frieden der mecklenburgischen Kirchen einen ständigen Kontakt zur Kessiner Gruppe unterhielt. Sie alle sollten – was auch erfolgreich war – gegen Heiko Lietz „in Stellung" gebracht werden. Das MfS trat dabei nicht direkt in Erscheinung, sondern agierte verdeckt in Gestalt des Rostocker Referenten für Kirchenfragen beim Rat des Bezirkes, Roland Macht. Der sprach unter anderem im Auftrag des MfS mit Walther Bindemann:

> „Dabei erfolgte die Berufung auf die Aussagen von Pastor Nath, daß L. die 'Arbeitsgruppe Frieden' als Träger der Veranstaltung angegeben hatte. Im Gespräch brachte Dr. B. zum Ausdruck, daß es bisher keinerlei Absprachen mit ihm in bezug auf die 'Mecklenburger Friedenswanderung' gegeben hatte. Er sei selbst während des zentralen Friedensseminars 'Konkret für den Frieden III' von der Ankündigung einer solchen Veranstaltung überrascht worden, da diese bisher in den Zusammenkünften der 'Arbeitsgruppe Frieden' keinerlei Erwähnung gefunden hatte.
> In diesem Gespräch distanzierte sich Dr. B. erstmals gegenüber einem Vertreter des Staatsapparates konsequent von der Person des L. und dessen Verhaltensweisen."[1105]

Fiedler fasste seine „Bemühungen" zusammen und schrieb, es sei gelungen, „die Art und Weise des Vorgehens des L. innerkirchlich deutlich zu machen und Vorbehalte von Pastoren des Kirchenkreises Rostock-Stadt zu L. zu fördern. Nicht zuletzt bildeten die nunmehr

[1103] Vgl. ebd., Bl. 130 f.

[1104] Vgl. ebd., Bl. 131.

[1105] BStU, MfS, JHS 20903, Bl. 14.

offiziell bekannten Fakten eine gute Grundlage für weitere offensive Maßnahmen zur Zurückdrängung feindlich-negativer Aktivitäten des L. und des 'Kessiner Friedenskreises'." Entsprechend gehörte die „Forcierung der innerkirchlichen Diskreditierung der als feindlich-negativ bekannten L. und Pastor [geschw., vermutlich Dieter Nath]"[1106] zu dem Maßnahmenkatalog. Auch der Rostocker Landessuperintendent Goldenbaum wurde vom MfS – wenn auch unwissentlich – in diese Strategie einbezogen.

> „Dieses Gespräch wurde so vorbereitet und angelegt, daß der Hauptstoß gegen das Wirken des L. im Kirchenkreis Rostock-Stadt gerichtet war. Deutlich herausgestellt wurde die Vorgehensweise des L., mit Fehlinformationen und Unwahrheiten seine Zielstellungen durchzusetzen. Gleichzeitig wurde auf die möglichen Konfrontationen mit den staatlichen Organen hingewiesen, wobei die Verhinderung einer Konfrontation Staat-Kirche nachgewiesenes Interesse des Landessuperintendenten war.
> Die außerordentlich kurzfristig hintereinander geführten Gespräche einschließlich des mit dem Landessuperintendenten garantierten, daß letzterer erst durch den staatlichen Vertreter auf geplante Vorhaben in seinem Kirchenkreis aufmerksam gemacht wurde. Verbunden damit war eine Förderung der Vorbehalte zu den Initiatoren, speziell L., da diese offensichtlich hinter seinem Rücken handelten."[1107]

Der Leiter des Rostocker Kirchenreferates der Staatssicherheit, Jürgen Fiedler, beschrieb 1986 in seiner Abschlussarbeit an der Juristischen Hochschule des MfS in Potsdam die Zersetzungsmaßnahmen gegen den Kessiner Friedenskreis. Landessuperintendent Goldenbaum habe die Beteiligten zu sich vorgeladen und insbesondere Lietz scharf kritisiert. Die Rostocker Pastoren hätten sich daraufhin von Lietz distanziert, was dessen Handlungsspielraum in der AGF und im Kessiner Friedenskreis stark eingeschränkt hätte.[1108] Goldenbaum habe die entsprechenden Veranstaltungen der Friedenswanderung von Lietz in Rostock zwar

---

[1106] Vgl. ebd., Bl. 16.

[1107] Ebd.

[1108] Vgl. ebd., Bl. 17.

nicht verboten, so Fiedler, aber die Teilnehmerzahl auf 20 Personen begrenzt und eine polizeiliche Anmeldung der Ausländer und deren Zurückhaltung an der Gestaltung des Seminars durchgesetzt. Außerdem würden keine öffentlichkeitswirksamen Aktionen durchgeführt.

Der eigentliche Erfolg des MfS bestand weniger in der Reglementierung der Veranstaltung als in der Entzweiung der führenden Köpfe in der AGF. Eine verhängnisvolle Rolle spielte dabei auch ein IM, wahrscheinlich IM „Heinz", der Lietz dazu überreden sollte, Dieter Nath nicht die Leitung des Kessiner Friedenskreises anzubieten, weil dieser eine zu nachgiebige Haltung gegenüber den staatlichen Stellen einnehme. Fiedlers Berechnungen zufolge würden dadurch die Spannungen zwischen Lietz und Nath steigen.[1109] Darüber hinaus sei ein „IM aus dem kirchenleitenden Bereich" eingespannt worden, der gegenüber Lietz negativ beeinflusst worden sei. Dieser IM hatte den Auftrag, das Gespräch mit Lietz zu suchen und diesem den Vorbehalt der Landeskirche darzustellen, „der jedoch in dieser Form real nicht vorhanden war, mit Ausnahme unter der Rostocker Pastorenschaft."[1110] Im Ergebnis sei Pastor Nath aus dem Friedenskreis ausgestiegen, und Lietz habe den Friedenskreis für begraben erklärt.[1111] Tatsächlich spielte jedoch in Bezug auf das Ende des Friedenskreises auch ein Feuer im Kessiner Pfarrhaus eine Rolle, dessen Entstehung nie geklärt werden konnte. Ob die Staatssicherheit durch diesen Brand im Kohlenkeller die Friedensaktivisten unter Druck setzen und insbesondere Dieter Nath zur Aufgabe seiner tragenden Rolle bewegen wollte, geht aus den Akten nicht hervor.

1985 fand ein letztes Friedensseminar in Kessin statt. Noch im gleichen Jahr löste sich der Kreis auf. Damit hatte dieser Kreis fünf Jahre bestanden, für Mecklenburg war das eine lange Zeit. Die Berichte von „Heinz" hatten wesentlich dazu beigetragen, ein genaues Stimmungsbild aus Kessin zur Rostocker Bezirksverwaltung zu transportieren. Dennoch waren es nicht in erster Linie die Aktivitäten des Ministeriums für Staatssicherheit, die das Ende des Kreises herbeigeführt hatten. Andere Umstände hatten ebenso großes Gewicht: Eine Reihe von Teilnehmern beendete das Studium in Rostock und zog um, und neue Teilnehmer zu gewinnen, war ad hoc nicht möglich. Die führenden Köpfe Heiko Lietz und Dieter Nath waren neben dem Kessiner Friedenskreis auch beruflich stark eingespannt und kaum motiviert, den kleinen Kreis „über Wasser

---

[1109] Vgl. ebd., Bl. 21 f.

[1110] Vgl. ebd., Bl. 22.

[1111] Vgl. ebd., Bl. 23.

zu halten“, zumal sich beider Zusammenspiel schon zuvor als schwierig erwiesen hatte. Die Staatssicherheit konnte bei diesen internen Reibungen ansetzen und diese so verstärken, dass sich Nath aus dem Kreis zurückzog, der dadurch kein Zentrum mehr hatte und auch keine Anbindung an eine Gemeinde. Dem Kreis war plötzlich die Grundlage entzogen, obwohl Bischof und Oberkirchenrat wie auch die Landessuperintendenten von Rostock, Güstrow und Bad Doberan – wenn auch nicht immer vorbehaltlos – hinter dem Seminar gestanden hatten.

Damit war jedoch das Engagement der einzelnen Mitglieder nicht beendet, wie man in der BV Rostock feststellen musste. So hielt die Rostocker Bezirksverwaltung im September 1986 fest, Heiko Lietz sei immer noch aktiv und versuche jetzt sogar, mehrere Friedenskreise der Stadt miteinander zu vernetzen. In der mehrseitigen „Information über das Treffen der 'Friedenskreise Nord-West-Mecklenburgs' am 07.09.1985 in Güstrow“, das von Heiko Lietz geleitet worden war, hob sie Lietz' Absicht, ein Netzwerk zu bilden, hervor. Hauptmann Lorenz kam zu dem Schluss, die Vernetzung der Friedenskreise Nord-West-Mecklenburgs müsse „objektiv als Erfolg der politisch-feindlichen Personen unter der Leitung des Lietz, Heiko“ gewertet werden. Deshalb müsse in der nächsten Zeit mit verstärkten politisch-negativen Aktivitäten gerechnet werden, sowohl im Bezirk Rostock als auch im Bezirk Schwerin wie darüber hinaus im Bereich der gesamten DDR. In den üblichen verallgemeinernden Phrasen hieß es weiter, die notwendigen Maßnahmen müssten nun „wirksam geplant, zentral gelenkt und zielstrebig realisiert werden“. Eine „effektive Bekämpfung der Gruppen [ist] nur durch ein exaktes Zusammenwirken des MfS (bzw. der VP) und der staatlichen und gesellschaftlichen Kräfte möglich“. Kirchenleitende Amtsträger sollten einbezogen werden, sie seien jedoch „keine konsequenten und verläßlichen Partner“.[1112]

Ansatzpunkt für die Staatssicherheit war die geteilte Haltung der Landessuperintendenten zum Kessiner Seminar, insbesondere in Bezug auf die Tatsache, dass Heiko Lietz hier eine entscheidende Funktion innehatte, obwohl er seit mehreren Jahren nicht mehr im kirchlichen Dienst stand. Dass jemand freiwillig aus dem Kirchendienst ausgeschieden war und damit auf den besonderen Schutz, den er als Pastor genoss, verzichtet hatte, konnte man dort nicht verstehen.[1113] Zudem spielte auch die Frage der

---

[1112] Vgl. BStU, MfS, BV Rostock, AIM 0192/91, hier aber: TA 5874, Bd. II/8, Bl. 410.

[1113] Auch die staatlichen Stellen „respektierten“ Lietz' Ausscheiden aus der pfarramtlichen Tätigkeit nicht – wenn auch in anderer Hinsicht: Für sie blieb Lietz faktisch Pastor und Mitglied der mecklenburgischen Landeskirche.

„Brisanz" eine Rolle: Man wollte sich über Heiko Lietz keinen Ärger ins Haus holen. Und Sagert bezog keine grundsätzlich andere Haltung. Heiko Lietz sollte nach Möglichkeit keine Verantwortung tragen und auch gar nicht in Erscheinung treten, sondern am besten sollte alles von einem „richtigen Pastor" organisiert und verantwortet werden. Entsprechend nachdrücklich erbat sich die mecklenburgische Kirchenleitung von Nath mehr Informationen über dessen Friedensarbeit und die Beziehung der Kessiner Aktionen zur AGF. Auch Bischof Rathke hatte Nath darum gebeten, den Kontakt zum Doberaner Landessuperintendenten Ohse zu intensivieren. Das Misstrauen war durchaus gegenseitig: Die Kessiner Gruppe hatte das Gefühl, von der Kirchenleitung kontrolliert zu werden. Sie bezweifelte, dass Amtsträger wie Ohse in schwierigen Situationen helfen könnten. Die landeskirchliche Seite machte auf den Kreis den Eindruck, Probleme heraufzubeschwören und sich in gewisser Weise von vornherein absichern zu wollen, noch bevor der Kreis überhaupt aktiv geworden war.[1114]

Wie widersprüchlich die Haltung der Landessuperintendenturen zum Kessiner Friedensseminar war, zeigt sich auch noch im Rückblick. Befragt nach seiner Haltung zu den Kessiner Seminaren sagte der damalige Landessuperintendent Axel Walter, die Unsicherheit hinsichtlich der staatlichen Reaktionen habe dazu geführt, dass man oft zu ängstlich gewesen sei. „Hätten sie negativ oder mit Gewalt reagiert, dann hätte es geheißen: Warum hat die Kirche das nicht verhindert?."[1115] Man habe eine gewisse Dialogbereitschaft signalisiert und versucht, das Gespräch nicht völlig abbrechen zu lassen.

Der Kessiner Friedenskreis war einer der wichtigsten Friedenskreise in Mecklenburg. Im Januar 1991 schrieb Heinrich Rathke über diesen Kreis und die Unterstützung, die er durch die Landeskirche erfahren hatte, in einem Brief an Dieter Nath:

> „Da habt Ihr und viele, die dazukommen, Euch nicht einschüchtern lassen durch das 'Giften' eines Herrn Macht und anderer. Wer weiß, wie viele kirchliche Horcher auch dabei waren. Haben wir von der Kirchenleitung Euch damals genug den Rücken gestärkt? Das frage ich mich heute schon. Wo mir der Staatssicherheitsdienst direkt und bewusster begegnete, habe ich ihm schon deutlich die Zähne gezeigt. Aber jetzt wird doch deutlich, wie auch über staatliche Vertreter und viele andere der Staatssicherheitsdienst sein

[1114] Vgl. Interview mit Dieter Nath am 30. 11. 2000.

[1115] Interview mit Axel Walter am 13. 7. 2000.

schmutziges Werk trieb und uns hineinzuziehen suchte. Wenn das dann doch nicht unsere Freundschaft und Bruderschaft zerbrechen konnte, bin ich dankbar."[1116]

Der Neubrandenburger Friedenskreis blieb ungewöhnlich lange von einer staatlichen Einflussnahme verschont. 1985 entstanden, erhielt die dortige Bezirksverwaltung erst 1986 einen Hinweis – von den Rostocker Kollegen – dass es diesen Kreis in der Stadt gebe, konnte diese Information jedoch ihrerseits nicht bestätigen.[1117]

Erst im Laufe des Jahres erarbeitete sie entsprechende Hinweise.[1118] Erstmals öffentlichkeitswirksam wurde der Friedenskreis zur Friedensdekade 1986, als er unter dem Thema „Erziehung zum Frieden – aber wie?" einen Gemeindeabend organisierte.[1119]

„Dieser erstmalige Auftritt des ´Friedenskreises` wurde durch den damaligen Leiter OPK ´Vikar`, Abteilung XX, BV Neubrandenburg offiziell genutzt, um weitere Mitglieder für eine aktive Mitarbeit innerhalb des ´Friedenskreises` zu gewinnen. Trotz der zweifelsfreien Unterlegung [sic!], daß ´Vikar` der potentiellen Basis der Untergrundtätigkeit zuzuordnen ist, gingen von ihm keine großen Aktivitäten aus, um den ´Friedenskreis Neubrandenburg` zu einem sogenannten ´Sprachrohr` oppositioneller Kräfte im Verantwortungsbereich umzugestalten. Durch die bereits zu diesem Zeitpunkt im ´FK` integrierten IM ist es gelungen, die Vorstellungen der Mitglieder auf die Erlangung einer bestimmten Wirksamkeit im kirchlichen Rahmen zu richten bzw. über Eigeninitiativen eine Einbindung in staatliche und gesellschaftliche Aktivitäten zu erreichen. [...]
Im Ergebnis eines abgestimmten Vorgehens wurde erreicht, daß das positive politische Grundanliegen dieser Friedenskreisarbeit eng verbunden mit einem pro-

---

[1116] PA Dieter Nath.

[1117] Vgl. BStU, MfS, BV Neubrandenburg, ZMA 3651, Bl. 14.

[1118] Vgl. PA Ulrich von Saß, Abteilung XX der BVfS Neubrandenburg, „Lagefortschreibung für den Zeitraum vom 12.0 Februar 1986 bis 18.0 Februar 1986", Bl. 4 d. Dok.

[1119] Vgl. PA Ulrich von Saß, BV Neubrandenburg, Abteilung XX, „Sachstandsbericht zum 'Friedenskreis Neubrandenburg'" vom 14. Juli 1988. Bl. 2 d. Dok.

gressiven christlichen Engagement immer deutlicher zum Tragen kam. Kontinuierlich ist es den IM ´Kurt Rechler`, ´Olaf Kooramm` bzw. ´Olaf Jone` mit Beginn des operativen Bearbeitungs- und Kontrollprozesses gelungen, die Einflußmöglichkeiten auf die Leitung des ´FK` weiter auszubauen."[1120]

Aufgefallen war Henning Utpatel, der dem MfS bereits aus dem Rostocker Friedenskreis bekannt war, weil er seit 1985 Vikar in Neubrandenburg war und – so die Ermittlungen – im Friedenskreis eine leitende Stellung einnahm. Außerdem sei es wahrscheinlich, dass „operativ bekannte und in der Vergangenheit in diesem Sinne in Erscheinung getretene Personen" wie Pastor von Saß, Harriet und Klaus von Suchodoletz und Rainer Prachtl beteiligt seien, hieß es in dem Bericht.[1121]

Die Vorgeschichte dieses Kreises, der aus dem Friedenskreis an der Neubrandenburger Michaeliskirche hervorgegangen war und der zuerst unter Leitung Rabes, dann von Saß', seit 1985/86 unter Utpatels Leitung und zuletzt unter der von Klaus Müller gestanden hatte, blieb dem MfS weit gehend unbekannt. Die Bearbeitung des Friedenskreises begann mit der Einleitung der OPK „Vikar" gegen Henning Utpatel unmittelbar nach dessen Bekanntwerden in Neubrandenburg. Im Eröffnungsbericht der Akte begründete die Bezirksverwaltung Neubrandenburg diesen Schritt mit der kirchenpolitischen Lage vor Ort:

„Von den im Territorium des Bezirkes Neubrandenburg wirkenden drei evangelischen Landeskirchen,
Landeskirche Berlin-Brandenburg,
Evangelische Landeskirche Greifswald
Evangelisch-Lutherische Landeskirche Mecklenburgs
bildet die letztgenannte Landeskirche (ELLKM) sowohl von ihrer Personalstärke und territorialen Ausdehnung, [...] als auch von einer permanent belegbaren Konfrontationsbereitschaft mit kritischen bis oppositionellen Haltungen ihrer Amtskirche gegenüber Partei und Staat den operativen Schwerpunkt auf der Linie XX/4 im Verantwortungsbereich."[1122]

---

[1120] Vgl. ebd.

[1121] Vgl. ebd.

[1122] PA Ulrich von Saß, BV Neubrandenburg, Abteilung XX „Eröffnungsbericht zum OV 'Rekurs'" vom 2. Mai 1989, S. 2.

Es würden verschiedene „feindlich-negative [...] Organisationsstrukturen, die in ihrer Gesamtheit wesentlich den Bereich PUT[1123] bilden", bestehen, die durch Utpatel, von Saß und Müller betrieben würden. Als „operative Schwerpunkte" wurden acht weitere „Zielpersonen" bezeichnet, zu denen neben diesen auch die Pastoren Timm, Hübener, Reinke, Schaeper und Thomas gehörten. Aber auch die Landessuperintendenten Timm und Winkelmann, die Pastoren Zarft, Rabe und Kuske sowie die Synodalen Gudrun Poppe, Berndt Seite und Rudolf Krug sollten weiter observiert werden, obwohl sie „für eine konstruktive Entwicklung im Staat-Kirche-Verhältnis von Bedeutung" seien.[1124]

Bereits seit 1986 infiltrierte das MfS den Kreis durch Inoffizielle Mitarbeiter, was nicht unbemerkt blieb und zu einer starken Fluktuation und einem ebenso starken Mitgliederrückgang innerhalb des Kreises führte.[1125] Dass dies beabsichtigt war, zeigt wiederum ein interner MfS-Bericht über den Friedenskreis aus dem Jahr 1988. Darin heißt es, dass sich „[i] m Ergebnis der kontinuierlich und zielstrebig gestalteten Einflußnahme auf den FK bzw. dessen Mitglieder [...] der FK in der Mehrzahl der Mitglieder nicht als organisiertes Oppositionspotential gegen den Staat verstehe", dass „anfängliche, vorrangig von den operativen Zielpersonen ausgehende Impulse für öffentlichkeitswirksame, demonstrative Aktivitäten mehrheitlich abgelehnt wurden" und sich „politisch negative Kräfte hier nicht etablieren konnten". „Der gesteuerte Differenzierungsprozeß im FK führte zu einer Fluktuation unter den Mitgliedern." Das Ehepaar K. sei zielgerichtet in einer OPK „Organisator" bearbeitet und im Friedenskreis isoliert worden. Es nehme jetzt nicht mehr an den Veranstaltungen teil.[1126]

Dabei ging vom Neubrandenburger Friedenskreis zunächst keine politische Untergrundarbeit aus, wie eine MfS-Einschätzung vom Juli 1988 erklärte.[1127] Es war daher zuerst nicht der Kreis an sich, der das MfS beunruhigte, sondern zum einen die Tatsache, dass sich darin eine Reihe so genannter „feindlich-negativer" Personen bewegte, die unbe-

---

[1123] PUT bedeutete „Politische Untergrund-Tätigkeit" und war der Sammelbegriff für alle vom MfS als staatsfeindlich angesehenen Aktivitäten.

[1124] Vgl. PA Ulrich von Saß, BV Neubrandenburg, Abteilung XX „Eröffnungsbericht zum OV 'Rekurs'" vom 2. Mai 1989, Bl. 4 d. Dok.

[1125] Vgl. PA Ulrich von Saß, BV Neubrandenburg, Abteilung XX. „Sachstandsbericht zum 'Friedenskreis Neubrandenburg'" vom 14. Juli 1988. Bl. 2 d. Dok.

[1126] Vgl. ebd., Bl. 7.

[1127] Vgl. ebd., Bl. 2.

quem hätten werden können, und zum anderen, dass sich der Kreis zwar Friedenskreis nannte, sich aber in Folge des NATO-Doppelbeschlusses und der Wiederaufrüstung 1984/1985 mit Fragen der Menschenrechte in der DDR befasste, so Ulrich von Saß:

> „Die Veranstaltungsreihe, die immer mehr von Pastor Klaus Müller und mir verantwortet wurde, thematisierte Fragen der Menschenrechte und der Demokratie in der DDR. Wir nahmen zum Beispiel die entsprechenden Anregungen der Bundessynode auf. Nicht zuletzt durch die zahlreiche Teilnahme Ausreisewilliger an den Gesprächsabenden gelang da eine Offenheit des Gespräches, die für die Jahre ′87 bis ′89 mehr als ungewöhnlich war. [...] Als zum Beispiel durch Videoüberwachung aus dem gegenüberliegenden Haus deutlich wurde, dass diese Veranstaltungsreihe nicht weiter einfach hingenommen würde, gingen wir in die Offensive und luden die Mitarbeiter der Abteilung Inneres ein, ihre Position doch in einer Veranstaltung zur Diskussion zu stellen. Diese der Form nach freundliche und fast anbiedernde Einladung wurde, wie jetzt Unterlagen der Abteilung Inneres deutlich machen, zu Recht als Eulenspiegelei aufgefasst. Ein Mitarbeiter schrieb an den Rand des Gesprächsprotokolls: 'Hier ist der Feind.' Der Veranstaltung verschaffte die Einladung allerdings die beabsichtigte Ruhe."[1128]

Hinzu kam, dass es im Kreis Waren schon den Vipperower Friedenskreis unter Leitung von Markus Meckel gab, den man seitens des MfS nicht „in den Griff" bekam und dessen Nachahmung auf jeden Fall verhindert werden sollte. Ein Grund für die intensive Bearbeitung dieses Friedenskreises war außerdem, dass es in Neubrandenburg – abgesehen von der dortigen sehr aktiven Jugendarbeit – sonst kaum nennenswerte Aktivitäten gab. Neubrandenburg war ein ländlicher Bezirk, am stärksten von allen drei Nordbezirken durch die Landwirtschaft geprägt. Umso aufmerksamer wurde jeder Keimling registriert, der hier und dort grünte.[1129] Noch im Mai 1989 wurde die OPK „Vikar" in einen OV „Rekurs" umgewandelt, in dem sowohl Utpatel als auch von Saß bearbeitet wurden. Man meinte, den Neubrandenburger Friedenskreis und den neu entstandenen Arbeitskreis Solidarische Kirche in einem OV noch intensiver bearbeiten zu können.

---

[1128] Interview mit Ulrich von Saß am 7. 7. 2000.

[1129] Vgl. Interview mit Ulrich von Saß am 7. 7. 2000.

Die Strategie der BV Neubrandenburg, den Friedenskreis zu unterwandern und seine Mitglieder nach und nach durch IM zu ersetzen, belegt ein Sachstandsbericht vom Juli 1988, der folgende Ziele benennt:

„1. Eindeutige Klärung des Charakters des Friedenskreises bei gleichzeitiger inoffizieller Unterwanderung der Organisations- und Führungsstruktur des Friedenskreises.

2. [die] Schaffung von Voraussetzungen zur Umprofilierung des Friedenskreises in ein politisch tragfähiges Gremium bzw. Einbeziehung in die Gemeindearbeit unter Beibehaltung der Struktur eines Friedenskreises.

3. [und die] Forcierung von Maßnahmen zur Gewährleistung einer schnellstmöglichen Übernahme der Leitung des FK durch IM mit dem Ziel, oppositionelle Denk- und Verhaltensweisen bzw. politisch-negative öffentlichkeitswirksame Aktivitäten der Mitglieder zu verhindern.“ [1130]

Man war sich zu diesem Zeitpunkt bereits sicher, mit dieser Strategie Erfolg gehabt zu haben. Es gebe zwar noch in „Einzelfällen unterschwellig aufgetretene oppositionelle Verhaltensweisen einzelner Mitglieder des Friedenskreises“,[1131] die jedoch nicht mehr innerhalb des Kreises zum Tragen kämen. „Die Aktivitäten dieses Kerns“, heißt es weiter, „werden im wesentlichen durch die Einflußnahme inoffizieller Kräfte [...] geprägt, so daß bis zum gegenwärtigen Zeitpunkt vom 'Friedenskreis Neubrandenburg' keine störenden bzw. belastenden Aktivitäten für das Verhältnis Staat-Kirche ausgingen.“[1132]

Dass dem keineswegs so war, zeigten die kommenden Monate bis zur Wende. Die Umregistrierung der OPK „Vikar“ in einen OV im Mai 1989 verdeutlicht, dass man nicht allzu viel auf die eigenen Sachstandsberichte gab, denn warum sollte sonst eine verschärfte Bearbeitung Utpatels überhaupt aus Sicht des MfS notwendig sein? Noch im November 1989

---

1130 Vgl. PA Ulrich von Saß, BV Neubrandenburg, Abteilung XX. „Sachstandsbericht zum 'Friedenskreis Neubrandenburg'“ vom 14. Juli 1988. Bl. 1 d. Dok.

1131 Vgl. ebd., Bl. 2 d. Dok.

1132 Vgl. ebd.

arbeitete die Bezirksverwaltung für Staatssicherheit in Neubrandenburg gegen den dortigen Friedenskreis. Ihre Zielstellung bestand in der „Festigung der führenden Positionen von IM in diesem Kreis und Ausbau einer Dominanz des 'Friedenskreises' im Bezirk Neubrandenburg bei Reduzierung operativen Inhalts der 'Friedenskreisarbeit' und darüber hinaus im gesamten organisierten Bereich des politischen Untergrundes im Verantwortungsbereich".[1133]

Die seit 1982 bestehenden Mobilen Friedensseminare in Vipperow im Kirchenkreis Malchin unter der Leitung der Pastoren Markus Meckel und Martin Gutzeit, die bereits oben angesprochen wurden, waren die größten Friedensseminare in Mecklenburg. Auf eine ausführliche Darstellung soll hier verzichtet werden, da bereits eine Studie zum Thema von Christoph Wunnicke vorliegt.[1134] Wunnicke kommt darin zu dem Schluss, dass das MfS das Seminar zwar intensiv beobachtet habe, ihm aber keinen Schaden habe zufügen können. Diese Feststellung ist angesichts der Tatsache, dass fast die Hälfte der Teilnehmenden in OPK und OV bearbeitet wurde und ein erheblicher Teil als IM des MfS rekrutiert war, fraglich.

Nicht untersucht hat Wunnicke den Vipperower Friedenskreis, der die inhaltliche Vorarbeit für das jährlich im Sommer stattfindende Seminar leistete und den Meckel auch in der Arbeitsgruppe Frieden vertrat. Dieser Kreis wurde vom MfS immerhin als so wichtig angesehen, dass sich 1989 sogar eine Diplomarbeit mit der Bekämpfung dieses Friedenskreises befasste.[1135] Der Autor, Thomas Osterloh, beschäftigte sich besonders eingehend mit Markus Meckel. Als Maßnahmen gegen den Kreis führte Osterloh an: die differenzierte Genehmigung von Ausreisen des Ehepaars Meckel in das nichtsozialistische Ausland und deren Diskreditierung bei anderen Friedenskreisen in der DDR, das Einreiseverbot für Teilnehmer am Friedensseminar aus dem nichtsozialistischen Ausland, die Eröffnung eines Ermittlungsverfahrens wegen Verstoßes gegen § 213 StGB („Ungesetzlicher Grenzübertritt oder Versuch dazu") und in diesem Zusammenhang die Vernehmung von Mitgliedern des Friedenskreises als Zeugen. Dadurch seien diese verunsichert worden, und Resignationserscheinungen bei Meckel hätten zugenommen.[1136] Außerdem sei die „Beeinflussung kirchenleitender Amts-

[1133] Vgl. BStU, MfS, BV Neubrandenburg, AKG Nr. 252, Bl. 22.

[1134] Wunnicke 2000.

[1135] Vgl. BStU, MfS, JHS 21438.

[1136] Vgl. ebd., Bl. 32.

träger" zur innerkirchlichen Disziplinierung von Meckel Ziel gewesen. Diese hätten in Folge der Bearbeitung die Position eingenommen, „daß sich Pfarrer [geschw., Meckel] in Mecklenburg als 'Missionar einer neuen Friedensbewegung' etablieren wollte."[1137]

> „Mit der öffentlichkeitswirksamen Diskreditierung der Person [geschw.] durch die Verbreitung kompromittierenden Materials [...] und den in diesem Zusammenhang eingereichten Beschwerden von Bürgern der Gemeinde an die territorial zuständigen staatlichen Organe und den Bürgermeister wurden Ausgangspunkte für weitere offensive Maßnahmen (Aussprachen) der Partner des politisch-operativen Zusammenwirkens geschaffen, die zu einer Zuspitzung der Konflikte zwischen Kirchenleitung und Pfarrer [geschw.] führten und den Prozeß der innerkirchlichen Auseinandersetzung forcierten."[1138]

1988 sei der Friedenskreis, so Osterloh, infolge der Bearbeitung durch das MfS als Schwerpunkt im Bezirk „liquidiert" worden.[1139]

Tatsächlich litt der Vipperower Friedenskreis stärker als andere Friedenskreise unter der staatlichen Bearbeitung. Hintergrund war, dass die Vipperower Aktionen ein anderes Ausmaß als westmecklenburgische Friedensaktivitäten hatten und Meckel als Leiter nahezu das einzige „lohnenswerte" Ziel für das MfS in Ostmecklenburg war. Dass das persönliche Verhältnis von Meckel zu seinem Vorgesetzten, Landessuperintendent Rüdiger Timm, nicht ungetrübt war, erschwerte die Situation vor Ort. Wie schwer es Timm fiel, diese Arbeit zu akzeptieren, geht aus seinem Schreiben an Landesbischof Rathke vom Dezember 1983 hervor.

> „Mir fehlt immer wieder beim Vipperower Friedenskreis die theologische Fundamentierung. [...] Mir persönlich – es tut mir leid, das sagen zu müssen – wird es sehr schwer, wirklich hinter seiner Arbeit zu stehen, d.h. hinter der Friedensarbeit, und sie mitzutragen. In erster Linie ist er doch Pastor von Vipperow und nicht verantwortlich für die Friedensarbeit zwischen Mecklenburg und Berlin. Wobei er sicher ein sehr fleißiger Mann ist. In der

---

1137 Vgl. ebd., Bl. 34.

1138 Ebd., Bl. 35.

1139 Vgl. ebd., Bl. 37.

Gemeindearbeit kann ich ihm Versäumnisse nicht nachsagen. [...] Ich persönlich war bisher einmal im Vipperower Friedenskreis. Es war an dem Abend nur ein Jugendlicher aus der Vipperower Gemeinde dabei, ansonsten waren sie aus der weiteren Umgebung bis Berlin hin. Auch die Brüder Pietsch und Gutzeit, die sonst wohl dabei waren, scheinen sich ein bißchen zu distanzieren. Das Gespräch war offen, aber von einer kirchlichen, geschweige denn theologischen Grundhaltung war nichts zu spüren. Es waren nicht alles 'Punkertypen', aber doch sehr viele aus dieser Richtung. Entschuldige bitte, es soll nicht negativ klingen, tut es aber natürlich doch. So, nun genug dieser Meinung."[1140]

Der Brief ist ein Zeugnis sowohl eines inneren Schwankens einer konservativen, älteren Pastorengeneration gegenüber einem Teil der jüngeren Pastorenschaft als auch einer grundlegenden Spannung zwischen der Gemeinde- und der Friedensarbeit.

Mit Meckels Weggang in die Kirchenprovinz Sachsen 1987 verloren der Friedenskreis und das Seminar ihre Integrationsfigur. Selbst die eingeschleusten IM, so ein Bericht im OV „Rekurs", waren nicht mehr bereit, zu dem Seminar zu fahren. Der entsprechende Bericht des Führungsoffiziers spricht von „Motivationsproblemen".[1141] Offensichtlich hatten die Mobilen Friedensseminare auch für die Zuträger der Staatssicherheit einen ganz besonderen Reiz gehabt und mit Meckels Wegzug verloren.

Ein weiterer Friedenskreis bestand in Güstrow. Die Vorgänge um diesen Kreis sind ein Beispiel dafür, wie das MfS selbst neue Gruppen gründete, um damit bestehende zu verdrängen oder unkontrollierte Neugründungen zu verhindern. Dieser Friedenskreis war der Nachfolger eines von Heiko Lietz geleiteten Kreises an der Güstrower Domgemeinde. Als Lietz sich aus der Arbeit zurückzog suchte das MfS nach einem neuen Leiter[1142] und setzte dabei auf Günther Engel. „Heinz" übernahm den Friedenskreis und gründete ihn gleichzeitig neu, indem er der thematischen Arbeit eine neue Richtung gab – eine Richtung, die mit seinem Führungsoffizier abgesprochen war. Die Güstrower Domgemeinde, an

[1140] Vgl. ELLKM, LKA, 512.02, Dok. 512.02/7.

[1141] Vgl. PA Ulrich von Saß, BV Neubrandenburg, OV „Rekurs", Bl. 2 d. Dok.

[1142] Zwar lag Güstrow im Bezirk Schwerin, aber der Güstrower Friedenskreis wurde dennoch durch die Rostocker Bezirksverwaltung bearbeitet, weil der Leiter des Kreises, Günther Engel, in Rostock wohnte und dort als IM geführt wurde.

der er seit 1982 Küster war, wurde für ihn zur Drehscheibe seiner MfS-Dienste. Sein Führungsoffizier berichtete 1984 über die Entwicklung des IM „Heinz"

> „Im Zusammenhang mit seiner beruflichen sowie tschekistischen Tätigkeit erarbeitete sich der IMB eine Vielzahl operativ-bedeutsamer Kontakte. Eine Unterscheidung in private und operative Kontakte ist hier nicht möglich, weil alle personellen Verbindungen auftragsgemäß erarbeitet bzw. ausgebaut wurden [...]
> Der IMB ist ein führendes Mitglied des 'Friedenskreises' in Güstrow sowie dessen inoffiziellen 'harten Kernes'. Der 'Friedenskreis' wurde durch ihn mit gegründet, als sich seine Bildung als nicht mehr abwendbar abzeichnete. Neben der Person Lietz übt der IMB hier einen konkreten, operativ abgestimmten Einfluß aus. Seine Aktivitäten bewegen sich im religiös-pazifistischen Rahmen und werden kirchlich gedeckt. Konkrete, öffentlichkeitswirksame feindliche Handlungen hat der IMB bisher in diesem Rahmen nicht durchgeführt. Im Kreise des 'harten Kernes' mußte er jedoch mehrfach politisch-negativ auftreten.[1143]

„Heinz" sei außerdem als Vertreter des Kessiner Friedenskreises aktives Mitglied der Arbeitsgruppe Frieden der Evangelisch-Lutherischen Landeskirche Mecklenburgs. In dieser Funktion trete er auch „mit religiös-pazifistischen bis politisch-negativen Wortbeiträgen auf". Er könne jedoch den „dortigen Personenkreis in seiner negativen Ausstrahlung nicht entscheidend" beeinflussen.[1144]

Damit hatte der Führungsoffizier die entscheidenden Defizite seines IM formuliert: „Heinz" konnte sich dem „feindlich-negativen" Personenkreis anpassen, ihn aber nicht ändern. Ihm verbleibe, so der MfS-Mann, lediglich die Möglichkeit, in Diskussionen Bedenken zu äußern und solche sachlichen Argumente vorzubringen, die negative politische Absichten behindern könnten.[1145] Führungsoffizier Jürgen Lorenz notierte nicht, dass sein IM nicht annähernd in der Lage war, eine Führungsposition auszufüllen.

---

[1143] BStU, MfS, BV Rostock, AIM 0192/91, Bd. I/1, Bl. 121.

[1144] Vgl. ebd., Bl. 122.

[1145] Vgl. ebd., Bl. 123 f.

In der Schweriner Bezirksverwaltung war man über die Aktivitäten Günther Engels weniger erfreut. 1984 hatte Heiko Lietz die Absicht bekundet, ganz aus dem Güstrower Kreis auszuscheiden und sich verstärkt der Schalom-Gemeinschaft in Rostock zu widmen. Man hoffte, dass damit der Güstrower Friedenskreis nicht länger bestehe. Umso erstaunter war man, als sich „Heinz“ um dessen Fortbestand bemühte. In einem Schreiben an die Rostocker Kollegen kritisierte der Stellvertreter Operativ, Oberst Kralisch, diesen heftig:[1146] Günther Engel entwickele sich zum Motor des Güstrower Friedenskreises und versuche, die Auflösung dieses Kreises durch den von Lietz angestrebten Austritt zu verhindern. Er habe sich eigenmächtig zum Leiter der Gruppe ernannt und binde die verbliebenen Mitglieder des Kreises bzw. versuche, neue Mitglieder zu gewinnen:[1147]

> „Die in Abstimmung zwischen den Abteilungen XX der Bezirksverwaltung Rostock und Schwerin mit der Kreisdienststelle Güstrow eingeleiteten Maßnahmen zur Zersetzung des sogenannten 'Güstrower Friedenskreises' werden durch E. unterlaufen bzw. parallisiert [gemeint ist wahrscheinlich paralysiert] wie z.B. durch die Verhinderung von Auseinandersetzungen innerhalb der Gruppenmitglieder gegenüber der OV-Person 'Zersetzer'. Hinzu kommt noch, daß durch ein derartiges Vorgehen im Einsatz befindlicher Quellen diese Auftragsstruktur in hohem Maße gefährdet wird.[1148]

Die kritische Einschätzung aus Schwerin wurde von den Rostocker Kollegen nicht geteilt. Im Gegenteil setzte man dort auch weiterhin auf die Arbeit von „Heinz“, wie die Gründung des Neuen Friedenskreises (NFK) in Güstrow Ende der achtziger Jahre zeigt. Insofern überraschte es auch nicht, dass sein Friedenskreis den Namen „Güstrower Friedenskreis Biblisches Friedenszeugnis und politische Friedensverantwortung“ trug und damit ausdrücklich den vermittelnden Weg einschlug. In Rostock jedenfalls war man mit Günther Engel zufrieden:

---

[1146] Schreiben der BVfS Schwerin, Stellvertreter Operativ, Gen. Oberst Kralisch, an die BVfS Rostock, Stellvertreter Operativ, Gen. Oberst Artur Amthor, vom 7. Oktober 1986. Vgl. BStU, MfS, BV Rostock, AIM 0192/91, Bd. II/1, Bl. 160 f.

[1147] Vgl. ebd.

[1148] Vgl. ebd., Bl. 161.

„Wie in der zusammenfassenden Einschätzung zum NFK vom 15.4.1988 dargelegt, bestand und besteht die Zielstellung der Gründung bzw. Tätigkeit in der langfristig angelegten Schaffung eines ernstzunehmenden, progressiven Gegengewichtes zu den bekannten Basisgruppen im Raum der Mecklenburgischen Landeskirche.
Auf realistische Positionen aufbauend und die personelle Zusammensetzung des künftigen NFK sowie die Gesamtpersönlichkeit des IMB 'Heinz' berücksichtigend, wurden die Gesamterklärung und das Arbeitsprogramm des NFK geschaffen, [...]
Die wichtigsten Aussagen dieser Dokumente wurden mit dem IMB vorher beraten."[1149]

Eine besondere Bedeutung erlangte dieser Kreis nicht. Dazu unterschied sich seine Grundhaltung zu sehr von der anderer Friedenskreise, wie eine „Stellungnahme zur gegenwärtigen Situation zwischen Staat und Kirche" vom 26. Mai 1988 belegt. Darin formulierte der Kreis seinen Willen, eine Verschlechterung des Verhältnisses zwischen Staat und Kirche durch einen Dialog zwischen allen Beteiligten – Staat, Kirche und Basisgruppen – verbessern zu wollen und wies den Verdacht der staatlichen Stellen zurück, er wolle die Machtfrage stellen. Vielmehr, so heißt es, wolle die überwiegende Mehrheit der Mitglieder von Basisgruppen auf dem Boden der Verfassung der DDR unter Akzeptanz der gesetzlich festgeschriebenen Vorherrschaft der SED Veränderungen in der DDR erreichen.[1150] Diese Position stand der Ende 1988 von der Mehrheit der Basisgruppen eingenommen Haltung diametral entgegen, entsprach aber in ihrem Ziel der Intention des MfS: einen „Dialog" zwischen Staat und Kirche zu führen.

Unter den mecklenburgischen Friedensgruppen ist die Schalom-Gemeinschaft in Rostock besonders nachhaltig beeinflusst worden. Sie entstand aus der Friedensdekade 1982 auf Initiative von Heiko Lietz und umfasste bis zu ihrer Implosion nur wenige Mitglieder, in der Regel fünf bis zehn. Die Bearbeitung dieser kleinen Gruppe entsprach in keiner Weise ihrer Bedeutung. Sie zeigt aber, wie hochsensibilisiert man in der Rostocker MfS-Bezirksverwaltung schon war.

---

[1149] BStU, MfS, BV Rostock, AIM 0192/91, Bd. I/1, Bl. 215. „Stellungnahme zur Grundsatzerklärung sowie dem Arbeitsprogramm des Friedenskreises 'Biblisches Friedenszeugnis und politische Friedensverantwortung'" vom 27. April 1988.

[1150] Vgl. LHA Schwerin, SED BPA Schwerin, IV F-2/14/773, Bl. 32

Die Schalom-Gemeinschaft wurde im Rahmen mehrerer Operativer Vorgänge bearbeitet: einmal über den OV „Zersetzer“ gegen Heiko Lietz, aber auch über den OV „Hades“ und den OV „Morgen“ gegen zwei weitere Mitglieder der Schalom-Gemeinschaft. Praktisch gegen jedes Mitglied gab es einen Operativen Vorgang – es sei denn, dieses Mitglied war Inoffizieller Mitarbeiter des MfS. Gleich mehrere IM setzte die Bezirksverwaltung Rostock gegen den Kreis ein, unter anderem ihr „Flaggschiff“ „Gisela“, hinzu kamen die Inoffiziellen Mitarbeiter „B. Kästner“, „Kl. Seyffert“, „Zander“ und „Martin“.[1151] Ziel war die „Einschränkung der feindlichen Wirksamkeit von OV 'Zersetzer' (KD Güstrow) und die Verstärkung seiner offensiven innerkirchlichen Diskreditierung“.[1152] 1985 wurde die Zerstörung der Schalom-Gemeinschaft sogar als „Kampfaufgabe“ bezeichnet.[1153]

Das Instrumentarium zur Bearbeitung dieser Friedensgruppe war umfangreich. Auf staatlichen Druck hin wurde der Gruppe der Raum entzogen, in dem sie sich traf. Nach einigen Monaten fand der Friedenskreis, nun Schalom-Gemeinschaft, jedoch ein neues Zuhause – in der katholischen Christusgemeinde.

Weil die Gruppe erneut Unterschlupf in der Kirche gefunden hatte und zu ihren Themen Aufrüstung, Militarisierung in Schule und Gesellschaft sowie Wehrdienstverweigerung arbeitete, griff die Bezirksverwaltung Rostock zu Maßnahmen der Zersetzung. Dahinter verbargen sich verdeckte Strategien zur Zerstörung eines Einzelnen oder einer Gruppe.[1154] So verwickelte das MfS ein Mitglied der Gruppe solange in Gespräche, bis sich dieses gegenüber der Gruppe offenbarte. Der offensichtliche Versuch, die Schalom-Gemeinschaft zu unterwandern, sollte Verunsicherung erzeugen. Besondere Ironie: Dieses Gruppenmitglied wandte sich vertrauensvoll an „Gisela“, die nun ihrem Führungsoffizier die Reaktionen der Gruppe unmittelbar mitteilte und mit ihm das weitere Vorgehen besprach.[1155] Tatsächlich brachte diese Episode erhebliche Unruhe in die Schalom-Gemeinschaft.
Im Januar 1987 berichtete „Gisela“ von einer Eingabe an die Landessynode, die die Schalom-Gemeinschaft gerade entwarf:

„Zur Verhinderung der Entstehung dieses Papiers wurden folgende Schritte unternommen. Zum 1. eine Ausdehnung der

[1151] Vgl. Probst 1997, S. 288.

[1152] Vgl. BStU, MfS, BV Rostock, BdL, Nr. 2933, Bl. 51 f.

[1153] Vgl. BStU, MfS, BV Rostock, BdL, Nr. 2456, Bl. 57.

[1154] Vgl. dazu Pingel-Schliemann 2002.

[1155] Vgl. BStU, MfS, BV Rostock, AIM 4164/90, Bl. II/5, Bl. 318 f.

Diskussion, an wen das Schreiben gerichtet werden soll, wer am kompetentesten dafür ist, wer Ansprechpartner für uns sein könnte, wie konkret angefangen werden soll, wie sich die Schalom-Gemeinschaft als Gruppe vorstellen könnte.
Als 2. das Einbringen von Gorbatschow in den Gedankengang. Als dann nach einiger Zeit deutlich wurde, daß die anderen mit klaren Zielstellungen gekommen waren und es ohne Gefährdung der eigenen Sicherheit nicht mehr möglich war, da irgend was hinauszuschieben oder abzublokken.
Dann als 3. die Verhinderung, daß als ein Punkt der Alternativvorschläge eingebracht wird, die Veränderung der Gesetze in Fragen Wehrdienstverweigerung und 4. die Verhinderung, daß es am nächsten Montag gleich in der Gruppe diskutiert wird. 'Gisela'"[1156]

### *Umweltgruppen in Mecklenburg*

Die kirchliche Umweltarbeit war in weit geringerem Maße als die Friedensarbeit staatlichen Repressionen ausgesetzt. Dies lag unter anderem daran, dass die staatliche Position zur kirchlichen Umweltarbeit nicht einheitlich war. Vor allem das Staatssekretariat für Kirchenfragen legte eine gewisse Akzeptanz gegenüber den Umweltinitiativen an den Tag. Dies belegt ein Bericht aus Berlin:

„Diese Gruppen führen sowohl territorial begrenzte (Baumpflanzaktionen, Fahrradcorsos, Umweltgottesdienste) als auch überregional abgestimmte Aktivitäten durch ('Mobil ohne Auto', Radsternfahrten nach Potsdam-Hermannswerder), die in der Mehrzahl geordnet und politisch ruhig verlaufen. Gegenwärtig kann weder davon gesprochen werden, daß sich kirchliche Umweltschutzaktionen primär gegen den sozialistischen Staat richten, noch daß sich eine 'unabhängige grüne Bewegung' unter kirchlichem Dach herausgebildet hat."[1157]

---

1156 Ebd., Bd. II/V, Bl. 151.

1157 Vgl. BArch, DO-4/ 801, „Information zu Aktivitäten der Kirchen und deren Orientierungen in Fragen des Umweltschutzes“, Bl. 3 d. Dok.

Allerdings warnte Gysis Amt auch vor einer beginnenden Politisierung der Gruppen. Bestimmte Personen würden versuchen, „in die Ökologiegruppen einzudringen und dem kirchlichen Umweltengagement eine politisch negative Richtung zu geben mit dem Ziel, eine 'unabhängige grüne Bewegung' zu installieren“.[1158]

Das Staatssekretariat für Kirchenfragen nahm jedoch eine gewisse Außenseiterposition ein, die auch durch die Gründung der Gesellschaft für Natur und Umwelt (GNU) 1980 nicht aufgehoben wurde. Die GNU versuchte, kirchliche Umweltarbeit in staatliche Strukturen einzubinden und damit zu kontrollieren, und sollte zugleich signalisieren, dass der Staat DDR gewillt war, die Zerstörung der Umwelt zu thematisieren.

Die Anfänge des Umweltengagements liegen in den frühen siebziger Jahren, als sich ein allgemeines Verständnis für Umweltfragen entwickelte. Die zweite Phase, so Peter Gensichen, umfasste die Jahre 1976 bis 1980 und war durch eine vertiefte ökologische Arbeit gekennzeichnet. Es entstanden die ersten Umweltkreise und sogar theologische Arbeiten zu Umweltfragen.[1159] In der dritten Phase zwischen 1980 und 1985 entwickelten sich zahlreiche Umweltgruppen, die sich um Vernetzung bemühten und sich nach Möglichkeiten eines gesellschaftlichen Engagements umsahen.[1160] In diese Phase fiel auch das erkennbare staatliche Bemühen um Integration des kirchlichen Umweltengagements in staatliche Initiativen.

Wesentliche Anstöße der Umweltbewegung der DDR kamen aus Mecklenburg. So hatten junge Schweriner Christen 1979 die erste Baumpflanzaktion der DDR organisiert, aus der zunächst die „Winterseminare“ und später die Schweriner Ökologieseminare hervorgingen.

Der Anfang der Schweriner Umweltaktivitäten ist eng verbunden mit der dortigen Jugendarbeit. Der Paulskirchenkeller unter Leitung von Claus Wergin und mit der „Rückendeckung“ des dortigen Pastors, Hans-Jürgen Rietzke, spielte eine wesentliche Rolle. Jörn Mothes, 1978 ehrenamtlicher Helfer im Paulskirchenkeller, erinnerte sich im Gespräch im Januar 2001:

> „Der ersten Baumpflanzaktion 1979 ging ein Prozess in unserem Freundeskreis vorweg, insbesondere inspiriert durch Hans-Jürgen Rietzke, der als Pastor für mich in überzeugender Weise für andere

---

[1158] Vgl. ebd.

[1159] Vgl. Gensichen 1988, S. 176.

[1160] Vgl. ebd. S. 177.

Themenfelder offen war, und das waren die Gebiete, in denen ich mich zu Hause fühlte: Biologie, Wissenschaft und Technik. Hans-Jürgen Rietzke war für mich die Synthese dieser beiden Dinge: Verantwortung leben und Interesse an der Welt haben. Er war nicht der, der ganz als Pastor sprach, wie für uns Peter Voß prägend war, und er war trotzdem auch theologisch geprägt. Diese Dinge gingen ineinander über."[1161]

Die kirchliche Gruppe begrünte Wohnflächen und wurde dabei vom VEB Grünanlagen unterstützt, der die Bäume zur Verfügung stellte und die Jugendlichen mit einem geringen Entgelt entlohnte. Initiator der Baumpflanzaktion war Jörn Mothes, 1979 Schüler in Schwerin. Sein Werdegang ist in gewisser Weise ein typisches Beispiel für den personellen Zusammenhang zwischen Jugend- und Umweltgruppen in Mecklenburg:

„Ich stamme aus einem Elternhaus, das christlich geprägt war. Ich bin zur Christenlehre gegangen, in der Zeit war mein Vater in der Synode und hatte daher mit Kirche viel zu tun. Nach unserem Umzug nach Schwerin 1974 haben meine Eltern allerdings keine aktive kirchliche Einbindung angestrebt, die über die Teilnahme an Christenlehre und Konfirmandenunterricht hinausging. Für mich war das Angebot der Jungen Gemeinde an der Paulskirche mit der Konfirmation 1976 entscheidend. Wir wurden gefragt, ob wir Interesse hätten, zur Jungen Gemeinde zu kommen. Das war ein so toller Haufen, so tolle Leute – da habe ich mich sehr schnell dazugehörig gefühlt. […] Für mich folgte daraus 1978 die Mitarbeit in der sozialdiakonischen Jugendarbeit, die Claus Wergin damals gerade begonnen hatte. Wergin suchte ehrenamtliche Helfer. Drei Jahre war ich damals ehrenamtlicher Helfer. Parallel dazu entdeckte ich mein Hobby – die Naturschutzarbeit – und konnte diese im kirchlichen Kontext theologisch untermauern. 1979 begann die intensive Beschäftigung mit Umweltfragen. Mein Tag begann damals nach der Schule, das war damals auch eine Form der Bewältigung der schlimmen Situation an der EOS. Meine Eltern haben das mehr oder weniger dulden lernen müssen."[1162]

---

[1161] Vgl. Interview mit Jörn Mothes am 17. 1. 2001.

[1162] Interview mit Jörn Mothes am 17. 1. 2001.

Die Kehrtwende in der staatlichen Behandlung der kirchlichen Umweltbewegung erfolgte, als die Friedensbewegung Impulse aus Westdeutschland aufnahm und sich in der Folge Umwelt- und Friedensgruppen annäherten; oftmals war die thematische Trennung nicht mehr eindeutig. Die Anti-Atomkraft- und die Alternativbewegung führten auch in der DDR zur einer Lebensstil-Diskussion. Hinzu kam, dass die ökologischen Probleme – Smog, $CO_2$-Belastung, Tagebau etc. – das ökonomische Prinzip der DDR in Frage stellten.

In dieser Zeit begann auch die intensive Bearbeitung der bekanntesten Umweltaktivisten in Mecklenburg in verschiedenen Operativen Vorgängen. Einer davon war der OV „Umwelt" gegen Jörn Mothes und Nikolaus Voss.[1163] Zwei Jahre lang wurden sie in ihrer Wohngemeinschaft beobachtet, wurden konspirative Hausdurchsuchungen vorgenommen und zahlreiche Berichte über die Jugendlichen und ihre Freunde verfasst. 1983 wurde der OV „Umwelt" ohne Ergebnis eingestellt. Die zuständige Kreisdienststelle Lübz musste damals feststellen, dass sie lediglich erreicht hatte, „daß der Verdächtige Mothes verunsichert werden konnte, jedoch durch diese Einzelaktion nicht zu erkennen ist, daß er weniger aktiv wird".[1164] Auf die Frage, wann er die Beobachtung durch das MfS bemerkt habe, sagte Jörn Mothes:

> „Sie war greifbar an verschiedenen Stellen: Wenn wir bei Veranstaltungen überwacht wurden, wenn von der gegenüberliegenden Seite fotografiert wurde oder wenn wir mitbekamen, dass wir am Telefon abgehört wurden, weil jemand im Gespräch dazwischen sprach. Manchmal brach die Telefonverbindung ab, oder wir hatten den Eindruck, dass unsere Post gelesen worden war, weil Briefe anders zugeklebt ankamen, als wir sie abgeschickt hatten. Es gab auch in der Schule Andeutungen über das, was wir am Wochenende gemacht hatten. Mitschüler sprachen uns darauf an. Das waren alles Punkte, die uns zu der Annahme veranlassten, dass wir beobachtet werden. Unsere Eltern haben uns gewarnt, sie hatten Angst um uns und wussten, wie der Staat in den fünfziger und sechziger Jahren reagiert hatte. Auch unsere westdeutschen Freunde, mit denen wir damals schon Kontakt hatten, sind im Westen durch die Stasi bearbeitet worden. Es wurde auch schnell das Mittel der Einreisesperre

---

[1163] Vgl. PA Jörn Mothes, OV „Umwelt", II 083/82, Bd. 1, Bl. 18. In dem OV „Umwelt" wurden auch Karl-Georg Ohse und Frank Eilert bearbeitet.

[1164] Vgl. ebd., Bl. 363.

benutzt, um diese Kontakte zu unterbrechen. Wir haben uns mit ihnen dann in Prag und in Budapest getroffen. Einige durften deshalb auch nicht mehr in diese sozialistischen Länder fahren."[1165]

Das I. Schweriner Winterseminar fand vom 11. bis 15. Februar 1981 unter dem Titel „Landwirtschaft – unsere Umwelt" statt. Es war das erste Ökologieseminar in dieser Form in der DDR überhaupt. Nach dem zweiten Winterseminar im Februar 1982 zum Thema „Christliches Engagement für die Erhaltung der Natur" entstanden die „Anstöße", ein „Informationsblatt von und für Umweltgruppen". Für diese Seminare wie auch für das folgende im Februar 1983 unter dem Motto „Gesundes Brot gib uns heute" lag die Organisation und Durchführung insbesondere bei Jörn Mothes und Nikolaus Voss.

Die Seminare waren in der kirchlichen Umweltbewegung etwas Besonderes: DDR-weite Einladungen sorgten für überregionale Teilnehmerschaft. Die thematische Bindung setzte eine profunde Einarbeitung der Organisatoren voraus und erleichterte einen konstruktiven Verlauf der Veranstaltungen. Die Schweriner Seminare fanden jährlich und damit im Gegensatz zu anderen Seminaren in der DDR regelmäßig statt. Die Mitglieder von Umweltgruppen konnten sich austauschen, es gab keine Teilnehmerbeschränkungen für Gruppen oder Einzelne. Von entscheidender Bedeutung war jedoch die immer stärkere Vernetzung der Gruppen, die das Seminar ermöglichte und es für seine Teilnehmer so interessant machte.

Die Anbindung des Seminars an die St. Pauls-Gemeinde in der Innenstadt unter Pastor Rietzke und die Petrus-Gemeinde auf dem Großen Dreesch am Stadtrand unter Pastor Burkhardt waren besonders wichtig. Das erste Seminar hatte jedoch im Winter 1981 in den Räumen der Lankower Versöhnungs-Gemeinde unter Pastor Ohse stattgefunden. Und auch die katholische Andreas-Gemeinde in Schwerin unterstützte die Umweltgruppe bei mehreren Umweltseminaren in den achtziger Jahren. Dabei bereiteten die Organisatoren die jährlichen Seminare nicht nur mit Unterstützung der Schweriner Gemeinden vor, sondern auch in enger Absprache mit Oberkirchenrat Eckart Schwerin, was sie von außen unangreifbar machte. Denn nun konnte beispielsweise Landessuperintendent Hans de Boor die Bedenken des Schweriner Oberbürgermeisters mit dem Argument zurückweisen, das Seminar werde durch die Landeskirche selbst verantwortet.[1166]

---

[1165] Interview mit Jörn Mothes am 17. 1. 2001.

[1166] Vgl. ELLKM, LKA, „Vermerk" über das Gespräch mit dem Rat der Stadt, Abt. Inneres, am Freitag, dem 15. April 88, 16.00 Uhr – 17.00 Uhr".

1984 stieß Annette Beleites hinzu, übernahm in der Folge die Kirchliche Umweltgruppe Schwerin und organisierte fortan zusammen mit anderen Mitgliedern die jährlichen Winterseminare. In dem gleichen Maße, wie die Umweltaktivitäten die staatliche Aufmerksamkeit auf sich zogen, gewannen sie auch den aktiven Beistand der Landeskirche. Es gab „auch in dieser Zeit schon verlässliche Mechanismen des kirchlichen Schutzes" vor allem durch Hans-Jürgen Rietzke und Heinrich Rathke, so Mothes. Rietzke führte regelmäßig offizielle Staat-Kirche-Gespräche mit dem Rat der Stadt und – wenn es notwendig war – ebenso mit dem Oberkirchenrat in Schwerin.[1167] Aber auch Matthias Burkhardt, Pastor am Schweriner Dreesch, einem Neubaugebiet, und seit 1974 Stadtjugendpastor, sowie Claus Wergin als Jugendwart und der mecklenburgische Landesjugendpastor Johannes Lohmann waren wichtige Ansprechpartner und unterstützten die Protagonisten der Gruppe.[1168]

Die staatliche Seite fand immer wieder Gründe, um die Ökologieseminare zu kritisieren – verhindern konnte sie sie nicht, auch wenn sie dies mit verschiedenen Mitteln versuchte. Als Organisatorin der Ökologieseminare wurde seit 1987 Annette Beleites durch das MfS in der OPK „Biologe" bearbeitet. Eine besondere Rolle spielte dabei ihr Engagement im Fortsetzungsausschuss „Konkret für den Frieden", der die DDR-weiten Treffen organisierte. Im Januar 1989 wurde diese OPK in einen OV umgewandelt.[1169] Hintergrund war zum einen die zunehmende Vernetzung der Umweltgruppe über die Grenzen der DDR hinaus, zudem war Beleites inzwischen die stellvertretende Vorsitzende der Arbeitsgruppe Frieden (AGF) und unterhielt Kontakte zu Personen des „PUT", des politischen Untergrundes.

Annette Beleites bekam die Folgen ihres Umweltengagements vor allem beruflich zu spüren: Die Schwierigkeiten mit ihrem Vorgesetzten nahmen merklich zu, ohne dass ihr der Hintergrund deutlich wurde, bis sie ihre Stelle kündigte, so Beleites. Denn auf neue Vorstellungsgespräche habe sie nur abschlägige Antworten erhalten, die erkennen ließen, dass die Betriebe sie nicht anstellen sollten. 1988 habe sie dann eine Auftragsarbeit im Kirchlichen Forschungsheim Wittenberg angenommen.[1170]

Außerdem schleuste das MfS in die kirchliche Umweltgruppe Schwe-

[1167] Vgl. ebd.

[1168] Interview mit Annette Beleites am 4. 9. 2000.

[1169] Vgl. BV Schwerin, ZMA 5464, Bd. I/1, Bl. 114.

[1170] Interview mit Annette Beleites am 4. 9. 2000.

rin[1171] und die Ökologieseminare Inoffizielle Mitarbeiter ein; doch der Niedergang der DDR, so Beleites im Gespräch, sei schon zu spüren gewesen: Man ging in den Gruppen jetzt mit dem Thema Stasi viel offener um. „Der Stressfaktor beim Aussprechen des Wortes Stasi und insgesamt im Umgang mit der Stasi war nicht mehr so extrem."[1172]

Auch wenn die Landeskirche mit ihren leitenden Gremien hinter den Basisgruppen stand und ihnen Unterstützung gewährte, hing der „Schutzfaktor" wesentlich davon ab, wie eine Gruppe an eine Kirchgemeinde angebunden war und welche Position der Gemeindepastor zur Gruppe bezog.

Es gab jedoch im Schweriner Konvent – wie auch überall sonst in der Landeskirche – Vorbehalte gegenüber den Gruppen, weil diese oftmals das örtliche Verhältnis zwischen Staat und Kirche belasteten. 1983 beispielsweise planten Schweriner Jugendliche, unter ihnen Anne Drescher und Jörn Mothes, eine Radtour in die nahe gelegenen Gebiete, durch die die Autobahntrasse Schwerin–Wismar geschlagen werden sollte. Dass diese Aktion staatlicherseits behindert wurde, war den Organisatoren wegen der geringen Zahl von Anmeldungen deutlich geworden: Auf eine Anzeige in der „Mecklenburgischen Kirchenzeitung", die zur Radtour einlud, hatten sich nur drei Interessenten gemeldet, die zudem auf Postkarten angekündigt hatten, in Schwerin „Power" zu machen – eine gleichermaßen ungewöhnliche wie verdächtige Ankündigung. Daraufhin wurde Jörn Mothes, der die Radwanderung wesentlich mit organisierte, zur „Klärung eines Sachverhaltes" zur Bezirksbehörde der Deutschen Volkspolizei vorgeladen, wo ihm eröffnet wurde, diese Veranstaltung widerspreche der Veranstaltungsverordnung der DDR. Diese besage, die Kirche dürfe nur solche Veranstaltungen betreiben, die religiösen Charakter tragen.

Während der Vernehmung legten ihm die MfS-Offiziere mehr als einhundert Anmeldungen vor, die die Staatssicherheit auf dem Postwege abgefangen hatte. Mothes wurde aufgefordert, die Wanderung abzusagen. Sollte er dem nicht nachkommen und sich mehr als drei Leute mit dem Fahrrad durch die Stadt bewegen, würde er zur Verantwortung gezogen und verhaftet. Mothes sagte jedoch lediglich zu, dafür zu sorgen, dass die Veranstaltung keine ungesetzlichen Dimensionen annehme.

Zahlreiche Teilnehmer erschienen in Schwerin, denn sie wussten nicht, dass der Fahrradkorso verboten worden war. Sie hatten jedoch

[1171] Uwe Hildebrandt war 1988 Mitglied der Schweriner Umweltgruppe.

[1172] Interview mit Annette Beleites am 4. 9. 2000.

eine Ahnung davon bekommen, als sie merkten, dass für Fahrräder alle Zufahrtsstraßen um Schwerin gesperrt worden waren und die Züge, die nach Schwerin fuhren, kein Fahrradabteil mehr hatten, weil sie abgehängt worden waren. In Berlin auf dem Bahnhof wurden Leute, die mit dem Fahrrad einsteigen wollten, wieder zurückgeschickt. Über vierzig Radler kamen dennoch über Umwege in Schwerin an. Im Gemeinderaum der St. Pauls-Gemeinde fand abends eine Sitzung statt, in der Jörn Mothes ankündigte, dass die Aktion auf staatliche Forderung hin abgebrochen werden müsse. Am Nachmittag des 3. Juni hatte der Stellvertretende Landessuperintendent, Gerhard Meyer, mit dem Stellvertreter des Oberbürgermeisters von Schwerin, Heydrich, ein Gespräch, in dem das Verbot ausgesprochen wurde.[1173] Für den Fall, dass die Organisatoren sich nicht abhalten lassen würden, hatte die Staatssicherheit jedoch vorgesorgt: Den Fahrrädern wurden über Nacht die Ventile herausgedreht.[1174]

Die Auswertungs- und Kontrollgruppe des MfS verfasste kurz darauf eine „Zusammenfassende Information über Angriffe feindlicher und negativer Kräfte gegen den geplanten und vorbereiteten Bau der Autobahn Schwerin–Wismar", in der sie vor allem die unterstützende Haltung Heinrich Rathkes dafür verantwortlich machte, dass die kirchlichen Umweltgruppen Zulauf hatten:

> „Seine [...] Haltung macht deutlich, daß er im Prinzip damit eine Anleitung zum Handeln gibt, da er die bisherigen und geplanten Aktivitäten sanktioniert, anregt, unablässig in dieser Richtung weiterzumachen, darauf orientiert, eine größere Breite zu erreichen, den Blickwinkel öffnet, um mit dieser Bewegung über den Rahmen religiös gebundener Personen hinauszureichen, es begrüßt, die Bürger zu Eingabentätigkeit an staatliche Organe zu mobilisieren, und den gegenwärtig aktiven Personen gleichzeitig seinen Schutz und Sicherheit versichert, indem er sich bei Drangsalierung und Bedrängung einschalten will."[1175]

---

[1173] Vgl. ELLKM, LKA, Bestand OKR, III o, Bd. IX, 479. „Gedächtnisprotokoll: Gespräch mit Stadtrat Heydrich am 3. Juni 83, 14 Uhr" von Gerhard Meyer, Stellv. LSI.

[1174] Vgl. Interview mit Anne Drescher am 17. 1. 2001.

[1175] Vgl. PA Jörn Mothes, OV „Umwelt", II 083/82, Bd. 1, Bl. 306 ff.

In seiner Diplomarbeit zur mecklenburgischen Landeskirche fasste MfS-Offizier Wulf zusammen, dass 1983 ein Höhepunkt in der Konfliktbereitschaft der mecklenburgischen Landeskirche gewesen sei. Dies habe sich insbesondere an zahlreichen „geplanten Provokationen feindlich-negativer Kräfte anläßlich der Friedensmanifestation der FDJ zu Pfingsten 1983 in Schwerin", am Kessiner Friedensseminar 1983 und der Mecklenburger Friedenswanderung gezeigt. Diese Veranstaltungen hätten keinen einmaligen Charakter gehabt, sondern in der Landeskirche sei geplant, permanent zu politischen und gesellschaftlichen Ereignissen aktiv zu werden. Das Ganze gewinne „Prozeßcharakter", so Wulf. Die kirchliche Umweltarbeit sei aktiver geworden: „Besonders bedeutsam wurden diese Aktionen im Verantwortungsbereich mit Bekanntwerden des Autobahnbaus der A 18 nach Wismar. Hier ist es den feindlich-negativen Kräften gelungen, eine unverhältnismäßig hohe Anzahl von Bürgern für Aktivitäten gegen das Projekt und die Bauausführung zu gewinnen."[1176] Hintergrund waren weit über 600 Eingaben, die gegen den Autobahnbau protestiert hatten.

Im Laufe der Zeit musste sich die staatliche Seite an die jährlichen Basisgruppentreffen und -aktionen gewöhnen. Der kirchliche Schutz verhinderte wiederholt ein offizielles Eingreifen. Übrig blieb – und wurde auch angewendet – die Unterwanderung der Gruppen durch IM und eine umfassende Repression gegen deren Leitfiguren. Einige Veranstaltungen konnten sich jedoch bis 1989 und darüber hinaus halten. Dazu gehörte auch das jährliche Schweriner Ökologieseminar. Der Bericht der Bezirksverwaltung Schwerin über das Umweltseminar im März 1989 in Schwerin versuchte die Auswirkungen dieser Veranstaltungen zu banalisieren. Darin hieß es, man habe durch einen „zielgerichteten und koordinierten Einsatz von IM in Schlüsselpositionen im Prozeß der Vorbereitung und auch während der Durchführung des Seminars [...] erreicht [...], daß die staatlichen Erwartungshaltungen eingehalten wurden und es zu keiner Belastung des Staat-Kirche-Verhältnisses kam".[1177] Lediglich Berndt Seite habe kritische Äußerungen gemacht. Dass es sich um ein DDR-weites Seminar gehandelt hatte, zu dem 160 Vertreter von Umweltgruppen angereist waren und das unter kirchlichem Schutz stattfand, wurde nur in einem Nebensatz erwähnt. Die Bezirksverwaltung

---

1176 Vgl. BStU, MfS, JHS 20130, Bl. 94.

1177 Vgl. PA Ulrich von Saß, Bl. 6 d. Dok., „Rückflußinformation zur Entwicklung der politisch-operativen Lage in ausgewählten Schwerpunktbereichen auf Linie XX" vom 1. April 1989.

hatte das Seminar nicht verhindern können und versuchte nun im Nachhinein, dessen Bedeutung herunterzuspielen.

Zwei Jahre zuvor war man noch ganz anderer Meinung gewesen. So wurde 1987 die OPK „Biologe“ gegen Annette Beleites eröffnet, unterschrieben von Hauptmann Techt als dem vorgangsführenden Offizier, seinem direkten Vorgesetzten Wulf und dem Leiter der Abteilung XX der Bezirksverwaltung, Röbke. Anlass war das VI. Schweriner Ökologieseminar im März 1987, das Beleites verantwortlich organisiert hatte:

> „An dieser Veranstaltung waren mehr als doppelt soviel Personen wie in den Vorjahren beteiligt, was auf die überregionale Werbung für dieses Seminar während des sogenannten Friedensseminars 'Frieden konkret V' im Februar 1987 in Leipzig-Connewitz zurückzuführen ist und wiederum die Verbindung zu den Exponenten der politischen Untergrundtätigkeit und die damit verbundene Gefahr des politischen Mißbrauchs derartiger Veranstaltungen verdeutlicht."[1178]

Wie zuvor schon in Güstrow versuchte die Bezirksverwaltung Schwerin nun auch in Schwerin, einen alternativen Ökologiekreis aufzubauen und diesen gegen die Schweriner Aktionen in Stellung zu bringen. Kurz nach Einleitung der OPK „Biologe“ gegen Annette Beleites verfasste das MfS eine „Konzeption über die Bearbeitung und politisch-operative Nutzung eines progressiven Personenzusammenschlusses in Form eines ‘Ökologiekreises Schwerin-Land’ im Rahmen der Evangelisch-Lutherischen Landeskirche Mecklenburgs“, unterzeichnet von Röbke, dem Leiter der Abteilung XX. Ziel dieser Konzeption war es, einen „‘Ökologiekreis Schwerin-Land’ zu bilden und im positiven Sinne zu profilieren“. Dieses Ziel sollte in Abstimmung mit den OPK und OV „Komplott“, „Bruder“, „Stellvertreter“ und „Zersetzer“ und dem TV des ZOV „Symbol“ erfolgen. In diesen Akten wurden unter anderem Heiner Möhring, Karin Ritter, Heiko Lietz und Anne Drescher observiert; über sie sollten die Friedens- und Umweltgruppen in und um Schwerin bearbeitet werden.[1179] Weiter heißt es:

---

[1178] Vgl. PA Annette Beleites, „Einleitungsbericht zur OPK ‘Biologe’“ vom 13. Mai 1987 , Bl. 12 d. Dok.

[1179] Vgl. BStU, MfS, BV Schwerin, Abt. XX/110, „Konzeption über die Bearbeitung und politisch-operative Nutzung eines progressiven Personenzusammenschlusses in Form

„Zur Einbindung der in diesem Zusammenhang bisher angefallenen Personen sowie zur vorbeugenden Verhinderung eigenständiger öffentlichkeitswirksamer Aktivitäten an Fragen der Ökologie und des Umweltschutzes interessierter Personen und Personenkreise im Territorium des Bezirkes Schwerin ist vorgenannter 'Ökologiekreis Schwerin Land' unter Leitung des IMB 'Reiner', tätig als Landesjugendwart der Evangelisch-Lutherischen Landeskirche Mecklenburgs Schwerin-Land unter Zuführung weiterer geeigneter inoffizieller Positionen zu entwickeln."[1180]

Außerdem sollte „Reiner" über den Ökologiekreis Schwerin-Land Zutritt zu den überregionalen landeskirchlichen Gremien erlangen – gemeint waren damit das Landesjugendpfarramt und die Arbeitsgruppe Frieden (AGF) – und langfristig im Ökologiekreis den Vorsitz übernehmen, um dessen „positive[ ] Ausrichtung der Aktivitäten im Sinne der staatlichen Natur- und Umweltpolitik, einschließlich damit verbundener Isolierung politisch-negativer Kräfte", zu erreichen.[1181] Weder zum einen noch zum anderen kam es bis 1989.

Als organisatorische Probleme benannte die Konzeption jedoch die „Beschaffung und Bereitstellung entsprechender offiziell zugänglicher Literatur und anderer schriftlicher Materialien aus dem kirchlichen Bereich sowie dem NSW für die Profilierung des 'Ökologiekreises' Schwerin-Land entsprechend den ausgewiesenen Zielstellungen und Gewährleistung der Kontinuität der Arbeit dieses progressiven Personenzusammenschlusses."[1182] Als technische Hilfsmittel führte die Konzeption ein Diktiergerät, eine Containertasche und eine Stahlkassette an. Darüber hinaus sollten dem IMB „Reiner" monatlich 400 Mark zur „Gewährleistung der ständigen Wirksamkeit und operativen Beweglichkeit" zur Verfügung gestellt werden.[1183]

Im Unterschied zu Basisgruppen in anderen Landeskirchen war die Schweriner Gruppe darum bemüht, direkte Konfrontationen zu ver-

---

eines 'Ökologiekreises Schwerin-Land' im Rahmen der Evangelisch-Lutherischen Landeskirche Mecklenburgs" vom 21.4.1987, Bl. 1 d. Dok.

1180 Vgl. ebd., Bl. 3 d. Dok.

1181 Vgl. BStU, MfS, BV Schwerin, Abt. XX/110, „Maßnahmen zur progressiven Profilierung des 'Ökologiekreises Schwerin-Land'", Bl. 4 d. Dok.

1182 Vgl. ebd., Bl. 6 d. Dok.

1183 Vgl. ebd., Bl. 7 d. Dok.

meiden, im Vordergrund stand die inhaltliche Arbeit. Anders als beim Kessiner Seminar oder den Mobilen Friedensseminaren des Vipperower Friedenskreises ging es nicht vordergründig um politische Fragen, sondern um Fragen von Umwelt und Alltag. Deshalb wurde Beleites auch nicht wegen der bereits seit Jahren laufenden Ökologieseminare in einer OPK bearbeitet, sondern vielmehr, weil sie zunehmend mehr Kontakt zu Heiko Lietz (OV „Zersetzer) und anderen hatte, die als eindeutige Feinde des Sozialismus galten. Als einzige Vertreterin der Schweriner Umweltgruppe beim DDR-weiten Basisgruppentreffen „Konkret für den Frieden VI“ sei sie in dessen Fortsetzungsausschuss gewählt worden und unterliege damit „dem ständigen Einfluß dieser feindlich-negativen Kräfte“.[1184] Negativ fiel dem MfS auch auf, dass Annette Beleites versucht hatte, Vertreter aus staatlichen Betrieben in das Seminar mit einzubeziehen. Es seien sogar „erste Formen einer Zusammenarbeit“ mit dem VEB Grünanlagenbau Schwerin erkennbar, wie an der „Baumpflanzaktion“ auf dem Schweriner Großen Dreesch, die 1987 durch den VEB unterstützt worden sei, gesehen werden könne. Dennoch, heißt es weiter in dem Bericht, ergebe sich nun die Notwendigkeit, „durch zielgerichtete operative Maßnahmen, die genannten Aktivitäten der OPK-Person auf konzeptioneller Basis in progressivem Sinne zu beeinflussen, sie in die gesellschaftlichen Prozesse des Umweltschutzes am Territorium einzubeziehen, um dadurch mittelfristig ihren politischen Mißbrauch vorbeugend zu verhindern und so feindlich-negative Beeinflussungen des Staat-Kirche-Verhältnisses im Verantwortungsbereich auszuschließen.“[1185] Die Ökologiekreise in der DDR seien bestrebt sich zu vernetzen und sich über Erfahrungen und Aktivitäten zu unterrichten. Diese Basisgruppen würden sich damit „zu einer ernstzunehmenden Größe im Rahmen der sogenannten staatlich unabhängigen Friedensbewegung qualifizieren“. Die Veranstaltungen hätten zunehmend eine größere Öffentlichkeitswirksamkeit, und die Tatsache, dass die Einladungen und die Informationen überregional erfolgten, zeige, dass bereits entsprechende Kontakte bestünden, hieß es im Einleitungsbericht der OPK.[1186] Insgesamt sei zu verhindern, dass sich die Schweriner Aktivitäten in „politische Untergrundtätigkeit“ verwandelten. Die Bezirksverwaltung ging sogar noch weiter. Sie strebte „Aufklärung“, also intensiver Beobachtung von Annette Beleites und deren „perspektivisch angelegte operative

---

[1184] Vgl. BStU, MfS, BV Schwerin, ZMA 5464, Bd. I/1, Bl. 13 f.

[1185] Vgl. ebd., Bl. 13. „Einleitungsbericht zur OPK 'Biologe'“ vom 13. Mai 1987.

[1186] Vgl. ebd., Bl. 11-13.

Nutzung“[1187] an. Gemeint war damit eine mögliche Anwerbung als IM.

Zu diesem Zweck setzte die Bezirksverwaltung Schwerin sechs IM ein, und zwar „Reiner“, „Hutten“, „Mike“, „Klaus“, „Helfer“ und „Jörg Block“. Sie sollten zur „umfassenden Aufklärung des Persönlichkeitsbildes der OPK-Person und zur lückenlosen Kontrolle sowie Dokumentierung ihrer Aktivitäten“ eingesetzt werden, kontrolliert von Hauptmann Wulf und Unterleutnant Dukat.[1188] Außerdem wurden noch die IMB „Hesekiel“ und „Kaltenhofer“ zur „Sicherstellung kircheninternen Materials zur OPK-Person bzw. zu von ihr initiierten und durchgeführten Aktivitäten in kirchlichen Einrichtungen“ eingesetzt.[1189] Als besondere Maßnahme sahen Wulf und seine Mitarbeiter vor, wenn möglich den Telefonanschluss von Annette Beleites zu kontrollieren. Dazu sollte in „Abstimmung und Koordinierung mit dem Referat XIX“ geprüft werden, ob sie einen Antrag auf Einrichtung eines Fernsprechanschlusses gestellt habe. Dieser sei dann zu beschleunigen und die Maßnahme A (Anfertigung von Telefonmitschnitten) durchzuführen. Die Kontrolle der Post war bei OPK und OV sowieso obligatorisch.[1190] Langfristig zielten Wulf und seine Mitarbeiter auf eine „positive[ ] Einflußnahme sowie Herausarbeitung von Möglichkeiten für eine perspektivisch angelegte inoffizielle Nutzung“.[1191] Dazu kam es nicht.

Der Schutz durch die Landeskirche, vor allem durch den Bischof und den Oberkirchenrat, bestand in erster Linie in der Solidarisierung mit den Gruppen bei Gesprächen etwa mit dem Ratsvorsitzenden des Bezirkes Schwerin. Er zeigte sich auch darin, dass Gruppenmitglieder durch die Landeskirche zu internationalen Veranstaltungen delegiert wurden – ihr Reiseantrag hatte damit weit größere Aussichten auf eine Genehmigung als der einer Privatperson. Die Gruppen konnten kirchliche Räumlichkeiten und Büroeinrichtungen nutzen, und nicht zuletzt gab der Oberkirchenrat auch das „Friedensnetz“ heraus, eine DDR-weit erscheinende und mit einfachsten Mitteln hergestellte Zeitschrift der Arbeitsgruppe Frieden. Eine andere Form des Schutzes bestand darin, dass Kirchenleitung, Bischof, Oberkirchenrat und auch die Gemeindepastoren an der Basis auf zumindest formale Einhaltung

---

1187 Vgl. ebd., Bl. 14.

1188 Vgl. ebd., Bl. 15. „Maßnahmeplan zur OPK 'Biologe' vom 13. Mai 1987.

1189 Vgl. ebd., Bl. 16.

1190 Vgl. ebd., Bl. 17.

1191 Vgl. ebd., Bl. 18.

der Gesetze in der DDR bedacht waren. Beispielsweise kritisierte Oberkirchenrat Schwerin 1989 die Eingliederung des Schweriner Ökologiekreises um Annette Beleites in die Jugendarbeit als unpassend. Außerdem stellte sich Schwerin, so die Bezirksverwaltung Schwerin im monatlichen Lagebericht im Februar 1989, gegen die private Einladung eines Bundesbürgers, der dann auch auf dem Seminar auftreten sollte.[1192] „Die vorbeugende Einflußnahme von Schwerin", so das MfS, „entspricht der in Gesprächen immer wieder geforderten staatlichen Erwartungshaltung in bezug auf die Durchführung von Veranstaltungen in kirchlichen Räumlichkeiten."[1193]

Der Grat zwischen vorsichtigem Taktieren gegenüber den staatlichen Stellen im Interesse der Gruppen, die sich dadurch weniger angreifbar machten, und einer kleinlichen Drangsalierung der Kreise, die auch schon mal den Charakter eines Machtkampfes zwischen Basisgruppe und Oberkirchenrat annehmen konnte, war schmal. Die Gruppen verstanden sich oft als bevormundet, was sich auch in Akten aus dem landeskirchlichen Archiv widerspiegelt, beispielsweise in einem Vermerk von Heinrich Rathke vom 14. Juni 1983.

Rathke gab seinen Kollegen im Oberkirchenrat auf diesem Weg zu verstehen, dass die Kritik der Gruppen an Oberkirchenratspräsident Peter Müller, dieser habe sich vom geplanten Fahrradcorso distanziert, verkürzt sei. Müller habe sich sogar hinter Veranstaltungen von Basisgruppen gestellt und seines Wissens bewusst teilgenommen, um deren kirchliche Legitimation zu unterstreichen. Er habe nur auf die Beachtung der Veranstaltungsverordnung (VAVO) in Bezug auf den Fahrradcorso hingewiesen, weil dieser außerhalb kirchlicher Räumlichkeiten stattfinde.[1194] Auch hinsichtlich der Mobilen Friedensseminare in Vipperow und Umgebung hatte Müller immer wieder auf die Einhaltung der VAVO gedrängt: Es sollten keine Wanderungen mit dem Charakter von Demonstrationen stattfinden, sondern die seminaristische Arbeit auf den Stationen ablaufen und der Wechsel von Station zu Station lediglich der Fortbewegung dienen.[1195]

Ob diese Politik nun ängstlich oder listig war – nachträglich gesehen war sie erfolgreich, denn die verschiedenen Gruppen und ihre Mitglieder waren in den seltensten Fällen juristisch angreifbar. Die Tatsache

---

[1192] Vgl. ebd., Bl. 104.

[1193] Vgl. ebd., Bl. 105.

[1194] Vgl. ELLKM, LKA, Bestand OKR, II 1o, Bd. IX, 479, Dok. 13012 II 1o.

[1195] Vgl. Lietz 1997, S. 210.

übergehend, dass entsprechende Veranstaltungen von Friedens- und Umweltgruppen in Mecklenburg stattfanden, bewertete das MfS dieses Verhalten positiv. Beispielsweise hieß es in einer internen Information vom März 1989, es könne festgestellt werden, „daß kirchenleitende Amtsträger in Übereinstimmung mit der staatlichen Erwartungshaltung organisierend und reglementierend eingreifen und Festlegungen treffen, die den Missbrauch kirchlicher Räume für feindlich-negative Aktivitäten und Belastungen des Staat-Kirche-Verhältnisses im Territorium, aber auch einen Mißerfolg der Veranstaltung wegen organisatorischer Pannen, vorbeugend verhindern sollen." So habe Oberkirchenrat Schwerin vor dem Ökologieseminar 1989 festgelegt, dass Landessuperintendent de Boor mit dem zuständigen Pfarrer der katholischen Gemeinde die Nutzung der Räume bespreche und Pastor Rietzke an beiden Tagen anwesend sein werde. Im Anschluss an das Seminar solle mit allen Beteiligten und Annette Beleites eine Auswertung des Seminars und Schlussfolgerungen für eventuell folgende Seminare stattfinden.[1196]

Ende der achtziger Jahre waren die so genannten „Wismarer Verhältnisse" sprichwörtlich geworden. Dies bezog sich auf eine 1983 gegründete Gruppe in Wismar, die sich mit Fragen der Friedenserhaltung und der Bewahrung der Schöpfung befasste. Dieses Ökumenische Zentrum für Umweltfragen (ÖZU) war an die Marien-Georgen-Gemeinde angebunden und erhielt insbesondere in der zweiten Hälfte der achtziger Jahre erheblichen Zulauf.

Die „Wismarer Verhältnisse" dienten fortan als Metapher für schwer zu zügelnde Basisgruppen, in denen auch Antragsteller auf Übersiedlung (ÜSE) mitarbeiteten. So notierte der Führungsoffizier von Hans-Martin Harder, Konsistorialpräsident der Greifswalder Landeskirche, über ein Gespräch mit diesem im September 1988:

> „Nach übereinstimmender Meinung von Kirchenleitung und Leitung des Konsistoriums hat eine solche Art von Gruppen in der Kirche nichts zu suchen, dürfen als Gruppen keinen Raum bekommen und nicht anderweitig Unterstützung

---

[1196] Vgl. PA Ulrich von Saß, BV Schwerin, Abteilung XX, „Rückflußinformation zur Entwicklung der politisch-operativen Lage in ausgewählten Schwerpunktbereichen auf der Linie XX", Schwerin am 13. März 1989, Bl. 20 d. Dok. (alte MfS-Zählung). Offensichtlich fand das Umweltseminar im Frühjahr 1989 jedoch nicht unter Nutzung der Räumlichkeiten der katholischen Andreas-Gemeinde statt. Vgl. Interview mit Annette Beleites am 9. 9. 2000.

finden. Die LK [Landeskirche] vertritt die Auffassung, daß ÜSE ihre Dinge individuell auf dem gesetzlich zulässigen Wege regeln müssen. Dies wird ihnen auch kirchlicherseits in Gesprächen angeraten. Es wird durch die KL nicht zugelassen, daß unter dem Deckmantel irgendeiner nichtkirchlichen Gruppe (nicht nur ÜSE) Zugang zur Kirche gewährt wird. Er betonte, daß die KL im Raum der LK keine Wismarer Verhältnisse haben möchte."[1197]

Ziel des Ökumenischen Zentrums für Umweltfragen war zunächst die Mitarbeit am konziliaren Prozess und dessen Einbringen in das Gemeindeleben. Immer stärker jedoch traten gesellschaftspolitische Fragen in den Vordergrund. Ende der achtziger Jahre diente das ÖZU auch als ein Treffpunkt für Antragsteller auf Ausreise in Wismar und Umgebung. Dieser Teil der Gruppe scheute nicht vor öffentlichkeitswirksamen Aktionen zurück wie den sonntäglichen Wanderungen auf dem Wismarer Markt. Diese Entwicklung hin zu einem sehr dynamischen Kreis führte zu erheblichen Differenzen zwischen dem Kirchgemeinderat von St. Marien/St. Georgen und dem Leitungskreis des ÖZU. Im Oktober 1989 gingen viele der ehemals Engagierten zum Neuen Forum und wollten sich daher nicht weiter im ÖZU engagieren. Im Sommer 1990 beendete es seine Tätigkeit.[1198]

Von der St. Marien/St. Georgen-Gemeinde erhielt die Gruppe zuerst die Räumlichkeiten und wurde durch den dortigen Pastor Möller geleitet. Möller hatte selbst einen Antrag auf Entlassung aus der DDR-Staatsbürgerschaft gestellt. Von Anfang an bestanden Differenzen zwischen dem dortigen Kirchgemeinderat und der Gruppe, die sich verstärkten, als deren Mitglieder auch zu aktuellen Entwicklungen in der DDR Stellung nahmen, wie etwa zur Relegation von Schülern der Berliner Ossietzky-Schule oder dem Verbot der Zeitschrift „Sputnik". Im Gefolge der Ereignisse um die Zionskirche in Berlin Ende November 1988 gewann dieser Kreis viele Interessenten dazu, sodass sich zahlreiche Untergruppen bildeten. 100 bis 200 Menschen, so Sven Abrokat in seiner Darstellung der Wende in Wismar, nahmen an dessen Andachten teil.[1199]

Den Höhepunkt der Auseinandersetzungen stellte der Beschluss des

---

[1197] BStU, MfS, BV Rostock, AIM 4155/90, Bd. I/1, Bl. 205.

[1198] Vgl. Abrokat 1997, S. 78 f.

[1199] Vgl. ebd., S. 71.

Kirchgemeinderates vom Januar 1989 dar, durch den die Gründung des ÖZU wieder aufgehoben wurde und damit das ÖZU ohne vorherige Absprache aufgelöst wurde. Die Gruppe durfte zwar bis auf weiteres in den Räumen bleiben, sollte sich aber als „Umweltgruppe" nach der Kirchgemeindeordnung neu gründen und damit dem Kirchgemeinderat stärker als bisher unterstellt sein.[1200] Laut MfS-Unterlagen unterhielt das ÖZU Kontakte zum „Arbeitskreis Totalverweigerer der DDR" in Berlin, zur „Umweltbibliothek" der Zionsgemeinde in Berlin und zum dortigen „Grün-Ökologischen Bund Arche". Außerdem hatte das MfS Informationen darüber, dass das ÖZU Kontakte zur Ökologiebewegung in Lübeck hatte, ebenso zur dortigen ESG, zu den Grünen und zum „Deutschen Allgemeinen Sonntagsblatt" in Hamburg.[1201]

Auf zwei Wegen versuchte die staatliche Seite, das Wirken der Umweltgruppe einzuschränken bzw. die Gruppe auseinander zu treiben: Erstens wurden die kirchlichen Vertreter, der Kirchgemeinderat und der Landessuperintendent, gegen die Umweltgruppe aufgebracht. Zweitens wurde die Gruppe massiv von Inoffiziellen Mitarbeitern unterwandert. Zumindest einige kirchliche Mitarbeiter in Stellung zu bringen, erwies sich als einfach. Weder Landessuperintendent Christoph Pentz noch der Kirchgemeinderat in seiner Mehrheit hatten eine Beziehung zu den Basisgruppen im Allgemeinen und zum ÖZU im Besonderen. Als günstig erwies sich, dass der damalige Präses der Landessynode, Siegfried Wahrmann, bereits langjährige Kontakte zum MfS und zum Rat des Bezirkes Rostock hatte und dort als zuverlässig galt. Auch der Wismarer Pastor an St. Georgen, Traugott Maercker, setzte sich an der Seite von Wahrmann gegen den Umweltkreis ein.

Eine der wichtigsten IM war Heidelore Czerny alias IM „Rena". Sie gehörte zum Leitungskreis des ÖZU und war dessen Vertreterin in der AGF. Nach ihrer Enttarnung als IM veröffentlichte sie eine Stellungnahme zu ihrer Verbindung mit dem MfS.[1202] Demzufolge begann ihre Tätigkeit für das MfS bereits 1982, damals auf der Grundlage einer Erpressung. Daher habe sie eine Erklärung unterzeichnet, freiwillig mit dem MfS zusammenzuarbeiten.[1203] Nach einem Jahr habe sie den Kontakt abgebrochen. 1987 seien Mitarbeiter des MfS erneut bei ihr erschienen und hätten sie aufgefordert, bei einer geplanten Reise in die Bundesrepublik Militärspionage

---

[1200] Vgl. dazu ELLKM, LKA, 512.02, Bd. III., Dok. 512.02/112, S. 6/7 d. Dok.

[1201] Vgl. Abrokat 1997, S. 205.

[1202] PA Eckard Hübener.

[1203] Vgl. ebd., Bl. 1 d. Dok.

für die DDR zu betreiben. Wiederum sei sie erpresst worden: „Einmal Stasi – immer Stasi".[1204] Sie habe den neuerlichen Kontakt abgelehnt, sei aber durch ihre Bereitschaftserklärung erpressbar gewesen.[1205] In der Umweltgruppe hätte sie sich jedoch engagiert, bevor das MfS auf sie zugekommen sei. Zuerst habe sie nur die Namen der in der Umweltgruppe Engagierten herausfinden sollen, dann aber seien schnell konkrete Aufträge erteilt worden.[1206] Ihre Mitarbeit in der AGF sei eine geplante Aktion des MfS gewesen; die beiden Mitglieder des ÖZU, die sie vorgeschlagen hätten, seien selbst beim MfS gewesen. Sie, Czerny, habe diese Mitgliedschaft nicht gewollt, weil sie nicht so dicht an die Schaltzentralen herankommen wollte.[1207] Ziel der Staatssicherheit sei es gewesen, die Basisgruppen zu isolieren und die AGF zu sprengen; aus diesem Grund habe sie genau das Gegenteil getan und versucht, den Konflikt zwischen dem ÖZU und der Wismarer Mariengemeinde zu beenden, damit sich beide nicht in dem Konflikt aufreiben würden. Sie habe dafür heftige Kritik seitens des MfS-Mitarbeiters einstecken müssen.[1208]

Czerny belastete in ihrer Darstellung vor allem zwei Mitglieder des Kirchgemeinderates von St. Marien/St.Georgen, denen sie fiktive Namen gab: Sie halte es nicht für einen Zufall, dass die Bitten des Kirchgemeinderates, vorgetragen von Pastor „Mahlert" und Herrn „Weber", identisch mit denen der Stasi waren und auf eine absolute Kontrolle des ÖZU und eine enge Anbindung der Gruppe an den Kirchgemeinderat hinausliefen. Sie könne jedoch keine Beweise bringen. Das MfS habe die entscheidende Sitzung, in der der Kirchgemeinderat über das Fortbestehen des ÖZU abstimmen sollte, sehr gut vorbereitet. Sie habe den Auftrag gehabt, in der Sitzung Andeutungen zu machen, dass sich das ÖZU nicht nur mit Umweltfragen befasse. Das habe sie nicht getan, sondern in der Sitzung beobachtet, wer sich entsprechend verhalte. Obwohl sich das Blatt zugunsten des ÖZU gewendet hätte, sei dann von Herrn „Weber" der Vorschlag gekommen, das ÖZU aufzulösen.[1209]

Inwieweit dieser Bericht der Wahrheit entspricht, muss hier dahingestellt bleiben. Das Wirken von Wahrmann und Maercker spiegeln jedoch andere Akten ähnlich wider. Beispielsweise heißt es in einem „Vermerk"

---

[1204] Vgl. ebd., Bl. 2 d. Dok.

[1205] Vgl. ebd., Bl. 4 d. Dok.

[1206] Vgl. ebd., Bl. 5 f. d. Dok.

[1207] Vgl. ebd., Bl. 7 d. Dok.

[1208] Vgl. ebd., Bl. 8 d. Dok.

[1209] Vgl. ebd., Bl. 19 d. Dok.

des Rostocker Referenten für Kirchenfragen, Roland Macht, über die Gründung des ÖZU,[1210] Traugott Maercker habe die Gründung der Gruppe in Frage gestellt und angedeutet, dass der Kirchgemeinderat die Arbeit des ÖZU behindern könne, da „ein derartiges Zentrum erst dann wirksam werden kann, wenn der Kirchgemeinderat die Zielsetzungen bestätigt habe. Diese geplante Umweltgruppe soll Bestandteil der Kirchgemeinde St. Marien – St. Georgen sein und kann nicht losgelöst von dieser Kirchgemeinde tätig werden."[1211] Auch mit Pastor Bunners sei gesprochen worden, so Maercker, der erklärt habe, „daß er zur Tätigkeit einer derartigen Gruppe kein Vertrauen habe. Die bisherige Entwicklung habe bestätigt, daß es den Initiatoren nicht um die Erhaltung der Umwelt ginge, sondern um ihr politisch zweifelhaftes Anliegen." Macht notierte weiter, dass er Siegfried Wahrmann angerufen und gebeten habe, sich über den derzeitigen Stand der Gründung der Gruppe zu informieren. Dann wolle man sich darüber unterhalten.[1212]

Im Februar 1988 befasste sich die Bezirkskoordinierungsgruppe, in der Funktionäre der SED, des MfS, des Rates des Bezirkes, der Volkspolizei und der FDJ vertreten waren, mit einem bevorstehenden Gespräch mit Siegfried Wahrmann über die Wismarer Entwicklungen. Im vorher abgestimmten Gesprächsleitfaden hieß es:

„Das Ziel des Gespräches besteht darin, kirchenleitende Kräfte des Kirchenkreises Wismar weiter zu aktivieren und sie zu veranlassen, sich mit negativen Kräften, die den Freiraum Kirche mißbrauchen, auseinanderzusetzen und diese Kräfte zurückzudrängen. Dem Präses Wahrmann ist deutlich zu machen, daß negative Kräfte bestrebt sind, zur Durchsetzung von Übersiedlungsersuchen das Verhältnis Staat-Kirche zu belasten und in Wismar ein Zentrum negativer Kräfte zu etablieren. Zur Verhinderung dieser Aktivitäten ist der Beschluß des Kirchgemeinderates vom 10. Februar 1988, den kirchliche Kräfte zu unterlaufen versuchen, von besonderer Bedeutung. Der Synodale [geschw.] hat, unterstützt durch Pastor [geschw.], offensichtlich eine inspirierende und organisierende Funktion."[1213]

---

[1210] Vgl. LAG IV/E/2.14/ 615, Bl. 108.

[1211] Vgl. ebd.

[1212] Vgl. ebd., Bl. 109.

[1213] BStU, MfS, BV Rostock, AIM 272/91. Bd. I/2, Bl. 159.

Wahrmann sollte überzeugt werden, alle Möglichkeiten zu nutzen, damit in Wismar keine Umweltbibliothek gegründet werde und Übersiedlungswilligen kirchliche Räumlichkeiten für ihre Aktivitäten entzogen würden.[1214] Der Rat des Bezirkes Rostock war unmittelbar in die Zersetzung des Ökumenischen Zentrums für Umweltfragen mit einbezogen; im Auftrag der Rostocker MfS-Bezirksverwaltung unterhielt der Kirchenreferent Roland Macht engen Kontakt zu Wahrmann. In seinem Informationsbericht vom Januar 1989 erstattete er daher auch Rapport über die Lage in Wismar und die Instruktionen, die Siegfried Wahrmann erhalten hatte:

„Durch den Rat des Bezirkes und den Rat der Stadt Wismar wurden im Dezember und Januar zielgerichtet Maßnahmen getroffen, um politisch-destruktive Kräfte in der Stadt Wismar im Zusammenhang mit den Aktivitäten des Ökumenischen Zentrums für Umweltarbeit (ÖZU) zurückzudrängen. Im Vorfeld der Neuwahl des Leitungskreises des ÖZU und damit in Verbindung stehender Entscheidungen des Kirchgemeinderates St.-Marien-Georgen wurden entsprechende Gespräche mit LS Penz und Herrn Wahrmann geführt. Aus der Satzung des ÖZU ergibt sich zwingend, daß ein Pfarrer im Leitungskreis vertreten sein muß. [...] Da bis zum gegenwärtigen Zeitpunkt dafür auch noch kein Amtsträger des Kirchenkreises Wismar-Land Interesse zeigt, wird Herr Wahrmann dem Kirchgemeinderat vorschlagen, die Wahl des Leitungskreises am 24.1.1989 nicht stattfinden zu lassen, sondern auszusetzen. Er wird die Position vertreten, daß man einem möglichen Nachfolger nicht zumuten kann, in laufende Geschäfte einzugreifen. Sollte diese Variante verworfen werden, will Wahrmann den KGR an die eigene Kirchenordnung erinnern, wonach der KGR Verantwortung zu tragen hat für Ruhe und Ordnung, die aber durch die Tätigkeit des ÖZU in der Kirchgemeinde nachweislich nicht gegeben sind."[1215]

Auch Landessuperintendent Pentz sollte gegen das Ökumenische Umweltzentrum in Stellung gebracht werden, wie aus dem Jahresarbeitsplan

---

[1214] Vgl. ebd.

[1215] Vgl. LAG, BL IV E/ 2.14/ 613, Bl. 236.

1989 der Abteilung XX/4 vom 13. Januar 1989 hervorgeht. Das Ökumenische Zentrum für Umweltfragen wurde über den OV „Bote", der zu Pastor Michael Möller angelegt worden war, bearbeitet. Zweck des OV war laut Jahresarbeitsplan die „Unterbindung des politischen Mißbrauchs des ÖZU Wismar und Zersetzung des Leitungskreises".[1216] Der Jahresarbeitsplan der Bezirksverwaltung Rostock sah „den abgestimmten Einsatz der IMB 'Rena' und 'Egon Liebich' der KD Wismar und der IME 'Lorenz' und 'Buda' der Abt. XX zur innerkirchlichen Disziplinierung der Verdächtigen" vor.[1217] So informierte der Rat des Bezirkes Rostock das Staatssekretariat für Kirchenfragen im Dezember 1988 über den neuesten Stand in Sachen ÖZU:

> „Nach Bekanntwerden der Tatsache, daß das ÖZU im Vorfeld Aktivitäten zum bevorstehenden 'Tag der Menschenrechte' am 10.12.88 plant, erfolgte kurzfristig die Einflußnahme über den Sektor Kirchenfragen des Rates des Bezirkes auf Landessup. Pentz sowie Rechtsanwalt Schnur. Pentz sicherte zu, eventuelle Aktivitäten des ÖZU strikt zu unterbinden. Darüber hinaus lud er am 7.12. den Kirchgemeinderat ein, um laut Satzung des ÖZU sich mit den ÖZU-Aktivitäten insgesamt zu befassen und Handlungslinien gegenüber dem ÖZU festzulegen. Außerdem lud Pentz am 7.12. den Leitungskreis des ÖZU zu sich, um zu verbieten, daß Kontakte zu Personen aus der Berliner Szene hergestellt werden. Nach Ansicht des LS Pentz ist es zwingend, diesen ÖZU überhaupt wegzubekommen, außerdem sei kein Pfarrer bereit, perspektivisch die Leitung des ÖZU zu übernehmen." [1218]

Als erster Schritt dazu sollte Möller die Ausreise in die USA genehmigt werden – und so geschah es auch. Bis dahin jedoch sollten die IME „Lorenz" und „Buda" „zur innerkirchlichen Disziplinierung gegen [geschw.] und zur Verstärkung der Positionen im Kirchgemeinderat gegen diesen" eingesetzt werden. Gemeint war wahrscheinlich Möller. Offensichtlich war man in Rostock mit dem Erreichten zufrieden. Ende der achtziger Jahre – ein Datum findet sich auf dem Informationsbericht

---

1216 Vgl. BStU, MfS, BV Rostock, Abt. XX, 866, Bl. 4.

1217 Vgl. BStU, MfS, BV Rostock, BdL Nr. 3269, Bl. 21.

1218 Vgl. LAG, BL IV E/ 2.14/ 613, Bl. 211.

nicht – wurde dem Staatssekretariat für Kirchenfragen mitgeteilt:

> „Durch das langjährig geschaffene vertrauensvolle Verhältnis zur Mehrheit der kirchlichen Amtsträger wie Landessup. Pentz, Propst Maercker, Dr. Bunners, Pf. Geitner, Pf. Szameitat, Pastorin Scheven sowie zum ehemaligen Präses der Synode Wahrmann und einer größeren Anzahl von Kirchgemeinderatsmitgliedern konnte erreicht werden, daß die politisch oppositionelle Gruppierung um Pf. Dr. Möller keine Sympathien oder Unterstützung erhält."[1219]

Allerdings ist die Gruppe der Wismarer Pastoren, die dem ÖZU ablehnend gegenüber gestanden haben soll, sehr groß, und insofern das vermeintliche oder angebliche Engagement des Landessuperintendenten nicht überzubewerten. In Pentz' Qualifizierungsplan vom 13. Januar 1987 zumindest wurde positiv vermerkt, er habe „wesentlich dazu bei[getragen], daß der 'Friedenskreis Wismar' stark in die evangelische Kirche eingebunden, diszipliniert und letztendlich zerschlagen wurde. Darüber hinaus trug sein aktives Handeln im Auftrag des MfS dazu bei, weitere Personen seines Kirchenkreises, die mit negativen Aktivitäten in Erscheinung traten bzw. die Absicht dazu hatten, zu disziplinieren".[1220] Allerdings werde Pentz' Haltung nicht überall im Kirchenkreis gutgeheißen, einige Personen „fordern vom IMS ein stärker forderndes Auftreten gegenüber den staatlichen Organen."[1221] Parallel dazu führte die Kreisdienststelle Wismar eine Reihe von OV und OPK zu Mitgliedern des ÖZU.

Nach Abrokat verbuchte das MfS die Aufhebung der Vereinbarungen zwischen St. Marien - St. Georgen und dem ÖZU in der Sitzung des Kirchgemeinderates am 15. Februar 1989 als seinen Erfolg: „Im Verlauf der langfristig angelegten und zielstrebig geführten Einflußnahme veränderte sich das Kräfteverhältnis im Kirchgemeinderat zugunsten der politisch-realistischen Kräfte."[1222]

Während die Unterwanderung verdeckt erfolgte, gab es auch zahlreiche „Zuführungen" von Mitgliedern des ÖZU zur Polizei und zum MfS.

---

[1219] Vgl. ebd., Bl. 215.

[1220] BStU, MfS, BV Rostock, AIM 4321/90, Bd. I/1, Bl. 79.

[1221] Vgl. ebd.

[1222] Zit. nach Abrokat 1997, S. 201.

Die größte Aktion fand 1988 statt und richtete sich vor allem gegen die Antragsteller auf Übersiedlung.[1223] Am 9. Februar 1988 sei es zu einer großen Aktion des MfS gekommen, bei der viele Ausreisewillige verhört wurden. Der Kirchgemeinderat von St. Marien - St. Georgen wurde verunsichert und unter Druck gesetzt, so dass dieser tags darauf mit einer knappen Mehrheit beschloss, die Kirche dem ÖZU nicht mehr zur Verfügung zu stellen.[1224] Man kam zu einer Einigung dergestalt, dass die Leitungsgruppe des ÖZU durch den Kirchgemeinderat bestätigt werden müsse. Dies geschah jedoch im Februar 1989 nicht, stattdessen stellten Maercker und Wahrmann den Antrag, alle Vereinbarungen zwischen der Kirche und dem ÖZU mit der Begründung aufzukündigen, dass das ÖZU für politische Aktionen missbraucht würde.[1225] So geschah es auch, obwohl es im Wismarer Konvent und auch bei Landesbischof Stier erhebliche Bedenken gegen diesen Beschluss gab.[1226] Aus einer Mitteilung der Bezirksverwaltung Rostock an die BV Schwerin geht hervor, dass sich insbesondere die AGF und deren Mitglied, Oberkirchenrat Eckart Schwerin, für das ÖZU einsetzten. Auf einer außerordentlichen Sitzung der AGF in Schwerins Wohnung Anfang März 1989 hätten Eckart Schwerin, Hans-Jürgen Rietzke und Heiko Lietz den Beschluss des Wismarer Kirchgemeinderates und insbesondere das Auftreten von Propst Traugott Maercker heftig kritisiert. Die Rostocker MfS-Mitarbeiter berichteten weiter:

> „OKR Schwerin gab zu verstehen, daß er Schritte unternehmen wird, auch unter Einbeziehung des Oberkirchenrates der Landeskirche, deren Realisierung letztendlich eine Weiterarbeit des 'ÖZU' bei Anbindung an eine Kirchgemeinde ermöglichen wird. Er plädierte dafür, daß sich in den Prozeß der Klärung die AGF aktiv einschalten solle. [...]
> Im Zusammenhang mit der Durchsetzung der pol.-op. Maßnahmen zur Einstellung der Tätigkeit des 'ÖZU' Wismar wird um Einflußnahme auf den Oberkirchenrat der Landeskirche in der Hinsicht gebeten, daß der Beschluß des KGR St. Marien/St. Georgen respektiert wird und die Aus-

---

[1223] Vgl. dazu ebd., S. 74.

[1224] Vgl. Abrokat 1997, S. 71 f.

[1225] Vgl. dazu ebd., S. 76.

[1226] Vgl. dazu ebd., S. 77.

tragung des Konfliktes eine Angelegenheit der Beteiligten in der Propstei Wismar-Stadt bleibt.
Eine aktive Unterstützung des Oberkirchenrates bzw. der AGF für die Belange des 'ÖZU' und damit für die feindlich-negativen Kräfte würde eine Gefährdung der Realisierung der pol.-op. Aufgabenstellung nach sich ziehen."[1227]

Das Ökumenische Zentrum für Umweltfragen unterschied sich in vielem wesentlich von anderen Kreisen in der Landeskirche: Es war größer, bearbeitete vor allem gesellschaftspolitische Themen und bestand zu einem sehr großen Anteil – Abrokat spricht von bis zu 80 % im Jahr 1988[1228] – aus Antragstellern auf Übersiedlung. Sein Leiter war seit 1986 Pastor Michael Möller, der durch seinen eigenen Antrag auf Übersiedlung staatlicherseits nicht als geeigneter Ansprechpartner akzeptiert wurde. Alle Antragsteller galten als unberechenbar, weil sie in der Regel in der DDR nichts mehr zu verlieren hatten. Insofern war eine große Spannung zwischen Staat und Kirche in der alten Hansestadt Wismar nicht zu vermeiden.

Andererseits genoss der Kreis die Solidarität des Landesbischofs und auch des Oberkirchenrates sowie eines Teils der Wismarer Pastorenschaft. Letztlich setzten sich aber die Kräfte durch, die die Ausreisewilligen ablehnten, unter anderem deshalb, weil diese das so genannte „vertrauensvolle Verhältnis" zwischen Staat und Kirche gefährdeten.

Dass sich die staatliche Seite trotz der Unterstützung durch Kirchgemeinderat und Landessuperintendent nicht durchsetzen konnte, spiegelt sich in den entsprechenden Akten kaum wider, denn Misserfolge wurden nicht dokumentiert. Hier und da mussten augenscheinlich die eigenen Mitarbeiter vom Erfolg überzeugt werden: Als der als „Provokateur" geltende Hausmeister der Wismarer Nikolai-Gemeinde 1988 in die Bundesrepublik aussiedelte, kommentierte dies die Staatssicherheit in einer internen „vertraulichen Mitteilung" mit den Worten, die staatliche Ausreiseerlaubnis sei „kein Zeichen der Schwäche".[1229]

In einigen anderen Gemeinden der Landeskirche bestanden ebenfalls Umweltkreise, beispielsweise in Rostock, in der Schweriner Jugendarbeit, in Neubrandenburg usw. Weil diese Kreise weniger Öffentlichkeit hatten

[1227] Vgl. BStU, MfS, BV Rostock, Abt. XX, Archiv-Nr. 594, Bl. 221 f.

[1228] Vgl. Abrokat 1997, S. 72

[1229] Vgl. BV Rostock, AIM 272/91, Bd. I/2, Bl. 151.

oder auch suchten, spielten sie für die SED und die Räte der Kreise und Bezirke gemessen am ÖZU keine vergleichbare Rolle. Es kann jedoch mit Sicherheit davon ausgegangen werden, dass das MfS überall versuchte, durch IM Einblick in das Leben dieser Gruppen zu erhalten, deren Arbeit zu beeinflussen und sie mitunter langfristig zu unterbinden.

Es gab deutlich weniger Umweltgruppen als Friedensgruppen in Mecklenburg und eigentlich nur zwei Zentren: Schwerin und Wismar. An diesen beiden Initiativen wird deutlich, wie eine kirchliche Basisgruppe durch das kirchliche Umfeld gestützt oder gestört werden konnte und wie wenig Oberkirchenrat und Bischof ausrichten konnten, wenn das regionale Umfeld ihren Ansichten nicht folgte.

### *Eine Frauengruppe im Visier des MfS – der OV „Bund"*

Verglichen mit den Friedens- und Umweltgruppen war die Anzahl von Frauengruppen in der mecklenburgischen Landeskirche verschwindend gering. In Rostock gab es seit 1983/84 eine Gruppe,[1230] in Schwerin seit 1984.

In vielerlei Hinsicht war die Schweriner Frauengruppe eine typische Basisgruppe in Mecklenburg. Die Gruppe setzte sich aus etwa 15 Frauen zusammen, viele von ihnen hatten keinen kirchlichen Bezug. Kontakte zu anderen Basisgruppen gab es nur wenige, im Wesentlichen wurden sie über die AGF hergestellt, in der Anne Drescher seit 1985 Mitglied war und die Schweriner Gruppe vertrat. Über die Entstehung und Arbeit der Schweriner Frauengruppe sagte Anne Drescher, die von Anfang an dabei war:

> „Die Frauengruppe hat sich im Sommer 1984 zusammengefunden, als die Vorbereitungen zur Friedensdekade des gleichen Jahres gerade begannen. Einige Frauen waren angesprochen worden, unter anderen auch ich, ob wir nicht einen Abend der Friedensdekade gestalten wollten. Später bildete sich aus diesen Anfängen dann der Frauenkreis. Erst in einem der folgenden Jahre wurden wir gefragt, ob wir uns nicht langfristig an der Friedensdekade beteiligen würden. Das lief vor allem über Karin Ritter. Wir haben das auch gemacht. […]
> Die staatlichen Stellen haben uns vor allem deshalb als einen gefährlichen Kreis eingestuft, weil wir Kontakte nach Berlin hatten.

[1230] Vgl. Probst 1997, S. 279.

1984 hatten wir beispielsweise Ulrike Poppe, die gerade aus dem Gefängnis entlassen worden war, nach Schwerin eingeladen. Eine der Frauen, die damals hochschwanger war und den Kontakt zu Ulrike Poppe hergestellt hatte, wurde von der Staatssicherheit aufgesucht und bedroht, sie könne auch in der Untersuchungshaft entbinden, wenn sie darauf bestünde, dass Ulrike Poppe nach Schwerin kommt. Sie musste Ulrike Poppe sofort telefonisch absagen. Die Stasi hatte Angst, dass wir uns vernetzen.
Der Frauenkreis hat sich, solange er zwischen 1984 und 1989 existierte, nicht als eine politisch agierende Gruppe verstanden. Das Erschrecken ist bei uns hinterher gekommen, als wir sahen, wie wir eigentlich gesehen wurden. Wir hatten keine antistaatliche Haltung oder das Bestreben, politisch aktiv zu werden. Das haben wir damals selbst nicht so empfunden."[1231]

Hintergrund für die Bearbeitung der Schweriner Frauen in Berlin war ein Schreiben, das sie sowohl an Helmut Kohl als auch an Erich Honecker gesandt hatten. Darin hatten sie die Abrüstungsverhandlungen begrüßt und zugleich die Bitte geäußert, beide Seiten mögen einseitig aus der Rüstungsspirale aussteigen, sollten die Verhandlungen nicht erfolgreich verlaufen. Daraufhin wurde die Bearbeitung intensiviert, indem der OV „Bund“ gegen fünf Frauen aus dem Schweriner Frauenkreis eröffnet wurde. Die Ergebnisse dieses operativen Vorgangs leitete die Bezirksverwaltung Schwerin nach Berlin weiter, wo sie ab 1986 in den so genannten Zentralen Operativen Vorgang (ZOV) „Wespe“ eingegliedert wurden, in dem die bekannt gewordenen Frauengruppen der DDR beobachtet wurden.

Nach ihrem Selbstverständnis war die Gruppe unpolitisch; umso größer war die Verunsicherung, die durch die intensive staatliche Beobachtung – konspirative Wohnungsdurchsuchungen und Wanzen in Telefonen – eintrat.

Zunächst hatte die Frauengruppe Kontakt zum Schweriner Propst Meyer aufgenommen und durch diesen die Erlaubnis erhalten, kirchliche Räume für ihre Treffen zu benutzen. Von diesem Angebot machte sie allerdings nur wenig Gebrauch. Zugleich war Oberkirchenrat Schwerin von der Existenz der Gruppe informiert worden, damit dieser sich in Gesprächen mit staatlichen Funktionären informiert zeigen und sich – wie er angeboten hatte – vor die Gruppe stellen konnte.

[1231] Interview mit Anne Drescher am 17. 1. 2001.

Gleichzeitig sei, so ein Lagebericht der Schweriner Abteilung XX vom Januar 1986, Oberkirchenrat Schwerin bei einem Treffen mit einigen Frauen darum bemüht gewesen, die bisher nicht vorhandene kirchliche Anbindung herzustellen. Die Mitglieder der Gruppe, überwiegenden konfessionell gebunden bzw. aus religiösen Elternhäusern stammend, hatte bisher eine offizielle Integration in die Kirche, das heißt die kirchliche Institutionalisierung ihres Kreises abgelehnt. Schwerin habe geschickt argumentiert, dass die Kirche einer der wenigen Freiräume in der DDR sei, in denen sich solche Gruppen treffen könnten. Der Schutz der Gruppen beruhe darauf, dass der Staat gegenüber der Kirche andere Reaktionen als gegenüber nicht gebundenen Personenkreisen zeige. Er habe den Frauen angeboten, sich bei künftigen Gesprächen mit staatlichen Stellen auf die Unterredung mit ihm zu berufen, und habe um Informationen über bzw. Gedächtnisprotokolle von Gesprächen mit staatlichen Stellen bei eventuellen Konfrontationen gebeten.[1232] Schwerin habe die Frauengruppe darüber hinaus aufgefordert, sich ein bestimmtes Profil zuzulegen, das Aktivitäten für das christliche Friedenszeugnis mit einschließe. Als eine mögliche Form des Engagements habe Schwerin die Anfertigung von Eingaben genannt.

Auch in dem Bericht der Bezirksverwaltung wird das Bemühen des Oberkirchenrates deutlich, den Frauenkreis in die Friedensbewegung einzureihen, um ihn damit bei staatlichen Anfragen legitimieren zu können. Schwerins Bitte um Weiterleitung von Gesprächsprotokollen mit staatlichen Stellen war kein Akt der Kontrolle, sondern ein Schutzmechanismus: Immer wieder versuchten der Rat des Bezirkes und die MfS-Bezirksverwaltung die verschiedenen kirchlichen Ebenen gegeneinander auszuspielen. Dem war nur mit einer guten innerkirchlichen Kommunikation zu begegnen. Ähnlich sah dies auch das MfS und fasste zusammen:

> „Die operative Bewertung des gesamten Abends macht folgende operativ bedeutsamen Aspekte sichtbar:
> 1. Schwerin ist bemüht, alle alternativen Bewegungen bzw. Ansatzpunkte dazu unter 'kirchlicher Vormundschaft' zusammenzuführen. Es zeichnen sich gleiche Tendenzen wie bei der Neuprofilierung der Tätigkeit der Arbeitsgruppe 'Frieden' beim OKR der ELLKM ab. [...]
> 2. Durch das Angebot zur Wahrnahme der kirchlichen

[1232] Vgl. PA Eckart Schwerin, Bl. 100.

'Schutzfunktion' sollen einerseits die durch eine Reihe operativer Maßnahmen verunsicherten Frauen in ihrem Vorgehen bestärkt und andererseits die Entscheidung für eine Integration in kirchliche Strukturen beeinflußt werden.
3. Schwerin ist an der Ausprägung der negativen Haltungen der Gruppe und ihren Aktivitäten stark interessiert. Sein verstecktes Verlangen nach politischer Profilierung beinhaltet gleichzeitig die Aufforderung nach öffentlichkeitswirksamer Aktivität."[1233]

Die Schweriner Frauengruppe bestand bis zum Frühjahr 1989. Sie löste sich damals auf, jedoch nicht in Folge staatlicher Einflussnahme von außen, sondern weil private und berufliche Verpflichtungen vieler Mitglieder der aktiven Arbeit entgegenstanden.[1234]

### *Die Antragsteller auf Übersiedlung in Mecklenburg*

Waren die Basisgruppen aus staatlicher Sicht an sich schon ein Problem, weil sie – mehr oder weniger offen – gesellschaftspolitische Missstände ansprachen, relativ starken Zulauf erhielten und in der Regel die Unterstützung des Oberkirchenrates und des Landesbischofs hatten, so erhöhte sich der Puls beim Rat des Bezirkes Schwerin, wenn Antragsteller auf Übersiedlung aktiv in diesen Gruppen mitarbeiteten. Sie waren ein „rotes Tuch" für SED und MfS.

Antragsteller auf Entlassung aus der DDR-Staatsbürgerschaft hatte es seit dem Mauerbau im August 1961 gegeben, allerdings hatten die entsprechenden Anträge als gesetzwidrig gegolten. Sie waren dennoch vereinzelt und ohne erkennbares Schema bewilligt worden. Ausdruck der Kriminalisierung der Übersiedlungswilligen war die MfS-Dienstvorschrift 31/70, die den Kanon der Personen, die durch die Kriminalpolizei kontrolliert werden sollten, auf die Ausreisewilligen ausdehnte, die sie als „kriminell gefährdet" einstufte.

Erst durch die Schlussakte von Helsinki 1975 war es Staatsbürgern der DDR rechtlich möglich, die DDR zu verlassen. Allerdings erkannte die DDR diese Rechtslage faktisch nicht an und behandelte die Anträge auf Übersiedlung weiterhin als rechtswidrig. Auf Grund der steigenden

---

[1233] PA Eckart Schwerin, Bl. 101.

[1234] Vgl. Interview mit Anne Drescher am 17. 1. 2001.

Zahl von Antragstellern, deren zunehmenden Vernetzung untereinander, dem Gehör, das diese Gruppe in der evangelischen Kirche fand und nicht zuletzt auf Grund der wiederholten Besetzung westlicher Botschaften in der DDR und im sozialistischen Ausland durch DDR-Bürger, die auf diesem Weg ihre Ausreise erzwingen wollten, erließ die SED 1983 unter dem Rubrum der Familienzusammenführung ein Gesetz zur Übersiedlung in das westliche Ausland. Umgehend stellten Tausende von DDR-Bürgern entsprechende Anträge, die über kurz oder lang bewilligt wurden, um die lästigen „DDR-Bürger auf Abruf" loszuwerden und das Land wieder zu befrieden. Die erhoffte Wirkung blieb allerdings aus. Ganz im Gegenteil hatte die Ausreisewelle zu einem Anschwellen neuerlicher Anträge auf Übersiedlung geführt, und ein Ende war nicht abzusehen.

Kai Langer hat in seiner Darstellung der Wende im Norden der DDR die Anzahl der Antragsteller im Bezirk Rostock zwischen 1983 und 1989 aufgeführt. Demnach waren es 1983 677 Personen, ein Jahr später 808, und 1985 bereits 1365 Personen aus dem Bezirk Rostock, die die DDR verlassen wollten. 1986 war deren Zahl mit knapp 1218 etwas gesunken, stieg jedoch von 1987 bis 1989 von 1526 über 2232 auf 2839 Ausreisewillige.[1235] Bei knapp 900 000 Einwohnern des Bezirkes im Jahr 1989 war diese Zahl nur scheinbar gering.[1236] Diese Menschen fehlten in den Betrieben, wo sie oft hoch qualifizierte Berufe ausgeübt hatten.

Die Antragsteller auf Übersiedlung bildeten innerhalb der evangelischen Kirchen in der DDR eine Gruppierung, die vielfach auch für die Gemeinden nicht erkennbar war. Gesetzlich war es ihnen verboten, sich zu treffen. Jegliche Zusammenkunft wurde als „staatsfeindlicher Zusammenschluß" unnachgiebig geahndet. Unter dem kirchlichen Dach konnten diese Familien wenigstens ansatzweise ihre gesellschaftliche Isolation aufheben. Sie hatten ihre eigenen Treffpunkte: In Rostock waren es Räume der Mariengemeinde im Stadtzentrum und im Gemeindezentrum „Die Brücke" am Stadtrand in Groß Klein. In kleineren Gemeinden wie Kühlungsborn war es die Empore in der alten Dorfkirche, auf der sich im Laufe der achtziger Jahre immer mehr Antragsteller auf Übersiedlung bei den sonntäglichen Gottesdiensten zusammenfanden. Dass sie dennoch nicht die gleiche Akzeptanz und Aufnahme in der mecklenburgischen Landeskirche fanden wie andere Gruppen, lag zum einen daran, dass die offene Anerkennung des

---

[1235] Vgl. Langer 1997, S. 27.

[1236] Vgl. Rytlewski/Opp de Hipt 1987, S. 46.

Ausreisewillens einen erheblichen Konflikt mit dem Staat heraufbeschworen hätte, der tiefere Grund war jedoch ein religiöses Verständnis von Pflicht und Verantwortung, wonach der Christ sich dort einsetzen solle, wo Gott ihn hingestellt habe.

Längst nicht alle Antragsteller, die den Weg zur Kirche fanden, waren Christen; das machte die Lage noch schwieriger. Durch die andauernde und breite Diskriminierung der Ausreisewilligen waren sie oft in die Enge getrieben und bereit, auch öffentlichkeitswirksame Aktionen durchzuführen, die der jeweiligen Gemeinde und der Landeskirche insgesamt hätten schaden können. Aus diesen Gründen kam es weder in Mecklenburg noch in den anderen evangelischen Landeskirchen der DDR zu einem Konsens in der Frage, wie man sich gegenüber den Antragstellern auf Übersiedlung – abgesehen von der seelsorgerischen Fürsorge und der Bitte, die DDR nicht zu verlassen – verhalten solle.[1237] Das galt auch gegenüber denjenigen, die in kirchlichen Einrichtungen tätig waren. Einzelfallregelungen bestimmten, ob diese mit ihrem Antrag auf Übersiedlung die Beschäftigung im kirchlichen Bereich aufgeben mussten oder nicht.[1238]

Theoretisch hätten damit alle eventuellen Konfliktstoffe zwischen Staat und Kirche, die mit den Antragstellern zusammenhingen, ausgeräumt sein müssen. Die Lage wurde jedoch dadurch kompliziert, dass die Ausreisewilligen im Rahmen der Seelsorge hier und da eine besondere Zuwendung der Kirche erfuhren und ihnen manche Gemeinden im Wissen um die starke staatliche Drangsalierung Räumlichkeiten für regelmäßige Treffen anboten – beispielsweise in Rostock-Groß Klein, wo Arvid und Jutta Schnauer das Pfarramt führten. Der Kirchgemeinderat hatte dem Vorhaben zugestimmt. Das war jedoch eine persönliche Entscheidung des jeweiligen Gemeindepastors und Kirchgemeinderatsmitgliedes. In der Regel – dies muss wohl festgestellt werden – lehnten die Gemeindepastoren und Kirchgemeinderäte ein besonderes, über die Einzelseelsorge hinausgehendes Engagement ab. Arvid Schnauer sagte im Gespräch zu den damaligen Beweggründen, den

---

[1237] Vgl. Interview mit Matthias Burkhardt am 27. 5. 2000.

[1238] Eine Ausnahme bildeten emeritierte Pastorinnen und Pastoren, die man auch in Mecklenburg gerne gen Westen entließ. Zum einen, weil damit die schwierige Wohnungsfrage entfiel; kirchliche Wohnungen waren knapp und oft willkürlich durch die kommunale Wohnungsverwaltung vergeben worden. Zum anderen entfielen auch die Pensionen und entlasteten damit den Kirchenhaushalt. Sehr viele Emeriten gingen daher möglichst zügig nach Eintritt in das Rentenalter in die Bundesrepublik.

Antragstellern Unterstützung zu geben:

> „Ich denke, das war ganz normal und meine Grundeinstellung. Mir ist so, als ob Propst Grüber einmal in meiner Studentengemeindezeit in Rostock zu einem Vortrag über die Zeit des Nationalsozialismus gekommen ist, und da hat mir der Satz sehr eingeleuchtet: Wenn eine Gruppe oder wenn Menschen nicht zu ihren Rechten kommen, dann muss die Kirche ihnen das Dach bieten, ohne sich zu identifizieren mit ihren Zielen oder mit ihren Ideen. Sie muss ihnen einfach die Form bieten, das Dach bieten, damit sie sich, wenn sie sonst diskriminiert werden, hier treffen können. Das haben wir so gehandhabt. Jeden Dienstag hat sich hier eine Gruppe von 25 bis 30 Ausreisern getroffen. Die staatlichen Stellen hat das furchtbar gestört. Wir wurden sehr gut beobachtet, auch aus einer konspirativen Wohnung heraus. Insofern waren sie über alles informiert, was hier im Hause lief.[1239]

SED, Räte der Kreise und Bezirke sowie das MfS setzten die Landeskirche zusätzlich unter Druck, indem sie die Anstellung von Antragstellern in diakonischen Einrichtungen als feindlichen Akt scharf kritisierten. Zugleich deuteten sie den Übersiedlungswilligen an, sie sollten sich eine Stelle bei der Kirche suchen, dann würden sie schneller die Ausreisebewilligung erhalten. Nirgendwo in den staatlichen Dokumenten ist belegt, dass diese Strategie bewusst gewählt worden war, um eine Spannung zwischen Landeskirche und Ausreisewilligen aufzubauen – aber sie wirkte innerhalb kurzer Zeit als Sprengsatz. Rathke hatte dies schnell erkannt und kritisierte das doppelzüngige Vorgehen des Rates des Bezirkes Schwerin noch einmal im Juni 1984 in seinem dortigen Abschiedsgespräch.[1240] Ändern konnte er damit nichts. Die Situation verschärfte sich bis zur Wende erheblich.

1977 wurde die Haltung der Landeskirche zu den Antragstellern auf Übersiedlung zum ersten Mal in der Landessynode besprochen. Den Anstoß dazu hatte ein Redebeitrag von Pastor Matthias Burkhardt gegeben, der die Synode aufgefordert hatte, ein Wort zur Unterstützung derjenigen Bürger zu verfassen, die einen Ausreiseantrag gestellt hätten und nun schikaniert würden. Die Kirche solle sich nicht auf ihre privilegierte Stellung zurückziehen, sondern das Wort ergreifen und für sol-

---

[1239] Interview mit Arvid Schnauer am 26. 5. 2000.

[1240] LHA Schwerin, RdB Schwerin, Z 10/90, 26, n. p.

che Menschen da sein, die isoliert seien.[1241] Dieser Teil der Bevölkerung bräuchte die Rückendeckung der Kirche und sei keineswegs gleichzusetzen mit solchen Antragstellern, die die Kirche nur für eigene Zwecke instrumentalisierten. Die Reaktion in der Synode war sehr zurückhaltend.

Bezirksreferent Franze stellte in seinem Bericht über die Synode fest, dass Burkhardt noch in der alten Synode Applaus bekommen hätte, in der neuen aber mit seinem Antrag nicht hätte landen können. Der Rostocker Professor Kiesow und Pastor Hebert seien stark gegen Burkhardts Vorschlag vorgegangen. Kiesow habe gesagt, dieser solle lieber individuelle Seelsorge betreiben, als ein Problem vor die Öffentlichkeit zu bringen, das seiner Ansicht nach gar nicht bestehe.[1242] Die Beschlussvorlage lautete entsprechend ausgleichend:

> „Der Berichtsausschuß der Synode hat sich über die seelische Belastung von Menschen informiert, die durch ihren Ausreiseantrag oft isoliert und ratlos sind. Die Gemeinden und ihre Seelsorger mögen solchen belasteten Menschen alle mögliche seelsorgerliche Hilfe erteilen. Dazu gehört auch das Gespräch mit den zuständigen staatlichen Vertretern. Die Landessynode bittet den Landesbischof, nach seinen Möglichkeiten konkrete Fälle in Gesprächen mit staatlichen Stellen vorzutragen."[1243]

Dennoch folgte die Synode der Beschlussvorlage nicht. Eine entscheidende Rolle spielte dabei Präses Siegfried Wahrmann, der sich gegen den Antrag stellte. Burkhardt hatte dies augenscheinlich geahnt und deshalb im Voraus nur mit Heinrich Rathke über seinen Beitrag gesprochen. Beide hielten es für klüger, Siegfried Wahrmann mit dem Anliegen zu überraschen, um zu verhindern, dass dieser das von ihm ungeliebte Thema auf einen ungünstigen Platz „schieben" würde, um einen allzu großen Konflikt mit dem Staat zu vermeiden.[1244] Im Herbst 1977 kam Wahrmann vor der Synode noch einmal auf das Thema zurück und erklärte, es habe dazu ein Gespräch mit dem Stellvertreter Inneres beim Rat des Bezirkes Schwerin, Moritz Klemt, gegeben. Demnach „seien gangbare Wege gefunden worden". Die Frage sei als geklärt zu betrach-

---

[1241] Vgl. LHA Schwerin, SED BPA Schwerin, IV D-2/14/530, Bl. 4 d. Dok.

[1242] Vgl. ebd., Bl. 5 d. Dok.

[1243] ELLKM, LKA, vorl. Sig.: C 12, Protokolle und Berichte der Kirchenleitung (bis 1977).

[1244] Interview mit Matthias Burkhardt am 27. 5. 2000.

ten und die Gespräche hierüber als beendet zu bezeichnen, schrieb Rudolf Franze in seinem Bericht über die Herbstsynode.[1245]

Auch in Berlin hatte man diesen unerhörten Vorgang zur Kenntnis genommen. In einer „Information zur Situation in den Evangelischen Kirchen in der DDR“ vom 5. April 1977 hieß es, innerhalb der Konferenz der Kirchenleitung gehörten die Bischöfe Schönherr, Braecklein, Gienke und zum Teil auch Nath zu den „realistischen und positiven“ Kräften, und Bischof Fränckel aus der Görlitzer Landeskirche habe sich seit der Unterzeichnung der Schlussakte von Helsinki sehr zurückgehalten. Negativ auffällig geworden sei jedoch der mecklenburgische Bischof:

> „Bischof Rathke, Schwerin, gehört zu denen in kirchenleitenden Funktionen, die immer wieder versuchen, die Positionen der Kirche gegen politische Konzeptionen der DDR auszuweiten. Er erwartet eine Einschränkung der weltanschaulichen Erziehung im Bereich Bildung, eine Auflockerung der Sicherungsmaßnahmen an der Staatsgrenze zur BRD, eine breitere Informationsfreigabe und nimmt für die Kirche das Recht in Anspruch, sich für solche Bürger einzusetzen, die einen Ausreiseantrag gestellt haben.“[1246]

In Schwerin wurden die Ausreisewilligen seit 1983 öffentlich sichtbar, weil sie sich einmal im Monat in der Thomaskapelle des Domes trafen. Einer der beiden damaligen Domprediger, Ernst-Friedrich Roettig, erinnert sich an die Anfänge der Andachten mit den Antragstellern auf Übersiedlung:

> „Da kam bald dieser, bald jener, die wollten sich taufen oder konfirmieren lassen, weil sie gehört hatten, dass dieses ganz günstig wäre. Aber das waren Einzelne. Und dann hatten wir vorübergehend Aussiedlungsleute im Dom angestellt, weil die woanders keine Arbeit bekommen haben. Dann gab es jeden Montag das Friedensgebet mit 100 bis 200 Besuchern.
> Am 6. März 1988, das muss ein Sonntag gewesen sein, habe ich vorher schon gehört: ‘Du, pass auf, irgendetwas kommt da.’ Und

[1245] Vgl. LHA Schwerin, SED BPA Schwerin, IV D-2/14/530, Bl. 41.

[1246] BArch, DO-4/ 418, Bl. 269.

> dann stand ich in der Thomas-Kapelle an der kleinen Kanzel und hatte vor mir die Gemeinde und hinten einen geschlossenen Block gleichaltriger [Antragsteller], dicht bei dicht. Da hinten saß auch Siegert, der sagte hinterher: 'Wenn ich bei denen sitze, dann fällt mir das Glaubensbekenntnis auch nicht ein.' So wenig sagte ihnen Kirche etwas. Aber sie waren präsent. Und ich hatte die ganze Zeit wie auf Kohlen gestanden: Geht hier jetzt etwas los? Auch bei der Predigt habe ich mir dann gedacht: Brauchen die vielleicht ein Stichwort oder haben die sich eine Zeit ausgemacht, wo es dann losgeht? Ich habe tief Luft geholt, als das zu Ende war. Von dem Sonntag an war diese Gruppe im Gottesdienst."[1247]

Die Vorbehalte gegenüber den Antragstellern bestätigten sich jedoch nicht. Weder während der Friedensgebete noch während des monatlich angebotenen anschließenden Gesprächs kam es jemals zu einer überraschenden Aktion.[1248] Man traf sich einfach in der Thomaskapelle und genoss den durch die Kirche gebotenen geschützten Raum.

Dennoch setzte der Rat der Stadt Schwerin alle Hebel in Bewegung, um diese Aktivitäten zu unterbinden. Davon zeugt auch eine „Information über ein Gespräch mit Pastor Jürgen Hebert am 7.3.1988". Hebert war zu diesem Zeitpunkt schon einige Jahre kein Dompastor mehr, kannte aber die Verhältnisse dort sehr gut und gehörte auch als Seelsorger am Kinderkrankenhaus „Anna-Hospital" zum Schweriner Pastorenkonvent. Auf diesen Konventssitzungen war er immer wieder durch besonders „staatsfreundliche" Äußerungen aufgefallen und erschien offensichtlich auch in Sachen Übersiedlungswillige als geeigneter Gesprächspartner. Feldmann sprach Hebert darauf an, dass er mit den Pastoren Sagert und Roettig ein Gespräch wegen staatlicher Eingriffe gegen einen Gottesdienst im Dom geführt habe, worauf dieser laut Akte gesagt habe:

> „Dr. Hebert äußerte sich, daß diese Problematik auch in den Morgenstunden im Stadtkonvent zur Debatte gestanden habe. Dies sei jedoch nicht der Hauptschwerpunkt im Konvent gewesen. Ihm sei auch zu Ohren gekommen, daß sich einige Gläubige durch das Aufgebot an Sicherungskräften beeinträchtigt gefühlt haben sollen. Da er jedoch sel-

[1247] Interview mit Ernst-Friedrich Roettig am 24. 7. 2000.

[1248] Vgl. ebd.

ber nicht zum Gottesdienst war, könne er sich zur konkreten Sachlage nicht weiter äußern, er sei jedoch der Auffassung, daß in solchen Situationen kooperatives Zusammenwirken geboten sei. In der Zeit, wo er selbst geschäftsführender Pastor der Domgemeinde gewesen sei, habe es auch Fälle gegeben, wo Offiziere des MfS ihn über anstehende Probleme informiert hätten und sie gemeinsam Maßnahmen zur Unterbindung von Störungen festgelegt hätten.

Er betrachte solche Formen des Zusammenwirkens mit den Sicherheitsorganen ebenfalls als eine Form des vertrauensvollen Miteinanders und habe sich seinerzeit nie dadurch in der Ausübung seines kirchlichen Amtes beeinträchtigt gefühlt.

Die Begründung, warum diese Sicherungsmaßnahmen erforderlich waren, wurde von ihm voll inhaltlich akzeptiert. Er sei der Auffassung, daß es nicht anginge, daß Kreise, die nicht kirchlich gebunden sind, das Dach der Kirche für die Durchsetzung ihrer Ziele und Ansichten nutzen sollten. Andererseits meinte er, daß es sicherlich notwendig sei, gemeinsam Überlegungen anzustellen, um unseren Mitbürgern unabhängig von ihrer Weltanschauung noch deutlicher zu machen, daß hier in der DDR ihre Heimat und ihre Zukunft liegt."[1249]

Einen Tag zuvor hatte sich Christoph Stier in einem Protestschreiben an den Vorsitzenden des Rates des Bezirkes, Fleck, gewandt. Er legte im Namen der Kirchenleitung Beschwerde gegen das Vorgehen staatlicher Organe gegen Gottesdienstbesucher am 6. März 1988 ein, die durch die Sicherheitskräfte einem Spießrutenlaufen ausgesetzt worden seien. Besonderes Missfallen erregte, dass die Staatssicherheit die Gottesdienstbesucher fotografiert und während des Gottesdienstes in den Kreuzgängen des Domes patrouilliert hatte. Dies sei eine bewusste Einschüchterung der Gottesdienstbesucher gewesen und widerspreche der Verfassung der DDR. Die Kirchenleitung erwarte eine Erklärung dieser Vorgänge und eine Beendigung dieser Vorgehensweise, so Stier.[1250] Dazu ist es nicht gekommen.

---

[1249] LHA Schwerin, IV F-2/14/772, Bl. 99/100.

[1250] Vgl. LHA Schwerin, RdB Schwerin, Z 10/90, 26, n. p.

Nur wenige setzten sich für eine Integration der Ausreisewilligen in den Basisgruppen ein. Dazu gehörte auch Markus Meckel, der in einem Vortrag auf dem Basisgruppentreffen im Januar 1984 in Güstrow sagte, es sei kein Zufall, dass Ausreiseantragsteller auch in Friedenskreisen mitarbeiten würden:

> „So bedauerlich der Weggang oft ist, so kann es auch verständlich sein, wenn eine Situation persönlich nicht mehr verkraftet wird. Wenn auch die Notwendigkeit festgehalten werden muß, daß wir in der Friedensarbeit unsere Identität in diesem Staat hier haben, ist die Mitarbeit von Ausreisewilligen doch nicht automatisch eine Belastung der Arbeit. So sehr manche angefragt werden können, so sehr ist auch der Wille Ausreisewilliger anzuerkennen, wo man auch sei, für den Frieden einzutreten. Das Problem der steigenden Zahl der Antragsteller ist ein gesellschaftliches Problem und hat auch hier seine Ursachen. Es ist nicht auf die Moralität je einzelner zu reduzieren."[1251]

Auch Landesbischof Christoph Stier äußerte sich öffentlich zur Frage der Antragsteller. In der „Welt“ vom 18. März 1988 konnten zumindest Westberliner und bundesdeutsche Bürger unter der Überschrift „Über Qualen reden“ lesen, dass Stier an die SED-Führung appelliert hatte, „sich dem öffentlichen Gespräch über die Ursachen für die wachsende Zahl von ausreisewilligen ‘DDR’-Bewohnern zu stellen. Über die Probleme Ausreisewilliger müsse endlich auch öffentlich gesprochen werden, sagte Stier in der Nikolaikirche von Leipzig. Solange die SED hierzu schweige, müsse die Kirche stellvertretend handeln. Notwendig sei es zudem, ‘durchschaubare und berechenbare Regelungen’ für Übersiedlungsanträge zu schaffen, weil die Ungewissheit, in der die zur Ausreise bereiten ‘DDR’-Bewohner heute lebten, die Menschen quäle und kaputt mache.“[1252]

Im Rat des Bezirkes bemerkte man diese nun kontinuierliche Arbeit mit den Übersiedlungswilligen auch und zeigte sich besorgt. Es sei nicht gelungen, trug der Stellvertreter Inneres beim Bezirk, Schwoerke, vor seinen Kollegen aus den Kreisen im August 1989 vor, „die Antragsteller

---

[1251] ELLKM, LKA, 512.02, Dok. 512.02/9

[1252] Vgl. BArch, DO-4/ 5196

auf ständige Ausreise von der Kirche zu trennen". [1253]

### *Der Arbeitskreis Solidarische Kirche in Mecklenburg*

Der Arbeitskreis Solidarische Kirche (AKSK) war keine eigentliche Basisgruppe. Gegründet 1984 als Dachorganisation von mecklenburgischen Basisgruppen, entwickelten sich die einzelnen Regionalgruppen in der DDR in zum Teil sehr unterschiedliche Richtungen. In Mecklenburg machte sich der AKSK erst Ende der achtziger Jahre bemerkbar. Er war eine Form der Mitarbeitervertretung, die darauf abzielte, das Bewusstsein für demokratische Formen nicht nur auf staatlichem, sondern auch auf kirchlichem Gebiet neu zu wecken. Daher war die Aufhebung der traditionellen Trennung zwischen Pastoren und kirchlichen Mitarbeitern auch Programm des AKSK. Im „Friedensnetz", der vom mecklenburgischen Oberkirchenrat herausgegebenen Zeitschrift der Arbeitsgruppe Frieden, stellte sich der AKSK im Februar 1988 vor. Ausgangsbasis des AKSK sei die „gestörte Kommunikation innerhalb der Kirche durch Administration und Ordnung", hieß es in der darin veröffentlichten „Basiserklärung des Arbeitskreises Solidarische Kirche".[1254]

Der AKSK richtete den Blick auf all die Doppelzüngigkeiten und Unzulänglichkeiten in der Kirche, die das innerkirchliche Leben bis dahin beschwert hatten. Das „Mündigwerden von Gemeinden [werde] gleichzeitig gefordert und behindert", Ehen ohne Trauschein würden diskreditiert. Es gebe eine Kluft zwischen Mitarbeiter- und Pastorenschaft. Die Haltung der Landeskirche zum Staat scheine oftmals „zu stark von der Sorge um die eigene Sicherheit, die eigenen Rechte und Privilegien bestimmt". „Die Kirche kann aber ihrem Auftrag nur gerecht werden, wenn sie das Evangelium mit seinen gesellschaftlichen Bezügen ungeschützt zur Sprache bringt und lebt."[1255] Kernpunkt des AKSK war die „strikte Einhaltung der Demokratie", seine Intention war es, die Kirche solle Modellcharakter für eine demokratische Gesellschaft haben. Daneben aber wollte der AKSK auch eine Mitarbeitervertretung für alle diejenigen sein, die auf Grund ihrer Lebensweise oder -einstellung kein Echo in der Landeskirche fanden.[1256]

Damit waren die Impulse für die Gründung des AKSK in Mecklenburg

---

[1253] Vgl. Aufbruch '89 (1994), S. 86.

[1254] Vgl. ELLKM, LKA, 512.02, Bl. 26 d. Dok.

[1255] Vgl. ebd.

[1256] Vgl. ebd.

bis zu einem gewissen Grade andere als im Süden der DDR. Viel stärker als dort stand ein Generationskonflikt im Mittelpunkt. Ulrich von Saß, Pastor in Neubrandenburg und aktiv im AKSK, sagte über diesen Konflikt:

> „Die Solidarische Kirche war die junge Generation der Pastorenschaft, die nicht durch die fünfziger Jahre geprägt war, sondern die Ende der sechziger Jahre begonnen hatte, politisch zu denken. Es war die Generation, die die traumatisierenden Erfahrungen der Fünfziger nicht gemacht hatte und deshalb auch relativ angstfrei handelte. Wir jungen Pastoren kamen aus einer anderen Welt. Wir hatten nicht wie Kurt Winkelmann das Lager Fünfeichen hinter uns."[1257]

Die staatliche Seite wurde erst spät auf den AKSK aufmerksam, weil sich in der mecklenburgischen Landeskirche erst langsam und nur sehr vereinzelt entsprechende Gruppen bildeten, nämlich seit Oktober 1986 im Kirchenkreis Malchin, 1987 in den Kirchenkreisen Stargard und Rostock, und 1989 in Dobbertin. Hintergrund für die „operative Bearbeitung" der AKSK-Gruppen war zum einen deren Zusammensetzung. Im Bezirk Neubrandenburg beispielsweise gehörten einige führende Köpfe der Friedensbewegung wie Detlef Borchardt, Eckart Hübener, Hartmuth Reinke, Ulrich von Saß und Henning Utpatel dazu, „die kein positives Verhältnis zum Staat" hätten.[1258] Damit waren in diesem Kreis besonders wichtige Operative Personenkontrollen und Operative Vorgänge des Bezirkes „versammelt", ohne dass auch nur ein IM in dem Kreis war – bis Hermann Pietsch alias „Klaus Kruse" hinzustieß. Aber auch die beginnende Vernetzung mit Berliner Strukturen schürte die Angst der Staatssicherheit, die Kreise könnten sich innerhalb der Nordbezirke ausweiten. So betrachteten der Jahresplan für 1989 der Bezirksverwaltung Neubrandenburg wie auch der der Abteilung XX den AKSK als einen Schwerpunktbereich.[1259] Es sollte verhindert werden, dass sich Strukturen in der mecklenburgischen Landeskirche herausbilden würden, die die Arbeit des AKSK unterstützten. Aus diesem Grund sollte ein OV eingeleitet werden.[1260]

---

[1257] Interview mit Ulrich von Saß am 7. 4. 2000.

[1258] Vgl. LHA Schwerin, RdB Neubrandenburg, Z 77/90, 874, Bl. 3.

[1259] Vgl. PA Ulrich von Saß, ZMA 284, Anlage zur OPK „Vikar", Bl. 1 d. Dok.

[1260] Vgl. PA Ulrich von Saß. BV Neubrandenburg, Abteilung XX, „Jahresarbeitsplan 1989 des Leiters der Abteilung XX", Bl. 8 d. Dok.

Alle AKSK-Gruppen wurden – wie für Basisgruppen typisch – über OV und OPK ihrer führenden Mitglieder observiert. Ein Beispiel dafür ist die OPK bzw. der OV „Alternative" zum Rambower Pastor Eckart Hübener. Hübener war der Ansprechpartner der Malchiner AKSK-Gruppe und aus Sicht des DDR-Geheimdienstes kein unbeschriebenes Blatt mehr. 1982 war er wegen unerlaubter Einfuhr von Solidarność-Artikeln zu 18 Monaten Haft verurteilt worden. Noch im November 1989 ordnete die Bezirksverwaltung Neubrandenburg, in deren „Verantwortungsbereich" Rambow lag, die „vorbeugende Verhinderung und weitere Einschränkung solcher Strukturen wie 'Friedenskreisen'/ 'Arbeitskreisen Solidarische Kirche' bzw. [von] politisch-negativen Einzelpersonen ausgehenden Aktivitäten, die sich als Störfaktoren auf das Staat-Kirche-Verhältnis auswirken können", an.

Die ostmecklenburgische AKSK-Gruppe wurde in dem OV „Rekurs" zu Henning Utpatel observiert. Alle Mitglieder, neben Utpatel besonders intensiv Ulrich von Saß, wurden darin erfasst.

Die Bezirksdienststelle des MfS Neubrandenburg eröffnete im Mai 1989 den OV „Rekurs"[1261] und begründete dies mit der besonders großen Konfrontationsbereitschaft der mecklenburgischen im Vergleich zur Greifswalder und Berlin-Brandenburgischen Kirche. Henning Utpatel, Ulrich von Saß, Klaus Müller, Eckart Hübener, Roland Schaeper, Hartmuth Reinke, Gottfried Timm und Roger Thomas gehörten dazu[1262] und hätten die ausdrückliche Unterstützung kirchenleitender Kräfte.[1263] Weiter heißt es:

> „Der AKSK ist im wesentlichen eine Formierung von feindlich-negativen und oppositionell eingestellten kirchlichen Mitarbeitern, die gegenüber der eigenen Kirchenhierarchie demokratische und herrschaftsfreie Strukturen und Entscheidungsprozesse installieren wollen, um so zunächst modellhaft der Kirche und darüber hinaus der sozialistischen Gesellschaft Alternativen aufzuzwingen, [d]abei insbesondere sich in gesellschaftlicher Hinsicht für die Unterstützung von Emanzipation und Demokratie einzusetzen und ein Engagement für Menschenrechte und

---

[1261] Die Akte ist angelegt zu Utpatel, von Saß ist aber eine weitere Zielperson in dieser Akte.

[1262] Vgl. PA Henning Utpatel, ZMA 284, Anlage zur OPK „Vikar", Bl. 2 d. Dok.

[1263] Vgl. ebd.

Umweltschutz zu entwickeln versuchen.
In diesem Kontext wirkt der AKSK als vernetzend und als Organisationsstruktur zentralisierend, insbesondere auch auf den Bereich PUT.
Um dem Anspruch auf Führungspriorität und Vernetzung noch besser gerecht werden zu können, bildeten sich im Oktober 1987 sogenannte Projekt- und Regionalgruppen des AKSK, die jährlich zweimal auf den sogenannten Vollversammlungen über sogenannte Projekte berichten, Problemdiskussionen zur weiteren Standortbestimmung des AKSK führen sowie weitere Projekte und Beschlüsse des AKSK fassen, die dann auf regionaler Ebene (Kirchenkreis) umgesetzt werden sollen."[1264]

Diese Darstellung des AKSK traf zwar die Intentionen der Gruppe, trotzdem waren die Ängste bei SED und MfS überzogen. Sie ließen sich kaum aus der tatsächlichen Arbeit des AKSK ableiten, hatten sich die verschiedenen Gruppen in Neubrandenburg, Stargard und Malchin doch nur wenige Male getroffen und waren über ein allgemeines Konzept nicht wesentlich hinausgekommen. Ein Umsturz der DDR durch den AKSK lag weit außerhalb des Gewollten und des überhaupt Denkbaren. Augenscheinlich war man beim MfS der Ansicht, wenn jemand die vergleichsweise liberalen kirchlichen „Regimeverhältnisse" für autoritär und undemokratisch halte, müsse er im nächsten Schritt die DDR als Ganzes angreifen.

Durch die Eröffnung des OV „Rekurs" avancierten die Kirchenkreise Stargard und Malchin zu Schwerpunktbereichen innerhalb der Arbeit des Bezirkes Neubrandenburg. Der an sich stereotype Vorgang wird dadurch spannend, dass er den seltenen Hinweis darauf enthält, dass das MfS die Schwächen seiner operativen Arbeit selbst sah. Die wichtigste bestand darin, dass – wie es im Eröffnungsbericht hieß – „die Richtlinie 1/76 des Genossen Minister die operative Bearbeitung einer etablierten Struktur als solche nicht erfasst" und daher „im konkreten Fall die Registrierung des sogenannten Sprechers der Regionalgruppe der Kirchenkreise Stargard/Malchin, Utpatel, Henning (OPK 'Vikar') als OV-Person" vorgenommen werden sollte. Diese Vorgehensweise war typisch für die Bearbeitung aller Basisgruppen in der DDR, Sachakten zu bestimmten Gruppen gab es praktisch nicht. Das aber hatte zur Folge, dass größere

---

[1264] Vgl. ebd.

Gruppen in mehreren OV und OPK bearbeitet wurden, über die eine MfS-Dienststelle in der Regel kaum noch den Überblick behalten konnte. Die operativen Akten zu Ulrich von Saß und Henning Utpatel belegen dies auch: So genannte operative Erfolge konnte das MfS kaum noch vorweisen, sondern nur die Beobachtung des Geschehens.[1265]

Die ostmecklenburgische AKSK-Gruppe griff an zumindest einer Stelle entscheidend in Angelegenheiten der Landeskirche und letztlich auch in deren Verhältnis zum Staat ein, und zwar 1988, als das Staatliche Presseamt unter Kurt Blecha wiederholt beim Druck der „Mecklenburgischen Kirchenzeitung" interveniert hatte. Die AKSK-Gruppe kritisierte in einem Brief an Erich Honecker die Verhaftung von Demonstranten am 18. Januar 1988 in Berlin. Ihre Kritik betraf jedoch auch die Kirchenzeitung, die nicht über die Ereignisse berichtet hatte. Von Saß erinnerte sich:

> „Anders als die Berliner 'Kirche' hatte die 'Mecklenburgische Kirchenzeitung' nicht über die Ereignisse im Januar 1988 berichtet. Aus dem Oberkirchenrat hieß es damals, man wolle erst einmal die weitere Entwicklung abwarten. Dies war für uns völlig inakzeptabel und wurde vom AKSK scharf kritisiert. Im Ergebnis unserer Synodeneingabe kam Hermann Beste als Chefredakteur der MKZ zu Vertretern der Solidarischen Kirche nach Neubrandenburg. Nach einer heftigen Diskussion einigten wir uns darauf, dass künftig staatlich zensierte Artikel oder Textpassagen als Kanzelabkündigung an die Gemeinden geschickt werden sollten. Dieses Verfahren wurde durch die Solidarische Kirche durchgesetzt und erwies sich als sehr effektiv, denn staatlicherseits fürchtete man Kanzelabkündigungen mehr als Artikel in der Kirchenzeitung. Wir wollten nicht akzeptieren, dass man nichts tun könne, wenn man die ureigensten Möglichkeiten der Kirche noch gar nicht genutzt hatte."[1266]

Tatsächlich waren blinde Flecken in der Kirchenzeitung und gänzlich fehlende Ausgaben ein starkes Druckmittel gegen Kurt Blecha, weil nun die staatliche Zensur von den Gemeinden, dem Kirchenbund und sogar

---

[1265] Vgl. PA Ulrich von Saß, Abteilung XX der BV Neubrandenburg „Maßnahmeplan zur komplexen Bearbeitung, Durchdringung und Beeinflussung der AKSK Regionalgruppe der Kirchenkreise Stargard/Malchin im Rahmen des OV 'Rekurs'" vom 3. 3. 1989, Bl. 4 d. Dok.

[1266] Interview mit Ulrich von Saß am 7. 4. 2000.

von der bundesdeutschen Presse wahrgenommen und kritisch kommentiert wurde. Das Staatliche Presseamt war plötzlich in die Öffentlichkeit geraten.

Die Rostocker Bezirksverwaltung griff im Kampf gegen den dortigen AKSK zu einer Mischung verschiedener Zersetzungsstrategien. Den dort seit 1987 existierenden Kreis beobachtete sie von Anfang an und schleuste Inoffizielle Mitarbeiter ein, unter ihnen den schon in der Schalom-Gemeinschaft aktiven IM „Frank Zander" alias Peter Mansfeld. Mansfeld erhielt damals 500 Mark monatlich als Unterstützung vom MfS.[1267] Auch Ines Fleckstein wurde gegen die Rostocker AKSK-Gruppe eingesetzt, war dort allerdings nicht mehr wirksam, weil sie zu dem Zeitpunkt – 1987 – schon in Greifswald lebte.

Im Archiv der Hansestadt Rostock, das die Überlieferung des Rates der Stadt Rostock aufbewahrt, findet sich ein besonderes Zeugnis der damaligen Kampagne gegen den Rostocker AKSK: ein Flugblatt, mit großer Wahrscheinlichkeit auf Initiative des MfS entstanden. Überschrieben war es mit „Wanted" – und sollte damit wohl einem Steckbrief gleichen. In großen Buchstaben war „NUR ZUM INNERKIRCHLICHEN GEBRAUCH BESTIMMT!" zu lesen. Abgebildet waren außerdem fratzenhafte Zeichnungen von einem Geistlichen, die Mitglieder des AKSK waren als Comic-Figuren dargestellt. Unterschrieben war das Flugblatt maschinenschriftlich mit „Euer Sup." Der Text lautete:

> „Im Kirchenkreis Rostock macht in letzter Zeit eine Gruppe auf sich aufmerksam, die sich 'ARBEITSKREIS SOLIDARISCHE KIRCHE' nennt.
> Nicht nur durch ihr Auftreten, sondern auch durch ihr Arrangement versucht diese Gruppe, unser friedliches Nebeneinander zu stören. Wir raten, sich nicht über das Anliegen dieser Gruppe zu informieren, vielmehr ist es wichtig festzustellen, welche Personen sich schon mit der Thematik befassen. Alsdann sind diese Personen zu isolieren und auf dem Konvent anzuzeigen.
> Geeignete Hinweise werden dankend entgegengenommen. Unser bisheriger Kenntnisstand läßt die Vermutung zu, daß es sich bei den Mitgliedern des 'AKSK' um eingeschleuste Kräfte handelt, die unsere FRIEDHOFSRUHE stören sollen und wollen ...

[1267] Vgl. Goertz 1998, S. 270.

Alle Pastoren/innen, alle kirchlichen Mitarbeiter/innen, alle Gemeindeglieder sollen hiermit vor dieser Art 'Unruhestiftern' gewarnt werden.
Wir wollen keine 'BERLINER VERHÄLTNISSE'!
Helft mit im Selbstreinigungs-Prozeß!!!
Euer Sup.
ENTSCHULDIGUNG!
MITTEILUNG!
ENTSCHULDIGUNG!
In der Nr. 20 der meckl. Kirchenzeitung wurde versehentlich ein Beitrag über einen sogenannten 'AKSK' abgedruckt.
Wir bitten alle unsere verehrten Leser um Entschuldigung.
Es kommt nicht wieder vor."[1268]

Der Text entsprach im äußeren Erscheinungsbild kirchlichen Papieren, die auf Ormig-Maschinen kostengünstig von Hand abgezogen waren. Man kann wohl davon ausgehen, dass ein IM, der Zugang zu einem Vervielfältigungsgerät hatte, in einer Nacht- und Nebelaktion in Absprache mit seinem Führungsoffizier dieses Papier herstellte. Auswirkungen hatte es nicht.

Die Dobbertiner Gruppe war nicht unmittelbar dem AKSK angeschlossen, sie korrespondierte jedoch mit ihm und stimmte in dem Punkt der Mitarbeitervertretung mit ihm überein. 1989 gegründet, unterschied sie sich insofern wesentlich von anderen AKSK-Gruppen in Rostock, Malchin und Stargard, als hier das Thema „Eheähnliche Partnerschaft" stärker im Vordergrund stand – ausgehend vom Fall des Dobbertiner Pastors Christoph Kleemann, den die Landeskirche aus diesem Grund gegen den Willen der Gemeinde in den Wartestand versetzt hatte. Allerdings wurden die Dobbertiner seitens der Bezirksverwaltung Schwerin durchaus als AKSK-Gruppe gewertet und „operativ bearbeitet". Noch im September 1989 notierte man dort, die Dobbertiner AKSK-Gruppe sei „operativ ohne Bedeutung. Sie hat sich bisher faktisch nur mit dem Problem der eheähnlichen Partnerschaft beschäftigt und diesbezüglich Auseinandersetzungen mit der Leitung der ELLKM's geführt. Mit dem endgültigen Ausscheiden von [geschw., gemeint ist Kleemann] aus dem kirchlichen Dienst und seinem möglichen Wohnortwechsel ist

[1268] AHR, 2.11./7250, n. p.

mit der Auflösung der Gruppe zu rechnen".[1269] Interessant war jedoch die folgende Operation, die man bei der Bezirksverwaltung Schwerin schon in Bezug auf die kirchliche Umweltgruppe angewandt hatte:

> „Um die Möglichkeiten der 'Solidarischen Kirche' für den innerkirchlichen Differenzierungsprozeß operativ nutzbar zu erhalten, wurde über IM die Bildung einer neuen Regionalgruppe mit der Bezeichnung 'Mecklenburg-West' mit progressiver Zielstellung initiiert.
> Zwei Mitglieder dieser Regionalgruppe werden an der Vollversammlung in Magdeburg (6.-8.10.89) teilnehmen."[1270]

Die Landeskirche reagierte auf die Kritik des AKSK auf bewährte Weise: Sowohl Oberkirchenratspräsident Peter Müller als auch Oberkirchenrat Schwerin waren Gast auf mehreren Treffen des Arbeitskreises im Jahr 1988. Inhaltlich ging es um Spannungen im Verhältnis kirchlicher Mitarbeiter untereinander und deren mögliche Ursache. Die Kirche sollte nach Auffassung des AKSK kein Wächteramt über die Gesellschaft ausüben, sondern selbst ein Modellprojekt für die Erneuerung innerer Strukturen werden. Grundlegende Änderungen der innerkirchlichen Strukturen, beispielsweise der gravierenden Ungleichstellung zwischen Pastoren und kirchlichen Mitarbeitern in den Gemeinden, erfolgten jedoch nicht.[1271]

### *Die Arbeitsgruppe Frieden als mecklenburgische Dachorganisation*

> „Die Mitverantwortung für das Geschehen in unserer Gesellschaft ist keine Kompetenzüberschreitung, auch keine Anmaßung im Sinne von Besserwisserei und des Besserkönnens. Unser christlicher Glaube stellt uns mitten hinein in unsere Gesellschaft und fordert zu solcher Aktivität heraus."[1272]

---

[1269] Vgl. BStU, MfS, BV Schwerin, AKG 48a, Bl. 9, „Einschätzung der politisch-operativen Lage auf Linie XX im Monat September 1989".

[1270] Vgl. ebd.

[1271] Vgl. PA Ulrich von Saß zum AKSK.

[1272] ELLKM, LKA, „Bericht der Kirchenleitung für das Jahr 1987" vor der 1. Tagung der XI. Landessynode vom 17. bis 20. 3. 1987, Bl. 4 d. Dok.

Mit diesen Worten positionierte sich die mecklenburgische Kirchenleitung 1987 in ihrem Bericht vor der Landessynode nach einer langen Zeit der inneren Auseinandersetzungen mit den Basisgruppen zur Arbeitsgruppe Frieden (AGF) endgültig als deren Schutzschild. Die AGF wurde 1981 gegründet, um die gerade entstehenden Friedensgruppen miteinander zu vernetzen. Im Laufe der Jahre entwickelte sie sich zu einer festen Institution innerhalb der Landeskirche. Neben Friedensgruppen schickten auch die Frauengruppen, der AKSK und die Umweltgruppen Mecklenburgs ihre Vertreter in die AGF.

Die Explosivität und Dynamik der einzelnen Gruppen potenzierten sich in der AGF, die bis zur Wende zum wesentlichen Forum für das Austragen von Konflikten innerhalb der Gruppen und mit der Amtskirche wurde. Gleichermaßen stieg das Interesse des MfS an der AGF. Dass sie es schaffte, trotz der inneren und äußeren Konflikte arbeitsfähig zu bleiben, war ihr größtes Verdienst.

Die Entstehung der Arbeitsgruppe Frieden in der mecklenburgischen Landeskirche ist bereits eingehend beschrieben worden. Zu verweisen sei hier vor allem auf die Darstellung von Lothar Probst zur Rolle der kirchlichen Basisgruppen in Mecklenburg vor und in der Wende.[1273]

Probst unterscheidet zwei Phasen in der AGF-Arbeit: 1981 bis 1985 die „institutionsgeleitete" und 1986 bis 1989 die „basisdemokratische".[1274] Daraus abzuleiten, die AGF habe sich nach einer Phase der Abhängigkeit ab 1986 aus der Umklammerung der Landeskirche befreien müssen, ginge jedoch zu weit. Die Entstehung und Weiterentwicklung der Arbeitsgruppe Frieden war nicht nur mit der Amtskirche, sondern auch mit den Basisgruppen und deren Eigendynamik verbunden.

Der Anfang der AGF liegt im Jahr 1981. Auf Anregung von Landesbischof Heinrich Rathke wurde die Stelle eines landeskirchlichen Beauftragten für Friedensfragen eingerichtet, die mit dem Rostocker Pastor Walther Bindemann besetzt wurde. Es zeigte sich jedoch sehr schnell, dass Bindemann auf sich gestellt keine Friedensarbeit betreiben konnte. Im Oktober 1981 berief er deshalb erstmals Vertreter der damals existierenden Gruppen zu einem „Multiplikatorenseminar" ein. Die Landessynode war über das eigenmächtige Vorgehen der Kirchenspitze erbost und richtete auf ihrer Frühjahrstagung 1981 parallel dazu einen Friedensausschuss ein.[1275] Die Einbindung der AGF in die Landeskirche,

---

1273 Vgl. Probst 1997, S. 275–314.

1274 Vgl. ebd., S. 302.

1275 Vgl. Schreiben von Walther Bindemann an d. Verf. 12. 1. 2001.

ihre Akzeptanz und Wirkungsfähigkeit, waren von Anfang an dementsprechend schwierig. War sie entstanden, um den landeskirchlichen Beauftragten für Friedensfragen in dessen Arbeit zu unterstützen, wurde dieser sehr schnell zum Sachwalter der AGF.

Die AGF war keine Basisgruppe im eigentlichen Sinne, sondern deren Koordinationszentrum. Gerade wegen ihrer koordinierenden und zentralisierenden Funktion hatten das MfS und andere staatliche Organe diese Gruppe, die 13 Mitglieder und Gäste umfasste, besonders im Visier. Nach einer Umstrukturierung im Jahr 1986 bestand die Gruppe aus acht Vertretern aus Basisgruppen und zwei Landessynodalen, sowie aus je einem Vertreter des Amtes für Gemeindedienst, des Oberkirchenrates und des Landesjugendpfarramtes.[1276]

Die Arbeitsgruppe Frieden hatte eine „Pufferfunktion“[1277] zwischen Friedensgruppen und kirchenleitenden Gremien. Sie entwarf Situationsanalysen und Handlungsstrategien der mecklenburgischen Friedensarbeit, organisierte Beratungstage für Wehrdienstleistende und gab das „Friedensnetz“ heraus, ein Informationsblatt, das in der DDR vertrieben wurde.[1278] Als die Arbeitsgruppe Frieden 1981 entstand, gab es – abgesehen von dem Friedenskreis in der Rostocker Studentengemeinde – nirgendwo in Mecklenburg lokale Friedensgruppen. Diese gründeten sich erst in den frühen achtziger Jahren. Daher ergab sich die Aufgabe der Vernetzung erst später. Am Anfang stand der Auftrag, Friedensarbeit zu betreiben.

Der zentrale Operative Vorgang gegen die AGF war zunächst der OV „Kanzel“ gegen Walther Bindemann, der bereits 1982[1279] eröffnet wurde. Die AGF galt als Arbeitsschwerpunkt im Bezirk Rostock und als möglicher verfassungsfeindlicher Zusammenschluss zur Organisierung einer politischen Untergrundtätigkeit.[1280] Im Mittelpunkt des OV „Kanzel“ stand die „gezielte Konfrontation Bindemanns mit den verschiedenen staatlichen Stellen in Rostock, die Initiierung einer innerkirchlichen Zurechtweisung und Distanzierung sowie die Ausweitung

[1276] Vgl. LHA Schwerin, RdB Schwerin, Z 10/90, 32, n. p. Anhang Nr. 6, Jahresbericht der AGF, Bl. 33 ff. in: Bericht des Oberkirchenrates für das Jahr 1986 vor der 11. Tagung der X. Landessynode vom 19.-22. 3. 1987.

[1277] Vgl. Schreiben von Walther Bindemann an d. Verf. 12. 1. 2001.

[1278] Vgl. ebd.

[1279] Nach anderen Angaben 1983.

[1280] Vgl. BStU, MfS, BV Rostock, BdL Nr. 2456, Bl. 57.

innerer Widersprüche innerhalb der AGF durch IM".[1281] Namentlich erwähnt werden die IM „Heinz" alias Günther Engel, „Torsten" alias Wolfgang Schnur, „H. Graf" alias Gert Wendelborn und ein unbekannter IM „Sven Werder".[1282] Entsprechend intensiv war die Beobachtung der Arbeitsgruppe Frieden. Im Laufe der achtziger Jahre waren die IM „Heinz", „Gisela", „Torsten", „Ikarus", „Rena" und andere auf die AGF angesetzt, einige von ihnen waren ständiges Mitglied. „Heinz", Günther Engel, gehörte von Anfang an dazu. Jedoch war keines der tonangebenden Mitglieder der AGF Zuträger des MfS.

Weitere OV und OPK wurden im Laufe der Jahre eröffnet, in denen auch die AGF eine Rolle spielte: 1984 der OV „Komplott" gegen Heiner Möhring,[1283] 1987 die OPK „Biologe" gegen Annette Beleites, die seit 1988 zweite Vorsitzende der AGF war, und der OV „Wanderer" gegen Markus Meckel von Neubrandenburg aus. Eine gemeinsame Konzeption aller MfS-Dienststellen im Norden der DDR in Sachen AGF gab es nicht.

Gefahr drohte der Arbeitsgruppe Frieden von Beginn an nicht nur von staatlicher Seite; im Bewusstsein einer möglichen Unterwanderung durch IM war man sehr aufmerksam gegenüber allzu aufdringlichen und interessierten Personen. Gefahr drohte vor allem durch die starken Differenzen innerhalb der Gruppe selbst und durch ein grundsätzliches Kompetenzgerangel zwischen der AGF und Oberkirchenrat Schwerin, der das Bindeglied zwischen der Amtskirche und den Basisgruppen darstellte. Aus Schwerins Sicht bestanden die Schwierigkeiten des Oberkirchenrates mit den Basisgruppen und der AGF darin, „dass diese auf der einen Seite Unabhängigkeit für sich beanspruchten und dementsprechend eine dürftige Informationspolitik betrieben, auf der anderen Seite aber dann, wenn es 'brannte', die Unterstützung des Oberkirchenrates einforderten."[1284]

---

[1281] Vgl. ebd.

[1282] Vgl. ebd., Bl. 56 ff.

[1283] Im OV „Komplott" wurden gleichzeitig Heiner Möhring, Martin Wielepp und Berndt Schmidt bearbeitet.

[1284] Vgl. Interview mit Eckart Schwerin am 8. 3. 2000. Er habe oft erst dann von wichtigen Aktivitäten erfahren, wenn er für diese „geradestehen" sollte, so Schwerin. Zusätzliche Distanz habe sich aus der Tatsache ergeben, dass an der AGF auch Personen teilnahmen, die innerkirchlich in dem Ruf standen, nicht verlässlich zu sein, wie zum Beispiel Wolfgang Schnur. Seitens der AGF wurden die relativ häufigen Abwesenheiten Schwerins kritisiert, was dieser wiederum mit seinem vollen Terminkalender und den

Zwar gelang es der AGF, die in der Landeskirche verteilten Kompetenzen in Friedens-, Umwelt- und Frauenfragen zu bündeln. In der AGF stießen jedoch unterschiedliche Vorstellungen der zukünftigen Arbeit aufeinander und boten allen staatlichen Organen zahlreiche Ansatzpunkte, die Gruppe durch forcierte Profilierungskämpfe auseinander zu treiben. Walther Bindemann, der 1985 auf Grund der Zerreißproben in der AGF das Amt des Vorsitzenden abgegeben hatte, erinnerte die damaligen Spannungen so:

> „Spannungen sind nie angenehm. Meine Devise war jedoch: Unbequeme Einzelpersonen oder Gruppen nicht zu isolieren, sondern zu integrieren. Das ist auch meistens gelungen, selbst noch 1985; ich denke da an 'Konkret für den Frieden III'. Eine der Personen, die ständig für Virulenz sorgten, andererseits auch Rückhalt und Unterstützung benötigten, war Heiko Lietz. Einige Mitglieder der AGF wie Markus Meckel, damals Pfarrer in einem Dorf im Süden Mecklenburgs, und Christoph Kleemann, damals Studentenpfarrer in Rostock, benutzten die Friedensarbeit jedoch als Vehikel, um sich selbst zu profilieren. Das schlug sich auch in der Arbeit der AGF nieder. [...] Technische Probleme waren oft nur ein Anlass zum Austragen von Spannungen inhaltlicher Art.[1285]

Ein Beispiel für die Krisenanfälligkeit war die für Anfang 1985 in Teterow geplante Sitzung der AGF, die IM „Heinz" für seinen Führungsoffizier in Rostock mitschnitt. Kern der Auseinandersetzungen war nicht die Sitzung selbst, sondern deren Verschiebung wenige Tage zuvor auf Wunsch des Teterower Pastors Martin Kuske. Markus Meckel unterstellte ihm, er habe nicht – wie offiziell verlautet – wegen der schlechten Beheizung des Gemeinderaumes in Teterow abgesagt, sondern weil er vom Rat des Kreises Teterow im Vorhinein entsprechend instruiert worden sei. Kuske habe außerdem Bedenken gehabt, weil Heiko Lietz und er, Meckel, anreisen würden. Diesem Konflikt mit dem

oftmals zu späten Einladungen zu den Sitzungen der AGF begründete. Allgemein habe er der AGF jedoch loyal gegenübergestanden. Allerdings sei seine Position schwierig gewesen, weil man ihm als Mitglied des Oberkirchenrates in der AGF einerseits und als Mitglied der AGF im Oberkirchenrat andererseits nicht traute. Darin habe sich eine gewisse Außenseiterposition widergespiegelt, die er schon seit Beginn seiner Tätigkeit in Schwerin gehabt habe.

[1285] Schreiben von Walther Bindemann an d. Verf. 12. 1. 2001.

Staat habe Kuske aus dem Wege gehen wollen. Es schloss sich eine allgemeine Diskussion über das Vertrauen innerhalb der AGF an. Lothar Jentzsch, Stadtjugendwart aus Rostock, brachte es auf den Punkt: Keiner wolle sich in dieser Runde noch auf den anderen verlassen. Es gebe kein gegenseitiges Vertrauen mehr.[1286] Die aufgeladene Atmosphäre erfreute die Rostocker Bezirksverwaltung: Jeder griff jeden an.[1287] Walther Bindemann gab sein Amt im März 1985 nach dem DDR-weiten Seminar „Konkret für den Frieden", das 1985 in Schwerin stattgefunden hatte und für das er die Verantwortung trug, ab.

Die Wahl von Heiko Lietz zum Vorsitzenden der AGF und seine Bestätigung im Amt durch die Kirchenleitung waren ein eindeutiges Signal von leitender Seite, der AGF mehr Spielraum zu lassen und ihr Bemühen um Eigenständigkeit anzuerkennen. Ein Prozess der Beruhigung setzte ein. Diese Wendung hatte das MfS nicht vorausgesehen und betrachtete den Führungswechsel als höchst unangenehme Überraschung. Gemeinsames Ziel der Bezirksverwaltungen in Neubrandenburg, Rostock und Schwerin bis Ende 1989 war es nun, „eine tragfähige Opposition gegen den Exponenten 'Zersetzer' [Heiko Lietz]" aufzubauen.[1288] Die Ernennung von Heiko Lietz zum Vorsitzenden der AGF war in der Tat Ausdruck einer veränderten Einstellung zur Friedensarbeit.

Hans-Jürgen Rietzke sagte rückschauend über die Rolle des Oberkirchenrates als leitendes Gremium für die Friedensarbeit in Mecklenburg, man habe auch seitens der Münzstraße im Sinne der Friedensarbeit gehandelt. Ein gewisses Kontrollbedürfnis sei nicht zu leugnen, den leitenden Amtsträgern aber auch nicht zu verdenken gewesen, da sie für die Aktionen in der landeskirchlichen Friedensbewegung verantwortlich waren. Besonders engagiert sei Peter Müller gewesen, der seine kirchlichen Wurzeln in der Jugendarbeit gesehen und sich gegenüber den staatlichen Stellen verlässlich für die kirchlichen Interessen eingesetzt habe. Sein Engagement sei zwar nicht so offensichtlich gewesen, aber sein Wirken habe sich nachhaltig in seiner Funktion als Verwaltungschef der Landeskirche gezeigt. Sowohl Rathke als auch Stier seien von „eminenter Bedeutung" für die Friedensarbeit in der Landeskirche gewesen.[1289]

Die Erfolgsaussicht, in die dreizehnköpfige AGF einen IM hinein-

---

[1286] Vgl. BStU, MfS, 0192/91, hier aber: TA 5874, Bd. II/8, Bl. 8.

[1287] Vgl. ebd., Bl. 10.

[1288] Vgl. BStU, MfS, BV Neubrandenburg, AKG Nr. 252, Bl. 22.

[1289] Interview mit Hans-Jürgen Rietzke am 9. 3. 2000.

zuschmuggeln oder eines der Mitglieder anzuwerben, war für das MfS nicht sehr groß. Zu den Inoffiziellen Mitarbeitern des MfS innerhalb der AGF gehörte unter anderem der IM „Torsten", Rechtsanwalt Wolfgang Schnur. Er kam erst 1988 auf Anweisung der Bezirksverwaltung Rostock dazu. Sein Auftrag war es, eine Vermittlerrolle zwischen den Basisgruppen und der mecklenburgischen Landeskirche bzw. dem Bund einzunehmen und frühzeitig die Ziele und Absichten der Basisgruppen in Erfahrung zu bringen.[1290] Das MfS hoffte außerdem, er würde an dem DDR-weiten Basisgruppentreffen „Konkret für den Frieden V" in Leipzig teilnehmen. Allerdings hatte Schnur von seinem Führungsoffizier mit auf den Weg bekommen, er solle eine Mitgliedschaft in einer Basisgruppe umgehen, sich nicht an feindlichen Aktionen beteiligen und keine eigene Gruppe aufbauen, um nicht in Schwierigkeiten mit staatlichen Stellen zu kommen.[1291]

Die überwiegende Mehrheit der IM befand sich an der Peripherie der AGF, und zwar in den Gruppen, aus denen sich die AGF-Mitglieder rekrutierten. Eine besondere Aufgabe kam dem IM „Heinz" zu, der zu dieser Zeit zwar selbst kein Mitglied der AGF war, aber Heiko Lietz sehr nahe stand. Er informierte seinen Führungsoffizier regelmäßig über neue Spannungen, die sich ergaben, etwa dass sich Oberkirchenrat Schwerin von der AGF übergangen fühle: Er werde durch die Gruppe schlecht informiert, erhalte keine Sitzungs-Protokolle und sei auch gegen Lietz wegen dessen Unberechenbarkeit und einiger Aktionen eingestellt. „Heinz" sah sich jedenfalls veranlasst zu schreiben, dass OKR Schwerin „eigentlich eine Haltung vertreten [hat], die uns operativ entgegenkommt".[1292]

Ende 1988 setze eine ungewöhnliche Entwicklung innerhalb einiger Basisgruppen ein: Aus einzelnen Gruppen kam der Vorschlag, zusätzlich zur AGF eine zweite übergeordnete Gruppe zu installieren, die wie diese die Koordinierung vorantreiben solle. Nachträglich kommt die Vermutung auf, die Gründung des „KOBA", des „Koordinierungskreises für Basisgruppen" könne eine Strategie der MfS-Bezirksverwaltung Rostock gewesen sein, um die Basisgruppen durch zwei Führungskreise zu schwächen und AGF und KOBA gegeneinander auszuspielen. Ob es sich so verhält, ist noch nicht erwiesen.

Der Koordinierungskreis war im Vergleich zur Arbeitsgruppe Frieden

---

[1290] Vgl. BStU, MfS, BV Rostock, AIM 3275/90, Bd. I/1, Bl. 232.

[1291] Vgl. ebd., Bl. 233.

[1292] Vgl. BStU, MfS, BV Rostock, AIM 0192/91, hier aber: TA 4369, Bd. II/5, Bl. 432 ff.

deutlich politischer ausgerichtet. Er sollte ein Zwischenglied zwischen den Basisgruppen, die an die Landeskirche angebunden waren, und der politisch unabhängigen Bürgerbewegung sein und war damit vor allem Ausdruck der Emanzipation der Gruppen von der kirchlichen „Umklammerung", so Lietz, – wenngleich diese „Umklammerung" auch eine hohe Sicherheit bedeutete.[1293] Ende 1988 entstanden, vermochte der Koordinierungskreis es jedoch nicht, in den wenigen Monaten bis zur Wende ein eigenes Profil zu entwickeln. Entsprechend geteiltes Echo fand er bei den Basisgruppen in Mecklenburg.[1294] Er führte aber – gewollt oder ungewollt – zu neuerlichen Spannungen mit dem Oberkirchenrat, weil er sich besonders stark der kirchlichen Einflussnahme zu entziehen versuchte.[1295] Der KOBA hätte demnach gut in die staatliche Strategie gepasst. Im Juni 1989 stellte die Rostocker Dienststelle fest, die bisher durchgeführten Zusammenkünfte seien „von theologischen Auseinandersetzungen geprägt, in deren Ergebnissen es nicht zu der angestrebten Positionsfindung kam und keine konkreten Festlegungen getroffen wurden."[1296] Die „Theologisierung" war eine der wichtigsten Strategien des MfS: Durch eingeschleuste IM sollten Gruppen veranlasst werden, so ausgiebig über die theologische Basis ihrer Arbeit zu reflektieren, dass sie sich mit sich selbst und nicht mit Sachthemen auseinander setzten. Diese Reflexionsprozesse wirkten nicht nur auf die Sacharbeit lähmend, sondern sie führten die Gruppen in zwischenmenschliche Krisen, an deren Ende manchmal die Selbstauflösung stand.

Dennoch kann die Geschichte der AGF als eine Erfolgsgeschichte betrachtet werden. Die Arbeitsgruppe Frieden verhinderte trotz Krisen und menschlicher Zerwürfnisse, die es zwischen der Landeskirche und den Basisgruppen gab, die Entstehung derartiger Spannungen zwischen Amtskirche und Randkirche, wie sie in der Berlin-Brandenburgischen Landeskirche durch die Auseinandersetzung zwischen der Aktion „Kirche von unten" und Konsistorialpräsident Manfred Stolpe im Sommer 1987 und in der Greifswalder Landeskirche im Sommer 1989 offenbar wurden. Keine andere Landeskirche besaß ein ähnlich wirkungsvolles Bindeglied.[1297]

---

[1293] Interview mit Heiko Lietz am 5. 12. 2005

[1294] Vgl. Interview mit Annette Beleites am 4. 9. 2000.

[1295] Vgl. Lietz 1997, S. 203.

[1296] Vgl. BV Schwerin, AKG 03a, Bl. 170.

[1297] Vgl. dazu Schmid 1998, S. 329 ff. Eine im Ansatz ähnliche Einrichtung, wenngleich in ihren Auswirkungen weit weniger wirkungsvoll, bestand seit 1982 in der

## „Ich habe kirchliche Aktivitäten verraten und auch über die Menschen berichtet" – Wolfgang Schnur

Einer der grundlegenden Irrtümer, die die unmittelbare Nachwendezeit hervorgebracht hat, betrifft das Bild von den Inoffiziellen Mitarbeitern des MfS in der Öffentlichkeit. Noch immer gehen die Meinungen über diese „Spitzel" weit auseinander: Sind sie erpresst worden oder wurden sie von niedrigen menschlichen Motive angetrieben? In der Regel war es nicht nur das eine oder das andere, sondern eine Mischung. Die jeweiligen Motive, mit dem MfS zusammenzuarbeiten, sind dennoch sehr unterschiedlich und reichen von politischer Überzeugung über das Gefühl des Ausgeliefert-Seins und des Nicht-anders-Könnens bis zur bewussten und selbst gewählten Agententätigkeit. Die freiwillige Arbeit für das Ministerium für Staatssicherheit war jedoch die Ausnahme. Zugleich war diese letztgenannte kleine Gruppe von IM besonders „erfolgreich" im Sinne des MfS und für Menschen in ihrer Umgebung sehr gefährlich. Diese IM suchten selbsttätig nach den „Feinden" und nach Möglichkeiten, diese im Sinne des DDR-Strafrechts dingfest zu machen. Sie bauten im Auftrag des MfS ein Netz privater Beziehungen auf, um über diese Beziehungen die Vorstellungen des MfS umzusetzen. Sie erstellten Persönlichkeitsprofile ihrer „Feinde" und lieferten der Staatssicherheit die Informationen, die diese für Zersetzungsmaßnahmen benötigte.

Nur wenige IM innerhalb der Landeskirche sind dieser besonders perfiden IM-Gruppe zuzurechnen, unter anderem Wolfgang Schnur und Günther Engel. Schnur und Engel waren vor allem innerhalb der Basisgruppen aktiv. Wolfgang Schnur bewegte sich als Rechtsanwalt, dem

---

Sächsischen Landeskirche. Es handelte sich dabei um einen Zusammenschluss mehrerer Friedensgruppen im Raum Dresden, der sich „Arbeitskreis Frieden" nannte. Der AKF hatte die Aufgabe, gemeinsame Veranstaltungen vorzubereiten, beispielsweise während der Friedensdekade. Aus der Darstellung von Schmid geht hervor, dass das Verhältnis zur Kirchenleitung insgesamt gut war und auch Vertreter der kirchenleitenden Gremien im AKF vertreten waren. Der AFK diente der Vernetzung der Friedensgruppen in Dresden und band die einzelnen Gruppen durch Mehrfachmitgliedschaften eng zusammen. Innerhalb der Dresdener Friedensarbeit wurde er zur bestimmenden Gruppe. Dass die Situation in Dresden dennoch eine andere als in Schwerin war, zeigt sich daran, dass es den Dresdener Friedensgruppen nicht gelungen ist, eine gemeinsame Zeitschrift herauszugeben. In Mecklenburg wurde dieses Projekt vom Oberkirchenrat unterstützt.

die evangelische Kirche ihr Vertrauen ausgesprochen hatte, völlig frei in den kirchlichen Institutionen der acht evangelischen Landeskirchen. Er war jedoch seit 1965 als IM des MfS registriert.[1298] Im Gespräch berichtete Wolfgang Schnur über den Anfang seines Stasi-Kontaktes:

> „Im Jahr 1965 ist es dann so gewesen, dass ich mit dem MfS Kontakt bekommen habe und meine Verpflichtungserklärung freiwillig und ohne irgendwelche Zwänge unterzeichnet habe. [...] Ich denke, ich selber war mir zum damaligen Zeitpunkt über die Tragweite und das Ausmaß dieser Geschichte überhaupt nicht im Klaren. [...] Ich lebte in Binz auf Rügen allein für mich, und da hat es keine intensiven Kontakte zum MfS gegeben. [...] Zwischen 1965 und 1966 habe ich über andere Berührung mit der Jungen Gemeinde in Binz bekommen und mit dem dortigen Ortspfarrer [...] und habe gesagt: 'O.k, ihr wisst, dass ich nicht glaube. Für mich ist es wichtig, den Pfarrer vom Kommunismus zu überzeugen.' Besseres konnte mir nicht widerfahren. Ich habe einen intensiven Kontakt zur Gemeinde bekommen, auch zum Pfarrer. [...]
> Mein erster Kontakt [zum MfS] war mit Herrn Thode. Das war ein sehr väterlicher Typ. Die hatten in der Nähe von Greifswald auch einen Bungalow, wo diese Treffen dann auch stattgefunden haben. Ich denke, auch hier war es noch nicht so intensiv, weil ich mich auch selber erst in die gesamte kirchenpolitische Sache hineingearbeitet habe. Dann kam hinzu, dass ich ja selber beim Berufsaufbau war. Ich hatte 1973 im August meine eigene Praxis aufgebaut. [...] Man kann sagen, bis 1972 waren diese Dinge so gut wie gar nicht wichtig. Das war wirklich sporadisch mit der Zunahme meiner eigenen kirchlichen Aktivitäten im evangelischen Jungmännerwerk und dann auch durch die eigene Mitarbeit in der Kirchgemeinde, Kreissynode. Mit der erstmaligen Nominierung für die Landessynode – da ist dann in der Tat das MfS aus Rostock auf mich zugekommen."[1299]

Das MfS hegte jedoch Misstrauen gegen seinen IM. 1978 leitete es den OV „Heuchler" gegen den IM „Torsten" ein. Sein Führungsoffizier traf sich weiterhin mit ihm, um die gegen Schnur geführten Ermittlungen und Beobachtungen zu verdecken und ihn nicht misstrauisch zu ma-

[1298] Vgl. BStU, MfS, BV Rostock, AIM 3275/90, Bd. I, Bl. 1.

[1299] Vgl. Interview mit Wolfgang Schnur am 30. 10. 2000.

chen. Man verdächtigte den eifrigen Rechtsanwalt, der um die geheime SED-Mitgliedschaft gebeten hatte, Doppelagent zu sein. Anlass dafür mag ein Gespräch zwischen Oberkonsistorialrat Hans-Martin Harder und dem CDU-Kreisvorsitzenden in Greifswald, Manfred Bertling, gewesen sein. Beiden war Schnur gut bekannt, da dieser lange Zeit in Binz auf Rügen gelebt und also zur Greifswalder Kirche gehört hatte. Aus dem OV „Heuchler" geht hervor, dass Hans-Martin Harder gegenüber Bertling, der als IM „Heinrich Schade" für das MfS registriert war, den Verdacht geäußert hatte, Schnur sei für den BND tätig.[1300] Harder konnte von Bertlings IM-Tätigkeit nichts wissen, musste sich aber über die Tragweite dieses Verdachtes im Klaren gewesen sein. Bertling jedenfalls berichtete davon sofort seinem Führungsoffizier.[1301]

Schnur wies diese Annahme nicht nur gegenüber seinem Führungsoffizier zurück, sondern lehnt sie auch heute noch ab: „Ich bin immer IM geblieben."[1302] Der OV wurde nicht zuletzt auf Grund eines ausführlichen Schreibens von Schnur ergebnislos eingestellt. In einer handschriftlichen „Erklärung" vom 22. Januar 1983 wies er es zurück, jemals Kontakte zu anderen Geheimdiensten gehabt zu haben, und kritisierte, dass ihm durch das MfS nicht genügend Anerkennung und Hilfe zuteil werde:

> „Ich habe meine Zusammenarbeit mit dem Ministerium für Staatssicherheit stets als eine freiwillige Pflichterfüllung gegenüber der Partei der Arbeiterklasse angesehen. Diese Erklärung stellt keinen Versuch dar, meine Fehlentscheidungen und Pflichtverletzungen zu entschuldigen.
> Die Zusammenarbeit mit dem Ministerium für Staatssicherheit war und ist auf keinen materiellen Vorteil für mich gegründet. Vielmehr kann ich belegen, daß erhebliche finanzielle Mittel durch mich eingesetzt wurden, damit ich ungehindert der von mir selbst gestellten Auftragserfüllung nachkommen konnte. [...]
> Ich bestreite nicht, daß auch durch mich oft erstrebt wurde, eine ideelle Auszeichnung zu erhalten. Wenn mir diese bisher versagt blieb, schreibe ich dies meinen

---

1300 Vgl. BStU, MfS, BV Rostock, AIM 3275/90, Bd. I/1, Bl. 82.

1301 Vgl. ebd.

1302 Vgl. Interview mit Wolfgang Schnur am 30. 10. 2000.

eigenen begangenen Fehlern zu. [...] Im Interesse des Schutzes unseres Staates habe ich mich stets davon leiten lassen, daß die Aufgabenerfüllung im Vordergrund steht. Fast zwei Jahrzehnte muß ich die Rolle eines Christen spielen. Jede neue kirchenpolitische Einbindung habe ich als eine weitere Möglichkeit angesehen, daß die Auftragserfüllung noch qualitativer von den Berichten und Informationen wird."[1303]

Schnur formulierte sein Schreiben als eine Anklage: Nicht er habe dem Ministerium misstraut und daher Kontakte zu westlichen Geheimdiensten aufgebaut, sondern das MfS habe ihm nicht getraut und seine Arbeit nicht hinreichend gewürdigt. Er werde seine Kontakte zum MfS nicht verraten, sondern immer noch sei es sein Bestreben, im Interesse des Staates innerkirchlich Karriere zu machen. Er endete mit dem Satz: „Niemals ist meinerseits selbst die Frage gestellt worden, wenn meine Zusammenarbeit mit dem Ministerium für Staatssicherheit entdeckt wird, welche Sicherheiten ich zu erwarten habe."[1304]

In dieser Situation wurde der Fall Schnur zur „Chefsache". Der Leiter der Abteilung XX/4 aus Berlin, Joachim Wiegand, schaltete sich im August 1983 auf einer Arbeitsberatung mit den Rostocker Kollegen, die den OV „Heuchler" führten, ein. Die Offiziere schlossen den Vorgang „Heuchler", obwohl Schnurs Kontakte zur Ständigen Vertretung der BRD in der DDR nicht aufgeklärt werden konnten. In dialektischer Verdrehung stellte das Protokoll der Arbeitsberatung jedoch fest, dass sich der IM im Großen und Ganzen als zuverlässig und ehrlich erwiesen habe – eine ungewöhnliche Formulierung. Die Überprüfung der Zuverlässigkeit gehörte zum Standard bei jedem IM-Vorgang, ein zweideutiges Ergebnis hätte unter anderen Umständen weit reichende Konsequenzen gehabt. Auf Wolfgang Schnur wollte die Berliner Führung jedoch nicht verzichten, hatte sich doch herausgestellt, dass Schnur eine besonders wichtige Quelle des MfS war. Er berichte „ausführlich zu kircheninternen Problemen, [...] belastet [...] Personen und trägt andererseits in seinem Auftreten erfolgreich bei der vorbeugenden Verhinderung pol.-neg. und feindl. Aktivitäten bei".[1305]

Der OV „Heuchler" wurde geschlossen und der IM vom IMS zum

[1303] Vgl. BStU, MfS, BV Rostock, AIM 3275/90, Bd. I/1, Bl. 103 ff.

[1304] Ebd., Bl. 105.

[1305] Vgl. ebd., Bl. 4.

IMB befördert.[1306] Sein Hauptarbeitsgebiet war nun nicht mehr der Norden der DDR, sondern waren oppositionelle Gruppen in Berlin.[1307] Schnurs Aufnahme in die SED wurde geprüft und die Verleihung des Kampfordens für Verdienste um Volk und Vaterland vorgeschlagen.[1308] Im Vorschlag zur Aufnahme in die SED, der aus Berlin kam, hieß es:

„Durch die Bezirksverwaltung Rostock und die Hauptabteilung XX wird ein wertvoller Patriot geführt, der seit Jahren eine wichtige politisch-operative Arbeit leistet.
Dieser Patriot zeichnet sich durch hohe Einsatzbereitschaft und Pflichterfüllung aus und erfüllt die Aufträge des MfS gewissenhaft, auch unter Beachtung politischer Zusammenhänge, in seinem Aufgabengebiet.
Der Patriot bedauert, daß er offiziell nicht um Aufnahme in die Reihen der Partei bitten kann. Deshalb wäre die Aufnahme des Patrioten als Kandidat der SED auch eine große Unterstützung zu seiner weiteren inneren Festigung und Erhöhung der Einsatzbereitschaft.
Es handelt sich dabei um den Patrioten Schnur, Wolfgang."[1309]

Dass Wolfgang Schnur tatsächlich SED-Mitglied war, belegen in der MfS-Akte abgeheftete Quittungen über dessen Parteibeiträge ab 1987.[1310]

Weil über Wolfgang Schnur bereits Gerüchte in der mecklenburgischen Landeskirche kursierten, er habe Kontakte zum MfS, legte die Berliner MfS-Leitung fest, als Beweis für die „Staatsfeindlichkeit" des IM seien öffentlich Schwierigkeiten Schnurs mit den staatlichen Stellen zu inszenieren. So sollte Schnurs Antrag auf Zulassung seines Mitarbeiters als Rechtsanwalt in seiner Kanzlei nicht zugestimmt werden.[1311] Hintergrund war vermutlich ein Gespräch, in dem Oberkirchenrat Eckart Schwerin Landesbischof Heinrich Rathke von Berliner Gerüchten

[1306] Vgl. ebd., Bl. 63.

[1307] Ausdrücklich sollte Schnur den Berliner Pastor Rainer Eppelmann auskundschaften.

[1308] Vgl. BStU, MfS, BV Rostock, AIM 3275/90, Bd. I/1, Bl. 63 f.

[1309] Ebd., Bl. 184.

[1310] Vgl. ebd., Bl. 16 ff.

[1311] Vgl. ebd., Bl. 71.

berichtet hatte, wonach Schnur Kontakte zum MfS habe.[1312]

Perspektivisch sollte seine Anbindung an die Landeskirche über eine gezielte Instrumentalisierung von Peter Müller forciert werden. Schnur wechselte 1983 aus der Greifswalder in die mecklenburgische Landeskirche mit dem MfS-Auftrag, sich stärker als bisher in der evangelischen Kirche zu engagieren. Rechtsanwälte wie Schnur waren für die evangelische Kirche sehr wichtig. In einem Staat ohne faktische Rechtssicherheit waren sie besondere Vertrauenspersonen. Sie übernahmen die in der Regel sehr unbeliebten Fälle von Wehrdienstverweigerung, „Republikflucht“ oder „staatsfeindlicher Hetze“. Insofern war man auch in der Münzstraße 8-10 an Schnur interessiert, hatte ihn 1976 kurzzeitig sogar als Oberkirchenratspräsidenten in Erwägung gezogen.

Wolfgang Schnur hatte den Auftrag, Mitglied der mecklenburgischen Landessynode zu werden, und Peter Müller sollte ihm dabei behilflich sein. Immerhin konnten fünf Synodale durch die Kirchenleitung berufen werden. Laut einem „Bericht über ein Gespräch am 1. 6. 1983 beim Sekretariat des Bundes der evangelischen Kirchen der DDR“ der Bezirksverwaltung Rostock des MfS sagte Müller zu, sich für Schnur einzusetzen, wollte aber den Sitz in der Synode nicht garantieren. Immerhin entscheide diese eigenständig.[1313] Drei Jahre später, im Februar 1986, kam es erneut zu einer Auseinandersetzung zwischen Peter Müller und Wolfgang Schnur. Schnur hatte sich bei Müller über die seiner Ansicht nach ungerechte und undankbare Haltung der mecklenburgischen Landeskirche ihm gegenüber beschwert, worauf Müller ihm die Gründe dafür darlegte. Vor allem waren es Hinweise auf Kontakte zum Ministerium für Staatssicherheit, die den Oberkirchenrat von einer intensiveren Einbindung Schnurs in kirchliche Gremien zurückhielten. Wie Schnur seinem Führungsoffizier wenige Tage später berichtete, habe Müller auf die Frage, ob er dies auch glaube, mit Nein geantwortet.[1314] Er, Schnur, habe jedoch erkannt, dass Müller schwanke und nur versuche, sich aus der Situation herauszureden. Müller habe ihm aber auch gesagt, dass Stolpe ihn, Schnur, verteidige, damit es ihm in Mecklenburg nicht genauso erginge wie vormals in Greifswald.[1315]

---

[1312] Vgl. Interview mit Eckart Schwerin am 8. 3. 2000.

[1313] Vgl. BStU, MfS, BV Rostock, AIM 3275/90, Bd. II/1, Bl. 97 f.

[1314] Vgl. ebd., Bd. I/4, Bl. 139.

[1315] Der Greifswalder Bischof Horst Gienke hatte Schnur 1982 darum gebeten, auf seine Berufung in die Landessynode zu verzichten. Eine Begründung für diese ungewöhnliche Bitte – Schnur war durch die Synode berufen worden – ist aus den

Tatsächlich wurde Schnur 1988 in die Synode berufen, allerdings ohne Zutun Müllers. Dessen Verhältnis zu Schnur hatte sich innerhalb weniger Monate merklich verschlechtert, nachdem er Erkundigungen über Schnur eingezogen und erfahren hatte, dass dieser über erhebliche finanzielle Mittel verfügte, sich aber dennoch durch Müller eine westliche Diktier- und Kopierausrüstung hatte beschaffen lassen.[1316] Als Schnur von Müllers Erkundigungen erfuhr, erhielt er von der Bezirksverwaltung der Staatssicherheit in Rostock den Auftrag, sich stärker an Landesbischof Stier zu halten. Die BV Rostock sah ihren IM dennoch am Ziel und schrieb in einem internen Aktenvermerk vom 6. Juni 1989:

> „Mit der Wahl des IMB in die Synode seiner Landeskirche wurde ein erster erfolgreicher und konzipierter Schritt erreicht. In der weiteren Entwicklung bleibt die Zielstellung der Einsatz- und Entwicklungskonzeption bestehen, eine Wahl als Bundessynodaler zu erreichen (Ende März 1989) und auf der konstituierenden Sitzung der Bundessynode 1990 Mitglied der Konferenz der Kirchenleitungen zu werden. Unter diesem Gesichtspunkt sind die bestehenden Verbindungen, speziell zu Konsistorialpräsident Stolpe, weiterhin zu nutzen."[1317]

Die staatliche Seite dachte noch weiter. Der Rat des Bezirkes Rostock lud Schnur zum Gespräch ein und meinte, eventuell dem zukünftigen Präses der Landessynode gegenüberzusitzen. Schnur fühlte sich geschmeichelt und führte aus, dass er sich der Wahl als Präses stellen wolle, sollte ihm das Amt angetragen werden. Landesbischof und Oberkirchenrat würden ihn als unbequemen Partner kennen und ihn deshalb nicht unterstützen. Nach seiner Wahl als Präses würde er sich für freimütigere Gespräche zwischen Staat und Kirche einsetzen.[1318] Dieses Gespräch offenbart, wie wenig sich das MfS und der Rat des Bezirkes kirchenpolitisch absprachen, hatte doch die Rostocker BV 1988 eindeutig davon abgeraten, dass Schnur sich um das Amt des Präses in der Landeskirche bemühen solle. Er sollte sich

Akten nicht ersichtlich. Standen möglicherweise die Stasi-Vorwürfe im Hintergrund, war die Greifswalder Landeskirche hier also konsequenter als die mecklenburgische Nachbarkirche?

1316 Vgl. Interview mit Peter Müller am 25. 8. 2000.

1317 BStU, MfS, BV Rostock, AIM 3275/90, Bd. I/1, Bl. 260.

1318 Vgl. LHA Schwerin, IV F-2/14/772, Bl. 106.

nicht mehr auf Mecklenburg, sondern auf die Berlin-Brandenburgische Landeskirche konzentrieren. Auswirkungen hatte das Gespräch ohnehin nicht, denn die Synodalen wählten Hans-Joachim Bartsch zum Präses.

Im Sommer 1989 sollte Schnur zwar seine Verbindungen zur Berlin-Brandenburgischen Landeskirche ausbauen, seine Kontakte in der mecklenburgischen Landeskirche jedoch weiterhin pflegen, weil ihm hier eine innerkirchliche Perspektive sicher war – meinte man bei der BV Rostock.[1319]

Heute sieht sich Schnur als Verfolgter. Er habe, so sagte er im Gespräch im Herbst 2000, im Interesse der Inhaftierten, die er verteidigte, sogar gegen das MfS gehandelt und deshalb von der Bezirksverwaltung Karl-Marx-Stadt Arbeitsverbot in ihrem Bezirk bekommen. Er habe 95 Prozent aller Wehrdienstfälle betreut – eine Arbeit, die sonst niemand habe machen wollen.[1320] Dennoch habe er ein Arrangement mit dem MfS gehabt, das auch den Verrat einschloss:

> „Ich habe kirchliche Aktivitäten verraten, über die Sache und auch über die Menschen berichtet. Aber es war mir wichtig, dafür auf der anderen Seite auch mit denen zu reden und zu sagen: 'Ich möchte nicht, dass dieser oder jener inhaftiert wird, dass die kriminalisiert werden.' […] Da sind Leute aufgeschrieben worden. Natürlich habe ich dem MfS gesagt: 'Das sind die Leute, die den Wehrdienst verweigern wollen.' Und das war für mich die Chance, denen zu sagen: 'Ich möchte nicht, dass diese Leute einen Einberufungsbefehl bekommen.'“

Schnur wollte nicht der Büttel der Stasi sein, um dann die letzten Entscheidungen anderen zu überlassen. Er wollte selbst bestimmen, wer ein „Feind“ war und wer nicht. Das veranlasste ihn dazu, eigene Wege zu gehen, was seinen Führungsoffizier und dessen Vorgesetzte misstrauisch machte, insbesondere weil er intensive Kontakte zu Bürgern der Bundesrepublik unterhielt und häufiger Gast in der Ständigen Vertretung war. Im Februar 1986 kam es deshalb zu einer Aussprache, während der sein Führungsoffizier Jürgen Fiedler Schnur darauf einschwor, von allen Kontakten zu westlichen Journalisten Bericht zu erstatten und keine Materialien zu übergeben, ohne dies vorher mit dem MfS abgestimmt zu

---

1319 Vgl. BStU, MfS, BV Rostock, AIM 3275/90, Bd. I/1, Bl. 261.

1320 Vgl. Interview mit Wolfgang Schnur am 30. 10. 2000.

haben.[1321] Schnur wiederum offenbarte Fiedler, „daß er immer noch mit dem Gedanken spielt, einmal westliche Agenten zu entlarven und damit auch seinen Ehrgeiz zu befriedigen. Er habe aber erkannt, daß er sich doch letztlich nur in unliebsame und teilweise gefährliche Situationen begibt, wenn er meint, dies ohne Hilfe des MfS zu können."[1322] Schnur verpflichtete sich, keine Alleingänge mehr zu unternehmen, sondern nur noch abgestimmt zu handeln und Informationen über seine Mandanten an das MfS weiterzugeben:

„Ich wurde heute von meinem Führungsoffizier und dessen Vorgesetzten darüber belehrt, daß es im Interesse der Gewährleistung meiner persönlichen Sicherheit und meiner Stellung in der Öffentlichkeit notwendig ist, die juristische Beratung und anderweitige Unterstützung von DDR-Bürgern, die sich mit Gedanken bzw. Absichten zur Übersiedlung in nichtsozialistische Staaten beschäftigen, ab sofort zu unterlassen. Ausgenommen hiervon ist mein Tätigwerden auf der Grundlage der Strafprozeßordnung im Zusammenhang mit eingeleiteten Ermittlungsverfahren bzw. bei Gerichten der DDR anhängigen Verfahren.
Ich werde alle für das MfS bedeutsamen Hinweise zu solchen Personen unverzüglich meinem Führungsoffizier mitteilen und mein Tätigwerden und Vorgehen von den im Einzelfall erhaltenen Instruktionen abhängig machen. Torsten."[1323]

Folgt man der Aktenlage, zahlte das Ministerium für Staatssicherheit eine beträchtliche Aufwandsentschädigung. Zwischen 1965 und 1989 erhielt IM „Torsten" rund 40 000 Mark.[1324] Schnur selbst setzt den Betrag wesentlich niedriger an. Auf die Frage, welche Bedeutung die finanziellen Zuwendungen für ihn gehabt hätten, sagte er:

„Das war doch lächerlich. Ich habe für 25 Jahre 22 000 Mark er-

---

[1321] Vgl. BStU, MfS, BV Rostock, AIM 3275/90, Bd. I/1, Bl. 173.

[1322] Vgl. ebd., Bl. 179.

[1323] BStU, MfS, ebd., Bl. 196.

[1324] Aus der Akte „Heuchler" bzw. „Dr. Ralph Schirmer" bzw. „Torsten" geht hervor, dass Wolfgang Schnur vom MfS zusammen genommen ca. 38 000 Mark an Zahlungen bzw. an entsprechenden Wertgeschenken erhalten hat.

halten. Das will ich gar nicht bewerten. Wenn man 25 Jahre diesen Weg geht, dann ist man einfach bei solchen Sachen dabei. Wenn Geld für mich entscheidend gewesen wäre, dann hätte ich wirklich etwas falsch gemacht. Bei dem Umfang, den ich arbeitsmäßig aufgenommen habe auf mich in dieser Doppelgeschichte – da hätte ich ja heute eine sichere Rente bekommen. Dann fragen Sie mal, was die Kirche gezahlt hat unter diesem Gesichtspunkt. Ein Großteil der Dinge ist vollkommen offen geblieben. Die Beratungstätigkeiten im kirchlichen Bereich sind durch mich getragen worden, nicht nur in der ELLKM. Dieser Geldbetrag ist für mich so unbedeutend gemessen an der Einbindung und auch an der Stellung, die ich zum MfS hatte. Da ist das in der Tat lächerlich. Ich gehörte sicher zu den wenigen IM, die eine solche hohe Einbindung in die Kirche und an das MfS hatten."[1325]

Mit unverhohlenem Stolz blickt Schnur auch heute noch auf eine Doppelkarriere zurück. Immerhin hat er zwischen 1975 und 1990 mindestens zehn Orden und Auszeichnungen erhalten, unter anderem deshalb, weil er ausdrücklich personenbezogen berichtete. Im Unterschied zu den meisten anderen Inoffiziellen Mitarbeitern im Raum der mecklenburgischen Landeskirche, die versuchten, nicht über Personen zu berichten und nur solche Informationen weiterzugeben, die für das MfS ihrer Ansicht nach wertlos waren, pirschte sich Schnur an seine „Gegner" heran. So erklärt sich auch die „Medaille für treue Dienste" in Gold, die er zum 35. Jahrestag des MfS am 8. Februar 1987 erhielt. Zur Begründung hieß es damals:

„Der IMB 'Torsten' arbeitet mit einer Unterbrechung von 4 Jahren seit 1964 inoffiziell mit dem MfS zusammen. In seiner Tätigkeit konnte er eine Vielzahl operativ bedeutsamer Informationen zu Plänen und Absichten feindlicher Kräfte aus dem Bereich der politischen Untergrundtätigkeit erarbeiten und teilweise selbständig geplante feindlich-negative Handlungen vorbeugend verhindern."[1326]

---

[1325] Vgl. Interview mit Wolfgang Schnur am 30. 10. 2000.

[1326] BStU, MfS, BV Rostock, AIM 3275/90, Bd. I/1, Bl. 200.

Ende der achtziger Jahre lieferte Schnur so zahlreiche Informationen und Berichte ab, dass innerhalb der BV Rostock seine Identität nicht mehr mit Sicherheit geheim gehalten werden konnte. 1988 änderte daher sein Führungsoffizier den Decknamen „Torsten“, den sich Schnur 1965 selbst gewählt hatte, um in „Dr. Ralph Schirmer“.[1327] Die konspirative Verleihung des Doktortitels mag dem IM geschmeichelt haben.

In seiner Perspektive hat eine differenzierte Sicht auf die eigene Geschichte keinen Platz. Auch heute noch vermengen sich die Zugehörigkeit zur Kirche und die beantragte Mitgliedschaft in der SED zu einem unentwirrbaren Knäuel. Warum er Mitglied der SED werden wollte, blieb daher auch im Gespräch unverständlich.[1328]

Wolfgang Schnur war in den Händen seines Führungsoffiziers ein wichtiges Instrument zur Beherrschung der kirchenpolitischen Lage. Jürgen Fiedler, Leiter des Kirchenreferates XX/4 der BV Rostock, führte in den siebziger und achtziger Jahren nicht nur mit Schnur konspirative Gespräche, sondern auch mit mindestens zwölf weiteren hochrangigen kirchlichen Mitarbeitern und Laien. Diese gehörten sowohl zur Greifswalder als auch zur mecklenburgischen Landeskirche. Siegfried Plath, Siegfried Bohl, Christoph Ehricht, Ines Fleckstein, Dietrich Affeld, Günther Engel, Siegfried Wahrmann und Günter Goldenbaum waren seine Gesprächspartner.

Dass Wolfgang Schnur so tief in innerkirchliche Zusammenhänge eindringen und sich nahezu unentbehrlich machen konnte, zeigt nicht nur das Geschick des Ministeriums für Staatssicherheit und seines IM, sondern auch eine gewisse Ignoranz von kirchlicher Seite gegenüber Schnur. Es hat in den achtziger Jahren zahlreiche Hinweise auf eine mögliche oder wahrscheinliche Zusammenarbeit Wolfgang Schnurs mit dem MfS gegeben – dennoch sprach ihn kaum jemand direkt darauf an. Er wurde nicht nur geduldet, sondern als Referent für Wehrdienstfragen und Anwalt des Vertrauens häufig in Anspruch genommen.

---

[1327] Vgl. ebd., Bl. 13.

[1328] Schnur sagte dazu im Interview am 30. 10. 2000: „Der äußere Druck nahm zu, die Verhältnisse verschlechterten sich, ich konnte nichts mehr bewegen. Und da habe ich gesagt: Ok, damit gar kein Verdacht aufkommt bekenne ich mich zur SED, um einfach die Chance weiter zu behalten, Menschen und auch andere politische Dinge mit zu bewegen. Denn ich war ja auch davon überzeugt, ich war ja bis zum Ende im Fortsetzungsausschuss ‘Konkret für den Frieden’, und da haben wir in kleinen Schritten manche Dinge praktiziert, wo dann auch möglich geworden ist, dass staatliche Stellen Antworten gegeben haben.“

Insofern erwies es sich als glücklicher Umstand für die mecklenburgische Landeskirche, dass Schnur seit Anfang der achtziger Jahre versuchte, seine Tätigkeit auf das Gebiet der ganzen DDR auszuweiten. Die faktische Entfernung von der mecklenburgischen Landeskirche war deshalb unvermeidlich, sie war aber auch im Interesse der Unterwanderung der Berliner Oppositionsbewegung erwünscht. Die mecklenburgische Landeskirche war zunehmend nur noch ein Nebenschauplatz.

In der Wende erlebte Wolfgang Schnur dann seinen politischen Höhepunkt. Als Mitbegründer des „Demokratischen Aufbruchs" war er zu einer der Identifikationsfiguren der friedlichen Revolution geworden. Öffentlich mahnte er die Menschenmassen auf der Straße, auf Gewaltanwendung zu verzichten, alle feindselige Rhetorik zu unterlassen und als neuen politischen Maßstab die „Wahrung der Menschenwürde", die „Freiheit zur Mitwirkung in der politischen Demokratie", den Respekt vor dem Andersdenkenden und nicht zuletzt die „Glaubwürdigkeit von Programmen und Personen" zu beachten.[1329] Unmittelbar vor den ersten freien Volkskammerwahlen in der DDR im März 1990 belegten aufgetauchte Stasi-Akten die Unglaubwürdigkeit des Vorsitzenden des „Demokratischen Aufbruchs".

## Zusammenfassung

Die Basisgruppen in der mecklenburgischen Landeskirche erlangten Bedeutung nicht durch ihre Breitenwirkung, denn die hatten sie kaum. Ihre Leistung war es – genau wie überall in der damaligen DDR – einen besonders aktiven Teil der Gesellschaft zusammengeführt und auf verschiedenen gesellschafts- und umweltpolitischen Gebieten die Vordenkerrolle übernommen zu haben. Das versetzte sie 1989 in die Lage, für begrenzte Zeit eine Führungsrolle im gesellschaftspolitischen Umbruch zu übernehmen.

Im Unterschied zum überwiegenden Teil der Bevölkerung hatte sich diese Minderheit aus ganz verschiedenen Gründen nicht in die private Nischenexistenz des desillusionierten DDR-Bürgers zurückgezogen, sondern begleitete und kommentierte die bedrohliche Entwicklung der siebziger und achtziger Jahre aufmerksam und kritisch. Die Mitglieder der Basisgruppen waren bereit, Glauben und Gesellschaftspolitik in einen Zusammenhang zu bringen und daraus einen moralischen Imperativ für sich abzuleiten. Ihr Engagement bezahlten sie in der Regel mit der

[1329] Vgl. BStU, MfS, BV Rostock, AIM 3275/90, Bd. I/9, Bl. 34.

Stigmatisierung als „feindlich-negative Elemente". Die Motivation der einzelnen Teilnehmer war jedoch sehr unterschiedlich und ihre Haltung zur „realsozialistischen" DDR entsprechend divergierend. Längst nicht alle, wahrscheinlich nur eine Handvoll von Aktiven, verstanden sich tatsächlich als „Systemfeinde". Schrittweise Reformen standen bei den meisten im Vordergrund.

Dass die Friedens- und Umweltgruppen, die Frauen- und Menschenrechtsgruppen wie alle anderen Basisgruppen eine große Bedeutung im Vorfeld der Wende hatten, ist unzweifelhaft – wie groß, ist hingegen umstritten. Kai Langer spricht von einem eigenständigen Beitrag, den sie zur Wende geleistet hätten. Er bezeichnet die Basisgruppen als „Protestpotentiale".[1330] Detlef Pollack versteht sie als eine von vielen Ursachen, die die Wende herbeigeführt haben. Sie hätten die Voraussetzung dafür geliefert, dass sich in der Zeit der Wende gesellschaftliche Unruhepotentiale an die Kirche anlagern konnten. Ursache der Wende seien nicht sie gewesen, sondern die dramatische Verschlechterung der wirtschaftlichen Lage der DDR, das massive Anwachsen der Unzufriedenheit einer breiten Schicht innerhalb der Bevölkerung sowie Glasnost und Perestroika, die ihren Eingang in die DDR nicht fanden.[1331] Vor diesem Hintergrund bietet es sich an, noch einmal die Friedens-, Umwelt- und Frauengruppen und ihre Dachorganisation AGF in Mecklenburg zu betrachten und zu verorten.

Die Gruppen in der mecklenburgischen Landeskirche können für sich in Anspruch nehmen, ein „Kristallisationspunkt" gewesen zu sein, an dem sich gesellschaftlich interessierte Menschen sammeln konnten. Sie waren die Ersten, die im Herbst 1989 auf die Straße gingen und als Motivator für viele andere wirkten. Sie, die Gruppen, konnten jedoch nur deshalb so auftreten, weil sie den Schutz der Landeskirche genossen. Insofern gilt die Trennung zwischen Landeskirche und Basisgruppen für Mecklenburg möglicherweise weniger als für andere Landeskirchen. Das bedeutet keine Verwischung der sehr unterschiedlichen Auffassungen zur praktischen Umsetzung der Friedensarbeit, sondern unterstreicht das gemeinsame Interesse an Fragen des konziliaren Prozesses zu Frieden, Gerechtigkeit und Bewahrung der Schöpfung und die gemeinsame „Front" gegenüber dem Staat.

Die vielfach anzutreffende Formulierung, die Gruppen hätten die

---

[1330] Vgl. Langer 1999, S. 12.

[1331] Vgl. Pollack 1994, S. 221.

Kirche zu neuen Themen gezwungen,[1332] scheint auf die mecklenburgische Landeskirche bezogen relativierungsbedürftig: Erstens ließ sich die mecklenburgische Landeskirche als Gemeinschaft der rund 230 Gemeinden durch die wenigen Gruppen keine Themen aufzwingen. Die Kirchenführung, in diesem Sinne die Amtskirche, nahm die Anregungen der Basisgruppen hier und da durchaus auf und machte deren Positionen in Teilen auch zu ihren eigenen. Insgesamt aber waren es nur einzelne Gemeinden, die Impulse des konziliaren Prozesses reflektierten. Zweitens gingen Impulse nicht nur von unten nach oben, sondern auch von oben nach unten. Obwohl in keinem Dokument so formuliert, bejahten beide Bischöfe die Frage, ob die Landeskirche ein „Wächteramt" habe, wie es 1959 Otto Dibelius in seiner Schrift „Obrigkeit" betont hatte. Die Kirche hatte eine Stellvertreterrolle, die sie zwang, sich parteilich zu verhalten. Insofern hat die mecklenburgische Landeskirche unter Rathke und Stier es vermieden, in den Konflikt um das politische Engagement der Kirche hineinzugeraten, indem sie dieses Engagement von vornherein bejahte.

Der Schutz, den die Basisgruppen durch die jeweiligen kirchlichen Amtsträger erhielten, hing wesentlich von dem persönlichen Miteinander zwischen Gruppen und Amtsträgern ab. Diese gegenseitige Wertschätzung war nicht überall ungeteilt. Das wird auch in heutigen Beurteilungen deutlich: Beispielsweise sagte Landessuperintendent i.R. Traugott Ohse auf die Frage, ob er Kontakt zur Arbeitsgruppe Frieden gehabt habe:

> „Keinen direkten, aber wir mussten ja versuchen, die ganze Sache in Schutz zu nehmen und auf einem kirchlichen Weg zu halten. Das hängt natürlich auch mit einzelnen Leuten zusammen, Heiko Lietz zum Beispiel. Diese Einzelgänge waren manchmal nötig, aber sie waren manchmal auch in gewisser Weise gefährdet und gefährlich. Deshalb haben wir ja versucht, das Ganze unter ein kirchliches Schutzsystem zu nehmen, und das ist uns ja auch gelungen. Da hat Peter Müller große Verdienste, dass er das auch wollte und auch so geordnet hat. Sonst wäre uns da manches aus dem Ruder gelaufen. Das wäre für die, die damit befasst waren, nicht ganz leicht geworden.[1333]

---

[1332] Diese Auffassung vertrat beispielsweise Heino Falcke. Vgl. dazu MKZ Nr. 12 vom 24. März 1985, S. 1. „Unterwegs zur Kirche des Schalom". Seit 1989 hat immer wieder auch Ehrhart Neubert davon gesprochen, dass die Gruppen die Kirche verändert und einer Alternativkultur näher gebracht hätten. Siehe dazu Neubert 1997.

[1333] Interview mit Traugott Ohse am 3. 11. 2000.

Den Worten Ohses ist durchaus seine innere Distanz zu den Gruppen anzumerken, ebenso wie ein starkes patrimoniales Fürsorgeprinzip: Wir müssen die Gruppen vor sich selbst schützen! Diese Haltung wurde insbesondere vom Oberkirchenrat und dem Konvent der Landessuperintendenten eingenommen und führte zu starken und andauernden Konflikten mit den Basisgruppen. Der tatsächliche Schutz durch die Landeskirche, der immer wieder spürbar war, glättete jedoch die Wogen.

Entscheidend für diese Entwicklung war die persönliche Beziehung Heinrich Rathkes zu den Protagonisten der Gruppen. Er habe die Gruppen nicht nur gegenüber dem Staat schützen wollen, so Rathke im Gespräch, sondern auch gegenüber so manchem in der Landeskirche, der mit deren Anliegen nichts habe anfangen können. Er habe außerdem an vielen Veranstaltungen teilgenommen, um selbst zu sehen, was auf den Veranstaltungen passiere, um dann bei einer staatlichen Vorladung aus eigener Anschauung reagieren zu können.[1334] Er habe aber auch das persönliche Anliegen gehabt, dabei zu sein und die Gruppen zu unterstützen. Zugleich habe er die Gruppen dadurch decken wollen, dass er in seiner Funktion als Bischof anwesend war.[1335] Er habe die Gruppen immer um zwei Dinge gebeten: darum, dass sie über ihre Vorhaben rechtzeitig informieren, damit man in Schwerin Bescheid wisse, wenn staatlicherseits Fragen kommen; und zweitens darum, ihre Veranstaltungen so anzulegen, dass die Kirche sie gegenüber dem Staat auch vertreten könne. Das setzte nicht unbedingt voraus, dass eine Veranstaltung als kirchliche gekennzeichnet war.[1336]

Staatlicherseits war der „effektivste" Weg, gegen die Gruppen vorzugehen, die Instrumentalisierung leitender Amtsträger. Das gelang in Mecklenburg, soweit es die Leitungsebene betraf, in der Regel nicht. Wo die Leitungsebene einer Landeskirche gegen die Gruppen instrumentalisiert werden konnte – wie etwa im Falle von Eckart Hübener, brauchte es keine weiteren Strategien, um eine Gruppe zu lenken und in ihrer Öffentlichkeitswirksamkeit einzuschränken. Da dies aber in Mecklenburg normalerweise nicht gelang, wurden hier zusätzlich andere Strategien angewendet. Dazu gehörte beispielsweise die Initiierung von Konkurrenzgruppen. Noch im September 1989 notierte die Bezirksverwaltung Schwerin, sie habe eine „Regionalgruppe mit der Be-

---

1334 Vgl. Interview mit Heinrich Rathke am 8. 6. 2000.

1335 Vgl. ebd.

1336 Vgl. ebd.

zeichnung 'Mecklenburg-West' mit progressiver Zielstellung initiiert", um über diese Gruppe einen innerkirchlichen Differenzierungsprozess zu beschleunigen.[1337]

Weil die Instrumentalisierung leitender Amtsträger in der Breite fehlschlug, versuchte die staatliche Seite in der Regel, die „zweite Reihe" zu mobilisieren. Beispielsweise führte das Büro des Leiters der Bezirksverwaltung Rostock die IMB „Hiller" und „Titus", den IME „Orion" und die IMS „Lorenz", „G. Krentz" und „Johannes" auf, die in Schlüsselpositionen säßen und „auf die weitere positive Gestaltung des Verhältnisses Staat-Kirche, die offensive Zurückdrängung feindlicher Handlungen, die Unterbindung des politischen Mißbrauchs der kirchlichen Partnerschaftsverbindungen und die Beschlußfassungen in den Synoden der Landeskirchen Greifswald und Mecklenburg zielgerichtet Einfluß" nehmen sollten.[1338] Hinter den Decknamen verbargen sich Siegfried Plath, Siegfried Bohl und Horst Gienke aus der Evangelischen Landeskirche Greifswald, Siegfried Wahrmann, Christoph Pentz und Hans-Joachim Bartsch aus der mecklenburgischen Nachbarkirche.

Auch interne Richtlinien des MfS erschwerten dessen „erfolgreiche" Arbeit gegen die Kirche und erwiesen sich langfristig als Schutzschild für die Basisgruppen. Die Mitglieder der Gruppen kamen oft aus verschiedenen Kreisen und Bezirken und wurden dementsprechend von verschiedenen Dienststellen des MfS, der Räte der Kreise und Bezirke usw. beobachtet. Die interne Konspiration untereinander verhinderte es, dass sich die Offiziere des MfS über ihre IM austauschten.
Die Unterwanderung mit IM zeigte für das Jahr 1989 möglicherweise nicht die gewünschte Wirkung, wie Volker Höffer in seiner Darstellung der Wende im Bezirk Rostock beschreibt, denn „[d]ie Durchdringung und Zersetzung oppositioneller Gruppierungen durch IM funktionierte im Sommer/Herbst 1989 in Rostock nicht in dem vom MfS gewünschten Maße. Die Bezirksverwaltung besaß zum Beispiel in der Bezirksstadt keine einzige Top-Quelle in den unmittelbaren Initiatoren- und Führungskreisen der Opposition. Auch dadurch vermochte die Bezirksverwaltung nicht, die Bewegung – so wie früher – bereits im Anfangsstadium zu kanalisieren und zu zersetzen. Die oppositionellen Gruppen schlugen dem Geheimdienst mit dessen eigener Waffe, einer strengen Konspiration, ein Schnippchen. Die Hauptwaffe des MfS, der

[1337] Vgl. BStU, MfS, BV Schwerin, AKG 48a, Bl. 9.

[1338] Vgl. BStU, MfS, BV Rostock, BdL, Nr. 2933, Bl. 53.

Einsatz von IM, hat im Ostseebezirk in diesem entscheidenden Moment im wesentlichen versagt."[1339] Für die achtziger Jahre insgesamt gesehen müsste eine zusammenfassende Bewertung jedoch vorsichtiger ausfallen: Inoffizielle Mitarbeiter konnten die Basisgruppen nicht verlässlich lenken, aber sie konnten punktuell und zum Teil sehr erfolgreich die Interessen des MfS vertreten und damit die Aktivitäten in den Gruppen behindern und zum Teil sogar verhindern.

---

[1339] Höffer 1997, S. 60 f.

# VI. „Realer, exakter, präziser"? – Rückblick auf eine Kirchenpolitik des Komparativs

Horst Dohle, ehemals Leiter der Abteilung Evangelische Kirchen im Staatssekretariat für Kirchenfragen und damit ausgewiesener Insider des Staatsapparates,[1340] beschrieb nach der Wende die SED-Kirchenpolitik als zunehmendes „Tauziehen" zwischen reformwilligen und reformresistenten Kräften in der SED-Führung. Der „Verlust jeglicher konzeptioneller Fähigkeit, die fast völlige Realitätsausblendung und das Bedürfnis nach Ruhe, Ordnung, Sicherheit" seien kennzeichnend für die SED-Führung gewesen und hätten deren Haltung gegenüber den Kirchen und Religionsgemeinschaften bestimmt.[1341]

Dieses Bild bestätigen auch die Akten aus den drei Nordbezirken. Zugunsten einer taktisch ausgerichteten SED-Kirchenpolitik blieb eine Klärung der prinzipiellen Stellung der SED zur Religion bis zum Ende der DDR aus. Die Folge war, dass die zahlreichen Referenten für Kirchenfragen überall im Lande tendenziell eher eine härtere kirchenpolitische Linie bezogen, als in Berlin vorgegeben war, um keiner „Aufweichung" der kirchenpolitischen Linie bezichtigt werden zu können. Hatte der Kirchenreferent die Kirchen aus Sicht der Berliner Dienststellen durch eine zu harte Haltung verprellt, wurde er jedoch einer „sektiererischen Haltung" bezichtigt und ebenso aus Berlin gerügt. Die Balance zu halten und eine vorausschauende Linie gegenüber den Kirchen zu entwickeln, die sich trotz aller Schwankungen aus Berlin als haltbar erweisen würde, war deshalb die Aufgabe der Referenten für Kirchenfragen in den Städten, Kreisen und Bezirken. Die Konzeptionslosigkeit der SED wirkte sich auf das regionale Staat-Kirche-Verhältnis zum einen in Gestalt einer zunehmenden Verschärfung des Klimas aus, zum anderen in einem „kirchenpolitischen Aktionismus".[1342]

Von Anfang an zeichneten sich deshalb die zahlreichen Konzeptionen und Maßnahmepläne durch eine Liebe zum Komparativ aus. „Realer", „exakter", „präziser", so sollte die Kirchenpolitik der Zukunft aussehen.

---

[1340] Horst Dohle war 1975 zunächst persönlicher Referent von Staatssekretär Hans Seigewasser, bevor er unter Klaus Gysi dessen Büroleiter wurde. Dohle war unter dem Decknamen „Horst" als IM des MfS registriert, ebenso auch Abteilungsleiter Hans Wilke. Aus diesem Grund ist eine eindeutige Zuordnung hier nicht möglich. Vgl. dazu Vollnhals 1997c, S. 96.

[1341] Vgl. Dohle 1995, S. 505.

[1342] Vgl. Funk 1992, S. 51.

Konkret wurde man in Berlin nur im Detail, beispielsweise bei der Frage, ob man den Kirchenleuten Kaffee und Südfrüchte vorsetzen dürfe.

Umgekehrt war die mecklenburgische Landeskirche streng darauf bedacht, offensichtlichen wie schleichenden Formen der Korruption aus dem Weg zu gehen. Die Bewahrung der Unabhängigkeit in Auseinandersetzungen mit der staatlichen Seite war ebenso ihr Ziel wie die Nähe zu den Gemeinden. Das dritte große Ziel der mecklenburgischen Landeskirche gegenüber dem Staat war es, jede äußere Einflussnahme auf kirchliches Leben und innerkirchliche Entscheidungen zu vermeiden. Offenheit nach außen, Beweglichkeit zwischen Altem und Neuem, die Nutzung des Reichtums der Gaben und eine bewusste Parteilichkeit waren die Parameter der „Kirche für andere", wie Heinrich Rathke sie 1971 auf der Bundessynode in Eisenach bereits vorgetragen hatte. Das theologische Modell der „Kirche für andere" wurde jedoch in der Landeskirche in sehr unterschiedlichem Maße als Wegmarke wahrgenommen. Bestimmend traten staatliche wie kirchliche Vertreter vor allem dann auf, wenn es konkrete Fragen zu klären galt, nicht zuletzt, wenn es um die äußere Form bei Staat-Kirche-Gesprächen ging. Dann lauteten die Devisen wechselseitig „Kein Kaffee und keine Südfrüchte"[1343] bzw. „Bewirtung ist nicht erwünscht"[1344].

## „Kein Kaffee und keine Südfrüchte" – eine glanzlose DDR-Kirchenpolitik

Als 1977 im Rat des Bezirkes Schwerin gespart werden musste, fragte der Stellvertreter für Inneres beim Finanzreferat des Hauses nach, wie die kirchlichen Amtsträger bewirtet werden sollten. Die Antwort lautete, man wisse es nicht, aber aus Berlin sei die Weisung gekommen: „keinen Kaffee und keine Südfrüchte". Tee und Kaltgetränke seien Standard, eine Ausnahme bilde lediglich der Landesbischof. Dieser dürfe mit Kaffee aus dem Sonderkonto Kirchenfragen bedient werden.[1345]

---

[1343] Vgl. LHA Schwerin, Z 65/91 (2) – 31731. Schreiben des Staatssekretariates für Kirchenfragen an den Rat des Bezirkes Schwerin vom 15. Juli 1977 betreffs „Einsparungsmaßnahmen aufgrund des Beschlusses des Ministerrates vom 30. Juni 77".

[1344] Vgl. ELLKM, LKA, II 1o, Bd. 4, 473, Dok. 576 / II 1o.

[1345] LHA Schwerin, RdB Schwerin, Z 69/91. 28137, n. p. Das „Übergabeprotokoll" vom 11. Juli 1990 benennt die Geschenke, die im Arbeitsbereich Kirchenfragen des Rates des Bezirkes angeschafft wurden und im Zusammenhang mit dessen Auflösung verzeichnet werden mussten, beispielsweise Handtücher, Geschirrtücher, Briefmappen,

Mag auch der eine oder andere Pastor beim Rat des Kreises in Teterow, Malchin, Doberan usw. Kaffee erhalten haben – das Verhältnis zwischen den drei Nordbezirken und der mecklenburgischen Landeskirche hatte sich von 1971 bis 1989 kontinuierlich verschlechtert. Drei Ursachen sind dafür zu benennen: Erstens der Wechsel im Amt des Stellvertreters des Vorsitzenden des Rates des Bezirkes Schwerin für Inneres von Richard Hintz zu Fred Schwoerke.[1346] Mit diesem Wechsel war nicht nur eine zunehmende persönliche Distanz zwischen den Akteuren verbunden. Die relative „Funkstille" zog auch nach sich, dass die Bezirksverwaltung Schwerin des MfS ins Zentrum kirchenpolitischer Strategien rückte. Die Klimaverschlechterungen im Nordwesten der DDR waren außerdem ein Resultat der immer größer werdenden Anzahl von „Unruheherden", die sich seit Ende der siebziger Jahre in der Landeskirche bildeten. Dazu gehörten die offene Jugendarbeit in Schwerin und Neubrandenburg, die Rostocker Studentengemeinde und vor allem die Friedens- und Umweltgruppen im Lande. Zwar war ihre Anzahl mit ca. 20 Gruppen relativ gering,[1347] aber diese hatten die Unterstützung der kirchenleitenden Ebene. Das machte sie aus staatlicher Sicht gefährlich. Drittens verfolgte Landesbischof Christoph Stier ab 1988 bewusst einen Konfrontationskurs gegenüber dem Staat. Die von Stier diplomatisch gewählte Unterscheidung zwischen einer oppositionellen Kirche, die er nicht anstrebe, und einer Kirche, die „Position beziehe", täuschte die staatliche Seite nicht darüber hinweg, dass beide Positionen einen gemeinsamen Schnittpunkt hatten, die das kirchenpolitische Klima prägten. Charakteristische „Strategien" auf staatlicher wie auf kirchlicher Seite sollen im Folgenden dargestellt werden.

Eine der zentralen kirchenpolitischen Strategien der SED war die des *„pars pro toto"*. Die Vereinnahmung des Landesbischofs und seiner leitenden Mitarbeiter intendierte, über diese wenigen Personen die Landeskirche als Ganzes zu lenken. Dies war in den sechziger Jahren gegenüber der thüringischen Landeskirche und in den achtziger Jahren gegenüber der Greifswalder Landeskirche besonders deutlich. Das Ziel

---

Bilder und überwiegend Kunstbücher aus dem Bereich der bildenden Kunst. Die Geschenke hatten einen Wert zwischen 5,50 M und 219,00 M. Vgl. LHA Schwerin, RdB Schwerin, Z 65/91, 31735 n. p.

[1346] Moritz Klemt war 1976 bis 1979 Stellvertreter für Inneres und in seiner Amtsführung eine Ausnahme. Seine kurze Dienstzeit änderte den kirchenpolitischen Weg im Bezirk aber nicht grundsätzlich.

[1347] Vgl. dazu Probst 1997, S. 277.

war eine berechenbare, nicht mehr eigenständige Kirche. Die Strategie des „pars pro toto" wurde sowohl auf die Landeskirche und unterschiedliche Strömungen in ihr als auch auf den Kirchenbund und die in ihm vereinigten acht evangelischen Landeskirchen angewandt.

Aus dem Prinzip des „pars pro toto" folgte das des *„divide et impera"*, denn die regional sehr unterschiedlich vorangeschrittene Annäherung zwischen Staat und Landeskirchen wurde sowohl für den Kirchenbund als auch innerhalb der betreffenden Landeskirche zu einer Zerreißprobe. Das bemerkte auch der Rat des Bezirkes Neubrandenburg, der 1974 zu dem Schluss kam, am positivsten entwickle sich die Greifswalder Landeskirche. Gienke sei der „beste [...] Mann zur Zeit in der DDR als Bischof. Mit der positiven Entwicklung in der evangelischen Kirche verschärft sich der innere Gegensatz in der Kirche überhaupt. [Die] Haltung Gienkes ruft Reaktionäre auf den Plan."[1348] Die brandenburgische und mecklenburgische Landeskirche müssten auf die Greifswalder Position gebracht werden. In Bezug auf Mecklenburg sei dies jedoch schwierig, da die Landessuperintendenten „Lippold und Stegen Bremser sind, sie wollen eine positive Entwicklung hemmen und verhindern".[1349]

Die *Differenzierungspolitik* basierte, so das „Wörterbuch der Staatssicherheit", auf dem „methodische[n] Grundprinzip der bewußten Beachtung der objektiv vorhandenen Unterschiede der operativen Bedeutsamkeit von Personen, Handlungen, Vorkommnissen, Erscheinungen."[1350] Damit wurde formelhaft der Prozess umschrieben, in dem das MfS und die Räte der Bezirke herauszufinden versuchten, welcher Amtsträger welche Position vertritt und welchen Status er innerhalb einer bestimmten Gruppe einnimmt. Im zweiten Schritt entstanden bei den verschiedenen staatlichen Organen Maßnahmepläne, um die bestehende Situation im Sinne der SED zu verändern. Dieses Prinzip wurde gegenüber der mecklenburgischen Landeskirche in zahlreichen Zusammenhängen angewandt: Abstimmungsverhältnisse bei Basisgruppen wurden durch Differenzierung unter den Protagonisten verändert. Durch gezielte Differenzierung sollten auch Oberkirchenratspräsident Müller und Landesbischof Stier gegeneinander ausgespielt werden. Die Differenzierung zwischen den beiden Landeskirchen im Norden schließlich war eine „Spielart" in größerem Maßstab. Dies belegt ein Vermerk Rathkes über seinen Antrittsbesuch beim Rat des Bezirkes Rostock am 4. Januar 1972:

---

[1348] Vgl. LHA Schwerin, Z 48/89-226, Bl. 2 d. Dok.

[1349] Vgl. ebd.

[1350] Vgl. Suckut 1996, S. 90.

„Das Verhältnis zur Kirchenleitung Greifswald wurde als sehr gut bezeichnet im Gegensatz zum Verhältnis zu Schwerin. Beweis dafür sei der kürzlich erfolgte Abschluß eines Abkommens mit der Greifswalder Kirchenleitung über Kirchenbauvorhaben in Greifswald und Stralsund in Höhe von 3 bis 4 Millionen. (Meine Frage: 'Warum hat die Greifswalder Kirchenleitung uns vorher nicht informiert?') [...]
Die Tendenz des ganzen Gespräches war nicht sehr erfreulich. Immer wieder wurde betont, daß man zunächst einmal für das von der Kirche gewollte Miteinander Zeichen sehen wolle. Andererseits ist man offenbar an einem Abbau bestehender Spannungen interessiert.“[1351]

Im Februar 1973 beschloss der Rat des Bezirkes Neubrandenburg, einen Teil der so genannten Staatsleistungen an die mecklenburgische Landeskirche nicht auszuzahlen, „entsprechend den Prinzipien der politischen Differenzierung“.[1352] Warum sie knapp zwei Monate später bewilligt wurden, steht in den Akten nicht.

Auch auf der Ebene des Kirchenbundes schlug sich die Differenzierungspolitik nieder: Die SED führte Verhandlungen grundsätzlich nur mit den einzelnen Landeskirchen, nicht aber mit deren übergeordneten Dachorganisationen. Als Gesprächs- und Verhandlungspartner akzeptierte sie weder die bis 1969 existierende EKD-Ost noch den im Anschluss gegründeten Bund der Evangelischen Kirchen in der DDR und zwang damit die Landeskirchen, isoliert von ihren Schwesterkirchen auf regionaler Ebene ihre Interessen zu vertreten. Zu einer möglicherweise vorteilhaften und sinnvollen Regionalisierung des Verhältnisses zwischen Staat und Kirche kam es dennoch nicht, weil die Gesprächspartner der Landeskirchen, die Bezirke, keinerlei Souveränität hatten. Sie waren gehalten, ihre Entscheidungen grundsätzlich mit den Berliner Stellen abzustimmen. Das alte Prinzip des „divide et impera“ wirkte bis 1989 in seinen wesentlichen Zügen fort. Als das „letzte Beispiel offensichtlicher kirchenpolitischer Differenzierung“ bezeichnet Uwe Funk die Greifswalder Domeinweihung am 11. Juni 1989. Damals sollte der Greifswalder Bischof Horst Gienke gegen den Kirchenbund ausgespielt

---

[1351] ELLKM, LKA, OKR, II 1o, Bd. 6, 476, Dok. 830/II 1o.

[1352] Vgl. LHA Schwerin, RdB Neubrandenburg, Z 77/90-905, n. p., Schreiben von Teubner an Brandt, Leiter der Abteilung Allgemeine Verwaltung, vom 19. Februar 1973.

werden.[1353] Die Frage, ob er die Differenzierungspolitik seitens des Bezirks Rostock zwischen den beiden Landeskirchen wahrgenommen habe, bestätigte Heinrich Rathke im Gespräch: Die Differenzierungsabsichten seien insbesondere dann offensichtlich gewesen, wenn es um kirchliche Großveranstaltungen gegangen sei. Der Greifswalder Landeskirche sei man in diesen Dingen bedeutend weiter entgegengekommen. Auch bei der Vergabe von Baulizenzen sei man der Nachbarkirche gegenüber großzügiger gewesen, und so manches Mal habe er sich vom Stellvertreter für Inneres beim Rat des Bezirkes Rostock, Herrn Haß, sagen lassen müssen, er solle sich ein Beispiel an seinem Greifswalder Kollegen nehmen, der sich viel progressiver in der Öffentlichkeit äußere als er.[1354]

Die so genannte *operative Zersetzung* stand in den achtziger Jahren im Zentrum der Tätigkeit des MfS. Sie meinte die verdeckte Bearbeitung einzelner Personen mit dem Ziel, deren psychische Konstitution zu destabilisieren. Das „Wörterbuch der Staatssicherheit" definierte sie als die „Zersplitterung, Lähmung, Desorganisierung und Isolierung feindlich-negativer Kräfte, um dadurch feindlich-negative Handlungen einschließlich deren Auswirkungen vorbeugend zu verhindern, wesentlich einzuschränken oder gänzlich zu unterbinden".[1355] Maßnahmen zur „Zersetzung" zielten daher nicht nur auf den einzelnen „Feind", sondern auf feindliche Gruppierungen. Das MfS wandte sie vor allem gegen die in den achtziger Jahren entstehenden Basisgruppen an. Jede der mecklenburgischen Friedens-, Umwelt- und Frauengruppen ist in diesem Sinne bearbeitet worden.

Jürgen Fiedler, Leiter der Rostocker Abteilung XX/4, war nicht nur der Führungsoffizier von Ines Fleckstein und hatte mit Günter Goldenbaum, Wolfgang Schnur, Siegfried Wahrmann, Siegfried Bohl und Christoph Ehricht zu tun. Fiedler verfasste 1986 auch seine Diplomarbeit über die Auswirkungen von Zersetzungsmaßnahmen auf Friedensgruppen.[1356] Fiedler gab Maßnahmen der Zersetzung bei der „Bekämpfung feindlicher Gruppen" den Vorrang, weil die Gruppen sonst keinen Ansatzpunkt zur Auflösung bieten würden. Sie bewegten sich im rechtlich abgedeckten Raum, jede Strafverfolgung würde durch den „Gegner", die Bundesrepublik Deutschland, wahrgenommen und zur Diskreditierung der DDR genutzt werden. Die Zersetzung sei au-

---

[1353] Vgl. Funk 1992, S. 33.

[1354] Vgl. Interview mit Heinrich Rathke am 8. 6. 2000.

[1355] Vgl. Suckut 1996, S. 422.

[1356] Vgl. BStU, MfS, JHS 20903.

ßerdem, so Fiedler, von zentraler Bedeutung, weil nur das MfS in der Lage sei, den Nachweis der Staatsfeindlichkeit dieser Gruppen zu erbringen.[1357] Ein zentrales Dokument, das Aufschluss über die verschiedenen Formen der Zersetzung gibt, ist die Richtlinie 1/76 zur Anleitung der Arbeit mit Operativen Vorgängen. Der breit gefächerte „Katalog" an Zersetzungsarten bildet ihr Kernstück. Darin heißt es:

„Bewährte anzuwendende Formen der Zersetzung sind:
- systematisches Diskreditieren des öffentlichen Rufes, des Ansehens und des Prestiges auf der Grundlage miteinander verbundener wahrer, überprüfbarer und diskreditierender sowie unwahrer, glaubhafter, nicht widerlegbarer und damit ebenfalls diskreditierender Angaben;
- systematische Organisierung beruflicher und gesellschaftlicher Mißerfolge zur Untergrabung des Selbstvertrauens einzelner Personen;
- zielstrebige Untergrabung von Überzeugungen [...] und die Erzeugung von Zweifeln an der persönlichen Perspektive;
- Erzeugen von Mißtrauen und gegenseitigen Verdächtigungen [...];
- Erzeugen bzw. Ausnutzen und Verstärken von Rivalitäten innerhalb von Gruppen[...];
- örtliches und zeitliches Unterbinden bzw. Einschränken der gegenseitigen Beziehungen der Mitglieder einer Gruppe [...] z.B. durch Arbeitsplatzbindungen, Zuweisung örtlich entfernt liegender Arbeitsplätze usw. [...]
- die Verwendung anonymer oder pseudonymer Briefe, Telegramme, Telefonanrufe usw.; kompromittierender Photos, z.B. von stattgefundenen oder vorgetäuschten Begegnungen;
- die gezielte Verbreitung von Gerüchten [...]; gezielte Indiskretion [...];
- die Vorladung von Personen zu staatlichen Dienstellen oder gesellschaftlichen Organisationen mit glaubhafter oder unglaubhafter Begründung."[1358]

---

[1357] Vgl. ebd., Bl. 5.

[1358] Ministerrat der Deutschen Demokratischen Republik. Ministerium für Staatssicherheit.

Die Frage, welche Auswirkungen die Zersetzung in der mecklenburgischen Landeskirche hatte, kann derzeit nicht beantwortet werden und wird sich wahrscheinlich auch zukünftig einer endgültigen Beantwortung entziehen. Das schwächste Glied in der staatlichen Kette waren die administrativen Organe. In Mecklenburg – wie überall in der DDR – waren die jeweiligen Referenten für Kirchenfragen bei den Räten der Städte, Kreise und Bezirke Befehlsempfänger sowohl der SED als auch des MfS. Die „Schwäche" der administrativen Organe war jedoch auch dadurch bedingt, dass alle Maßnahmen, die durch den Referenten für Kirchenfragen beschlossen wurden, zumindest formal der Verfassung der DDR entsprechen sollten, diese aber die meisten kirchlichen Aktivitäten legitimierte. Ein gutes Beispiel für die daraus resultierenden Schwierigkeiten waren die Auseinandersetzungen mit der „Mecklenburgischen Kirchenzeitung".[1359]

Der wichtigste Bereich der administrativen Maßnahmen war der rechtliche. Vor allem die so genannte Veranstaltungsverordnung, die einen Kanon von anmelde- oder genehmigungspflichtigen Veranstaltungen enthielt, war ein zentrales Instrument der Kirchenpolitik. Die Landeskirchen wie auch der Kirchenbund verfügten über juristische Abteilungen, deren Juristen teils an staatlichen, teils an kirchlichen Einrichtungen ausgebildet worden waren.

Die Bedeutung des Ministeriums für Staatssicherheit innerhalb der „Politik der Partei in Kirchenfragen" stieg parallel zu seinem gesamtgesellschaftlichen Machtzuwachs in dieser Zeit. Gemessen an seinem Doppelauftrag, der Informationsgewinnung und Einflussnahme, war es jedoch in der mecklenburgischen Landeskirche nur in bestimmten Bereichen erfolgreich. So war die Informationsgewinnung sehr weit gehend: Technische Instrumente wie Abhöranlagen sorgten für einen reichlichen Informationsfluss und relativ große Transparenz. Die angestrebte Einflussnahme gelang jedoch – diesen Eindruck erwecken die zahlreichen IM-Akten aus der Zeit – nur in wenigen Ausnahmefällen. Zwischen 1971 und 1989 verlor das MfS wichtige Informanten in höheren Funktionen und damit auch die potentielle Möglichkeit, Einfluss zu nehmen. Ganz im Gegensatz dazu verliefen die MfS-Aktivitäten auf der Ebene des Kirchenbundes bis 1989 zunehmend „erfolgreicher". Dies spiegelte sich beispielsweise in der Konzeption der MfS-

---

GVS MfS 008 - 100/76. Ex. Nr. 0237. Richtlinie Nr. 1/76 zur Entwicklung und Bearbeitung Operativer Vorgänge (OV).

[1359] Vgl. dazu Kap. Die „Mecklenburgische Kirchenzeitung" im Visier – Gerhard Thomas.

Bezirksverwaltung Schwerin gegen Landesbischof Stier aus dem Jahr 1985 wider. Die dort abgelegten Maßnahmepläne basierten wesentlich auf den IM „Orion“, „Sekretär“ und „Klinger“ auf der Ebene des Kirchenbundes. Aus Mecklenburg wurden neben dem IM „Lorenz“ alias Siegried Wahrmann lediglich zwei Mitarbeiter aus dem Mittelbau des Oberkirchenrates gegen Stier eingesetzt.[1360]

Der Thüringer Theologe Götz Planer-Friedrich hat sich 1993 mit der Frage befasst, welche Voraussetzungen das Eindringen des MfS in den kirchlichen Raum erleichterten und nannte folgende „Einfallstore“: Dort, wo Mitarbeiter und Pastoren durch ihre Vorgesetzten zu wenig Aufmerksamkeit erhielten, stand das MfS als Ersatz bereit. Dort, wo kirchliche Leitungsebenen Ruhe und Ordnung anstrebten, fiel es dem MfS leicht, diese Interessen zu instrumentalisieren, indem es unter dem Vorwand des vertrauensvollen Verhältnisses zwischen Staat und Kirche leitende Amtsträger zum Eingreifen animierte. Dort, wo Amtsträger Minderwertigkeitskomplexe hatten und sich ihrem Amt nicht gewachsen fühlten, konnte der gebildete MfS-Offizier einspringen und Kompetenz und Erfolg vermitteln. Bei kircheninternen Kompetenzstreitigkeiten und Profilierungskämpfen entschied es durch seine Unterstützung so manch einen Kampf.[1361] Dort, wo bereits ein starkes hierarchisches Amtsbewusstsein etabliert war, stärkte es die Hierarchien, wenn der jeweilige leitende Amtsträger „positiv-realistisch“ eingestellt war.[1362] In Mecklenburg wurden in diesem Fall Ehrenpromotionen vergeben – beispielsweise an Oberkirchenratspräsident Konrad Müller 1969, und 1989 bestand der Plan, Werner Schnoor in den Doktorstand zu erheben.[1363]

„Realer, exakter, präziser“ meinte eine Kirchenpolitik des Komparativs, die nicht in der Lage war, kirchliches Leben differenziert wahrzunehmen. Das Dilemma, in dem sich die SED in den achtziger Jahren befand, spiegelte sich in der Diplomarbeit von Claus-Dieter Wulf wider, wenn auch unfreiwillig. Wulf, Offizier des MfS und Student an dessen Juristischer Hochschule, formulierte darin folgende „Schlußfolgerungen“ für die Arbeit gegenüber der mecklenburgischen Landeskirche“. Es sei notwendig zu beobachten, wo sich die Mitarbeiter und Pastoren in der Landeskirche polarisieren würden, um dann:

---

[1360] Vgl. BStU, MfS, BV Neubrandenburg, Abt. XX/171, Bl. 97–105.

[1361] Vgl. Planer-Friedrich 1993, S. 117 f.

[1362] Vgl. ebd., S. 124.

[1363] Vgl. LHA Schwerin, SED BPA Schwerin, IV F – 2/14/774, Bl. 205.

„- die Kräftegruppierungen in den Gremien der Landeskirche realer einzuschätzen;
- Reaktionen kirchlicher Kreise und Kräfte perspektivisch exakter vorausschaubar zu machen;
- Veränderungen in den Angriffsrichtungen [...] feindlich-negativer klerikaler Kräfte frühzeitiger sichtbar zu machen;
- die Schwerpunktbereiche und Schwerpunkte präziser zu bestimmen und
- leitungsmäßige Festlegungen zu treffen, die eine politisch-operative Lageeinschätzung [...] ermöglichen."[1364]

Wulfs Konzeption für die Bearbeitung der mecklenburgischen Landeskirche belegt stärker als alle anderen Dokumente die Konzeptionslosigkeit des MfS. Im typischen Stil der DDR-Funktionäre reihte er eine Worthülse an die andere in der Hoffnung, das Ganze würde mehr sein als seine Teile.

Kein anderer staatlicher Funktionär steht durch Amt und Person so für die perfide geheimdienstliche Bearbeitung der mecklenburgischen Landeskirche und ihrer Christen wie Claus-Dieter Wulf. 20 Jahre lange – zunächst als IM „Heiner", später als Mitarbeiter und ab 1984/85 als Leiter des Kirchenreferates – setzte er seinen gesamten beruflichen Ehrgeiz darein, die „Politik der Partei in Kirchenfragen" effektiv umzusetzen. Wenn ihm dies in der Breite nicht gelang, so lag es zum einen an Fehlleistungen der Staatssicherheit selber, zu einem erheblichen Teil jedoch auch an den zahlreichen Abwehrstrategien der mecklenburgischen Landeskirche.

Dennoch hinterließ Wulfs Arbeit tiefe Spuren im Leben der Evangelisch-Lutherischen Landeskirche und ihrer Angehörigen. Unzählige Operative Personenkontrollen und Vorgänge gehen auf seine unmittelbare Tätigkeit zurück. Die Akten des Referates XX/4 der Schweriner Bezirksverwaltung geben nicht annähernd einen Eindruck des Unrechtes wieder, das Wulf als Leiter des Referates verantwortete. Die Nähe zur Kirche hat er jedoch nicht aufgegeben: Als Mitinhaber und Geschäftsführer des Verlages Stock & Stein gab er zwischen 1991 und 2005 den Mecklenburgischen Kirchenkalender heraus. Für die Opfer des Ministeriums für Staatssicherheit in der Landeskirche ist dies eine schmerzliche Verbindung, die mit der Frage verknüpft ist: Wo steht die

---

[1364] Vgl. BStU, MfS, JHS 20130, Bl. 104.

mecklenburgische Landeskirche seit der Wende?

Angesichts der Massen auf den Straßen seit September 1989 überdachten auch die Räte der Bezirke ihre Position zu den Kirchen. Der Rostocker Bezirksreferent Roland Macht, ein Hardliner, wurde entlassen, und in Neubrandenburg saß ein neuer 1. Sekretär der SED auf dem Stuhl: Wolfgang Hermann. Dieser lud als eine seiner ersten Amtshandlungen die kirchlichen Amtsträger aus dem Bezirk Neubrandenburg zu sich ein und gab sich ungewohnt offen: Er habe keine lange Parteikarriere hinter sich, sondern sei lediglich ein Jahr 1. Sekretär der SED-Kreisleitung in Prenzlau gewesen. Er stamme aus einer kirchlichen Familie, sei konfirmiert, und seine Eltern und Geschwister seien kirchlich engagiert. Allerdings schützte ihn seine Vorstellung nicht davor, dass Kurt Winkelmann die Abschaffung der führenden Rolle der SED zugunsten eines Parteienpluralismus, die Neuinterpretation des Begriffes Sozialismus und den Rückzug der Ideologie aus dem Alltag und der Gesellschaft forderte.[1365]

Abschließend bleibt die Frage nach dem Erfolg der Haltung der mecklenburgischen Landeskirche in den siebziger und achtziger Jahren. Bei ca. 600 kirchlichen Mitarbeitern und Pastoren war die Bandbreite von Meinungen und Haltungen zum SED-Staat groß. Wie also lässt sich diese Bandbreite so bündeln, dass von *der* Landeskirche gesprochen werden kann? Der Weg einer Landeskirche wird von den Gemeinden, Mitarbeitern und Pastoren beschritten, seine Richtung aber hängt wesentlich von der Leitung der Landeskirche ab. Man kann wohl sagen, dass Kirchenleitung, Landessynode, Oberkirchenrat und Landesbischof seit 1971 einen gemeinsamen Weg gesucht und gefunden haben, den auch die Gemeinden an der Basis beschreiten konnten. Das war nicht immer so gewesen. Die Auseinandersetzung um die Jugendweihe seit 1954 hatte im Gegenteil gezeigt, dass eine zu harte kirchliche Haltung, die den Gemeindegliedern zu viel Bekenntnis abverlangte, zum Scheitern verurteilt war. Heinrich Rathke hat es 1975, als er aufgefordert wurde, sich politisch eindeutiger zu äußern, vor dem Rat des Bezirkes Neubrandenburg so ausgedrückt: „Wo wir uns bewusst zu Dingen des sozialistischen Staates bekennen, wollen wir es mit unseren Gemeinden zusammen tun".[1366] Weil

[1365] Vgl. ELLKM, LKA, Bestand Oberkirchenrat, 501.31, Dok. –501.31/19.

[1366] ELLKM, LKA, OKR, II 1o, Bd. 7,477, Dok. 9472 II 1o. „Protokoll über ein Gespräch zwischen dem Vorsitzenden des Rates des Bezirkes Neubrandenburg und dem Landesbischof" vom 9. Dezember 1975.

sie auf der einen Seite eine klare Linie gegenüber dem Staat und der Partei propagierte, den komplizierten Alltag der Christen, die die Unterstützung und Wegweisung durch ihre Landeskirche benötigten, nicht vergaß, konnte die mecklenburgische Kirchenführung eine Spaltung der Landeskirche erfolgreich verhindern.

Mit den Gemeinden gemeinsam den Weg zu beschreiten hieß allerdings auch, auf die lockenden „vollen Tröge" der SED-Kirchenpolitik zu verzichten. Konformes Verhalten der Kirchenoberen wurde staatlicherseits mitunter großzügig belohnt. Ein eindringliches Beispiel sind die 17 Grundsteinlegungen für kirchliche Gebäude in der Greifswalder Kirche, denen drei in der Schweriner Kirche gegenüberstehen.[1367]

Positiv wirkte sich auf den Weg der Landeskirche auch aus, dass sie bestimmte Charakteristika nicht hatte und deshalb für die staatliche Seite weniger „attraktiv" als andere Landeskirchen war: Martin Goerner hat darauf hingewiesen, dass die „Politik der Partei in Kirchenfragen" wesentlich auf der Annahme beruhte, dass der Landesbischof einer Landeskirche Weisungen nach unten „durchstellen" könne. Die SED übertrug dabei das Prinzip des demokratischen Zentralismus auf die evangelische Kirche. Detlef Pollack hat diese Feststellung differenzierter formuliert: Zwar nicht immer, aber in einigen Fällen, sei diese Projektion richtig gewesen, beispielsweise in Bezug auf die thüringische Landeskirche. Diese sei wegen der autoritären Führung Mitzenheims aus staatlicher Sicht interessant gewesen.[1368] In Mecklenburg war dies nicht in gleichem Maße gegeben. Im Umkehrschluss scheint die Feststellung zulässig, dass Mecklenburg auch deshalb nur bedingt Aufmerksamkeit auf sich zog, weil entsprechende Strukturen, die eine Beeinflussung von außen wesentlich erleichtert hätten, nur eingeschränkt vorhanden waren.

Im Herbst 1989 wurde manch eine Akte schnell geschlossen, beispielsweise die OPK „Synodal I" gegen den Parchimer Landessuperintendenten Horst Blanck. Inzwischen sei, so die Begründung, „auf Grund der gegenwärtigen politischen Situation in der DDR und der Arbeitsrichtung des neuen Amtes für Nationale Sicherheit [...] eine operative Bearbeitung [...] nicht mehr gerechtfertigt".[1369] Als die Bezirksverwaltung für Staatssicherheit in Schwerin am 28. Februar 1990 dennoch ihre Türen

---

[1367] So Hans-Martin Harder und Hermann Beste auf der Züssower Anhörung zur Geschichte der Pommerschen Evangelischen Kirche im Frühjahr 2000.

[1368] Vgl. Pollack 1994, S. 39.

[1369] Vgl. BStU, MfS, BV Schwerin, AOPK II 933/88, Bd. 1, Bl. 6.

schloss, waren dort 2138 Mitarbeiter beschäftigt, die nun entlassen wurden. Ein Drittel von ihnen ging in das Handels- und Dienstleistungsgewerbe, ein Viertel zu den Grenztruppen, ein weiteres Viertel in die Wirtschaft. Der Rest verteilte sich auf Verwaltung, Gesundheitswesen, Post und Polizei.[1370] Nur die wenigsten gingen in die Arbeitslosigkeit – die für manch einen mit den Überprüfungen im öffentlichen Dienst ab 1992 schließlich doch kam.

## „Bewirtung ist nicht erwünscht" – Abwehrstrategien der Landeskirche

In der zeitgeschichtlichen Forschung hat es sich eingebürgert, „Anpassung" einerseits und „Verweigerung" andererseits als die beiden Pole kirchlichen Handelns in der DDR festzumachen. Auf einem Koordinatensystem läge die Thüringische Landeskirche der Anpassung am nächsten, die Greifswalder käme ihr Ende der achtziger Jahre recht nahe. Wo läge die mecklenburgische Kirche? Landesbischof, Kirchenleitung, Oberkirchenrat und Landessynode haben versucht, die Mitte zu halten, indem sie diese beiden Pole ignorierten und mit Heinrich Rathke darauf bestanden: „Wir wollen Kirche sein mit unserem eigenen Ansatz".[1371] Staatssekretär Klaus Gysi, zu dem Heinrich Rathke diesen Satz im 1981 gesagt hatte, horchte auf.

Eine Kirche mit eigenem Ansatz sein zu wollen beschrieb eine geistige Grundhaltung, die theologisch ihren Ausdruck in der „Kirche für andere" fand. Dieses theologische Modell war Teil eines Entwicklungsprozesses, in dem sich die evangelischen Kirchen nach dem Ende des Zweiten Weltkrieges befunden hatten und der sie in eine grundsätzliche Spannung zum Staat geführt hatte. Jedoch nicht die jeweilige Konfliktlage zwischen Staat und Kirche ist aus der rückwärts gerichteten Perspektive das Entscheidende, sondern die Auseinandersetzung der Kirche mit sich selbst, das Ringen um einen neuen gemeinsamen Weg der Christen in der DDR trotz der äußeren Bedrängnis. Werner Schnoor

---

[1370] Vgl. ELLKM, LKA, Handakten Müller. Synoden. „Abschlußbericht des Beauftragten des Vorsitzenden des Ministerrates für den Bezirk Schwerin über die erreichten Ergebnisse bei der Auflösung des Amtes für Nationale Sicherheit", Bl. 2 d. Dok.

[1371] ELLKM, LKA, Bestand OKR, II 10, Bd. IX, 479, Dok. 12393 II 10. Wörtlich sagte der mecklenburgische Bischof, „er gäbe sich mit dem Wort 'Kirche im Sozialismus' nicht zufrieden. Dieses müßte noch weiterentwickelt werden, nicht gegen, nicht ohne, nicht wie andere. Wir wollen Kirche sein mit unserem eigenen Ansatz".

hat 1984 in einer Darstellung der mecklenburgischen Kirchengeschichte auf das Eigentliche des Kirchenkampfes hingewiesen. Er fragte, ob der Kirchenkampf aus heutiger Sicht nur eine Episode und nachträglich betrachtet vergeblich gewesen sei.

> „Wir fragen, was geblieben ist, und werfen dabei noch einen Blick zurück. Abgesehen davon, daß die Kirche sich dem Totalitätsanspruch des Hitlerstaates erfolgreich widersetzte, ist der Kirchenkampf im wesentlichen ein Kampf der Kirche mit sich selbst gewesen. Wir sehen, daß und wie sie rang um ihre Identität, um die Klarheit ihres Zeugnisses, um die Lauterkeit ihres Dienstes und um ihre rechte Gestalt."[1372]

Als das Wesentliche des 20. Jahrhunderts betrachtete Schnoor (IM „Schütz") die Entwicklung von einer „institutionellen" zu einer „kommunikativen Kirche".[1373] Dies war nicht nur eine indirekte Folge der Erfahrungen aus dem Kirchenkampf, sondern vor allem ein Verdienst der späteren Landesbischöfe Rathke und Stier.

Die Verbindung innerhalb der Pastoren- und Mitarbeiterschaft bewusst zu pflegen setzte voraus, dass ein ständiger brüderlicher Austausch stattfand. Ob dies im Einzelnen gelang, mag dahingestellt bleiben. Wichtig aber war der ausdrücklich formulierte Anspruch an und Auftrag für die Pastoren, ihre Amtsgeschäfte nicht im Stillen zu führen, sondern unter Teilnahme und Begleitung der Amtsbrüder. Heinrich Rathke strebte seinerseits das *Prinzip der „brüderlichen Leitung"* an. Die Einrichtung einer Kirchenleitung und die Förderung des Laienelementes waren Schritte auf dem Weg zu einer Leitung, in der Entscheidungen die Folge möglichst breit angelegter Meinungsbildungsprozesse sind.

Zwar bestand kein schriftlich fixierter „Kodex" für Gespräche mit staatlichen Stellen. Aus dem Jahr 1959 liegt jedoch ein Entwurf eines Schreibens des Oberkirchenrates an die Landessuperintendenten vor, aus dem die wichtigsten „Regeln" des Kodexes hervorgehen. Ziel dieses Regelwerkes war die geistige Formierung einer Wagenburg gegen eine Vereinnahmung von außen. In der Münzstraße hatte man mit Entrüstung beobachtet, dass staatliche Stellen „wiederholt kirchliche Amtsträger nach ihrer Auswahl ohne Fühlungnahme mit den

---

1372 Schnoor 1984, S. 54.

1373 Vgl. ebd., S. 74.

Landessuperintendenten und ohne daß der Oberkirchenrat Kenntnis erhalten hatte zur Besprechung kirchlicher Fragen eingeladen" hätten. Oberkirchenrat Hermann Timm wies die Pastoren daher in seinem Schreiben darauf hin, „daß bei solchen Zusammenkünften alle Amtsträger in allen Fragen sich einmütig zu ihrer Kirche und ihrer Geschlossenheit bekennen und alles unterlassen [müssen], was bei außenstehenden Stellen den Eindruck erwecken könnte, daß die Kirche in sich nicht eindeutig und geschlossen ist."[1374] Weiter hieß es:

„Aus solchen Erwartungen heraus hält es der Oberkirchenrat für nötig, für Zusammenkünfte mit staatlichen Stellen folgende Grundsätze aufzustellen:

a) Wenn eine staatliche Stelle (Bezirk, Kreis) den Wunsch nach einem Gespräch mit kirchlichen Amtsträgern äußert, prüft der zuständige Landessuperintendent, ob eine Zusammenkunft angebracht ist und entscheidet [...].
b) Die Einladung der Amtsbrüder und ihre Auswahl geschehen allein durch den Landessuperintendenten. [...]
c) Vor der Zusammenkunft versammelt der Landessuperintendent, soweit möglich, die Amtsträger zur Festlegung und Besprechung der Punkte, die behandelt werden sollen. Dabei ist zu bestimmen, von wem die einzelnen Punkte zur Sprache gebracht werden sollen. Es ist darauf hinzuwirken, daß in der Beurteilung der einzelnen Angelegenheiten Einmütigkeit besteht und zum Ausdruck kommt.
d) Bewirtung ist nicht erwünscht.
e) Von allen Zusammenkünften ist der Oberkirchenrat rechtzeitig zu benachrichtigen, damit er Gelegenheit hat, evtl. einen Vertreter zu entsenden.
f) Über jede Zusammenkunft ist dem Oberkirchenrat ein Bericht (drei Stücke) einzureichen."[1375]

In den achtziger Jahren waren die Formulierungen anders, aber der Inhalt ähnlich. Gerade für die jungen Pastoren zeigten diese Regeln,

[1374] Vgl. ELLKM, LKA, II 10, Bd. 4, 473, Dok. 576 / II 1o.

[1375] Ebd.

so beispielsweise Andreas Flade, der 1989 als Oberkirchenrat nach Schwerin gekommen war, „eine bestimmte Linie der Landeskirche, und diese Linie ist die, die mir als Geländer vorgegeben ist".[1376]

Die Einhaltung der Ebenen war ein wichtiger Aspekt in der mecklenburgischen Gesprächspolitik. Ein weiterer Eckpfeiler war die Beschränkung auf Gespräche mit den administrativen Organen, also den Bürgermeistern, Räten der Städte, Kreise und Bezirke sowie dem Staatssekretariat für Kirchenfragen. Ausnahmen gab es auch in Mecklenburg, jedoch wurden die Ausnahmen nicht zur Regel. Gespräche mit der SED oder Organisationen der Nationalen Front wurden ungern gesehen bzw. wurde im Einzelfall auch angeraten, solche Kontakte nicht wahrzunehmen. Johanna Schmidt, langjähriges Mitglied der Kirchenleitung, erinnerte sich an das Miteinander zwischen Landesbischof, Oberkirchenrat und Kirchenleitung in Bezug auf den Staat.

> „Reibungen innerhalb des Oberkirchenrates hat es sicherlich gegeben, das war auch ganz normal. Aber in der Haltung gegenüber den staatlichen Stellen und Parteien waren sie sich sehr einig: Dazu gehörte, dass in Mecklenburg keine Gespräche mit der SED oder anderen Parteien geführt wurden, und schon gar keine Gespräche mit dem MfS. Wenn es Gespräche mit staatlichen Stellen gab, dann sollte man nicht allein dorthin gehen. Ansonsten gingen wir nicht. Und deshalb kann Herr Harder natürlich auch sagen, dass in Mecklenburg vieles nicht ging. Aber in der Kirchenleitung waren wir einer Meinung, und auch ich war der Meinung, dass man lieber auf bestimmte Dinge verzichtet, als diese Gespräche zu führen. Wäre man hier anderer Meinung gewesen, hätte einen das Verhalten der Kirchenleitung oder des Oberkirchenrates vielleicht geärgert, aber ich war nicht anderer Meinung. Natürlich hatte diese Haltung auch Folgen. Es gab auch in Mecklenburg Leute, die sagten: Wenn uns hier keiner weiterhelfen kann, dann müssen wir eben zu Herrn Stolpe gehen."[1377]

Völlige Geschlossenheit unter den Pastoren, Mitarbeitern und Laien erreichte aber auch die mecklenburgische Landeskirche nicht. Dazu waren die Bedrängnisse in den einzelnen Gemeinden zu verschieden. Sie ragten zum Teil in den privaten Bereich hinein, betrafen aber oft auch unmit-

---

[1376] So Andreas Flade im Interview am 15. 11. 2000.

[1377] Interview mit Johanna Schmidt am 16. 1. 2001.

telbar die Amtstätigkeit. Ein typisches Beispiel dafür ist eine Liste mit dringlichen Angelegenheiten, die der Stargarder Landessuperintendent Stegen 1975 nach Schwerin schickte. Beim Rat des Bezirkes Schwerin stand demnächst ein Gespräch an, und dort sollten folgende Dinge benannt werden: Der Pastor von Lübberstorf durfte das örtliche Pflegeheim nur in den Besuchszeiten betreten. Der Pastor in Wulkenzin konnte seinen Garten immer noch nicht genießen, weil er umgeben war von einer übel riechenden Schweinemastanlage. Das Pfarrhaus in Warbende hätte wahrscheinlich gerne mit ihm getauscht, denn dort hatte man zwar einen Garten, aber kein Telefon. Der Anschluss war bereits seit zwölf Jahren beantragt.[1378] Gerade vor dem Hintergrund der vielseitigen Anliegen waren die Regeln in Bezug auf Gespräche mit staatlichen Stellen außerordentlich wichtig.

Zahlreiche Faktoren bestimmten das Verhältnis zwischen der mecklenburgischen Landeskirche und den drei Nordbezirken, unter anderem die Traditionen der Landeskirche, die Persönlichkeiten auf staatlicher und kirchlicher Seite sowie die innen- und außenpolitische Entwicklung der DDR. Die über Jahrhunderte gewachsene Pastorenschaft beispielsweise stabilisierte die Landeskirche auch in Zeiten einer aggressiven atheistischen Kirchenpolitik. Kompetenzverteilungen zwischen dem Landesbischof, dem Oberkirchenrat, der Kirchenleitung und der Landessynode garantierten eine breite Beteiligung an kirchenleitenden Entscheidungsprozessen und verhinderten dadurch eine „Privatisierung" dieser Prozesse in den Händen weniger, wie Eberhard Jüngel vor der Enquete-Kommission zur Aufarbeitung von Geschichte und Folgen der SED-Diktatur darlegte.[1379] Die gewachsene Struktur der Propsteien und Kirchenkreise erleichterte die innerkirchliche Kommunikation, ebenso die Größe der Landeskirche. Entscheidend war die persönliche Integrität der mecklenburgischen Landesbischöfe Niklot Beste (1946–1971), Heinrich Rathke (1971–1984) und Christoph Stier (1984–1996), weil sie wesentlich dazu beitrug, dass sich die Parameter kirchenleitenden Handelns unter dem Druck der Diktatur bis 1989 nicht verschoben.

Was strebte diese Landeskirche an? Erstens den Schutz des einzelnen Kirchengliedes in seiner konkreten Lebenssituation, zweitens die Wahrung traditioneller Arbeitsgebiete der Kirche – beispielsweise der kirchlichen Kinder- und Jugendarbeit – und drittens die Besetzung neuer kirchlicher Tätigkeitsfelder wie zum Beispiel der Friedens- und

---

[1378] Vgl. ELLKM, LKA, OKR, II 10, Bd. 7, 477, Dok. 938`II 1o.

[1379] Jüngel 1995, S. 24.

Umweltarbeit auch gegen den staatlichen Widerstand.

Zur Stärke der Landeskirche gegenüber dem Staat und seiner Partei trug wesentlich die gute innerkirchliche Kommunikationsstruktur bei. In der Regel funktionierte sowohl die horizontale als auch die vertikale Informationsweitergabe. Dies hob die sonst in der Gesellschaft anzutreffende Isolation des Einzelnen in Maßen wieder auf und machte die evangelischen Gemeinden als „Informationsbörsen" in den siebziger und achtziger Jahren für viele interessant – und für den Staat gefährlich, denn Information war der erste Schritt zur Emanzipation. Verschiedene Kommunikationsebenen sind jedoch in den vergangenen Jahrzehnten eingebrochen. „Dazu gehörte", so Oberkirchenrat Andreas Flade,

> „die Dorfmissionsarbeit. Viele Mitarbeiter kennen sich aus der Dorfmissionsarbeit, die dümpelt seit fünfzehn, zwanzig Jahren vor sich hin. [...] Zu DDR-Zeiten war es so, dass eine Gruppe von zwanzig Mitarbeitern, haupt- und ehrenamtlichen, in eine Gemeinde ging und dann mal die vielen kleinen Dörfer besuchte. Da hatte ich so eines dieser Dörfer eine ganze Woche. Ich habe die Leute durchbesucht und am Abend immer einen Gemeindeabend gehalten, so einen Verkündigungsabend. Und vormittags saß man in der Gruppe zusammen und hat den Abend vorbereitet. Und abends nach dem Gemeindeabend kamen sie alle wieder im Pfarrhaus zusammen und haben besprochen, was so lief. Das andere ist die so genannte Quasimodogeniti-Rüste des Amtes für Gemeindedienst, die ja auch weggebrochen ist und die es jetzt nicht mehr gibt. Und das nächste ist die Kessiner Bruderschaft, die aus der Zeit der Bekennenden Kirche stammt und die ich noch erlebt habe als Seniorenverein vor 25 Jahren."[1380]

Als Christoph Stier 1996 aus seinem Amt ausschied, war die evangelische Kirche der DDR durch die Darstellungen von Gerhard Besier[1381] bereits in die Schlagzeilen geraten. Besiers Formulierung, es habe in der evangelischen Kirche Formen der „Kumpanei" mit dem Staat gegeben, löste einen Aufschrei der Empörung aus. Er hatte jedoch zumindest in Teilen Recht. Die so genannten „gemeinsamen Motivschichten", wie Joachim Gauck etwas vorsichtiger die Gründe für die gelegentliche Übereinstimmung geheimdienstlicher und privater Interessen genannt hat, gab es auch

[1380] Interview mit Andreas Flade am 15. 11. 2000.

[1381] Vgl. Besier/Wolf 1997 sowie Besier 1995a und 1995b.

in Mecklenburg. Landesbischof Christoph Stier warnte deshalb in seinem letzten Bischofsbericht vor einer Verklärung und Idealisierung der mecklenburgischen Landeskirche. Wohin sonst sollten die 168 124,31 Mark geflossen sein, die das Ministerium für Staatssicherheit in den drei Nordbezirken an seine Inoffiziellen Mitarbeiter im kirchlichen Raum für ihre Arbeit gezahlt hat?[1382] Am höchsten dotiert war Günther Engel mit ca. 80 000 Mark, ihm folgte Wolfgang Schnur, der nach Aktenlage im Laufe seiner Tätigkeit für das MfS zwischen 1965 und 1989 ca. 40 000 Mark erhalten hatte.[1383] Mindestens 15 Orden und Medaillen erhielten zwischen 1965 und 1989 eine Hand voll Laien und Amtsträger der mecklenburgischen Landeskirche, zahlreiche Dienstreisen in das westliche Ausland wurden genehmigt, und ab und zu konnte ein Laster mit Dachziegeln oder einer Heizungsanlage die Grenze passieren, um die betreffende Person in eine besondere Art persönlicher Abhängigkeit zu bringen.

Die Evangelisch-Lutherische Landeskirche Mecklenburgs ist insgesamt betrachtet dennoch einen eindrucksvollen Weg gegangen, vor allem auf Grund eines politischen Konsenses in Bezug auf den Staat. Die Frage, inwiefern der Gedanke der Einheit dem Gedanken der Freiheit entgegensteht, die die Kirche allen ihren Gliedern ebenfalls geben müsse, stellte Heinrich Rathke in den Mittelpunkt seines letzten Berichtes aus der Kirchenleitung im März 1983. Er beschrieb darin die Grundlagen kirchlicher Leitungstätigkeit, ausgehend von den Erfahrungen seit der Einführung der Kirchenleitung im Jahr 1972 und sagte, das Bild der kirchlichen Ämter schwanke und sei nicht eindeutig. Deshalb stehe die Kirche immer in der Gefahr, es sich zu einfach zu machen und wesensfremde Leitungsstrukturen von außen zu übernehmen. Dem gegenüber stehe die 4. These der Barmer Theologischen Erklärung: Wir verwerfen die falsche Lehre, als dürfe die Kirche die Gestalt ihrer Botschaft und ihrer Ordnung ihrem Belieben oder dem Wechsel der jeweils herrschenden weltanschaulichen und politischen Überzeugungen überlassen."[1384] Aufgabe der Leitung sei es jedoch, den kirchlichen Organismus am Leben zu erhalten, Einheit und Gemeinschaftlichkeit zu fördern. Rathke stellte

[1382] Dabei handelt es sich nur um die Quittungsbelege, die in den für diese Arbeit eingesehenen Akten nachweisbar waren. Die tatsächliche Summe liegt möglicherweise höher.

[1383] Vgl. Interview mit Wolfgang Schnur am 30. 10. 2000. Schnur bestätigt lediglich die Hälfte dieses Betrages: 22 000 Mark.

[1384] Barth, Texte zur Barmer Theologischen Erklärung, 1984, S. 70.

in seinem Vortrag aber auch die Frage, ob Einheitlichkeit einen Wert an sich darstelle. Jeder Pastor sei durch seine Ordination frei und selbständig, die Befugnisse der Kirchenleitung erführen damit in der Praxis eine gewisse Begrenzung. Damit berührte Rathke den Fragenkreis Einheit – Ordnung – Macht: Dürfen Ordnung und Macht in der Kirche eine Rolle spielen? Er bejahte diese Frage, grenzte sie aber ein: Ordnungen müssten der Transparenz und dem Frieden in der Landeskirche dienen, denn: „Wir müssen tun, was uns eint".[1385] Kirchenpolitisch war diese Position höchst bedeutungsvoll, weil sie die Frage umkreiste, inwiefern dem Einzelnen Freiraum für Entscheidungen blieb neben dem Konsens, den es in der Landeskirche gab.

In dem gleichen Maße, in dem die innere Gemeinschaft sich festigte, wuchs die Kluft zu denjenigen, die diese Gemeinschaft durch ihre privaten und geheimen Kontakte zu den staatlichen Stellen aufgekündigt hatten.

Deutlich geworden ist, dass die Bedeutung der SED-Bezirksleitungen in Bezug auf die Kirchen sehr viel geringer war als bisher angenommen. Kirchenpolitik wurde von Berlin aus vorgegeben und durch die Referenten für Kirchenfragen und die MfS-Dienststellen umgesetzt, wobei diese die Referenten instrumentalisierte. Über die Inoffiziellen Mitarbeiter war die Landeskirche in vielen Bereichen transparent geworden. Dass diese seit den achtziger Jahren jedoch keine leitenden Positionen mehr bekleideten, schränkte zumindest die unmittelbare Einflussnahme auf die Landeskirche ein.

In welchem Ausmaß die mecklenburgische Landeskirche transparent wurde und ihre Gemeinden wirksam beeinflusst werden konnten, lässt sich kaum einschätzen. Zu viele Einzelfälle müssten zusammengetragen und in ihren Auswirkungen bewertet werden. Hilfreich zur Annäherung an die Frage, wie mit Schuld umgegangen werden kann, ist ein Vortrag von Werner Krusche, den er auf dem wissenschaftlichen Kongress der EKD in Kiel 1984 hielt.[1386] In diesem Vortrag befasste sich der damalige Bischof der Kirchenprovinz Sachsen mit dem Neuanfang der evangelischen Kirche nach dem Zweiten Weltkrieg und bezog sich auf Dietrich Bonhoeffer. Bonhoeffer fragte nicht nur nach dem Schuldbekenntnis des Einzelnen, sondern forderte das Schuldbekenntnis der Kirche als Ganze. Nicht nur die Schuld an sich interessierte ihn, sondern auch der Weg,

---

[1385] ELLKM, LKA, vorl. Sig.: C 12, Protokolle und Berichte der Kirchenleitung (bis 1977).

[1386] Vgl. Krusche 1990.

der dorthin geführt hatte.[1387] „Schuld", so Krusche, ist „immer zugleich Schuld gegenüber Gott und gegenüber den Menschen, [sie] ist zugleich persönliche und politische Schuld, die Verantwortung für den mitgegangenen geschichtlichen Weg und für die unterlassene Warnung vor dem Weitergehen dieses Weges."[1388]

Hilfreich sind ebenso die Anmerkungen, die Joachim Gauck im Laufe seiner Tätigkeit als Bundesbeauftragter für die Unterlagen der Staatssicherheit machte. Er weitete den Begriff der individuellen Schuld zu dem des kollektiven Versagens aus und benannte zum ersten Mal das Phänomen der „selektiven Wahrnehmung": Warum haben wir nicht gewusst, was wir wussten? Es sei ein Abwehrmechanismus in einer Diktatur gewesen, es „nicht so genau wissen zu wollen", so Gauck.[1389]

Welchen Maßstab hat die Landeskirche bei ihrer Aufarbeitung angewendet? Unter den Vorlagen zur 6. Tagung der XI. Landessynode der Evangelisch-Lutherischen Landeskirche Mecklenburgs vom 1. bis 4. November 1990 befand sich auch die „Drucksache Nr. 89 b", eine Vorlage des Ausschusses „Frieden, Umwelt, Gesellschaft" an die Landessynode. Sie leitete einen internen Aufarbeitungsprozess ein. Ein Vertrauensrat wurde gebildet, die hauptamtlichen Mitarbeiter und Pastoren der Kirche sowie die Landes- und Bundessynodalen aus Mecklenburg waren aufgefordert, sich zum Thema „Stasi" zu erklären.[1390] Außerdem sprach der Ausschuss die Bitte um Beantragung der Überprüfung aller Genannten beim damaligen Bundesbeauftragten für die Stasi-Unterlagen aus.

Drei Jahre später, auf der Frühjahrssynode 1994, teilte Bischof Stier der Landessynode und damit der Öffentlichkeit die Ergebnisse der Überprüfungen mit, insgesamt handelte es sich um 603 Anträge. Bei fünf Pastoren ergab die Überprüfung, dass das MfS eine Kontaktaufnahme versucht hatte. Drei Pastoren hatten sich wissentlich auf Kontakte mit dem MfS eingelassen. Ein Mitarbeiter in der Ausbildung und vier im Verwaltungsbereich wurden entlassen. In der Folge kam es zu drei

---

1387 Vgl. ebd., S. 214 f.

1388 Vgl. ebd., S. 219.

1389 Vgl. Gauck 1998, S. 885.

1390 Vgl. ELLKM, LKA, Handakten Kirchenarchivrat Piersig. Unterlagen der Landessynode 1983–1990, n. p. Diese Erklärung umfasste fünf Sätze: „Hiermit erkläre ich folgendes: 'Ich bin kein inoffizieller bzw. offizieller Mitarbeiter des ehemaligen MfS/AfNS gewesen. Ich bin inoffizieller bzw. offizieller Mitarbeiter des ehemaligen MfS/AfNS gewesen. Ich bin zu einer diesbezüglichen Überprüfung meiner Akten bereit. Ich bin zu einer diesbezüglichen Überprüfung meiner Akten nicht bereit.'"

Amtszuchtverfahren.[1391] Damit war ein Großteil der kirchlichen Mitarbeiter, Laien und Pastoren überprüft und überwiegend entlastet worden, aber was konnte dieses Verfahren, das im Rahmen der EKD zu den vergleichsweise aufwendigen und umfangreichen gehörte, nach innen im Sinne einer Klärung und Reinigung bewirken?

In einem wesentlichen Punkt hat die Aufarbeitung in Mecklenburg wie in allen anderen östlichen Landeskirchen versagt: Sie hat zwar versucht, Verstrickungen aufzudecken und damit die so genannten Täter zu entlarven. Sie ist darin auch mehr oder weniger erfolgreich gewesen. Den Opfern jedoch galt bisher nur ein kurzer Blick. Ehrhart Neubert hat auf dieses Phänomen, das er „Brüsewitz-Komplex" nannte, schon 1993 vor der Enquete-Kommission aufmerksam gemacht. Er umschrieb damit die bis heute zu beobachtende Tatsache, dass Opfer der Repression nicht als solche erkannt werden, weil die Umwelt ihnen selbst die „Schuld" zuschiebt an bestimmten beruflichen oder privaten Nachteilen. Die Umwelt, und dazu gehört auch die Forschung, ignoriert, dass es Teil der staatlichen Repressionsmaschinerie war, ihre Opfer in solche Situationen zu lancieren, die oberflächlich betrachtet als selbst verschuldet aufgefasst werden sollten. Dies trifft auf bestimmte Berufsgruppen innerhalb der Kirche besonders stark zu, etwa auf die Jugendmitarbeiter.[1392]

In seiner Funktion als Bundesbeauftragter für die Unterlagen des Ministeriums für Staatssicherheit plädierte Joachim Gauck von Anfang an dafür, die grundlegende und umfassende Verantwortlichkeit der SED zu beachten und nicht die Perspektive auf das MfS einzuengen.[1393] Verhindern konnte er dies nicht. Mitunter wurde jemand, der allzu offensichtlich staatliche Positionen vertrat, nicht mehr vom MfS angesprochen, weil er keinen Führungsoffizier mehr brauchte. Dieser Personenkreis wurde in der Debatte seit 1989 weit gehend übersehen und spielte doch im Spannungsfeld zwischen Staat und Kirche eine wichtige Rolle.

Das Bild der „Wagenburg", das in dieser Arbeit mehrfach verwendet wurde, resultiert nicht aus der Annahme, in Mecklenburg habe es keine oder keine einflussreichen Zuträger der staatlichen Organe gegeben. Die gab es zu jeder Zeit, wenngleich man möglicherweise für die achtziger

---

[1391] Vgl. Vorlagen zur 1. Tagung der XII. Landessynode der Evangelisch-Lutherischen Landeskirche Mecklenburgs vom 17.–20. 3. 1994, „Bericht des Landesbischofs", Bl. 8–11.

[1392] Vgl. Interviews mit Ingo Barz am 14. und 23. 8. 2000.

[1393] Vgl. Gauck 1991, S. 71.

Jahre eine geringere Belastung im Vergleich zu anderen Landeskirchen in der DDR annehmen kann. Das Bild der „Wagenburg“ resultiert zum einen aus der Beobachtung, dass diese IM auf Grund bestimmter traditioneller Strukturen, geografischer Voraussetzungen und persönlicher Stärken leitender Amtsträger in ihrer Wirksamkeit eingeschränkt waren; zum anderen aus der Tatsache, dass sich auf Grund der gleichen Voraussetzungen nach 1945 in der mecklenburgischen Landeskirche ein relativ starkes politisches Bewusstsein herausbildete und erhalten werden konnte, das in dieser Arbeit als „politischer Konsens“ beschrieben wurde. Diese sehr weit gehende politische Konformität, oder anders gesagt: der gemeinsame „Gegner“ wurde jedoch nicht „von oben“ verordnet. Eine gute innerkirchliche Kommunikationsstruktur sorgte dafür, dass staatliche Übergriffe auf den Einzelnen wie auch auf die kirchliche Gemeinschaft immer wieder öffentlich wurden. Auf diese Weise konnte einer Aufweichung kirchenleitender Positionen, wie sie vor dem Hintergrund knapper Finanzen, fehlender Baumaterialien und langwieriger Bauanträge beispielsweise in der Greifswalder Nachbarkirche zu verzeichnen war, wirkungsvoll begegnet werden. Es versteht sich von selbst, dass diese Haltung immer nur von einer Majorität, niemals jedoch von allen Mitgliedern der mecklenburgischen Landeskirche mitgetragen wurde.
Die Wende des Jahres 1989 hat den evangelischen Kirchen erneut die Aufgabe gestellt, zu innerer Einheit zu finden. Auf die Frage, was er als Leitungsaufgabe verstehe, sagte der damalige Landesbischof Hermann Beste:

> „Zusammenhalten. Jetzt sind die Probleme anders. Unbehagen und Frust suchen sich ein anderes Ventil. Frust hat sich bis 1989 ein Ventil im Kritisieren des Systems gesucht. Da konnten wir ordentlich Dampf ablassen und haben es auch getan. Jetzt kann ich auf das System schimpfen. Nur: Das System kümmert sich nicht mehr darum. Das Schimpfen hat seine Wirkung verloren.“[1394]

Zur Aufarbeitung gehört jedoch nicht nur, die Leidenswege vieler Opfer und die Schuld der Täter wahrzunehmen, sondern auch, sich der positiven Seiten kirchlichen Lebens in der DDR wieder bewusst zu werden. Die mecklenburgische Landeskirche ist mehrheitlich einen Weg gegangen, dessen Ergebnisse und Erfahrungen zu bewahren sich lohnen würde.

---

[1394] Interview mit Hermann Beste am 23. 8. 2000.

# Anhang

## Abkürzungsverzeichnis

| | |
|---|---|
| AGCK | Arbeitsgruppe Christliche Kreise |
| AGF | Arbeitsgruppe Frieden |
| AHR | Archiv der Hansestadt Rostock |
| AIM | Archivierte Akte eines Inoffiziellen Mitarbeiters des MfS bzw. eines IM-Kandidaten; die entsprechende Kennzeichnung einer Akte sagt nichts über eine erfolgte oder nicht erfolgte Werbung aus. |
| AKG | Auswertungs- und Kontrollgruppe |
| AKSK | Arbeitskreis Solidarische Kirche |
| AOP | Archivierter Operativer Vorgang |
| AOPK | Archivierte Operative Personenkontrolle |
| AP | Allgemeine Personenablage |
| Abb. | Abbildung |
| BArch | Bundesarchiv (hier immer Berlin) |
| BBK | Berlin-Brandenburgische Kirche |
| BEK | Bund der Evangelischen Kirchen in der DDR |
| Best. | Bestand |
| BL | Bezirksleitung |
| BND | Bundesnachrichtendienst |
| BPA | Bezirksparteiarchiv |
| BStU | Der/Die Bundesbeauftragte für die Unterlagen des Staatssicherheitsdienstes der ehemaligen Deutschen Demokratischen Republik |
| BV/BVfS | Bezirksverwaltung des Ministeriums für Staatssicherheit |
| CDU | Christlich-Demokratische Union |
| CFK | Christliche Friedenskonferenz |
| DE | Diensteinheit |
| Dok. | Dokument |
| DVP | Deutsche Volkspolizei |
| EKD | Evangelische Kirche in Deutschland |
| EKiBB | Evangelische Kirche in Berlin-Brandenburg |
| EKU | Evangelische Kirche der Union |
| ELKG | Evangelische Landeskirche Greifswald (1968–1991) |
| ELLKM | Evangelisch-Lutherische Landeskirche Mecklenburgs |
| EOS | Erweiterte Oberschule |
| Epd | Evangelischer Pressedienst |
| ESG | Evangelische Studentengemeinde |
| Ev./ev. | Evangelisch[e]/evangelisch[e] |
| EV | Ermittlungsverfahren |
| EZA | Evangelisches Zentralarchiv |
| FDGB | Freier Deutscher Gewerkschaftsbund |
| FDJ | Freie Deutsche Jugend |
| FK | Friedenskreis |
| Gen. | Genosse |
| Genn. | Genossin |

| | |
|---|---|
| GI | Geheimer Informator |
| GKR | Gemeindekirchenrat, vielerorts auch Kirchgemeinderat (KGR) genannt |
| GM | Geheimer Mitarbeiter |
| GMS | Gesellschaftlicher Mitarbeiter für Sicherheit |
| GNU | Gesellschaft für Natur und Umwelt |
| GVS | Geheime Verschlusssache |
| HA | Hauptabteilung |
| HIM | Hauptamtlicher inoffizieller Mitarbeiter |
| HV A | Hauptverwaltung Aufklärung des MfS |
| IM | Inoffizieller Mitarbeiter |
| IMB | Inoffizieller Mitarbeiter der Abwehr mit Feindverbindung bzw. zur unmittelbaren Bearbeitung im Verdacht der Feindtätigkeit stehender Personen |
| IME | Inoffizieller Mitarbeiter für einen besonderen Einsatz |
| IMK | Inoffizieller Mitarbeiter zur Sicherung der Konspiration |
| IMS | Inoffizieller Mitarbeiter zur politisch-operativen Durchdringung und Sicherung des Verantwortungsbereiches |
| IMV | IM-Vorlauf |
| JHS | Juristische Hochschule des MfS |
| KD | Kreisdienststelle des MfS |
| KGR | Kirchgemeinderat, vielerorts auch Gemeindekirchenrat (GKR) genannt |
| KKL | Konferenz der Kirchenleitungen |
| KL | Kirchenleitung |
| KR | Konsistorialrat/Kirchenrat |
| KSG | Katholische Studentengemeinde |
| KSZE | Konferenz für Sicherheit und Zusammenarbeit in Europa |
| LA Greifswald | Landesarchiv Greifswald im Landesamt für Kultur- und Denkmalpflege |
| LB | Landesbischof |
| LHA Schwerin | Landeshauptarchiv Schwerin im Landesamt für Kultur- und Denkmalpflege |
| LK | Landeskirche |
| LKA ELLKM | Landeskirchliches Archiv der Evangelisch-Lutherischen Landeskirche Mecklenburgs |
| LS/LSI | Landessuperintendent |
| LStU-MV | Landesbeauftragter für Mecklenburg-Vorpommern für die Unterlagen des Staatssicherheitsdienstes der ehemaligen DDR |
| M | Mark der DDR |
| MA | Mitarbeiter (hier immer Mitarbeiter des MfS gemeint) |
| MfS | Ministerium für Staatssicherheit, auch Staatssicherheitsdienst |
| n. p. | nicht paginiert |
| NSA | Nichtsozialistisches Ausland |
| NSW | Nichtsozialistisches Wirtschaftsgebiet |
| NVA | Nationale Volksarmee |
| o. A. | ohne Angaben |
| OAM | Operatives Ausgangsmaterial |

| | |
|---|---|
| OibE | Offizier im besonderen Einsatz |
| OKR | Oberkonsistorialrat/Oberkirchenrat |
| op. | operativ(e) |
| OPK | Operative Personenkontrolle |
| OTS | Operativ-Technischer Sektor (des MfS) |
| OV | Operativer Vorgang |
| ÖZU | Ökumenisches Zentrum für Umweltfragen |
| PA | Privatarchiv |
| PEK | Pommersche Evangelische Kirche (1950 bis 1968, seit 1991) |
| Pf. | Pfarrer |
| PID | Politisch-ideologische Diversion |
| pol. op. | Politisch-operativ |
| POS | Polytechnische Oberschule (1.–10. Klasse) |
| POZW | Politisch-operatives Zusammenwirken |
| PUT | Politische Untergrundtätigkeit |
| RdB | Rat des Bezirkes |
| RS | Rückseite |
| SAPMO-BArch | Stiftung Archiv der Parteien und Massenorganisationen der DDR im Bundesarchiv |
| SDP | Sozialdemokratische Partei in der DDR |
| SoFd | Sozialer Friedensdienst |
| StGB | Strafgesetzbuch |
| StUG | Gesetz über die Unterlagen des Staatssicherheitsdienstes der ehemaligen Deutschen Demokratischen Republik vom 20.12.1991 (Stasi-Unterlagen-Gesetz) |
| SU | Sowjetunion |
| SVZ | Schweriner Volkszeitung |
| TA | Teilablage |
| TV | Teilvorgang |
| UHA | Untersuchungshaftanstalt |
| ÜSE | Übersiedlungsersuchender, auch Antragsteller oder Ausreisewilliger |
| VAVO | Veranstaltungsverordnung |
| VELKiDDR | Vereinigte Evangelisch-Lutherische Kirchen in der DDR |
| VP | Volkspolizei |
| VS | Vorderseite |
| WB | Westberlin |
| WPU | Wilhelm-Pieck-Universität |
| WTG | Wachtturm-Gesellschaft |
| ZAIG | Zentrale Auswertungs- und Informationsgruppe |
| ZJ | Zeugen Jehovas |
| ZK | Zentralkomitee der SED |
| ZMA | Zentrale Materialablage |
| ZOV | Zentraler Operativer Vorgang |

# Quellen- und Literaturverzeichnis

## Quellen

### *A Unveröffentlichte Quellen*

*Bundesarchiv (BArch)*

Für die vorliegende Arbeit wurden folgende Akten im Bundesarchiv in Berlin eingesehen. Es handelt sich dabei um Dokumente aus dem Staatssekretariat für Kirchenfragen.

BArch, DO-4, 7, 32, 85, 91, 93, 94, 97, 129, 132, 309, 311, 319, 417, 418, 427, 441, 451, 452, 453, 454, 455, 456, 457, 460, 462, 463, 478, 479, 480, 481, 495, 510, 525, 526, 527, 529, 530, 531, 543, 544, 545, 548, 589, 590, 594, 606, 607, 608, 643, 664, 673, 675, 676, 709, 710, 712, 713, 714, 715, 769, 773, 775, 776, 781, 790, 801, 802, 803, 805, 807, 808, 809, 810, 811, 934, 961, 967, 968, 969, 970, 971, 972, 979, 985, 986, 989, 990, 996, 997, 1000, 1001, 1009, 1011, 1015, 1022, 1029, 1030, 1031, 1062, 1065, 1075, 1078, 1087, 1106, 1125, 1126, 1133, 1144, 1146, 1152, 1192, 1192/1, 1219, 1225, 1226, 1227, 1228, 1232, 1233, 1245, 1265, 1269, 1270, 1271, 1285, 1338, 1365, 1379, 1381, 1395, 1402, 1406, 1437, 1438, 1439, 1448, 1455, 1467, 1469, 1473, 1475, 1484, 1495, 1501, 1547, 1935, 1939, 1941, 1942, 1943, 2389, 2499, 2500, 2525, 2553, 2709, 2887, 2888, 2911, 2937, 2938, 2939, 3489, 3597, 4717, 4740, 4743, 4758, 4758/1, 4759, 4783, 4784, 4859, 4993, 4997, 4998, 5196, 5247, 5970, 5971, 5972, 5983, 6283, 6295, 6297.

*Stiftung Archiv der Parteien und Massenorganisationen der DDR (SAPMO-BArch)*

Bei diesen Aktenbündeln handelt es sich um Überlieferungen aus dem SED-Apparat; im Einzelnen um Akten aus dem Büro von Paul Verner, 1971 bis 1984 im Politbüro zuständig für Kirchenfragen, und dessen Nachfolger Werner Jarowinsky (1984–1989) sowie um Akten aus der Arbeitsgruppe Kirchenfragen beim ZK der SED.

SAPMO-BArch, DY 30/IV A 2/14/ 7, 10, 11, 12, 17, 20, 22.

SAPMO-BArch, DY 30/ B 2/14 130, 143, 144.

SAPMO-BArch, DY 30/IV B 2/14/ 2, 3, 7, 8, 9, 11, 12, 15, 17, 22, 46, 63, 64, 65, 66, 69, 70, 79, 83, 84, 85, 86, 87, 88, 89, 90, 91, 92, 93, 94, 95, 96, 97, 105, 106, 107, 108, 109, 110, 111, 112, 113, 130, 131, 142, 145.

SAPMO-BArch, DY 30/IV 2/2.036/ 34, 2.036/ 35, 2.036/ 36, 2.036/ 37, 2.036/ 38, 2.036/ 39, 2.036/ 40, 2.036/ 41, 2.036/ 42, 2.036/ 43, 2.036/ 44, 2.036/ 45, 2.036/48

SAPMO-BArch, DY 30, vorl. SED, 25937, 35484, 35485, 35486, 38646, 38647, 38650/1, 38650/2, 38651/1, 38651/2, 38652/1, 38652/2, 41858, 41890, 41894, 41895, 41896, 41898, 41899, 41901.

*Die Bundesbeauftragte für die Unterlagen des Staatssicherheitsdienstes der ehemaligen Deutschen Demokratischen Republik (BStU)*

Bei den folgenden Akten handelt es sich um Dokumente aus dem Ministerium für Staatssicherheit. Die nachfolgenden Akten sind entweder in den Bezirksverwaltungen (BV) oder in der Zentralstelle (MfS) gelagert.

1. BStU, MfS, BV Rostock, AIM 272/91 „Lorenz" (Siegfried Wahrmann).
2. BStU, MfS, BV Rostock, AP 20491/92 „Lorenz" (Siegfried Wahrmann).
3. BStU, MfS, BV Rostock, AIM 0192/91 „Heinz" (Günther Engel).
4. BStU, MfS, BV Rostock, TA 4396, „Heinz" (Günther Engel).
5. BStU, MfS, BV Rostock, TA 4925, „Heinz" (Günther Engel).
6. BStU, MfS, BV Rostock, A 5335, „Heinz" (Günther Engel).
7. BStU, MfS, BV Rostock, TA 5874, „Heinz" (Günther Engel).
8. BStU, MfS, BV Rostock, TA 5875, „Heinz" (Günther Engel).
9. BStU, MfS, BV Rostock, AOP 3275/90 „Torsten"/„Dr. R. Schirmer" (W. Schnur).
10. BStU, MfS, BV Rostock, AIM 0529/91 „B. Kästner" (Rüdiger Schult).
11. BStU, MfS, BV Rostock, AIM 1845/88 „Johannes" (Hans-Joachim Bartsch).
12. BStU, MfS, BV Schwerin, AIM 9262/78 „Jurist" (Siegfried Rossmann).
13. BStU, MfS, BV Schwerin, AIM 747/78 „Schmitt" (Konrad Müller).
14. BStU, MfS, BV Rostock, AIM 307/70 (Joachim Wiebering).
15. BStU, MfS, BV Schwerin, F 22 zu IM „Schütz" (Werner Schnoor).
16. BStU, MfS, BV Schwerin, AOPK 408/90 „Bischof" (Jürgen Taetow).
17. BStU, MfS, BV Schwerin, AP 4879/92 zu Otto Schröder.
18. BStU, MfS, BV Schwerin, AIM 426/84 „Kurt Schmidt" (Otto Schröder).
19. BStU, MfS, BV Rostock. AIM 1433/90 „Michael" (Udo Struck).
20. BStU, MfS, BV Rostock, AIM 4164/90 „Gisela"/„Jörg Sander" (Ines Fleckstein).
21. BStU, MfS, BV Neubrandenburg, AIM III 132/81 „Christian" (Christoph Gürtler).
22. BStU, MfS, BV Neubrandenburg, GMS III 942/88 „Christian" (Christoph Gürtler).
23. BStU, MfS, BV Rostock, AP 20270/92 (Christoph Pentz).
24. BStU, MfS, BV Rostock, AIM 4321/90 „Gabriel Krenz"/„Buda" (Christoph Pentz).
25. BStU, MfS, BV Rostock, AIM 1602/86 „Schramm" (Günter Goldenbaum).
26. BStU, F 22 der Reg.-Nr. II 08/76, AR 2 (Gerhard Thomas).
27. BStU, MfS, BV Rostock, AIM 1444/90 „Konrad" (Rolf Grund).
28. BStU, MfS, BV Rostock, AIM 1433/90 „Michael" (Udo Struck).
29. BStU, MfS, BV Frankfurt/Oder, AIM 1446/88 „Walter" (Jürgen Kapiske).
30. BStU, MfS, BV Frankfurt/Oder, Abt. XX/361 „Walter" (Jürgen Kapiske).
31. BStU, MfS, BV Neubrandenburg, AOPK 224/85 „Wandler" (Martin Kuske).
32. BStU, MfS, BV Neubrandenburg, AOPK 358/77 „Mission" (Hermann Timm).
33. BStU, MfS, BV Schwerin, ZMA 5638 AKG, AOPK „Heide" (Georg Heydenreich).
34. BStU, MfS, BV Neubrandenburg, APOK 1443/84 „Störenfried" (Georg Heydenreich).
35. BStU, MfS, BV Schwerin, AOPK 1176/84 „Täuscher" (Friedrich-Karl Sagert).
36. BStU, MfS, BV Schwerin, AOPK 536/87 „Konflikt" (Johannes Lohmann).
37. BStU, MfS, BV Schwerin, AP 20471/92 (Heinrich Rathke).
38. BStU, MfS, BV Schwerin, AOPK 664/87 „Doppelzüngler" (Heinrich Rathke).
39. BStU, MfS, BV Schwerin, ZMA AKG, 3822 (Eckart Schwerin).
40. BStU, MfS, BV Schwerin, OPK „Synodal I", OPK II 933/88 (Horst Blanck).
41. BStU, MfS, BV Schwerin, KD Güstrow, 3648.

42. BStU, MfS, BV Rostock, Abt. XX, ZMA, 2053.
43. BStU, MfS, HA XX/AKG, 738.
44. BStU, MfS, BV Schwerin, KD Schwerin, 5211.
45. BStU, MfS, HA XX/4, Nr. 84.
46. BStU, MfS, HA XX/4, Nr. 147.
47. BStU, MfS, XX/4, Nr. 1225.
48. BStU, MfS, BV Schwerin, KuSch 1069 (Claus-Dieter Wulf).

*Material aus der Überlieferung des MfS aus Privatarchiven*

1. BStU, MfS, BV Schwerin, Registriernummer II/349/84 „Praktikant" (Ulrich von Saß).
2. BStU, MfS, BV Neubrandenburg, Registriernummer III 37/87 „Rekurs" (Henning Utpatel/Ulrich von Saß).
3. BStU, MfS, BV Neubrandenburg, ZMA 284 „Vikar" (Henning Utpatel).
4. BStU, MfS, BV Neubrandenburg, AOP 13571/84 „Paddel" (Henning Utpatel).
5. BStU, MfS, BV Neubrandenburg, ZMA 3651 (Henning Utpatel).
6. BStU, MfS, BV Rostock, AOP 180/89 „Luzifer" (Christoph Kleemann).
7. BStU, MfS, BV Rostock, AIM 307/70 (Dr. Joachim Wiebering).
8. BStU, MfS, BV Schwerin, AIM 036/89 (Ulrich Warnow).
9. BStU, MfS, BV Schwerin, KD Swn., 5211 (Friedrich-Karl Sagert).
10. BStU, MfS, BV Rostock, AOP I 261/82 „Prediger" (Ingo Barz).
11. BStU, MfS, BV Rostock, OPK „Gemeinde" (Ingo Barz).
12. BStU, MfS, BV Rostock, AOPK 2706/84 „Altar" (Traugott Ohse).
13. BStU, MfS, HA XX/1614 (Heiner Möhring).
14. BStU, MfS, BV Schwerin, ZMA 2676, AKG, AOPK „Programm"(Heiner Möhring).
15. BStU, MfS, BV Schwerin, AOPK 785/88 OV „Komplott" (Heiner Möhring).
16. BStU, MfS, BV Schwerin, ZMA 5464, AOP „Biologe" (Annette Beleites).
17. BStU, MfS, BV Schwerin, Reg./Nr. II/083/82, OV „Umwelt" (Jörn Mothes).
18. BStU, MfS, BV Schwerin, AKAG 19/90 „Diakon" (Claus Wergin).
19. BStU, MfS, BV Schwerin, AOP 499/87, OV „Fluchtpunkt" (Claus Wergin).
20. BStU, MfS, BV Neubrandenburg, III 0201/92 (Detlef Borchardt).
21. BStU, MfS, BV Neubrandenburg, Abt. XX, Nr. 223 (Detlef Borchardt).
22. BStU, MfS, BV Neubrandenburg, AOP III 1448/86 „Verführer" (Detlef Borchardt).
23. BStU, MfS, BV Neubrandenburg, Abt. X; Nr. 662 (Eckart Hübener).
24. BStU, MfS, BV Neubrandenburg, KD Waren, ZMA Nr. 11441 (Eckart Hübener).
25. BStU, MfS, BV Neubrandenburg, AKG ZMA, Nr. 142 (Eckart Hübener).
26. BStU, MfS, BV Neubrandenburg, Abt. XX, Nr. 172 (Eckart Hübener).
27. BStU, MfS, BV Neubrandenburg, KD Waren, Nr. 80 (Eckart Hübener).
28. BStU, MfS, 16115/82, Bd. I (Eckart Hübener).
29. BStU, MfS, BV Neubrandenburg, KD Waren, III/622/85, OPK/OV „Alternative" (Eckart Hübener).
30. BStU, MfS, OV „Zersetzer" (PA Heiko Lietz").

## Sachakten, Konzeptionen und Jahresarbeitspläne aus dem Ministerium für Staatssicherheit


1. BStU, MfS, BV Rostock, Abt. XX, Archiv-Nr. 369.
2. BStU, MfS, HA XX/AKG, Nr. 439.
3. BStU, MfS, BV Neubrandenburg, III 0201/92.
4. BStU, MfS, BV Rostock, Abt. XX, Archiv-Nr. 1168.
5. BStU, MfS, BV Rostock, Abt. XX, Archiv-Nr. 501.
6. BStU, MfS, ZA, 3500.
7. BStU, MfS, BV Rostock, BdL Nr. 2722, 2456, 656, 1140, 1755, 2924.
8. BStU, MfS, BV Schwerin, Abt. XX, 110.
9. BStU, MfS, BV Rostock, BdL Nr. 2305.
10. BStU, MfS, BV Schwerin, 2432.
11. BStU, MfS, BV Schwerin, AKG 03a.
12. BStU, MfS, BV Rostock, BdL Nr. 1468.
13. BStU, MfS, BV Rostock, BdL Nr. 1328.
14. BStU, MfS, BV Rostock, BdL Nr. 1034.
15. BStU, MfS, BV Rostock, BdL Nr. 2115.
16. BStU, MfS, BV Rostock, BdL, Nr. 2456.
17. BStU, MfS, BV Schwerin, BdL DOK 401145.
18. BStU, MfS, BV Schwerin, BdL 400 151.
19. BStU, MfS, BV Schwerin, BdL 400 155.
20. BStU, MfS, BV Rostock, Rep.1, 81.
21. BStU, MfS, BV Rostock, BdL, Nr. 2722.
22. BStU, MfS, BV Rostock, BdL, Nr. 2933.
23. BStU, MfS, BV Rostock, BdL Nr. 3269.
24. BStU, MfS, BV Rostock, BdL, Nr. 2427.
25. BStU, MfS, BV Rostock, BdL Nr. 1913.
26. BStU, MfS, BV Rostock, BdL, Archiv-Nr. 2723.
27. BStU, MfS, BV Rostock, BdL Nr. 668.
28. BStU, MfS, BV Schwerin, KD Güstrow, 6542.
29. BStU, MfS, BV Rostock, BdL Nr. 1612.
30. BStU, MfS, BV Neubrandenburg, Abt. XX-171.
31. BStU, MfS, BV Neubrandenburg, S III 0201/ 92.
32. BStU, MfS, BV Neubrandenburg, AKG Nr. 252.
33. BStU, MfS, BV Neubrandenburg, Abt. 20/199.
34. BStU, MfS, BV Neubrandenburg, Abt. AKG, 447.
35. BStU, MfS, BV Neubrandenburg, Abt. XX, 18.
36. BStU, MfS, BV Rostock, Abt. XX, Ref. A/I, Nr. 154.
37. BStU, MfS, BV Rostock, Abt. XX, Archiv-Nr. 594.
38. BStU, MfS, HA XX/4, 67.
39. BStU, MfS, ZAIG 3666.
40. BStU, MfS, BV Schwerin, BdL Dok 400157.
41. BStU, MfS, BV Schwerin, BdL Dok 400151.
42. BStU, MfS, BV Schwerin, BdL Dok 400158.
43. BStU, MfS, BV Schwerin, BdL Dok 400162.
44. BStU, MfS, BV Schwerin, BdL Dok 400163.
45. BStU, MfS, BV Schwerin, BdL Dok 400167.

46. BStU, MfS, BV Schwerin, BdL Dok 400169.
47. BStU, MfS, BV Schwerin, BdL Dok 400174.
48. BStU, MfS, BV Schwerin, BdL Dok 400178.
49. BStU, MfS, BV Schwerin, BdL Dok 400499.
50. BStU, MfS, BV Schwerin, BdL Dok 400578.
51. BStU, MfS, BV Schwerin, BdL Dok 400676.
52. BStU, MfS, BV Schwerin, BdL Dok 400787.
53. BStU, MfS, BV Schwerin, BdL Dok 400932.
54. BStU, MfS, BV Schwerin, BdL Dok 401065.
55. BStU, MfS, BV Rostock, Abt. XX, ZMA, 2053.
56. BStU, MfS, HA XX/AKG, Nr. 4339.
57. BStU, MfS, BV Rostock, Abt. XX/4, Arch.-Nr. 626.
58. BStU, MfS, BV Rostock, Abt. XX, 866.
59. BStU, MfS, BV Rostock, ZMA, 2053.
60. BStU, MfS, BV Rostock, BdL Nr. 3269.
61. BStU, MfS, BV Rostock, Abt. XX/ Ref. 8S, Archiv-Nr. 579.
62. BStU, MfS, BV Rostock, Abt XX, Archiv-Nr. 864.
63. BStU, MfS, BV Schwerin, Abt. VI, 1947.
64. BStU, MfS, BV Neubrandenburg, KD Teterow, ZMA, Nr. 9.
65. BStU, MfS, BV Rostock, Abt. XX, Nr. 1168.
66. BStU, MfS, HA XX/4, Nr. 243.
67. BStU, MfS, BV Neubrandenburg, Abt XX/ Nr. 204.
68. BStU, MfS, BV Neubrandenburg, Abt XX/ Nr. 214.
69. BStU, MfS, HA XX/4, 711.
70. BStU, MfS, BV Schwerin, AKG 48a.
71. BStU, MfS, VVS-o049, 110/82.

*Diplom- und Doktorarbeiten von der Juristischen Hochschule des MfS*

- BStU, MfS, BV Rostock, XX/4, Archivzugangsnummer 64. Eckhard Kufahl, Oltn. Fachschulabschlußarbeit zum Thema „Welche wesentlichen Motive sind im Gewinnungsprozeß von Theologen für die Zusammenarbeit mit dem MfS zu nutzen?“, Januar 1979.
- BStU, MfS, BV Rostock, XX/4, Archivzugangsnummer 64. Jürgen Lorenz, Hptm. Fachschulabschlußarbeit zum Thema „Wie kann nach erfolgter Werbung eines evangelischen Theologen für die inoffizielle Zusammenarbeit das Vertrauensverhältnis zum MfS und dem IM-führenden Mitarbeiter entwickelt werden?“, Februar 1981.
- BStU, MfS, JHS 20130: Claus-Dieter Wulf, „Die klerikalen politisch-negativen Kräfte in der Evangelisch-Lutherischen Landeskirche Mecklenburg [sic!] im System der gegnerischen Angriffe gegen die sozialistische Staats- und Gesellschaftsordnung der DDR“, 15.2.1984.
- BStU, MfS, JHS 20903: Jürgen Fiedler, „Erfahrungen beim Zusammenwirken mit staatlichen und gesellschaftlichen Kräften zur Realisierung wirksamer Zurückdrängungs- und Zersetzungsmaßnahmen gegen feindliche bzw. negative Personenkreise aus dem kirchlichen Bereich am Beispiel sogenanner Friedenskreise“, BV Rostock, Abschlußarbeit, Potsdam 1986.

- BStU, MfS, JHS, VVS 001-395/83: Rainer Schimnick, „Die Hauptaufgabe des Einsatzes inoffizieller Mitarbeiter bei der Aufspürung und Bekämpfung unter dem Deckmantel des Pazifismus vorgetragener subversiver Angriffe, dargestellt am Beispiel der ESG Rostock“, 31.12.1983.
- BStU, MfS, JHS, MF GVS 69/83: Ralf Böswetter, „Die politisch-operative Notwendigkeit der inoffiziellen Zusammenarbeit mit den Mitarbeitern für Kirchenfragen“.
- BStU, MfS, JHS 21004/1: Roland Olbert, „Analyse konkreter Erscheinungsformen der politischen Untergrundtätigkeit im Rahmen der 'offenen' und sozialdiakonischen Jugendarbeit der Evangelisch-Lutherischen Landeskirche Mecklenburgs sowie Mittel und Methoden der vorbeugenden Verhinderung und Bekämpfung derartiger relevanter Erscheinungen im Verantwortungsbereich der Linie XX/4 im Bezirk Schwerin“, 31.5.1987.
- BStU, MfS, JHS 21004/2: Anlage zur Diplomarbeit von Roland Olbert: „Dokumentation über Erscheinungen des Mißbrauchs der 'offenen' und sozialdiakonischen Jugendarbeit der Evangelisch-Lutherischen Landeskirche Mecklenburgs in Schwerin in der Zeit von 1979–1986“.
- BStU, MfS, JHS MF VVS 0001-1204/86, JHS 20903: Jürgen Fiedler, „Erfahrungen beim Zusammenwirken mit staatlichen und gesellschaftlichen Kräften zur Realisierung wirksamer Zurückdrängungs- und Zersetzungsmaßnahmen gegen feindliche bzw. negative Personenkreise aus dem kirchlichen Bereich am Beispiel sogenannter Friedenskreise“, 11.11.1986, Abschlußarbeit im postgradualen Studium.
- BStU, MfS, BV Rostock, XX/4, Archivzugangsnummer 64: Eckhard Kufahl, Fachschulabschlußarbeit zum Thema „Welche wesentlichen Motive sind im Gewinnungsprozeß von Theologen für die Zusammenarbeit mit dem MfS zu nutzen?“, Januar 1979.
- BStU, MfS, JHS 20596: Peter Mörstedt, „Die Notwendigkeit und die Formen der Einbeziehung staatlicher und gesellschaftlicher Kräfte in die vorbeugende Verhinderung, Aufdeckung und Bekämpfung von Erscheinungsformen der politischen Untergrundtätigkeit und in die Realisierung operativer Zersetzungsmaßnahmen“, 20.10.1986.
- BStU, MfS, JHS 21438: Thomas Osterloh, „Die Anwendung des Differenzierungsprinzips bei der politisch-operativen Bearbeitung eines 'Friedenskreises' im Verantwortungsbereich der Bezirksverwaltung für Staatssicherheit Neubrandenburg“, 14.4.1989.
- BStU, MfS, JHS MF VVS 001-360/77: Gustav Moldt, „Der Einsatz von politisch-operativen Zersetzungsmaßnahmen gegen politische Untergrundtätigkeit am Beispiel der evangelischen Studentengemeinde Güstrow“, 25.8.1977.
- BStU, MfS, JHS MF GVS 001-74/76: Joachim Tischendorf, „Der Einsatz von politisch-operativen Zersetzungsmaßnahmen im Rahmen der operativen Vorgangsbearbeitung gegen Erscheinungen des politischen Untergrundes im Verantwortungsbereich der Linie XX/7“, 6.10.1976.
- BStU, MfS, VVS JHS 001-200/79: „Die Qualifizierung der politisch-operativen Arbeit des MfS zur vorbeugenden Verhinderung und Bekämpfung der gegen die Staats- und Gesellschaftsordnung der DDR gerichteten politischen Untergrundtätigkeit“.

*Landeshauptarchiv Schwerin im Landesamt für Kultur- und Denkmalpflege (LHA Schwerin)*

Bei den folgenden Aktenstücken handelt es sich um Unterlagen aus dem ehemaligen Bezirksparteiarchiv (BPA) der Bezirksleitung der SED Schwerin bzw. Neubrandenburg, Abt. Kirchenfragen, und um Akten aus dem Rat des Bezirkes Schwerin, ebenfalls aus der Abt. Kirchenfragen.

LHA Schwerin, RdB Schwerin, 21922/2
LHA Schwerin, RdB Schwerin, Z 65/91-21292/1
LHA Schwerin, RdB Schwerin, Z 69/91, 28137
LHA Schwerin, RdB Schwerin, Z 65/91-21292/1
LHA Schwerin, SED BPA Schwerin, IV D-2/14/525
LHA Schwerin, SED BPA Schwerin, IV D-2/14/526
LHA Schwerin, SED BPA Schwerin, IV C-2/14/550
LHA Schwerin, SED BPA Schwerin, IV F-2/3, 301/1
LHA Schwerin, SED BPA Schwerin, IV F – 2/14/776
LHA Schwerin, SED BPA Schwerin, IV C-2/14/548
LHA Schwerin, SED BPA Schwerin, IV D-2/14/529
LHA Schwerin, SED BPA Schwerin, IV C – 2/14/ 549
LHA Schwerin, SED BPA Schwerin, IV D-2/14/529
LHA Schwerin, RdB Neubrandenburg, Z 77/90, 575
LHA Schwerin, RdB Neubrandenburg, Z 24/90-1650
LHA Schwerin, RdB Neubrandenburg, Z 24/90-1650
LHA Schwerin, RdB Neubrandenburg, Z 24/90-1650
LHA Schwerin, RdB Neubrandenburg, Z 24/90-1562
LHA Schwerin, RdB Neubrandenburg, Z 24/90-1563
LHA Schwerin, RdB Neubrandenburg, Z 24/90-1563

*Landesarchiv Greifswald im Landesamt für Kultur- und Denkmalpflege (LA Greifswald)*

Folgende Aktenstücke wurden eingesehen: Dabei handelt es sich um Unterlagen aus dem ehemaligen Bezirksparteiarchiv (BPA) der Bezirksleitung der SED Rostock, Abt. Kirchenfragen.

LA Greifswald, SED BPA Rostock, BL IV B/ 2.14, Nr. 592, 593, 739.
LA Greifswald, SED BPA Rostock, BL IV C/ 2.14, Nr. 736, 737, 738, 739, 740, 741, 743.
LA Greifswald, SED BPA Rostock, BL IV D/ 2.13, Nr. 612, 617, 618, 170.
LA Greifswald, SED BPA Rostock, BL IV E/ 2.14, Nr. 598, 599, 600, 601, 604, 605, 606, 607, 609, 611, 612, 613, 614, 615, 616, 617, 618, 619, 620, 621, 622, 623, 624, 625, 626, 635.
LA Greifswald, SED BPA Rostock, BL IV E/ 2.15, Nr. 453.
LA Greifswald, BL Sicherheit, Nr. 208.
LA Greifswald, Rep. 200/7.3, 37, 43, 45, 46, 47, 48, 51, 52, 78/1, 78/2, 79, 80, 100, 113, 117, 123.
LA Greifswald, Rep. 200/II/7.3, 6, 10, 16, 26, 27, 31, 32, 45, 47, 48, 55, 61, 70, 72, 74, 75, 76, 77, 78, 79, 80, 83, 86, 87, 93, 94, 101, 102, 106, 113, 117, 123, 130.

*Archiv der Hansestadt Wismar*

AHStW, XXIV/23,C,113/ 4505.
AHStW, XXIV/23,C,15/ 4507.

*Archiv der Hansestadt Rostock*

AHR, 2.11./7250.

*Stadtarchiv Schwerin*

STAD, Schwerin, Bestand Rat der Stadt, Abteilung Inneres, R4, 50, 135, 137, 138, 140, 146, 147, 538, 546, 599, 701, 715.
STAD, Schwerin, OB r1/ 1068.

*Landeskirchliches Archiv der Evangelisch-Lutherischen Landeskirche Mecklenburgs*

Verzeichneter Bestand
ELLKM, LKA, 512.02.
ELLKM, LKA, Bestand Oberkirchenrat, 501.31, 501.21; 501.11, 501.01, AZ A 1, AZ 503.01, AZ 507.00, Bd. I, AZ 508.01, 550.04, II 37 o, Bd. VIII; 550.01, II 37 n, Bd. I; 551.01, II 37 a4, Bd. III; II 37 a4, Bd. III; II 37 a4 Bd. II; II 37 a4, Bd. 1.
ELLKM, LKA, Bestand OKR/Das Verhältnis zu politischen Parteien/Grundsätzliches, AZ 507.00, Bd. I.
ELLKM, LKA, Bestand OKR, Kirchlicher Dienst in der Sperrzone, AZ 503.01.
ELLKM, LKA, II 10, Bd. 2, 471; Bd. 3, 472; Bd. 4, 473; Bd. 5, 474; Bd. 6, 476; Bd. 7, 477; Bd. XIII, 478; Bd. IX, 479.
ELLKM, LKA, II 8f 6, Bd. I; Bd. II.
ELLKM, LKA, vorl. Sig.: C 12.
ELLKM, LKA, C 19.
ELLKM, LKA, A 3.
ELLKM, LKA, Heinrich Rathke(1978), Thesen zum Selbstverständnis unserer lutherischen Kirche.

*Unverzeichneter Bestand*

Unterlagen der Landessynode ab 1966 bis 1973.
Unverzeichnete Bestände
Kirchenkreis Malchin ab 1979.
Kirchenkreis Rostock-Land ab 1977.
Protokolle der Konvente der Landessuperintendenten 1981–1985.
Protokolle der Konvente der Landessuperintendenten 1963–1975.
Protokolle der Konvente der Landessuperintendenten 1976–1980.
Protokolle der Konvente der Landessuperintendenten 1986–1994.

*Evangelisches Zentralarchiv, Berlin*

EZA 101/ 96, 99, 101, 102, 2349, 2350.

*Material aus Privatbesitz*

PA Hans de Boor: Pkk. Offene Jugendarbeit im Paulskirchenkeller. Evangelische Jugend in Schwerin.

PA Eckart Hübener: Heidelore Czerny: Bericht über ihre IM-Tätigkeit, übergeben von Eckart Hübener im Gespräch am 17. 1. 2001.

PA Matthias Burkhardt: 1974–1984. Die ersten zehn Jahre. Chronik der Evangelisch-Lutherischen Petrusgemeinde Schwerin – Großer Dreesch.

## *B Veröffentlichte Quellen*

Richtlinie Nr. 1/76 zur Entwicklung und Bearbeitung Operativer Vorgänge (OV) (GVS MfS 0008-100/76), in: Gill, David/Schröter, Ulrich: Das Ministerium für Staatssicherheit. Anatomie des Mielke-Imperiums, Berlin 1991, S. 346–402.

Richtlinie Nr. 1/79 für die Arbeit mit Inoffiziellen Mitarbeitern (IM) und Gesellschaftlichen Mitarbeitern Sicherheit (GMS) vom 8.12.1979, in: Müller-Enbergs, Helmut (Hg.): Inoffizielle Mitarbeiter des Ministeriums für Staatssicherheit. Richtlinien und Durchführungsbestimmungen, Berlin 1996, S. 51-61.

Richtlinie 1/81 über die Operative Personenkontrolle (OPK) (GVS MfS 0008-10/81), in: Gill, David/Schröter, Ulrich: Das Ministerium für Staatssicherheit. Anatomie des Mielke-Imperiums, Berlin 1991, S. 322–345.

SED und Kirche. Eine Dokumentation ihrer Beziehungen, Bd. 2 (1968–1989), bearbeitet von Horst Dohle, Neukirchen-Vluyn 1995 (Historisch-Theologische Studien zum 19. und 20. Jahrhundert, Bd. 2/2, hg. von F. Hartweg u.a.).

Theologische Erklärung zur gegenwärtigen Lage der Deutschen Evangelischen Kirche, in: Karl Barth: Texte zur Barmer Theologischen Erklärung, hg. von Martin Rohkrämer, Zürich 1984, S. 1–5.

### *Zeitungen*

Mecklenburgische Kirchenzeitung, herausgegeben vom Oberkirchenrat der Evangelisch-Lutherischen Landeskirche Mecklenburgs, 25. Jahrgang (1970) bis 50. Jahrgang (1995).

Die Kirche. Evangelische Wochenzeitung. Greifswalder Ausgabe, Jahrgang 39 (1984)

### *Bibliografien*

Förster, Günter: Bibliographie der Diplomarbeiten und Abschlußarbeiten an der Hochschule des MfS (BStU, MfS, Reihe A, Dokumente Nr. 1/1998), Berlin 1998.

In Vorbereitung der Arbeit wurden Gespräche geführt mit:

1. Dr. Hans-Joachim Bartsch am 16. Januar 2001.
2. Ingo Barz am 14. und 23. August 2000.
3. Annette Beleites am 9. September 2000.
4. Landesbischof Hermann Beste am 23. August 2000.
5. Schreiben von Dr. Walther Bindemann vom 12. Januar 2001.
6. Landessuperintendent i.R. Horst Blanck am 30. November 2000.
7. Detlef Borchardt am 23. Januar 2001 und am 8. Februar 2006.
8. Pastor Matthias Burkhardt am 27. Mai 2000
9. Landessuperintendent i.R. Hans de Boor am 14. August 2000.
10. Karin Degner am 4. September 2000.
11. Anne Drescher am 17. Januar 2001.
12. Pastor Hartmut Dietrich am 1. August 2000.
13. Oberkirchenrat Andreas Flade am 15. November 2000.
14. Ines Fleckstein am 11. November 2000.
15. Rudolf Franze am 30. November und 13. Dezember 2000.
16. Pastor i.R. Rolf Grund am 15. Januar 2001.
17. Christoph Gürtler am 12. November 2002.
18. Martin Gutzeit, Landesbeauftragter von Berlin für die Unterlagen des Ministeriums für Staatssicherheit der ehemaligen DDR, am 20. Juli 2000.
19. Pastor i.R. Folker Hachtmann am 30. November 2000.
20. Pastor i.R. Dr. Jürgen Hebert am 8. September 2000.
21. Propst Georg Heydenreich am 13. Juli 2000.
22. Pastor Eckart Hübener am 17. Januar 2001.
23. Pastor Lutz Jastram am 20. Juli 2000.
24. Jürgen Kapiske am 15. September 2000.
25. Christoph Kleemann, Leiter der BStU-Außenstelle in Rostock, am 26. Juni 2000.
26. Pastor Dr. habil. Jens Langer am 1. Dezember 2000.
27. Heiko Lietz am 7. März 2000 und am 5. Dezember 2005.
28. Johannes-Michael Lohmann am 17. Juli 2000 und am 15. Dezember 2002.
29. Synodalpräses Heiner Möhring am 1. August 2000.
30. Oberkirchenratspräsident a.D. und Direktor des Diakonischen Werkes Berlin, Peter Müller, am 25. August 2000.
31. Jörn Mothes, Landesbeauftragter für Mecklenburg-Vorpommern für die Unterlagen des Ministeriums für Staatssicherheit, am 17. Januar 2001.
32. Pastor i.R. Dieter Nath am 9. März 2000 und 30. November 2000.
33. Landessuperintendent i.R. Traugott Ohse am 3. November 2000.
34. Landessuperintendent i.R. Christoph Pentz am 19. September 2002 und Schreiben an die Verfasserin vom 1. April 2003.
35. Altbischof Dr. Heinrich Rathke am 8. Juni 2000
36. Pastor i.R. Bernhard Raudszus am 4. August 2000.
37. Pastor i.R. Hans-Jürgen Rietzke am 9. März 2000.
38. Landessuperintendent i.R. Ernst-Friedrich Roettig am 24. Juli 2000.
39. Landessuperintendent i.R. Friedrich-Karl Sagert am 29. September 2000.

40. Dr. Sabine von Saß am 3. November 2000.
41. Pastor Ulrich von Saß am 7. April 2000 und am 25. Februar 2002.
42. Johanna Schmidt am 16. Januar 2001.
43. Ministerpräsident a. D. Dr. Berndt Seite am 15. November 2000.
44. Pastor Arvid Schnauer am 26. Mai 2000.
45. Pastor i.R. Wolfgang Schmidt, Houtskär/Finnland, am 27. April 1999.
46. Wolfgang Schnur am 30. Oktober 2000.
47. Oberkirchenrat i.R. Prof. Dr. Eckart Schwerin am 8. März 2000.
48. Oberkirchenrat i.R. Sibrand Siegert am 12. Juli 2000.
49. Telefongespräch mit Charlotte Süße am 10. Januar 2001 und Schreiben vom 14. Januar 2001.
50. Altbischof und Landessuperintendent Dr. theol. h.c. Christoph Stier am 16. Januar 2001.
51. Pastor i.R. Udo Struck am 4. September 2000.
52. Landessuperintendent i.R. Rüdiger Timm am 8. März und 12. Dezember 2000.
53. Pastor i.R. Gerhard Thomas am 4. Januar 2001.
54. Pastor Henning Utpatel am 25. August 2000.
55. Pastor i.R. Peter Voß am 3. November 2000.
56. Landessuperintendent i.R. Axel Walter am 13. Juli 2000.
57. Dr. Eckhart Weiß am 16. Juli 2000.
58. Claus Wergin am 26. Juni 2000.
59. Landessuperintendent i.R. Dr. Joachim Wiebering am 26. Juni 2000.
60. Claus-Dieter Wulf am 3. November 2000.

### *Selbständige und unselbständige Darstellungen*


Abrokat, Sven (1997): Politischer Umbruch und Neubeginn in Wismar von 1989 bis 1990, Hamburg (Beiträge zur deutschen und europäischen Geschichte, Bd. 21).

Abschlußbericht (1994): Abschlußbericht der ersten Arbeitsgruppe zur Aufarbeitung der SED-Archive der ehemaligen Bezirke Schwerin, Neubrandenburg und Rostock in den Landesarchiven Greifswald und Schwerin, Rostock 1994.

Alsmeier, Bernd (1994): „Wegbereiter der Wende". Die Rolle der Evangelischen Kirche in der Ausgangsphase der DDR, Pfaffenweiler.

Ammer, Thomas/Memmler, Hans-Joachim (1991): Staatssicherheit in Rostock. Zielgruppen, Methoden, Auflösung, Köln.

Auf dem Wege zur gemeinsamen humanistischen Verantwortung. (1967): Eine Sammlung kirchenpolitischer Dokumente 1945 bis 1966 unter Berücksichtigung von Dokumenten aus dem Zeitraum von 1933 bis 1945, Berlin.

Aufbruch '89 (1994): Über den Beginn der Wende in Schwerin. Dokumentation, Schwerin 1994, hg. vom Landesbeauftragten für Mecklenburg-Vorpommern für die Unterlagen des Staatssicherheitsdienstes des ehemaligen Deutschen Demokratischen Republik.

Beier, Peter (1997): Die „Sonderkonten Kirchenfragen". Sachleistungen und Geldzuwendungen an Pfarrer und kirchliche Mitarbeiter als Mittel der DDR-Kirchenpolitik (1955–1989/90), Göttingen (Arbeiten zur Kirchlichen Zeitgeschichte, Reihe B: Darstellungen, Bd. 25).

Besier, Gerhard (1993), Der SED-Staat und die Kirche. Der Weg in die Anpassung, München.

Besier, Gerhard (1994), In der Kirche neu anfangen. Historisch-theologische Überlegungen am Beispiel der Nachkriegszeit und aktueller Probleme, in: ders., Die evangelische Kirche in den Umbrüchen des 20. Jahrhunderts. Gesammelte Aufsätze, Bd. 2. Von der ersten Diktatur in die zweite Demokratie. Kirchlicher Neubeginn in der Nachkriegszeit. Kirchen, Parteien und Ideologien im Zeichen des Ost-West-Konflikts, Neukirchen-Vluyn (Historisch-Theologische Studien zum 19. und 20. Jahrhundert, Bd. 5/2, hg. von G. Besier u.a.), S. 42–56.

Besier, Gerhard (1995a): Der SED-Staat und die Kirche 1983–1991. Höhenflug und Absturz, Berlin/Frankfurt am Main.

Besier, Gerhard (1995b): Der SED-Staat und Die Kirche. Die Vision vom „Dritten Weg", Frankfurt am Main.

Besier, Gerhard/Wolf, Stephan (1997): Pfarrer, Christen, Katholiken. Das Ministerium für Staatssicherheit der ehemaligen DDR und die Kirchen, Neukirchen.

Boyens, Armin (1996): Das Staatssekretariat für Kirchenfragen, in: Vollnhals 1997b, S. 120–139.

Busch, Philipp (1997): Die Treffen „Konkret für den Frieden" in Schwerin (1985) und Greifswald (1989). Expertise, in: Landtag Mecklenburg-Vorpommern 1997, Bd. VII, S. 233–307.

Dähn, Horst (1982), Konfrontation oder Kooperation? Das Verhältnis von Staat und Kirche in der SBZ/DDR1945-1980, Opladen.

Deutscher Bundestag (Hg.) (1995): Materialien der Enquete-Kommission „Aufarbeitung von Geschichte und Folgen der SED-Diktatur in Deutschland" (12. Wahlperiode des Deutschen Bundestages), Kirchen in der SED-Diktatur, Bde. VI,1; VI,2 Berlin.

Diederich, Georg/Schäfer, Bernd (1997): Religiöses Brauchtum und kirchliches Leben im Alltag der DDR – zwischen Anfechtung und Behauptung. Forschungsstudie, in: Landtag Mecklenburg-Vorpommern 1997, Bd. VI, S. 155–294.

Döbler, Stefan (1996): Staatliche Einflußnahme der DDR auf die Mecklenburgische Kirchenzeitung im Zeitraum von 1983 bis 1989 (Schriftliche Hausarbeit zum Zweiten Theologischen Examen, Vorbereitungskurs 94/96).

Dohle, Horst (1995): SED und Kirche. Eine Dokumentation ihrer Beziehungen, Bd. 2 (1968–1989), bearbeitet von Horst Dohle, Neukirchen-Vluyn (Historisch-Theologische Studien zum 19. und 20. Jahrhundert, Bd. 2/2, hg. von G. Besier, R. P. Erickson, F. Hartweg, I. Montgomery).

Dorgerloh, Fritz (1999): Geschichte der evangelischen Jugendarbeit, Teil I, Junge Gemeinde in der DDR, Hannover.

Engelbrecht, Axel (2000): Kirchenleitung in der DDR. Eine Studie zur politischen Kommunikation in der Evangelisch-Lutherischen Landeskirche Sachsens 1971–1989, Leipzig.

Engelmann, Roger (1995): Zum Quellenwert der Unterlagen des Ministeriums für Staatssicherheit, in: Henke/Engelmann 1995, S. 23–39.

Falcke, Heino (1991): Die unvollendete Befreiung. Die Kirchen, die Umwälzung in der DDR und die Vereinigung Deutschlands, München.

Findeis, Hagen (2002): Das Licht des Evangeliums und das Zwielicht der Politik.

Kirchliche Karrieren in der DDR, Frankfurt am Main.
Findeis Hagen/Pollack, Detlef (1999): Selbstbewahrung oder Selbstverlust. Bischöfe und Repräsentanten der evangelischen Kirchen in der DDR über ihr Leben. 17 Interviews, Berlin.
Fricke, Karl Wilhelm (1989): Die DDR-Staatssicherheit. Entwicklung, Strukturen, Aktionsfelder, Köln.
Funk, Uwe (1992): DDR-Kirchenpolitik zwischen ideologischem Anspruch und politischer Wirklichkeit, Heidelberg (Forschungsstelle der evangelischen Studiengemeinschaft, Reihe B, Nr. 16).
Funk, Uwe (1994): Regionalisierung als interne Differenzierung der DDR-Kirchenpolitik, in: Staat-Kirche-Beziehungen in der DDR und anderen ehemals realsozialistischen Ländern 1945–1989, Berlin (Wissenschaftliches Kolloquium bei der Evangelischen Akademie Berlin-Brandenburg, Reihe Nachlese, Bd. 4/94), S. 64–72.
Gauck, Joachim (1991): Die Stasi-Akten. Das unheimliche Erbe der DDR, Hamburg.
Gauck, Joachim (1998): Vom schwierigen Umgang mit der Wahrnehmung, in: Schwarzbuch des Kommunismus. Unterdrückung, Verbrechen und Terror, hg. von Stéphane Courtois, München, S. 885–894.
Gensichen, Hans-Peter (1988): Eine neue Phase des Umweltengagements in den Kirchen?, in: Die Zeichen der Zeit. Evangelische Monatsschrift für Mitarbeiter der Kirche, 42. Jg. (1988), Heft 7, S. 176–179.
Gerlach, Stefanie Virginia (1999): Staat und Kirche in der DDR, Frankfurt am Main/Berlin/Bern/Brüssel/New York/Wien (Beiträge zur Politikwissenschaft, Band 75).
Gestrich, Christoph (1992): Der Unterschied zwischen Hausobmann und Universitätsdekan, in: Deutsches Allgemeines Sonntagsblatt vom 21. 2. 1992.
Gienke, Horst (1996): Dome, Dörfer, Dornenwege. Lebensbericht eines Altbischofs, Rostock.
Gill, David/Schröter, Ulrich (1991): Das Ministerium für Staatssicherheit. Anatomie des Mielke-Imperiums, Berlin.
Goeckel, Robert F. (1995): Die evangelische Kirche in der DDR. Konflikte, Gespräche, Vereinbarungen unter Ulbricht und Honecker, Leipzig.
Goeckel, Robert F. (1996): Thesen zu Kontinuität und Wandel in der Kirchenpolitik der SED, in: Vollnhals 1997b, S. 29–58.
Goerner, Martin Georg (1996): Die Arbeitsgruppe Kirchenfragen im ZK-Apparat der SED, in: Vollnhals 1997b, S. 59–78.
Goertz, Joachim (Hg.) (1998): Die Solidarische Kirche in der DDR. Erfahrungen, Erinnerungen, Erkenntnisse, Berlin.
Gutzeit, Martin/Meckel, Markus (1994): Opposition in der DDR. Zehn Jahre kirchliche Friedensarbeit – kommentierte Quellentexte, Köln.
Henke, Klaus-Dietmar/Engelmann, Roger (Hg.) (1995): Aktenlage. Die Bedeutung der Unterlagen des Staatssicherheitsdienstes für die Zeitgeschichtsforschung, Berlin (Analysen und Dokumente. Wissenschaftliche Reihe des Bundesbeauftragten für die Unterlagen des Staatssicherheitsdienstes der ehemaligen Deutschen Demokratischen Republik, Bd. 1).
Herbstritt, Georg (1997): Die Rolle der evangelischen Kirche in Mecklenburg in der Wende unter Einbeziehung der Vorgeschichte“, in: Landtag Mecklenburg-

Vorpommern 1997, Bd. IX, S. 229–273.
Heydemann, Günther/Kettenacker, Lothar (Hg.) (1993): Kirchen in der Diktatur. Drittes Reich und SED-Staat, Göttingen.
Höffer, Volker (1997): „Der Gegner hat Kraft". MfS und SED im Bezirk Rostock, (Die Entmachtung der Staatssicherheit in den Regionen, Teil 4, BF informiert Nr. 20), Berlin.
Hohmann, Martin (1998): Schwerter zu Pflugscharen. Die Friedensarbeit der evangelischen Kirchen in der DDR 1981/1982 – dargestellt an Beispielen aus der Evangelischen Kirche der Kirchenprovinz Sachsen, Berlin.
Jüngel, Eberhard (1995): Wege und Aporien der evangelischen Kirchen in der DDR, in: Deutscher Bundestag 1995, S. 12–39.
Karge, Wolf/Münch, Ernst/Schmied, Hartmut (1993): Die Geschichte Mecklenburgs, Rostock.
Kiesow, Ernst-Rüdiger (1994): „Arglos, aber nicht ganz ahnungslos. Bemerkungen zur Ehren-Promotion des Oberkirchenratspräsidenten Konrad Müller", in: MKZ Nr. 17 (1994) vom 24.4.1994, S. 2.
Klaus, Sabine (2000): „Geschichte ist so spannend". „Die Furt" in Jacobsdorf ist einer der kleinsten Verlage in Deutschlands, in: Märkischer Sonntag vom 11. Juni 2000.
Krone, Tina/Schult, Reinhard (1992): „Seid Untertan der Obrigkeit". Originaldokumente der Stasi-Kirchenabteilung XX/4, Berlin.
Krusche, Werner (1990): Schuld und Vergebung, der Grund christlichen Friedenshandelns, in: ders.: Verheißung und Verantwortung, Orientierungen auf dem Weg der Kirche, Berlin.
Kuske, Martin (1973): „Das belastende Erbe", in: MKZ Nr. 7 vom 18. Februar 1973.
Landtag Mecklenburg-Vorpommern (Hg.) (1997): Aufarbeitung und Versöhnung. Zur Arbeit der Enquete-Kommission „Leben in der DDR, Leben nach 1989 – Aufarbeitung und Versöhnung", Bde. VI, VII, IX, Schwerin.
Langer, Jens (1989): Kirche im Prozeß gesellschaftlicher Differenzierungen, in: Die Zeichen der Zeit. Evangelische Monatsschrift für Mitarbeiter der Kirche, 43. Jg. (1989), Heft 2, S. 40–50.
Langer, Kai (1997): Vorgeschichte und Geschichte der „Wende" in den drei Nordbezirken der DDR. Forschungsstudie, in: Landtag Mecklenburg-Vorpommern 1997, Bd. IX, S. 9–196.
Langer, Kai (1999): „Ihr sollt wissen, daß der Norden nicht schläft ...". Zur Geschichte der „Wende" in den drei Nordbezirken der DDR, Bremen.
Lietz, Heiko (1997): Die Entwicklung der Opposition im Norden, in: Landtag Mecklenburg-Vorpommern 1997, Bd. IX, S. 197–228.
Linke, Dietmar (1993): „Streicheln, bis der Maulkorb fertig ist". Die DDR-Kirche zwischen Kanzel und Konspiration, Berlin.
Mahlburg, Fred (2000): Es bleibt mehr – Zum Tod Jürgen Borcherts. Nachruf des Leiters der Evangelischen Akademie MV, in: MKZ Nr. 14 vom 9. April 2000, S. 4.
Mothes, Jörn (1996): Die vom MfS entwickelten Strukturen und Strategien zur Durchsetzung der Jugendpolitik der SED, in: Mothes u.a. (1996), S. 49–107.
Mothes, Jörn/Fienbork, Gundula/Pahnke, Rudi-Karl/Ellmenreich, Renate/Stognienko, Michael (Hg.) (1996): Beschädigte Seelen. DDR-Jugend und Staatssicherheit, Rostock/Bremen.

Mrotzek, Fred (1996): Der Zusammenbruch der DDR am Beispiel der mecklenburgischen Stadt Parchim, Hamburg.

Mrotzek, Fred (1997): Das zeitgeschichtliche Erinnerungsinterview, in: Müller/Pätzold 1997, S. 17–28.

Müller, Werner/Pätzold, Horst (Hg.) (1997): Lebensläufe im Schatten der Macht. Zeitzeugeninterviews aus dem Norden der DDR, Rostock.

Müller-Enbergs, Helmut (1996): Inoffizielle Mitarbeiter des Ministeriums für Staatssicherheit. Richtlinien und Durchführungsbestimmungen, 2. Aufl., Berlin (Wissenschaftliche Reihe des Bundesbeauftragten für die Unterlagen des Staatssicherheitsdienstes der ehemaligen Deutschen Demokratischen Republik, Bd. 3).

Müller-Enbergs, Helmut/Wielgohs, Jan/Hoffmann, Dieter (Hg.) (2000): Wer war wer in der DDR? Ein biographisches Lexikon (Bundeszentrale für politische Bildung), Bonn.

Mützke, Karl-Joachim (1995): Das Haus Mecklenburg. Die geschichtliche Stellung der Regentenfamilie in Land und Kirche, in: 1000 Jahre mecklenburgische Kirche. Festschrift der mecklenburgischen Landeskirche zum Jubiläumsjahr 1995, herausgegeben vom Oberkirchenrat der Evangelisch-Lutherischen Landeskirche Mecklenburgs, Rieden am Forggensee, S. 74–86.

Neubert, Ehrhart (1993): Vergebung oder Weißwäscherei. Zur Aufarbeitung des Stasiproblems in den Kirchen, Freiburg i. Br. (Herderbücherei, Bd. 178).

Neubert, Ehrhart (1996): Zur Instrumentalisierung von Theologie und Kirchenrecht durch das MfS, in: Vollnhals 1997b, S. 329–352.

Neubert, Ehrhart (1997): Geschichte der Opposition in der DDR 1949–1990, Bonn (Bundeszentrale für politische Bildung, Schriftenreihe Bd. 346).

Niemann, Andreas/Süß, Walter (1996): „Gegen das Volk kann nichts mehr entschieden werden." MfS und SED im Bezirk Neubrandenburg, (Die Entmachtung der Staatssicherheit in den Regionen, Teil I, BF informiert Nr. 12), Berlin.

Noack, Axel (1995): Die Phasen der Kirchenpolitik der SED und die sich darauf beziehenden Grundlagenbeschlüsse der Partei- und Staatsführung in der Zeit von 1972 bis 1989, in: Deutscher Bundestag 1995, S. 1048–1133.

Noack, Axel (1996): Feindobjekt: Evangelische Studentengemeinde, in: Vollnhals 1997b, S. 298–328.

Norden, Günther van (1993): Der deutsche Protestantismus zwischen Patriotismus und Bekenntnis, in Heydemann/Kettenacker 1993, S. 88–108.

Nowak, Kurt (1997): Zum historischen Ort der Kirchen in der DDR, in: Vollnhals 1997b, S. 159–190.

Ohlemacher, Jörg/Blühm, Reimund (1997): Repression gegen die christliche Jugend im Bildungs- und Erziehungsbereich. Forschungsstudie, in: Landtag Mecklenburg-Vorpommern 1997, Bd. VII, S. 101–231.

Ohse, Traugott (2000): Widerstand und Verantwortung. Vortrag gehalten im Kloster Amelungsborn am 23. September 2000.

Olschowsky, Burkhard (2005): Einvernehmen und Konflikt. Das Verhältnis zwischen der DDR und der Volksrepublik Polen (Veröffentlichungen der Deutsch-Polnischen Gesellschaft Bundesverband e.V., Bd. 7), Osnabrück.

Onnasch, Martin (1997): Die Rolle der Kirchen im politischen System der DDR, in: Landtag Mecklenburg-Vorpommern 1997, Bd. VII, S. 9–100.

Pilgrim, Günter (1998a): Die Ameisenstraße oder Vierzig Jahre Pastor in der DDR, Schwerin.
Pilrgim, Günter (1998b): Christian. Geschichten aus einer echt glücklichen Zeit, Schwerin
Pilgrim, Günter (1999): Ohne Hoffnung geht es nicht. Lebenshilfe durch das Wort, Schwerin.
Pingel-Schliemann, Sandra (2002): Zersetzen. Strategie einer Diktatur. Eine Studie, Berlin (Schriftenreihe des Robert-Havemann-Archivs, Bd. 8).
Planer-Friedrich, Götz (1993): Einfallstore der Stasi, in: Siegele-Wenschkewitz, Leonore (Hg.): Die evangelischen Kirchen und der SED-Staat – ein Thema kirchlicher Zeitgeschichte, Frankfurt am Main (Arnoldshainer Texte. Schriften aus der Arbeit der Evangelischen Akademie Arnoldshain, Bd. 77), S. 113–128.
Pollack, Detlef (1990): Die Legitimität der Freiheit. Politisch alternative Gruppen in der DDR unter dem Dach der Kirche, Frankfurt am Main/Bern/New York/Paris.
Pollack, Detlef (1994): Kirche in der Organisationsgesellschaft. Zum Wandel der gesellschaftlichen Lage der evangelischen Kirchen in der DDR, Stuttgart/Berlin/Köln.
Pollack, Detlef (2000): Die Rolle der evangelischen Kirche im geteilten Deutschland in religions- und kirchensoziologischer Perspektive, in: Joachim Mehlhausen/Leonore Siegele-Wenschkewitz, S. 85-106.
Probst, Lothar (1997): Die Rolle von kirchlichen Basisgruppen und Netzwerken vor und in der Wende in Mecklenburg-Vorpommern, in: Landtag Mecklenburg-Vorpommern 1997, Bd. IX, S. 275–314.
Rathke, Heinrich (1978): Das Miteinander von Christen und Nichtchristen suchen und gestalten, in: MKZ Nr. 20 vom 14. Mai 1978, S. 2.
Roßberg, Klaus/Richter, Peter (1996): Das Kreuz mit dem Kreuz: Ein Leben zwischen Staatssicherheit und Kirche, Berlin.
Rytlewski, Ralf/Opp de Hipt, Manfred (1987): Die Deutsche Demokratische Republik in Zahlen 1945/49–1980, München.
Saß, Rahel von (1998): Der „Greifswalder Weg". Die DDR-Kirchenpolitik und die Evangelische Landeskirche Greifswald 1980 bis 1989, Schwerin.
Saß, Ulrich von/Suchodoletz, Harriet von (1990): „feindlich-negativ". Zur politisch-operativen Arbeit einer Stasi-Zentrale, Berlin.
Schilling, Walter (1996): Die „Bearbeitung" der Landeskirche Thüringen durch das MfS, in: Vollnhals 1997b, S. 211–266.
Schmid, Josef (1998): Kirchen, Staat und Politik in Dresden zwischen 1975 und 1989, Köln/Weimar/Wien (Geschichte und Politik in Sachsen, Bd. 7).
Schmidt, Wolfgang (1999): Gegen den Strom, Houtskär.
Schmiegelow Powell, Angelika (2004): Güstrow im Aufbruch. Herbst 1989, o.O.
Schnell, Uwe (1986): Kommentar. Vakanzen – Vakuum an Konzeption, in: MKZ Nr. 10 vom 9. März 1986, S. 1–2.
Schnoor, Werner (1984): Die Vergangenheit geht mit. Einige Notizen zum Weg der Kirche in Mecklenburg von Theodor Kliefoth bis Heinrich Rathke, hg. vom Kirchlichen Pressedienst der Evangelisch-Lutherischen Landeskirche Mecklenburgs, Schwerin.
Schröder, Otto (1994): Auf schmalem Grat. Aus dem Leben eines Pastors in der DDR, Hamburg.
Schultze, Harald/Zachhuber, Waltraut (1994): Spionage gegen eine Kirchenleitung.

Detlef Hammer – Stasi-Offizier im Konsistorium Magdeburg, Magdeburg.
Sievers, Gustav (1997): Kein Zufall. Ein mecklenburgischer Landpastor erzählt, Berlin.
Silomon, Anke (1997): Synode und SED-Staat. Die Synode des Bundes der Evangelischen Kirchen in der DDR in Görlitz vom 18.–22. September 1987, Göttingen (Arbeiten zur kirchlichen Zeitgeschichte, Reihe B: Darstellungen, Bd. 24).
Stier, Christoph (1996): Um der Kirche willen – Regelüberprüfung und kirchenleitendes Handeln in der Evangelisch-Lutherischen Landeskirche Mecklenburgs, in: Vollnhals 1997b, S. 415–423.
Suckut, Siegfried (Hg.) (1996): Wörterbuch der Staatssicherheit, 2., durchgesehene Auflage, Berlin (Wissenschaftliche Reihe des Bundesbeauftragten für die Unterlagen des Staatssicherheitsdienstes der ehemaligen Deutschen Demokratischen Republik, Bd. 5).
Überschär, Ellen (1998): Der lange Atem der kirchlichen Jugendarbeit – Repression von Freizeiten und Rüstzeiten, in: Horst Dähn, Helga Gotschlich (Hg.), „Und führe uns nicht in Versuchung …“ Jugend im Spannungsfeld von Staat und Kirche in der SBZ/DDR 1945–1989, Berlin, S. 168–183.
Vollnhals, Clemens (1997a): Die kirchenpolitische Abteilung des Ministeriums für Staatssicherheit (BF informiert Nr. 16), Berlin, 2. Aufl., 1997.
Vollnhals, Clemens (1997b): Die Kirchenpolitik von SED und Staatssicherheit. Eine Zwischenbilanz, 2. Aufl., Berlin (Wissenschaftliche Reihe des Bundesbeauftragten für die Unterlagen des Staatssicherheitsdienstes der ehemaligen Deutschen Demokratischen Republik, Bd. 7).
Vollnhals, Clemens (1997c): Die kirchenpolitische Abteilung des Ministeriums für Staatssicherheit, in: Vollnhals 1997b, S. 79–119, Berlin.
Vorländer, Herwart (1990): Mündliches Erfragen von Geschichte, in: ders. (Hg.), Oral History. Mündlich erfragte Geschichte. Acht Beiträge, Göttingen.
Weber, Hermann (1989): Geschichte der DDR, 3. Aufl., München.
Wentker, Hermann (1996): Die kirchenpolitische Abteilung der Ost-CDU: Organisation, Wirkungsweise und personelle Besetzung, in: Vollnhals 1997b, S. 159–190.
Wergin, Claus (1996): „Fluchtpunkt“ Paulskirchenkeller Schwerin. Die Auswirkungen der Richtlinie 1/76 des MfS, in: Mothes u.a. 1996, S. 288–293.
Wettig, Gerhard (1996): Niedergang, Krise und Zusammenbruch der DDR. Ursachen und Vorgänge, in: Am Ende des realen Sozialismus. Die SED-Herrschaft und ihr Zusammenbruch, im Auftrag des Bundesministeriums des Innern, hg. von Kuhrt, Eberhard/Buck, Hannsjörg F./Holzweißig, Gunter, Bd. 1, Opladen (Beiträge zu einer Bestandsaufnahme der DDR-Wirklichkeit in den 80er Jahren ), S. 379–455.
Willgeroth, Gustav (1983): Die Pfarren des Kirchenkreises Rostock-Stadt von 1933–1982, Herrn Präses Siegfried Wahrmann zum 65. Geburtstag gewidmet, Stand April 1983, hg. vom Oberkirchenrat der Evangelisch-Lutherischen Landeskirche Mecklenburgs.
Willgeroth, Gustav (o.J., ca. 1981): Die mecklenburgischen Pfarren seit dem dreißigjährigen Kriege. Die Pfarren des Kirchenkreises Rostock-Land von 1933 bis 1980, Landesbischof D. Dr. Niklot Beste zum 80. Geburtstag gewidmet, hg. vom Oberkirchenrat der Evangelisch-Lutherischen Landeskirche Mecklenburgs, begründet von Gustav Willgeroth.

Wolle, Stefan (1998): Die heile Welt der Diktatur. Alltag und Herrschaft in der DDR 1971-1989 (Schriftenreihe Bd. 349), Bonn.
Wulf, Marion (1992): Von der Tagung der Landessynode, in: MKZ Nr. 47 vom 22. November 1992, S. 2.
Wunnicke, Christoph (2000): Die mobilen Friedensseminare (Magisterarbeit).

# Bildnachweis

S. 325: Abb. 1: Privatarchiv Dr. Heinrich Rathke
S. 325: Abb. 2: Landeskirchliches Archiv der Evangelisch-Lutherischen Landeskirche Mecklenburgs
S. 326: Abb. 3: Privatarchiv Dr. Heinrich Rathke
S. 327: Abb. 4: Privatarchiv Dr. Heinrich Rathke
S. 327: Abb. 5: Privatarchiv Dr. Heinrich Rathke
S. 328: Abb. 6: Privatarchiv Dr. Heinrich Rathke
S. 328: Abb. 7: Privatarchiv Christa Schröder
S. 329: Abb. 8: Privatarchiv Dr. Heinrich Rathke
S. 329: Abb. 9: Privatarchiv Dr. Heinrich Rathke
S. 330: Abb. 10: Landeskirchliches Archiv der Evangelisch-Lutherischen Landeskirche Mecklenburgs
S. 331: Abb. 11: Privatarchiv Glüer
S. 331: Abb. 12: Archiv der Mecklenburgischen Kirchenzeitung
S. 332: Abb. 13: Privatarchiv Christoph Kleemann
S. 332: Abb. 14: Privatarchiv Christoph Kleemann
S. 333: Abb. 15: Matthias-Domaschk-Archiv
S. 334: Abb. 16: Matthias-Domaschk-Archiv
S. 334: Abb. 17: Matthias-Domaschk-Archiv

# Personenregister

# Register der Decknamen (IM, OV und OPK)

Das Decknamen-Register erfasst IM-, OV-, OAM- und OPK-Akten sowie weitere MfS-interne Bezeichnungen.

# Sachregister

# Ortsregister

# Danksagung

An dieser Stelle möchte ich die Gelegenheit nutzen, vielen Menschen zu danken, die diese Arbeit begleitet und unterstützt haben. An erster Stelle möchte ich meinem Mann, Tobias Frank, danken, der mit Langmut und Humor die Höhen und Tiefen dieser Arbeit begleitet hat. Für die Anregung zu dieser Arbeit, deren Co-Finanzierung und große Unterstützung während ihrer Entstehungszeit danke ich dem Landesbeauftragten für die Unterlagen des Ministeriums für Staatssicherheit in Mecklenburg-Vorpommern, Jörn Mothes, und seinen Mitarbeitern und Mitarbeiterinnen. Frau Austen, Mitarbeiterin bei der Bundesbeauftragten für die Stasi-Unterlagen, hat sich jederzeit sehr für das Projekt eingesetzt. Ihr wie auch dem Landeskirchlichen Archiv in Schwerin unter Leitung von Archivrat Erhard Piersig, mit dessen Hilfsbereitschaft und der seiner Mitarbeiter und Mitarbeiterinnen ich immer rechnen konnte, gilt besonderer Dank. Ein herzlicher Dank gilt auch den zahlreichen Zeitzeugen, mit denen ich im Laufe von zwei Jahren Interviews geführt habe und die dem Thema großes Interesse und persönliches Engagement entgegengebracht haben. In diesem Zusammenhang sei auch all jenen ein Dank ausgesprochen, die Fotos bzw. Dias zur Veröffentlichung bereitgestellt haben. Nicht zuletzt sei der Fritz Thyssen Stiftung gedankt, die diese Studie finanziell unterstützt hat.

Rahel Frank,
Schwerin/London im Mai 2008

**Rahel Frank**, 1972 in Rostock geboren, 1989 Abschluss der POS in Ostseebad Kühlungsborn und kurzzeitiger Besuch der EOS in Bad Doberan; am 4. November 1989 Übersiedlung in die Bundesrepublik Deutschland; Schulbesuch und Abitur in Garbsen/Hannover; 1992-1999 Studium der Geschichte, Ostslawistik und Neueren Deutschen Literatur in Hamburg, 1999 Promotion, 1999–2001 freie Mitarbeiterin beim Landesbeauftragten für Mecklenburg-Vorpommern für die Unterlagen des Ministeriums für Staatssicherheit, 2001-2004 Referentin beim Norddeutschen Rundfunk, seither freie Publizistin.